松阳乡土文化考察

松阳县人民政府
汉声编辑室 编著

GUANGXI NORMAL UNIVERSITY PRESS
广西师范大学出版社
· 桂林 ·

松阳传家：松阳乡土文化考察
SONGYANG CHUANJIA: SONGYANG XIANGTU WENHUA KAOCHA

《松阳传家》作者：汉声编辑室（北京汉声文化创意有限公司）
Copyright © 2017 松阳县文化和广电旅游体育局，英文汉声出版股份有限公司

图书在版编目（CIP）数据

松阳传家：松阳乡土文化考察 / 松阳县人民政府，
汉声编辑室编著. —桂林：广西师范大学出版社，
2019.10
　ISBN 978-7-5598-2158-4

　Ⅰ．①松… Ⅱ．①松…②汉… Ⅲ．①农村文化—
研究报告—松阳县 Ⅳ．①G127.554

　中国版本图书馆 CIP 数据核字（2019）第 190913 号

广西师范大学出版社出版发行
（广西桂林市五里店路 9 号　　邮政编码：541004
　网址：http://www.bbtpress.com ）
出版人：张艺兵
全国新华书店经销
北京尚唐印刷包装有限公司印刷
（北京市顺义区牛栏山镇腾仁路 11 号　邮政编码：101399）
开本：635 mm×965 mm　1/8
印张：76.5　　　字数：769 千字
2019 年 10 月第 1 版　　2019 年 10 月第 1 次印刷
印数：0 001~6 000 册　　定价：300.00 元

出版序

　　为《松阳传家》写序拖了很久了，心里如同压了一块石头，沉甸甸的。之所以耽误了时间，表象上是工作繁忙，但内在的原因是心不能真正沉静下来，同时对黄永松老师的嘱托心里也不肯将就，觉得必须要认真对待，以心比心。

　　再一次翻阅这本沉甸甸的《松阳传家》文稿，感动之情油然而生。2017 年春节至今汉声团队先后 17 次走进松阳，历时近两年时间，深入田野考察，翻遍松阳历史典籍，拜访当地学者文人，访谈干部群众，以二十四节气为线索对松阳民间传统文化、地方风物进行了系统梳理，以《汉声》独特的文化视角，以"如实闻、如实见、如实写"的方式细致入微地记录了松阳的岁时风俗、聚落建筑、手工技艺，系统全面挖掘了松阳活态的文化遗产，展现了松阳百姓朴实无华的精神意蕴，描绘了松阳着力打造升级版农耕文明的探索实践。尤其是黄老可谓亲力亲为，从内容架构到版式封面都由他亲自把关、亲自定夺。可以说，《松阳传家》是黄老及汉声团队的心血所凝。

　　说起与黄老结缘，还得益于徐甜甜老师。徐老师多次走访松阳后，认为松阳农耕文明形态保留完整，深厚的文化底蕴值得深入挖掘，特别需要一个载体将这些依然活着的农耕文明向世人呈现。为此，2014 年她专程前往北京汉声工作室拜访黄老，向黄老介绍松阳，并为我们牵线搭桥与黄老相识。同年，我们参观了宁波慈城的汉声天工之城博物馆，当天黄老特地从杭州赶到慈城为我们介绍，让我们尤为感动。而后，我们也真诚地邀请黄老来松阳考察。在交流过程中，彼此对传统文化及其价值判断的高度契合，让我们产生了共鸣，也因此促成了眼前这本《松阳传家》。

　　从这本书的编撰过程以及书的内容来看，充分说明了黄老和汉声团队对松阳的尊重、热爱，以及对松阳的深厚情谊，体现了对松阳传统文化保护传承、社会人心修复探索实践的肯定和鼓励，正如黄老所言："汉声对松阳之情是深且长的。"

这些年，松阳一直高度重视传统文化的传承和弘扬，2015年就将"文化名县"写入县域发展战略，2016年县第十次党代会提出"突出文化引领、坚持品质发展，加快建设'田园松阳'升级版"的奋斗目标，始终把文化作为战略导向和路径指向，推进文化与政治、经济、社会、生态文明建设的深度融合、整合创新。我们开展了"拯救老屋行动"，在国家文物局和中国文物保护基金会全力支持下，全县100多个传统村落和1000多幢传统建筑实现挂牌保护，200多座宗祠、20多座古廊桥、60多公里古道、140多幢老屋得到修缮保护。拯救老屋，拯救的不仅仅是老屋，还激发了老百姓对祖先文化遗产的珍惜与眷恋，增强了老百姓根植于传统与血脉中的文化自觉，也让老百姓看到了乡村的未来与希望。

我们开展了"全县域乡村博物馆"建设，改变过去"标本式""集中式"建设模式，以化整为零的方式，深入挖掘当地本土文化与产业，打造了红糖工坊、豆腐工坊、油茶工坊、王景纪念馆、契约博物馆等一系列小而精、小而美、小而特的乡村博物馆，创造了主客共享的新型乡村公共空间。这些乡村博物馆将乡村之美艺术浓缩、精巧放大，以艺术建筑的微小介入，系统推进乡村经济发展模式，让松阳人对自己家园更认同、更热爱。

我们建立了"乡乡有节会、月月有活动"的民俗文化展演机制，复活"竹溪摆祭""平卿成人礼"等60余台民俗节会，打造"永不落幕的民俗文化节"。当下，很多地方的民俗节庆活在历史中、活在书本中，而松阳"竹溪摆祭""平卿成人礼"等民俗节庆活动都还依然活在生活里，活性程度还很高，尤为难得的是这些活动都是村民自发组织的，既传承文化，又凝聚人心，也因此成为当地百姓心灵最大的慰藉。

我们还积极探索文化引领的乡村振兴之路，遵循"活态保护、有机发展"理念，以"中医调理、针灸激活"方式，复活乡村整村风貌、复活传统民居生命力、复活乡村经济活力、复活乡村优良文化基因、复活低碳生态环保的生产生活方式，过去残破衰败的乡村开始复苏，越来越多的年轻人开始返乡创业，老百姓在乡村中生活也更有自豪感和归属感，全县 401 个行政村^{注1}中有 118 个村植入了支撑乡村持续发展的新型业态，近两年全县常住人口增加了 4700 余人，乡村开始呈现蓬勃的发展活力。

我们也全力探索历史文化名城现代复兴之路，遵循"活态保护、有机更新"理念，系统梳理历史文化名城的环境肌理、文化肌理、生活肌理，系统实施"风貌控制、品质提升、疏通筋脉、人口疏导、激发活力"五大策略，打造既保留城市田园风光，又延续历史文脉，还具有城市经济活力的"有根的城市社区"。古城中打铁、做秤、弹棉花、中草药铺等传统农耕商业业态依然充满生机活力，文创、休闲、民宿等与古城气质相符的新型业态也开始不断植入，传统与现代交织的多元经济业态初步显现；文庙、武庙、城隍庙、药皇宫、天后宫等一系列地标性文化建筑也得到有效保护与修缮，松阳这个沉睡已久的古城开始慢慢苏醒。

通过这几年对文化的保护传承，创造性转化、创新性发展，我们有效激活了沉睡资源，激发了创新活力，增强了松阳人民的文化认同，提振了松阳人民的文化自信，形成了松阳全社会的文化自觉。松阳的发展也得到了外界的关注和认可，先后被列为中国传统村落保护发展示范县、全国传统村落保护利用试验区、"拯救老屋行动"整县推进试点县。松阳的探索实践还在一定程度上引起了国际关注，2018 年，3 月我们在德国柏林与 Aedes 建筑论坛共同举办了"乡村变迁——松阳故事"展览，5 月 7 个乡

注1：
2019 年 6 月松阳全县 401 个行政村优化调整为 203 个行政村。下同。

③

村建筑入展国际最高水准的威尼斯国际建筑双年展主题馆，10月参加了法兰克福书展，11月还成功举办了乡村振兴国际论坛，来自17个国家200余位专家学者齐聚松阳交流乡建经验。

汉声团队曾坦言："松阳并不是十全十美的，但松阳付出的心血，关键在于找到了方法，这是值得报道与分享的。松阳走的路越走越宽，怎样把你们付出的心血、方法、情怀如实记录是我们的职责。这不是为松阳，而是为了这个国家文化复兴积累重要的经验。"

这是汉声团队对松阳的赞许和肯定，但我们清醒地认知到，当下松阳的探索仅仅是初见曙光，还没到可以去总结经验的时候。如果一定要说这几年的探索实践有什么体会和感悟的话，我想，最大的感悟是我们较为精准地抓住"文化"这个根脉和核心，以文化资源的保护发展为切入点，系统推进生态修复、经济修复、文化修复和人心修复，初步找到了一条文化引领区域振兴的发展道路。而这其中，至为重要的是以什么样的理念来保护利用文化资源。

我们认为：文化资源的保护利用要放到文化生态圈大背景下来考量，树立科学的系统观。高等级文物、低等级文物和其他包含历史信息的非等级文物乃至衍生的非物质文化共同构成文化生态圈。应该注重系统保护利用，文化资源才具有独特的魅力与价值。比如，乡村中一些看似简陋、粗糙、残败的建筑，如水碓、井窑、神龛，甚至是茅厕、猪棚、牛栏，它们都是农耕文明社会生产生活链条中的一环，是乡村的重要组成部分，演绎着特定的历史，发挥着特定的功能，不能简单地一拆了之。

文化资源的保护利用要在尊重历史演变发展的前提下进行，树立动态的历史观。文物的形成经历了一个历史的动态演变过程，要用动态的历史观来考量，注重历史的真实性，注重历史动态的有机延续。比如，在老街活化利用中，我们不主张一刀切将老街恢复到某一个历史阶段，而是进行渐进式的梳理改造，尽可能原汁原味地保留老街的历史痕迹，保留老街历史信息的丰富性、多样性和原真性。

文化资源的保护利用要考虑与生产生活形态有机结合，树立鲜活的生活观。任何文物资源都是生产生活形态的载体，文化是与人们生产生活方式附着在一起的，其价值和魅力与此密不可分，尤其不能忽视原住民的作用。文化要回归于生活，回归于人。原住民不是景观，他们的生活看似无序，实则是以一种"无序而有生命"的方式延续着传统的生产和生活，而这些原真市井生活形态恰恰是当下最为稀缺的资源。因此，既要关注文物的物质形态，更要关注文物的人文形态，让物质形态与人文形态交相辉映，共同发挥价值。

任何文化资源还都应随着社会历史的演变而与时俱进地发展变化，因此要树立有机的发展观。传统文化要随着时代的发展而发展，既要保护传统，也要创新发展，核心是要挖掘文化形态背后的文化品格和精神品质，通过创造性转化、创新性发展，形成适合于当代社会发展的新精神内核。

这些对文化的认知都是我们这几年在点滴探索实践中慢慢领悟到的。我想，尽管当下我们的实践成果还不可高估，但我们对文化的热爱和尊重是发自内心的，我们的探索实践是严谨认真、追求品质的。这或许就是我们能与黄老、与汉声团队同频共振的关键所在。

习近平总书记说，"中华文明根植于农耕文明""农耕文明承载着华夏文明生生不息的基因密码，彰显着中华民族的思想智慧和精神追求"。深刻理解农耕文明，它是一二三产业的融合，是人与自然的融合，是德与法的融合，是城与乡的融合，是东方哲学中的天人合一，其内涵实质与生态文明高度契合。回首过去一路的探索实践，我们也深刻感到传统农耕文明形态保留完整是松阳发展的最大优势和最大潜力所在。从这个意义上理解，我们致力于打造升级版的农耕文明，实则就是在建设生态文明。

中国人都有"家"的情结。家是什么？家是难舍的根，不解的愁；是历尽千辛后的释怀，更是洗尽铅华后的归来。《松阳传家》的封底写了一句让我深有感触的话——"松阳人就是地地道道的恋土情结，看不到独山就要掉眼泪"。情深而文明，正是松阳人对故土情深，才会像我们祖先一样热爱与尊重大自然，善于发现自然中朴实无华的大美，才会发自内心地敬天爱人，也才能在工业化、城市化发展的滚滚浪潮中有幸保留下百姓的传统生活、历史的痕迹和活着的文化，为世人保留下"古典中国"的县域标本。

"睦族无他方常念祖宗一脉，传家有大道不外耕读两途。"松阳横樟包氏宗祠的这对楹联通透明白地诠释了什么是"传家"，就是保护传承好祖宗留下的有生命、有质感的活文化，延续发展好活文化背后呈现出的文化品格和精神品质，保护传统、创新发展，并以此升华为"传家"。

"传统意味着传递火种而非崇拜灰烬"，让优秀传统文化薪火相传，这才是《松阳传家》的价值和意义，这也是黄老和汉声团队对松阳的期望。用他的话来说，"歌者不言苦，但伤知音稀。在松阳我们找到了知音。松阳全县域推进乡村建设，这在国内是独一无二的，值得我们细心去体会"。

真友会如实赞美，也会如实批评，这才是深切的关爱。黄老就表示过担忧："很担心松阳有了这么多关注后，会不会被成功冲昏头脑。"的确，当下乡村传统文化与优秀价值观断层现象依然严重，传统手工艺没有市场支撑也面临岌岌可危的境地，民俗节庆活动的层次和品质还不高，乡村原子化、碎片化问题依然普遍存在，等等。这些都是我们不可回避的现实问题，也说明我们还有很大的提升空间。

文化的形成是一个缓慢变化、遵从自然规律的过程，如春风化雨、润物无声。文化的复兴同样也是一个漫长的过程，而最难的还是在于人心修复，在于"以文化人"。黄老和汉声团队已在这条漫漫长路上坚守了整整48年。48年来，他们始终坚守着"保护传统、创新发展、延续文脉"的使命，将一颗赤子心放进了《汉声》这本杂志里，默默地修复着中国传统文化。《汉声》自创刊以来，完成了两百多个民间文化整理项目，拯救了数十种濒临失传的民间手工艺。比如，大家都熟知"中国结"，却很少人知道是黄老在系统梳理了中国的民间编结艺术后，才将其命名为"中国结"，并将其推向世界，使之成为中国传统文化的一个象征符号。尤为值得一提的是《汉声》的每一个项目都经过精雕细琢，动辄花几年的时间开展田野调查。这样的出书效率，与当下追求速度的时代显得有些格格不入。但正是因为这种看似"最笨""最傻"的努力，才让我们有机会窥见中国厚重的文化积淀下所蕴藏着的强大生命力。

黄老说，他要致力于做"肚腹"工作。何为"肚腹"？"传统就像头颅，现代就是双脚，现在的情形是把传统抛在后面，双脚往前跑，是一个缺乏肚腹的断裂状态，你要做一个肚腹，把它们连起来。"做"肚腹"，是在守望中国传统文化，是在保护传承中华民族的文脉，更是在复兴中华文明。这样的使命追求，让我们感佩不已。

耽搁了写序，还有一个非常重要的原因是松阳在研究"山区国际化发展"命题。越是民族的、越是乡土的，就越是世界的。松阳"古典中国"的稀缺资源禀赋，以及前期的发展实践让我们增强了文化自觉和文化自信，也坚定了松阳能蹚出一条符合生态文明理念的山区国际化发展道路的决心。我们希望通过培育符合生态文明的经济形态，推进文化引领的新型城镇化道路，打造升级版的农耕文明，为解决工业文明时代向生态文明时代转型背景下的经济、城乡、文化的可持续发展问题，为推动人类命运共同体的构建，提供可借鉴的松阳经验和松阳方案。

我们深知这个命题挑战巨大，但我们愿意为此付出努力，这也是撰写《松阳传家》的初衷和愿景。《松阳传家》的"家"不仅是"小家"，还是"大家"。《松阳传家》看似在讲述松阳的文化故事，实则是以纪实的方式记录松阳文化引领的乡村振兴实践，归根结底是希望通过文化保护、传承、创新，为乡村全面振兴注入温润、持久、本源的内在动力，为乡村振兴找一个适宜的文化切口。

翻完厚厚的《松阳传家》，书中点点滴滴的零星闪光点如同电影胶卷一般有序串联起来，我似乎看到了陶渊明笔下的"桃花源"，看到了活着的"古典中国"。非常希望读者能通过《松阳传家》洞见真实的松阳，通过松阳这滴水珠映射出中国传统文化之美，感悟中华文明之博大。

回首这一路的实践，不禁想起我在"拯救老屋行动"现场会上说的："当一个人不是为一己之私而努力奋斗的时候，他就会获得无穷无尽的力量；当我们真正做一件有益大众之事的时候，我们就会获得源源不断的支持；而当一件事情真正赢得群众拥护与支持的时候，就能无往而不胜！"

不忘本来才能开辟未来，善于继承才能更好创新。推动文化的保护、传承、弘扬是这个时代赋予我们这代人的责任和使命，我们必须全力守护好、传承好、弘扬好中华民族的精神命脉，让优秀传统文化生生不息，让历史悠久的农耕文明在新的时代展现其魅力与风采。

中共松阳县委书记 王峻

2019 年 1 月

目　录

❽ 附录

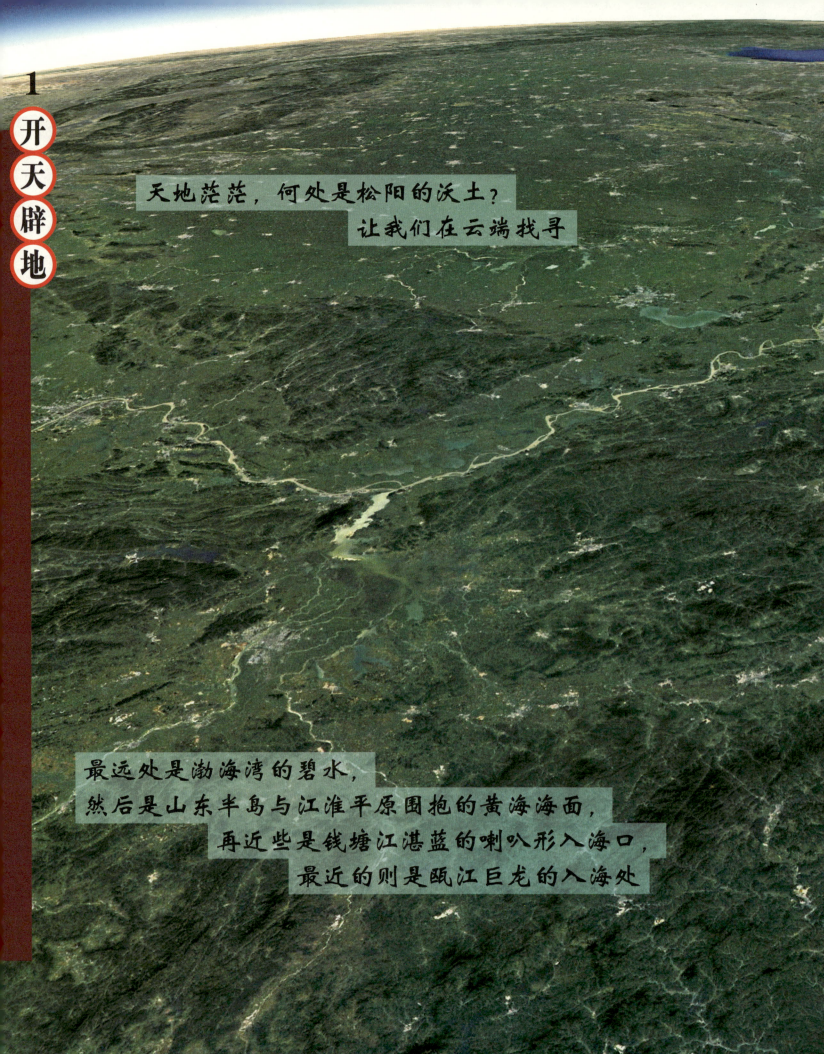

天地茫茫，何处是松阳的沃土？
让我们在云端找寻

最远处是渤海湾的碧水，
然后是山东半岛与江淮平原围抱的黄海海面，
再近些是钱塘江湛蓝的喇叭形入海口，
最近的则是瓯江巨龙的入海处

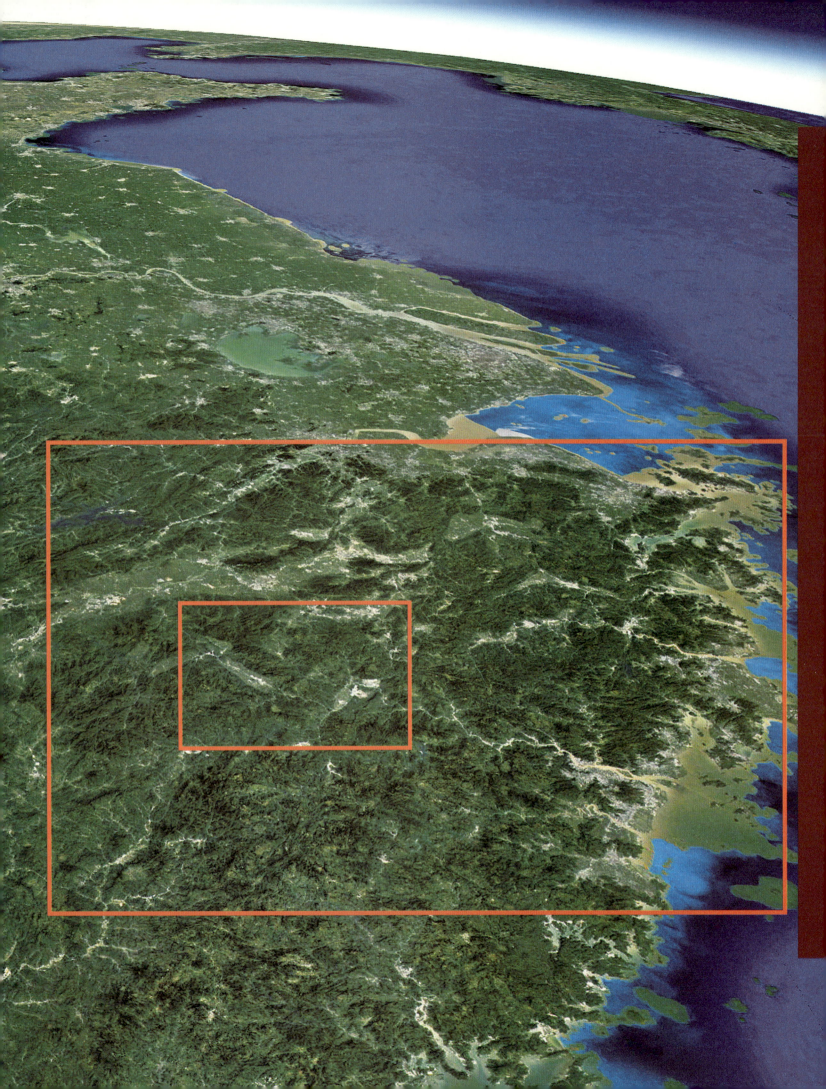

近了，近了，沿着瓯江上溯，
在浙西南仙霞岭与括苍山脉间，
绿色明珠在闪烁，
这就是松古盆地，也称松古平原

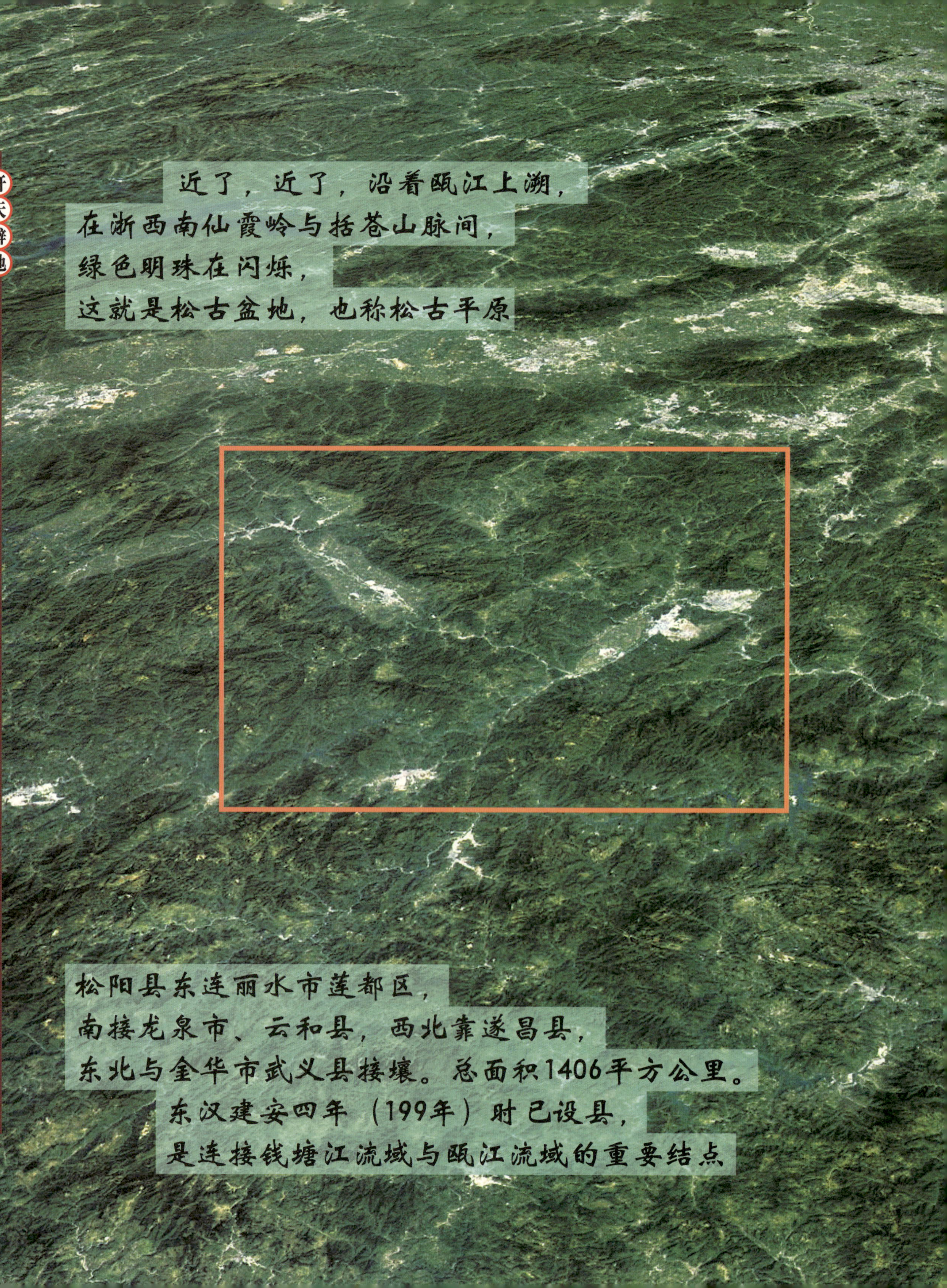

松阳县东连丽水市莲都区，
南接龙泉市、云和县，西北靠遂昌县，
东北与金华市武义县接壤。总面积1406平方公里。
东汉建安四年（199年）时已设县，
是连接钱塘江流域与瓯江流域的重要结点

松阳"八山一水一分田",
松阴溪自西北、西南蜿蜒流向东南,
松阴溪是松阳的母亲河。
一首古诗道尽了松阳地形佳处:

西归道路塞,南去交流疏。
唯此桃花源,四塞无他虞。

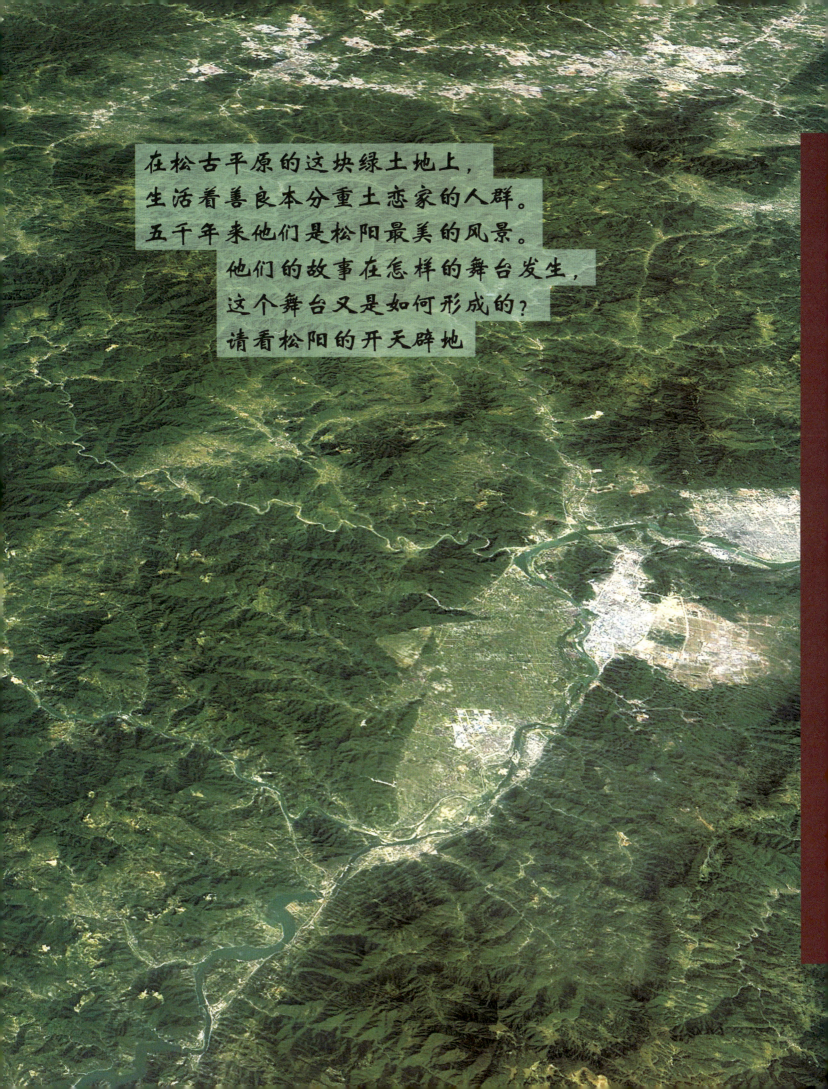

在松古平原的这块绿土地上，
生活着善良本分重土恋家的人群。
五千年来他们是松阳最美的风景。
他们的故事在怎样的舞台发生，
这个舞台又是如何形成的？
请看松阳的开天辟地

松阳千年的故事发生在一个什么样的地质舞台上,

这个舞台又如何影响了故事?

请看——

松阳的开天辟地

文:翟明磊　绘图:刘镇豪

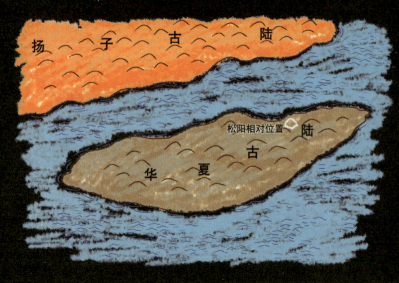

1. 汪洋中的大船

19 亿～ 18 亿年前是前寒武纪早元古代,松阳已经形成,它属于华夏古陆的一部分。华夏古陆有多大呢?北到江山、绍兴,西到江西、湖南,南到福建、广东。

华夏古陆与北方的扬子古陆遥遥相望,当中隔着广阔的海洋。

今天,我们还可以在松阳枫坪乡的高亭、李庄找到 19 亿～ 18 亿年前的花岗岩和沉积岩。这些古老的岩石大多被燕山期(1 亿年前)的火山岩覆盖。后来局部被冲断层抬升,顶部经过剥落形成构造天窗,最古老的岩石就露出来啦。那些古老的岩石曾重新回到地球内部并经过高温高压作用,成为变质岩。高亭那里是松阳最古老的地方。

2. 两块大陆来相会

9 亿～8 亿年前,随着华夏古陆与扬子古陆间大洋的消失,两陆块在现今的绍兴—江山一带发生碰撞,形成了整个华南大陆。地质的原则是"将古论今",我们说这两块古陆碰撞在一起,有什么依据呢?浙江江山、绍兴有个断裂带,断裂带的南北两侧前寒武纪地质特征完全不一样,属于两个地质单元,证明古时是两块不同的大陆。

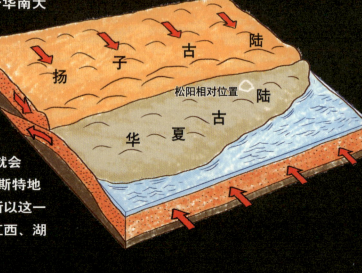

还有什么依据呢?有,因为两块大陆间在没碰撞前是海洋,因此会有在海盆形成的沉积岩。变陆地的地方就会有石灰岩。在衢州、江山,到江西、湖南,有众多的喀斯特地形,说明有很多石灰岩。石灰岩就是海洋中的沉积岩,所以这一带以前肯定是海洋。因此我们知道,江山、绍兴一线,江西、湖南一带是华夏古陆与扬子古陆碰撞结合的地方。

松阳相对位置

3. 火山喷发烟雾冲天

2亿～1.5亿年前，侏罗纪时代，雷声隆隆，火光冲天。松阳发生了大规模的火山喷发。为什么这个时代发生了火山喷发？因为太平洋板块挤过来。这个板块从东边来，往下俯冲，把欧亚大陆推上来，形成崇山峻岭，都是900、1000米的高山。今天我们在玉岩还可以看到高达1000米以上的大山，都是此时形成的。像武义的牛头山1590多米，也是侏罗纪时代形成的。

来自地壳30公里以下深部的岩浆冲天而出形成千米高山，范围有几万平方公里。烟火冲天，云遮雾绕，声震天宇，恐龙灭绝。松阳上演了一场轰轰烈烈的大戏！

4. 断陷形成盆地

在1亿年前的白垩纪时代，随着太平洋俯冲板块的回撤，松阳地区处于拉张背景，两边山往边上拉开，中间出现断陷，便形成了松古盆地。松古盆地并不大，两百多平方公里，同时形成的有丽水盆地。稍晚还有金衢盆地，1万平方公里。这次断陷形成了三块盆地。括苍山、仙霞岭隆起。为什么会发生断陷呢？因为地球引力在各地不一样。松古平原是北西走向，长度60公里到70公里，宽度15公里到20公里，这个盆地叫断陷盆地。大的断裂带，从温州到遂昌。这是两边拉张后，中间下沉形成的。

断陷形成盆地后，山上的水流下来，形成河流，这就是松阴溪。同时洪水带来大量洪积物，形成盆地上的土壤。除了洪积现象，在盆地形成的早期还有一些火山活动。

松阳相对位置

松阳有个著名的火山叫卯山。卯山是潜火山，因为岩浆没有冒出地面，只拱出一个山包，好比人体上火长了包，但没有化脓流出来。

松阳大小火山现在都是稳定的死火山，给松阳带来了丰富矿产。靖居口、板桥有稀土矿，靖居包有铜矿、钼矿，大岭头有铅锌矿，大东坝有高岭土矿。

这样，松阳人活动的基本舞台就形成啦。这个舞台很棒哎：因为松阳是非常稳定的地块。没地震，三级以上的有感地震没有，地热也不多，基本没有。高山阻挡台风，台风没有，云层却能带来雨水，对人类来说，非常稳定宜居。有了这样的好舞台，松阳人热闹的历史戏剧就要开始了。

感谢受访者：童朝旭 王津海先生

详见第 58 页

详见第 74 页

详见第 85 页

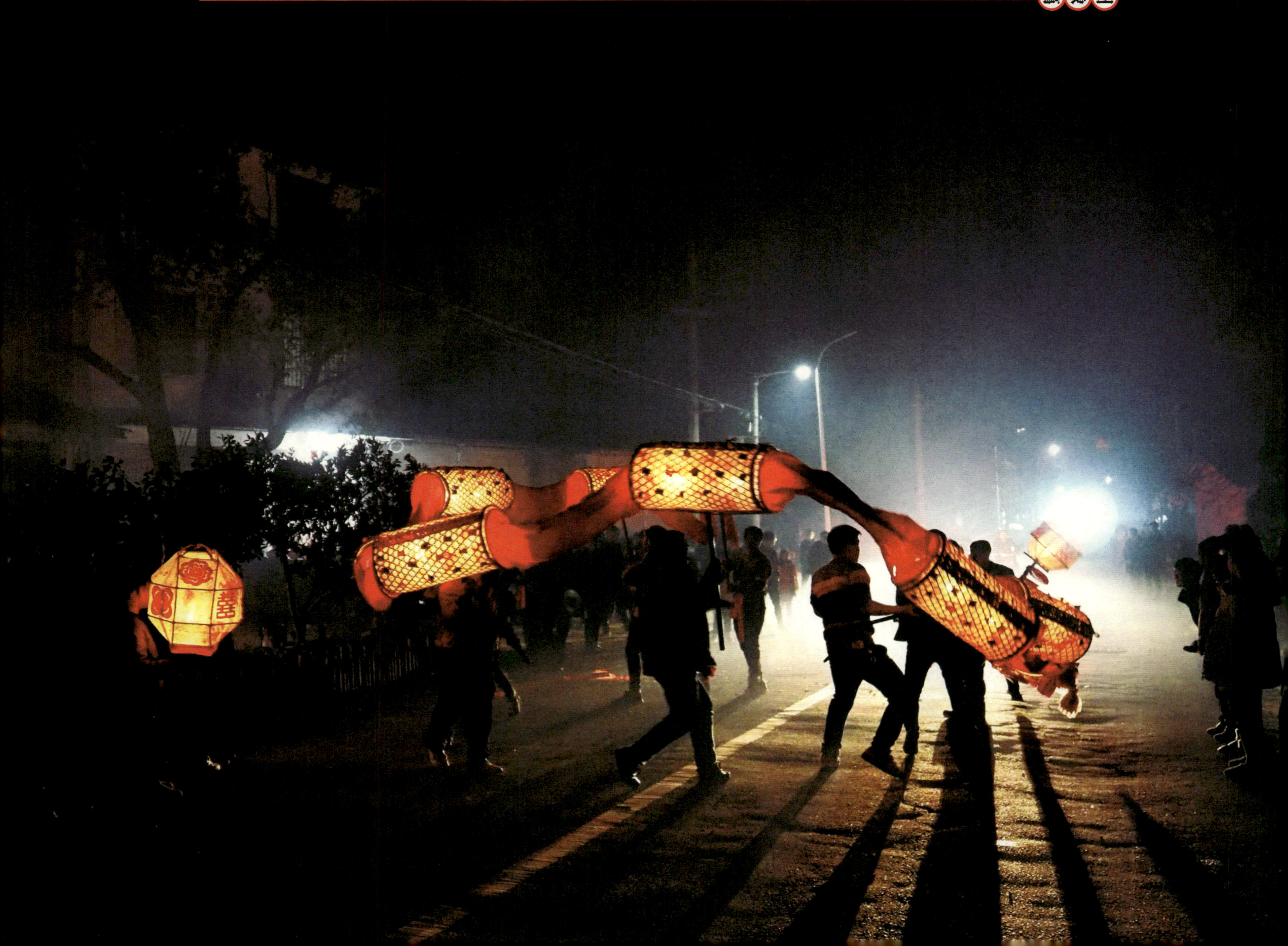

详见第 136 页

详见第 136 页

详见第 120 页

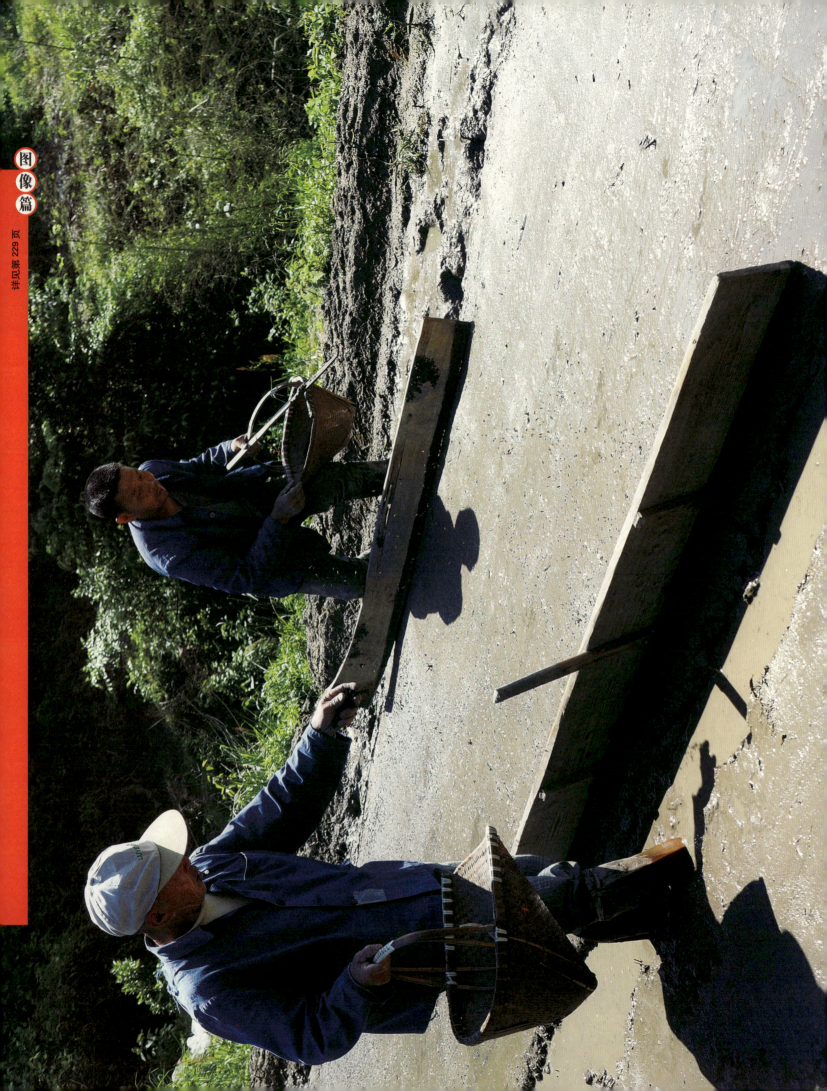

图像篇

详见第 232 页

详见第160页

详见第 198 页

详见第 173 页

详见第 265 页

详见第 423 页

详见第 456 页

详见第 414 页

详见第 402 页

详见第 442 页

详见第 442 页

详见第 222 页

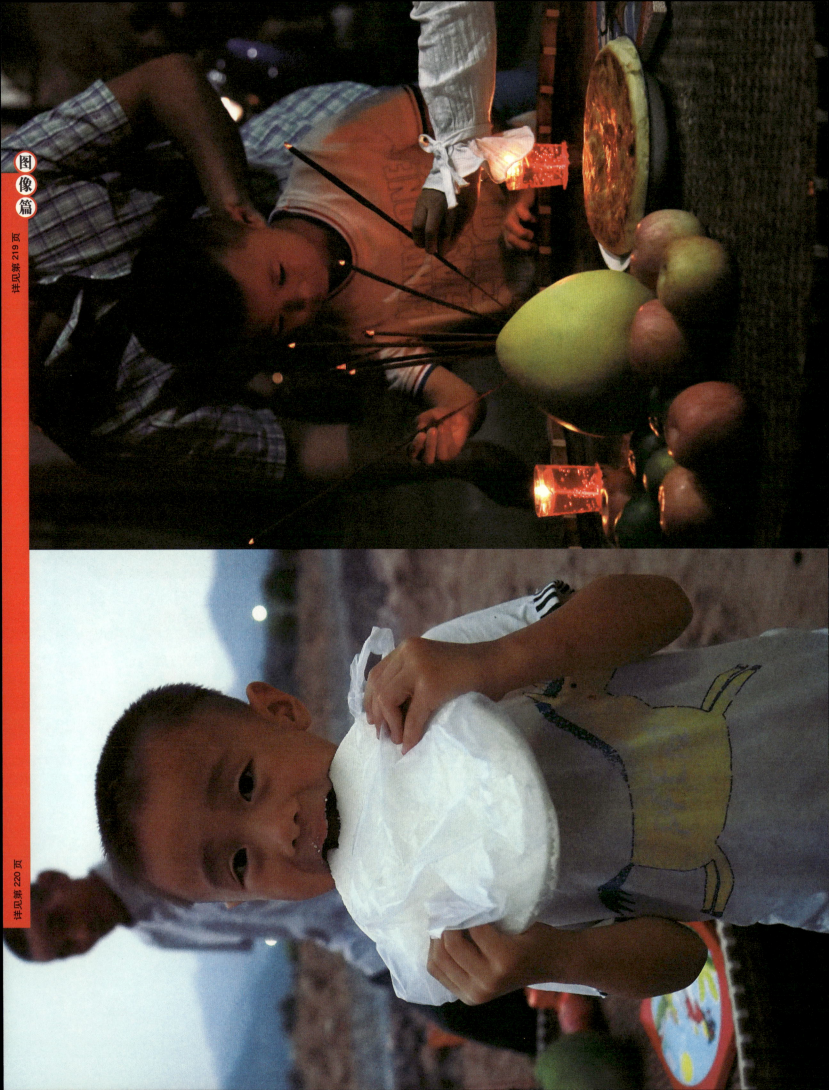

详见第 219 页

详见第 220 页

详见第 103 页

详见第154页

详见第236页

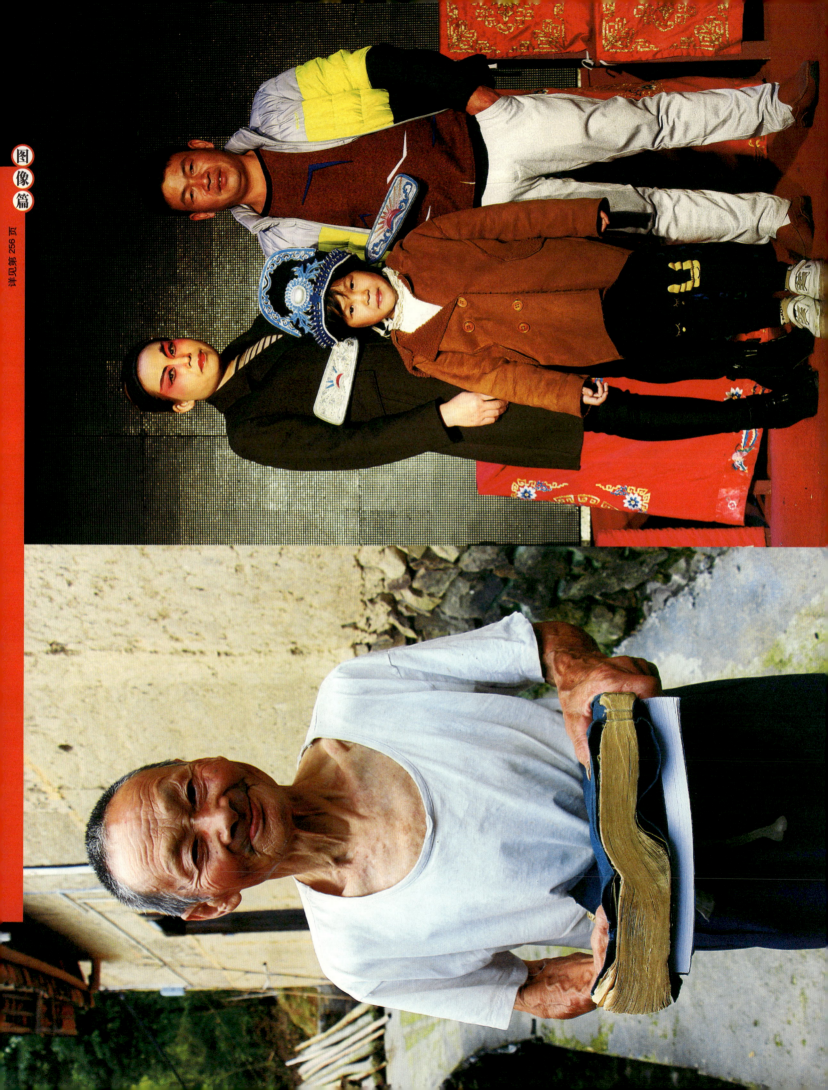

详见第 511 页

钱　塘

松阳
松
阴
溪
丽水
瓯
江

杭州

エ 流 域

流

域

鲁晓敏访谈

——历史大视野中的松阳

采访·汉声采访组（黄永松、翟明磊、刘镇豪、陈诗宇、顾敏超） 执笔·翟明磊

这是本书一篇精彩的访谈，当地作家鲁晓敏先生走遍松阳300个村落，试图揭开它们的风水布局的秘密，分析为什么松阳能保存这么多古村落。他洞悉了松阳在两江流域的关键位置，用大历史眼光理清松阳在古典与现代社会的命运，点出为什么"传统中国在松阳"的原因。解释了著名作家张抗抗所言，松阳今天拯救的是自己，其实拯救的是中国。

这一切来自他多年实地考察与历史纵断面的分析。更为难得的是他直面问题，呈现出乡土知识分子的责任与担当。本访谈分成两篇，分别是：《历史大视野中的松阳》和《谈松阳村落》。

松阳：两大流域的结点

■翟明磊（以下简称翟）：我们来，就是想听听鲁老师的判断与见解。现在确定的松阳古村特别多，数量与品质令人震撼，当地知识分子从人文视角如何来看这些村落？向您请教。■鲁晓敏（以下简称鲁）：要了解松阳古村落，肯定要对松阳的历史进行梳理，我们松阳401个行政村，有百余个古村落保存基本完好。比较突出的也有70多个（中国传统古村落）。这个数量在过去不足为奇，其他县域也很多，今天看来却成了奇迹，那么这奇迹从哪儿来，为什么会形成？南宋以来，江南成为经济文化中心，以江浙为轴心，赋税中心在太湖与西湖周边的区域。我们浙西南一带，是作为中心的辐射区。所以在历史上，松阳经济并不落后。松阳历史1800年，但在明中叶之前一直默默无闻，是自给自足的农耕社会。人口也不多，明崇祯年间，2.5万人左右。大家过着自己的小生活，松阳与外界交流不多。但明中后期，随着徽州文化经济的发展和辐射，松阳区域优势就显现出来了。各位如果看一下地图，松阳处于什么样的位置呢？整个浙江有两大流域，一

个是钱塘江流域，一个是瓯江流域。这两大流域地理上是割裂的，仙霞岭与括苍山脉是它们之间的分水岭。这两大山脉虽然把两大流域隔开了，但我们可以看到最近的两个点是松阳县与衢州的龙游县。龙游那有钱塘江支流，溪口镇离松阳界首村直线距离40多公里。古代这两个结点恰恰是两大流域进行物资交流的黄金通道。来自瓯江流域的青瓷、茶叶、靛青、盐、海产品等大宗货物从界首运往溪口进入钱塘江流域，松阴溪在界首地段变得很浅，所以货物到界首上岸，人们肩扛手提，通过叫官溪的官道到龙游。这个溪流不能航船，但边上有驿道。来往挑送的人叫"龙游担"，"龙游担"把来往的货物挑送到龙游溪口，到溪口又可以装船到衢州，以及中下游金华、杭州，反过来钱塘江流域的货品如布匹、小五金、中药等，也是从龙游运送到界首。我们把这条路的历史理清以后，发现松阳处在联系两大流域的黄金走廊上。这样的位置有多重要呢？历史上有何类似的地方？有！秦始皇最早发现，珠江流域和长江流域交结点在灵渠，广西与湖南交界处，湘江最上游的地方和珠江流域最近处只有几十公里，把灵渠打通后，整个用来运兵，长江流域部

队粮草可以直接运到岭南，由此征服岭南。松阴溪于钱塘江、瓯江流域的地位就相当于灵渠于珠江与长江流域的结点地位。这个结点，古人早就发现，明代著名的刻书家唐锦池刻印的《士商类要》就有记载。傅菲是江西上饶籍著名作家，前几年，一直想走他祖父的运盐之路。江西上饶的盐都是来自浙江福建沿海，他讲祖父有三条路去挑盐：第一条路是翻越武夷山脉到达福建沿海，直接距离最近，但武夷山脉特别难走，所以这条路走的人不多；第二条路是沿钱塘江上游顺流而下到达金华，再到仙居皤滩运过来，这条路时间最长，但一路上都是水路，运输比较方便；第三条路，距离较近运输又方便，沿着钱塘江上游顺流到龙游，由龙游溪口经陆路到界首，再沿瓯江顺流到达松阳，从松阳到达温州永强。从江西来的时候运送大米、烟叶等货物，回去时装满海盐。傅菲后来沿松阴溪走了一段。这条路在整个浙西南属于重要的贸易通道，使松阳变为战略要点。

三次大战乱带来移民与多元文化

■以前我们老讲，松阳这个地方挺好的，没有地震，没有水灾，没有战争，我们生活在小天府之国，我和他们讲错了！我们有幸生活在现代社会，现在的生活并不代表松阳的过去，古时只要是天府之国，就是战火纷飞的地方。松阳它占了地理之便，也带来几个特点：第一，战争比较多，远的不说，清代以来就有四次比较大的战争：第一次是三藩之乱（1673—1681年）时，耿精忠的部队，从福建过来，在衢州与处州（今丽水市）一带打了两三年，松阳经济凋敝，人口流失得非常厉害。当时整个

处州人口流失得也非常多。康熙年间，处州知府刘廷矶上书朝廷要求移民。当时从人口较密集的福建、江西等省以及周边的徽州、金华、温州等地去移民，这批移民进入松阳后，就带来了松阳文化的多元化。**松阳文化的多元和丰富，和历史上多次移民有很大关系，松阳最大的一次移民就是这次，我们松阳移民人口有四成就是这次移民导致的结果。这次进入松阳的移民风俗完全不一样，因为它分别来自闽地区、赣地区，来自江南徽地区。进入松阳后，各种文化进行了穿插、融合、交流、碰撞、升华，形成了松阳的多元文化。**有些游客去了松阳看了古建筑，觉得不如徽州、婺源等地漂亮，山水不如楠溪江古村落那么漂亮。婺源、楠溪江、徽州、松阳这四个江南名气响亮的古村落群里，松阳山水、村落建筑好像不如其他家，**但松阳村落的非物质文化遗产保留非常好，可以说远胜于它们，在传统的古村落，有70多项县级以上的"非遗"，而且特征非常明显，因为来自各个地方啊！有一些是原汁原味，如客家文化，从汀州移过来。现在松阳客家话还几乎和汀州一样。移民带来了很多风俗文化，有些又和我们松阳的进行交流，去了糟粕，留了精华，使我们的"非遗"非常丰富。石仓七村，阙龙兴老师收藏了7000多份契约，大部分是石仓本地的契约，这或许是中国契约最多的一个村，**而且我想以后超越的可能性都不太大了。你要知道这些契约是经过"文革"保留下来的。契约说明了我们松阳经济发育的程度，经济越发达，契约越多。就像我们做生意要到银行去贷款，贷款次数越多，留下的合同借据也越多。第二次战争是白莲教起义，起义核心地点就在松阳、云和、遂昌三县交界的

两江流域图

牛头山一带，这是康熙四十八年（1709年）福建移民炭农彭子英率领的、种靛青的农民和矿工一起起义了，当时大将隆科多，就是康熙的小舅子，率领清军进行了残酷的镇压，在这些地区的居民，跑的跑，杀的杀，这一带原有的土著几乎灭绝。那再进行一次移民，这是第二拨移民。**第三次是太平天国战乱，1858年、1861年，太平天国军队两次进入松阳，我们松阳经济受到极大的破坏，这是松阳历史上损失最惨重的一次，这次惨重程度，超过历史上的任何一次，我们的经济、文化、建筑等遭到了重创，而且杀人无数后，松阳发生了瘟疫，死人非常多。又有许多移民进入松阳。** 不断有移民进入、出去，大量人口迁移。第四次是抗日战争期间，1942年8月，日本鬼子进入松阳，屠杀了三四千人，在一个人口12万的小县，损失三四千人，破坏非常大。你看看300年不到，松阳历史上出现了这么大的破坏与震荡，因为松阳正好处在两江流域的通道上。

人家为什么打你松阳？第一点，因为这是大通道。我要打下处州府、温州府，你是必经之路，这条道路不把你打下来，我过不去。第二点，**你还产粮，我打兔子还可以搂一把草。所以这两大原因，使松阳一次次站在战争前沿。军队进来方便，商队进来也方便，** 古时都是河谷交易，不可能在高山上，在这个区域交易比较便捷。在1881年，我们松阳有八家会馆，分别是温州会馆、瓯青会馆、江西会馆、福建会馆、汀州会馆、临天栈、汤兰公所，还有一个药王庙（药商会馆），同一年，温州才有四家会馆。这说明什么？**并不是说我们松阳经济发展程度可以与温州媲美，但至少说明在经济交流中，松阳凸显出两大流域交汇点的地域优势。** 汤兰公所是浙江目前保存完整、规模较大的会馆，占地1000多平方米，它的建筑格局宏大，奢华程度在浙江位居前列。这说明当时我们松阳经济非常好，而看当时整个瓯江流域，松阳县域经济是最好的。我们打开1891年温州府城的地图，瓯江主航道在哪里呢？就是温州到丽水，然后再进入龙游，这说明什么呢？可能当时人们并不认为瓯江的主干道往龙泉溪延伸，他们认为是往松阴溪延伸，他们的看法和我们今天并不一致，现在以长度与流量为主干道判断标准，当时可能是以航运发达程度为标准，哪里经济繁荣，哪里走的人最多就是主干道，所以当时人们一直认为瓯江上游在松阳。**在北宋时，一个著名的僧人行达禅师从印度取经回来，建了两座塔，一座塔在永嘉，一座是松阳延庆寺塔。古人认为瓯江最下游在永嘉，最上游在松阳，特别是北宋对风水学特别讲究，他们或许觉得瓯江是一条龙脉，有可能是龙兴之地，用两座塔，把龙头龙尾都钉死。** 各种证据证明，我们松阳自从建县以来一直到中华人民共和国成立前，都是瓯江流域一个经济发达的县域。

松阳为何能保存这么多古建筑？

■松阳传统村落，虽然有1800多年历史，但我们知道中国木构建筑不可能保留那么长时间，不像欧洲的石头建筑，可以数百年甚至上千年。我们今天看到唐代木构建筑只有四五处，这些建筑距离我们今天已有1000多年的历史，保存在北方，人烟稀少的地方。**我们江南在梅雨带上，建筑保存期比较短，木构建筑大多不到300年。我们今天松阳的传统村落的建筑，大部分建于清中期与民国期间，正好是100年以上300年不到！** 松阳明代建筑不多，即使我们县城，明朝、明清交界的建筑，也只有10幢左右。抛开战争、水灾这些因素，这说明了什么？——说明我们松阳经济爆发点在清中期，此时大量的有实力的宗族和有钱人出来了，对整个村落和民居建筑进行重新改造和新建，就像现在旧村改造。**这些经济实力从哪里来的呢？比如石仓有冶铁，冶铁业非常发达，《阙氏宗谱》记载"暮炼万斤铁"，鼎盛时期，石仓溪边摆了30多座大熔炉，日夜在这儿炼，这些优质铁矿砂运到兰溪、永康、上海等地。** 这就是为什么石仓这么富，在石仓溪两岸有40多幢庞大的客家建筑，单体面积均在1000平方米以上，而且这些客家建筑大多建在清道光年间以后一直到民国初期，民国以后不多了。**同时整个松阳经济爆发点找到了：烟叶。** 烟叶是明代中后期从吕宋岛传到中国的，第一站在泉州、厦门、漳州这一带。明末清初，随着移民脚步，烟叶种植技术也由福建泉州带到了松阳，烟叶在松阳生根落地，因为松阳这块地域，气候、土壤与晒红烟的发源地菲律宾的吕宋岛相似。一方水土育一方人，一方水土育一方物，道理是一样的，江南橘子到江北就成了枳，我们松阳这地方就适合种烟叶，在清康熙、乾隆年间，烟叶开始推广种植。我查阅到的历史，最早是在康熙三十年（1691年），山下阳村有一支移民，来自福建泉州，他们先迁到龙泉，再迁到松阳，张聚英，就是始迁祖，他把烟叶种植技术带到松阳，张聚英的儿子张起云开始小规模种植烟叶。**以前，在耕地上种烟种茶，是被人看不起的，官府也不允许的，要保证粮食产量，因为瓯江中上游以上地区，松阳是粮食的主要供应地，别的地方产粮很少，所以有一句话"松阳熟，处州足"。** 山下阳村首创大田种烟，《张氏族谱》上有一句"赤手搏万金"。张起云种烟叶后，推广到吴弄村，再到松阴溪北岸，这个区块的烟叶质量最好，叫"松北大烟"，然后在古市、樟溪以及整个松阳大面积推广。**当时清政府与英国签订了《烟台条约》，新增设几个口岸，温州是其中的一个。到了1877年，温州的瓯海关开关。瓯海关从1877年一直到1949年都有详细记录，我举两个时间点，光绪三十二年（1906年），从瓯海关出口的松阳烟叶有21400多担，担是古人计量用的单位，一担相当于50公斤，那一年出口那么多烟叶，值海关银多少？24万两！衡量古代货币价值，一般用米价来比较，差不多一银圆等于500元，当年出口就相当于现在上亿元人民币了。**

晒红烟现场

惊人的松阳烟叶出口

量 ■松阳烟叶最兴盛是什么时候？就是清朝最后一年，也就是1911年这一年。那年松阳出口的烟叶有多少？我看到都震惊！《松阳县志》记载出口3万担。但是据瓯海关出口记载，松阳有12万担（烟叶）出口或经厦门销往台湾（当时台湾是日据时期）。我个人认为，这个依据更准确。**台湾人比较喜欢松阳烟叶，松阳有一个卢姓师傅，民国初年去台湾，教台湾人如何种烟，松阳人将种烟技术传到了台湾。我们仅销往台湾的烟叶大约值今天的4亿到6亿元人民币。我指的12万担是销往台湾一个地方，还不包括马来西亚、印度尼西亚、菲律宾、日本等地。仅此一项，我们就可以知道松阳烟叶兴旺程度。为什么《松阳县志》里对茶叶、烟叶记载不多，或一笔带过？士农工商中，商最被看不起。县志记载得少这也正常。那这个"12万担"数字我从哪儿找出来的呢？《松阳县志》上没有。我想到松阳烟叶不是出口的吗？过海关时应该有记录。还好，温州大学有一个专门研究海关的学者，出了一本书，瓯海关从1877年开关开始一直到1949年，每个年份都有记录。恰恰对烟叶记录比较详细，来自松阳的烟多少，一行行。来自龙泉的什么最多？青瓷、宝剑？不是的，一件都没有。最多的是松木，销往菲律宾、马来西亚、印度尼西亚。我当时非常奇怪，原来热带树木长得很慢，不是很笔直的啦，弯曲的树木建房不方便，什么最好？松树。松木笔直，长**

得快，东南亚房子离地有距离，松木一根根钉进去，松木板"叭叭"敲装起来，很快就搭建好了。原来我们松木是用来建房子的。松树浸在水下不烂，俗话说"水底万年松"。所以浙西南这边松树既经济又实惠，是良好的建材；第二个出口大宗货物是青田石，100斤一担卖的。卖到巴西、墨西哥等地，一方封门青折今天人民币约50元钱，一方上好的封门青现在起码要10万元人民币。原来他们很注重壁炉的装饰，壁炉上面要雕花。硬木头，不好雕，青田石硬度低，好雕；第三个就是松阳烟叶，松阳烟丝非常好，卖到东南亚及日本。松阳烟叶出名了，其他地方冒充松阳烟叶的肯定有，但肯定不是主流。松阳烟叶有历史上辉煌的一面。历史上，松阳码头有4个，分别是松阳码头、温州码头、青田码头、沙埠码头。它是按照船帮来分的。最鼎盛时期，据说帆船有1000多只，这些帆船来来往往把物资运到温州出口，又把海外的物资运送到松阳，再转运到衢州等地。我们靠种烟，经济蓬勃发展起来，造就了非常多的富豪。比如说，黄家大院就是靠烟草发家致富的，烟叶贩卖到东南亚地区，黄家成为民国时非常重要的两个名牌香烟的供应商。这两个名牌香烟一个是"红双喜"，一个是"黄鹤楼"，这说明我们的烟丝是上乘的。由于种烟产生了富豪，反过头来，富人们除了建自家大宅，还进行铺路、修庙等公共建筑的营造，这些房子年代不太久，距我们也就一两百年，没到湮灭的程度，它们是古建筑的中年期。有些经济发达的地方可能在元代、明代建筑就很发达了，甚至宋代建筑就很发达，后来没落了，倒掉了，看不到了。松阳恰恰好，大部分古建筑都不到300年，所以众多古建筑保存比较好，我们今天还可以看得到这么多松阳古村落这么多精美的古建筑。

二号种子选手脱颖而出

■1958年，松阳县裁掉了，并到遂昌县，松阳依旧是传统的农业社会体系，没有工业，整个松阳的经济发展非常缓慢。一直到1982年，遂昌、松阳分县，此时的松阳家底特别薄，是全省最落后的县之一。改革开放以后，浙江各县市大踏步追赶现代化，纷纷跨入工业文明的门槛行列，他们一回头，还有几个是落伍的，其中有一个就是

松阳。浙江大部分县都进入工业化之后，还有一个叫松阳的贫穷落后的县一只脚还在农耕社会，另一只脚刚刚迈向工业文明时代。所以松阳今天还是个半工半农社会。因为经济落后，老百姓没有多余的钱把房子拆掉重建；因为经济落后，政府不可能进行大规模的旧村旧城改造；因为经济落后，传统观念思想重，要守着老祖宗的东西；因为经济落后，造成松阳停顿下来，保留了大量的古建筑。很多县工业化进程快，摧毁了大量的古村落。当然过去十几年，松阳进步还是比较快。我们今天的人已经意识到这是宝贝，不能拆了。松阳村落，破坏规模相对较小，大部分还是保留了下来。不像其他许多地方，我们今天到苏南、浙北去，不大看得到古村落，只有为数不多保留完整的古镇了，为什么呢？以前他们古村落非常多，只是进入工业化时代，大量地拆，大部分精华的村落建筑毁掉了，我们很少看得到辉煌的东西了。当这些种子选手——代表中国文化发展得最好的种子选手，纷纷退场，像松阳这种二号种子选手脱颖而出顶替了一号选手。松阳就变成了中国的顶尖选手之一了。——历史机缘给了我们。松阳并不代表传统中国文化经济发展的最高层面。因为松阳没有特别大、文化发展特别好的传统村落；松阳没有级别特别高、体量特别大、装饰特别精美的公共行政建筑；松阳没有园林；但松阳有的是经过精心规划的村落，有的是这些大规模的精雕细镂的私宅，这些就是历史给予我们的机会。前面种子选手纷纷倒下了，剩下的这些矮子选手，我们是长子。松阳！今天，外界给松阳的定位是："最后的江南秘境""古典中国"的县域样本。中国到哪儿看古典中镇？你到松阳来。松阳是古典中国的一个代表，就是这么来的。其实松阳真的不是传统中国最好的，你现在去江南一些旅游开发的名城古村去看，很多远远超过松阳。但那些村落的灵魂不在了，为什么呢？居民纷纷搬迁出去，他们全靠旅游，他们作为标本活着。我们松阳传统村落没有旅游开发，老百姓种田的种田，种茶的种茶，手工业的存在并不是靠表演收入，而是靠农业生产和家庭生活的需求，松阳基本上延续着我们古代的生产生活方式。

为什么说松阳传统村

落是一个完整的体系 ■什么叫

传统村落？很多人界定模糊不清，很多人认为要像徽州、婺源、楠溪江那样的古村落，非常漂亮，精美，小桥流水人家，那个叫传统村落，其实不是的。传统村落是一个体系，由三个主要元素组成：第一个是村落建筑，这是村民的居住地；第二个是山水，村落要与周边自然环境相融，村落要与山水相呼应，山上要有树木砍来当柴烧，山上树林要有负氧离子，水可以运输、浇灌，要有景观，所以山水必不可少；第三个，很重要的田园，要有梯田、田野，还有自留地、菜园子，这些是丰富的村落体系语言中的一环。三者缺一不可，**松阳山区古村落，基本上保留着传统村落的三要素：山水、村落、田园**。我们看一个传统村落，不能光看建筑，**我们还要看非物质文化遗产，还要看田野、梯田保护程度，我们周围山水、园林保护程度**。我们不能说把传统村落其他要素破坏掉，就留下村和建筑，一个村不是一个体系，它只是体系中重要的一个环节。比如乌镇，它只代表建筑还在，但并不代表传统古镇的整个体系还是完整的。一个传统村落要有非物质文化遗产，有生产生活方式，有村落存在的田园体系，有保留村落自然风貌的田野山水园林，这些要素都要有，你这个村落才是活

小竹溪村（2006年叶高兴摄）

的。缺了一环，好比人，少了一只手，或者缺了一条腿，你这个人还在，但是残疾了。**我们松阳75个中国传统村落（截至全国第五批），这些元素大多还在**。传统村落必须要有两种文化，一种是物质文化，一种是非物质文化。物质文化只是你看到的道路、桥梁、祠堂、庙宇、民居等。

非物质文化是手工技艺啊，祭祀啊，族谱啊，宗族管理制度啊，文教水平啊，文化习俗、宗教信仰啊等这一些。所以我们讲，**不能片面地认为只要村落体量大、建筑漂亮就是好，对古村落我们要的是综合体**。我们松阳古村房子不是最漂亮的，文化发展程度不是最高的，山水不是最美的，但兼而有之，是一个综合体。我们到奥运会比赛，全能冠军与单项冠军哪个厉害，当然是全能冠军。所以，这些是专业人士看松阳。一些游客过来看松阳村落，觉得没有多大意思，就这么看看。但是我这些道理全讲出来以后，**发现松阳传统村落的拼图是完整的，不像许多地方，拼图是缺失的。所以松阳传统村落，就是因为山水、田园、村落是齐整的，同时又有丰富的非物质文化遗产，田园牧歌式的生活场景**。**宗族文化是松阳村落中最重要的文化** ■山西战乱少，真正保了文化，并输出移民。我们看到的华北文

53

化，某种意义上带着浓烈的山西文化印记。我们今天看到的湖南文化某种意义上带着浓烈的江西文化印记。我们今天看到的福建文化某种程度上是客家文化。又窜回来，又窜到中原文化。母本保留在江南、江西与广东北部的福建一带。明代建文帝时发生靖难之役，朱棣与建文帝争皇位，主战场在华北平原上，3年一打，华北人口流失非常大。明朝永乐年间发生了一次很大规模的移民就在山西洪洞县，这是十字街头一样的地方。移民在那里集中分配，兄弟两个不同村，一个家族不同地。**你想在华北看到像松阳这么完整的家族文化，是不现实的。当时明政府有意识把家族势力拆散开来。所以在华北地带宗祠很少，家谱很少，这是从明早期就形成了。**后来聚集起来，像王家庄、李家庄也发展起来，但并不像我们松阳这儿，一村一大姓或者几个姓氏。因为毕竟他们华北村庄里有很多姓，多姓有制衡，经济资源呈分散状态，不像我们这样集中。我们村多是一姓，或是两姓操控着。资源操控在一个或者几个家族手里面，对村落建设、文化教育、村落管理等方方面面，可以从容应对，管理得井然有序，内部循环非常有机，不需要政府过多干预。松阳村落文化里面，最重要的还是家族文化。从松阳建县开始，一直到现在没有断过，建县以来第一大姓是叶姓。叶姓到现在为止，占我们县人口八分之一，他们的宗族发展就是中国人宗族发展的一个缩影。为什么说松阳村落文化最重要的还是宗族文化？只有宗族文化才让松阳文化保持井然有序的发展态势。比如说松阳县还有220多座宗祠，这是不多见的。虽然我们宗祠规模、精彩程度放全国层面来说是很普通的，但它们代表了一种生态，就像我们人群，有富人、有平民，也有穷人。我们松阳代表平民或者富人这个级别，这也是一种生态。中华文明是由各个区块组成的，都要有代表，松阳就是这方面代表，不是最富裕，也不是最贫穷的，处于中间地带。**我认为最富裕的代表没了，安徽皖南一带，宗族文化没落掉了。然后浙北、苏南基本上现代化了，古村落、老房子拆得差不多了，没地方找了，这样松阳就浮现出来了。**我在2013年第4期《中国国家地理》杂志上发表了

一篇文章——《瓯江中上游，一片残存的山水田园》，其中就有这个阐述，获得大家认同。我们松阳是二号种子选手，现在变一号了。回过头来讲松阳家族文化代表。一个是我们松阳几乎大的村落中都有宗祠，有的现在看不到了，以前肯定有。小的自然村，也有香火堂。我们今天讲的祠堂是两个概念，现在混为一谈了。祠：宗祠。堂：香火堂。祠是一大宗，堂是一小支。我们讲松阳有220余座祠堂，应当是有220余座宗祠，香火堂的数量远远不止这个数，现在发现有600余本各姓宗谱。放在全国来讲也是不多见的。古人30年一小修，60年一大修嘛。我们经常可以在一个村找到好几本各姓宗谱，很多村落还保留了不同朝代的同姓宗谱，有清朝的，有民国的。现在我们松阳修谱成风，修订好的有两三百本吧。

松阳非物质文化的经典是祭祀

■民间非常重视祭祀。祭祀，我们中国最讲究的是慎终追远，最忌的是忘本。祭祀文化是松阳传统村落文化中的经典。松阳祭祀不单单是像别的县一样，同一个文化族群，采取的是同样的祭祀方式。松阳祭祀因村而异，因人而别。可能这个村和那个村之间从形式上来讲完全不一致，或不一致的东西特别多，因为清代松阳经过三次战乱，特别是"三藩之乱"改变了松阳人口格局，进入松阳的移民人口非常多。有**十分之一来自江西的，有十分之二来自福建的，剩下的十分之一来自金华、温州等地，剩下十分之六是我们松阳本地的。移民进入松阳，持不同信仰，操不同口音，有的保持着自己的地域文化，有的融入了松阳本土文化，有的个性鲜明，有的是兼而有之，各个地方的文化在松阳进行了有机发酵，交融互补，也就呈现了文化的多元性。**文化的多元性和单一性相比呢，多元性占有压倒性优势，所以松阳和浙江中北部比起来，虽然文化发展程度不如人家，儒学渗透不如人家，但仅仅从文化多元性来讲，松阳还是占有优势的。在祭祀上反映最明显，比如石仓祭祀文化、小竹溪排祭、平卿祈福、四都祈福、包氏祭祖等，还有很多的迎神庙会，**松阳像历史冰箱一样，保存了鲜活的多种多样**

的祭祀文化。除了移民带来的文化多元，还有地形多元带来的生活方式与物产的多元。我们松阳虽然只有1406平方公里，但是有高山，箬寮海拔有1500多米，在浙江省中是比较高的。有丘陵，浙江省北部基本上是丘陵状态。我们这边丘陵有很多，500米以下，有中山，有平原，有河网。在某种程度上来说，它具有一个县域的代表性，除了盐之外，我们松阳的物产完全可以封闭自足，和外面不需要有太大交流接触，所以我们松阳优势得天独厚。

"松阳拯救的是中国"

■所以综上所述，地理位置优势明显，经济相对发达，文化多元，这三样是造成松阳传统村落如此精彩的主要原因。

第一个，地理位置，松阴溪太重要了。我们松阳可以内外交流，一只手牵着大陆，一只手伸向海洋，这是我们地理上的一大优势，没有松阴溪，没有松古平原，就没有我们松阳；第二个，我们多层次经济植物套种，使松阳经济连接链非常完整。根据我们地方特色，种稻谷、烟叶、茶叶、桑叶、高山植物，整个农耕文化发育是相当完整的；第三个，由于本土文化又吸纳了外来文化，它的多元性，至今保持非常完整。中华人民共和国成立以后，松阳经济发展缓慢，这种缓慢从某种意义上而言是保留了松阳的古典文化。人家开始大规模工业化进程，等他们清醒过来，他们的乡愁不见了，我们为自己拥有太多乡愁发愁，这些乡愁怎么办？现在人家想要乡愁，找不到了。这些乡愁原来是我们的富矿。松阳传统文化是祖先留给我们的一个巨大的存折，这本存折，1800年了，定期存折，它永远在，滋养着我们这辈人，这存折是松阳人永远的福利。用张抗抗老师的话说，松阳今天拯救的是自己，其实拯救的是中国。中国，像松阳这样的地方已经很少了。松阳的传统村落、传统文化一定要很好地保留下来，中国传统文化的拼图是千姿百态的，松阳这一环不能少，是中华母体中存在的文化元素。

松阳的存在，有一个偶然的因素，比如说经济突然间爆发，聚集了大量钱财，我刚才讲烟叶的一面。比如石仓，发现了铁矿，暮炼万斤铁。发家致富，又得益于我们松阳老祖宗有钱就建房置地的传统。人家进入工业化进程，我们还是农业化。当我们自己都瞧不起自己时，被人家点醒，你们家尽藏聚宝盆。松阳传统村落真的是我们取之不尽用之不竭的聚宝盆。松阳传统村落文化底蕴非常深厚，难能可贵，是不可替代的。松阳传统村落不仅要保存，而且要成为中国乡村振兴的样板。

我的研究方法

■刘镇豪：谢谢，我们知道自己时间很有限。松阳虽然是一个县，但底蕴很深厚，我们虽然来了十多次，对我们来讲，一定要站在巨人肩膀上，就像您，在县里、全国各地跑，对松阳的认识非常深。我们在这边即使待3年5年，但过去很多事情也不会亲身经历，从您累积的经验去提取，对本书来说是非常重要的。■鲁：我们小地方的研究者，有时成果会不亚于专家学者，为什么会这样子呢？专家学者知识储备来自书本，来自老师言传身教，但实践是比较少的，比如说我居住在这里，想看一个村，开车十几二十分钟，马上到了，我可以整天泡在那，看实物、查族谱，做田野调查。他们呢？可能更多通过图像和文字记载来研究，这与实物还是不一样的。还有，我有对故乡的爱和情怀。这是外来专家学者所不具备的。■瞿：您是用什么样的方法去研究？■鲁：除了实地走访、田野调查、采访村民，翻阅地方志、族谱以及文人笔记等现有的资料之外，我是用一种剖面研究法，剖面，从历史任何一个细微结点进入，再进行放大，这样对我们研究松阳比较行之有效。任何一个剖面，一个点，都有故事，放大都可以接近历史真相。还有一种等面研究，松阳地方太小，因为远离行政中心，很多大事都不可能记载下来。没有记录，并不表示没有大事，你怎么判断呢？除了寻有有限的资料，你可以找到中国的大历史，就像今天，你搞五水共治，这不是松阳发明，浙江，全国都在搞，比如说明万历年间，朝廷做了什么大事，这些大事对松阳也有影响，会有痕迹留下。■

除夕

请神

黄山头

文·瞿明磊

大年三十，
安静的古村落黄山头村，
执着保存传统的村民为了敬神与祖先，
照例举行请年神活动。
这样的一天，来之不易，年年人有信，
300年来几乎没有断过。

黄山头村位于山顶，
民房高低错落，梯田层层叠叠

　　黄山头村只是松阳一个普普通通的古村落。仙霞岭山系长松山脉从松阳到遂昌的山坡陡而荒凉。所以只有四个村庄：半岭、砌磁、田岗、黄山头。如今其他三村已整村搬到松古平原，只有黄山头村仍雄踞在高高山顶，寂寞守在祖先选择的地方。这个只听见鸟声、风声、树叶声，普通得不能再普通的山村却有两份骄傲。一份骄傲：他们是苏东坡后代，老祖先从四川眉州而来，清中期开基祖苏禹敬从遂昌迁居溪根又分居在黄山头。

　　另一份骄傲有些独特：300年来他们敬祖请神几乎一年都没断过。他们的祖先与神每一年都享受了供品。"文革"中某一年，人们互相对视，谁也不敢跨出家口……但老祖宗等着呢！终于有一家，小心翼翼低头挎篮走进社殿、宗祠——"有人去啦！"人们耳语。紧接着一家又一家……全村人都祭社祭祖了！"我们神殿最全，我们祭祀从没断过！"

　　山高皇帝远吗？是。更有山里人对神与祖先的执善固执。

　　2017年1月27日大年三十，我们走进了这个普通又不普通的村庄。

苏仁亮伏案书春

苏仁亮展示
他写的对联

苏东坡
是我们的老祖宗◯

年三十的早上，空气有些寒凉。家家主妇们在清洗打扫房子，年初一可不能洒水动扫帚了。男人们则在商量写对联和祭神的事。75岁的老汉苏仁亮高度近视，头快埋进案上，在一笔笔写春联。隔壁邻居喜滋滋地拿着对联准备回家贴，一看，这对联不俗！

"根深不怕风摇动，心正不愁月影斜。"

我们连夸这对子意思好，苏爷爷咧嘴直笑，有点不好意思："我自己想出来的。"全村人都会找他

写春联，今天可要忙了。

我们随着邻居到他家，看他怎么贴对子。他家简朴略暗，迎面却是金晃晃的祖先像大画轴：这可是清代喜神像，今天挂出来和子孙一起吃年夜饭。

"武功是我们郡望，厚德是我们堂号。我们从四川眉山过来，苏东坡是我们老祖先。"主人骄傲了，"这是村里最古老的太公画。"

他指着当中一位："喏，这是我太公，爷爷的爸爸。我太太公生下四个儿子，三个没有活下来，只有我太公这一支。我太公生下三个儿子，我爷爷的弟弟学清，被国民党抓壮丁打仗，在哪里不知道了，再没回来……"

主人平平淡淡地说，这一说中多少悲欢离合过去了。

真别说，他们和画上祖先脸庞五官都像！我们给父子俩与祖先画像合影。

父子二人和清代祖先像合影

苏昌法大年三十上午独自在社殿祭祀

高山上的社殿

村民苏昌法，今年55岁。先在门口对天空烧香，请来年神，然后挎着祭篮出门了。他是全村最特别的一个，其他人在大年三十下午二三点才开始走祭，他早上就开始了。"自从分家独立第一年，我就上午在社殿单独祭了，下午再和大家一起祭。每年都这样。"苏昌法大年三十要请两次年神，心诚，希望神明祖先多保佑。

越过漠漠梯田，我们越走越高，渐渐可以望见远处白云。

社殿到了。社殿在山顶上。

一望去，山头簇立，云蒸霞蔚。

社殿正中是社公、社婆。左边为七武大神——山中人的狩猎神，还拿着火枪呢。右边是五谷神、土地公、土地婆。社公、社婆上挂雨牌，上面有雷公、雷婆、雨师、风伯，还有道士与龙王。松阳常有干旱，六月又常有洪水，俗话说"六月下雨隔田岸"，山区每个地方雨量不定，乡人便求神来护佑——雨牌成了当地社殿标配。殿里明晃晃贴着大红新对联，我们念出最后的署名："弟子苏见峰。"苏昌法笑："那是我儿子。"原来村里少年长到17岁都要到社殿贴对子表示成人了，今年轮到苏昌法家和另一户人家。

苏昌法从祭篮中拿出整鸡、苹果、豆腐、糖糕、鸡血、米饭和酒。

从左开始，左中右三壁神分别都上了三炷香、两根烛。两边的门神也各上两炷香。

最后他走出社殿，面对巍巍群山，朗朗青天。在地上插了三炷香，此为祭天地。

鞭炮已碎红满地，烟雾高升腾起，整个山谷震响回荡。神应当听见了吧。

从社殿出来，还要去四相公堂。苏昌法边走边说："玉皇大帝让四相公管天下，他听成了管千瓦。所以小庙只有一千瓦这么大。不过四相公也是人物……"在松阳山区，四相公是四色神，亦正亦邪，山里找不到东西，或者猪不吃食没了食欲，统统扔把饭，供只鸡，托四相公解决。

黄山头社殿，
可见社公、社婆上面挂的雨牌

苏氏宗祠内，十八个古老牌位供在壁龛内，
上挂"孝思"大牌匾

古朴苍老苏家祠

　　从四相公堂再去宗祠。话说老百姓宗祠的来历，可有点曲折。商代，祖先崇拜仍未摆脱鬼神崇拜，周代时祖先崇拜伦理化、神圣化。西汉时老百姓不得建祖庙，只能在正屋祭先人，而天子七庙，诸侯五庙，大夫三庙，士一庙。宋代品官才可建祖庙。庶民祭祖只限四代。明初，百姓只可祭曾、祖、祢三代，士大夫才可祭四代。直到明嘉靖十五年（1536 年），礼部尚书夏言上《令臣民得祭始祖立家庙疏》，才准老百姓祭始祖下高祖以上的先祖，民间可"联宗立庙"，在极短时间内，宗祠遍天下。

　　苏氏宗祠重建于清道光二十六年（1846 年）。一反通常朝向，坐西南朝东北，面向整个村庄。也许老祖先要时刻看顾保佑全村人。宗祠占地 270 平方米，是二进三开间两厢四合院。不愧是苏东坡后代，整个宗祠不仅精致，而且颇有文艺气息。

　　一进主厅，让人心头一震！十八个古老牌位供在完整的壁龛上，上有"孝思"大牌匾。壁龛是三明二暗厅堂式设计，肃穆庄严，苍老而堂皇。经历岁月风霜，保存至今完好无损，黄山头人敬祖之心苍天可鉴。

　　不知道"文革"哪一年，是哪家跨出的第一步，是祖先的召唤

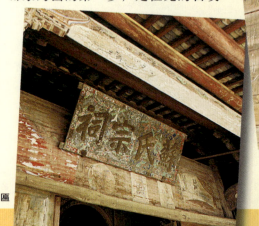

宗祠戏台月窗板
壁上所书的样板
戏演出信息

苏氏宗祠门口牌匾

超越了恐惧？是苏东坡的傲骨在作响吗？在最危难时仍能全村祭祖的宗族自然会拼死保住这一壁祖龛。

苏氏子孙有巧思，一进明间就设戏台，戏台可拆卸，平时不碍通行，月窗透亮精美，为入门装饰。唱戏时，搭上台板，月窗糊上唐明皇游月宫图又成一绝佳背景。

宗祠对联颇文雅切题："四海声名唐李杜，一时文采汉班扬。"

戏台边："千里万途八尺内，万般事业一宵中。"

花窗边："青山樵子唱，绿野牧童歌。"好一个——樵子唱，牧童歌。

最有趣的是戏台月窗板壁上密密麻麻留下了各色粉笔书写的戏团演出信息，前后有六七十年跨度。甚至有1967年演样板戏的消息。

我们依依不舍离开这个充满诗意的宗祠。

香火堂是请神终点
也是人生终点

请神的最后一站是香火堂。

古制，高祖以下祭于室内，后人再将升为高祖以上的先人神主送入宗祠，叫作祧。

始迁祖后一代代聚居形成宗族，有宗祠。到了五代可立房派，到了三代以上五代不到，可立支派，建支祠。三代往下可设香火堂。

香火堂有设家中，更多的是由老祖屋演变而成的单独建筑。

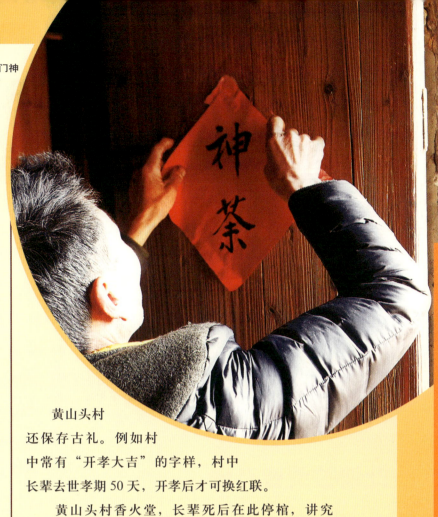

大门上贴"神荼"，代表门神

黄山头村还保存古礼。例如村中常有"开孝大吉"的字样，村中长辈去世孝期50天，开孝后才可换红联。

黄山头村香火堂，长辈死后在此停棺，讲究"棺材从这儿抬出去"。人生消逝如烛灭，唯有香火永不断。

年三十这一天，黄山头的村人们正是这样细心扫除，贴上春联从家门口请年神，再到社殿、四相公堂、宗祠、香火堂，完成神圣的一天。

就这样我们离开了这个人神共喜的村庄，向年夜饭进发。■

宗祠内戏台可拆卸，不碍通行

村内远眺，山头簇立，云蒸霞蔚

除夕 请年神

文·王国慧

"旧岁至此而除夕，新岁自明晨开始。"除夕是中国农历年的最后一天，与次年元日（正月初一，俗呼新年，今谓春节）首尾相连，也意味着开启了新一轮岁时生活的循环。在这个重要的时间节点，除旧布新，以安新岁，是中国各地林林总总礼俗活动的共同主题。宋《梦粱录》卷六云："十二月尽，俗云'月穷岁尽之日'，谓之'除夜'。士庶家不论大小家，俱洒扫门闾，去尘秽，净庭户，换门神，挂钟馗，钉桃符，贴春牌，祭祀祖宗。遇夜则备迎神香花供物，以祈新岁之安。"

此请彼请皆有情

十里不同风，百里不同俗。松阳地方上有一岁祀活动，名曰"请年神"，尤以大东坝镇石仓一带最为典型。松阳人所言"请"，即"拜"，是祭祀的意思。而据我们采访了解，这里的"年神"是泛称，指此时所祭祀礼敬的天地神灵祖先，切不可混淆于民间传说里以炮仗驱避的狰狞"年（兽）"。

至于"请年神"的来历，并无定论。"当夕（除夕）祀神祭祖家人宴饮曰洗尘"。清乾隆年间的《松阳县志》佐证了当时尚无"请年神"之说。但到了民国，据松阳"活字典"何为松老先生的回忆（《民国松阳往事》），"（县城）除夕活动的重点乃是祭祀，包括祭拜天地、社神、侯王及祖宗香火。……午后，各户陆续去社庙以三牲糕点等祭拜社公及侯爷，即所谓的'请年神'"。而松阳县史志办主任洪关旺介绍说，除了这一"狭义"的"请神"环节，民间尤其农村地区的除夕"请年神"，还包括还愿、报成年、祀天神、祭地祇、接灶君、谒宗祠、拜香火等系列祭拜活动。

我们于2016丙申年除夕（2017年1月27日）在石仓六村、七村的走访，也证实了这一"流程"说。即各门各户，从除夕清晨开始，在自家设桌摆祭。然后由男

村民祭拜樟树娘娘，祈求平安

七村曲水边的社庙

丁手提肩挑，携祭品到分散在村里各处的祭祀点一一叩拜后再回到家中，以谢今年之报，祈来年之成，才算是做完一轮"请年神"。

虽然都是以家庭为最小单位的泛神祭祀，但"请年神"与松阳另一民俗"摆祭"的主要区别在于：在"摆祭"里，祭品和祭拜者都是位置固定的，一般是老百姓在自家门口或天井设桌摆祭，请神礼敬即可；而"请年神"却是移动性的朝拜，不仅需要"摆"，祭拜者更需携祭品出动，一一登门去"请"（拜）祖先及各路神。

这样又衍生出"请年神"和以村落为单位举行的大规模"摆祭"的一个重要区别：大规模摆祭中所整合的"请神"环节，多指"请神—巡游—送神"这一完整流程，是摆祭活动的重头戏。一般是将村落最重要的（保护）神祇从庙里请出，绕村一周，既享受各家摆祭之礼，又为村民巡境驱邪，所谓保境安民。届时锣鼓喧天、鞭炮轰鸣，群情激动，场面宏大，确是考验凝聚力的公共事务，非社群共同组织无以完成。"请年神"里请的是神，而"游"的却是人（祭拜者）；行的是拜祭大事，但毕竟还是"家"事，氛围也就相对私密自由些。各户置办祭品，丰俭自治，再提篮挑担，走街串巷，只需诚心叩拜即可成礼。小家大家，两"请"相较，各有花（化）样，但凡有情，总是美美与共。

除夕一早天还没亮，七村的社庙就有村民前来祭拜了

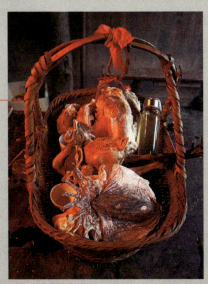

一户人家置办的祭品

来往祭拜的村民络绎不绝，面上都带着笑

石仓源

七村 34 号乐善堂

虽然来历尚存含糊之处，但"请年神"在松阳已属约定俗成，百姓珍而重之，至今乐此不疲，因是"家里事"，也甚少可供"挖掘""打造"的资源空间，反而保持着难得的真切自然的乡土情味。

故纸老屋存遗惠

溯蜿蜒流淌的石仓源（当地的主要溪流）进山，依次是原名"下茶排""上茶排"的七村、六村和山边村。据《松阳县志》和《松阳地名志》记载，茶排之得名源于这山上盛产油茶，茶树排列成行。而六村、七村之名则是因为在 20 世纪中期的人民公社时代，两村曾分别被编入第六、第七生产队，后来，百姓既叫顺了口，也不再费劲去正名了。

这一带位于松阳县南部边界，为今大东坝镇所辖。石仓源自东南向西北在大东坝镇汶水口注入小港，流域内 9 个行政村统称石仓，包括上茶排（六村）、下茶排（七村）、下宅街、后宅、蔡宅、山头、山边、梨树岗和灯塔。各村分布在狭窄的带状小谷地中，共约 6000 人。

近年来石仓以其清代大屋（2000 年成为省级文物保护单位的"石仓古民居群"）和石仓契约的"发现"（详见上海交通大学历史系研究团队发布的系列研究成果）

而在相关研究领域声名鹊起，也成为当地政府所致力打造的"客家文化"旅游目的地。不过对于从这些大屋和故纸堆里能淘得多少精神遗惠，还原出怎样的乡土脉络，拎不清也不耐烦的恐怕不只是一般的大众游客。

石仓人祖上多是由福建汀州府移民至此，当地素有闽汀十八姓之说，其中留下资料最多的当是石仓阙氏。石仓阙姓，据家谱记载是福建上杭县阙氏四世阙志亮的后裔，从明永乐年间至清乾隆年间，历时 300 多年分期分批迁入石仓。其中清康乾年间迁来的阙盛宗一支，正是今日上、下茶排和山边等几个村落的始祖。晚清进士高焕然曾在民国时为阙盛宗之子阙其兴作传曰："公讳其兴，闽上杭人，乾隆四年迁居于松，以忠厚开基，嗣兄四人皆非凡材，孙一十有五各建广厦一堂，茶排遂以成村。"

清代石仓移民大多沿石仓源，由南往北，依水而居，依靠植靛和淘洗铁砂立业。阙其兴三兄弟从上杭老家来茶排谋生，洗砂炼铁，白手起家，后经营铁业及靛蓝贸易，获利甚巨，更开枝散叶，兴修华屋祠堂，不出一甲子，已成一方望族，人称"茶排阙氏"。

从乾隆五十五年（1790 年）其兴之子天有、天开两兄弟建造俗称"九厅十八井"的余庆堂算起，到咸丰元年（1851 年）的 61 年之间，茶排阙氏共建造了 17 幢大屋，

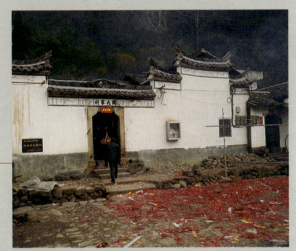

阙氏家祠余庆堂，即盛宗公香火堂

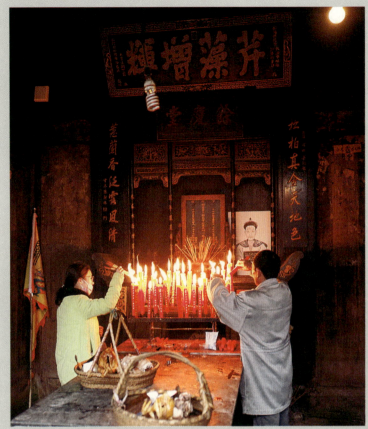

一大早就有村民到阙氏家祠祭拜

即今所谓"省保"的"石仓古民居群"。而即使在当时，乡邻的钦羡也是溢于言表，如竹源贡生叶成章诗云："地方久仰石仓源，远近烟居十里村。直上两边皆屋宇，遥看近处尽田园。诗书子弟文风盛，世胄人家古道存。"

不过，若只读取这番诗情画意，我们很难想象如今闲流野趣的石仓源，两三百年前却是层层设闸，供劳工淘洗铁砂之地。而如今两岸的丘陵梯田，原是当年土法大炼钢铁的矿场遗址，更别提那些乡间矗立的隆隆作响的铁炉风炉了。

出画？入画？当时的文人雅士下笔时是否也和今日面对电线杆、信号塔之类"现代化元素"的乡土摄影家们一样，经历过一番痛苦的审美纠结，才最终通过自己的媒介技术选择，淘洗出了彼此理想的"田园风景"？至于后人津津乐道的关于"腰带水""元宝山"之村落选址"风水说"，我们也不妨稍稍出戏，尝试从当年溪边埋头洗砂的外来"民工"阙其兴的视角，汗流浃背中抬头环顾四野，为自己的移民大计做一番务实的经济学考量。

于是，我们可以重构出另一种风景，一幅阙氏家藏账簿的数字背后所浮现的繁忙景致：每年农历二月、三月、四月、五月及十一月，山民砍柴烧炭，由挑炭工川流不息送往阙家炼铁场——阙彤昌号铁炉，"炉火三月不

阙氏宗祠供桌上满是盛装供品的竹篮

歌"。这里炼出的铁，经石仓源而下，顺松阴溪入瓯江，抵温州，再由温州的供货商转售入江南，从而与18、19世纪中国最为广阔而蓬勃的江南市场相连。

正是基于石仓源的林矿之利，水路贸易之便，加之经营有方、持家有道，阙氏家族才得以迅速积累起巨大财富，兴屋修祠。因此这藏于浙南山地的"广厦田园"，并非今人臆想中男耕女织的桃源。它们曾维系着一个经济生活高度活跃的石仓社会，并构成了中国长江下游工商业链条里充满活力的一环。

提篮走村祀神祖

进山愈深，爆竹声渐次密集。分不清是晨雾还是硝炮烟里，忽然现出了扁担挑子。三三两两村民，大多男丁，手提肩担，提篮里拾掇着祭品祭具，提篮旁又围着各自的孩子，蹦蹦跳跳，帮忙拎香烛提酒壶——石仓米酒在松阳也是有口皆碑的，据说是从闽汀老家传来的秘方，所以祭祀时用的多是各家自酿米酒。

这队人摩肩接踵地一线往水口走。一问是去七村的社殿——和诚社烧香叩拜。再看对岸，曲水旁一间小小社殿，正在浓烟中若隐若现，噼里啪啦的爆竹声不绝于耳。跟着一家父子一路下到水边，过桥，还未进殿，鞭

七村社庙里热闹非凡

担起提篮请年神

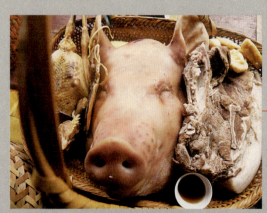

现在生活水平提高了，猪头很抢手

炮已炸到了脚边，再走两步，供桌已顶着脚前。桌上摆满大小提篮，正中的朱漆大提篮里，一只硕大的猪头笑得眯缝了眼。

定定神，去找我跟着的那对父子。那父亲个子虽小，倒是腾挪灵巧的，他坦坦然地把自家略显清贫，但依例周全的祭品摆在了供桌上，又在殿前、对联和主坛上都插好了香来拜拜。少年在一旁帮忙布置香烛，倒酒水，然后烧纸钱，燃爆竹，配合甚是默契。礼毕，父子俩又麻利地收拾起祭品祭具，担起提篮，催我同去下一站了。上坡时，是儿子换父亲来担提篮了，父亲推让了一下，还是递给儿子了。这时父亲把微驼的背也挺起来了，是颇有点自豪的。我看看少年那染成金色的"鸡冠头"，想起之前还曾被我打趣"时髦"，再听他说自己"在外面读中专，只有寒假过年时回家"，忽然有点眼湿。想起钱穆说，"中国人之教……教亲教敬，则重在行。行之真实不虚，则礼是矣"。不由感叹这方人真是知礼的。

祭祀事大，既真实不虚，也要合乎规矩。一位大叔告诉我，祭品的"档次"各家量力而行，但种类务必合乎规制。数目讲究逢单，一般为粮三、肉三、蔬果三。"粮三"一般用糖糕一块（家祭用米饭），豆腐一块（或腐干一叠），索面一把。"肉三"又称"三牲"，畜为猪头一只（或肋条肉一刀，不可用犬），禽为血脏齐全的童子鸡一只（或鹅一只，不可用鸭），鱼一条。"蔬果三"一般是水产（如紫菜或干海带）一碟，山珍（香菇）一碟，瓜果一碟。此外，茶、酒、草纸、香烛、火炮亦是必需之物。而祭品的烹调，最重要的是保持品相完整。如杀鸡（鹅）时不能破膛，仅开一洞以掏出内脏。蒸煮后也不可有刀筷的划伤破相。血一般用碗凝结成型，保持平面圆满，待全鸡（鹅）蒸熟后，还需以其血和内脏端放其上。祭品一般由家中主妇料理，男丁则负责拜祭。

拜祭的程序和路线也有一定规制。据说从前是先在自家摆祭，然后收拾祭品，前往同宗香火堂。等同宗兄弟都到齐后，再按辈分排队前往宗祠，最后才是社庙、山神等处。但我们这次实地调查，发现村民出门后的行动路线已有所调整，基本上是从村头到村尾，沿溪而下：

位于水口的社庙（和诚社）—插花娘娘庙—樟树娘娘及开山土地（樟树娘娘树下又有一开山土地神位）—阙氏家祠余庆堂（石仓共有五处祖堂用此堂号，此为最老的一座）—其他几处香火堂（包括被烧毁后重建为阙氏家风馆的光裕堂、继善堂，以及石仓古民居中最大的一幢"九厅十八井"余庆堂）—位于洋头岗屋后山冈上的乩仙坛。这样的调整从出行来说显然是更为便利的。不过也有村民坚持"传统"，如石仓契约的主要收集人、上海交大研究团队的当地合作者阙龙兴老师。他坚

石仓的插花娘娘庙

村民在樟树娘娘下祭拜

村民来给水井娘娘拜年，感谢娘娘保佑孩子平安长大

村民家门口的供桌

持"请年神"应该是最先去本宗直系的祖堂香火堂，然后才去社、庙、开山土地、阙氏家祠、阙氏宗祠。

阙老师还补充了很多有趣的细节。比如说，所谓"报成年"，是指孩子出生后若"五行"有缺，除了名字里加补所缺的元素外，还常常认老樟树、大岩石、古水井为樟树娘、石头娘、水井娘来保平安。这样的孩子长至18岁（虚岁），在除夕日都需给"娘"身上披红挂绿、摆供品、放鞭炮，以"报成年"。另外"请年神"也需避讳，逢到属"寅"的除夕，需提前祭祀，这也是乡俗所谓"逢寅不祭祀"的道理。而近十年来最大的变化，据他说，随着经济条件的改善，各家各户的祭品越发隆重，祭拜时间也都赶早提前。比如他自己的习惯大概是清晨6点出门，7点到阙氏家祠。这在往年都算是早到的，如今却慢慢落了后。"尤其今年，一到家祠大吃一惊，三四张供桌几乎摆满了提篮，我不仅是晚到的，都快成了倒着数的了。"

吐故纳新有躬行

阙龙兴老师是土生土长的茶排人，"天培公后人"，几十年前才从"大屋"里搬出来。天培公即阙其兴之子阙天培。阙其兴一脉下来有"4个天（子辈），15个德（孙辈），72个翰（曾孙辈）"，于今近300年，裔孙达

3000多人。因此像我这种混在"请年神"的提篮大军里一路随喜拜年的外客，被各种"某某堂"和数不清的"某某太公"所迷路而掉队的情况，也不足为怪。不过阙老师相信，虽然未必拎得清大屋的兴衰来历，但几个村里的阙家成年人都清楚自己的分支和各支香火堂的关系。对他们而言，石仓的景观地图之下生长着的是一棵具象化的家族树。那些在外人看来迷宫一样的大屋，华词佳藻的堂号，对他们来说，却是在一个庞大的亲缘系统里追溯自己生命来源时，所依栖的一处分权，一个港湾，甚至一个转折的暗号。

水井头9号的"大屋"，便是阙老师所说的阙氏家祠余庆堂。这里是阙其兴三兄弟所建的第一幢家宅，也是茶排阙氏最老的一处香火堂（祖堂）所在，是上、下茶排和山边村阙氏居民的共同祭拜之所。此时门前爆竹声不歇，堂前火烛成阵，提篮人穿梭祭拜，祭拜后相互问安，人人面上一派太平欢喜。近亲老友不免就结伴同行了，路上正好叙叙，尤其外出闯荡的，平日总难得一聚。由于六村、七村和山边村这种密不可分的关系，村民的请神路线自然是来往交织，难分彼此。行政区划上的村庄界限，在他们所共有的神灵天地礼俗世界里，此刻已悄然消退。正如人类学家庄孔韶所说："宗族乃至化民成俗的家礼、续谱、乡约等之所以延续下来，先在的宗祧理念，以及亲族团体同生存空间之整合都

香火堂正中悬挂的祖宗像

香火堂内蜡烛高燃，一人正引香准备祭拜

是重要的原因。"

　　而我跟着提篮挑担的乡亲一起走街串巷，和他们一起拜过土地公、樟树娘、五谷八仙、各方神祇，就渐渐觉得这方水土、花草树木都与我沾了亲带了故。跟着人家后生在卵石小路上左弯右拐，忽然被红烛亮红了眼，几进天井里的供桌都燃着高烛线香，层层接应，你跟着登堂入室，走进那些空旷大屋里最深一进的香火堂——往往带着些浓雾般幽暗的空间，曾经是让人望而却步的——而这时整个老屋都是一派清清吉吉，明朗得很，慈祥得很。日光穿透寒气，新折来的柏枝，新写就的春联，你方觉它不只是呼吸着的，它简直是把每个毛孔都打开了，在那儿施施然地换着气，老也老得是活泼泼的。

　　爆竹声喧，人心安宁。站在天井里，看着来来往往给神灵先祖们拜年请安的乡亲，热闹里有自觉的肃穆，也透着家常的亲切。小家小户的礼，是恭敬的，更是亲近的。即使只是客人，在这里同行同看着，我心里也慢慢生起礼敬和爱意来。地缘亲缘、天地人情，皆此心，皆有神，皆有礼。石仓人之请年神，倒真的是以小手笔，做大文章。■

　　（本文采访写作过程中得到松阳县阙龙兴老师、何为松老先生、史志办洪关旺先生、上海交通大学历史系章毅和蒋勤老师的热心帮助指导，特此感谢！）

石仓后宅村社庙里满是祭拜的村民，供桌上堆满装着祭品的竹篮

站在民宅天井里，爆竹声喧，人心安宁

再访石仓

文·李博

2018年2月15日，除夕，相隔整整一年，汉声团队再次来到石仓。

此次重访的一个重要目的地，是2017年在原址重建新开的阙氏宗祠维则堂。维则堂曾是石仓最大的家族宗祠，建成于清道光二十五年（1845年），1972年被拆毁，46年后，宗祠再次迎来新年的香火祭祀。

早上6点50分，我们赶到了山边村。一眼看去，阙氏宗祠的灰瓦白墙还笼在一层薄薄的晨雾里。踏入其中，第一感觉是高大宽敞，前厅、后堂面阔均是五间，左右有廊道连接，中间围合成天井。后堂中间墙上绘着阙氏先祖翊公及法敬公的画像，画像下多砌了一阶墙体，神主牌在上高高安放，再下来是一列排开的条案、五张供桌，赶早的几个人正在祭拜。

阙氏宗祠供奉的是福建、浙江阙氏共同的祖先。翊公于东汉顺帝时任荆州刺史，是阙姓早期重要人物；法敬公是南宋时期人，为阙姓入闽始祖。自清康熙年间，福建上杭阙氏后裔有50多个支派迁居至浙江，其中石仓有10多个支派。阙氏宗祠的建立，将石仓一带甚至松阳、遂昌等地的阙姓支派联系起来，建构起更广泛的阙氏家族。按照传统的祭祀顺序，它是大多数人当天祭祀的最后一站，此时来的人还不多。

我们又返回六村的阙氏家祠，那里已经是人来人往了。阙氏家祠是茶排阙氏最早的第一代香火堂，供的是六村、七村、山边村阙氏在石仓共同的开基祖阙盛宗。当天见到此处祭拜的一个特别之处，是在家祠门外，另设了三张供桌，人们在屋内的盛宗公香火堂拜完后，还要到外面重新摆上供品，敬酒、添烛、上香、揖拜、烧纸、放炮。据一位大爷说，这是在祭拜福建那边当时没有随盛宗公迁过来的一位太婆。

8点钟再次回到阙氏宗祠时，金色的朝阳正照射下来，院门的鞭炮碎屑已积了一层，还停着不少车，不少阙姓族人从松阳县城赶来。不管他们是否已搬迁走，家

2017年重建落成的阙氏宗祠前鞭炮声震天价响

文史专家、石仓契约收藏家阙龙兴老师跟我们在社庙里不期而遇

乡的老屋还在不在，维则堂都包容他们回来追念祖先。里面的人越来越多，不少春节回乡的年轻人跟父辈一起来祭拜，还有八九岁的小孩子像模像样地学着燃香、弓身拜祖先。

沿着溪流，我们又去了后宅村，家家户户也在一地一地有序地进行着当天的仪式。在后宅的溪边，也有几个人在燃香揖拜。一问才知是在拜泉水，以前没有自来水，村民在溪边用石头垒了一口石井，有泉水从中渗出，村民就在此取水吃用。现在虽然已不用，祭拜泉水的风俗还保留了下来。

再往前走是蔡宅村。村口的社庙香火正旺，再看前方的大路上，十几个人正一个接一个从村中走来，<u>或端着托盘，或抬着提篮</u>，里面装着供品，每人脸上都带着笑。蔡宅的两处清代大宅也是村里最大的两个香火堂，听说8点多钟时，支系的人会在此集中一起祭拜，一支有13户，另一支有30多户，人数众多，场面壮观。但遗憾时间已经错过，未能见到。

沿路看来，升腾的香烟、明亮的红烛、各样的供品、老老少少的人群、祭拜时虔敬的面容……一一萦绕在心头，这样一个情境，让人深感温暖。祭神祭祖迎新年，祖宗香火不断，深厚的宗族观念、慎终追远、知恩图报的美德也在人们祭拜的一举一动中传承。■

阙氏家祠外也摆了供桌，据村民说是遥祭留在福建原乡的太婆

父亲带着孩子来到自己一脉的香火堂祭祖

蔡宅村民一路络绎不绝地前来村口社庙祭拜

奶妈和老叔

刘家外孙女帮忙包饺子

奶妈家的年夜饭菜单

据说松阳"吃年夜"必不可少的是年糕（步步登高）、山粉圆（团团圆圆）和鱼（年年有余）。八宝菜、黄米粿、沙撒、面条也是家常必备的。饺子据说是新近几年流行起来吃的。鱼冻、肉冻是奶妈家的传统菜。至于老酒，松阳人素爱自酿米酒、烧酒、红鞠、白鞠，各具特色，或根据各家习惯加入药材配伍，不一而足。

请好年神回到家，家家就都开始准备吃年夜饭了，千山万水也要回家吃顿"团圆饭"，这恐怕是全地球的中国人最顽固的 DNA 了。

"年夜饭嘛，就是要在家里吃。"县文广新闻出版局的杨建明老师把我们一股脑儿捎去他家吃年夜饭，而且是去他"奶妈家"！奶妈家团圆饭！大家都好生激动，顿时感觉走进了穿越剧。

古市

除夕奶妈家的年夜饭

文·王国慧

奶妈家在古市。一进小院儿，一大家人正在忙里忙外。这时杨老师已径自奔厨房——去拜见他的"奶妈老叔"了。奶妈兰汝弟今年 70 岁，老叔刘金水 81 岁，这老两口正在那儿一个包饺子，一个看灶，矍铄得是全看不出年纪来。两人又都个子小小，面容清秀，笑起来带些羞怯，更衬托出眼神里的纯良。老叔"最是个老实人"，通文墨，常帮邻里算账写字，一直被乡里称为"先生"。二老膝下"四朵金花"，再加上个杨老师——"我最有福气了，奶妈老叔都当我是亲生儿子，还多了四姐妹！"正说着，那边就有姐夫们往厨房里搬坛子，是杨老

师运来的"老酒"。据说松阳的老传统是在农历十月酿制米酒，预备过年宴客，称为"十月缸"，又叫"老酒"。不过这坛可是真正的"老酒"，坛口还是用黄泥和稻草箬叶密封着的，松阳古市酒厂出品，20 年未开封。

杨老师本是松阳玉岩人。"我父亲当年在五七干校劳改。我是最小的儿子，家里实在带不了了，就被奶妈帮忙带到她家里来带。那个年代，她可真是不容易。"我们赶忙请二老上座，敬酒让菜，一席团圆。他们始终略带羞涩地笑着，厚道里尽是满足，并不打算忆苦思甜。

杨老师的父亲杨天汉先生是"新中国第一代松阳公

凉菜：卤鸡杂、鱼冻、肉冻

热炒：八宝菜、各色小炒（包括黄米粿、山珍、时蔬）

蒸菜：山粉圆、咸芋头

糕饼：糖糕、白粿年糕、沙搐

面食：面条、饺子

汤：鸡鸭什锦汤

酒：老酒

八宝菜：以红白萝卜丝为主，加入豆腐干丝、腌白菜丝、冬笋丝、油豆腐丝、海带丝、明甫（墨鱼干）丝等凑成八样，寓意八方进宝、万事和顺

年糕：松阳人称江浙地区常见的水磨年糕为白糕，而

把以糯米粉和早米粉一起加红糖蒸制的年糕称为糖糕。如果加入青蓬等，颜色翠绿，称为青糕。不过传统上祭祀和娶亲都要用糖糕，不能用青糕

沙搐：糯米粉做成汤团，煮熟后再放入箩筐里翻滚，通体粘一层白糖和熟芝麻粉，寓意团团圆圆。通常是无馅的，因为有馅料的汤团在滚粉的过程中容易泄漏。也有细心的人家会加馅，比如奶妈家的加了红糖。据说还有加碎橘饼的，想来甜中带有橘饼清香，解腻又提神；橘谐音"吉"，又添口彩，真是巧思

黄米粿：以山间树木"格药柃"与"细枝柃"的枝叶烧灰沥汁，浸粳米至米色橙黄后，冲净蒸熟，再在石臼中捣成团。然后分切小块，趁热将其揉压成扁圆或长条形，便于储藏及日后烹调。松阳山区过春节前，曾经家家户户都要打米粿，众人操木棍在大石臼中一起捣打，十分热闹。食用时常佐以菜蔬、虾米、肉丝、笋干等爆炒

山粉圆：山粉是指地瓜（红薯）或芋头粉。一入冬，松阳村子里几乎家家户户门口屋顶都晒着白花花的山粉，或是颜色转褐、已拌匀或包好馅料、蒸制过的山粉圆。有馅儿的山粉圆里有做成三角形的，也称山粉饺。晒干的山粉圆更方便保存，烹饪方法类似黄米粿

办教师"，一生在山区执教，更在自家就培养出了44位教师，所谓"五代从教"。1990年，杨家被评为浙江省唯一的"全国优秀教育世家"。杨老师爱自嘲说："就我不中用，喜欢吹拉弹唱，没成为人民教师。"其实他谦虚了，吹拉弹唱不也都是美育教化嘛。而他们这些为百姓的吹拉弹唱搭台护驾的，越到节庆越是忙得回不了家，倒也只有这一顿团年饭，是能留给自家的了。而我们能蹭得一杯团圆老酒，吃一顿奶妈亲自烧给孩子们的团圆饭，再收获这么一段情深义重的关于"奶妈"与"先生"的故事，这一席松阳的年夜饭真是"吃"得情义无价。■

年夜饭上众人欢喜敬酒

新年

祭祖

道惠

文·瞿明磊

祭祖唱祝词

当大多数中国人
已忘记如何祭祖时，
一场延续了 600 年的
轰轰烈烈的祭祖正要开始……

松阳玉岩深山中的这座山村，名叫道惠。据当地学者刘关洲考证，"道惠"即松阳方言"椅子"，整座村在山中，如同坐在椅中。有一支谢氏先民，在明代洪武年间从福建莆田迁来，默默繁衍生息了 600 余年，年年在年初一隆重祭祖。我们正是为考察这一罕见的古礼而来，一路山路曲折，山水招摇，乡人早已翘首以待。

一阵鞭炮响起。村中长老们领我们急急走向谢氏祠堂，时间不候人，我们赶到了！一抬头，一座青山欲倒，巍巍乎高哉！谢氏祠堂正坐落在这山前，果不其然，道惠村，椅子村，难怪老人家们说谢氏祠堂背后有大靠山，因而子孙昌盛。

放长串鞭炮

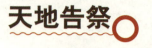
岁时风俗

天地告祭

历代祖宗像前，祭祖的供桌早已摆起，场面之大，虽已有想象，亲眼看到仍不免吓一跳。11对大烛两列排开，代表村中今年添丁与添喜丁的10户人家与一位主祭。15排供品浩浩荡荡，"孔子进庙，每事问"，我们也学起孔老夫子问起这祭品摆放有何讲究，一一做了记录。

原来这15排分别是酒、茶、香橼，生米，海带、香菇、金针菇，橘子，糕，糖，水果，橘糖，墨鱼、鸡蛋、面，芝麻糖，糖糕，米饭、猪腰，猪内脏与面，豆腐，猪首，鹅、鹅内脏，然后便是一坛酒与酒壶酒杯。

玉岩镇老文化员金康法告诉我们：除了前6排供品次序不能动外，其他可以调整。这前6排有说头：香橼意为"圆满"；海带、香菇意为"山珍海味"，又有"斋戒"之意；橘子即"吉利"；糕即"年年高"。

这供桌上初一到初五香火不能断。

宗祠中10副红晃晃的新对联十分醒目，这代表了今年村里有10户人家添丁或添喜丁了。添丁是生了男娃，或招了上门女婿，添喜丁则是娶媳妇。对联会注明是添丁还是添喜丁，让老祖宗高兴个明白。

有副对联颇有趣："祠宗之礼云乎哉，尧舜之道人已矣。"

大门内12坛酒高高低低排成一排，均以红布

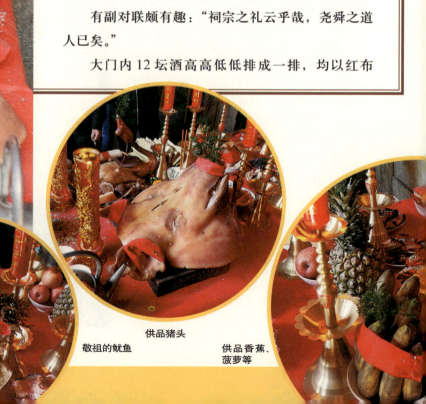

敬祖的鱿鱼

供品猪头

供品香蕉、菠萝等

裹顶。

正当我们还在记录祭品名称时，大门洞开，长老们领着全村当家男人们急速拥了进来……

祭祖开始了。

主祭老人端起酒杯，转向大门，全村男丁也转向肃穆而立，人头涌动，却无声息。

主祭人身略前倾，只听得他声音高亢，急速中带着韵腔。

首先，他向各路神灵与天地祈福：

…………

岁岁太平，日日辉煌，

年年添人口，

日日添新丁，

岁岁贺太平，

大福大贵大吉大利！

每段祝末，全村男人们应和，屋瓦震动。

随后主祭转向，这才面对谢氏老祖宗。向祖先祈福：

一请太公，二请太婆，

今天迎接你，旧岁已去，新岁已来，

…………

世上12头首办起五色蔬菜、水果、豆腐、五色糕饼，

许了5日年间以来日日辉煌，业业发达，

世上个个给他大学读起，个个都是省级以上领导。

保得世上弟子年年添人口，

日日添人丁，

时时增福寿，

岁岁护太平，

大福大贵大吉大利！

祝福完，并不叩首，男人们迅速退出祠堂。几位甲头（村民称选出的祭礼执事，为甲头）抱着沉甸甸的十几盘大鞭炮跑来，从堂内抛铺到外，分别在堂内堂外点起，一时炮声大作，震耳欲聋；不愧是出了名的松阳炮仗，祠堂内外已被硝烟充满，如在云端。

最后一声炮响后，硝烟尘土中，万道阳光照射下来，一片寂静。

这是奇妙的时刻，空空的祠堂中神光穿越。

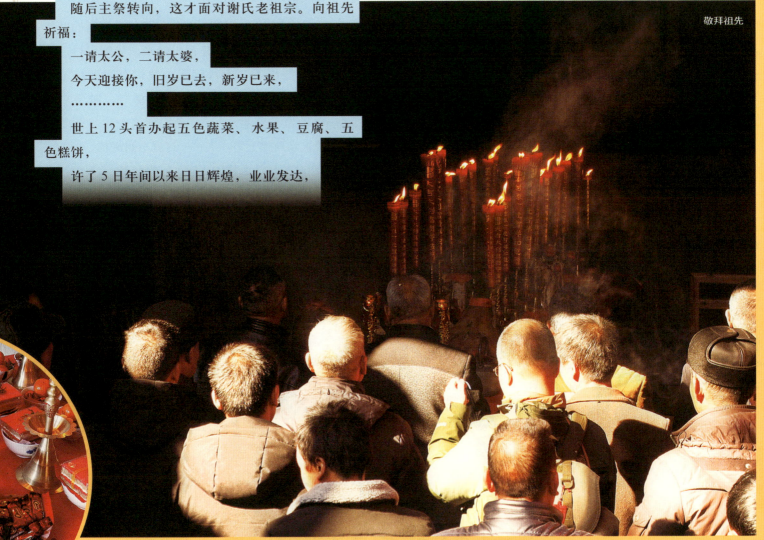

敬拜祖先

甲头与添丁的人家要贡献酒

饮下 13 坛福酒

甲头们静静地擦抹桌子，紧张而虔诚。

随后钟鼓齐奏，全村男丁们开始品酒。

刚刚祭完祖的 13 坛酒^{注1}，分别是 12 位甲头与添丁家自酿的。没有任何菜肴，男人们要喝完这 13 坛敬神酒。

这就是中国"福"字的本意：敬神之酒。而分享敬神之酒便是享福、有福分、沾福气之意，在道惠村这个偏远山村中远古之礼尚存。

我们被请下入座，共尝福酒。执酒甲头笑脸盈盈，坚持我们喝完一碗再倒下一碗，不可混喝。于是我们喝的一碗酒各有酸甜、浓淡、红白……每一坛是每家人的心意，"这碗酸的！……哪家酿的？""这酒好，多喝点。"村人们举盏共评，其乐

融融，每个人声音开始大起来了……

老辈儿坐着，而年轻人们则围站在桌边饮酒。"每年祭祖，我都回来，太有意思了。"一位脸通红的小伙子说。

族长桌前问古，他朗声说："我们道惠村的开基祖是谢满福，祖先从福建莆田搬来，先到谢村，再到这，已经传了二十八代了。我们有谢满福定下的排行诗：满春茂吉金，太叶徐佛一，时学启发增……芳贤传奕世……""我们到这个传字辈了。"他指着祖宗画像上第一人——这就是谢满福。

"谢满福是什么样的人呢？"我好奇。

老人家有点不好意思："我们是老百姓哎，普通

男丁酒宴

的，500年没出过官的，不出官的。"哎，老人家，你可别这么说，世代种田，本分守家，平安延年，没有比这更幸福的。

长老们为我们拿来了族谱，原来谢家可以上溯至谢朓、谢玄、谢安……我们在族谱上也把排行诗完整读了："……芳贤传奕世，振起焕人文，国朝开秀运，丰盈庆如林，小年宜立志，才高功将成，积善遗于后，万代有昌名。"——祖先的祝福真是美好。

在排行诗的序言中，谢氏祖先写道："行第之设，所以序昭穆也，故修谱牒者，必以清行第为首务……行第清而昭穆序，尊卑长幼一问而知，称叔称兄彬彬礼让，不复有僭越之风矣，是以为引。"

13碗酒饮下去了，人人有了醉意，便各自回家用午餐。

癫狂娱社

下午两时许，平静的村庄渐渐响起锣鼓与笛声，一支奇怪的队伍出发了。前面的汉子举着两盏方形彩灯，一盏写着"国泰民安""玉漏相催"，一盏写着"风调雨顺""金吾不禁"。队伍中间是一位打扮成清朝人模样、戴八字胡的小丑，前后是两个10岁左右的小男孩扮演的花姑娘，随后是敲锣打鼓吹笛的村人。妇女老少尾随欢笑，特别是孩子们蹦蹦跳跳，前后来回跑动。

这就是道惠村特有的太平花灯。初一，他们在本村，初二他们会出村在周边村落出灯。初一时他们已向各村发出灯帖，喜欢的人家收了帖，备好茶、酒、鞭炮、红包（一般300元至500元不等），就等他们来家舞动。正月十五，太平花灯回到道惠村，再次舞动，谓之收灯。

花灯队伍首先来到社庙，汉子们先举灯巡回站定。之后笛声响起，在社公面前，丑汉急速摇摆跳跃，做出各种滑稽古老舞步，两位"花姑娘"（他的小妾）则用扇掩嘴做娇羞状，与丑汉呼应起舞。边上有老人在鼓锣笛声中唱太平彩灯词：

一阵歌

一阵歌，一阵锣，
八十公公听唱歌，
八十公公听我唱，
子孙满堂笑呵呵。
…………

五阵歌，五阵锣，
种田郎子听唱歌，
种田郎子听我唱，
一年种田两年禾。
…………

六阵歌，六阵锣，
读书君子听唱歌，
读书君子听我唱，
金榜题名早登科。
…………

八仙歌

四角绫罗不出头，
春山绫罗永不是，
两边青草无人踩，
中间不踩水长流。
王母娘娘到此台，
来此仙台来下旨，
差下八仙到此台，
福寿蟠桃万年春。
…………

曹国舅，曹国舅，
你们家中万事休，
朝中有官你不做，
一心剃发要去修。
…………

吕洞宾，吕洞宾，
手拿宝剑白如银，
天下江南无敌手，
一路滔滔见太平。
…………

太平花灯
队伍游村

太平花灯从社庙出发，先到永兴寺，在平水大王，陈、林、李夫人、关公面前跳动。随后至香火堂、水口清代廊桥的观音阁，再至财神与土地神并列的露天神像前，最后回到社殿。

此时，社殿前锣鼓声纯青，上午举族饮福酒，中午又饮家酿，村民们酒意半酣，加上兴致高昂，也随花灯摆动踏舞。副镇长与村主任互相熊抱点烟，还双双跳起了自编的"金刚舞"，步态憨拙，村民们笑得前仰后合……整村人亲如一家，互相敬烟、闲话、嬉笑。

我们这些远方客也熟络起来，几位老人还拉着我去看村头水口卧跨河面的古柳树，显示本村风水不同一般。

随后锣鼓大作，太平花灯又隆重走进谢家宗祠，来搏老祖宗们欢笑了。

娱完祖后，花灯队仍兴致不减，又再次来到财神、土地神面前欢娱。可怜的小丑与男娃们累得不轻，已换了两拨人了。

"你看！"一位老人笑眯眯地说，"我们村和谐，比较开心，不和谐不会围在一起，一年到头挣不挣到钱是另外一回事。"

这不禁让我想起宋代杨万里《观社》：

作社朝祠有足观，
山农祈福更迎年。
忽然箫鼓来何处，
走煞儿童最可怜。
虎面豹头时自顾，
野讴市舞各争妍。
王侯将相饶尊贵，
不博渠侬一晌癫。

略译如下：娱社祭祖最有看头，……孩子们来回跑着看热闹最可爱了。娱神的人画着虎面豹头，时不时惊喜地相互打量，唱着山曲跳着市井舞步，各自争奇斗艳。那些王侯将相就算尊贵吧，其乐也抵不上那些农夫一个中午的狂欢癫舞啊！

面对道惠村热闹场面，有古画再现、古今穿越之感。

中国人的祭社娱神，初兴于秦汉，传承于魏晋南北朝，兴于唐，在宋代时达到顶峰，曾经是农村最古老、最热闹的中心活动，举村的狂欢日。然而在元代受到打击，统治者担心全村民众聚集，下令禁止祭社，甚至缴毁祭社道具。因此在明清衰微下去。春社在北方变成二月二青龙节，在南方与土地庙城隍庆典合一，单独的全村娱社少而又少。

道惠村太平花灯活动保存了宋代娱社的热闹活力，可以称之为节庆的活文物。这可能是松阳文化成熟于宋，受中央政府干扰较少，因此在偏远山区仍保存了娱社的习俗。

永兴寺内
放炮

放长串
鞭炮

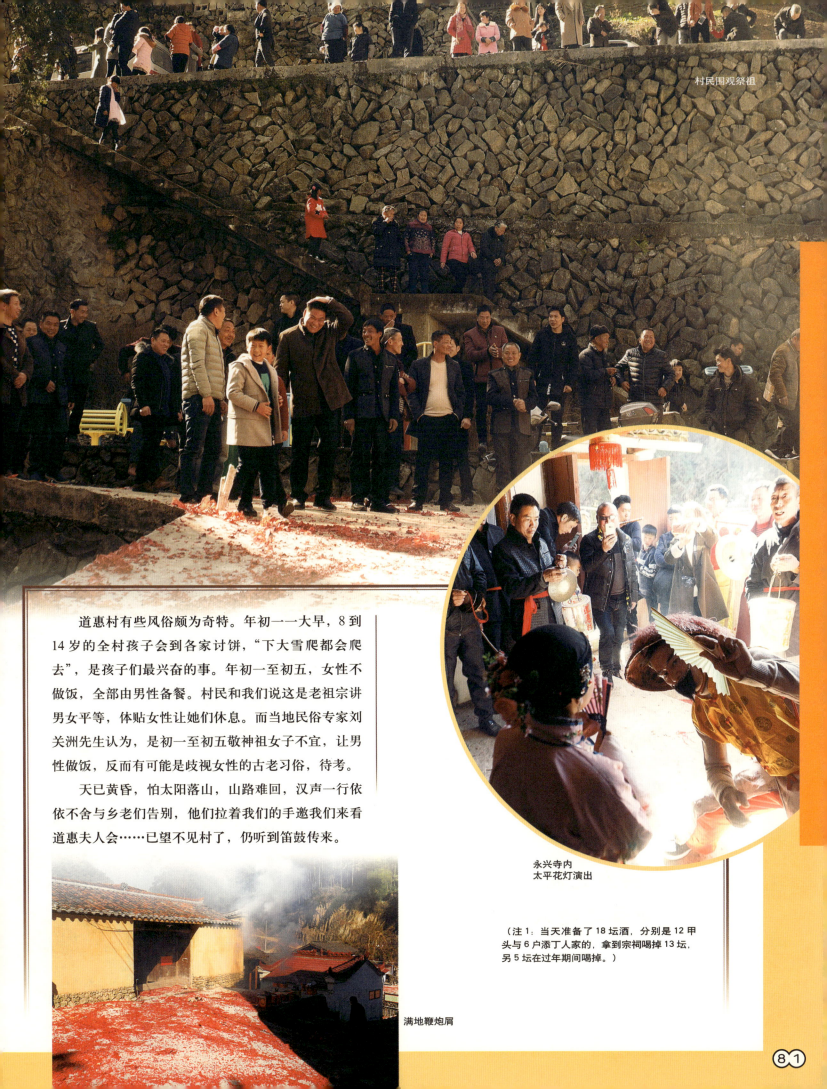

村民围观祭祖

道惠村有些风俗颇为奇特。年初一一大早，8 到 14 岁的全村孩子会到各家讨饼，"下大雪爬都会爬去"，是孩子们最兴奋的事。年初一至初五，女性不做饭，全部由男性备餐。村民和我们说这是老祖宗讲男女平等，体贴女性让她们休息。而当地民俗专家刘关洲先生认为，是初一至初五敬神祖女子不宜，让男性做饭，反而有可能是歧视女性的古老习俗，待考。

天已黄昏，怕太阳落山，山路难回，汉声一行依依不舍与乡老们告别，他们拉着我们的手邀我们来看道惠夫人会……已望不见村了，仍听到笛鼓传来。

永兴寺内
太平花灯演出

（注1：当天准备了 18 坛酒，分别是 12 甲头与 6 户添丁人家的，拿到宗祠喝掉 13 坛，另 5 坛在过年期间喝掉。）

满地鞭炮屑

活文物与祭祖真义

道惠村谢家祭祖娱社有 600 年传承甚至更早。一个本分务农的宗族得益于山区偏远，保得一方太平，也保得自己代代相传的宗族祭祖礼仪，使我们已忘了祭祖的中国人重新看到了祖先的荣耀。这种活着的传统弥足珍贵。

这次采访结识的玉岩文化站站长金康法在乡村工作了 20 多年，他告诉我们，政府重修祠堂，创造空间，而祭祖全部事务由村中长老们决定，这种"民间自力"方式使民间习俗原汁原味地保存下来。

关于中国文化，费孝通先生曾说，"好像把一块石头丢在水面上所发生的一圈圈推出的波纹"。这小石子就是人伦，祭祖是人伦最重要的形式。在春秋时，对祖先的敬畏祈求已转化为致思慕之情的伦理观念。

利玛窦在明代观中国人祭礼时写道："他们并不真正相信死者确实需要摆在他们墓前的供品，但他们说他们之所以遵守这个摆供的习俗，是因为这似乎是对他们已故的亲人表示自己深情的最好的办法……也许并不带有迷信色彩，因为他们在任何方面都不把自己祖先当作神，也并不向祖先乞求什么或希望得到什么。"

慎终追远，"事死如事生，事亡如事存，孝之至也"。

道惠村的古祭祖礼让我看到中国人传统的深情。

在我写这篇文章时，道惠村宗祠那副对联久久在心中浮现：

"祠宗之礼云乎哉，
尧舜之道人已矣。"

献香烛

松阳

元宵闹花灯

文·王国慧

松阳人过元宵又称"闹正月半"、过"花灯节"。一说起"闹花灯",86岁的何为松老先生就特别兴奋。在他记忆里,松阳县城的元宵是从正月十四开始,连闹三夜。"全城街市,架棚悬灯;神祠家庙,结彩设架;沿途街巷,龙狮竞舞;彩灯上阵,鼓乐喧闹,爆竹竞响,全民狂欢。"一个"闹"字,说的正是普天同庆、官民狂欢的景象。明朝时遂昌知县汤显祖,曾打开牢狱让犯人回家闹元宵,在丽水地区至今传为佳话。松阳县城里的善应堂,从乾隆年间开始办"善应灯会",连着除夕时就树立起的"鳌山",那真是远近闻名。此外还有潘祠的大纱灯、丁祠的大珠灯,也是孩子们年年争相去看的稀奇景观。

若是在乡下,年节仿佛就盘桓得更慢些。村里的花灯可以从"上八日"(正月初八在松阳俗称为上八日,是新的一年里出工开市的好日子)就开始预演,有的村里是可以一直闹到正月十三的,更有甚者,就连着闹过元宵节再"收灯"。这倒也应了明代的节奏——据说朱元璋建都南京之后就把"灯节"定为10夜,正是正月初八上灯,十七落灯,整整10日,白昼为市,夜间燃灯,热闹非凡。

元宵张灯习俗来源甚早,可溯至上古以火驱疫的巫术活动。据北京师范大学萧放教授考证,民间正月十五以火把照田,持火把上山等活动,都部分保存了这一古制。后随着汉代佛家燃灯祭祀的风气流播中土,元宵燃火夜游的古俗就逐渐演变为元宵张灯的习俗。又因灯节里金吾不禁、男女老少皆可出门游赏、看戏逛灯、走百病、闹夜,是一年中难得的"狂欢"节。随着城市经济的发展,元宵灯彩越发成为一年一度市井娱乐消费的高潮时段。而在乡村,张灯的主要功能依然是祈福避讳。如唐人段成式在《观山灯献徐尚书》诗序中说:襄城连年丰收,"及上元日,百姓请事山灯,以报穰祈祉也"。

至于花灯的样式,仅松阳一地,那也是花样百出。有龙灯(板凳龙、篓龙、彩绘布龙)、鱼灯(鳌鱼灯)、船灯、马灯、文武彩灯、太平花灯、采茶灯等。各村的灯都自有一番来历,闹起来各有一番套路,一年一度亮相耍舞,若引得口口相传,不免彼此

小竹溪村板凳龙灯

小竹溪板凳龙龙头,上插各种花灯装饰

山头村龙灯

争奇斗艳。这样年复一年地演绎改进，各村都生成了一套自治的规制：如何扎灯又如何舞耍，如何锣鼓再如何巡游，如何组织又如何统筹，如此这般手把手传下来，就成了各村人引以为傲的一门图腾式的集体艺术了。而一个"闹"字，又活泼泼地把花灯、歌舞、锣鼓、焰火、天地生灵都串联在了一起，灯灯不熄，演绎出一套灿烂浓烈的乡土生活样法。

太平龙灯

太平龙灯在松阳当地多称板龙，作为众多的元宵花灯之一，板龙以"俏"闻名，具体体现在龙头上。龙头上插有各色花灯装饰，尤其一只金鸡格外突出，流光溢彩，引人注目。

板龙的特别之处还在于，它是扎制在一条很像长板凳的木板上的，因此又有板凳龙之称。龙头、龙身及龙尾由柔韧的竹条编制而成，外面裱糊绵纸，现在为了重复利用，有些部位会用布，之后彩绘。板龙长的可达上百节，短的也有十余节。编好的龙节固定在木板上，木板同时也是移动巡游时的把手，龙节之间用绳索连接。

到了晚上，每节龙身的前后都要点上蜡烛。游舞时，龙头华彩闪耀，龙身节节相连，灯火映天。长龙游移，花灯焕彩，威风抖擞，蔚为壮观。

松阳龙灯

以竹条扎制成篓状竹笼，底端有木棍为把手，用布匹覆连数节为龙身，布匹上彩绘装饰。这种龙灯灵活轻巧，便于行游，大街小巷皆能通过。松阳各地区的元宵龙灯不尽相同，不同地区制作的形制、长短、装饰略有区别，但共为祈求风调雨顺，五谷丰登。到了晚上，每节龙节点上蜡

潘坑板凳龙灯

下社村鳌鱼灯

鳌鱼灯

传说古市十五里村的祖先明德公原是温州苍南的一位船夫。十五里村的村头村尾各有两棵大樟树，像是两对船桨，而十五里村的村形恰似一只大船。由此，村中祖辈认为，村里不可扎龙灯，因龙腾可致船翻，故仅可扮鳌鱼彩灯。

鳌鱼灯用竹、帛、布等扎制，并有彩纸、彩绘等装饰。百姓视鳌鱼灯为吉祥之物，还在灯上写有"福、禄、寿、喜"等象征吉祥如意的字。每逢节日扎灯舞灯，祈望国泰民安、风调雨顺、五谷丰登、年年有余。表演时每人负责一灯，举柄而舞。随着锣鼓伴奏，变幻阵形，有时欢快畅游，有时呈现紧张战斗场景，形象生动，活泼有趣。

烛，犹如一条条游动的光带。伴随锣鼓鸣奏，烟花爆竹闪耀，人们竞相观看，场面红火，热闹非凡。此灯在松阳还被称为"温州龙"，因早年间在松阳只有祖籍温州的船民舞动这种龙灯而得名。

采茶灯

松阳采茶灯源于福建长汀，具有浓郁的客家文化气息。明代嘉靖年间，松阳大东坝镇蔡宅村的蔡氏先人因战乱迁移至此，并将福建的茶文化带至此，为了庆祝茶叶生产丰收和祈求风调雨顺，每逢佳节便编演采茶灯舞，延续至今。

采茶灯一般由8个女孩扮演采茶女，身着红衣，腰系围裙，手持剪纸图案装饰的采茶灯笼。另有2个男茶夫，1个茶客。表演时伴随音乐，边唱边舞。舞蹈主要有八卦阵、三角阵、一字阵等阵形。表演可从正月初一一直持续到十五，先从村里的观音殿起灯，再到祖先坟墓祭拜，最后才到村内及其他村子表演。

船灯

程路船灯又名玉岩船灯，是松阳县玉岩镇程路村在每年正月演出的一项民间灯俗表演，最早从福建传至松阳。船灯的由来有一个传说，据说一位公主外出游玩时落入大海，为船夫所救。为回到京城，公主一路卖唱，

奢空殿船灯表演

历经波折，终于实现。皇帝感谢船夫，特许民间用舞花船来纪念。

现在的程路船灯在春节期间表演，以祈福、还愿、恭贺新春为主。阵容包括船灯、牌灯、狮子、配乐、演唱等，若在晚间表演，还会专门有人照明。演出时，先到村里的社殿起灯，再到耷空殿，之后才能到各村表演。表演前还要有人到各户人家走一趟，通知船灯要来此家表演，叫放帖。一般各家都会准备鞭炮、蜡烛、红包等放在案上。船灯到后，点燃蜡烛，牌灯在前，狮子随后，再进船灯；狮子再舞一次意为回灯，在这家的表演结束。收灯一般在元宵前后，仍遵循先到社殿祭拜再到耷空殿的仪式。

花鼓灯

以前，逢年过节，农闲的人们就在田头空地用竹竿挑起红灯笼，庆祝一年的丰收，并为来年的风调雨顺祈祷。伴随着铿锵的锣鼓鸣奏，人们载歌载舞，欢腾热闹。这便是松阳花鼓灯。

花鼓灯历史悠久，且来源于农耕社会，风格刚健朴实。一般由5位10至13岁的儿童表演，分别扮演相公、丑角、正旦、花旦及丫鬟。另有伴唱4人、排灯2人、

力溪文武彩灯

分帖1人、提蜡烛1人、插香1人、挑箩筐1人，伴奏主要有二胡和锣鼓。曲目有《大凤阳》《小凤阳》《新年花鼓》《花鼓曲》《八仙曲》《送金钗》等。不同地区的花鼓灯在曲目和表演上会稍有差别。

文武彩灯

文武彩灯又称八美图，表演者一边唱民间小调，一边表演武术套路，故称文武彩灯。表演者主要是10至12岁的儿童，4男4女。4个男孩为武夫打扮，头戴帽子，手执马鞭，身着黑衣白裤，表演劈柴棍、双人棍、花棍等武术套路。4个女孩手拿折扇，身着不同颜色衣服，通常一边舞扇一边唱小调，主要有《十景采花》《十二月花名歌》《清明歌》《扳蟹歌》《青蛙歌》等。

此外表演队伍里还有锣鼓配乐，另有至少4人背灯笼。文武彩灯主要在樟溪乡一带流传。樟溪、古市、新兴一带，流传有众多民间小调，内容以吉祥喜庆、劝人向善、历史传说为主，受到民众喜爱，为文武彩灯的"文"奠定基础。而樟溪乡是一个有着800多年习武之风的武术之乡，村民自古就有习武健身的传统，文武彩灯的"武"可谓得天独厚。■

花鼓灯表演

山边

春节马灯

文·王国慧

竹马平时都收藏在
永城西社的梁架上

"你们也是神了，大年三十就来找马灯，一般都是初二初三过来看娃娃演，那时候最热闹。"我赶忙说："谁让你们山边的马灯远近闻名呢，我们就是想提前来拍拍马屁嘛。"

刚在六村、七村拜完年神，我们就被顺路领到山边村主任王发林家里吃午饭。既然是到了山边，席间自然禁不住打探起了马灯的来路。而颇以厨艺自豪的老王，这时候只忙着招待我们吃他拿手的炸豆腐、家酿的白老酒。"别急别急，马还没'下'来呢。"他眨眨眼，"不过，你们好好吃饭，吃饱了我保证带你们去看。"

上上下下探马灯

老王果不食言，饭后就带我们去探马灯。"这个马灯就是有灵的，能保平安，不然老百姓是不会信的。"怎么个灵法呢？老王说啊，最初是为了"赶老虎"。这村子后的山岭名八角岘，曾经是密不透风的古树竹海。到了明末清初时候，山里的老虎常常下山伤人、糟蹋庄稼，每到太阳下山，家家大门紧闭，人人伤透脑筋。山脚下有户邱姓人家，世代是编织竹篾的。有一天他忽然想出一招，用竹条扎成马头马尾的灯笼，张灯结彩给娃娃扮上，再穿上花花绿绿的戏服，等入夜了就放起鞭炮来敲敲打打跑马灯，试着吓唬吓唬老虎。没想到立即灵验，不仅老虎不来了，当年风调雨顺，村里收成也大好。人人都说这马灯还真是灵。此后邱家就年年元宵节前后扎灯跑马，村民也齐上阵，服装、配乐、步阵，越发精致考究，煞是好看。旁村图个吉利热闹，也常来邀请，慢慢这马灯就远近闻名了。如今山边马灯已被列为丽水市级非物质文化遗产，按档案记录，邱姓家族的马灯表演是从康熙丙寅年间开始的——那也就是公元1685年，至今已有300多年历史了。

说着说着就走到了村里的社庙，永城西社。庙不大，供桌上正燃着拜年神的香烛。老王站在梁下指点着，抬头就看见梁架上存放着两列灯笼，一列是马头，另一列

打头阵的小红马

是马屁股。社庙里的老伯灵巧地攀着梯子上去，提下一套"红马"递给我，"这是最厉害的，穆桂英骑的。出灯的时候，非得这红马先出"。

这竹马灯共有8套，7白1红。每套都是前后2只，马头和马屁股分开，各自连着半截马身，合成一匹。篾骨外蒙着绵纸，贴着剪纸须穗。绵纸虽破旧，身骨倒都很结实，造型也颇形象。前后两笼内都各有一个铁丝箍成的卡座，供插蜡烛用。老王把马灯一前一后提在身上比画了一下："演的时候，前半身马是小娃娃用手拉着，后半身用竹签固定在娃娃后腰带上，再点上蜡烛，就可以跑动了。"为何非得娃娃来演呢？老王说这灯不大，骑马的人若是身高超过一米二，就不相称了，再说戏装也穿不下了。所以演马灯的基本是10岁到13岁左右的男孩，演个三四年长大了，就得换年轻的娃娃来演了。

至于出灯的流程，"我们这里是大年初一'下灯'，下的时候要杀鸡的，算是正式把马灯从梁上请下来。然后是糊马灯，用新纸糊灯笼、剪纸贴花，家家都会来帮忙。糊好之后，这个灯

就不是你手里这样破破旧旧的了，那可是焕然一新。到大年初二晚上就正式出灯了。出灯的时辰是要算好的，出灯前还要烧稀饭，是给马吃的。然后娃娃们驾着马灯，锣鼓唱戏的也跟着，家家户户凡有请灯的，都得进去跑一圈。有旁村请的，还要去旁村跑。这样一直跑到十五就不再跑了。然后得选个好日子，再把马灯放上（梁）去，叫'上灯'，有下有上嘛"。

还好提前来探路，原来这上上下下的讲究还真不少。我们连忙道谢，也跟老王约好，初二晚上早点来看"出灯"。

忙里忙外护出灯

年初二，特地赶在出灯前就来村里找老王。跟着他

准备出发的马灯队伍

村民家人帮着装扮跑马灯的男孩子

左拐右拐拐到一户老宅，远远听见里面吹拉弹唱、人声鼎沸。一进门更是热闹，锣鼓二胡都开练了，几个全套武将戏装的小马灯队员正跟着老师傅走步阵。天井里，有的娃娃刚化好妆，正等着大人给帮忙套马插旗。等不及的，已经扶着头冠和小朋友们追追打打起来。堂屋里一张八仙桌，被戏服杂物铺得满满的。两三个阿婆继续忙着给娃娃上妆披挂，亲友团也各自一圈，围着自家的娃在那儿帮忙拾掇。又有些做后勤的乡里，提着热水瓶小板凳在其间穿插张罗个不停，总之整个厅堂里摩肩接踵，几乎是水泄不通了。

待到终于都装备完毕了，老师傅领小马队排好一溜儿在天井里，数一数刚好是8匹小马8个武将。据说扮的是杨太师、何太师、杨令婆、焦赞、孟良、杨宗保、穆桂英，还有一位是皇帝。这时鞍下的马灯果然是焕然一新，身上的冠带绫旗都是亮闪闪的。不觉天色已经微微暗下来，蜡烛也一一点起来了，娃娃们身前身后都亮起了一圈光晕，把表情都辉映得庄严起来。

老师傅拿准了时间，时辰一到，就在门前放起了炮仗。一时鼓乐齐鸣。小马灯们先在这老宅的天井里跑了个阵式，这才出门。暮色的乡野中，打头阵的是锣鼓班子和两盏太平灯，后面一溜儿星星点点浓墨重彩的小马灯，马屁股还一扭一扭的，魔幻极了，可爱极了。想来当年老虎看到这情景，惊恐里也是有几分喜欢的吧——说不定是因为喜欢了，因而化干戈为玉帛，那也不失为另一种普天同庆了。

按规矩，马灯队要在村里走上一圈的，尤其社庙、祠堂，这些重要场所都要进去跑一圈，配着戏文唱词，以为娱神祭拜。出灯前的筹备期，就有主事的人去发帖，凡有人家接了帖的，要逐一上门去唱演一番，主人相信这是可以驱邪祈福的。这时候接帖的人家户户翘首以待，等到马灯近了，先在家门口放鞭炮相迎，迎进来就在堂屋里表演，演完再送出门去。出门前按惯例要给封个红包，再来一点饼干糖果作为答谢。阙土发老先生是如今山边马灯的传承人，他跟我说，他小时候每年走马灯，就是得几块红薯干，都高兴得不得了的。现在包的钱多了，不过钱多钱少大家也都不计较，主要是村里家家太平就好。

这村里100多户，今年几乎有80户都接了帖。娃娃们今晚要走上40户，明天再走40户，后天还要去隔壁村里。"我们的马灯很受欢迎的"。不过我一听真有点吃惊，这么连番跑下来，那确实很辛苦的——不说唱戏吹打的师傅们，单说娃娃们怎么吃得消跑得动呢？难怪这竹马的体量不能大，戏装亦不能大。

台前幕后传灯人

今晚唱的是《杨家将》，婺剧，阙土发老先生带着徒弟一起唱，有个轮换。徒弟是个不到三十的后生，唱戏是业余爱好，学了3年了。师傅说："得多出来练练。不过最难得是他喜欢，喜欢就好办了。"

"这马灯也是越演才越好看的。"阙老先生说，"早先的唱就是跟戏学嘛，大家都爱看戏。高腔，婺剧，把戏文都搬过来，有扮相有唱腔，跑起来还要有些阵法，这样就好听好看了。我们也是一代代从小被扮上的，套不了马灯了就学唱。以前唱的有《三国》《说唐全传》《杨家将》《漫仙记》《八仙过海》。阵势呢，有大团圆、双下门、插竹子编篱笆、弯弓阵、剪刀架、颠马阵、三角阵、四角阵、五角阵……现在是多年不练，很多人都记不得了。娃娃也没有时间练，临场教的那都记不住，只能先教最简单的，急不得。"

8匹马始终是8匹马，但一晚上要跑几个小时，娃娃们就累得吃不消了，所以就得有个替补。张主任在一旁给我讲解，原来这娃娃兵有4个小队，每队8个人，每年轮着演。以前是由生产队来负责组织的，"文革"期间停办，1978年之后又恢复了。老百姓自娱自乐，自己组织，包括扎灯剪纸、服装保管、发帖收帖、报酬分配，财务都是公开透明的，从无纷争。至于核心的表演部分，确实是不及从前的精彩了，因为学龄的娃娃平时都不在村里，临时学一下就上马，自然是不能深究了。不过现在马灯被评上了市级"非遗"，大东坝镇的中心学校里成立了传承基地，请了老师傅们去教，包括阙土发先生。学生们也都喜欢，尤其是能出去上台表演，就特别有干劲。

听着听着，小马灯队又得转场了，我赶紧追几步跟牢那位"杨宗保"，生怕掉了队。天是越发黑了，跟在一步一扭的亮闪闪的马屁股后面，纸剪的马尾抖来抖去，暖心极了，俏皮极了。我这时才有工夫来思忖这马灯里的巧思：竹篾骨的灯笼因为轻灵，故能随着娃

娃的步伐自然抖动，娃娃演起来省力，观众看起来又生动。而灯笼的体量结构，包括绵纸的糊法、剪纸的装饰，都是经过一番实践修正的，不然不会这么刚刚好——既保证防风透气，又不至于因娃娃的动作过猛而造成灯笼破损或走火。而应和着观众们的需求，马灯的演艺样式逐渐复杂化，出灯时间也逐渐延长，所以灯笼务必轻巧又结实，行头既要隆重又不可拖沓，这些都限制了表演者的身高，也促成了轮演接班的表演和传承方式。

踩着锣鼓点子，小马队一颠一颠地行在路上，此刻迎面的风里带着雪气，好在戏服如铠甲，里面塞着毛衣，娃娃们不至于受冻。我往旁边看看，饶是涂了油彩，小脸庞也是一个个都冻得发紫了。想起老王说，这马灯送到谁家里，那都是保太平，国泰民安。我也自豪起来，感觉自己真是沾了光，一晚上马不停蹄送太平。

其实呢，不管手艺再工巧，身前身后兜着个燃着烛火的竹灯笼在那儿跑动着，都得小心才行。所以每个马灯旁都跟着个帮忙照看的家长，更有位后勤老伯，拎着兜蜡烛跑前跑后，凡有灯笼熄了火，或蜡烛不够的就赶紧给补上。这里的人都说这马灯里的烛火是不能熄的，一旦熄了就得补上。然而他们又不愿意学他处流行的便宜法子，比如用电灯泡来代替蜡烛，塑料布代替绵纸。他们宁愿麻烦些，宁愿守着老规矩，竹马古装、明火蜡烛，因此而忙前忙后勤看护着，觉得这样才是心诚则灵。■

点燃蜡烛

负责后勤的老伯

徐郑村桂花亭
传承人郑水亮（前）

元宵踩街活动前的徐郑村桂花亭

当苍老的喉咙响起，二胡声咿呀。郑水亮的柔情便在天地间铺散开来……

徐郑

桂花亭 艺人郑水亮

文·艾天马

当苍老的喉咙响起，二胡声咿呀，郑水亮的柔情便在天地间铺散开来……

桂花亭是当地的情歌。歌手坐在轿中，被抬到人家的中堂，隔着花轿的花帘，那歌声悠扬而出时，家人静静地听，有时会羞红了脸。

原先表演是没有媒婆这一角色的，也没有走动，全要凭歌手的喉咙把小调送进你的心坎。1949 年以前是从正月初八开始一直到正月十五，之后桂花亭花轿抬进社庙中堂后便放上两个板凳不动了。

1949 年以后，则从初二就开始了，先在本村唱，再到外村唱。到了一个村庄先在社庙唱，把神仙唱得羞红了脸。再进一家家唱，每户人家是有红包的，红包大，唱得时间长。唱得好，人家再加红包。一家家唱完还是要回到社庙谢神。

1982 年之后，因为要踩街，才增加了媒婆，增加了可看性，桂花亭才游动起来。现在桂花亭 4 人抬轿，媒婆扮丑角，时常挥动长烟斗插科打诨，轿中人边走边唱，还有乐队随后，变得热闹了起来。可是要记住，桂花亭本来便是幽幽唱一曲情歌的民间艺术，正在细微处动人心魂。

郑水亮正是这样一个最后的桂花亭艺人。

他喜欢桂花亭，人又聪明。从小家境贫困，只能雨天读书，晴天砍柴，这考试如何考？孩子便逃考了。父亲拿着棍子追来，孩子据理力争，终于可以白天读书，早上晚上放牛砍柴。郑水亮记性好，当了五年级、六年级的班长，还当上学生会主席，语文是 99 分。书停停读读，19 岁才小学毕业。

穷人的孩子早当家，郑水亮成了生产队大队长。24

女丑夸张的表演通常最吸引观众的眼光

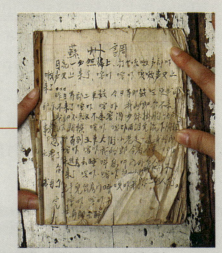

老艺人收藏的民间小调手抄老词本

岁时，他把桂花亭老艺人孟人昆请来教队里年轻人，别人没学会，他整整学了一年，第二年便能教别人。他又向第二个老师学习，这位老师叫周华发，是当地乡绅，原是国民党员，老人家107岁时还能唱桂花亭。

郑水亮学了30多首曲子，唱了一辈子。

桂花亭只在春节时唱，平时是不唱的。

他教了很多学生，把桂花亭传播到许多地方，本村的几个女学生却还唱得稚嫩。

唱的人少了，过去轿中是男"女"两人对唱（一般两男分扮男女角），如今便只有一个歌手。

毕竟年岁已大，他自己唱时还会忘词，解嘲说："有些紧张，人多又仓促。"

台湾有个弹月琴唱民间小调的陈达老人，唱《思想起》惊动了全岛文艺界，郑水亮便是松阳的陈达。

汉声拍下了老人家完整的歌本，且让我们听一首桂花亭吧：

"美貌娇容桃花脸，十指尖尖三寸小金莲，颠倒颠进花园采一朵鲜花来插在发边，插在发边。

"插在发边，转身一步上南楼，抛打绣球墙外书生，不出声卖风流向前的一步打个回头吓。

"打个回头抛打绣球，懒绣花，手着琵琶呐唱剪上花绣楼吓……"■

元宵当天桂花亭已装点好准备出动

一早将供品送往社殿的村民

村民们送来的各种祭品

"千家敬神在坦殿，绕村锣鼓震天炮。"

这是全国独一无二的祭祀活动：坦祭。大竹溪村民们世世代代守着这个风俗。一般来说一村一社或两社，而大竹溪大村落分为 8 个坦分别祭社，坦是宋代时浙西南区域的一种行政单位。通过抓阄决定每户祭品，每个坦殿中摆满上百种祭品，全是村民们每家花心思，争奇斗巧的敬神杰作。一个村 7 个祭坛，简直是祭祀狂欢，夜晚，人们打着热烈的太平花鼓抬着陈十四夫人、太尉大王巡游，每个坦把炮仗放得酣畅淋漓……"传统意味着传递火种而非崇拜灰烬"，古祭祀之火，在大竹溪熊熊燃烧。对大竹溪坦祭的研究刚刚开始，有许多谜待解开。

大竹溪

元宵 摆祭

文·翟明磊

松阳大竹溪村平时没有游客，是个安安静静的村落，一到元宵节却截然不同，一场人与神的狂欢开始了。

这狂欢中却有许多未解之谜。

祭品大比拼

松阳传统村落祭祀中，大竹溪摆祭是最独特与悠久的。一般来说祭社，一个村就一个社，最多是上下社，而大竹溪却分为 8 个坦来祭社。上一年的正月十七，这儿每户人家通过抓阄找到了自己要祭神的祭品。这些祭品的名称千奇百怪，例如有一种叫"黄宅尼"（即黄雀儿）。这是神的旨意，人们必须想尽办法找到。

大竹溪有 2000 多人，500 多户人家，便有 500 份祭品，人们在祭品上想尽心思，别出心裁，争奇斗艳。摆祭追求的是品种多，完备。当地人认为稀有品种越多，兆头越好，来年更加风调雨顺，子孙平安。准备一份独特且出乎意外的祭品成了全村人的大比拼。

这份神前比赛甚至是村际的，松阳还有一个小竹溪村，也是以元宵节前后摆祭出名。据说这两个村的比试从起村名就开始了。当年两个村争"大竹溪"之名，官司打到处州府官那儿。府官是个读书人，倒也颇有趣，提出："你们把各村竹子扛一根来，哪个大，村就

村民布置石桥坦社殿对面的会堂作为摆祭场地

在熨旗子的村民

叫大竹溪。"小竹溪村民老老实实砍下村里最粗的竹子，七八人抬来，知府大人叫一声："好大！"大竹溪人则找来一片大箬叶："老爷，你看我们一片竹叶就这么大了，竹子太大了，扛不动啊！"知府大人揉揉眼睛，嘴巴半天合不拢，把"大竹溪"的名字判给大竹溪。有趣的是两个村都认同这个传说。小竹溪摆祭以供桌长见长，大竹溪以奇见长，可谓一时瑜亮。人们开玩笑说：从起名开始，两个村就掰上了，还要在摆祭掰上上百年。

2017年正月十三，汉声一行走进大竹溪。此时，各家各户正紧锣密鼓地在准备祭品。

老人蓝根土向我们介绍了坦祭的规则。大竹溪村有3个行政村：竹溪村、市口村、新溪村，共有8个坦。坦祭，当地人叫摆祭，元宵时在每个坦的坦殿进行，从何时开始的老人们就不知道了。只知康熙年间，书中已有记载。每个坦每年选出8个头首负责祭祀，头首是按各户轮排的，而每个坦又有坦长与会计，是固定的，人们推举产生的，一般由德高望重的老人家担任。坦长负责各坦事务，比如说各家建房划地、催收祭款、整修祠堂，却不负责生产活动。上一年正月十七收灯后，向今年选出的8个头首移交祭祀事务，同时将祭品写在上百张纸条上，揉团让每户抓阄。每户的祭品都不一样。为了寻找祭品，人们可能花上百元的路费找到价值只有几元的祭品。正月十四下午3点之前，各家必须交上祭品，否则要认罚（一般是罚买鞭炮）。每坦8头首组成的小组不仅要执行祭祀事务，还要出资办9盘头：猪头、鸡或鹅、索面、糕饼、年糕、蔬菜、墨鱼，以及其他凑

太尉神像上轿

制作姜太公钓鱼供品

供品姜太公钓鱼

成9盘。各坦摆好祭品，挂好花灯后，正月十四晚8点，全村请陈十四夫人下庙来巡灯，正月十六晚8点又请李太尉来收灯。

听完介绍，汉声小分队好奇心大起，忙去村中探个究竟。

刚进村中，迎面走来一位双手捧着盖红剪纸糕面的喜盈盈的老人家，他正把做好的供品送回家中。

申亭坦的潘土根家中热气腾腾，他刚烧了桶热水，正在给鹅拔毛。他抽到了这个祭品，花了上百元买了只大鹅。

在一户人家略显昏暗的厨房，一对老爷爷老奶奶正在做一件怪事，只见老爷爷把一只鸡竖在盐上，装上鸡肝、棉絮，没多久，一个"姜太公"活灵灵出现了。"你们这么聪明，神会保佑你们老两口好福气！"老太太不好意思了，忙着摆手。原来她抽到了鸡，不会做"姜太公"，便请72岁的邻居大爷叶关土帮忙。

咦，冬天怎么还有桂圆树？走过一户人家，我们吃了一惊。主人王美钗出来了，有点害羞：原来这是她想出来的祭品，把桂圆一颗颗扎在茶树枝上，把我们给骗了。这可是她的首创，53岁的王美钗不识字，连"钗"字都写不出，却有颗爱美的心。

独钓寒江雪，桂圆茶枝放。大竹溪的村民真有诗情画意。

刚进石桥坦，村民神秘地招一招手，要带我们看一件准备了一年的祭品，一件秘密武器。

走进院子，这个祭品有一人多高。好家伙，是个惟妙惟肖的水碓模型。严春华是位76岁的老木匠，为了

众人赞叹的水碓模型

下项坦祭社殿内的龙

摆祭，他花了一年时间，组合了近千个零件，构成了这个有水便可全体运动的水碓房。我们睁大眼睛：太棒了，连房中的烛灯都依原样缩小复制，对联上的小字都一丝不苟，30多个机关，一开水龙头，水便从竹筒进入轮盘，带动杠杆、磨粉、舂米……一座水碓房就开张了。可惜主人不在，我们悄悄掩门退出。

社公为何都是龙

探访中，汉声发现一个奇怪的现象。大竹溪人坚持说坦殿供奉的是社公，即社神。但我们走进7个坦殿，并没有社公牌位或神像，<u>大多供奉的是一条龙</u>，最典型的是宗宅坦，松阳厅堂正中的月窗后一般是供奉祖先牌位，而宗宅坦月窗后是一条腾云吐雨的龙。

这和松阳其他地方的社殿完全不同。这些龙盘旋在我们脑海，让人百思不得其解。村人说这是向龙祈求风调雨顺。但这很难解释为何连社公牌位都没有。

最后我们在日本找到了答案。

汉声黄永松先生与日本最古老的法隆寺大木作师傅（日本称栋梁）小川是好朋友，小川的老师西冈常一大师已去世，他曾说："青龙即句芒，指的是春天草木发芽的时节，它是东方的神灵。"主流学术观点认为句芒、勾龙是两个神，但也有一说，句芒即勾龙。芒是龙的先秦古音（《春秋元命苞》《左传》注），是主草木和各种生命生长之神，木神，春神，也是主农业生产之神，古代之社意义正在于此。《白虎通义》："其神句芒者，物之始生，其精青龙。"社最早祭木，祭生长，祭农业神。所以凡有

社之处，常有社树。青龙是句芒之精，龙可能正是已被遗忘的古社神形象。

世界文化遗产法隆寺建于隋，其建筑受到中国南北朝建筑影响。而在唐大中三年（849年）竹溪便有了叫新兴寺的寺院（后改名觉宗寺），市口村原名寺口村，便因此得名。现在大竹溪几大姓，潘姓据族谱记载是于宋太祖乾德年间（963—968年）移居大竹溪，叶姓在北宋定居于此，萧姓则是在南宋从福建移民过来。而坦是宋代浙西南的行政划分单位。我们推测：坦祭是否可能是宋代或更古老的社祭遗风？

对大竹溪古老坦祭的研究刚刚开始，我们期望更多发现。

千家祭品供神前

正月十四日晨，我们第二次来到大竹溪。迎着晨光，各个坦的头首们正忙着架梯挂灯笼。

大竹溪处在松（阳）龙（泉）古道上，自古是出县城南门后，古道上的第一重镇。大竹溪呈S状穿过整个村庄，水流清澈，处处可见女人们在溪中洗衣服洗菜。8个坦沿着溪流分布，顺水流方向，分别是市口坦、双坑坦、后村坦、宗宅坦、毛宅坦、石桥坦、申亭坦、下项坦。大竹溪因而有松阳水乡的美名。

家家户户正在最后装饰祭品，送去坦殿。

下午，人们都来看摆祭了。各坦各使解数，把每个坦殿打扮得美轮美奂。

申亭坦，坦殿是露天的行亭，但是人们拉上布帘，

老人先在盘中用手指蘸蜂蜜写字，再撒芝麻

石桥坦老人用蜂蜜与黑芝麻写字

大竹溪摆祭相关
庙、殿位置示意图

申亭坦社殿

石桥坦社殿

宗宅坦社殿

后村坦社殿

市口坦社殿

下项坦社殿

双坑坦社殿

太尉庙

市口坦社殿内景，摆放着社公的令旗、大印

已不存在的毛宅坦社殿原址

挡住了寒风，颇为温馨。大家携儿带老，点评欢笑，抱在怀里的孩子睁大眼睛，被供桌镇住了。大家守着自己的坦殿，其乐融融。

石桥坦，坦殿在石桥边小屋中，摆不下供桌，便在对面会堂中设祭，反而搞得最隆重。老人家先在大盘中用手指蘸蜂蜜画字，一撒芝麻：国泰民安，风调雨顺，合坦平安……16个大字出来了。社公的令旗、大印，都摆放出来。龙旗斜插在两边厢房，供桌之后还放了一个古老的案盒，前后分别是双龙戏珠与双凤朝阳，盒盖一周雕着八卦，盖顶是一只雕刻的狮子。

太平锣鼓敲响，主祭人65岁的周关根念念有词，经多次扔筊杯，得到9次连续的阴阳。神同意了！石桥坦人喜滋滋地把代表社公的石香炉搬进设祭的会堂。石桥坦是大竹溪的大坦，这回特意准备的祭品大水碓开动了，男女老少围得水泄不通看这稀奇之物。

这回终于见到制作人老木匠严春华。"您为什么要做这个祭品？"我们请教。

老人家庄重地说："水碓我50岁时还见过，现在没了，村里45岁以下的人没见过水碓房，我做这个要告诉年轻人。百年之后，他们还知道百年之前，木匠是怎么做的，还知道有这个东西。"

宗宅坦是大竹溪最大的坦之一。也就是在这个坦，有户村民，连续三年抽到叫"黄宅尼"的祭品，苦了他买了猎枪，满山遍岭打鸟。这种鸟被列入国家保护动物后，这个祭品很难弄到，有时用鹌鹑代替。但祭品百年不变，今年仍有"黄宅尼"，人们办不出来了。"黄宅尼"

虽然没办成，宗宅坦仍显出"泱泱"大坦的气魄，祭品新奇独特：有猪肚、猪肝做出的甲鱼，让人吓一跳，以为真甲鱼上了桌；还有甘蔗组装的甘蔗屋，最见机巧。

市口坦在大竹溪最上游，有明代的包杰进士牌坊。包杰不是本村人，为何会有牌坊在此？传说当地有个土财主看不起过路穷书生包杰，称"你要能中进士，我就给你修牌坊"。结果包杰一鸣惊人，财主只好推翻自己大宅一角，盖了这个精美绝伦的牌坊。今天牌坊上张灯结彩。市口坦最透明，把所有祭品名、供祭人贴了个大红榜，正好方便我们研究！汉声同事镇豪与国慧绕了供桌无数圈，一一拍照，终于把祭品名与祭品全对上啦。

双坑坦与宗宅坦并列大竹溪最大坦，它的坦殿古朴，也是最大的。

下项坦最小，只有10户人家，但他们也准备了9盘头供奉在社公前。

后村坦是大竹溪最古老的坦，大竹溪的先民首先在这儿定居。这儿的坦殿建于乾隆年间。村后紧靠农田，景色很美，全村古老的大樟树也在此，元代时就有诗人尹廷高写过一首《平远亭》：

野水漫漫接白云，
凭阑转觉兴撩人。
一川芳草青无际，
数点遥峰淡不真。
烟树夕阳开画轴，
风帆沙鸟伴吟身。
个中尽有闲田地，

夫人神轿前鞭炮声大作

夫人神轿向双坑坦社公颠轿致意

何必桃源更问津。

坦中居民七八人坐在坦殿闲聊，虽然没其他坦热闹，但也清闲自在。

在大竹溪8坦中，只有一个坦的居民们神态有些落寞。毛宅坦的坦殿没有了。毛宅坦有48户人家，原来的坦殿在"文革"时改成供销社，后来卖给私人，坦里找不到其他路边的房子做坦殿，坦祭只好停了。

毛宅坦老人肖大福说："没有地方摆祭，别的坦也不愿接收。如果有，最好了。坦殿要在弄口，我们坦人都老实，（老殿）要不回来，现在只能在天井里拜香火。"

我们又问隔壁坦的老人周关根："为什么不让毛宅坦合并到你们坦祭社公？"他摇摇头，这么回答："你的家不可能迁到别人家中，就是这么个道理。"

世世代代，他们按照祖先所在的坦进行祭祀，让自己心灵有所归属，这个规矩没有人愿破。

迎神放炮如战场

晚8时，太尉庙鼓乐大作。陈夫人出巡了！

夫人出巡的禁忌是不能走回头路，所以基本上是沿着大竹溪各坦巡游。最前面的是整装的腰鼓队，由二三十位姑娘大嫂组成，寒风中她们衣着轻薄，"咚咚锵"一路打下来却热气腾腾。抬夫人的是4个年轻人，步子轻快，替换者同时跟进。老人家与妇女则扛旗打灯，其中有两位大叔手捧香盘，里面燃着香木。大竹溪的太

摆祭摆些什么？

采访当天牌坊上张灯结彩。市口坦最透明，把所有祭品名、供祭人贴了个大红榜，正好方便我们研究！汉声同事镇豪与国慧绕了供桌无数圈，一一拍照，终于把祭品名与祭品全对上啦。

杨梅

大尾

黄宅尼

兔字饼

白杨梅

平锣鼓队紧跟其后。

每到一坦殿前，必是鞭炮迎接，这鞭炮真正让我们见识了疯狂二字。整个放炮点如同战场，每坦比拼谁的炮点得响而长，当中还有几乎不间断的冲天炮与烟花。只见硝烟弥漫，炮声震天，让人大吃一惊的是，在狂轰滥炸中，每个坦的点火人（多由壮汉担任）戴着头盔、头灯，不停地在弥漫的烟雾与爆炸中俯身窜跃，铺抛并点响新的炮盘，如同战场上冒着炮火冲锋的战士。结果炮声越来越响，渐渐只能看见点火人的头灯光柱闪亮，整个人已埋在烟雾中。两天下来，我们摄影师刘镇豪的专业相机在"炮声"中震得失灵了。每个坦多的拿出了八九千元来买鞭炮，有的一放半个小时，便有路上好心的街坊打开自己的家门，让大家来家中喝茶吃点心，等待"炮火"结束。太平锣鼓队则停下来即兴敲奏，村民们伴着鼓点也开始跺脚跳动，一边取暖一边自乐。队伍继续前进后，"点火英雄"们已经是身上火星点点，烟洞处处。

高焕然总编的民国《松阳县志》记载："松俗好放火炮即爆竹，一以申敬，一以解厌，元旦、元宵倍多，除夕更甚。除夕之夜，历历烈烈，炮声震天，几于连村接巷，无不闻之。统计耗费，盖亦不少，此亦消耗品之大宗。"这回我们可算见识了松阳烈炮。

因为敲得酣畅，太平锣鼓传承人肖大福大爷（80岁）两根鼓棒敲断了一根，老人家索性一扔，用单根敲来，鼓点仍然猛烈，丝毫不弱。在我们年轻人看来，老

人家们颇有摇滚乐的劲头。

陈夫人队伍每经过坦殿，全坦的人都会来迎看，抬轿人故意让神轿倾侧向坦殿颠轿数次，以示陈夫人看灯了。灯火玲珑，众人欢笑，不知今夕何夕，其乐何如。

汉声同人们全程陪同陈夫人行进，我甚至试着抬了一段神轿。迎着众人急切的目光，我真实感受到以陈夫人为载体与结点，大竹溪人的兴奋、祝福，他们彼此的爱意汇集融合起来，又彼此分享、安慰，联结了乡亲邻里，是乡野中纯朴与长久的信心。

我注意到陈夫人神轿经过毛宅坦已弃用的坦殿旧址时，花轿仍停留侧颠，人们在旧址上了三炷香。

家家分烛取神光

在整个队伍后面有一个默默的老人，他举着一大捧蜡烛，不停地用手护着火光，用身体挡着风。他似乎是整个队伍中最冷静的人，他是——分烛人。家家户户的男女主人举着香烛守在家门口，从他手中笑眯眯地换得有神佑的火烛，点在厨房或案前。

老人叫潘荣信，已经义务做了五六年的分烛人，他是不能让神烛熄火的守火人。一晚下来，他的裤腿上满是点点烛油，手上也是火泡与烟斑。老人家很虔诚也很开心，我与国慧陪着他走了一晚。

最后陈夫人的队伍回到徐尉大王庙，庙内灯火通明，老奶奶们

老人与村民交换香烛，满手满身都是烛泪

猪脚

生日蛋糕

紫薇

猪肝

活鱼盆景

已泡好一碗碗土茶让人们休息。

锣鼓队也回家了，他们仍兴致未了，一路打回，精神抖擞。

正月十六日晚太尉巡村，也是收灯时间。全村再次炮声隆隆。汉声组又全程陪伴。按旧俗应是十六日晚12点前收灯。现改为十七日凌晨收灯，并抓阄决定来年坦祭的祭品。

大竹溪摆祭的民众狂热与参与度是罕见的。音乐家马勒说："传统意味着传递火种而非崇拜灰烬。"大竹溪坦祭则可以说是古祭之火仍在熊熊燃烧。为什么会有这样活着的、生机勃勃的传统祭典。我们分析：一是门槛低，每户人家供献一盘祭品，便可以全家参与，全民参与。二是很高的参与度。三是宣泄度高，通过摆祭、看灯、锣鼓、巡神、放炮，人们的情绪得到高度宣泄与提升。四是竞赛性，虽然不明说，但大家通过走坦看灯，心里都有个比较，今年哪个坦祭品好，哪盘祭品有创意，极大调动了人们的供祭积极性，提升了趣味，成为老少皆喜的活动。五是在地性，大竹溪与小竹溪形成鲜明对比，小竹溪不断加长供桌，最后形成游客众多的民俗景观，而大竹溪摆祭完全是为本村人与松阳人（会有外村的松阳人专门来看灯）提供的，保证了习俗一代代不走样。本村各坦的人通过摆祭加深邻里情分与团结，他们享受的不是景观而是祭祀的真味。不知道大竹溪哪位祖先设计了这么有活力的祭仪，亲切而庄严，我们真得谢谢他。■

队伍前的捧香老人

贴在市口坦社殿门口的供品及负责人员名单

脐橙

火龙果

青干

猪尾巴

海参

猪心头

银猴桃

荸荠

红香菇

民间习俗的热闹有声有色，说到声，一定少不了民间器乐的吹拉敲打。在大竹溪村元宵摆祭中，一路入耳不断的是竹溪锣鼓。

竹溪锣鼓

文·李博

村里老人说，竹溪锣鼓是唐朝时传下来的。大竹溪村头有一座太尉庙，供的是唐朝时出身本村、为民救苦救难的李太尉。每年元宵节期间，村里共同祭祀，迎接太尉和陈十四夫人神像到村中巡游时，村民自发组成锣鼓队跟在后面，就是竹溪锣鼓的雏形。

另据1996年出版的《松阳县志》记载："竹溪锣鼓始于清初，由民间多种锣鼓调折变而来，略懂音律的艺人将其归纳成曲，在元宵节迎龙舞狮、扮台阁和婚丧喜庆时演奏，流传于大竹溪村等地。"

民间说法不一的情况很常见，确定的是，百多年来，竹溪锣鼓与当地各种民俗活动相生相伴、紧密联系。元宵节临近，大竹溪村家家户户都在为祭品进行最后的忙碌，竹溪锣鼓的新老队员也在一座老宅内紧张排练。

一辈子的"锣鼓精"

肖大福是目前锣鼓队最老的队员，精神还好得很，手中一对鼓棒快速击打，都敲出了虚影儿。他1938年出生，太公、爷爷、父亲都是村里有名的锣鼓好手，到他这里，也当了一辈子"锣鼓精"。

幼年时，他常听父亲讲起竹溪锣鼓的辉煌：那时全村8个坦都有一套完整的锣鼓队，过年时村里要扎一条200多米的太平龙。舞龙时8个坦的锣鼓队一起出动，龙头、龙身、龙尾各一队，其他的则跟在彩旗队、灯笼队中，8套锣鼓齐鸣，声势震天。

肖大福的童年碰上了连年战争，几百米的太平龙见不到了，但过年元宵节还有龙灯，舞龙时，他就追着锣

肖大福打鼓

蓝根土打广钹

竹溪锣鼓的乐器和结构

竹溪锣鼓有鼓、板、锣、小锣、广钹、小钹六种打击乐器，演奏时需5人配合，其中鼓、板由一人兼司。当地还有一些独特叫法，如把板叫"答"；广钹写作"鋩"，读"这"；小钹叫"央七呢"。不同乐器的音色、音高都有明显差别：板声清脆；鼓声浑厚；广钹响亮，余音较长；小钹短促；锣与小锣一大一小，分别发"匡"和"打"的音。

结构上，竹溪锣鼓属于"套曲"，由多个曲牌或段落组成，演奏时按一定的顺序连缀衔接。套曲中具体包括哪些段落，也可以根据时间长短、场合限制灵活变化，乐手都听司鼓者的指挥而演奏。

相对完整的演奏是"头—身—尾"的结构。"头"是前奏，"尾"是尾奏，各包括四个固定的小段落。中间的"身"是演奏的主体，由多个曲牌和段落组成。先是竹溪锣鼓独具特色的5个"转板"，演奏顺序如下：前奏—七下头—转板——七下头—转板二—七下头—转板三—七下头—转板四—七下头—转板五。每个转板的特色不一，但都是锣钹齐鸣，响亮激越。中间夹着的"七下头"则奏一个"令打、令打、令打打、匡——"的欢快弱段，起分割、提醒的作用。如此强弱交替。5个转板演奏完，则可自由衔接舞灯调、一字清、狮子调、打拳调等。此时一般是奏完一个调直接转奏下一个调，速度也越来越快，声音越来越响，强强相连，把全曲推向高潮。听到这里，也可以想见巡游到了最热闹的地方，舞龙到了最精彩的段落。

竹溪锣鼓老前辈表演，新队员在旁观摩学习

蓝根土讲解自己整理的"锣鼓经"，从中可见竹溪锣鼓的乐曲结构

鼓队一个村一个村地跑。一天，父亲带给他一副锣鼓队用坏了的小锣，这让肖大福发现了自己的锣鼓天赋，单单凭着记忆，他很快就能打好几首曲子。

1954年，16岁的肖大福被选入锣鼓队。那一年，村里发生瘟疫，大家决定到新处乡仙凤殿"接佛"消灾。8个坦每坦4人在前面拿着砍刀开路，后面跟着灯笼队，再是接佛的轿子，锣鼓队在最后。这是肖大福第一次参加如此神圣的仪式，队伍半夜出发，要跋涉30多公里山路，一路磕磕碰碰，但他卖命敲打，有着万丈豪情。

"文革"时锣鼓队被叫停，直到20世纪80年代后期才恢复，可惜已经是元气大伤，原来的8支队伍只能凑出1支了。又是十几年过去，队里的老哥们日渐凋零，竹溪锣鼓眼看要失传了。

新乐器和新传人

转机是2007年竹溪锣鼓被评为浙江省级"非遗"，紧接着2008年，肖大福和徐发增（已去世）被评为省级代表性传承人。

没人学的锣鼓受到政府的重视，村里也感受到了传承的重担。但谁来传承？村委会委员潘水美在幼儿园工

2017 年正月十六，太尉收灯的锣鼓队

走街串巷时抬杠敲打

作，她先是想让孩子们学打锣鼓。2015 年底，她找到锣鼓队的老人蓝根土，请他整理一套"锣鼓经"，也就是鼓谱，用于教学。谱子整理好，再碰头商量，发觉难度太大，小孩子打不出来，只能叫大人来学。村委会一呼吁，出乎意料，有 10 个人报了名。

有人来，但乐器又不齐了。蓝根土家里有 5 件，村里到处又凑了 5 件，但还是不够。这时街道提出愿意赞助，为了选择多一些、也省些钱，蓝根土拉着肖大福，自掏路费，大老远跑了一趟永康，把乐器置办齐了。

第一堂课安排在 2016 年大年初一，学员们热情很高，集体练完，有的人还不走，自己接着练。之后不忙的时候一天练三次，忙的时候一天练一次。正月刚过完，10 名学员就掌握了竹溪锣鼓的所有节拍、节奏。

敲得好不好，重点看配合。为了配合到位，学员们之后还长期保持每晚两三小时的训练。这期间县文广新闻出版局的杨建明副局长来看了一次，深受感动之下，决定由县里支持一万块钱。这下学员们的干劲儿更大了。

抬杠敲打，走街串巷

2017 年正月十四晚上，巡游开始了。新学员第一次参加摆祭，脸上满是兴奋和喜悦。

从扔筊问神开始，竹溪锣鼓贯穿在摆祭的每一个环节。虽然只有鼓、板、锣、小锣、广钹、小钹 6 种打击乐器。但不同乐器音色、音高差别明显，合奏时又有节奏变化、力度强弱，也能表达不同的情绪，或粗犷激烈，或雄浑严肃，或欢快跳跃，根据场合而变换。巡游时穿插演奏"七下头"和"转板"，强弱交替；到了社殿，则演奏气势激昂的"舞灯调"。

在固定地点演奏时，锣鼓队用的是一面大大的堂鼓，摆在地上敲打。走街串巷时，则用一个特别的形式：抬杠敲打。敲锣的人扛一根扁担，前面挂锣，后面担着一个架子，架子两边分别架一个板和一面小扁鼓，司鼓板的人就跟在后面边走边打。

巡游一个坦一个坦进行，持续到将近半夜，锣鼓队也敲打了整晚，新老队员一起出动，你累了换我上。80 岁的肖大福风采不弱当年，连鼓棒都敲断了一根，现场来不及换，索性用单根接着敲，看的人也觉酣畅。

锣鼓队恪尽职守，送完神像回庙才返回。他们劲头儿不减，远远的，还从黑暗里传来锣鼓合奏的声音。■

小竹溪

元宵 送灯

文·王国慧

小竹溪摆祭，村民习惯叫作送灯。李攀摄影

"正月十六至正月十八日！"小竹溪村排祭的日子刚定下来就迅速传开了。十六一早天还没亮，我们就被催着往村里去。虽然小竹溪离县城不到 10 公里，但如今"排祭"及文化节名声在外，每年都是游客如织。山路崎岖狭窄，加上私家车增多，最容易交通拥堵。饶是这样，还没到村外的墨口殿，车就不得不停下来了。

索性下车步行。竹溪源两岸，青山峭立，茂林修竹，一条山路如盘龙蜿蜒向上。这小竹溪村原是竹源乡的老乡政府所在地，因盛产毛竹出名。如今除了排祭，最出名的当属松香，以及松香老板。"只要有松香的地方就会有松阳人。"一位老乡告诉我。松阳山区人大概从清代开始"放松香"，因为田少收入薄，不得已才有了这拿命换钱的生路，因此摆祭祈福时松香客尤其虔诚。到 20 世纪八九十年代可以出外打工时，松阳的松香客就走到全国各地去"放"，因为山里的松树已经远远不够了。如今全乡有 3600 多人外出做松香生意，这些"外汇收入"几乎成了乡里的经济支柱。近些年松阳古村落火了，也有越来越多松香人返乡经营民宿。难怪前日在大竹溪摆祭观

礼时，大竹溪人也爱讲："小竹溪的摆祭名声大游客多，都是因为他们松香老板多，有钱做排场。"

说话间已到了尧桥五龙山，半山上正是墨口殿，主位供奉徐侯大王。徐侯大王是浙南地区常见的民间神祇。按这方传说，大王本为道士，龙泉留地人，12 岁做法事时不慎将一口锣失手落入深潭，只好下潭寻锣。不想一寻就寻到了崂山去学法，学成后踏火而归，从此四处降妖除魔、惩恶扬善。这就是所谓"水里去，火里来"，因此这大王是红脸。

从送灯到排摆

远远听见爆竹锣鼓声，前面就要进村了。山脚下一

作为供品的松香。李攀摄影

道士在墨口殿门口作法。
李攀摄影

排枕着溪的夯土民居，房前的主路上已排好一长线的八仙桌，桌上琳琅满目。这景观，果然合了"排祭"之意。据文化人的说法，小竹溪这里摆祭与别处不同，因为是全村每户都把祭品摆在门外，排成一条长龙，因此叫"排"更为准确。不过老乡告诉我，"摆祭"和"排祭"在当地土话里读音相同，在他们看并无差别。甚至当地人既不叫"摆祭"也不说"排祭"，而叫作"送灯"。话再说回来，不管排祭、摆祭还是送灯，如今脍炙人口的小竹溪排祭，并无信史可考。民国版《松阳县志》说到元宵习俗，只说到"名闻遐迩"的是老资格的文庙、申亭、万寿宫和丁祠，也有后起之秀的大竹溪7坦摆祭。据此我们大致可以推测，大竹溪摆祭之盛不早于民国时期，而小竹溪的摆祭呢，在当时还是默默无闻的。

村口舞台上高悬着"2017年小竹溪村排祭暨竹源乡文化节"的横幅。除了排祭，3天的节庆内容还包括小百花越剧、木偶戏、旗袍走秀、打米粿、打麻糍、非洲鼓表演、摄影比赛颁奖等环节。乡亲说以前排祭只有一天：摆桌、恭请"大王"进村、道士作法祈福、"收香"、"送灯"都在一天之内完成。这种说法，在市级"非遗"登录材料和当地摄影人叶高兴2006年的摄影手记里，都得到了证实。如何从一变三，虽然没打听到确切依据，但客观上明显是有充实文化节内容和助推民宿经济的效果。越来越多的游客和摄友为了拍摄体验一头一尾的"请大王"和"送灯"场面，都选择了留宿小竹溪。

两村的迎神队伍都在上村口等待。李攀摄影

上下大小与先后

小竹溪村全村371户，主村分为上下两个村。沿一条山路进山，先到下村，再进深就是上村了。下村多姓吴，上村多姓潘，据说最早是1000多年前从龙泉迁来此地。排祭据说有至少300年历史。每年一次，上下村同时进行，流程一致，但依地形自然分作两段，各自组织又得彼此协调。

村口有几位大汉扛扁担打旌旗，后面紧跟着锣鼓手，正是前去墨口殿请神的队伍，现在是在等时辰。户户门前长桌相连，一溜儿的花团锦簇。有的乡民施施然搬出个小凳坐在桌旁守着，左顾右盼颇为得意；有的犹自反复琢磨，添枝加叶不肯罢休。这时忽然鞭炮大作，锣鼓喧天，小朋友们已经冲了下去，村民也提着篮子紧跟着，说是去墨口殿"请大王"。

本来队列打头的是道士，然后是请神队伍，没想到

请出大王

殿里供奉的徐侯大王，前排小型神像是坐神轿到村里去的分身

走着走着，开始遭遇各种镜头的围追堵截。有的摄友甚至包了辆敞篷机动车，冲在队列前方压阵，方便一路回拍。好在道士村民都已见怪不惊，只管继续前行。到了墨口殿的山墙外，当道士吹角三巡后正要进门时，竟有摄友拽着道袍的袖口说："再吹一遍再吹一遍，我刚刚没有拍到啊。"道士真是涵养好，旁若无人地继续进门、参拜祈请，哪怕连神位前也密密麻麻挤满了镜头，哪怕有镜头几乎凑上了他的鼻尖。

村民们烧香叩拜完毕，依次请出两尊大王神像来，再吹吹打打地抬出门去。这时我才能看分明，原来上下村来请神的是各有一位道士，各请出一位大王神像。主位上左边那尊是上村大王，右边是下村大王。请的时候是上村王先出，下村王后出，且还得往左位绕一圈再出门。据说到送灯时这次序就倒过来，是下村王先回，上村王后回。要不是身临其境，真没想到还有这么多规矩。

关于两位大王的左右先后，一位上村人讲："上村王为长，更厉害嘛。"有上了年纪的老人家赶紧纠正说："不能这样讲，大王只有一个，不过两个分身，哪能分大小呢。只是一个门抬出去总得有个先后，当年第一次抬出来时是怎样的次序，后面就不改了，和大小没有关系

的。"随行的县博物馆宋馆长把这段话原原本本翻译给我们听，大家都听得不由感佩，还是老人家会说话啊，这样才不伤和气。

摆排有度亦有变

跟着两队请神队伍前后脚各自进村。待道士掷筊杯卜吉后，銮驾就被分别落座在各自村的摆祭长桌之首，面向全村。家家鸣炮相迎，点香燃纸，来神像前叩拜一番。此刻村里已是摩肩接踵，游人上上下下沿着一条长龙般的排祭，看不尽的热闹稀奇。今年上村摆了65张桌，下村121张桌，一户一桌不间断，桌桌各显其能，让人目不暇接。

"我小时候，上村摆祭只有6桌。"76岁的潘安详老

鸡年的应景造型

先生，是市级"非遗""竹溪食品祭"的传承人。这位乡上的老会计，退休后管理农家书屋。老先生说，祭品最重要的是不能是双数。松阳土话里双谐音为凶，因此逢单为好，13 为最大，此外就怎么漂亮怎么摆了。不过很多规矩也变了。从前每桌必有粽子，"送灯"前有个"剪粽收香"环节，做头人得在每户祭品中剪收只粽子，在队尾后集中燃烧。现在粽子并不是家家都做，就改成收纸花了。

摆祭的程序主要包括摆桌、请大王、道士作法祈福、收香、送灯。要先选出"做头人"（必须是男丁）来负责组织，每年轮换。最早上村下村都是按年龄来轮的，但这种轮法的弊病是，如果老人高寿，就会变成总是那几家人做头，负担太大吃不消。有了生产队之后，下村慢慢演变为按生产队来轮，这样成本分摊比较均匀。"文革"时摆祭都停掉了，到再恢复时，下村还是按生产队轮，上村坚持按老传统。不过现在上村人也打算借鉴下村，按生产队来轮，"大家都赞成，这样改一下更公平些"。

剪纸与送灯

"头桌"的摆法确实不同一般。"出灯"，也就是请神时，头桌上讲究所谓"9+25"。9 是指松阳人都知道的"头 9 盘"，25 则是"5 糕（饼）+5 素（菜）+5（水）果 +5 糖 +5（果）仁"。到"送灯"时，则要收走这些祭物，再新做一席来替换。新做的祭品只 5 样：猪肉、全鸡、全鱼、豆腐和米。撤下来的祭品怎么处理？老人家说，以前摆 1 天，所以会分掉吃掉，分沾福气。但现在是 3 天都要摆在外面，日晒雨淋的，大部分已经不能

食用了，只能倒掉了。

不过从头到尾，每桌都会有一对纸花。竹签上粘好一串糖葫芦状的剪纸，插在香烛旁，无有例外。这剪纸真是好看，大小花型也统一，不说是出自一人之手，起码是有个范本的。问是谁剪的，都说是徐老太。也是巧了，身边一位县城来的游客詹姐，自告奋勇说那徐老太正是她先生的姑婆，可带我们去拜访，她也顺便看看亲戚。于是跟詹姐过桥，七拐八拐到了对岸一户人家，见到了坐在轮椅上的徐奶奶。奶奶今年高寿 97 岁，剪纸是十几岁嫁到这村时就学的。"我公公教的，他说每年摆祭都要用，剪得好还能卖呢。"于是她学会了，年年剪了去

纸花是每桌必备的祭祀用品

卖，以前是几分，然后是几角一对，现在是 5 元钱一对，今年卖了 100 多对呢。奶奶给我们看她会剪的花形，常剪的有 8 种：金线吊葫芦、书卷卷轴、石榴、柿子、蝴蝶、万年青、双喜和寿字，都是从公公那里学来的。剪好了可以做摆祭用的纸花，也可以贴在八角灯和龙灯上做装饰，逢年过节都用得上。大家正聊得开心，突然一位小姑娘从屋外冲进来，护驾似的挡在奶奶面前，还要赶我们出门。还好是詹姐在，三言两语解释清楚，那姑娘才消了怒气，转而跟我们道歉——原来把我们当成"那些拍照的"了。姑娘是奶奶的孙女，因为发生过多次和游客、摄影师的小冲突，已成了惊弓之鸟。"村里摆祭是为大家太平，我们都欢迎客人来，可是有些人是太过分。有次一个游客非要把奶奶拉去桥上给他摆拍，说那边风景好，也不顾奶奶腿脚不便……"

听着听着，我们也替她心疼奶奶。当"摆祭"拓展为"文化节"时，短期集中拥入的大量游客，极有可能对社区生活和乡民的心理承受力，以及摆祭本身的民俗价值，造成一定程度的压力与干扰。民俗旅游，作为一种特殊类型的文化遗产旅游，管理方需要特别呵护作为旅游目的物的民俗活动的特殊性，把保护和传承作为旅游开发的前提而非相反；而拜访这类目的地，游客也需要成为"负责任的旅行者"，具备基本的参与礼仪、文化敏感度和行为自律，否则无法真正亲近"民俗"，无法与乡民一起分享最为本真的"与祭"体验。

"吾不与祭，如不祭。"如果缺乏对遗产价值的正确理解与阐释、务实的社区传承机制、通畅的沟通渠道，以及有效的游客管理，民俗旅游很容易陷入一种片面服务旅游诉求和迎合猎奇心理的误区，民俗遗产会逐渐由"被观看"发展为"为观看"，而社区生活的活水之源也会在"被消费"中逐渐迷失其主体性，透支其生命力。总而言之，盛名之下的小竹溪排祭，尤其值得我们这些"与祭"者加倍珍惜更复斟酌——因为不管对于在地社区，还是主客之间，无形的心灵桥梁的损坏，精神遗产的贬值，远比有形的雕梁画栋更难修补重建。

收香燃炮仗。
李攀摄影

剪纸巧手徐奶奶和她的花样。李攀摄影

摆祭的 3 日间每晚都有板龙巡游

收香送灯

　　第三天下午，时辰一到，就开始"收香"了——对村民来说，这意味着摆祭的临近尾声；而对围观群众，这意味着一场民俗景观猎艳的最高潮。

　　做头人从头至尾在每户祭品中收集了香烛、纸花。香烛集中在队尾焚烧，纸花留待送灯时送去墨口殿焚烧。村民们早已沿山路铺设好了鞭炮，从队尾开始点燃，一时间满山谷震耳欲聋，山路上浓烟弥漫，各户依次撤桌，直撤到"大王"的銮驾面前。硝烟中道士作法开道，锣鼓相拥，请神队再将"大王"从队头抬至队尾处，转向面朝村头。"收香"结束后，"大王"面前再布置一张"送灯"的头桌——果然新换了一席，只 5 样祭品，香烛依旧点上。热闹了 3 天的山路上，上下两处，这时都只各留下一张头桌一位大王。熙熙攘攘的人流仿佛一下子都消失了。四下里顿时就安静了下来。

　　然而慢慢地，就开始有了动静。是小孩子们，拎着八角灯笼到处炫耀着，等着点火。他们急切地跑上跑下，越发让人感觉，这夜幕来得特别慢。直等到头桌上的烛火越来越明了，忽然听到道士在那里吹号了，孩子们开心得都叫喊起来。这时一盏盏灯笼，大大小小，高高低低都从山上、水边、房里亮起来，慢慢都聚到村道两旁来。原来所谓送灯是这样的，各家各户务必关掉灯火，不分男女老少，提着灯笼，在路旁守候着，送大王回殿。能行动的，还要跟着队伍去送，直送到殿里，那才是虔诚。此时鞭炮锣鼓齐鸣，依然是道士开道，请神队伍又扛起"大王"起驾了。众人提着灯笼在后面缓缓跟从，一路灯潮在山路上涌动着，当真是银河垂地。如今还多了一条板凳龙灯，更是好看——虽然老规矩里，这里的龙灯并不和摆祭同时。

　　前后左右都是灯，我也提着自己的小灯。灯潮中和众人一起缓缓前行，觉着自己也变成了一颗星，要去往山外天边了。锣鼓声却是张飞毯，就算你飞到天上，也被包裹着甩不掉的人情味。把"大王"送回墨口殿，道士继续作法，乡民们熄灭手中灯笼，于黑暗中各自返家，这送灯也就送好了。我正有点担心这黑灯瞎火地大家如何往回走呢，出门一看，上下墨口殿的山路上已经插上了一溜蜡烛。寒风里一溜小小的光亮暖暖地亮着，是特意为这熄灯后的归程所准备的。

家家户户去送灯

道士

其实这还不是真正的结尾。

那么就来说说道士——那些送灯后最晚归家的人，该是他们了。他们真是整场排祭里贯穿头尾的关键人物，更贴切地说，是帮忙沟通天人的灵媒。

上下村分别请来的这两位道士，恰巧是堂兄弟。堂兄叶龙达 50 岁，堂弟叶岩深 37 岁，都师承叶岩深之父，据说是叶法善后人，家传的法术到他俩已是第六代。叶岩深是大岭头村人，坛号"灵宝仙坛"。年纪不大，但颇压得住场面，更能引领潮流。据他说，法术法器是家传，但道袍是自己在网上置办的，颇费了番心力。穿上后反响极好，村民都夸气派。于是上村村民也要求堂兄作法时要"有气派"，堂兄只好依样画瓢"淘宝"了同款。至于这场装备升级的

叶岩深和村民搭档走
三角阵。李攀摄影

上下村的两位叶道士进行接神仪式

送灯到墨口殿，道士继续作法
祈福完成最后一个环节

多米诺效应，这里就不必赘述了。不过看来爱看热闹的不仅是外行。而若你质疑道士们的与时俱进，别忘了信众、群众正是个中推手。

不管内行外行，要我这个初来乍到的外地访客来评价道士的法术，那真是风马牛不相及。以当下"非遗"研究中的"俗信"（指民间习俗活动，与"迷信"相区别）的思路推演，这法术做得好不好，判断标准只能是当地人信不信。3天下来，明显能感到村民和道士是多年的老交情。不管是作法时搭档配合，还是中场休息时端茶敬烟，不仅默契，而且彼此照顾。据叶岩深讲，"文革"后上村恢复"送灯"的第一年，就是请他父亲来主持，他来当助手。那时桌子少祭品少，有的是几户凑成一桌。现在规模成倍，时间延长，但摆祭流程和法事仪轨不变。在此基础

上，如果村民有更多需求就再加做一些法术。今年下村人就加了一个"修章书"，时辰在第二天一大早。这样加上头尾两天，3天里叶岩深都得骑着他的摩托车，每天披星戴月地来作法。

看到这些当代道士展演他们的跨界沟通方式，比如给玉皇大帝写信（修章书），或替大王宴请往来神仙，我有时不免好奇，他们的作息规律和移动方式，是否也如他们前现代时代的前辈（不管徐侯大王还是叶法善）一样超现实？不过在我能看到的一面，脱下道袍，收拾了行囊在山路上颠簸来去的，还是些勤勉敬业的农家子弟。从请神落驾、替每户打筊杯，直到最后收香送灯，每个关键结点都有相应法事，每场至少20分钟，长者两三个小时，不管烈日下身处镜头轰炸和游客围观，还是在众人熄灯星散归家之后。

这时真是连星星都回家了。满地的鞭炮屑上都起了霜，供台上的茶杯里也半结了冰，墨口殿里从来没有这样深的静了，只听得见道士的低声唱诵祈福。就着微弱的烛火，由几位做头人陪着，他们仔细念叨着每户乡民的姓名，务必一个也不能少——那才算是这场摆祭的功德圆满。■

道士作法送章书

马尾松树林

吴华田一边削着敲鼓的鼓棒，一边为我们讲述松香的故事

小竹溪的元宵节一过，上万名松香人就要上路了。做松香是个流浪的行业，他们住在深山松林中，面对风雨野兽。松阳与松有缘，史载山中多松，又名长松山，松阳在长松山南而得名。自古以来松阳山区穷苦人便以采松香谋生。松阳的松香客带着祖传手艺走出松阳，承包松林，足迹遍及全国，渐渐从采集到开加工厂，积累财富为孩子开出好的前程。吴华田是松阳松香技艺"非遗"传承人，他一边削着敲鼓的鼓棒，一边为我们讲述松香的故事。

松阳的孩子，不要忘记父辈的辛苦，不要忘记托举你的这双刻满伤痕的手。我们记录下松香这门生计的手艺、生存智慧，为松阳传家。

松香人自述：松香生涯苦如山

整理·艾天马

我们采松香已有好几百年了，到我这儿是第五代。

上一年12月就要把山头找好。清明过了就要从家里挑担子出来了。一根扁担前头挑的是草鞋，要有四五十双，后头挑的是干菜（咸菜），是老妈做的，被子也要带着。

以前我到西双版纳采松香，到昆明都要3天3夜。

到了以后选地方很重要。山一片要相连，路要修好，路头接路尾要是环形路，这样割松香不用走回头路。每天都要跑四五十里路，都是山路、原始森林，没人去，很辛苦的。福建莆田，高高的山，进山的话，米都要挑

松阳刀是圆弧形的，在铁匠铺专门定做

整个树上刀道形状像叶脉一样

两天的量。要挑上去，翻下山去，再爬上去。这样苦的地方我也去过。

住的是工棚，就盖在山里。墙壁也是用草，但是用树打桩，否则有风刮进来。山上有毛竹铺开，连片扎起来就可以用了。一般厨房会分开建，打个灶，不分开着火麻烦呢，一着火就完了。我们就地取材，用杂木、杂草，喝山泉水。做松香这一行是苦的。

给树开口要技术

路通好，工棚盖好，就要给松树修皮。

皮打（削）到了薄薄一层。皮太薄就没有松脂，打到什么程度呢？到里面平的，皮是软的，不能破坏软的皮，在软的皮硬的皮之间。也是最多3毫米5毫米左右深。削要有功夫，厚薄要均匀。要刮30到35厘米长度的一段树皮，这样一段段割上去，最高能刮到四五米高，这时需要搭架子的。一棵树不能环割百分之百，最多割百分之七十。否则松树营养带坏了，会死。

修好皮，就要划刀口。老法子是用我们松阳刀。松阳刀是圆弧形的，铁匠铺专门做的。老法是从下面拉上去。新法是三角刀。新法从上到下，一道道刀口之间距离1厘米不等。但高手，像我，最多2毫米、3毫米。

做事粗的人1厘米。中间开槽，那道槽要深，老法1.5厘米到2厘米，斧头砍得要均匀，槽宽1厘米到1.5厘米。整个树上刀道形状像叶脉一样，主槽像主脉，一道道斜刀口像侧脉。用笋壳接的槽。最早是在树上打个钉子，用毛竹筒接松脂，质量相当好，筒上面还有一个盖盖，油收起来。还挂一双筷子，小桶收到大桶，看见杂质要夹掉，因为松脂分特级、一级、二级、三级，杂质多到等外就麻烦了。

老法收集松香相当慢的，一棵树收3到4次。有时好的，一棵树就十来斤，小的两三斤。一天一刀，左一刀右一刀。每天要割，要勤劳。一个人只能搞五六百棵树。一天就够跑了。天没亮，早上两三点钟就要起来，煮饭，吃了再去干活的。

一天要割三四千棵

老法割的是我们中国马尾松，20多棵就可以收一挑松脂。后来改割美国湿地松，它们种在平一点的地方，一天可以割三四千棵，因为树细又种得密。树小了以后从松阳刀又改用第三代刀：广西刀，也是三角刀，但有一个柄、一个扣的，和刨子一样厚度均匀，可以两手并用。割了后，一个月到一个半月收，不像割橡胶，早上割了以后下午必须收掉。一年三批四批油，以前用木桶，一挑一百七八十斤，有的200斤。松脂，用棍子一打就会烂的，打碎可以装多一点。

给的是山价，一棵树原先最早两三毛钱，现在达到15元、20元。山分私人、集体两种。老百姓的山，认真一点，抠得紧。国有林场，大家喝杯酒，大概意思一下（付一下）就算了。年终时，我们要下山了，一次算出来，一年用了3000棵还是5000棵。以前人很朴实的，现在人狡猾狡猾的，怕你不给钱，所以要先付钱。钱付了，随便用。

一般从清明住到立冬，老法是做到立冬就收油回家了。江西也到立冬就回来。福州，过了春节就可以去。在云南西双版纳、海南，四季如春，一年到头都可以做。全国来说，广东、广西出产松香最多。

我们最怕被自己杀死

住山里最怕什么？我和你慢慢说。蚊子特别多，以前是马尾松，没有人打药。后来从美国引进湿地松，一棵一年采下来有两三百斤，基本上全国都种。湿地松有虫吃，不打药，树叶就烂起来，蚊子特别多。怎么办？采松香时腰里系个铁皮罐，罐里点上蚊香。

山上有蛇。五步蛇、眼镜蛇、小青蛇很多的。眼镜蛇跑得快，五步蛇慢。草药自己懂一点，否则医院没跑到就死掉了。被咬了马上吃泥巴水，不容易攻心。扎伤口，要用女人头发。我没被咬过，我女儿被五步蛇咬过。就剪老婆头发，我老婆是西双版纳人，头发长长的，我就剪，扎到哪就肿到哪，下面肿，上面不肿。包粽子一样。真管用，其他绳子没有用。有一种植物叫滴水珠，环境一年到头必须有水，叶子三角形，叶尖像蛇的舌头。五步蛇咬了后，滴水珠去掉皮打碎，放在伤口边上，不能放伤口上。

跳蚤、虱子没有。有山蚂蟥，用手掐掉，烟丝一堵口子，不会流血。狗熊？你怕它，它还怕你呢。狗熊喜欢吃杨梅，到杨梅树下，你要当心，万一熊掉下来，就阿弥陀佛了。对付狗熊，你必须装死，不要出气，一动不动；要反抗，咬死你。在西藏采松香，一个县委书记的爸爸一枪没打死熊，熊掌把脸一钩，把人五官拉掉了。我们村里就有一个人采松香被狗熊咬过。马蜂也要命的，咬了，你用南瓜的花粉一擦就OK了。蜈蚣咬了，我们用芥菜，一敷上去，五分钟退掉，在医院，你治一天都没有用。

但我们最怕被自己杀死。我们这一代，有几个人是自己被自己的三角刀杀死了。这三角刀连柄那么长，在

小竹溪村松香博物馆中的松香锅炉模型

松香冷却炉

露天干活，特别是下雨天，不小心掉下来，被自己的刀捅到脖子胸口，捅死了。我自己也从四五米高的架子连人带刀掉下来过。我这里（指着肘部伤疤），三角刀插的，扎到了骨头里。搞松香最危险，我不想做了，表哥私人企业做得早，我帮他加工松香，山上我再也不想去了。

土法加工，耳朵很重要

采松脂，经过一道加工，产品分成松香与松节油。二道加工，松节油再加工成冰片，成松香水。松香深加工可以做薄膜纸，做衣服、电胶布、肥皂。电缆厂一年要几百吨这样的松香。

最早是铁锅，做灶很讲究，否则会失火。火弄要小，不能扩散。土法加工是铜锅的，全铜。成本高，就用铝锅，怕盐放进去（指铝锅怕盐腐蚀）。人越来越聪明，后来改成不锈钢锅。

一般土法加工点设在偏一点的三岔路口，领导少一点，（老板）会打小算盘。

松香捣碎了，厂里派一部车子，两个人抬大铁桶就来了。土法加工，也就0.5（吨）锅炉、0.8（吨）锅炉、1.5（吨）锅炉三种，吨位指的是熔解量。厂大一点，锅炉就大一点，没多少工人就用小一点的锅炉。

最早的土法用铁锅、用灶、用柴火。像以前油漆工，做桐油，桐籽倒进去煮，桐油熬到什么程度，只有师傅知道。用什么？用草纸。把这个草纸放下去，沾一下，焦了，太老了；草纸放下去，白的，就对了。熬松香也是一样，用铁锅那些年，我们最早也是用草纸试的。

再后来用土法锅炉，我用耳朵听。做多了，安全不安全自然知道，有的人的锅会漫出来。其实凭多年的经验，用耳朵可以听出来，听锅里声音，"七夸七夸"，那就要马上灭火，松节油排出去，（剩下的物质）就可以变成固体了。土法锅炉，就这样油水分离了。

从松脂煮到松节油排出来，要用多长时间？土法是两个到两个半小时。土法加工到125摄氏度到130摄氏度就要加水，不加水，松节油提炼不了，因为松香软化点达不到。100摄氏度就出松节水，就开始流了。130摄氏度加冷水。加水用六分自来水管。要看火候，火旺了，水加大一点。水加大了松节油容易提出来。温度计显示180摄氏度，松香就可以放了，也要看松节油走了没有，100毫升松脂，松节油有10毫升，一锅油放出来了。松节油贵就要拉干一点，便宜就湿一点，这都是老板决定的。

会不会出问题就是听声音，凭经验，不是老师傅往往会出安全问题。原来搞松香的烧了好几家人，烧死人也有。

事故如何发生？一个是锅装得太满，加水到135摄氏度、140摄氏度时，松脂一下子膨胀溢出来。有时锅放完了，明火没有灭掉，松节油没有流干净，到185摄氏度，有了明火会烧起来。这个着火，连上面那个厂房全部烧掉。在西双版纳，差点烧死两个人。

我当师傅值班时从来没有出现过事故。还发现过一次着火，救了一个厂。那是在衡阳一个厂，当时不是我负责加工，是我发现得早。是这样的：185摄氏度之前要打开锅盖，用笊篱把渣捞上来，要喷水冷却，如果不熄掉，其实它（渣渣）里面温度相当高的，自然而然会着火。半夜，渣堆起来放在墙外。师傅不负责任，下雨一样浇了点水，12点就这样着火的，松毛会自燃。我在睡觉，一听声音不对头，叫起来。已烧了三间房。当时松节水、松香成品都堆在一起，一旦全烧着后果不堪设想。那时我儿子才两岁，到今年已经12年。我拯救了他100多万。亏我发现得早！■

大潘坑

銮驾

文·王国慧

銮驾队在一处老宅中操练

　　銮驾又名銮舆、銮轩、皇舆、皇驾，原指皇帝的车驾。提到这个词儿，老百姓最熟悉的恐怕就是《三侠五义》里的故事了：徇私包庇的马妃诳得皇后的"半副銮驾"，欺挡包公执法。而好个包青天，识出破绽打将回去，终伸张了正义。这话本后经各地戏文演绎，如京剧、豫剧的《打銮驾》、川剧的《打銮清官》、汉剧的《打金銮》等，是更加脍炙人口。民间还有了个歇后语：包公打銮驾——公事公办。

　　古代帝王出巡，不仅车马专驾，更有一整套相应的复杂仪轨，统称卤簿。所谓"天子出，车驾次第，谓之卤簿"（汉蔡邕《独断》）。换成戏文里更通俗的话，就是"校尉，瓜、旗、伞、扇，銮驾队子上"（清洪昇《长生殿·哭像》）。不过民间所谓銮驾，还有另一番应用，即地方上重大的祭祀典礼上迎神的仪仗队。而这些仪仗道具，平时一般都保存在神庙或社殿里。

　　安民乡大潘坑村的这副木雕銮驾，据说已有160年历史。据村民自述，他们的祖上从温州平阳凤草山泥渡寺村迁来，至今900余年。行銮驾之礼，是源于当初建庙供奉唐、葛、周三将军以保佑乡里平安。后每逢接

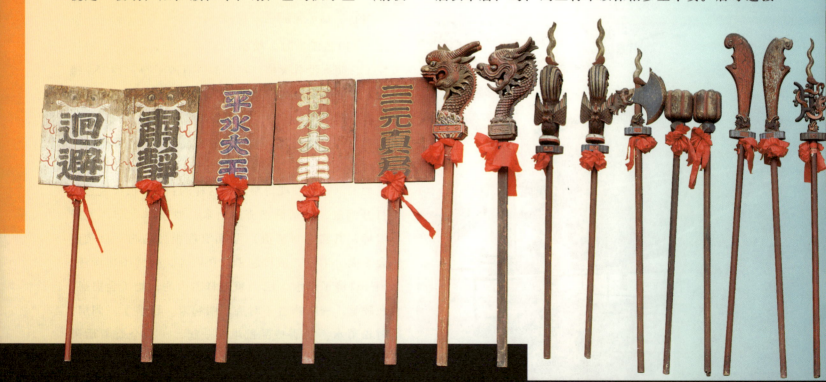

佛、打醮、求雨，甚至有子弟中了功名，村民都要用銮驾相迎，以示郑重。

整套銮驾由樟木雕刻，经上好桐油八道精漆，计36件。具体包括：

五牌：肃静、回避、平水大王（两件）、三元真君；

龙凤：龙头一对、凤凰一对；

兵器：关公的青龙偃月刀、程咬金的斧头、薛仁贵的方天画戟、岳飞的沥泉枪、岳云的银锤，还有一对的来历尚不可考；

八洞神仙法器：铁拐李的葫芦，张果老的渔鼓，汉钟离的蒲扇，蓝采和的花篮，吕洞宾的剑，韩湘子的笛子，何仙姑的荷花，曹国舅的笏板。

如今在松阳，只有大潘坑村还有这一套銮驾。经历过"文革"的特殊国情依然保存完好，实为不易。据说在丽水甚至浙江，这种上百年的全套銮驾也都是少见的。如今成了"非遗"，村民都十分自豪，每逢重大庆典，就扛着銮驾、列队在村里巡行展演一番。并新添一木牌，说明来龙去脉，由专人扛着在队尾随行，方便看热闹的年轻村民和游客有更多了解。作为一种草根的乡土遗产解说形式，这里面流露的用心是淳朴亲切的。■

清明是扫墓的日子。汉声选了两个村和松阳人一起去扫墓。一户是蔡宅的普通人家曹起旺家，另一个则是横樟的包氏大家族。

蔡宅、横樟

清明 **扫墓**

文·野望

曹家扫墓：青山杜鹃谁家墓

2017 年 4 月 2 日，我们来到了蔡宅村，被一棵横卧在溪边的大樟树吸引。美丽的大樟树边有一户人家，男主人正扛着锄头，小主人拿着提篮要出门。"您这是？""去扫墓。""我们能跟您一起去吗？""好啊，走吧。"

主人落落大方，路上我们才知道他叫曹起旺，跟着他的可爱的小男生是他 12 岁的儿子曹乃鑫。

"今天选的日子好，没有破子。"曹起旺走起山路来又稳又快。孩子毕竟是孩子，曹乃鑫一会儿摘几朵杜鹃花，一会儿采下油菜的嫩芽就吃，蹦蹦跳跳，惹人喜爱。

第一座墓是曹起旺父亲的坟，父亲曹兴文 57 岁去世，活到今天的话已有 81 岁。曹起旺上面有大哥曹起章、二哥曹起法，另外还有 3 个姐姐。老父亲的坟简简单单，左有"山明"、右有"民安"两字。曹起旺敬上 3 杯酒，摆上青明粿、猪肉、豆腐 3 盘，点上两支蜡烛，烧了纸钱。

母亲的墓不在一起吗？原来当地风俗，夫妇因生肖、去世年份不同而分开安葬，其中颇有讲究，要根据山的面向请风水师来选。

当地习俗，上八日（正月初八）、清明、死者九十、百岁冥诞都要来祭。

到曹母的坟需要走不少的路。到坟前发现坟上已有

曹家扫墓祭品

曹家父子上山扫墓

蔡宅村口横卧溪上的大樟树

一篮祭品，原来是大哥曹起章带来的，大哥就在山上挖笋。曹母坟所在的山竹林郁郁，曹家父子便提起袋子去挖笋了。"爸爸快来！"半山坡上乃鑫发现了一根壮笋的尖尖。这棵可不小，曹起旺往手心吐了口唾沫，抢起锄头就开挖，终于刨了出来，曹起旺说："春天的笋力气大，二三百斤的石头都顶得起！"挖好笋扎了袋口，并不带走。原来曹起旺老婆也要来上坟，会来拿。

我们向第三座坟走去，翻过一个山头，在半山腰中，有一座孤零零的坟，这是曹起旺二哥曹起法的坟。曹起旺神色有些凝重。二哥是自杀的，25岁那一年，正是1984年分田到户时，二哥把好田分给了人家，吃亏了。回家被母亲一通骂，仰头喝了农药。

曹家当年是穷人家，一点点经济问题往往想不开。

二哥的坟，大哥不会来拜，当地风俗大拜小不行，死者不受纸钱。

曹起旺沉思了一会儿，带着娃继续往前走，又爬上一座山头，是曹起旺奶奶的坟。奶奶的坟在污水池边，原来山下的养猪场为躲避卫生检查，把污水抽到山上来了。曹起旺除了皱眉头也没啥法子。

第五座坟在一片老树林中，坟边是粗壮的竹子。这是曹起旺爷爷曹祥麟的墓，一看让人吃了一惊：坟的左边大青石板倒了下来，再细看，一棵粗壮的笋横着从坟中生出来，硬生生顶开了青石板。联想起曹起旺说的

"笋，二三百斤的石头都顶得起"，真可谓灵验奇事！

我们觉得有趣，曹起旺有点生气，便纵身跳到坟上的坡上要砍竹子。没砍几下，"咔嚓——"一声，用了好多年的镰刀断了。曹起旺一下子把断柄扔得很远，我看这断柄用得油光锃亮，悄悄捡起，今天还放在我书房。

今天扫了5座墓，挖了两大包笋。当地习俗，扫墓往往是一圈下来，有亲属关系的都要扫到，往往要扫10多座，曹家算是少的。曹家没钱，曹起旺的老婆是和同村人一起到贵州找的。他两口子邀我们一起吃中饭，我们谢辞了。下午时又去他家小坐，结果喝上了贵州女子酿的松阳白老酒，甘洌清甜，却是极佳的，我们记下了配方做法，而八宝粥（红豆、米、红枣、桂圆、花生、莲子、糖等）又让我们大叫好吃，曹起旺娶得好老婆。乃鑫还有一个19岁的姐姐，曹起旺可谓儿女双全。曹起旺是本村屠户，每天进猪杀来卖肉，门口却干干净净。每天伴着溪声，庇护在大樟神树下，寻常人家也知美好，这便是福。

清明时扫墓同时也是采集，曹乃鑫高兴地拿着老大的竹笋

曹祥麟的墓，竹笋顶开了一边的青石板

包氏扫墓：奇特的包仁墓

4月3日，我们来到横樟村。横樟的包氏鼎鼎有名，开基祖是南宋包仁，包拯的后代。包仁乃陈亮同科进士，主战派大文士陈亮曾写《中兴五论》。包仁受陈亮影响也耿直主战，清正廉洁，曾任大理寺右评事。受奸臣排挤后辞官，在兰溪生三子，是为兰溪包氏。那横樟包氏又从何而来？原来包仁辞官后苦闷，不耐夫人唠叨出走至松阳。一日大雪，散步到一寺中，正逢寺庙大雪封路，原来书春联的刘老先生来不了，包仁便挥毫代书。刘老先生后至，赞其书法雅致，便与他联合办学，后包仁与刘老先生女儿日久生情，志趣相投，便又开一枝居住在一起，最早家安在蛤湖边。宋末元初，祠堂被大破坏。元朝后期包子重与其子一支迁祠于横樟村。明中期包应元定居于横樟，其长子包继羆又迁松阳，其五世孙后又迁回横樟被称为外房，二子继昱一支世代居横樟，被称内房。（资料来源：横樟包氏宗祠中介绍，包火亮撰写。）

今天，我们便是要跟着包氏宗亲们去扫包仁的墓。

包氏因是名门之后，扫墓隆重，以前，每年清明要出动30多人的队伍，不仅要祭扫包仁墓，而且分成2到3人一组，要扫遍十几个村的包家坟。

今天我们的队伍里有包仁后人第二十六代代表、85岁的包火根，也有第二十七代代表、73岁的包章根，还有第三十六代代表包加理。开车到蛤湖边包氏老村的一座山下，就得步行了。队伍曲折蛇行，后生把大盆背在肩上，盆中放着大猪头。

正当早春，鼠麹草处处冒芽。一路越溪过冈，爬至山上，我们都有些气喘吁吁。完全没有路了，老人家拨开草丛，再经过隐秘的丛林，来到一片开阔地。

包仁墓到了。

原来包仁墓不是1个，而是6个！

荒草有半人高，风起如同吹起波浪。

原来包仁是名人又是官员。当时怕人盗墓，设有5个假坟，1个真的。哪个是真的，这是个秘密，只有老人家知道。而为迷惑外来人，包氏族长们一代代也摆出迷魂阵，悄悄进山，防止有外人尾随，每年都在二三个坟上同时点香。让人摸不着头脑。

包氏祖先还是有先见之明，就在去年还有人盗了包仁墓，选了两个坟，挖了十几米深的两个坑，至今说起，包氏老人们仍要跺脚骂"缺德"。据说这是两个假坟，盗墓鬼们并无收获。

到这山中的包仁墓，路并不好走。可是这些七八十岁的包火根们，年年都来——"除非我们走不动了！"包火根们对祖宗亲得很。老人家们还走在山路最前面，因为没他们带路，子孙们有时还找不到祖坟。

包仁夫人的墓又称太婆坟，需要开车前往。在一个

包氏宗祠里供奉的族祖包仁神位及画像

横樟扫祖墓一行人扫完包仁墓，下坡继续前往太婆墓祭扫

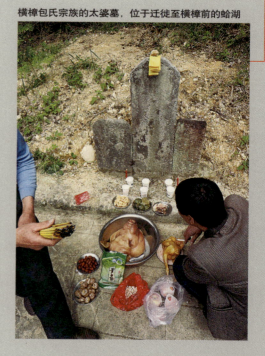

横樟包氏宗族的太婆墓，位于迁徙至横樟前的蛤湖

河道拐弯处，有一个半岛，古木阴郁，太婆坟就在那。墓碑上书"大宋包氏祖考刘夫人"。大树遮盖的太婆坟下方还有5个古墓，听包家人说应当都是其后代，想起当年包仁与她动人的爱情故事，看这美丽大树下的坟堆，不禁慨叹逝者如斯夫。

<u>包火亮曾是矿场场长</u>，是包氏中有见识的老人，他热心为我们讲解横樟村：松龙官道穿村而过，一边是包氏宅，一边是潘宅，不过潘宅在乾隆年已迁走。包火亮先生还带我们找到了村中元代的屋基。横樟村原名横浆村，因为村溪中会有红水泛出。包火亮1966年还看到过包氏祠堂边溪水中有红水流出，时间长达两三个小时。

横樟村包氏子孙不折不扣地执行包拯家训："后世子孙仕宦，有犯赃滥者，不得放归本家，亡殁之后，不得葬于大茔之中。不从吾志，非吾子孙。"违反者意味着被族谱除名，死后连包氏墓地都进不去，无人祭扫，成为宗族外的孤魂野鬼，这种惩罚，古人怎堪承受？祖训的力量是强大的，包仁后代历代做官者95人，无一人有贪腐劣迹，创造了800年的清廉纪录。包氏宗族力量更是强劲，宗族的功效首先在创办书院，用重金聘名师教宗族子弟读书，历代有6名进士，52贡生，163庠生，74国学生。在清代，横樟村在一年中出现过18顶戴（秀才以上）。在南宋66年间，甚至出过四代进士两代翰林。包氏宗族不仅对内团结友爱互助，对外乐善好施，包氏

在松阳公共建设上也是大投资人，包可观开筑松龙古道，包国宾修建蛤湖至独山渡的40余里路，包基庭建成松阳南门渡口。也因此包氏在乡里拥有威望，当年十里八乡，邻里争斗会请包氏族长调停——包家说话有分量。

蛤湖包氏总祠倒塌后，横樟新建了包氏宗祠，总祠祭器与牌匾移至横樟，其中包括陈亮为包仁的题匾"翰墨流芳"。<u>横樟包氏宗祠成为松阳包氏总祠</u>。族中长老包绍忠介绍："浙江省包公后裔大多是从这里走出去的，每年都会有几百名来自丽水、温州、衢州的包拯后裔回来祭祖。"每年正月初五、初六，横樟村都会有盛大的祭祖仪式。

"睦族无他方常念祖宗一脉，传家有大道不外耕读两途"，包氏宗祠对联说得明白透亮。■

包氏宗亲、见多识广的包火亮

横樟村庄严堂皇的包氏宗祠，子孙用心维护，常年香火不断

有六个坟的包仁墓，哪个是真，哪个是假？

两位老者在包仁墓前烧纸

临近清明，松阳人不分城里乡下，几乎家家都做清明粿，即青团。每每谈得投机时，总被邀去家里吃清明粿。你若婉拒说刚刚吃过了，对方不仅不肯罢休，反而是更来劲儿了：来吃吃我家的看——颇有点私房菜大比拼的意思。

江南人素喜青团。"捣青草为汁，和粉作团，色如碧玉。"清代食神袁枚在《随园食单》提供了堪称典范的精粹版菜谱。不过，这里的每一个信息点其实都埋伏了大量的地方差异性，体现了家庭主妇的创作力，不信，来松阳就了解了。

松阳

清明粿

文·王国慧

制作流程

第一步：识青采青。江南青团大多取汁于艾蒿、鼠麴草、泥胡菜，也有用麦苗，甚至茵陈、马兰头等野菜。据松阳史志办洪关旺老师介绍，松阳人做粿的青主要有两种：蓬和荚克。荚克学名棉菜或鼠齿菊，即鼠麴草，开小黄花，很好识别，入食入药，有化痰止咳、降压去风的功效。不过松阳人说荚克易"发"，触百病，故常忌之。若家人有患慢性病者，一定是用蓬而不用荚克。蓬呢，就是最常用的蓬蒿、艾蒿，有散寒祛湿、温经止血的作用。

第二步：备坯备馅。粿坯以糯米为主，掺入粳米，

艾草（蓬）

荚克学名棉菜或鼠齿菊，即鼠麴草

农业专家黄显达的夫人正熟练地制作清明粿

淘净浸泡一昼夜，磨浆沥干备用。粿馅有甜咸两种。甜的有赤豆沙、芝麻（白黑皆可），困难时期会用大豆、玉米以及大米炒熟磨粉当馅。还有种松花馅——清明前几天采集松树花粉入馅，清香中有微涩。咸的就更五花八门了，最常见是笋、咸肉、豆腐、腌菜、辣菜（芥菜芯）。

第三步：<u>杀青制坯</u>。清水加碱（目的为保持青色）烧开，把"青"下锅氽过，捞出研磨，然后加入米粉，<u>加些熟油，均匀揉搅成坯</u>。

第四步：包粿蒸粿。粿坯粿馅都备好，就可以包清明粿了。蒸时垫的树叶，有箬叶、青岗树叶，最近也流行用桂叶和柑橘类树叶。包好后上笼蒸，是讲究火候的，当然最好是柴火灶。

第五步：<u>面鸡娘</u>。这招可是松阳清明粿独步江湖的"留一手"了。清明粿包好，如果还有多余的粿坯（或者就是预留的），就擀成圆饼状，摊在竹篱上拿到日头下晒干。中间要用手指点出一个圆孔洞来，供日后方便穿绳悬挂，风干储存。食用时掰作小块，配上时令青菜野菜，烧一碗汤粿，就是面鸡娘——多少人听听就会流口水的点心。两位农科老先生，黄显达和吴振辉，一说起面鸡娘就立刻脉脉含情。据老先生说，过去这可是松阳传统的田头点心之一，尤其到木槿发芽的时候，贤惠的主妇常去采木槿芽和面鸡娘一起烧碗点心，叫小娃送去田里，给种地的男人当"午步"（加餐）。

浸泡一夜的艾草

反复捶打让艾草汁液与米粉充分混合起筋

状态正好的粿皮

甜馅料放入粿皮中央

另两边捏合完全包好，取一片树叶当蒸垫

晾晒中的面鸡娘

蒸熟的清明粿（左）体积变大、色泽变深

包好的青团，等待上灶

蔡宅村叶支书岳母一家妇女忙着一起包清明粿

叶支书家备好的甜口清明粿内馅

叶支书家备好的咸口清明粿内馅

私房清明粿各有一手

县城

去黄显达老师家吃清明粿，一进小区，就见到有居民在细心地采集柑橘树叶和桂树叶，问怎么不怕绿植被打药，居民自豪地说："我们小区的（绿植）不打药的。"再看看从楼角到天台，各家都利用各种闲置空间打造有机菜园，不禁感叹松阳人就算进城住在鸽子笼里，也可以无师自通打造立体生态。作为资深农科家属，黄师母的清明粿充分平衡了生态学、营养学和美食的三重标准。材料都是"土货"，又讲究搭配，以少胜多。甜的赤豆沙馅里加了橘饼提味消食，咸的呢，菜干、豆干里加鲜笋，鲜得掉舌头。

蔡宅村

叶支书岳母主持料理的清明粿颇有富足的客家风味。馅料的调制过程非常费心。鲜肉、咸肉、鲜笋、鲜葱、萝卜、胡萝卜、雪菜、油豆腐、鲜豆腐、香菇，每样都要切细后分别下锅炒制，然后再调拌到一起略焖入味，作为馅料。做青的艾草也要采来后洗净，浸泡一夜再用。这天刚好是清明节，在外的亲戚都拖家带口回来扫墓，大家庭率先团圆在了厨房里。婆婆备好粿坯粿馅，女眷

叶支书家清明粿蒸好了

蒸好的清明粿

清明茶

村民在采集菖蒲根

们包馅，男丁看灶，小辈的一起学着包、抢着吃，大家一起唠唠家常，清明粿也成了团圆粿。

食而有礼留长情

作为清明祭扫之用的清明粿，有别于家常时令美食，须恪守一定的规矩。洪关旺老师告诉我们，在松阳，一般清明祭扫都在上午，祭品必备清明粿（新坟除外）和毛笋。清明粿用甜馅，且是赤豆沙，不能用芝麻，据说用芝麻的子孙会多生虱子；毛笋用一只，煮熟，寓意子孙像雨后春笋般添丁发甲；两者都必须凉后才能摆祭，这又回到"寒食"的味道了。

当年的新坟，清明日不上坟，要在清明前3天祭拜（这是松阳人上坟前三后四的由来），且祭品不能有清明粿，用麦面包子代替。不管新老坟，扫墓归来都要折一支"青"，松或柏，以示"清洁"；或在坟旁摘些茶芽，稍搓几下，权当青茶，回来象征性喝几口，除晦气。

这年清明，我们在蔡宅随叶支书岳母家扫墓观礼后，也跟叶支书学，<u>随手采了些野茶（当地人称菜茶）</u>的青芽，回来用烧开的山泉水冲泡，清香盈目。沿溪走到观音桥，桥下有妇人涉激流去采石上菖蒲，回来剪下根来晒干，日后煮歇力茶，想是极好的。桥前撑着篱，晒

着的正是面鸡娘！一枚枚青玉璧似的，在太阳下妥妥躺着，吞吐不尽的清明之气。再想到这原是预备日后要暖暖地熬一碗点心，送去田头给种地的人的，想到县城里念叨木槿芽面鸡娘的两位老农把式——田家的岁时周期，就是这样被一份关照给推进推圆了的吧。■

蔡宅观音桥旁，村民晾晒面鸡娘

麒上村美丽的风景

雨一直没有停。黄昏时，雨更大了。这浇不灭畲族人唱歌的热情。三月三，山路十八弯，畲族人打着火把也要去唱山歌，4个乡的上百名歌手向金村赶去。

板桥

三月三畲乡对歌：那一夜的酣歌

文·翟明磊

雨一直没有停。黄昏时，雨更大了。这浇不灭畲族人唱歌的热情。

今天是三月三，是畲族人对歌的日子。雨中到处是情歌的滋味。

三三两两的人在亭子里坐下，有一个害羞的声音响起，人们便唱了起来。

远处是搭起的台子，喇叭里传出政府请来的歌手字正腔圆的声音。那是畲族三月三文化节的活动，承包给了一个公司。

但真正的情歌不在那里。

真正的情歌是悄悄的。

金村村部活动室里赶来的是4个乡镇的民歌手，两层楼面坐满了上了岁数的男女，还有几个年轻人，男女很自然地分坐在对面，不会看着对方的眼睛。畲族是个游移的民族，在每一个地方他们都是弱势的，只有歌声中有他们的悲壮与豪放。

他们要唱整整一夜。

"蜜蜂会蜇人，你就是那没用的女人。"

"蜜蜂不蜇人，就蜇你。"

"前世与你没缘，后世再和你结缘。"

"有缘和你共同整，没缘和你没缘分。"

一个黑瘦硬朗的老人家与身边的大嫂对起歌来，人们都安静下来。初听是骂歌，却是情歌，畲族人说"越骂越黏"。

一位大姐悄悄和我们说："他们唱深了。"

丽水地区的畲族歌用的是商调，高亢，得用假声，被称为"天籁之声"，声音适合穿透山谷送到对方的耳朵。

畲族的山歌，讲究男帮男，女帮女。

对歌一定要男女对唱，离开了男的唱不起来。即使女女对唱，其中一女子也要化身为男喉，女起男随，畲族人说："姐妹唱歌兄弟回。"

往往是一个寂寞的女声唱起，边上有姐妹

远看金村与舞台

衬唱，现在的男歌手越来越少，有时得等一会儿，角落中一个悠悠的苍老的喉咙才发出颤声。

如果是稍稍年轻一些的女歌手，老大爷们会回得很起劲儿。

对歌分唱歌与念歌，唱歌得用假声，念歌得用真声。

畲族人唱歌很认真，特别是有一种对歌叫"争高手"，一定要让你对不下为止。有时输的一方不服气，想好了歌，再来"报复"，拉一帮人会来打抱不平。但是畲族人性格是温良的，被唱骂了，也不生气。这是规矩。

雨越下越大，屋里的歌声也大了起来。人们不再害羞，有一些是熟识的老对手。

石壁来高山来奇，
高山石壁水迷迷，
隔山也有串心路，
隔水也有船来载。
有缘千里来过河，

乃念娘好结公婆。
有缘千里来相会，
怒娘上下差不多。

情歌唱得人羞红了脸，但有趣的是，畲族人中对歌成婚的并不多，大家都晓得的却有一对，那就是本村蓝仙儿与蓝石女，唱了一夜的情歌果真好上了。但是男的穷，办不起800元的聘礼，女方父母生气了不准女儿的婚事，女的就逃过来。这对歌手很恩爱，现在女的去世了，男的也不再唱歌了。

畲歌的歌词一般是四句，一、二、四句押韵，四句结尾字分别是平、平、仄、平。第一句可以是三字、五字、六字，其他三句是七字，颇有古诗体例。一句中会有"罗、里、拉"三种衬字，可以灵活变换。一般男歌手用"罗"多些，女歌手用"里"多些。

畲族受到汉人影响，比较内向，唱情歌时不看对方的眼睛。

不过，也有时不时爆出笑声来。多半是唱了这样的歌：

三月桃花到处有，
何必来你这里兜，
自己铺床自己睡，
想睡哪头就哪头。

畲族的歌调子是现成的，词可以现编，当然也有古歌，那是一代代传下来的。

村民聚集在村委会大厅

社庙内景

冒着雨，村里的民歌传承人蓝炳花大姐带我们去看了村里的社庙。庙在山坡上，只有三个香炉一个石壁，却是三个村共用的，供平水大王，也供太公。她在庙前唱起了祖先的《高皇歌》，讲述了祖先的来历：

当初出潮在广东，
蓝雷盘钟共祖宗，
今下分布各地住，
话语讲来都相同。
蓝雷盘钟一家亲，
莫来相争气祖宗，
子孙带大要分家，
分布各地都是亲。
…………

《高皇歌》是一首上古长歌，一代代畲族人唱着《高皇歌》告诉子孙先祖的来历与英勇，蓝大姐对着空蒙的山谷，言语难以描述她歌声的悠扬。

畲族在三月三对歌，在劳动时唱歌，词往往都是现编的，砍柴时就唱砍柴，种田时就唱种田。畲人讲："歌源要从心中来。"在红白事时，则要请专门的歌娘歌郎唱上一整夜。一般歌手是两男两女，喜事先要从拦路歌唱起，还有脱草鞋歌、奉茶歌、拜堂歌等很多种，这样的歌见本事，特别是最后一段，全是祝福的词，最见功力，好的歌手可以唱个长篇，主人高兴，唱得不好要被抹锅灰呢。

畲歌讲究的是：在有香火的地方不唱不吉利的歌，如果唱了，要唱"保佑歌"才能走。

畲歌可以使人喜，可以使人忧，还有专门的"骂歌"与"诅咒歌"，有时唱狠了，会骂祖宗十八代。一般骂歌在半夜唱起，这时歌手们有点疲倦，骂歌一来，长精神，斗智又斗勇，大伙一起哄，困意消了，下半夜对付起来便轻轻松松。有些情歌，就像开头提到的那首"蜜蜂会蜇人"，看上去像骂歌，其实是有暗喻，蜜蜂追花便是男人追女人，畲族人说"越骂越黏"，怪不得人们说"打情骂俏"。

畲歌可不光有情歌与劳动歌、祖先歌，还有教育孩子的歌。

我们碰到有两位女歌手，在力溪村小学每周教小学生两节畲歌课，用的便是二十首《学字歌》与《读书歌》。

学字歌

一笔落纸字弯弯，学好字来写歌源。
歌源写在白纸上，分人传唱真喜欢。
二笔落纸字写正，教字也要老先生。
先生教你用心学，莫来心呆讲勿听。

读书歌

仓颉造字是神气，学文是要用心记。
七丫八叉也难造，多横少点字不是。

夜渐渐深了，唱《高皇歌》的蓝炳花家歌场却刚刚开始。

一进门，一位省级传承人男歌手举杯为我们唱起了《迎客歌》，词是他即兴唱来：

阳春夏天百花开，
三月三日摆歌场。
丽水武义松阳县，
三县歌手会一堂。

汉声采访畲族歌手蓝炳花

歌是畲民心里来，
歌源一唱心花开。
唱出畲乡新田地，
唱出致富劲头来。

蓝炳花是传承人，她请来的歌手们个个好嗓子。没多久，我们被一位美丽的老奶奶吸引了，她眉目流盼，头戴畲族凤凰冠，一开口，婉转滴翠：

听到娘讲十八岁，
便托媒人上门来。
大娘一岁娘不讲，
小娘一岁娘不爱。
听到郎讲采花栽，
开了缘门等郎来。
开了缘门留心等，
不知你郎何时来。
留心等，等头对，
在娘家堂十八岁。
在娘家堂留心等，
不见媒人上门来。
郎住洞中第一家，
娘背包袱郎骑马。
我娘问郎因何事，
郎讲骑马看人家。

··············

她的歌声让我们听醉了，一打听，她就是省级传承人，当地的歌王蓝秀莲。

我们便约了去她家访问她。■

杨建伟谈松阳畲歌

文·翟明磊

杨建伟教授是丽水学院音乐系教授，研究畲歌30年。他亲自到丽水火车站来接我们，一接到我们就开始谈畲歌，真是痴迷于此的老专家。随后他陪我们到三月三对歌现场，为我们讲解，杨教授充满激情的讲授令人难忘。

杨教授第一次被畲歌迷住是1997年，他任松阳师范教务主任，因贪迷畲歌采风，不觉与畲族女乡长边唱边喝酒，醉后归途中掉进沟里，直到被清冽的溪水冲醒。这次他见识了畲歌与畲人的热情。

杨教授说要了解畲歌，首先要了解畲人。

畲，上面是"人"，中间是"示"，代表宗教，下面是"田"。人、宗教与劳动是畲人的核心。畲的本意是到处开荒，游耕的生活，名以畲，畲是善田者也。畲族人是女人种田干活，男人烧饭带孩子、耕地。畲歌在民歌三类型小调、号子、山歌中属于山歌，所以自由高亢，特别难记。每到三月三，山路十八弯，畲人打着火把也要去唱山歌。

在过去旧社会，畲族人是有些自卑的民族，400年前，他们从福建迁过来，因为晚到，只能在松阳的穷乡僻壤处生

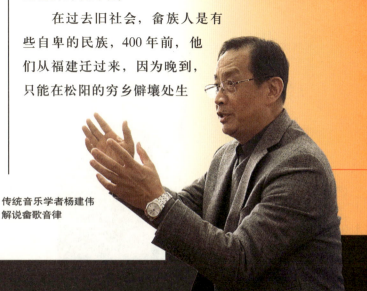

传统音乐学者杨建伟
解说畲歌音律

存。这里的畲族再往前追，可以说是唐朝时从福建先到景宁，然后分散在十八地方。不少畲人是里畲外汉，不太好意思说自己是畲族人。畲族人能歌不善舞，所以是集中把自己的柔情与用意都放在山歌上了。

细分起来，畲歌分成：交恋歌、骂人歌、诅咒歌、猜谜歌、拦路歌、送客歌、嫁女歌、哭灵歌八类。畲歌被广泛用在男女相恋、喜庆节日、丧葬祭祀、社会交往中。现在最年轻的成熟歌手是 66 岁，所以断代很严重。

有趣的是畲歌按地区分为 5 个调，因为调性不同，两地畲民往往很难对歌。这 5 个调分别是：丽水地区的丽水调（商调式），如同天籁之音；景宁调（角调式），分布在景宁、云和，以及龙泉部分地区；文成调（徵调式），在文成、泰顺；泉调（羽调式），主要在龙泉；瑞安调（宫调式），分布在苍南、平阳、瑞安。相同的调式是对歌基础，不同地区的畲歌手，对歌就比较难。

松阳畲歌属丽水调，要用假声唱，是天籁之声。

为什么这么说呢？

商调式——"36355132，635532，1353615632（咪拉咪嗖嗖哆咪咪，拉咪嗖嗖咪咪，哆咪嗖咪拉哆嗖拉咪咪）"——大概是这样。最高音到"拉"，到"咪、咪"结束，在五度范围内，最低到"哆"，结束音在"咪"，八分音符一拍，不是以四分音符一拍。平时用假声。对

歌时两个歌手调一样，所以好听。松阳、板桥、莲都、力溪、老竹，音调一样，这个群体可以对起来。景宁不一样，就对不起来了。景宁是"3653，165513，635513，63553（咪拉嗖咪，哆拉嗖嗖哆咪，拉咪嗖嗖哆咪，拉咪嗖嗖咪）"，就对不上来了。

当然在实际对歌中，两个地方歌手，也不是完全不可以对。但得各自为战，歌词差不多，调子对不起来，但也可以对唱。

畲歌有哪些特点呢？

一、调式俱全。

二、大跳音程（六度、五度）。

三、一字一音，这是紧扣畲族语言特点的。

四、假声为主，这有历史上的原因。

五、衬词丰富，可填补空白，提高音乐生动性。

六、山野环境，这是山歌生存的语言空间。

七、乐句乐段结构的非方整性，这是自由交往的结果。

八、音调相对稳定，而歌词即兴或沿袭。

其中，第二点、第三点、第四点是其他民歌没有的、畲歌特有的特征。

畲歌中比较突出的是以歌传情、以歌为媒、对歌成婚的"交恋歌"，也是三月三对歌的主体山歌，那是相当精彩的。■

杨建伟与畲族妇女欢谈

歌王蓝秀莲 我在人世间是自由人

文·瞿明磊

蓝秀莲 12 岁做了童养媳。她的爸爸是地下党，中华人民共和国成立后担任过领导，"我爸爸十七八岁就做了地下党，妈妈和我爸爸的故事像电视剧，苦也吃过，甜也吃过，辣也吃过"。1958 年时是家里最苦的日子，爸爸被打倒，家里失去收入，这一年碧湖闹饥荒，人们只能啃草根过日子，这时蓝秀莲的妈妈病倒了，再也养不活 3 个子女。蓝秀莲的爷爷抱着她，送进了松阳一户人家。

婆婆对她很坏。蓝秀莲 12 岁就要踩在凳子上够着灶台做饭，晚上回来动静一大，吵醒 3 个男孩，棍子就会飞过来。生母每年会给蓝秀莲送新衣服，每次回娘家，妈妈都会送出很远很远再回家。妈妈一回头，蓝秀莲就在野地里哭起来。

"这就是命，第二年碧湖就有吃的了。我却再也不能回家。"

幸亏公公、太公公对蓝秀莲很好，他们曾拦着婆婆："你不要这样对她，她会长大的！"

16 岁，蓝秀莲再也不怕婆婆了，她什么都会做，砍柴绣花样样做得比别人好，"大人弄不定我了"。她喜欢和女伴们在门口说笑唱歌，太公公急得直跺脚，骂她："半雌雄！"

16 岁，她以为掌握了自己的命运，因为有了"特别的"心思，她向爸爸提出退婚，追求自己的爱情，已平反了的爸爸说："你没有这个权利，我们要报答人家！"

17 岁，她无奈地与小丈夫圆房了。"不高兴！好像那时不太要老公，不喜欢他，讲话都不同他讲。没办法啊，没办法啊。"蓝秀莲说。直到 3 年后他们终于开始说话，"20 岁，那一个小孩生出来就和他好了，我老公那凭良心讲还可以，聪明，什么都不管我。"

蓝秀莲深深呼了口气："我是自由的。我这一世在人世我是自由人。"

她爱上了唱山歌。

第一次对歌，是在她朋友家。朋友有一个男同事和她唱山歌。蓝秀莲那时没有几首歌，唱了一会儿，就被小伙子唱骂了："你是牛屎扶不上墙！"

被羞辱后，蓝秀莲的倔劲儿上来了。她回家关起门对着歌本就开始学起来。最早的歌是向妈妈学的，妈妈是个聪明的畲女，还曾为中华人民共和国成立时 5 位中央领导编了 5 首歌。蓝秀莲向妈妈学了 4 首老歌。

蓝秀莲年轻时在户外演唱畲歌

其中两首也是她最喜欢的：

听到娘讲 18 岁，
便托媒人上门来。
大娘 1 岁娘不讲，
小娘 1 岁娘不爱。

听到郎讲采花栽，
开了缘门等郎来。
开了缘门留心等，
不知你郎何时来。

·············

这些歌，现在一唱起，又甜又酸的感觉仍会涌上鼻头，甜的是妈妈亲口教会了她，酸的是她没有那份甜蜜。

苦练苦练，蓝秀莲学会了 500 首山歌。按畲族的规矩，会了 500 首歌曲，才可以"开唱"，要公开唱一整夜，才成为真正的"歌手"。

蓝秀莲的开唱是在万脚岭村，19 岁的一个晚上，蓝妹妹唱了 300 首歌，许多是现编的歌，一个晚上过后，畲人们都知道一只畲家的百灵鸟飞出来了。

因为唱得好，24 岁，蓝秀莲与同村的蓝冬韵搭档成

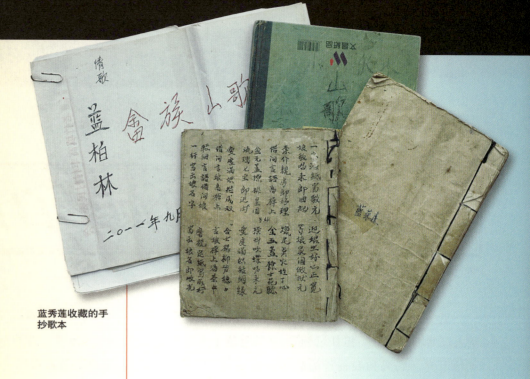
蓝秀莲收藏的手抄歌本

了专唱红白喜事的歌娘。一开始蓝冬韵的歌会得多一些，有她在，蓝秀莲不怯场。没多久，蓝秀莲肚里的歌就超过了冬韵。和她们在喜宴上对歌的往往是 40 多岁的男歌手，他们经验丰富，还喜欢捉弄人。但几个回合下来，他们对蓝秀莲刮目相看，啧啧称奇，因为蓝秀莲特别灵活多变，善编新歌，他们给蓝秀莲起了个外号"孔明"。

蓝秀莲的心是自由的，所以歌从自由来。令人叫奇的是，一向看蓝秀莲不顺眼的婆婆不反对她唱歌。婆婆的侄子是收集民歌的老师，还支援了秀莲两大本歌本。老公虽然唱得一般，但也喜欢山歌，还为蓝秀莲亲笔抄了许多歌本，至今被蓝秀莲珍藏着。副本送到了县"非遗馆"。夫妻俩到了晚年很恩爱。

蓝秀莲最喜欢唱嫁女歌，从 24 岁唱到了 40 岁，目睹了无数的婚礼与爱情，一个晚上接一个晚上，她歌唱别人的幸福。唱得真，唱得好，她在这里也获得满足。

在歌场上，没有人敢欺侮蓝秀莲。"真正的歌手不会欺侮人，半瓶晃荡的人才会欺侮人。"蓝秀莲微微一笑，"说真的，我

三月三晚上，蓝秀莲（中）在蓝炳花家里与族人对歌

不会被别人赢去。"蓝秀莲就这样唱成了女歌王。

最早时歌娘唱一晚上是 5 块钱，现在最低 700 元。唱到 40 岁，蓝秀莲觉得自由够了，她要陪妈妈，也要赚钱养家，就回到碧湖在妈妈家边上开了家代销社，夫妻起早摸黑，也陪了妈妈最后的 7 年。

妈妈最喜欢的其实就是从小送走的蓝秀莲，日子好过了，每次回娘家，妈妈都会给秀莲衣服、钱，送出很远很远还不愿回头。妈妈 90 岁去世后，9 年来，每年蓝秀莲都会频频梦到妈妈，母女间似乎有切不断的牵连。每次做梦后，蓝秀莲会流泪烧纸钱。终于在去年，71 岁的蓝秀莲哭着对梦中的妈妈说："我再也不想看到你了。"奇了，从此，她再也没有梦见妈妈，她再也不来了。

采访的我们都哭了。"你说这是迷信吗？"蓝秀莲沉默——又笑了，"我不苦了，好了，好了，你们要为我高兴才对。"

好了一辈子的老公突然得了白血病，4 个月就走了。蓝秀莲想了他整整 3 年。

终于，蓝秀莲解脱了。如今她一个人住在大宅中，子女有出息，三月三时会去对歌，喜宴时还会唱一唱。

现在，她终于不苦了。

而她的歌仍流着蜜：
留心等，等头对，
在娘家堂 18 岁。
在娘家堂留心等，
不见媒人上门来。
郎住洞中第一家，
娘背包袱郎骑马。
我娘问郎因何事，

蓝秀莲珍藏的手抄畲族歌本

郎讲骑马看人家。
——那是妈妈留下的歌啊。■

蓝秀莲（左三）与畲族歌队的歌手们合影

采柿子

各人举着竹杯，主持人向高空抛出"柿子"，选手们争先恐后跳跃去兜，看谁兜得多，这是从畲族采柿子的生产劳动演化来的项目。有一位戴眼镜的男选手，沉着冷静，瞄准目标，兜得最多，竟有12枚

畲族运动会

文·艾天马

3米长凳，把凳腿绑在一起。两人手持一根粗竹竿较力，看谁先落地。男性选手力气大，多用蛮力，几个来回见分晓，现场听得"嚓嚓"声，竹竿甚至被扭折断裂。而女选手更见智慧与胶着，送往迎来几十来回，韧性十足，阴狠

操杠

操杠

拉牛

拉牛

这明显是从牛犁田演化来的，手足并用，手指抠地，足尖抵地，全身使力，谁把对方拉过来谁就是赢家。冠军陈小兵，老竹镇人，是装修工，平时干的就是力气活，憋着一口气，过五关斩六将

男人在前拉，女人坐在拖板上。选手同时起步，以过线先后排名。这需要男女两人同时动脑筋，更要配合得好，有一位女性聪明，改坐为趴在拖上，得了第一名

拖车

通往汤城的路是漫长的，接近真相的路也同样曲折。前往汤城，是因为不少人提到这样的传奇：一座偏远的山村，政府要将它整体搬迁到山下。村民们拒绝离开故土，拒绝了政府的要求，自力更生，坚持村庄的生活，并坚持一年四季最传统的祈福祭祀聚拢人心。最后政府为之感动，为其申报"传统村落"。然而在汤城，故事真相并不完全如此，现实远远复杂艰难许多，我曾下笔踌躇，最后决定呈现最真实的汤城故事，这是乡村的现实，也是一群有志者了不起的努力，发人深思。汤城故事由《春季祈福》《汤城：一座空心村的自救之道》两篇文章组成。

汤城

春季祈福

文·翟明磊

天还微微下着小雨，山村的空气清冷。送米的人已经来了。

称米

老人家们有的带着簸箕，有的带着篮子、马勺，还有的提着陶罐。按规矩，祈福用的米和猪由各家平摊，每一丁要交来一斤米、一勺盐。祈福讲究的是均沾，所以均等均分，一两一勺都是要过秤的。

正月初八时，全村村民在独山顶洞主殿陈、林、李三夫人与两洞主面前，庄严上香，然后通过抓阄确定了祈福的人员安排，75岁以上的老人不用抓阄。

以下就是祈福"大戏"的"演员表"：

2人问猪（即买猪），2人砍柴，2人称米，

按丁口交米与盐

3 人挑水，1 人担桶，3 人挑米盆，

2 人担凳子，1 人担砍肉凳，4 人抬猪，

3 人帮杀，1 人杀猪，3 人焖饭，

1 人扫地，1 人擦桌子，3 人担锅。

倒滚水入大桶

　　总共 32 人，除杀猪手外全部由村民担任。一次祈福就是全村的大动员，年轻人纷纷从外地回来担纲。汤城有个特点：平时村中仅剩老人，但碰到一家修坟，村里每家人都会出壮劳力帮忙，更不要说一年 4 次的祈福大事。"我们村最小，凝聚力最强。"我多次听汤城村人这么说。4 次祈福两次在离村不远的温明桥殿，还有两次在独山（汤城老村址阗坑旁）的洞主殿，浩浩荡荡的队伍背桶扛猪，穿越田野，需要爬上数百米高的山头，不亚于一次大行军。

肉汤煮饭

　　称祭米颇耗时，因为每家情况不同，如果一家没有儿子，女儿也可以充丁。村民曾家旺家只有 3 丁，却交了 4 丁的米，原来他们家今年想添丁，就多加 1 丁，让未来的孩子提前沾福。这些都需要负责称米记录的人细细写在红纸上，神可不喜欢一笔糊涂账。

肥猪上俎

耙田表演

十番（锣鼓乐队）

"停停停！刚才没拍到，你们重新排一下队！"称得差不多了，又跑出了一个央视拍摄组来添乱，穿红衣服的村民工作人员只好苦笑配合。拍摄组为拍这稀奇的松阳祈福，起床却晚了，调好灯光又错过了镜头。山民们却很宽容，配合得不错。

杀猪

一头白胖的肥猪还不知道自己的命运，懒懒地啃着草皮。午岭村过来的乐队老人家们吹奏起祖传的<u>闹花台调子</u>。温明桥殿供奉的唐、葛、周三神已香火缭绕。边上农田里，<u>农夫牵着披红的牛演示着耙田</u>。柳城村张育梅是做豆腐的，一大早开车送来了<u>祈福定做的豆腐</u>，自己也加了一丁。汤城祈福方圆百里出了名，可不能错过。这次春祈，为了方便外来的加丁者与考察者，破例设在了温明桥殿。但几周后，村民们还是会再办一场，在独山顶的洞主殿，这是专门为村里人办的。传说洞主殿中陈十四夫人不仅救了中瘟疫的汤城村民，还为汤城

选了新址，汤城人世代用祈福感恩。神不可怠慢，村民的心是虔诚的。

温明桥殿人头攒动。

"嗷——嗷——"只听得一声声凄厉的叫声，东西村职业杀手（当地把杀猪人叫杀手）叶法根，用铁钩钩住大白猪的下巴，使劲往神殿里拉，三位帮手用力推猪。

"等等——等等——"又出来一位神人，莫非他要喊"刀——下——留——猪"？他不是来救猪的，这位当地文化站老师，脖子挂个相机，自称是拍摄总导演，要求在露天杀猪，这样光线好。这回村民不高兴了，一口拒绝："一定要瓦下杀猪的！"这是祈福老规矩，杀猪一定要在殿内，见红才吉利。如果在光天化日之下，老天爷看到会生气的。

猪被汉子们使劲按上桌板，刀进血出。杀猪前，老人家们为每个人发了条红布带，每个人红头带一扎，顿时有了神圣的氛围。

问村人，回答这是自古就有的，并指着壁画："你看——"果不然，庙中壁画上求神村民扎着红头带呢，我便信以为真。后来碰到叶高兴老师，他持续拍摄松阳民俗20年，他告诉我，扎红头带是近七八年的事。原来3年前的壁画已经把这新风俗画进去了。

搬豆腐来庙里

粗煮的肉摆上祭台

猪的变迁

殿内已是血流纵横，又架起了木桶，浇上开水，洗猪，开膛。杀手在案板上取下猪头，马上有人提到河边清洗，有人迅速清扫血迹……一切都在有条不紊地进行中。

很快，几大块猪肉与内脏和猪头被热气腾腾地供奉在神案上。

香火起来了，人们络绎不绝来磕头、敬香。当地人把敬神黄纸搓成扁花状夹在掌间，供神然后烧掉。也有妇女在纸炉里烧佛说《发财经》。

庙后厨房传来肉香，人们先割了些肉煮起，用肉汤煮早上各家献上的米，而新鲜的猪血与豆腐加上笋块会做成菜。这些都会运往村中凤凰廊桥上。

廊桥上已人声鼎沸，全村老小与外来客来吃杀猪饭了。10 多张大方桌一字排开，几个年轻人搬着饭桶、肉桶、豆腐桶，来回奔波。

我们留在温明桥殿拍摄，妇女们好心地递给我们锅巴，肉汁煮出的锅巴，奇香。老人家则说这祈福在"文革"中都没断过，只不过不敢在庙里拜，偷偷把香炉拿回村，在村里悄悄分肉。

和年轻人换了几支烟，他们开始告诉我祈福中的笑

烧《发财经》

锅巴

称肉

唱戏娱神

击鼓

话。原来祭猪要是黑色的，以前村里每年会安排4家人分别养4头黑猪，专门祈福用。后来政府不准村里养猪了，只能去外面买。因为黑猪贵，不容易买到，有一年开始买了白猪，用墨汁涂了全身，结果杀手、帮手也弄得黑乌乌的。后来，索性不刷了，白猪就白猪。

漫长的分肉

而在温明桥殿，主事者匆匆扒下几口饭与锅巴，漫长的分肉开始了。

全村共86丁，肉得分成43份，每两丁一份。

首先，瘦肉、肥肉、骨头、舌头、耳朵、肝6大堆分开，肠胃等猪下水则卖给村民。然后把瘦肉、肥肉、骨头、舌头、耳朵、肝切成碎块。瘦肉、肥肉、骨头，先用手大致分成43堆，然后先称最重那一堆，再称最轻的那一堆，取其平均值，再一堆堆称过去，按平均值加减，这样做到公正。舌头、耳朵与肝不称，每一堆放少许。

看着他们满手油肉，仍全神贯注地一刀刀细割着福肉，一时被骨头扎破手也吮吮继续，老人家不停地吩咐年轻人，而年轻人则恭敬地如礼照办，不知为什么，心中升起一种感动。

殿内还在紧张地分肉，殿外响起了越剧戏班的歌声。鞭炮声大作，舞龙也开始了。这回村主任向镇里借

在村主任带领下舞龙

来了龙，恢复了以前的做法，但好多年没舞了，村主任举着"龙珠"，在那跳来跳去，看起来笨手笨脚，大家却笑得很开心。

这个村因为历史的原因，有很深的矛盾。年轻人拥护新村主任，埋怨老村主任失去了整村搬迁的机会。（详见下篇）这次春祈，下台的老村主任也来了，显得颇为落寞，年轻人都不搭理他。松阳风俗"矛盾再深，祭在一起"。慢慢地，先是年纪大的人，然后是年轻一些的，也开始和他说些话了，老村主任尴尬的表情也放松了一点。毕竟，虽是无意之举，但他保下了古村落。祈福也是重新凝聚人心的方式，各个宗族有祭祖，而祈福是跨宗族的全村共同的仪式。而春秋两祈，设在三村共有的独山洞主殿，祈福又是跨村落的地区公共活动。

注意到功德碑上有一个人捐得最多，捐了28000多元用于修庙，他叫郑潘武，43岁，是村中首富。我们找到了他，人白净微胖，原来他就是在殿中厨房内外最忙的身影。问他为什么这么热心于祈福，他没讲大道理，说了这样一段话："小时候很穷，七八岁时最盼望的就是祈福分肉。小孩子们刚拿到肉，迫不及待地用稻草系着，放在庙中锅里，煮着吃。急啊，时不时要提起稻草，流着口水，看看熟了没有。一上一下的，我们叫'吊田鸡'，刚熟，我们当场就吃，那个香啊……"

分肉分到黄昏时分，最后一块碎肉安放妥当。家家户户带着锅、碗、篮子来取分好的福肉了。分肉的人很细心，特别准备了些小块的熟肉给孩子，小孩子们聚成一团，拿着肉吃起来了。可惜的是由于村中小学撤销，孩子们在外面上学，又不是节假日，赶回村中的孩子只有三四个，没有当年"吊田鸡"的热闹劲儿了。

将祭神的肉（福的本意）平均分给各家，祈祷村落平安，家家均沾福分，这就是古老的祈福仪式，是古代分胙肉（也叫散福）的遗留。黑猪换成了白猪、扎起红头带、多了一次祈福，这些并不重要，传统也在不停变化，只要虔诚的心不变，祖先也会微笑。■

村民们来取分好的肉

拒绝下山脱贫，留在原地，自力更生——当我们把听说的汤城传奇，向村民们求证时，他们一脸苦笑："不是这么回事！"

汤城：一座空心村的自救之道

文·翟明磊

先有汤城后有宣平

汤城古时是一个繁华的村庄。因为它坐落在武遂古道上，是武义、宣平到遂昌、龙游的唯一主道，远可到龙泉、金华、衢州。汤城又在松阳、武义、遂昌三县交界，木板、木炭、蓝靛、扫把、粽叶源源不断地运输到各地，村庄上曾经客栈与打铁铺林立。随着公路建成，古道便荒凉了。

汤城历史可追溯到唐代以前，汤城祖辈口传"先有汤城后有宣平"。汤村旧址青山环绕，称为"九龙抢珠"，入口狭小有灵蛇探水的山形，整村如同城池，当时村中多姓汤，故名汤城。历史上汤城因太平天国战乱等原因两次搬迁，如今坐落在一个狭长的河谷上，因为田在河谷两头，家就安在中间，布局自然形成。

这样的地形易受洪水威胁，20世纪60年代、80年代发过两次大洪水，防洪成了汤城大事。河中可以看到洪水线的标高，村中有清楚的逃洪路线。

村中以前仅有108人，人称"一百零八好汉"。如今有114人，却只有20多位老人住在村里，年龄在60至90岁。汤城是一个典型的空心村，走进村中静悄悄的，只有溪声潺潺，大部分房子都关着。

我投宿一户人家，他们把最好的一间、儿子结婚时的婚床给我睡，大红被单上却落满了屋顶掉下的老鼠屎——孩子们一年难得回一次家。

像许多古村落一样，汤城村呼吸越来越微弱，眼看就要老死。

整体搬迁失败

村中田地狭小，老人一个个去世，种田的人越来越

最早的汤城村址

汤城村二迁的地址，在现址的上游

少。村庄前景黯淡。

2013年，整个乡在11个村庄中选了4个下山脱贫，整村拆迁到县城边的西垒小区，分别是汤城村、午岭村、章田村、柘坑村。当时的条件是整村搬迁，不能有住户留下。下山意味着生机，80%的村民们愿意，但有一部分老年人因为贫穷而不愿搬下去。老村主任郑兴旺与支书不起劲，没有尽力推进，加上与乡里的宅基地安置没谈妥，要拆2000平方米的任务又完不成，事情就黄了。其他3个村搬迁后发展不错。

汤城空出来的整村搬迁名额被椰树村顶替。现在要搬迁，本来10万元可买到的地基，60万元都拿不下。随着地基价上涨，村民们越来越觉得汤城吃亏了，老村主任误事了。

后来当了三届的老村主任郑兴旺落选下台。

我们回来了

年轻的郑连法当选村主任。他是出了名的急性子，当年为村庄维权打过架，还坐过牢，但他得到了年轻人的拥戴。1997年，穷得没办法，年轻人曾帮生走出汤城村，在永康开了第一家超市。此后他把40多个年轻人带出村庄，分别在各地开超市，郑连法也是其中之一。村里人渐渐有了钱，每户存款在七八十万元，

如今在整个乡，汤城收入排在四五位。

郑连法放弃了超市生意，下决心回来改变整个村庄。村中少时的朋友们也决心与他一起干。他们大多开超市，事业有成也想报效村庄。汤城，这个松阳最小的村庄，有了年轻人变得不同了。

大家一起建

"刚开始没有资金，只想实实在在做好，也带给领导一个想象不到的感动。"郑连法说。

郑连法们没有把村里工程承包出去，而是用了"大家建"的方法。

图纸自己画，一个个部件攒。圆柱桥墩怎么弄？不

村主任郑连法（左）

汤城村现址，溪流贯穿全村

145

凤凰桥

村口石大门

明白，跑一趟问专家。石头，村民自己用肩膀扛，一座漂亮的廊桥不到 8 万元就建成了。村民们人人集资，连嫁出去的女儿也要交 200 元。

"整个廊桥设计费多少钱？"

"18 元，这是图纸复印的钱。"

这样的廊桥如果承包给外面的工程队，100 万元做不下来。

廊桥建成后，一个村民无意中发现对面山体呈现凤凰展翅状，大家便把桥命名为"凤凰桥"。

汤城村巨大的村头大门由巨石垒成，是郑连法自己去遂昌石矿挑的石头，4 车大石头花了 26000 元，加上 5000 元吊车费，村民们一块块垒好，搞定。

"有乡里官员说你步子迈大了，要切合实际，欠债不要太多。"我问。

郑连法激动了："欠的都是村民的工资，我们要还的，工程没有欠款。"

"全村年轻人拥护，我的胆子就是这么大！"

古村新村都要发展

县委书记王峻调研时看到村民们自己投工投劳改善

基础设施，建起凤凰桥，不禁为他们自主自力的勇气感动，看到汤城村整体保护较好，交代乡里和有关部门帮助汤城积极申报"中国传统村落"。

老村主任无意之中保下的古村落，成了宝贝。

郑连法决定古村、新村同时建。在新的宅基地盖新村，再把村里老房子置换出来村里集体管理开民宿。他们用了 100 多万元改造村里的公共设施与河道，在风水回龙处中间筑岛，形成"二龙戏水"的格局。这样与原有的"九龙抢珠""灵蛇探水""狮子抱球"形成了完整的风水体系，增加了人们的游兴。

曾帮生，第一个走出汤城村开超市，如今成了第一个回村创业的年轻人，他用汤城村的闲置地办了养牛场，养了 80 头牛。这仅仅是开始，能在家门口就赚到钱，何乐而不为？

四季祈福凝聚着人心，每逢此时，年轻人会从各地回来，男女老少团圆。这个安静的小村出了名，村民挺自豪："我们是松阳最小的村，但凝聚力最强。"祈福也成吸引外来客的文化活动。汤城重建温明桥殿等 3 殿，特别是温明桥殿，面积有 4 个老殿那么大。今年加了一次祈福，除了回馈乡里乡亲，也是为了扩大宣传，为汤城未来打算盘。

重建后的温明桥殿

春祈前夜，村民开会到深夜

　　汤城，这个曾经松阳最小最贫困的村庄，年轻人回来了，空心村的心开始强劲跳动。■

春祈接待宾客午餐就在凤凰桥内

5月上旬，立夏时节，猴头杜鹃花开放，如是，我们去寻找千年猴头杜鹃。

箬寮清晨的云海

箬寮

寻找 千年猴头杜鹃

文·野望

箬寮是一片古老的原始森林，4万亩，常年在云海中。这片神奇荒蛮的森林中有松阳最高峰——箬寮岘，海拔1502米。

在这里，万物平等生长着，只是因为某些物种的稀少，更引起人类的关注。这里有黄腹角雉，浙西南独有，是国家一级保护鸟类。松阳一位观鸟摄影者，在山中扎帐篷，两天日夜守候，拍下了它一张略显模糊的身影，却获得鸟类摄影的大奖。这里有最孤独的植物：东方水韭，是已有3亿年历史的蕨类植物。2002年12月时，武汉大学植物学家王青锋在这儿发现了该物种现存世界上唯一的群体。它一直被认为在世界上仅存于松阳，直到在泰宁又发现了它的伙伴——水晶兰，又名梦兰花，幽灵般的生物，无叶有花，泛着蓝光，长在太阳照不到的地方，像来自天堂，又像从幽冥世界走来。

然而箬寮最神奇的还是猴头杜鹃。这里有一片上千亩的千年猴头杜鹃林，是整个华东地区该物种保存面积最大、数量最多的地方。它格外娇艳美丽，性格却高冷，在野生环境中，它只生长在海拔千米以上的岩石薄土上。

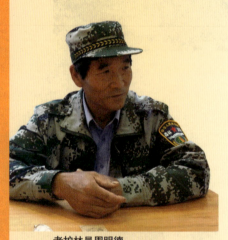

老护林员周明德

老护林员讲述猴头杜鹃

2017年5月8日，汉声组第一次去箬寮，正碰上大雨，我们没找到千年猴头杜鹃林。我们见到了浴花潭，传说中张玉娘洗澡的地方，一池碧水上落英缤纷；见到了怪石堆叠的隐泉，还有壮观的落差70米三层飞泻的龙瀑。当山中人指着雨幕中的远山，猴头杜鹃林更在4个小时路程的远山外，我们只能望山兴叹。我们选择在10天后做好精心准备再次进山！

猴头杜鹃花苞，呈浅粉色

猴头杜鹃花随着开放，颜色变浅变白

这次的收获是找到一位老护林员周明德，他65岁，守护着1.5万亩原始林，猴头杜鹃林正是在他的看护中。

"我们周家太公的太公……第一辈到这里，已经有十三代了，500年以前，这片猴头杜鹃林就在了，当时已经是合抱的大树。村里人从来没砍过它们。"

十月怀胎的神奇花朵

"猴头杜鹃和别的杜鹃不一样，花谢后1个月长花蕾，这个花蕾要在树上长10个月，来年才开花。真是和人一样，10月花胎。在这10个月中，要经历风吹雨打冰雹霜雪，花蕾对天气变化很敏感，所以冰冷年花就会少。

"海拔千米以下还没有发现过野生猴头杜鹃，猴头杜鹃长得特别慢，上百年也只有碗口这么粗。我们千年杜鹃林中有一人合抱的，真不知长了多少年。而且它只长在岩石的薄土上，全靠根系扎牢在石头上，因为土薄，容易翻倒。2008年，我们这边下了大雪，仅仅雪压枝头，许多猴头杜鹃连根翻起死掉了！碰到雨水多、冬天冰冻的年份，花就特别少，去年冬天暖和，今年是10年来开花最多的年份！猴头杜鹃一个花蕾可以开十几朵花，而且刚开时是红的，慢慢变白。"

周明德做过10多年的村主任，退下来后做了护林员，他责任心重，2015年，他两次跨界追踪砍伐者到了其他村，虽在别人地盘，但他毫不示弱，直到偷伐者交出罚款才罢休。2014年以前，他必须每月巡山15次，如今1个月10次，对原始森林了如指掌。

"有云豹，我10多年来见过一次，看到时我用柴刀拼命敲石头，又吼了一声，把它吓跑了。还有山牛、野猪很多，我就看到过9头一大窝的野猪。野猪吃百草，野猪胃对治胃病特别有效。"

老周有点担心地看了看我们："最厉害的还是毒蛇，有绿蛇，分两种，尾巴黄红色的有剧毒，全身绿的没有毒。最毒的是一种蓟蛇，我们村这些年陆续有4个人被这种蛇咬死了。这个时间，正是毒蛇的活跃期。"

二进山

5月14日第二次进山，我特意从民宿老板那找了五六根竹杖。"竹子是蛇舅舅，"老板递给我说，"蛇怕竹子。"前行时用竹子不时在草丛中拨弄，可吓跑蛇。民宿老板让他的女儿带我们进山，小姑娘脸上红扑扑的，他们一家都是土生土长的山里人，可以带我们找到隐秘的千年杜鹃林。

为了拍日出，伸手不见五指时，我们就出发了。一片漆黑中，就听见草摩擦声和我们喘气的声音。四点半，走到半山，喘气声越来越大。远处隐隐有鱼肚白，我们的摄影师

猴头杜鹃林

刘镇豪不免急了，他要先走一步，用跑马拉松的速度冲在前面了，镇豪是长年马拉松跑步者。一会儿工夫，他便没人影了。

渐渐天已快亮了。我们越走喘气声越大，这时又远远见这位老兄匆匆向我们跑回来！出什么事了？

原来这向上的山路是一直向西的，镇豪跑至山顶才发现到了山的西边，哪有日出？！他不得不用百米跑的速度又折回来。

待我们再次看到他，这位大哥正满身大汗，有些沮丧地坐在山头——没拍到。

大自然便是这样，有时追求的反而得不到。经过缜密计算安排的"日出"计划因为高估了体力与弄错方向而失败了。

然而，我们经过两小时跋涉，却在一刹那看到了万顷云海，那时不禁一片欢呼，野外考察便是这般有趣。我戴斗笠横吹竹杖，颇像一文雅乞丐，于是大伙提议，各人拄杖扮怪，来了个云海丐帮合影。

箬海

去千年杜鹃林要经过一片"箬海"，这也是箬寮名字的来由。山中盛产箬叶，每年端午节过了，夏至后 10 来天，也就是入伏后，正是采摘的好时机，经过处理可供来年包粽使用，而端午节前的箬叶太嫩是不堪用的。箬叶采摘是古山民的重要生计，寮即为采箬叶的工棚与临时歇脚的地方，也有一说箬寮是箬叶盖的小棚。

天气晴朗，我们经过一道道小溪流，高山顶上，水从哪儿来呢？细看原来是早晨的露水从一片片树叶滴下，渐渐汇成细如线的流水从岩石上淌落，各条流水又汇成小溪欢快冲下山去，高山溪流便这样形成。松阳谚语："山上多栽树，等于修水库，雨多它能吞，雨少它能吐。"专业人士测算：5 万亩森林蓄水量相当于一个百万立方米的小水库，一棵大树蓄水千担。森林涵养水源的道理，我们体会到了。

森林不是为了人类景观而存在的。

据箬寮原始林景区两位老总谢总、宋总介绍：整个箬寮的两万亩核心原始林包括黄山松林、浙江红山茶林、雷公鹅耳枥树林、亮叶水青冈林、猴头杜鹃林 5 片重要林区。核心区外围是缓冲区，缓冲区外是公益林区。在公益林区，经过审批，林木可砍伐用于百姓建房。这样达到养用统一。

这两万亩核心森林使箬寮负氧离子含量每立方厘米高达 10 万个，比世界卫生组织规定的清新空气标准高出 100 倍。

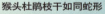

猴头杜鹃枝干如同蛇形

两位老总都是松阳当地文化人，文质彬彬。谢总叫谢雪钧，笔名何山川，写得一手好散文。两位老总在规划时，重要的林区避开了主要的游线。如猴头杜鹃林，一般游客很少会去；而亮叶水青冈树王，已有 600 年，胸径超过1.4 米，它和它的子子孙孙构成了一片小森林，藏在人迹罕至的海拔 1300 米的地方。自然区最受欢迎的是观鸟者，他们带走许多精彩照片，宣传了箬寮，却不会在自然界留下一片垃圾。

在建箬寮原始林景区时，当地有 3 个村可以做公共核心区，其他两个村开出的地价蛮高的。而周明德在当李坑村主任时，将村中一部分土地无偿交

千年猴头杜鹃林内枝干密集交错，光线幽暗

给景区做公共设施，当时有一部分村里人想不通，最后风景区的入口与公共设施核心区设在李坑。到了今天，李坑抢占先机，民宿、餐饮与养生观光业因此得以发展，村民喜笑颜开，而原始林景区降低了运营成本，又可从容正向反馈游客。

正是两位老总与老村主任老周不以利字当头，箬寮才得以保存一片自然净土。

千年杜鹃林中

不知走了多少山路，渐渐地仿佛进入了一个幽暗洞穴，上方枝干横空，树干上青苔纵横，心突然静谧下来。

这就是千年猴头杜鹃林。

因为土薄，猴头杜鹃树往往是斜着生长，如同蛇行，姿态万千。曲折伸绕、相互支撑、密密麻麻的枝干经过数百年交叉，进入其中，如同进入绿色洞穴。我们小心地一步步跨过长满青苔的根茎，四周出奇的安静，好像几百年来都没有人打扰她的清梦。一些老树因为支撑不起本身的重量，已横着翻倒，枯死了，而新的树芽又在土中探起。这儿，死亡、衰老、出生集于一体——大自然的奇妙！

野生猴头杜鹃花很小，开在阳光照见的枝头，有三四米高，而在林中却黑暗，只有隐隐的光线照射下来，光斑点点。我们久久徘徊其中，不愿离去。这大自然千年的杰作是那么协调。

上千年了，猴头杜鹃林好像一个活的整体，还在生长，每年面积都会略有扩大。

猴头杜鹃林与一般的映山红不同，因为老弱幼壮集中在一起，形不成壮观的花海。游客们多去欣赏映山红的十里红云，这儿反而人迹罕至，从客观上保护了千年猴头杜鹃林。对于这些猴头杜鹃老祖母来说，宁静反而是最好的福气。不过在老师带领下，这儿却是学生们与自然爱好者绝佳的自然保护教育基地。

箬寮整个森林有 3 个护林员，以周明德为首，在他们的看护下，从 2014 年至今没有发生过一起森林火灾。

箬寮有云海、奇石、飞瀑、幽潭、佛光，有世界罕见的奇花古木，清新脱俗，在松阳先民崇敬自然的风俗中，幸存下来。这儿国家一级保护动物、植物就有 30 余种，名贵中草药 700 余种，上百年的树木千余种，50 年以上的树木占森林总面积的 95%。这片大自然的王国，松阳的子子孙孙永宝之。■

野生猴头杜鹃花很小，开在阳光照见的枝头

石人矶山崖的猴头杜鹃

松阳

四月八喹乌饭

文·陈诗宇

南烛柴的枝叶

"四月八，取柴汁蒸乌饭"，松阳有四月初八喹乌饭的习俗，所谓的"柴汁"，就是一种叫南烛柴、乌饭柴的树叶捣碎取的汁。立夏以后，<u>南烛树叶鲜嫩肉厚，取其汁液浸泡糯米，蒸熟以后</u>饭粒呈现乌黑晶亮的紫黑色，或加盐、糖、猪油拌食，香浓可口，而且有温胃去湿、长精神的功能，又名"青精饭"，杜甫便有诗赞道："岂无青精饭，令我颜色好。"

南烛叶汁烧乌米饭

烧制乌饭，用的是南烛枝叶与糯米。南烛树古称染菽，为常绿灌木或小乔木，多分枝，幼枝着短柔毛，老枝紫褐色，生长在丘陵地带或海拔400米至1400米左右的山地，常见于山坡林内或灌木丛中。松阳主要有两种，一种是真正的南烛，别名乌饭柴、南烛竹，果子成熟后，酸甜、化渣；另外一种是糠烛，别名小叶乌饭树、短尾越橘，果子比南烛的稍小，皮厚，即使成熟，嚼嚼一口渣，像米糠。这两种南烛叶都可以烧制乌饭。

将南烛柴的叶片放在石臼里捣碎

农历四月初，南烛树叶正好长得茂盛。松阳人用柴刀劈取南烛的嫩<u>枝叶，放在石臼中捣碎，用水浸泡；然后沥去杂质；再把糯米淘净，浸</u>入南烛水中浸泡几个小时，就可以蒸、焖、煮饭了。李时珍《本草纲目》记载："摘取南烛树叶捣碎，浸水取汁，蒸煮粳米或糯米，成乌色之饭。"烧熟了的乌饭饭粒晶莹圆润，黑中带蓝，口味清香鲜糯。

松阳山区百姓，常常在四月初八烧制乌饭时，多烧一些，烧"坚"一些。除了自家食用、馈赠亲友外，其他多放在篮中挂于通风处，有的装在"蒲焯"里，可以存放好几天不变质。1935年，红军挺进师到枫坪时，刚好农历四月初八"乌饭节"。红军除了品尝松阳山区的"乌饭"外，还学会了烧制方法，几经炊晒，制成"饭干"，在往后的行军打仗中发挥了积极的作用。

同时，"乌饭"是保健食品。松阳民间流传，"乌饭"养胃补肾。李时珍《本草纲目》也记载："久服能轻身明目，黑发驻颜，益气力而延年不衰。"中医认为乌饭"日进一合不饥，坚筋骨，益肠胃，补骨髓，久服变白去老，除睡，益气力，轻身延年"。可见，乌饭的保健作用是显而易见的。

用纱布滤出汁液

咥乌饭的种种传说

吃乌饭的习俗在南方不少地方都有，松阳山区比较多，松古平原时断时续，现在依然有不少人家会吃、烧过乌饭，但不知咥乌饭之所以然。

关于咥乌饭的来历，众说纷纭，有很多传说，包括目连救母、乌稔充饥、黑黍祀佛等。传说目连每次送给母亲的白米饭，都被看守地狱的恶鬼抢去吃了，母亲经常挨饿。于是目连翻山越岭，遍尝百草，发现有种汁液发乌的树叶，清香生津，提神开胃，用其煮成的糯米饭虽颜色发黑，却十分可口。恶鬼见饭是乌黑的不敢吃，目连母亲得以不再挨饿。人们被目连救母的孝心和事迹所感动，也在目连第一次为母送乌饭的农历四月初八烧咥乌饭。

松阳新兴镇竹圃村流传着一则类似的孝女故事，说的是古时该村有一女子为了营救被打入县衙大牢的父亲，用叶汁煮的乌饭瞒过狱卒，使饿昏了的父亲因被喂食乌饭而苏醒复活。后人遂将农历四月初八日立为"孝顺节"，用咥乌饭方式来纪念这位孝女，以弘扬孝道。古市一带的百姓，也多流传这样的故事。

又有说法四月初八浴佛节，佛家弟子以黑黍饭祀佛，因为乌饭可口，又有益于健康，人们便争相煮乌饭赠送亲友，于是流传成俗。

在松阳的畲族地区，乌饭还有另外的传说，与唐朝时的畲民起义军以乌稔充饥有关。板桥乡、象溪镇、裕溪乡等地畲民于农历三月初三日吃乌饭，以纪念唐朝畲族农民义军领袖雷万兴、蓝奉高。传说唐朝时雷万兴等率畲军反抗官府民族压迫，被困大山，粮草断绝。畲家军发现山里有一种乌稔树，于是采集浆果充饥，抗击官军取得了胜利。之后，畲民在三月初三（新年），采乌稔树叶子加工后与糯米一起炊煮咥乌饭。

不过，松阳地区关于咥乌饭，还流传着另外一种说法。传说古时有个昏君，常常派出钦差大臣到各地搜刮民脂民膏。有个松阳人在朝廷做官，得知昏君又派钦差到处州一带征粮缴款时，马上通知松阳故交依计行事。四月初八那天，钦差刚一落轿子，百姓高喊"老百姓无米下锅，望钦差赈灾"。钦差到百姓家见家家户户锅里都是用树叶烧制的乌七八黑的饭，实在难看，最后只得免去松阳钱粮。其实，老百姓煮的就是乌饭。

这些传说不一定是真实的故事，但不管是哪种说法，都体现了乌饭虽然颜色难看，但吃起来可口、有益健康的特点。■

糯米洗净，在汁液水中浸泡

泡好的糯米
上锅蒸煮

蒸好的乌饭

平卿

岁时风俗

下山福

文·陈诗宇

平卿村全貌

松阳当地民俗中，各种各样的祭祀、祈福是相当重要的一部分。"礼有五经，莫重于祭"，古时国家有礼敬天地日月山川的大型祭典，民间也有各种祭祀先祖、神灵的仪式，种类虽然很多，但都是通过献奉祭品，以敬天地、先祖、神灵，并祈求护佑安康。

松阳还有一类民间祭祀，称为"祈福"，在当地分布很广。村民每年在社殿举行若干次祈福仪式，宰杀肥猪、上香敬酒，有的还伴有各种民俗表演，热闹非凡，最后将祭祀过后的肉均分，以祈求或酬谢神灵保佑风调雨顺、社稷平安。村民世代以农耕为生，靠天吃饭，万事由神灵做主的传统很深，祈福的时间也大多和农业生产有关。通过合众祈福，还能增进家族邻里的团结和睦，增强克服困难、战胜灾难的信念。

我们在春季初参与过四都汤城的"春祈"，听说新兴镇的平卿村也保留了传统的祈福风俗，又称做福，村民合众在特定的福日向"八保新兴社"中的"平水禹王"祈福、还愿，有600余年的历史，一年甚至要举行8次。于是特地安排采访，到平卿一探究竟。2017年夏季的"下山福"将在5月13日举行，据说仪式在凌晨就会开始准备，所以5月12日我们特地提前一天抵达。

随着山路越绕越高，坐落在谢村源高高山坡上的平卿村出现在眼前。三面山冈环绕，数十栋黄墙黛瓦的土屋依山势而建。村南、东北各有大片的风水林，绿树掩映、古木参天。村口有不少车辆，估计是赶回来参加次日祈福仪式的外出村民。我们在村口就遇见了此次特地为祈福回来的张飞军先生，随后和村主任周先生会面。夜间就住在周主任的老宅子中。张先生熟知各种当地风俗讲究，也能画壁画、塑泥像，饭前席间为我们讲述了不少传说故事，也预先娓娓道来祈福的含义。

四大福与四小福

在周主任祖宅大厅的墙上，我们看到一张红纸，上面写着"公元二〇一七年八保新兴社做福日干：小福二月廿五戊申日干；上山福三月十七庚午日干……"详细开列了四大四小8次祈福的日期。张先生介绍说，当地的福日每年八个，"大福日"和"小福日"各四个。大福为大祭，需要杀一头大黑猪作为主要祭品；小福为小祭，

四大四小8次
祈福时间名单

154

用相对简单的肉、饭祭祀。大福分别于谷雨、小满、立秋、白露四个节气前后举行，称"上山福""下山福""立秋福""八月福"。每年的正月初八（上八日）前，村里就会请道士选好本年八个福日的吉日，并张贴公示。

祈福和传统农耕生活密不可分，因传统农业种植生活需要而产生，与时令的关系很大。"上山福"是四大福之首，在谷雨前后举行，山区种田缺少肥料，需要上山割取草叶，埋入田土中作为绿肥使用，过去山里时有猛兽毒虫出没，山路崎岖，所以特地做福祈祷上山作业平安，是一年耕种的开始；"下山福"又称"落山福"，在小满前后，割草作肥完毕，准备下田播种插秧，此时做福答谢神灵保佑，同时也祈愿播种顺利；"立秋福"在立秋前后，此时稻谷处于抽穗阶段，也是易发生虫害肆虐的时候，过去没有农药，村民特地做福祈祷；"八月福"在白露前后，庄稼丰收在即，此时做福感谢社公一年的护佑，也是最大的福日，由道士主持，还会有戏班演出。

今日村里从事农耕的村民已经不多，种植业以茶叶为主，但一年四大四小的祈福传统依然被延续下来，祈佑社公保护一年的风调雨顺、五谷丰登。

主持事务的四位头首

从村中往东穿过古木林，到山冈的一块空地上，便可以看到本村社庙"<u>八保新兴社</u>"，庙前视野开阔，美景尽收眼底。庙中供奉的主社神是平水禹王。两旁张贴了多幅红联，写着"国泰民安万万年""保坦内物阜民安"等吉语，款署"上社弟子某某百拜"，其中有四条分别署名"本坦头首弟子某某百拜"。

今年头首名单

原来，红联上所署的"本坦头首弟子"，就是村里选出的四位轮值负责人。每次祈福仪式，就由这四位被称为头首的青年轮流主持。过去头首为18岁男青年，现在年龄则放宽到30岁上下，从村里的男青年中轮流选出，符合条件的青年按照辈分和年龄一定都会轮值到一次。今年选出的四位头首分别是<u>周尉明、周永海、周永鑫、张必伟</u>。

按照本地传统，四位头首一年中要密切合作，他们除主持做福以外，还要参与主持修社庙、修路、组织春节摆祭和舞龙灯等公共事务。经过庄重的仪式，一代代青年人正式以成年人的姿态参与到村落公共事务中，增强了对家庭、家族和社区的责任感。

从凌晨开始的忙碌

祈福的流程大体包括筹米、杀猪、祭拜、分肉。福日的凌晨四点半，天还未亮，头首们就已经开始起床忙碌了。张飞军先生负责此次的杀猪，几位头首和帮忙的村民齐聚社庙，

八保新兴社

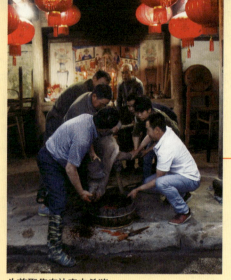

头首聚集在社庙中杀猪

把大黑猪从庙旁的附屋牵到殿中。殿正中檐下放着一张大板凳，大家按部就班地准备杀猪、褪毛，"在屋檐下杀猪，为了避免对上天不敬。"张先生还说，"黑猪应该是知道自己身负祈福使命，所以都没怎么挣扎。"

社殿中在紧锣密鼓地准备杀猪，与此同时，另一位头首则敲着锣在村中行走，一边吆喝着"落山福！落山福！"提醒村民们下山福仪式今日即将开始，要准备去香火堂中上交本次祭祀所用的丁粮。村中央的香火堂中，摆放着一张大供桌，两位头首和几位老者将一张长长的红账纸铺桌上，上面密密麻麻地写满两行户主的姓名，每户下面标记预先统计的丁数，即本户18岁至59岁的成年男丁，家中若没有这个年龄段的男丁，也可以将年龄延伸至60岁以上。平卿500多人口，常住人口并不多，但每个大福日都有一两百位男丁参加，几乎每家都有。

村民们陆陆续续来到香火堂，各自带着一斗米，由头首称量后倒入大箩筐中，并在丁账中核实登记。村民汇聚越来越多，人头耸动，交米以后都在寻找账上本家的名字。待到全村交米完毕，重新核对，本次大福共有165丁参与。统计结果也是后续分肉称重的依据。

村民来到香火堂交米，并在丁账中核实登记

人人有份分发祭肉

另外一头的社殿中，大黑猪宰杀完毕，猪血、内脏取出，剔除骨头，并将猪头煮熟，供在供桌之上，两扇猪肉也端正地横放在供桌前大板凳上。等到吉时，头首在社殿进行祈福、唱经、上香，在猪头、猪肉上插上香，四人齐拜，随后分头准备好祭品到村四周的樟树娘娘、四相公、胡公大帝等处祭拜，也遥对山下的社殿祭拜。

祭拜完毕，此次祈福最后的重头戏——分肉即将开始。头首们将剔净骨头的猪肉、猪头称重，共110斤，根据之前统计的丁数，定为一丁6两肉，由张飞军开始分切生猪肉，每块都需要分别称重。张先生宰猪分肉经验丰富，基本每刀都能预估到大体接近的重量。切好的肉用红绳扎好，由头首挂在殿内东西山墙梁架上密密麻麻的钉子上。肉骨头则在庙旁的厨房中煮肉汤，煮成的肉汤再用来煮米，肉骨头和猪肉则取出，将上面的肉皮仔细割下，再一一切碎，根据总数分成165份，堆放在大供桌上，中央则用黄纸盛放一

将猪肉一一切碎，并根据总丁数均分

黑猪宰杀完毕，头首进行祭拜。

排肉饭，颇为壮观。

中午休息饭后，头首们在村中再次敲锣打鼓，村民们便陆续到社庙领取祭祀过的祭品。他们挎着竹篮、拿着锅碗，大排长龙，张望等待分肉。四位头首按男丁名单有序地将供桌上切碎的熟肉、梁上挂的生猪肉以及煮熟的肉汤米饭分发给各位村民。他们将猪肉拿回家一番祭拜后和家人共享。

整个分肉仪式，将全村村民们筹集祭祀的猪肉、粮食礼敬神灵，又通过非常均匀的切分，一一分发给各家。这种习俗是历史相当悠久的祭祀"分胙肉"传统。胙肉指的是祭祀时供神的肉。祭拜后将各家交纳的钱买猪再分发给各家，俗称"太公分猪肉——人人有份"。这种"分肉甚均"的习俗乃古代社日文化的遗留，与司马迁《史记》中所载陈平因分肉甚均被刘邦封为宰相之事如出一辙。通过祭品的分发、祈愿将神灵的佑护和福气带到家家户户。

分好的猪肉分堆摆放在供桌上

平卿村福日祈福的习俗世代沿袭，对于靠田吃饭的农民来说，祈求神灵保佑风调雨顺、五谷丰登是他们最大的愿望。虽然平卿的年轻人大部分到了城里务工，但留下的村民仍在种植着四季豆、茶叶，他们每年从土地中获得丰收及报酬，唯有分福，能将他们的愿望及感恩一并实现。对于现在的村民来说，通过祈福分肉，联系起乡亲、家族，一个简单的仪式聚合了成人礼和社日的文化内涵，可称是传统农耕文化的活化石了。■

竹篮中装着本次分到的
猪肉和米饭

村民们带着小孩来参与祈福分肉

社庙里熙熙攘攘，头首忙着给排队的村民们分肉

端午风俗

文·艾天马

箬叶变成黄色，米粒晶莹剔透的特色碱粽

端午是夏季最重要的大节，时近酷暑盛夏，毒虫滋生，许多风俗习惯也围绕着驱邪避毒展开。松阳的端午风俗大多与各地类似，比如吃粽子、插菖蒲艾叶，过去还有划龙舟、喝雄黄酒、喝午时水、佩香袋、挂钟馗像等，有些风俗保留了别处不多见的古老传统，像送端午、饮端午茶。另外还有当地很特别的习惯，比如端午吃薄饼等。

郑王义手绘钟馗

包粽子

如各地一样，包粽子必不可少。松阳的粽子个头不大，以角粽为主。用箬叶包扎糯米，馅料主要有菜干肉、赤豆红糖咸甜两种。另外还流行吃碱粽，将大豆秆或黄金叶烧成灰，泡水并把灰滤掉得到碱灰水，把米浸在灰汁中一天一夜，米成淡黄色，再用箬叶包好，煮成的碱粽耐放。粽子要包得结实又规整不容易，所以松阳又有"无用粿，能干粽"的说法，能做米粿简单，包好粽子却很见功夫。

玉岩一代的山区里还有特别的"大健粽"和"蚊虫粽"，包粽子时会有几张特别大的箬叶，用大箬叶包出的大粽子，2个可以相当于5个普通小粽；每次包粽子时，又会有些余米不够包一只，便将一张箬叶去筋撕成两小片，包成大拇指大小的袖珍粽子，可以逗小孩玩耍。

吃薄饼

"过端午，咥薄饼"，除了粽子，松古平原在端午还有一种特别的传统食俗是吃薄饼。薄饼和春卷类似，用面团烙出的薄饼皮，包上各种荤素馅料。入夏以后，各种时鲜蔬菜都已上市，正好作为馅料，韭菜、笋、黄瓜、豆芽、鸡蛋丝、豆腐干等。其中必不可少的还有大蒜和田螺肉，民间传说吃田螺明目又清火，大蒜辛烈杀菌，都是适宜盛夏的馅料。

插菖蒲艾叶

村民门口悬挂的菖蒲艾叶

在端午前的五月初一，松阳人就要开始到集市上买来菖蒲、艾叶插在大门上。有些甚至在窗户、床帐上也要插挂。菖蒲长长的叶形如剑，象征可以斩除不祥的宝剑；艾叶挥发芳香油，可驱除蚊虫。将菖蒲、艾叶悬挂在门户上，在炎热的夏季有驱虫除邪的意义。

喝雄黄酒

端午当天要喝雄黄酒，用红曲酒或白酒，加入雄黄、石菖蒲、大蒜末。合家饮之，据说可以解毒辟邪。剩余的雄黄酒还要喷在屋内空中和四处角落，也是防疫除虫害的意思。另外还有喝午时水的旧俗，端午节正午的时候，取水缸中或水井中的水大口喝下，据说可以预防腹痛。

采端午茶

端午茶是松阳当地相当盛行的饮料，家家户户都要准备。端午前几天到山里采集各种草药，民间传统采集时间约定俗成在端午日午时止。传说此日为天医星临空，百草都是药，而且治病药性特灵。各家还可以根据家人的体质情况，配制不同功效的端午茶，或清火解毒、清热消炎，或解渴提神、防治中暑，或祛湿散风、祛积消食。

采集草药以后用水清洗，传说以端午正午时洁净的午时水洗过的草药更具神效。洗净处理后，晾干并剁成小段，略经炒制再晒干，或者切后直接晒干而成。制好以后，也可以常年冲泡饮用。

加入雄黄粉末调制雄黄酒

送端午

端午节中午全家团圆，热热闹闹吃薄饼

端午节还是回娘家的日子。女儿女婿抱着孩子，带着猪肉、猪蹄、面条回娘家，又叫送羹、送端午，以表报答亲恩之意。娘家则要准备麦秆扇、毛巾等消夏用品作为回礼，称作回羹。就算妻子过世，岳父母还在世的，女婿也依然要送端午。

当地向导刘宋美告诉我们有一个村曾发生过这样的事：端午节，一户人家有两个女儿，都没有送猪脚，老父亲气得冲到两女儿家，一家拎了个猪头，一家拎了个猪脚，在集市上卖掉了。可见这一风俗至今深入人心。■

松阴溪上赛龙舟

赛龙舟

赛龙舟是端午节的传统项目，据《松阳县志》记载，在乾隆年间，松阳就有"端午竞舟"一说。

"时隔60多年，端午节赛龙舟的盛况又回来了，龙舟赛出了船帮的精神。"松阳县西屏街道73岁的船老大包丽奎热泪盈眶地说。多年以前，松阳有着发达的航运，一天有上千条的船只从溪上过，主要运输烟叶、蚕丝、粮食等，每逢端午时节，松阴溪上都会举办激情澎湃的龙舟赛，直到1955年，一场大洪水淹没了青田码道后，龙舟赛被迫中断。

2018年6月17日，赛龙舟这项历史悠久的传统赛事在松阴溪重新恢复。比赛当天7时许，20余个身穿明清服饰的村民，将妈祖从青田码道的天后宫里迎接出来，请到龙舟赛的现场，摆上各式祭品，祈求一年风调雨顺。

祭拜结束，5条龙舟进入松阴溪上，每条船长18米，中间最宽1.5米，精致的龙头口含金珠、头戴着绣球，龙尾插着龙旗和竹子。上午9时20分，随着一声枪响，180余名选手划着5条龙舟，如离弦的箭一般划破了碧波荡漾的松阴溪面。两岸上万名观众聚集，锣鼓声阵阵，呐喊声此起彼伏。这是一场精彩的比赛，也是一次传统文化的回归。

端午茶可不是一般的草药茶，如果你分析一杯端午茶的成分，会为之震撼：里面有四五十种草药，而可以入茶的草药有上百种。端午茶不仅是古代中国端午百草入药习俗的古老遗存，还是松阳人千百年来靠山吃山活生生的"山智慧"。

冲泡好的端午茶

松阳

端午茶：百药入茶的山智慧

文·瞿明磊

先前采摘、晒干等待炒制的端午茶原料

端午前10天起，松阳人开始忙起来，男女老少纷纷背篓上山进林，采摘各种草药，在端午节中午12点前晒制成端午茶，供一年饮用。端午茶清香扑鼻，滋味独特，据说是唐代道士叶法善传下的治瘟仙方。据考证全国目前有端午茶习俗的仅在松阳、龙泉、遂昌、丽水、武义，这正是古处州范围，是古代松阳传承至今的风俗。

为什么一杯端午茶要包含近百种草药？又为何要在端午采制？做时有何讲究？喝了有何好处？

上山！为了探寻端午茶奥妙，汉声小组与松阳民间端午茶高手进山采茶去了。

我们找到的第一种端午茶草

2017年5月28日，端午节前两天，我们来到了鲁峰村林金香大娘家。怎么找到林大娘的？说来有趣——我们是被她一碗歇力茶征服的。汉声小组连日野外考察20多天，不免"人马疲惫"。当地向导刘宋美看着心疼，自告奋勇："我让妈妈煮歇力茶给你们吃！我妈妈的歇力茶在我们那可出名了！"原来在早稻收割完，晚稻插秧前，松阳农夫最劳累啦！当地便有一种强筋骨、壮气力的草药茶，与猪骨、鸡蛋同煮，就叫"歇力茶"。宋美的妈妈林金香10多年前乏力，肚腹肥胖，便学做歇力茶，不仅治好了自己的老毛病，还治好了邻居

将洗净的鸡蛋与草药放进大锅里

的腰肌劳损，亲戚的手脚麻痹。这下可出了名，每次她开锅煮歇力茶，不仅要送周边亲友100个歇力茶蛋与歇力茶，还有几个村的人拿来200多个蛋寄煮，甚至连煮剩的草药渣渣都被村民们讨去再煮。林大娘信佛，是方圆几个村出了名的善人，乡民们因此更信她的歇力茶。汉声同事们喝了林大娘的歇力茶，只觉滋味醇厚，一饮难忘。又听说林大娘也是做端午茶的高手，便把林大娘家当作"普通人家做端午茶"的观察点。

锅中正煮着歇力茶

一进林大娘家，一位皮肤黝黑、朴实的大娘便迎了上来。入座后，她注意到我眉头微皱，关切地问："有什么不舒服？""这几天累了，牙龈肿痛上火。"

她便腾地站起："我给你采药去！"

只见她大步流星，从院外几步远的山崖采来几株带清香的叶草，洗洗折好，塞入我的水壶，加入沸水，放入冰糖。一入喉，清凉甘爽，牙痛缓解不少。

"这叫牙丁药，专门治上火牙痛。"林大娘看着我微微笑。

这是我们记录的第一种松阳端午茶草药——在端午茶中的牙丁药（又称牙关草）正针对牙龈肿痛。

宋美冲我眨眨眼："你有没有注意到妈妈用了几株？"

我摸摸后脑勺——唉，光顾着喝了。

"我们松阳用草药一般用三头（株），或七头，不能是偶数，五也不用。"

嚯，还有这个规矩！

牙丁药

山上四仙女

上山去啰，林大娘扛上大提篮。正好端午节也是松阳女子回娘家的日子，家家女儿和女婿带着肉、面孝敬父母，父母也要回礼，这是松阳铁打不动

刚起锅的"紫苏蟹"

林大娘与三个女儿合照

的礼俗。宋美的姐姐、妹妹这天都回家了，三姐妹和我们一起去采端午茶，这也是全家的乐趣。到得山上，三姐妹像放飞林间的小鸟，一会儿去桃林中摘桃子，一会儿商量中午要用紫苏裹面炸"紫苏蟹"吃。林大娘看着女儿们笑，却没停下手头的活，一会儿篮子就满了，她随手放在路边："回来时再拿。"空着手提刀又往前了。

林大娘折下一枝："这是成子树，可以去暑。"——乌桕树。

弯腰挖起一丛："狗牙齿，可以治肝炎。"——垂盆草。

林大娘手脚麻利，顾不上说话。宋美为我们解说："这是红蛋草，可以煮红鸡蛋的，也可以祛风湿。"——茜草。

"快来，小超，这个你肯定认识。"——"嗬，不是凤凰米吗？"这可是汉声美编小超的救命草，上回拍犁地，她一脚踩空坠下崖，手划了许多血口。幸亏刘宋美用妈妈教的法子，采来叫凤凰米的小草，嚼碎了涂在伤口上，没多久就好了。这凤凰米也是端午茶中的一种草药，可以活血。

"这叫乌鸦饭，乌鸦爱吃，可解蛇咬伤。"——酢浆草。

贴地而生的小草叫"叮地蜈蚣"（金钱草），有两种，红茎的热性，可祛风湿，白茎的凉性，可去结石——真有学问。

没想到，这些看起来普普通通的草木都可入药啊。

"端午阳气最重，所以草木都可以入药。端午那天上午集中晒，效果最好。据说中午仙女会从天上撒下仙丹。"宋美呵呵大笑。

在我看来，此时此刻林大娘与三个女儿才是四仙女。

林大娘一直采到了山头上，才往下走，怀中满抱药草，好家伙，已经采了三十多种。沉甸甸的收获。

回家路上，林大娘用镰刀指了一指，宋美便跳起来够松枝。

"松针枝也是一味端午茶，可以清血脂。"

林大娘生火，宋美炒制端午茶，生火的学问很大，过与不及都会影响端午茶的效果与长期保存

村民互换草药

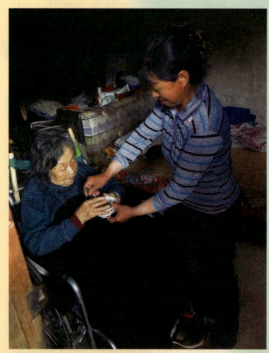

姨婆享用刘家姐妹送来的歇力茶

回到家，没多久，一位叫许爱云的邻居便送来两丛树枝，这是百瓜桔与秋牡丹。原来各家采端午茶，因为上山碰到的草药不一样，还可以互换相赠，其乐融融。正当我们为百瓜桔学名叫什么发愁时，一位一身清爽戴着漂亮斗笠的大嫂路过，她放下肩上锄头，为我们轻松解答了——算盘子。这位便是林金香的端午茶老师、村里的草药高手周菊钗，林金香向她学了不少草药知识。民间就是这样相互学习的。

端午茶维系着乡里文化与人情，而做端午茶的人也有自己的风采。

我们发现林大娘能成为端午茶与歇力茶高手，除了心地善良，还有强大的学习能力。

林金香唱得一口好佛歌，她专门向一位居士找来歌本，虽不识字，但久而久之跟着学唱，竟能凭记忆，根据字形，唱出五六百句歌词来。这样的超群记性当然记得住草药。

林大娘惜物，淘米的水留存下来洗碗，洗过碗的水再倒入泔水桶喂猪，淘米水放三四天后洗发或浇花。

林大娘有乐善好施的品格，我们问她歇力茶的诀窍是什么？她说是

"舍得"。舍得放药材，舍得放肉，汤水便好喝。另外，心思要细，林大娘会把药草煮2～3小时后，把汤汁取出，沉淀去渣后再用来煮胴骨，这样滋味好。一般的村民，往往是草药与骨头一锅煮到底。

林大娘每周都煮歇力茶送给亲友邻居病者，她是以草药茶结缘的"观世音"。

一家四口来炒茶

采来的草药洗净晾干，半小时后表面水分晒干了。林金香随手拿过一个木凳垫着，便用镰刀"当当"把草药敲切成碎丁，然后放在太阳下暴晒。完全干后，再放入锅灶炒制。三个女儿轮番添柴，又少不了一番笑语，小妹妹被两姐姐爆料：从小是妈宝，不干活，是烧柴中的笨蛋……妈妈则紧张地动手炒茶。要诀是锅与锅铲必须刷干净，不能有一点油！林大娘炒法熟练，右手用铲，左手揉搓，这样不断用揉搓的方式在炒茶时放进空气又挤出空气……不久草木焦香出来了。

大锅里炒制端午茶

每家端午茶会根据自己家人的体质进行调配。林金香一家体质偏寒，所以热性的草药会多放些。"炒焦一点点没关系，对胃不好的人反而好。"

宋美爸爸最爱喝端午茶，他嫌一般茶叶伤胃，所以长年只喝端午茶。

炒好后，摊开，再次暴晒，便可收起。

临走时，宋美送给我们每人一包林大娘端午茶："这可是无价的哦，这里面有妈妈对我的爱！"

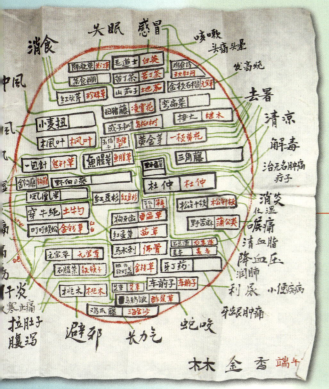

林金香端午茶成分及功能示意图

惊人的繁多成分与功效

晚上，连夜整理林金香的端午茶成分，发现制成的分析图竟含有44种草药，具34种功效！仅列功效已颇令人震惊：防感冒、治咳嗽、减头痛头晕、治发高烧、去暑、清凉、解毒、治无名肿痛、治疗子、消炎、化湿、治喉痛、清血脂、降血压、润肺、利尿、去牙龈肿痛、治蛇咬、长力气、避邪、止腹泻、驱寒止痛、治肝炎、治扭伤、减腰痛、去坐骨痛、活血、祛风湿、散风、祛风、治中风、消食、去结石、疗失眠。

我们感到这不是一般的草药茶。不仅在于含草药数量之多，而

林金香端午茶药草

鱼腥草

金枝石榴

成子树

红头芹

野香菜

鸡爪藤

凤凰米

乌鸦饭

楼七

老鼠枪

茶蓬

一包针

隔夜草

小麦扭

山苏子

三叶青

苦丁茶

青蓬

百瓜桔

五信子　野苦笃　淡竹叶

且一症多药，例如光去暑的药草就有7种：弯扁菜、继木、黄金芽、野向日葵、乌桕树、酢浆草、松针枝。

端午茶是一个本土知识的宝库，许多草药，我们问了医生包括当地中医，仍只知土名，许多是没有学名的松阳本土草药。

为何端午茶会包含如此多的草药与功效？带着问题我们继续上路。

找到答案

5月29日我们来到端午茶省级代表性传承人黄娇云家中。黄家在玉岩村，她的先生三代开药铺，对黄娇云认识草药有帮助。相传叶法善一支后代在北宋天圣二年（1024年）从古市卜居玉岩村，将端午茶做法带到此村。黄娇云本是城里人，嫁到玉岩村后第一次听先生说起端午茶，便拿起镰刀要去山上找，被先生一把拉住："现在不是（采端午茶的）季节！"黄娇云便跟着村中叶法善后人叶三妹一起上山学采端午茶，好学不倦加先生辅佐，终成大家。

黄娇云的先生金跃明70岁了，是位不苟言笑的老中医。她的儿子金康法是玉岩文化站站长，是熟知玉岩文化的老文化工作者，他眨眨眼笑着说："端午百草可入药——连断肠草也可以。"金跃明老先生立刻打断他："这只是传说！"感觉老人家是一位明事理的长者。我们便虚心向他请教："歇力茶与端午茶成分上有什么区别？"

"歇力茶所有材料都可以投入端午茶，但歇力茶不是端午茶。歇力茶有主要几款药材如杜仲、水桐子、黄芪、小攀膨（大叶、小叶两种）必不可少，端午茶则没有主次，大杂烩。"老先生回答。

那么，端午茶在草药选择上有何讲究？

"像败酱草、鸭脚趾等不能用，因为容易馊。有异味，或太苦的也尽量不用，免得影响口味。"

我们又问："已有中药可以对症治病，为何还要端午茶？"

金跃明一语中的："中药一对一，针对病症。端午茶更全面，具有预防性，其中草药越多越具预防性。端午茶以预防为主。"

看来这正是端午茶有这么多草药的原因。古来的松阳山民求医不易，便到自家后山采来药草泡茶，预防各种疾病，同时也可治疗感冒等小疾，最初的茶不也是一种药吗？山民看来，这百草与茶一样也是可泡煮的百药，这是高明的靠山吃山的"山智慧"。

金跃明帮汉声编辑把脉

传承人黄娇云
上山采草药

意外的树叶豆腐

黄娇云则是个快手快脚的大娘，趁我们谈话之际，已几进几出家门，采回不少端午茶草药。等我们回过神来，赶紧提出和大娘一起上山。

黄家后山像个绿色海洋，也是汉声的绿色课堂，我们向黄大娘请教，度过了难忘的时光。黄娇云的端午茶草药有90%与林金香的相通。不同的是黄大娘会加入少见的、不是从山上临时采的自备药材，如治莫名疼痛的鬼箭羽、治阑尾炎的红藤等。另外，黄娇云家人多热性体质，所以茶中去火药材有八味之多。去秽避邪的药材比林大娘的多了三味，除共有的桃木外，还有樟树、水草蒲，以及道士拿手中驱邪的清凉散——不知这算不算叶法善遗风。

黄娇云的端午茶不是炒制的，而是焙出的，草药洗净、晾干、切碎，再晒两天，然后焙十几分钟，放冷后收好。

正当我们紧张记录时，一不留神，黄妈妈采来一种叫豆腐柴的植物，有着怪怪的草腥气。她像变戏法一样，揉汁、点灰、烹炒加凉拌，做出几盆绿豆腐，当地叫树叶豆腐，汉声小组大饱口福。没吃上的同事问滋味如何，"给我个神仙姐姐也不换，"我开玩笑说。我连吃两碗

树叶豆腐

黄娇云端午茶药草

车前草

樟树

桃树

金银花

山枝

公鸡尾巴

木通

山络丝

马水刺

乌饭树

山瓜

活血丹

海金沙

紫苏

枇杷叶

肿扭

山菜头

仙鹤草

白猕猴桃

葛皮叶

山麻糍

马叶桃

大叫"好吃！过瘾！"累了一天的黄妈妈也笑得好开心。

晚上细细分析黄娇云的端午茶，毕竟是药铺世家，更具药理。其中理气的就有6味，各有侧重：木通、枳实、乌药、水桐子、乌饭树、山枝。虽以去火为主，也有一味热性的板栗树，略加平衡。黄娇云端午茶计55种草药，功能29种，甚至包括了去蜈蚣毒。理气、去火、祛风主线清楚，不愧是省级传承人的风范。

其实每家人家都可以根据自家体质调制不同配方的端午茶，松阳巫画传承人郑王义先生就给我们开出了郑家端午茶方，健胃、健脾、强肺为主。松阳大街上众多草药行可以根据来客体质开出端午茶方，我就在街上开出了主治糖尿病的端午茶，可以说端午茶是松阳乡民们自疗自救的平民超级大药茶。

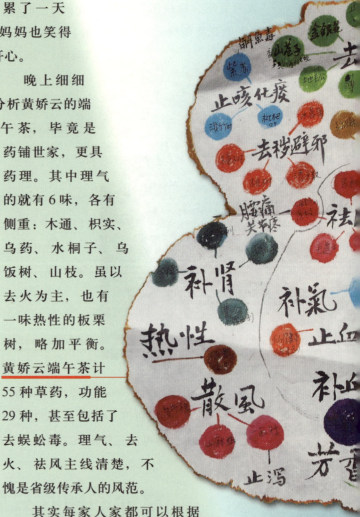
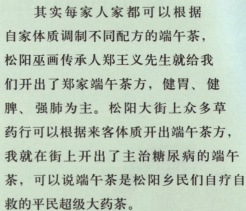
黄娇云端午茶

过端午啦

端午当天，天朗朗的，仙女投丹想必很准吧？我们拍完了林大娘晒端午茶的镜头，又赶往玉岩村。在村中主河边，晒满了各家洗好的端午茶，家家在河中洗草药，场面颇为壮观。一过12点，基本都撤走了，也可见端午茶的"老规矩""山智慧"仍然活在百姓中。我们在黄娇云家喝上了雄黄、石菖蒲、大蒜末加红曲酒调配的雄黄酒，互相蘸酒在额头画"王"字，众人乐在其中。中午12时，当地还会喝水菖蒲浸泡的午时水。

我们终于明白了端午茶的奥秘：端午茶多由妈妈爸爸手制，针对一家人体质而调整，这40多种草药是40多种祝福，情深如许，怎一个药字了得，消炎、消食、降血压、理气、驱虫、祛风防感冒、去肝毒、补血、避邪、治扭伤、安眠、去火、补肾、除湿……声声祝福，而这祝福来自阳光，来自自家的后山。

林大娘的三个女儿都回来帮妈妈做端午茶，妈妈累且幸福着。鲁峰村这样一户人家普通又受着上天的眷爱，我喝着妇人们制的端午茶不禁醉了。端午茶是松阳传统天人合一的结晶，光辉耀人。■

凤凰草　　公鸡草　　清凉散

佛箭　　黄金绳　　马兰头

八角芝麻　　石菖蒲　　地毛公

端午茶如何喝？

泡饮方便： 加入沸水浸泡10多分钟。

煮饮可增药效： 一、先在冷水中浸5分钟。二、煮开。三、煮开后微火焖几分钟。

冷饮： 凉性端午茶可冷饮，泡饮后冷却，放冰箱冰镇，可加蜜，口味清凉。

端午茶与歇力茶比较

歇力茶
四季可做。
以祛风湿材料为主，滋补，增长力气。
用根多，耐煮。

端午茶
端午前10天开始做，端午当天12点后不可做。
以治感冒，预防各种疾病为主。
用茎叶多，好冲泡。

林金香歇力茶成分及功效

成分： 野菖蒲、杜仲皮、鸭掌树、红豆杉、鸡草根、矮灯草、白猕猴根、苦丁茶、小胖蒲、麻明旺。

功效： 消脂、活血、去湿。

端午麦秆扇

文·陈诗宇

过去到了临近端午的时候，盛夏炎炎，松阳民间许多人家便摇起麦秆扇，引来凉风阵阵，是夏令必备之物。麦秆扇以天然大麦草的茎秆为原料，是广大农村妇女变废为宝、自己加工使用的日用品，也是端午节时娘家馈赠女儿、女婿的回礼。

晚清王廷鼎《杖扇新录·扇》有一段对于"麦扇"的记录："以麦秆编成扁带，广寸余，圈作规形，如盆大，用竹片两面夹之为柄，中心贴五色绫缎小圆，上绣山水、人物，极工细。麦色金黄而润，轻灵便捷，两浙人多用以燕居。亦有削细竹作一圈，密编麦秆，汇综于柄，以彩缕结成栀子花、古钱、卍字诸形，皆儿女通行燕扇也。"

松阳民间许多人家常用麦秆扇

他所说的"麦扇"就是麦秆扇，又称麦秸扇、麦草扇。在浙江、江苏等地广泛流传，在松阳当地也是很常见的用品。文中描述的形态和现在的麦秆扇相当一致。"以麦秆编成扁带，圈作规形，如盆大"，圆圆的扇面，是麦秆编成扁辫围绕中心一圈圈盘起来的；"中心贴五色绫缎小圆"，扇面的中心镶有小小的圆形扇芯，上面用五彩线绣着日月山水、花鸟、戏曲人物等，还按照不同的图案，绣上"旭日东升""花好月圆"之类的吉语；"竹片两面夹之为柄"，用竹子做成的扇柄，将扇面和扇芯夹牢，多半油漆成黄色，也有红色和棕色的，上方画图，下方题词配诗。

麦秆扇的原材料是田间的大麦秆，每年农历四月麦子丰收以后，心灵手巧的农家妇女，总会挑选一些笔直的麦秆，有时还要根据扇子的花色，将麦秆染成各种颜色。把同一种颜色的麦秆捆扎好备用，5月份便可以开始打扇，把原本废弃的麦秆编织成一把把精美的扇子。清代有诗描绘打麦秆扇的情景："大麦黄时嫩秆擎，扇儿打惯女儿精，豆棚闲坐谈新戏，月自团圆风自清。"这样到了夏天，家人们就都可以用上避暑招凉的扇子了。

早年松阳民间的妇女们许多都会打扇，但随着电扇、空调的普及，自己打麦秆扇的也越来越少。我们特地找到松阳斋坛乡的何香兰大娘，演示麦秆扇的编制工序。何大娘生于1954年，六七岁便跟随外婆、妈妈学打扇子，一直到现在还不忘手艺。

大麦秆

何香兰大娘（左）
在挑麦秆

一把做工精细、质量上乘的麦秆扇，一般要经过剪、剥、漂染、晒、选等前期麦秆材料准备，以及编、盘、绣、削、缝等多道加工工序。其中，编扇面和绣扇芯是最关键也是最花费时间的部分，将麦秆编织成约两厘米宽的长条，再把编织好的长条一边缝一边以螺旋状绕成圆形扇面，中间缝一个有小碗口大的扇芯，扇芯绣有精致图案的才算是高档的麦秆扇，费时费力，一般要数天才能完成。然后用竹片扇柄夹住麦秆扇，扇柄都是挑选那种竹龄三五年、竹节长、厚薄适当的成竹加工而成，接着就可进入简单的缝制阶段。缝制完成后再把扇柄缝合、压平，一把麦秆扇才算制作完成。

麦秆扇不仅是夏日消暑的好工具，也是端午节相互馈赠的礼物。端午赠扇的风俗自古有之，唐宋时政府会在端午节前赐给官员扇子作为节礼，《唐会要》记载，贞观十八年（644年）端午，唐太宗曾亲书扇面赠予重臣长孙无忌和杨师道扇各两把。民间也"彼此相馈"，松阳传统中女儿、女婿在端午节就要给娘家"送端午"，比如猪蹄、肉、面、蛋等，而丈母娘在收到礼物后，也会回赠两把绣制精美的端午麦秆扇作为回礼。此外农家女儿出嫁时，麦秆扇常常也是嫁妆之一。■

将麦秆编织成约两厘米宽的长条

何大娘做的麦秆扇

绣制扇芯图案

将扇面和扇芯夹牢

郑王义与他的 驱邪巫画

文·艾天马

太保殿郑德雄与丁光所画门神

郑王义家是巫画世家，代代相传画巫画已有五代，绵延160年。最早画巫画的祖先叫郑芳兰，传郑德雄，再传郑大英，再传郑光华，郑光华传给侄子郑王义。松阳县城太保殿大门还保留着郑德雄与丁光合绘的门神。郑王义四五岁即会画鬼神，后除家传外还正式拜师丁光，丁光是松阳画家，也是郑德雄的外甥，也学习过巫画。这个巫画世家曾为松阳留下大量驱邪巫画、寺庙神祠壁画、菩萨与各种神仙塑像，并画有中秋时的月光佛。郑王义一人曾给200多座寺庙、200多座神祠塑像作壁画，松阳香火最旺的法昌寺壁画与佛像、罗汉像均为郑王义所作。

巫画有一些特别的规矩，如颜料必须用自调的天然颜料。黄：黄枝、雄黄；红：朱砂；绿：猪胆绿、菜汁；黑：墨鱼汁、草木灰汁。经过特别的调制，可以不加防腐剂，色彩沉着，永不褪色。

犳虎画

犳头画

犳头画，形象介于龙虎之间

画巫画也是一种信仰的修行。一幅巫画从淡墨勾线起稿到最后完成要经10多道工序，每笔都不能抖，要求心安定，也是一种功法。

巫画还有一些特别的禁忌，如一张画虎的画，本当署丙申年，但申属猴，与寅虎相冲，这样便改署丙幸年。画观音与关老爷时都需要燃香。

巫画都需要开光，开光以后才可悬挂，开光最适宜选在五月初五午时阳气最旺时，开光时巫画师需念安定咒等许多咒语。

松阳驱邪巫画常见三种，一为钟馗，多用朱砂画成，别处也有。其他两种则为松阳特有：

一为犳虎画，画一犳自后咬猛虎状。旧时松阳山区人家中堂多悬挂此画以驱山中猛兽。郑王义告诉我们这样的一则传说：

"有一次犳被猎人打伤，濒

死前逃进一户人家，他们心地善良，医好了把它放归山中。夫妻俩有一小女儿，女儿长大后，老虎精想把她抢去做老婆，定下日子便要来抢亲。豺感恩老夫妻，愿救女儿。豺变成女儿，当虎精化身美男子来亲近女儿时，豺现出原形咬死了老虎。这是我百岁去世的父亲的叔叔告诉我的。"

二为紫微星。"松阴溪古时常发大水，有次大水特别大。许真君带着两徒弟从江西庐山走到松阳，松阳溪中篾龙精正出来危害人间，许真君化身篾龙精朋友，靠近时两人打起来。篾龙精一边逃，许真君一边追，篾龙精便化身为牛，来到松阳十五里村。村中有一个面店，许真君便把面吃了，又化出一份面，面中埋了铁链，篾龙精来后不知就里，肚饿一口吞下面条，许真君把它锁在了江西南昌的石柱殿的水井里。从此松阳大水便没有这么厉害了。许真君对锁在水井里的篾龙精说：'只有石柱开花，你才能出来。'有一天来了一个老太太，要在井边解手，顺手把灯笼挂在石柱上，篾龙精以为石柱开了花，便要出来大闹。许真君属道家武教，便吹起海螺，这时天上紫微星君出来，平定了篾龙精。紫微高照意味平安吉祥。这样的驱邪巫画旧时常挂在松阳大户人家中堂。"

这个传说也是郑王义先生告诉我们的。■

岱头山里人家中堂挂的豺虎画

紫微高照

朱砂钟馗

民间更传统的豺虎画

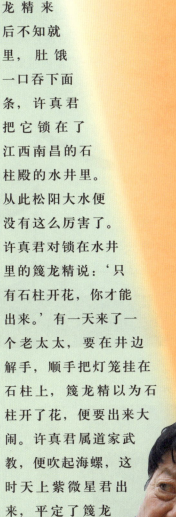

郑王义

171

松阳巫画师郑王义要去高山地母殿画壁龙，听闻这消息，汉声全程拍摄，记录了这一罕见民间艺术创作全过程。刚为雨龙点完睛，大雨如注，我们目睹此景，暗中叫奇，更为难得的是，壁龙画法竟与宋代画龙法相通，这又是怎么回事呢？

高硋背

画龙记

文·翟明磊

松阳巫画五代传人郑王义要上山了，我们赶紧跟随看个究竟。"墨汁山上有了，还要买点画画工具。"郑王义说。他却没有走进画具店或者文具店，随随便便踅进路边不起眼的一家乡村超市，抱着几包皱纹卫生纸出来——"怎么回事，难道不用笔吗？"我们嘀咕起来。

地母殿

因梦成殿

地母殿在一座叫高硋背的高山上，一路小溪、松林，石头垒的山道望不到头……背着行李，我们爬得气喘吁吁，两腿发软。郑先生拎着一个旧得不能再旧的黑拎包还有脸盆，如果不是照顾我们歇了几回，恐怕早已一口气上了山。远远听到鞭炮响，几位面孔朴拙的居士来迎接我们了。

地母殿的建成颇传奇：1998年，一位在龙泉建观音殿的人，梦到地母托梦给他要建此殿，于是集合民众在这个荒山上建成一个小庙。老百姓自己带着粮食炉灶，有的还从龙泉赶来，出工出力。当时小庙办不下手续，身为松阳佛教协会主席的郑王义出于好心，建议在边上再建一观音殿，以观音庙申请成为合法的佛教庙宇。郑王义也与主持人成了好友。郑王义答应为其画壁，这次来却有些伤感，好友已去世，画壁是守诺，好友却见不着了。

当晚汉声同事小超留宿在庙中。硬板通铺，被子潮冷。68岁的郑王义半辈子曾为400多座偏远山区的寺庙与神祠画壁画、塑佛像，往往就这样在山里一住数月甚至半年，没有信仰恐怕是坚持不下来的。

寺庙创建主力

先起粉稿

凌晨近5点，小超刚起身，推开窗，发现自己在白雾中，原来一朵云穿屋而过。我们笑话她住的是真正的"过云山居"。这时郑王义已背着手站在白墙下了。

他时而踱步，时而又仰头看壁。

5点整，他跳上脚手架，用红蓝两支粉笔开始画蓝本，只见他唰唰起稿，手翻飞，人时站时蹲，蓝粉笔画初稿，然后用红粉笔更进一步确定下来。

6点画好粉稿，郑王义开始勾墨线。哇，他果然不用笔，将卫生纸卷成纸捻，蘸墨即画线条，左右开弓，双手并用。细部用他长如龙手的指甲划涂。

卫生纸蘸墨即画线条，左右开弓

我们一下子兴奋起来：史载宋代画龙大师陈容曾用头巾画龙，没想到类似画法在松阳还保存着！我赶紧在笔记本上用笔和纸捻同步学习郑王义画法，也画起龙来……

纸团画龙

郑王义又将两份卫生纸折成纸团，分别蘸上浅墨与深墨，然后以先浅后深的节奏左右扑盖，在龙头扑墨。一副苍龙面孔便出来了。

也有时先用左手划一深墨，右手再用湿纸团化开，多在龙身阴影处与背鳍暗处。

用布包住皱纹纸，左右扑盖

接着他用指尖沾墨划出龙头黑毫，又用干净的指甲划出白毫的位置，再拿起剪刀尖刻画出在风中飘的白龙毫。顺着龙身走势他又划出片片龙鳞的中线。动作势如闪电，令人目不暇接，我们用连拍的模式抓住一二。

郑王义正在作画

郑王义用右手纸团用力画挥，风雨便出来了。然后一扔纸团，指甲沾墨，扭动而尖利的闪电破空而出。

龙爪肉垫的线条也是用指甲勾出。

龙鳞用纸捻深墨画出，然后用纸团蘸水晕开，这样龙鳞之色立体感强。

我也一笔笔与郑王义同步在笔记本上画龙，记下他每一步要点，可怜本上作龙有时竟没有他在壁上快，我着实佩服郑王义的速度。

明磊笔记

刀尖画白龙毫

真神了

下午 2 点 16 分，一条巨龙已跃然壁上。要为龙眼点睛了！郑王义随手在地上捡起小石子划出龙的眼光，再用石灰浆划出白道，接着加黑线勾画，只见两道白光从龙眼射出……

"一般点睛就是开眼光，如果不开眼光，画龙眼珠就算点睛了。"郑王义正向我们解释呢，转眼间，天色黑沉下来，只听见"噼啪，噼啪"雨滴声起，雨越下越大，墨水盆中水溅在墙上化为点点墨点。我们赶紧收了工具，躲进亭子。

"真神了，一点睛，几分钟内就下雨！"我们不免嘀咕。郑王义看了我们一眼，"这也许是巧合……"他谦虚地说。

"不过，这是我第四条画完眼睛就下雨的龙。"

在松阳名寺法昌寺，郑王义刚为关帝背后的苍龙点完睛，3 分钟后狂风大作，工棚、茶叶棚顶、牛圈顶都被风吹掉了，随后暴雨倾盆。

如果这次不是我们亲眼所见，真不敢相信有这种"巧合"。

巫画不同于一般的宗教绘画，本身具有驱邪的效力，巫画师必须会法术与念咒，并世代相传一些灵性规矩。郑王义的祖先就是巫画师，到郑王义已是第五代，郑王义四五岁时已无师自通会画鬼神了，伯父郑光华亲自教他，他又向太太公郑德雄外甥松阳大画家丁光（也是巫画师）学习，终成巫画大家。

郑王义给巨龙开眼光，转瞬间天色暗沉，大雨如注，溅起墨点

扫帚蘸墨，力扫千军，把因雨溅上墙的墨点改成海浪

扛出一把扫帚

郑王义在亭中一边等雨停，一边昂头背手看墙，琢磨下一步的画法，万物置于身外，已入神了。

雨下了近半小时，2 点 41 分，天放晴，郑王义便冲上脚手架，开始画眼珠，画龙鼻，画红龙须。接着画火，画龙舌，点上墨瞳。

3 点 43 分，郑王义从庙中扛出一把扫帚，这是干吗？只见他蘸上墨汁，力扫千军，一瞬间在墙上刷出翻腾的海浪，再加水画染，顺便把因雨溅上墙的墨点改成海浪。

4 点整，画完。

被疑偷师

傍晚郑王义光着膀子，一边乘凉，一边看画，还教我们郑家端午茶做法，郑王义识百草还会看病。晚上他兴奋地跑去看电视连续剧《大宅门》。

郑王义白天看了我的笔记夸说画得不错，又皱起眉头问我："你究竟是干什么的？""我是文字编辑……"他似乎不信，眼珠一转，脸色一变，便不大睬我了——莫非他怀疑我偷师来了？！冤枉啊。

怎么办？晚上我便陪他看《大宅门》，一谈及他喜欢的电视剧，谈及我小时候的理想就是在墙上画电影大海报，大了却没当上画家……他又和我说话了，艺术家就和孩子一样。

桌上留稿

第二天清晨，5点30分，他又站在白墙下，眼光穿透白墙仿佛看得很远，可能有些累了，他又回到亭子里，用粉笔随手在方桌上画着，突然起身上脚手架画粉稿。我走过去一看，亭子方桌上留下一个栩栩如生的红蓝粉笔龙头——这就是他打的底稿吧。

果然墙上的粉笔龙头正是方桌上的模样。

手一抹，擦去几道蓝笔，墙边的他冲我们一笑："龙头应当画得更仰一些。"接着用红粉笔迅速勾出龙头。

有了灵感，右边的龙画速更快。后来郑王义告诉我们左边的龙他用的是祖传的巫画法，更凶悍张扬，右边则有点古画的意味。

右边的龙云气更重，只见郑王义左右手齐上，左手扑深墨，右手上淡墨，又用左手反扑……这样左右反复印拓，一幅变幻莫测的云图出来了。

没风雨有火球的旱龙

7点28分开始勾墨线，三个半小时后全龙形已画好。

11点01分加深龙头部线条。

11点20分画龙珠。

11点57分画眼睛。这回没有下雨，郑王义笑着解释，这龙没画风雨又有火球是条旱龙。

12点23分用剪刀刻长毫毛。

下午1点10分右龙画完了。

本来打算再住一晚的，因画得快，郑王义决定当天下午就下山，不想再麻烦人家。

我们抓紧时间采访他，他正脱光了上身喝水乘凉呢。

松烟作画

"您的画法与宋代陈容很相似,请问您的画法从哪来,为何不用毛笔?"

"我们是祖传的,不用毛笔,是因为笔画的墨汁会流淌下来。用纸捻纸团画龙更苍老有力。我平时也会用纸捻在宣纸上画龙。其实除了纸捻,我们画壁画还会用笋壳笔,用木刨花做笔,也蛮有味道。"

小超立刻捡起一片笋壳在郑王义指导下做了一支笋壳笔。方法是把笋壳卷起,然后用斧背敲其末端三四厘米处成笋须即可。

"旧时墨汁珍贵,我们还会一种自古传下的方法,当场烧松明成烟,然后用松烟画壁画,这种壁画永不褪色。法昌寺后有一道观,壁画就是我太公郑大英用松烟画的,至今没有丝毫变色!"

"画龙要从哪画起?"

"不一定从哪里画起,会画的人随心所欲。一般从头部先来。"

"那头部又从哪儿画起?"

"起笔不一定,眼、鼻、角都可以先画。"

下午3点多,郑王义下山了。这两墙苍龙,他没有收庙里一分钱,只挑了一桶居士们做的土法豆腐下山了。他这是为报答老友。

"这豆腐好吃呐。"郑王义乐呵呵地说。

当天晚上他用手机发来一张昨晚拍的夜云图:"你看看像什么?"

我猜了半天。

他说:"这不是仙人骑龙吗?"

还真像——这时我才想起郑王义是一个神秘的巫画师。

几天后,他发来了用纸捻在宣纸上画的墨龙图照片,墨汁还未全干。

陈所翁(陈容)在地下,也当叹"吾道不孤"吧。■

完成

小吉

草狮子

文·王艳光

　　小吉村位于松阳县枫坪乡南端，因寓"小地方可求得吉祥"之意，故名小吉。该村坐落在高山盆地的坡地上，海拔841米，山路蜿蜒曲折，一条小溪从村边流过，名为小吉溪。村庄依溪而建，竹木茂盛，风光秀丽，气候宜人。

　　顾名思义，小吉村的草狮子是由山上特有的狮子草（又称茸草）扎制而成。狮头以竹篾扎制，狮身以布、竹扎制，用布蒙贴后，头、身再缝上山中采摘的狮子草模拟狮子毛。一头草狮子需要50多斤的狮子草，因此表演的前几天，村里的男人们就要上山采集。采集回来的狮子草由村里的女人们一根根缝在布上，十几个人缝制一天才能完成。

　　小吉草狮子的起源，还有一个传说。相传村中有一位陈姓人士一日出

草狮子表演时与持珠人和锣鼓伴奏配合，左右翻滚、灵动活泼

门时撞见一头狮子，正当他想打狮子时，狮子不但没逃，还向他作揖。此后他家5个儿子都考上了状元，陈姓人家自此视狮子为吉祥物，每年扎狮子舞动以保家庭兴旺，平安吉祥。这个习俗一直在村中流传，并将狮子戏珠与村周环绕象征5颗珠子的5座山峰联系起来，形成草狮戏五珠的定俗，蕴含五谷丰登、五子登科的美好愿望。

　　每逢节日或冬闲，村民择日扎制草狮子，选定演出场地，各家（族）齐聚献艺，舞动娱乐，祈求安康祥瑞。草狮舞主要有田地舞、山梁舞等形式。斗狮场面壮观热闹，唢呐锣鼓伴奏下，红头绿身的草狮子活泼勇猛，格外生机盎然、亲切有趣。■

扎制完成的草狮子走在小吉村中

草狮子表演

高亭

迎神赛会

文·王艳光

着红衫与黑衫的"普使"跳着古老的舞步

　　迎神赛会，又称迎神庙会，俗称"趔老佛"，是松阳县枫坪乡一带以神灵之气来祈吉禳灾、消祸得福的民间敬神活动。迎神赛会历史悠久，据说始于唐代，据高亭村钟山古寺内钟鼎上的文字记载，该村迎神赛会始于明代隆庆四年（1570年）。迎神赛会活动一年一次，每年二十四节气中的小暑、大暑之间逢卯日举行，主要是将4位神像请出庙堂，由数位壮汉抬着，从村脚的社庙出发围绕村子主要道路巡游一周，并在规定的地点表演。

　　据高亭村的老人介绍，每逢小暑到来，天气炎热，农作物病虫害就会爆发，畜禽瘟疫也极易发生，老人小孩也会中暑生病，因此高亭村的祖先决定在此期间，选择一个吉日，从钟山古寺中"请"出平水大王（治水英雄夏禹），徐侯大王（为山区农户除野猪保粮食的徐猎户），五谷大王（据说是神农氏的化身），唐、葛、周将军（对平定黄巢起义有功的唐、葛、周3位唐代大将军），等几位村子保护神，绕村一周，为村人和农田驱邪避疫。村里人还说，这个会甚至比春节还要重要，家人无论远近，都要赶回来参加。

　　准备工作往往在迎神日前几天就开始了，全村扫洒庭除、张灯结彩、准备祭品，还要设法会迎神坛。当天早上6点钟左右，由两人扮成乡傩先出殿，本地又称"普使"或"舞神降"。一人身着红衫，头扎红带，左手执摇铃，右手执黄扇；另一人身着黑衫，头扎黑带，左手执毛笔，右手执黑扇。两人跳着象征奔跑动作的古老舞步，挨家挨户送信，通知农户"老佛"到来的时辰。待两位乡傩归殿后，神像开始开殿，即由24名壮汉抬着4位神像出巡，绕村庄、田道等主要道路而行，转一圈后行至迎神坛。而4位神像的出巡顺序，则由法师占卜决定。

　　迎神队伍中，一对身着红马褂、手持白口大刀的青少年打头，据说扮的是武王伐纣时的开路先锋方相、方弼。后面依次为吹唢呐的、敲锣鼓的和各式执事人员，有的手执刀枪剑戟各种兵器，有的手举彩旗罗伞，全村老小齐

迎神队伍巡游中

法师在祈福典礼上进行仪式

神像"赛跑"

为神的出行鸣锣开道，摇旗执仗，哪怕是小孩子也能参与进来。据说以前每到小暑，父辈就会用最好看的布料为孩子缝制彩旗。仪式当天，凡是能走会跳的孩子，都会扛着彩旗走在队伍前面，以祈求神佛庇佑自己，带来安康。

高亭村的迎神活动还有一个格外激动人心的环节，那就是"赛"。队伍快行至迎神坛时，开路先锋先清理通道，然后，4支抬着神像的队伍开始赛跑！先到神坛的，寓意运气更旺，老小平安。且"赛"字古意为行祭礼以酬神，也就是酬报神的降福。因此称"赛会"。

各种祭礼和仪式完毕后，神像面对事先搭好的戏台落座，兵器罗列两侧，同百姓一起看戏（多为木偶戏），直到夜幕降临，再把神像请回钟山古寺。至此，隆重热闹的迎神赛会结束。■

舞龙表演，酬神娱人

三都
寻茶

文·陈诗宇

茶叶是松阳传统三大农产业"三张叶""烟、桑、茶"之一，虽然叶片最小，但经过十几年的努力，茶产业已经成为松阳农业的第一支柱产业。松阳茶产业的发展，与一位几十年来一直从事茶叶技术钻研、推广的茶人，松阳农业局高级农艺师卢良根的贡献密不可分。2017 年 5 月 12 日，我们跟随卢良根老师来到三都乡，了解松阳本地的茶文化。

大碗茶

山边大茶树

在松阳松古平原和山区，一路两边到处可以看到漫山遍野大片大片的茶园、茶山，茶树高度大概仅及腰，便于日常采摘，是松阳今日种植最多的一类农产品。但过去的传统茶叶种植并非如此，而主要是利用山边、田间的空地，种植不成片的茶树，一般任其自由生长，往往能长成大茶树。

在卢良根老师的带领下，我们先来到酉田村的一个山窝，探访松阳过去的传统茶种植。走过山间小道，山坡田埂边陆续出现不少大大小小的茶树。卢老师介绍，这片几乎是松阳本地保留下来面积最大的茶林，为当地没有改育过的品种，完全不施农药化肥，松阳的土茶、香茶就是用这种茶叶烘焙制作出来的。但现在的茶叶种植，已经基本都改为新培育品种了。

茶叶专家
卢良根老师

农家的大碗茶

松阳人喝惯大碗茶而且是大碗浓茶，尤其是到乡下，进几家门就能喝上几大碗茶；城里人稍稍斯文点，泡茶时茶叶放得少了，背地里别人会说"太淡了，泡佛茶的样子"。可见敬佛上供是要有茶的，不过那是做个样子，无须多放茶叶。

松阳人淳朴善良，乐善好施。早年间，许多凉亭值暑天总有人施茶，供行人饮用，消暑止渴。坐落于城郊官马道上的安宁亭、洞阳亭、甘露亭、姥桥等凉亭寺院，都是以木桶或陶缸泡茶，大桶大缸，终日有茶水供行人饮用。当然这茶叶自不能是上等毛尖，而只是粗茶而已。

松阳人称"烧开水"为"烹茶"，称"水壶"为"茶壶"，抓中药也叫作"撮茶"，服用中药叫"喝苦茶儿"，可见茶在当地生活中的重要。

松阳千年茶史

松阳本地茶叶的历史很长，早在三国时期，松阳就开始出产茶叶，到了唐代已很兴盛。唐朝大诗人戴叔伦任东阳县令期间，曾访松阳横山寺，老僧人奉上一碗当地产的横山茶。邑人明代贡生詹嘉卿在《万寿山》一诗中云："空厨竹畔无烟火，细和茶声有竹鸡。"描写了煮茶声和鸡鸣声相和的悠闲田园生活，可见当时饮用茶在松阳寻常百姓家已是普遍现象。

松阳农家招待客人的大碗茶

清代乡贤周圣教在《西屏山怀古》诗中写道："汲水煮茶气味清，一饮人疑有仙骨。"品饮松阳茶，能令人神清气爽，足见松阳茶的极佳品质。

1929年松阳茶叶在西湖国际博览会上获一等奖，从此，松阳茶叶在国际上名声远扬。抗日战争时期，为避战乱，浙江省农业改进所曾迁松阳，并在松阳建立过横山试验茶场和横山制茶厂，以作改良茶叶品种、提高茶叶品质之示范，提高松阳茶农的栽培、采摘、制作等技术水平，推动松阳茶叶品质的改良。

山坡上种的都是茶树

从横山茶到松阳银猴

除了农家土茶外，松阳也形成一些传统品种茶叶。有些品种以地名称，如"横山茶""下街茶""卯山茶"。"横山茶"指的是产于横山一带松阴溪滩圩及附近乡村的茶叶，20世纪三四十年代，有王姓农民在黄坑源租种大片山场，除了杉、松外，也种茶叶，盛产时，每年春季要雇请10多个人上山采茶，此时横山茶农会进山采购，加工以后就成为"横山茶"，是品质相对优良的品种，以其为代表的炒制工艺一直流传至今。"下街茶"则是指古市镇下街东南郊大片茶园圩地中种植的茶叶，而"卯山茶"就特指产于卯山上的茶叶了。

另外，清明前采摘嫩芽制成的茶叫"白毛尖"。深秋时节，气温和春天大体相当，加之雨露滋润，茶树又长一轮新芽，这时采制的叫"秋露白"。而夏茶一般都较为粗老，给它的名称就十分贴切——"老茶衰"，意思是不管茶叶老嫩，信手一把抓来就是了。

到了近代，松阳茶叶才开始逐渐打出新品牌，最重要的就是"松阳银猴"。20世纪60年代，赤寿公社红连大队开垦出百余亩"红连示范茶园"，在其带动下，几年间全县规范茶园面积达到近万亩。在松阳茶传统制作工艺的基础上，松阳县农业局于20世纪80年代初，在卢良根老师的带领下，组织研制生产出了新品种"松阳银猴"。银猴的特征，外形全芽肥壮，色泽嫩绿，白毫显露；冲泡以后汤色嫩绿明亮，栗香持久，滋味鲜爽。

从2002年以来，"松阳银猴"的知名度、美誉度不断提高，2003年被评为省名牌产品，2004年被评为浙江十大名茶。

采茶

杀青揉捻制土茶

卢良根老师介绍，茶叶的加工工序，主要包括杀青、揉捻、干燥等几个大部分。以香茶为例，春季采摘茶叶，一般是一芽二叶、一芽三叶，以及少量对夹叶。采摘后，及时送到茶厂，将鲜叶摊放在篾席上，需要"薄摊勤翻"，大约半天即可，使热量和水分及时散发掉。

接着就可以开始制作。首先是杀青，杀青对茶叶品种的形成至关重要，锅温的高低、投叶的多少、杀青的手法都会对品质有影响。需要"看茶做茶"，即根据采摘鲜叶的情况灵活调整工艺，控制得恰到好处，既要杀透，又不能过焦产生红梗、焦叶，一般六七分钟即可。

随后是揉捻，通过揉捻塑造茶叶的外形，揉出茶汁，增进茶汤滋味。揉捻时要使茶条紧实不松，圆而不扁。不同的揉捻手法会塑造出不同的形态，香茶以中压为主，适当结合重压。

最后烘焙干燥，使茶叶继续散发水分，达到足够干燥，并卷紧条子，生成香气成分。烘焙的时间较长，包括初烘、复烘等部分。最终充分摊凉，整个制作过程告以完成。

摊凉

松阳茶对当地老百姓生产、生活的影响尤为深刻。松阳现有茶园12.85万亩，2018年产量1.49万吨，产值14.7亿元，浙南茶叶市场交易量7.9万吨，交易额57.88亿元，发展茶业已成为松阳农民增收的主要渠道。松阳茶之所以在今日能广为人知，行销全国，不仅源于现实社会对茶叶的大量需求，更源于松阳传统茶文化的厚积薄发。

但与此同时，还是面临着不少问题，比如整体品质与精品化、品牌化程度较低，本地品牌知名度不高，多为代工，以及生态茶叶发展较慢。"还需要对茶叶品种继续逐步改良，发展立体种植、园林化茶区。"在以卢良根老师为代表的松阳茶人的努力下，松阳茶叶必将有更好的未来。■

老实说，做这个题目有压力。在全社会禁烟已成风气的当下，记录种烟的方法意义何在？

晒红烟已有 400 多年的历史，古代松阳以粮仓出名，但为松阳带来财富，带来一座座古建筑"豪宅"的却是晒红烟，它曾销往世界各地，并获得 1915 年巴拿马博览会金奖，曾是松阳的世界传奇，也是松阳文明的功臣。如今晒红烟却在危难中，面临消亡。采访中所有烟农都明确表示明年不会再种晒红烟，400 年的历史可能断在这一代，因此抢救记录晒红烟成为我们的文化责任。晒红烟曾给乡绅带来享受，为广大的劳动阶层解乏。不仅是旧时的记忆，也是一门松阳传统生计，这个生计的特别之处在于凝结智慧，也养成松阳人本分、刚健、忍耐的性格。如果这篇文章对保存晒红烟起到一点点作用，我们先后 4 次的采访也算功不唐捐。

松阳

救救晒红烟

文·瞿明磊

"种田不种烟，赛过活神仙"——种烟太苦了！

"种烟田，娶了老婆养子孙"——松阳人又感恩于它。

令人爱恨交加的晒红烟。

晒红烟是烟的活化石。自明末至清康熙年间从吕宋岛（属于菲律宾）、福建传入，松阳晒红烟已有 400 多年的历史，和通常的烤烟相比，晒红烟利用的是阳光，是最原始的制烟工艺。

要知道晒红烟的珍贵，首先要知道晒红烟的奥秘。

收获的晒红烟

抢烟

晒红烟三分种，七分晒。"种田不种烟，赛过活神仙"，苦在哪里，苦在一个"晒"字，一个"抢"字。

"晒"，晒红烟，只有晒才能让烟叶转化成特别的猪血红色，俗称猪血块。晒时需要将烟叶放在特别的竹夹上。一副竹夹，一人多长，只能夹十几片烟叶，一亩烟田，晒烟时需要 300 副大竹夹，摆开来是浩浩

上夹

荡荡的竹夹阵。晒红烟时有讲究，需要不停地改变竹夹夹角的角度，刚晒时45度，两天后改成60度，再经过两天改成70度，再过两天改为90度，晒到的阳光由弱转强，烟叶也渐渐从绿变黄再转红。如果直接以90度夹角晒，烟叶会变绿，或有黄块，烟就会被"晒死"。晒烟最好是在草地上，晒时烟下有水汽。早上草尖上有露水，吸了露的晒红烟，抽了不上火。因

此成为东南亚包括台湾地区最受欢迎的烟草。清末，仅销往台湾地区的晒红烟便创造了12万担、相当于6亿元人民币的年销量。

晒红烟现场

晒红烟烟丝制造工序

松阳晒红烟传统加工方式，有刀切和刨制两种。刀切较为原始，烟农除去烟叶的粗叶脉，喷上茶油后，将烟叶叠齐内卷成条，再用重物压成饼状，然后取两片条状木板相夹，手握锋利柴刀切丝即成，这种自制烟丝方式俗称"把刀切"或"柴刀切"。

清朝中期，依照木工刨仿制的"烟丝刨"问世，所制烟丝细长匀称，品相较好，于是刨制方法开始流行，其程序为配料、打绞、刨丝、成包、烘焙5个工序。以下简要进行说明：

配料：先将大烟、剥叶、脚叶、秋烟各等烟叶持去烟筋，拾配打堆。后加入菜油或茶油搅拌，增加色感，配以香精、酒精、蜂蜜，增加香度。

打绞：早期用石磨或巨石将烟叶压实，后仿照古老榨油原理，将配好料的烟叶放入绞木架绞压成坚实的长方体烟饼。烟饼不论大小，以坚实可刨制为原则。

刨丝：刨烟工将烟饼放在胯下夹紧，持烟刨上下刨动即出烟丝。刨刀铁制，前有一小斗盛烟丝。

成包：初刨下的烟丝黏结，需用手搓揉，使烟丝分离、松散。然后用毛边纸包装，烟包呈长方体，八角方正而饱满，正面印有品名、店号、地址、分量。

烘焙：烘焙旨在去水防霉，增加香味。自用小量烟丝利用锅炒，俗称"炒丝"，大宗烟丝一般利用各种材质制作的"焙筛、焙笼、焙厨"烘焙。焙器下设火盆，上端则分层放已成包的烟丝，直至水分除去后取出。

具体的烟丝工序则可分为踏卷、切方、切条、编捆、竖捆、刨烟、炒烟等工序。详见右侧照片。

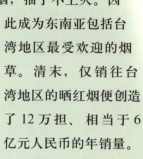

踏卷

切方

切条

编捆

竖捆

刨烟

炒烟

偏偏，晒红烟晒时却是松阳的多雨季节。烟叶一沾雨滴会变黑。于是就有了一个"抢"字。"爹娘死的时候还有工夫吃完一顿饭，抢烟时连一顿饭都吃不完。"当年抢烟盛况是许多人铭记心头的画面，一辈子都忘不了。

抢烟首先要"看起雨"。松古平原是盆地，周围多山，雨云进入盆地前在山区往往先下。旧时没天气预报，如何知道雨要来？聪明的松阳人发明了"看起雨"的方法。每个区域的百姓会盯住固定的一个山头，例如黄圩地区众多村落便会盯着海拔600米山上的黄田村。如果这个山头上起雨云，开始下雨，平原上便有人大喊一声"要下雨了"，众村就会响应。

有了这个方法，人们便取得了宝贵的十几分钟甚至几分钟时间。

一声"要下雨了"像进军号，人们放下饭碗、手中活计，男女老少冲向晒烟场。

"那样子真像日本鬼子进村抢粮食。"一位烟农回忆。大人们大呼小叫，孩子们迈开小腿狂奔，每家300多副烟夹要在十几分钟甚至几分钟内抢回屋中。等抢回烟叶，人们满头大汗，往往会发现身上胳膊上道道伤口、血印，甚至脱了皮——太急了！

这便是松阳的抢烟。

烟贱伤农

晒红烟什么滋味？4个字：厚、深、油、香。

晒红烟比普通烟叶厚，那是因为烟农的本分，世世代代，他们只种最好的烟。烤烟一株要留40张烟叶，而晒红烟只留十六七张，最多22张，这样烟叶能不好吗？

深，颜色深，要转成紫红色，人称猪血块，才是晒红烟。松阳烟常用来做顶级雪茄配料与外包皮。

油，油分足。种了64年烟叶的老烟农叶石均告诉我们如何判断松阳烟与福建烟：把一块大石头压在烟叶上，然后搬开，被压扁的是福建烟，薄，油性不足。马上弹起恢复的则是松阳烟。

香，味道浓郁，尼古丁含量特别高，劲道十足，芳香扑鼻。

晒红烟是老天爷对松阳最佳的馈赠。松阳不光是土壤种烟绝佳，呈微酸性，红土黏性好；而且松阳四季分明，春天回春早，气温回升快，夏季炎热，正好与烟叶生长节奏相吻合。在种烟环节中最劳苦的是培垄，而松阳人自己独特的智慧又使晒红烟成为世界一流的烟叶。松阳人发明的双垄，肥料放在当中，双垄增加种植密度，有效增肥增产，两锄半即可培一个垄。虽然极劳累，但又是高效经济的。

近400年的经验积累才诞生了一枝烟叶奇株。因此松阳晒红烟曾是民国顶级烟黄鹤楼、南洋红双喜的原料烟。松阳烟农不仅因此盖起了千幢万户的房屋，而像黄秋光等大烟商更是建起了黄家大院这样的大宅门。

回顾晒红烟的历史，可谓波澜起伏。

清初"三藩之乱"时，福建安溪、永定、泉州等地人民不堪凌扰，乃携眷入浙，迁居松阳，由此传入烟叶种植。

清康熙年间，山下阳村张起明首创大田种烟，"赤手搏万金"。松北大烟闻名世界。

1915年，松阳罗萃泰烟行选送的松北大烟在美国旧金山举行的巴拿马太平洋万国博览会获得金奖。

松阳烟成为世界通货，三分之二产量销往埃及、马里、几内亚、德国、菲律宾、比利时、科威特等27个国家。

抗战时期，松阳曾有3万亩晒红烟田。

到20世纪80年代，松阳还有1.5万亩烟田，支撑了50%的松阳政府财政。平原上家家户户种烟，烟叶销往东北辽宁营口等地，远销苏联。

如今，晒红烟仅剩150亩不到，烟农仅三四十户。

为什么？

松阳烟的珍贵，恰恰是它末日的原因。

晒红烟高质，因此成为国家垄断的优质产品，作为国际贸

往昔晒红烟场景

易商品全部销往埃及做成嚼烟与水烟。国家统购统销，烟农不得私种私销，连边角料与品级外烟都只能销毁，不能流入市场。结果，中国人要吸晒红烟，对不起，请来埃及。

晒红烟种植环境

晒红烟种植工序

（李体喜讲述，汉声记录）

相对于大规模种植的烤烟，晒红烟更像一门精细的手工艺，汉声向松阳目前唯一的烟叶指导员李体喜老师请教了晒红烟种植的全年技术，记录其中的门道与工序是值得传家的松阳文化财富。

10 月上旬　整苗地

1. 撒石灰消毒。一亩要 200 斤石灰。土壤消毒很重要。石灰还有调解酸碱度的功能，特别是大规模种茶施用化肥农药后，土壤酸性过强，撒石灰可以使土壤微酸。

2. 整地，使平整。

3. 黄泥灰撒一层。黄泥灰即稻草树枝草皮烧成的灰，便于极细的烟籽贴在其上。

11—12 月 上垄

双垄是松阳特色，化肥可以放中间。现在多为单垄。以前上双垄时有技巧叫两锄半。然后在移栽前上好有机肥。

11 月下旬　播种

烟草籽很小，以前播种完盖稻草，现在有的盖有的不盖。盖的好处：苗床表面湿润度高，但出苗后要马上拿掉，否则嫩苗碰到稻草有损伤，时时需观察，较费事。不盖的话，要时时注意土干了要及时洒水。现在苗床常覆膜，形状与尺寸如右图。

10 天后　出苗

一亩地种烟需 10 来个平方米的苗床。撒好种子，10 天后出苗。拔杂草、防冻是重要工作。此时要观察苗的大小，苗长太快，提前通风，每天白天撒膜，晚上盖上。苗如果小，怕赶不上移栽，不仅不用通风，还可加一层覆膜，如右图，这样苗可以"日长夜大"。

2 月上中旬　二代育秧

放在育秧杯中，可以提高烟苗粗壮

松阳烟草公司陈经理为我们算了笔账：松阳烟草公司卖给浙江烟草进出口公司规定价为 25 元一公斤，而松阳烟草公司向烟农收购价为 24 元一公斤，还加上 13% 的补贴，收购成本是 30 元一公斤。收购一公斤烟叶，烟草公司就亏了 5 元。再加上收购来整叶，烟草公司要去叶柄、泥沙，刷好打包，烟叶要损失 30%，亏得更多。这样烟草公司要一年亏几百万，自然积极性不高，为保住松阳晒红烟品牌又不得不收，但 25 元一公斤的出口收购价格是政府规定，无法调整。

给农民的 30 元一公斤的收购价明显偏低。叶石均告诉我们，以前农民拿着晒红烟，自己去市场卖，价格可达 40～50 元一公斤。

而对于烟农来说，又是烟贱伤农。一位烟农告诉我们，一亩烟田差的亩产 400 斤，好的 500～600 斤，最高的 700～800 斤。一亩纯利平均 7600 元，去掉 1500 元一亩的物料投入，不算人工，农民拿到手的只有 6100 元，没法与茶叶每亩至少万元（种白茶与龙井利润可达 2 万元）相比，而劳动远比种茶辛苦。烟农多为 50 岁以上的人家，生活清贫。

我们走访的 5 户烟农都表示：明年再也不种烟了。

晒红烟到了最后关头。

我们建议政府应当考虑调整价格与市场接轨，或者制定优惠政策，对农户进行贴补，以救助这门濒危的手艺。

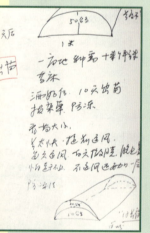

苗床覆膜示意图

走访烟农

在晒红烟存续的最后关头，汉声4次来到松阳走访烟农，记录了种烟工序与种烟技艺的传统经验，试图留下最宝贵的记录，也呈现烟农最真实的生存状态。

叶益祥、李金德：50年烟田不种

2017年5月20日，在烟草公司陈金尉、阙紫洁经理陪同下，我们走访了望松街道翁村烟农叶益祥、李金德的烟田。

老人家种烟50年了，我们一到，他们就让我们看烟叶表面波状弯曲的怪毛病。今年（2017年）气候反常，3月移栽时早上温度4～5摄氏度，中午却达30摄氏度，烟草出现早花——提早开花，叶片长不上去。现在又出现了这样的怪病，老人家心里烦恼。

烟叶种植被称为"三年两头"种，种一年烟叶后，需种三年水稻，再种一年烟叶，这种轮作适于恢复地力。如果每年都种烟叶，病虫害会较多。

叶益祥与李金德的烟田已采过脚叶（最下面的两三片叶子），一个月后，即6月底7月初会采顶叶。顶叶受光充足，质与价最高。随后每

烟叶指导员李体喜

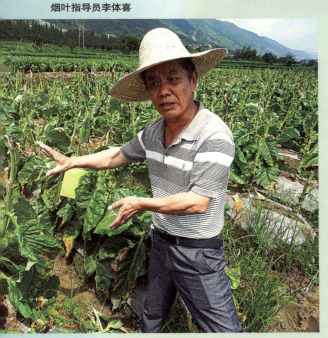

隔三五天采一回，每次两三片。这样保证每片叶子直晒光3～5天，烟叶油性与品质最好。采回叶后不同于古法直接上架，而是会在棚中堆放1～2天，叶柄往下，每片叶子竖放，称之为堆黄。其间发现叶面起雾有水汽，需要把叶子里外调整。堆黄是非常关键的，堆黄后叶面变软，上架不易损坏，晒后烟叶转化也好。堆黄的地方最好是屋内泥地，不能太湿，也不能用太干的水泥地。

种了50年的烟，老叶与老李说明年不种了，收购价太低了。

烟草公司提及樟溪乡有一位叫李乾德的农民烟草种得好，我们可以向他请教。

度。形状均匀、长势好的可移栽到大田，长势差的淘汰。

3月中旬 移栽大田

一般晚稻收割完成，即可翻耕烟田。11月烟田已垄好，让其风吹雨打经霜，让土疏松透气。现在是带土移栽，不需要以前3～5天的还苗期。3月移栽，到4月下旬，就可以打顶，5月5号前如果叶顶打不到，患病季节就到了。早栽的好处是避开5月初花叶病、5月10日鸡爪病的高发期。

4月下旬—5月上旬 打顶、抑芽、施肥

1. 打顶。打顶需要自己掌握，如果只需500～600斤亩产，只要留十六七张叶子。留20张叶子，产量会较高。
2. 抑芽。打顶开片后要去除侧芽，以前人工摘，现在可用化学抑芽（青鲜素），这样可以防止伤口感染。
3. 施基肥。先施猪栏肥、牛栏肥、菜籽饼、桐籽饼，一亩放二三百斤。再施复合肥，150～200斤。这就是基肥。
4. 追肥。尿素分两次加，一次是打顶后，用水化开，浇到烟株旁边。一亩30～50斤尿素。过一段看是不是要追肥，如需要也是30～50斤。

4—5月 水管理很重要

烟田要灌水，5月烟田如不灌水，叶长不大。此时需要长期积水保持土壤湿润，如下图示。顶叶开片后排水，也就是打顶后半月排水。

5月份打顶后即可采脚叶，脚叶变黄即可采。

此时水管理：天气不好，排水；天晴，灌水，但不能长期积水，灌了就排掉。

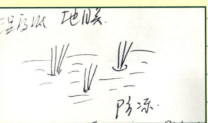

烟苗移大田后的地膜示意图

李乾德：赤星病来了

2017年7月9日，正是烟叶收获季节。汉声组再次来到松阳。

这次陪同我们的是松阳唯一的烟叶指导员李体喜。松阳20世纪80年代曾有8位烟叶指导员，现在都退休或退聘了，只剩李老师一位。

20世纪80年代松阳总共有1.5万亩烟田。平原上60%的人家会种烟。光樟溪乡就有1000亩。如今全松阳仅剩150亩烟田。

80年代李体喜参与培育了松选三号、松选七号优质品种，因其耐肥、产量高，成为目前松阳晒红叶的主打品种，取代了老品种大蒲扇、小蒲扇、小牛舌。当时还推广二代育苗，使烟苗移栽到大田的时间推迟，避开了3月20号左右的倒春寒，从而在80年代迎来了烟叶的高产，从传统亩产300～400斤提高到500斤。李体喜回忆，当时杂交需要一朵花一朵花人工授精，特别艰苦。他的恩师颜一鸣（2016年去世）在农业局特产股当股长时，曾主持松阳烟草科研。恩师的精神深深影响了李体喜。

烟农李乾德采叶

1985年3月25日，李体喜永远记得这个日子，烟田移栽刚半个月，漫天大雪下下来，冻害严重，苗尖全冻死了。从未碰上的事，怎么办？农民们都向他求救。当时他想了两个办法：一、拔除，重栽。二、顶芽摘除，边芽长出当主芽。试下来第二种好，立即推广，才避免了一场全县烟叶的灭顶之灾。如今全县只剩樟溪乡有一个李体喜，烟农们又向谁请教？

我们随李体喜到了种烟高手李乾德的烟田，一看烟叶，他心凉了一半，只见烟叶上到处是斑斑点点。

李乾德人精瘦，脸上神态凝重。连下了40天雨，烟叶犯了赤星病。今年李乾德的烟长势好，投的肥料也足，足足下了400斤桐籽饼，本来预计要大丰收，赤星病一来，减产30%～40%。

本来李乾德一家今年没有种烟叶，种了6亩茶，因为茶叶长得不好，挖掉种了半亩烟。没想到该死的雨，毁了希望。

赤星病本是烟叶常见病，甚至被称为烟叶的成熟斑，成熟的烟叶或多或

赤星病

少会有一点。今年雨大，赤星病严重。本来一、二级的烟只能算成三级以外甚至等外了。

李体喜介绍，烟叶为何难种，因为易生病，有4种常见病：

赤星病在气温高、雨水多、植株接近成熟时犯病，需要托布津、代森锌、多菌灵医治。

空腔病，是细菌病，可在烟株中部造成空茎，多是抑芽时伤口感染，刮风下雨时，烟叶互相擦伤也易感染。

吴弄村种烟行家叶石均

黑腔病则因土壤真菌感染，从根部开始，导致营养无法输送而整株枯萎。

鸡爪病被称为烟叶癌，一旦发病，则无治，只有农业防治。

李乾德平时打小工，给养猪场做沼气池。

李乾德介绍，种烟的关键是肥要足：半亩田就要放400斤桐籽饼、100斤菜籽饼、400斤复合肥，还要放鸡屎与猪粪，每一株还要放黄泥灰。一般把好的肥料放在植株边，植株之间的坑中放差一点的，便于根系长成后吸收。每亩田种植前还要放300斤石灰消毒。

他采取烟一年，谷一年，烟一年，谷两三年，烟一年，谷一年，烟一年……这样的周期轮作。如果一直种烟，病菌太多，烟没长大就会死掉。

"我种了一辈子烟，从包田到户就开始了，每年都种，没有间断过。种烟真苦，种怕了，这辈子再也不种了。明年这块田我还是种茶叶吧，种过烟种茶叶漂亮。"

长叹息——"当然有优惠政策，可能还会种。"

叶石均：老行家办法多

在吴弄村，有一位叫<u>叶石均</u>的老人家，80岁了，他说烟是解忧草。

他喜欢抽烟，被请到丽水讲解种烟叶技术时，他在课上抽起烟。"不抽烟，怎么讲得了课呢？"

喜欢抽烟，烟叶种得好，种出乐趣，他是松阳远近闻名的"种烟老

还需追肥、打农药、进行病害管理。松阳烟叶有4大类常见病。

其中花叶病、鸡爪病是病毒病，最主要是农业防治。像人得癌症一样的，真的发病治不好，以农业防治为主。

黑腔病，也比较厉害，基本上问题出在土壤。黑腔病是从根部，把输水功能腐烂掉了。一旦发病，烟株半边甚至整株枯萎。黑腔病区域性比较强，土壤是最主要因素。

空腔病以前比较多，目前用抑芽剂减少了人工感染。大风大雨时，烟叶之间擦伤，细菌感染容易引发。药是有的，但感染了也没办法，只是控制。空腔病，上半株患病以后，把它摘掉，下半株就不会生病了，发现要及时。

赤星病，也要提前防范。可以喷一些托布津、代森锌、多菌灵。

6月中下旬—7月 收晒季

收烟叶一般在下午，经过日晒，油分才能上来。

6月下旬 开始采顶叶

但基本上是7月上旬采顶叶。然后每隔三五天轮流采下面叶子，从采顶叶到全部采完需要20多天。采烟叶有技巧，要看清每片烟叶伸展方向，顺着方向掐住叶根部拧动摘下，这样创口小。切不可往下拉摘，这样伤口大，易感染病菌。

7月 全部收好晒好

晒好后还需堆放，一个月的堆放也是纯化过程，烟叶成分在转化。

9月 收厂

一般分为七级，按烟叶质量外观与机器损伤程度，分为级内五级，级外二级。收厂后仍要放一段时间。头年收的，第二年销售。

行家"。

他从 16 岁开始种烟，种了整整 64 年，去年（2016 年）他年岁大了，被儿子儿媳硬拦着，才和烟田告别了。

"老人家，种烟的人越来越少，年轻人都不会种烟了，您再不把您一生的种烟窍门告诉我们，失传了怎么办？"我们央求他。

"好，我都告诉你们。"

老人家开口了："我的五张烟叶被中央民族大学博物馆收藏，51 厘米宽，71 厘米长。'种田不种烟，赛过活神仙'，这句话也是我告诉学者的，才传开来。"

"烟怎样种得好？

"清明前种烟要两米地膜盖起来，零度以下在膜上还要盖稻草。

"清明时马上栽出去，地面要用地膜包好，保温。

"我种烟不种多要种好。

"肥料我自己配。家杂肥放植株中间，豆饼、桐饼、菜籽饼。记住：放这些肥料，烟草没有毛病。专用化肥，烟叶容易发病，没有油光。

"钙镁磷、硫酸钾少用。牛粪、草木灰、猪粪、鸡屎——杂肥多一点，烟叶就好一点。

烟农李士金欲哭无泪

"一亩田，豆饼、草木灰要 200 斤，钙镁磷 50 斤，硫酸钾 40 斤。

"千万要记住：天潮，有露水时不能下田！下雨天，不能下烟田！否则病菌马上传染开。

"拔了有病菌的植株，要放远一点，而且要放到水的下游，水不能流到田里。拔了扔了，手一定要洗。烟叶才不会染病。

"赤星病、黑腔病，都要早准备。黑腔病，恶霉灵防治。赤星病，病毒必克防治，移栽之后，就要七天喷一次。"

"烟神仙"奇在别人 3 年两头种，独独他，一块田连续种了 12 年烟。他是如何做到的？

"把去年的烟根全部挖起，运出田外，在远一点的地方烧掉。不能在原地烧。

"然后犁田。

"犁好田，放 3 次水，再排 3 次水。

"然后在田里堆满 60 厘米厚的茶枝，在晚上放火烧，这样把虫子都可烧掉。

下雨抢烟

"再等一次下雨后，再培垄。

"我这些都不是乱说的，在丽水上课时，我也是这么讲的。"

李士金：我想自杀

在斋坛乡，看到一户人家，门口摆了竹夹晒红烟，我们便推门进来采访。一谈起烟叶，主人激动起来："今年下雨天多，大部分都烂了。去年两亩赚了1.3万多，今年只能赚2000元了，本钱都收不回来！"

"种了30年烟，今年第一次碰到这种情况。"

"我想自杀！"

我们吓了一大跳，赶紧劝慰。老人家红着眼，拍了一下腿："但又觉得不好，自己做过干部，自杀人家会怀疑你是贪污还是怎么的。"

我们松了口气，追问详情。

老人家叫李士金，19岁开始就做干部了，做过公社社长、书记，村委主任做过18年。今年（2017年）烟草公司来了两次，动员他种烟。他种了3亩，决心求质不求量，种得疏，叶又大又宽，结果连下40天雨，大部分都烂了。以前有烟叶指导员，现在没了。村里90年代初还有100亩烟田，现在仅剩3家，今年只有他种了。

烟夹竖起来放在屋中

正说着，天上掉雨滴了，一下子全家冲出去抢烟夹，每副烟夹一提便可收拢，然后竖起放在屋中，所占面积极小，真是简便智慧的传统竹工具。我们拍到了抢烟，感受了种烟的劳苦。

"种烟像生孩子，要干整整9个月的活，结果亩产只有200斤，这儿另外还有一家，亩产只有100斤，更惨！烟草公司没有政策，看了一片田什么都没说，第二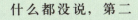片田都不愿去看了。报上去，不给补助。要是合作社才行。乡政府说我晒红烟不卫生，这不是文化吗？怎么不卫生？"

我们陪着他走到田里，看完了所有受灾的烟田，烟叶大片大片腐黄，完好的烟叶屈指可数，除了劝他坚强活下去，我们不知道说什么。

"我再也不想种了！"

"晒红烟不能失传了，您还要种下去啊。"

有时，真的觉得语言很苍白，特别是你握着一双粗粝满是划痕的手。■

松阳烟具图说

取枣。轻拈烟丝填入，只抽两口，吹出灰烬。在休闲时抽

干农活时用烟斗。相当于取枣烟丝量的四五倍，压一压，点燃

挂法。像挂毛巾一样，左烟袋，右烟杆

人要看戏，鬼神也要看戏，所以就有了叠八仙与包公判台。汉声组前往野台婺剧探班，得以了解这一草根剧团的生存状态与活力所在。

鲁峰

野台婺剧：7天7夜的酣唱

文·野望

鲁峰村要唱戏了！消息传遍了九村八里。

这个村有七八年没唱戏了，老百姓有点"渴戏"了。来自缙云的一个婺剧戏班通过戏鼓找到村支书。——等等，您要问了，什么叫"戏鼓"啊？戏鼓啊是中介人，专门联系需要唱戏的村，一般一个戏鼓可代理几十个剧团，鼓动别人看戏，所以方言称"戏鼓"。一般戏鼓鼻子尖，哪里庙要开光，哪里要摆宴，哪里好久没演戏了……他都"闻"得到。

《丞相试母》剧照，施母被逼改嫁，施文钦变成孤儿

《九件衣》剧照，杨知县知道自己误判害了两命，无以面对钱、姜两家老人

戏鼓都有鼓动力，把人们看戏的欲望鼓动起来，又很精明善于谈价。鲁峰村支书刘长远就是我们的向导刘宋美的爸爸，经戏鼓"鼓动"，他拍板，演5天！每天5000元演出费。其中3天的钱是村中老百姓集资的，村组织再出两天的钱。没想到，老百姓热闹得很，把戏堂天天挤得水泄不通，欲罢不能。怎么办？刘支书打了个电话，当地一个钼矿公司同意再出两天的钱，好家伙，村民们一下子看了7天的戏，从七月初七开演一直演到中元节前夕！那个过瘾！那个高兴！

周边的村——靖居、靖居口、板桥、坑里、黄店、大毛科……甚至远到象溪的老百姓都来啦！黑压压的人群往鲁峰村赶，乡里乡亲好久没碰到了，见面打招呼，送吃的，逗孩子，整个大礼堂内外像个千人大派对。

"叠八仙"开场

虽然是野台班子，这个婺剧团设备可不弱，带来整面大墙的电子屏幕。光设备就两大卡车。村里为了演戏，临时在大礼堂加装了15台吊扇。

初七搭了一白天台，晚上就开演了。

开演先请村里各个神如社公、土地牌位在最后就座，香火供上。开场先是"叠八仙"。

江浙一带的社戏有讲究，据学者蔡丰明研究，社戏分为年规戏、庙会

看戏的村民们

婺剧团的伴奏乐队

戏、平安戏、偿愿戏，其中年规戏种类最多，有时令戏、应节戏、例行戏，庙会戏则分为神诞戏、开光戏。鲁峰村这次演的是平安戏。

不光人看，各路鬼神都要来看戏。

松阳社戏的规矩，第一场必定是"叠八仙"。啥叫叠八仙呢？就是请各路神上台，为村里讨吉利。都有什么神呢？听我数来：魁星、文武状元、白面书生、八仙、叶法善……那个舞台上才叫热闹，连舞带唱。虽然都是演员们扮演的，老百姓却也眉开眼笑，这么多神到村里，福气可不小。

接下来就是 7 天戏，除第一天只有一个晚场，其余 6 天，都是下午场与晚场，要演两本。不少人看完了全部的戏，一天不落。有的老百姓还打趣说 7 天戏看下来很累，让村支书买补品给他们吃。

汉声组赶上了最后两天，完整地看完了两场戏。

野台班子，有草根最鲜活的戏剧力。乐队就在台下，化妆也在台下。上一场的女角，演完脱了戏服，不及去脸妆，就施施然从台上走了下来，她要去奶孩子。

《丞相试母》剧照，施文钦换回丞相装扮与母相认

鼓手是控场的灵魂，带动全场气氛，他一阵好鼓点，乐手们各自跟上。

野台班子演出的水平可不弱。我们看的两场戏，一场是《丞相试母》，讲的是施文钦父亲早亡，母亲不得不改嫁，将儿子托给叔叔。叔叔是混子，夺了侄子的抚养费，把侄子赶出家门。母亲改嫁一个好人家，想接回儿子却找不到了。施文钦四处行乞，被一个教书先生收养，考中状元，当了丞相。便化装成乞丐回来试母。这乞丐又要人家开大门，铺红毯，又要好酒好肉……母亲认出儿子，虽是乞丐，母性仍是不变，热心接纳。当她倾诉失子之痛时，台下老百姓哭得泪水涟涟，野台班子在表现百姓的感情时真是有一手。

而另一场戏《九件衣》，讲的是财主（有武举人功名）发现少了一箱衣服，便诬告一穷书生偷了，书生被屈打成招，最后自杀。其娘子历尽波折来喊冤，县老爷发现自己上了财主的当，良心发现，痛悔不已，最后把自己一双儿女赔给书生人家。那一番唱词真是痛快，老百姓看正义得报，县官服理，便觉天下太平。

一位老人家对我们说："恨不得上台把财主打一顿！"

老百姓看得起劲，连戏堂过道里都站满了伸着脖子的人。许多老烟枪不舍得离戏，就到后排边抽烟边看，整个礼堂烟雾环绕，快成云工厂了。老太太们也顾不上骂老头了，盯着戏看，还要抹几把眼泪。

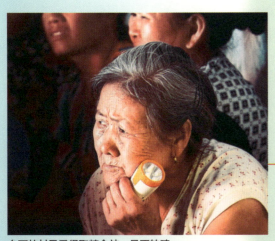

台下的村民看得聚精会神、目不转睛

野台班子探秘

野台戏贵在酣畅淋漓，角色有许多感情抒发往往是即兴编词。采访这个班子的老生演员时，她说："正规班子排戏往往要一周，每一个动作有规定。我们野台班子，往往就是两个人抽空配配戏，有时临时发挥，能让对方下场就行。他们正规的剧团，演我们这种农村的戏不一定演得下来，他们很死板的。我们随机应变，临场发挥比他们强，艺术水平是他们强，但让观众开心就是我们的本领。一个人往往几种角都会演，像我，专长是老生，但小丑、花脸、老旦都会。"

有时也会卡词，脑子一片空白，那更是要现编，上下接好。老百姓一般发现不了。这位老生演员从小就爱唱戏，自己学，18 岁便跟野台班演出，唱了 20 多年。一般野台班自学的多，也有戏校毕业的。一般不正式拜师，往往是看哪个老演员唱得对路子，就跟他学。

请神就座看戏

"会不会出洋相？""没出过洋相。只有有时天太热，一身戏服全湿了，像跳进河里一样，甚至主角热得昏倒在舞台上。老百姓拥过来，送水送药。那个急啊，对我们真有感情。赶紧叫：'停了，停了，今天不演了！'——比我们还急。"

采访班主与戏鼓，让我们吃了一惊。

这个戏班组建竟然才一个多月！班主原来是缙云开超市的一个老板。一时高兴便拉来人马投了设备组了一个班子来回演。据说老婆还不同意，纯粹是自己兴趣。才组建一个月怎么演呢？那只能是边演边凑戏。亏得这个团 38 个成员平均年龄 40 多岁，大多是有 10 多年经验的野台班演员，所以先在第一个地方缙云某村演了 8 天，先凑出七本戏。然后越演越多，现在也有三十几本戏。

这看得出爱戏者的激情，也是草根剧团的活力。

鲁峰会堂七八年没演戏，把更衣室租出去做小卖部了，演员只能在观众席前排化妆

婺剧源于金华，和京剧、越剧相比，越来越受松阳与浙西老百姓喜欢，原因正在其草根性与灵活度。越剧是武戏文演，婺剧是文戏武演，所以场面热闹有看头。婺剧灵活，他们到外地演，便多点普通话腔唱戏，老百姓听得懂。回到金华就用地道金华腔唱戏。所以北到杭州，南到福建，西到江西，婺剧到处演。

婺剧还善于吸收其他剧种的好剧目。比如《丞相试母》原来就是瓯剧，大家一商量，用原来的词改成婺剧调，就演起来了。

目前野台婺剧越来越兴旺，观众一年比一年多，许多粉丝还会追星，常常从一个村到另一个村。好的野台班子投资往往上千万元，光一件戏衣就一万多元，演员工资几十万元，不比正规剧团差，甚至更好。

以前演戏的人往往被别人看不起，现在不同了，除了长年在外，累一些。平时在戏堂里搭个帐篷就睡，讲不得卫生；许多戏服都没办法洗，例如蟒袍，只能喷点白酒晒一晒……种种状况，苦一些但自由自在。所以演老生的那位女演员说，她带孩子停了4年，还是觉得"大众生活热闹"，又来演戏了。

现在的演员大多自己有车，随着剧团大卡车往下一个村庄赶，不像10多年前，演员要坐在大卡车的戏箱上。

各个野台班子，演员流动性蛮大的。班主往往通过观别班的戏，看中角就开挖。谈妥钱，就签一年合同。但行业也有规矩，如果签了合同，必须演完一年合同期才可跳团。

最后一晚演出结束，村民收拾供品准备送神，剧团出一对演员扮演状元夫妇陪同回社庙

包公判台

最后一天晚上演出有些特别。演到中途，乡人便开始把社公牌位请出戏堂。快结束时，没有谢幕，反而看到观众们都迅速往外退出，脸上有点紧张。没一会儿，戏堂便空空无人了。

我们正奇怪这是怎么回事，包公和两个刀手登场了。只见黑脸包公底气十足，在台上唱着："鲁峰村演戏7天7夜，现请各归各位……"

原来这就是包公判台。

乡人认为，唱社戏，不仅神仙来看，而且各种鬼怪、孤魂野鬼、不明事物都会来看。所以最后要包公判台，用强力请他们回去，不要扰动人间。特别近中元节了，可是要隆重对待。

包公唱完，举着剑在戏堂巡场一周，然后在锣鼓声中，与两刀客迅速冲出戏堂，往村外奔去。

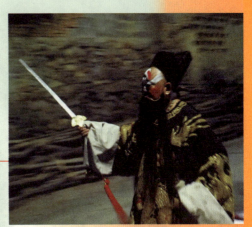

散戏后包公判台，将被好戏引来的邪魅鬼祟赶走

我们也迅速跟上，只见他们3人，一边打锣，一边提灯，大步流星往黑暗处冲去。走啊走，直到看不到村庄灯光，走到了水口，才作罢。

这便是把鬼魂们都赶出村，赶到应归之所，茫茫田野吧。

包公判台属地方戏中的扫台戏，这种形式，或与中国古代民间的大傩戏有渊源，大傩戏中有钟馗驱鬼的环节，在傩戏结束时，钟馗领部下在村中赶鬼。这两者之间是否有继承关系，值得探讨。

包公脱下戏服，擦了擦满头大汗，才往回走，这一路上又和我们说起他历次包公判台时碰到的鬼故事，在黑夜中听来，不免让我们回头多看几眼……

这是最后一天，戏演完了，演员们没有片刻休息，连夜拆台，装箱。两辆大卡车与十几辆小汽车通宵赶往缙云某个山村。第二天晚上，戏又会开演……■

包公判台

松阳有七夕夜拜织女的古老风俗，**汉声组在黄下村采访老人家，记录了这有趣的传说。**

黄下

七夕拜七姑娘娘

文·艾天马

讲述七姑娘娘祭的老人家

七月初六晚上是松阳孩子顶兴奋的时刻。家家户户会在星空下拜织女星。当地，织女星被称为七姑神，七姑娘娘。她还是许多孩子的干娘呢。

星空下的供桌上有三支香、三杯酒、三杯茶。孩子们等啊等，终于过了12点。有的孩子已经撑不住睡去了，谁叫他是孩子呢，兴奋一阵子，关键的时刻却困去了。认真的父母会叫醒孩子，心疼孩子的父母就不叫了。叫醒的孩子就可以拜到自己的干娘织女星了。

七月初七零点，织女星正在头顶，松阳有"七正，八斜，九下山，十落"的说法，正说的是织女星的位置。

我们在黄下村问在座的10多位老人家，你们谁认织女星做干娘了？老人家们齐刷刷地举了手——织女的孩子真多啊。原来松阳当地有为小娃认石头、大樟树为干娘，认太阳关帝为干爸的习俗，主要是看八字，八字与母相冲就要认干娘，与父相冲认干爹，但认织女为干娘，基本不用测八字。于是织女的孩子最多。拜了织女星，"身体好，不夜哭，没有伤风，平平安安"，要拜到16岁。

66岁的黄下村老人家叶关标还记得晚上被父母拖起拜七姑娘娘的场景。父母还会给他讲七姑娘娘的故事："织女星是头顶上一窝星中最暗的一颗，因为她下凡和凡人生了灶王爷，所以不好意思，才暗一点。"在黄下村，老人们都这么说，好嘛，织女成了灶王爷妈妈。

怎么祭呢？前面说到要三香、三酒、三茶，还要供鸡肉、猪肉、面条、目鱼、糕、饼干、水果……七样或九样，烧了纸，大人念保佑我娃身体好，不夜哭，没有伤风，平平安安。让孩子也跟着念。然后放很短的一串鞭炮。呵呵，神仙中也讲礼数，织女是小神，一般鞭炮不能放长。

拜七姑娘娘，曾是松阳每个孩子美好的记忆。星空下，我们曾经离神这么近，叫一声妈妈，一位美丽的女神便进入了孩子的梦。■

《清俗纪闻》中的七夕"乞巧奠"

9月6日，是松阳中元节，中元节原是地官生日的道家节日，也是佛家盂兰盆节。此日鬼门大开，鬼魂出来，<u>中国人在这一天祭祖先之魂魄，也祭孤魂野鬼</u>。道惠口村的宗祠里可见到最传统的中元祭。

道惠口

中元：祖灵之路

文·野望

祖灵之路

请神

首先是请神。请的什么神？上中下三界神灵元帅。

怎么请呢？有讲究。首先请先看祭坛。最前面的正是三个状子，也就是请三界神的请柬，例如中界上写的是"中界东岳齐天大生仁圣大帝投建恭三元冥典官高日昌状上奏"。

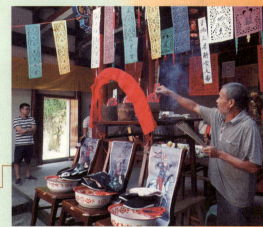

仪式进行间香烛不能间断

米饼上用朱砂写着"三界符官"。高台上米饼写着"申发奏文状"。对应三界神是三个斗，斗中装有金珠、尺（量心）、镜（照妖）、剪（剪邪）、红包、烛。高台前分别是三把椅子，椅背上有三个神像，<u>从左至右分别是中界神骑马，上界神骑鹤，下界神骑狮</u>。椅子上放有水之脸盆、肚兜、毛巾、袜子、鞋、剪刀、镜子，用来请神稍坐、洗漱、洗脚。椅子朝外，神接来后，椅子便要翻转朝内。

此外宗庙里布满6道剪纸阵，每一道都不同。这可不是简单的装饰，在唐代诗文中就有"剪纸招吾魂""剪纸为小幡"等句。从汉代发明纸后，剪纸有了招魂的功能。

这次主祭的道士是省级传承人郑茂芝，法号郑法斌，他的师弟洪法利辅祭。坛上所摆祖师爷令牌是从道士家中带来的，是重要的法器。吹起牛角号，敲鼓祭起。道士们用手、念、咒、步罡四种方法来作法。仅以手法

天竹在村口城门外竖立起来

为例：道士食指、中指、无名指、小指，分别代表师、道、经、宝，用各种手指组合形成如三清诀、玄武诀等手形。

请神之路从一根竹子开始，几位大汉在村头竖起一根高大的青毛竹，竹上飘动黄色长幡。这是接上界之天竹，竹中下段挂有一红色提篮，当中放有一斗，酒、茶、水果三种，米团与纸贴。竹子根部放着一只装有鸡的竹篮。这些都是招神用的。

神仙们看见天竹，便知有请，从云上下来，穿过城门——就是用竹与柏搭起的绿门，上书"祥云法彩"。

随后便走上三十六桥，这三十六桥是做法事时临时搭起的。几个汉子砍来青竹，用 5 根长竹片做经，象征五方神，用 6 根短竹片一组做纬，这样共用六组，六六三十六节。在竹桥上要点 36 炷香，36 个馒头，36 块豆腐。这三十六桥是松阳中元节最常见的，普通人家在路边搭的纸桥便也是简易的三十六桥，用来祭鬼。请神时，主祭要用斗在三十六桥上划出"之"字路线，象征神仙过桥。

村民举着三个米斗通过三十六桥，象征请神仙过桥

中元祭祀的法事音乐是三清调，通常民间祭祀音乐以鼓作头，而它以钹做头，是三清调特有的。

在三清调的音节中，神仙步三十六桥安坐在神位上。

中元节要请神，还要祭祖。

我们随机采访了村民祭祖意义何在。

村民叶永照提起祭祖很激动，"就是要告诉那些年轻人，你以为山上的田是怎么种起来的，天上掉下来的？是老祖先开的！祭祖就是要教训后人不要乱来，要讲辈分"。

祭完祖，年轻人要为村里最长者洗脚，剪趾甲，按摩。94 岁的叶何发，在村中排行最大，是族长，他乐呵呵地和另一位老人享受了小姑娘的孝敬。

然后开始三官妙忏，即请天官、地官、水官为村民灭灾、消灾、延寿、集福。

超度

晚上开始放焰口，祭坛如图，用道家术语称之为"普施三界斛食大斋""十伤门下放行天道"，作法的道士一边念咒一边向门外扔馒头。用草纸点燃画符放入水中。一个接一个的馒头呈弧形跌落在地上，孩子们睁大眼睛，想看看会不会少了几个。这是普度野鬼的仪式。

天已垂下黑幕，只听得见水声潺潺。

一位道士在村中河边，点起烛光，借着微弱的光线，摊开膝上的经书，开始念咒，蓝冠蓝袍，时光亘古而悠远。

宗祠里道士放焰口，为施粥恶鬼的法事

放水灯开始了。放水灯是年轻人最喜欢的活动了。在波光盈盈中，一盏盏灯映出摇动的光柱，分外美丽。但放水灯，松阳人讲究的是"三十六伤，二十四姓，邪神伤亡送出去"，并认为水灯可"漂洋过海"，送走晦气。

放完水灯，便是施路粥。那是给无家的孤魂野鬼的。古人认为正常死亡的是魂，而诸如交通事故等意外死亡的则是鬼。道士点纸画符扔入粥桶。此时庙外路边黑暗中已插好49炷香。老人家们便提着粥桶一勺勺在点香处洒粥了。一边走，一边洒，一边喊着："兄弟姐妹，平等平分，强者不可多得，弱者不可全无，平等平分。"喊声在黑暗山谷间回荡。

溪边放水灯，送走一切邪神伤亡

那一瞬间，我被这喊话触动了，这对鬼说的话，不正是中国老百姓平实近人情的诉求吗？中国人的温情遍及天地，也温暖了那些孤魂野鬼。

洪道士施路粥，分给无家的孤魂野鬼

谢神

此时已是半夜，众人都散去了，但道士还没有休息。他们要击鼓谢神。只见道士郑法斌用刀象征性划动猪头。随后便坐下击鼓，鼓声蓬勃，绵延而来，浩荡明亮，细看，却是他用一只手夹两根鼓棒，竟能敲出如此动人心魄的鼓点。

此时已是夜深人静，只有我们陪伴着道士。他眼光透亮，一丝不苟，这神鼓昭告着人的感恩，如滚滚雷声，直上云霄。

中元祭祀从清晨持续到半夜，我们中国人对祖先的情义真是没有半点马虎。■

郑道士进行收尾的仪式

晨曦中的香乳禅院

"每年农历七月底，我们选定个吉日，四五十人一人一把扫帚，一早就从山下扫上来，快中午时候到庙里。吃过午饭，再将庙里打扫干净后下山。庙会是八月初一，我们再提前两天上来准备。"——庙会董事季大姐

玉岩

八月初一 香乳山庙会

文·赵英华

玉岩镇玉岩村往北有香乳山，海拔 1000 余米，半山悬崖峭壁间出现一片平坦山地，香乳禅院便建于此。禅院坐北面南，可俯瞰整个玉岩镇。香乳禅院的佛期为每年农历八月初一，古今未改。当天，香客们结伴同行，赶在子时前上山，上香焚纸、祈福消灾。此庙会远近闻名，每年都有各地香客慕名前来，香火旺盛。

幸会花菇朋友

9 月 18 日（农历七月二十八）从松阳县城前往玉岩香乳山，途经玉岩镇，道路两旁可见连片花菇种植棚。花菇因顶面有花纹得名，是香菇中的上品。花菇种植是当地重要产业，花菇品质优良，远销海外，当地便有"花菇之乡"的美称。从此经过，菌类特有的香味扑鼻，有些菇农将培育花菇的木屑铺在马路上晾晒，木屑可为花菇提供养料。

上山道路是近年新修的，汽车可到半山离禅院不远处，而过去上山只能步行。我们的车在一片开阔地停下，远见几人从一车上卸下东西，走近一看，有烟花、香烛，不用问一定是为庙会准备的物资，打过招呼，便随行前往禅院。山里人脚力好，挑着重物也走得稳当，细看其实也有智慧，虽然穿的普通鞋子，甚至拖鞋，但每一次下脚都踩在可借力的地方。道路多为石阶，曲径通幽，不出 10 分钟就来到庙前。放眼望去，山峦迭起，正值

香乳禅院山门

大殿居中供奉胡公大帝与关圣帝君

大殿右龛供奉的是陈、林、李夫人

大殿左龛供奉两位财神

初秋，凉爽清幽，真是神仙住的地方。

山门不大，上有匾额"香乳禅院"。门庭内左塑千里眼，右立顺风耳。向右拐进，有青石台阶，上去左边是大雄宝殿。中门双开，两边各有偏门，中间供奉胡公大帝，右间供陈、林、李夫人，左间为财神。后殿中奉三清和观音菩萨，左侧供达摩祖师、金木上帝，右侧奉十八罗汉、二十四天罡；观音像对面隔天井是手持天杵的韦陀立像，上有"惠及黎民"匾额。

此时禅院中已有不少人，有人见我们来热情招呼，一问才知道是此庙会董事长，名叫叶建强，52岁，在玉岩镇种植花菇。一般民间结社多自发，由善男信女共同管理，事无大小，大家觉得都是功德。此处庙会也不例外，据庙里碑文记载：清康熙年间，当地人组织董事结缘集资创建香乳山寺，会后改称香乳禅院，殿堂内塑佛像90余尊并置寺田50余亩。民国初年，政府将寺产田40余亩划归玉岩等小学作为办学基金，导致资金削弱，管理者只能维持禅院不漏雨倒塌，加上20世纪20年代进行的破除迷信宣传，敬香士女逐年减少。到20世纪50年代，香乳禅院无人管理终成残垣断壁，香火断绝无人问津。直至1981年，善男信女到古刹原址礼佛，认为有重建希望。1986年，玉岩村信佛男女18人在旧址搭茅棚塑小佛像，由此开始上山拜佛者络绎不断，之后各地善男信女结缘集资，于1987年重建香乳禅院，经多年努力建成如今规模。

叶建强是最早来帮忙重建的人之一，如今是第三代董事长（第一代是叶祥麟，第二代为杨天湘）。董事长相当于总管，负责管理禅院的资金。资金来源多是大家集资以及香火钱，也有大老板们慷慨解囊。董事会成员多是本地村民，每到庙会便来帮忙。今年来帮忙的有四五十人，多由叶董事长找来，大家都种花菇。哈，原来都是花菇朋友。我们好奇，问他为何为董事长，叶建强笑眯眯"也没什么，来帮忙久了，上一代做不动了，就选我做了"。一旁的洪大哥搭话"他香菇种得好哩，别人一万袋可能有两千袋长不出来，他一万袋最多几百袋长不出""大家技术都好的嘛，运气很重要"。原来大家愿意来帮忙，说不定是拿叶董事长做榜样也希望有个好收成。刚才搭话的洪大哥，名叫洪昌友，45岁，嗓门洪亮，自称"山老鼠"，是附近洪山头村人，近年在松阳帮人种杨梅、脐橙、茶叶。洪大哥早年经历过交通事故，人却无大碍，他相信冥冥中有禅院里这些神的护佑，从此每年都来庙会帮忙。

正殿左侧有邮亭，摆着大小桌椅，香客们上来都会被招待吃饭。后面厨房早就忙碌起来，两口大锅炸着豆腐，香气四溢。厨房出去有一片菜园，庙里吃的菜许多都出自这片地，做饭的阿姨说这里风水好，种的菜都不

长虫。来帮忙的大都来过多年，有玉岩的菇民也有附近村民，大家早就得心应手，整备食材复杂，大家都从容应对。为欢迎我们这些远客，董事会决定将明天要做的糍粑提前做给我们吃。一群人已守在菜园旁的石臼边，热气腾腾的糯米倒入，两人配合，一人握木杵捶打，一人翻动，不一会儿糯米成团，表面光滑，散发香气。端回去，手上涂些糖水不沾手，揪成乒乓球大小，盆里装芝麻、红糖，丢进去用筷子一拨一翻，沾满芝麻、红糖的糍粑趁热一口咬下，甜糯！庙会期间都是素斋，做法简单，但都是好食材。

吃胡公用胡公，有了胡公不落空

次日一早，停车处已有不少车。老远就听见禅院播放的佛教音乐。禅院门外已经摆好香火摊，香烛、纸品一应俱全。另一边，几人劈竹做筷子，几下就能出一双，速度很快，都是为今天香客准备的。庙会的热闹气氛已初见端倪，今天子时想必香火旺盛。

庙会追溯其本源是一种群体性的迎神祭祖活动，后来发展成所谓"庙市"，即在年节或神佛诞辰于寺庙内或附近定期集市。这里的庙会相对单纯，目的依旧是烧香拜佛，除每年农历八月初一庙会外，正月也会有香客来

成团的糯米裹上芝麻、红糖就做成了糍粑

众人起劲打糍粑

许愿，愿望实现的，年底再来还愿。

香乳山禅院主祀胡公大帝，是浙江地区影响力很大的地方神，也是历史人物神格化的神明。胡公本名胡则（963—1039 年），今金华市永康市人。北宋时期在全国多地担任地方官，《宋史》对其事迹也有记载。过世后，其好友北宋著名政治家、文人范仲淹为其撰写墓志铭。据研究，胡则被民间供奉为神后，获得朝廷赐封"佑顺侯"，其含义是保佑风调雨顺。另据调查，20 世纪 20 年代，原金华府农村地带有祠庙 429 座，以胡公为主神的就有 55 座。如今以胡则家乡永康方岩山的胡公庙会最为盛大，影响力波及周边县市，甚至临近省份。

永康的地方神如何来到玉岩，似乎已无从考证。据负责香火摊的季大姐说，不知是何时从永康方岩接过来的香火，最早香乳禅院叫真君殿，奉哪位真君也不清楚，后来改为胡公大帝。传说，当年接来胡公大帝香火后，安位在如今禅院往下的一处神棚内，没想到胡公大帝显灵，一夜间自己搬到了现在的禅院位置。"胡公很灵哩，我们有俗话叫'吃胡公，用胡公，有了胡公不落空'。"一般来讲，主神的诞辰就是庙会的日期，可胡公诞辰为农历八月十三，香乳山庙会却是农历八月初一，其中原因无从知晓。

禅院里显得格外有生气，细看应该是墙上新贴的各

香客在胡公像前献上巨大的香

庙会所设香火摊

众人忙着为即将来的大批香客制作筷子

禅院里座位不够，现场找出长条木板制作板凳

工作人员忙着记下香客捐献的香火钱

香客们在禅院内吃饭

类红纸，有缘银处，即所捐香火钱会写在红纸上；还有庙会的分工，按今天所到的人来分工，有总管、集资、值茶、厨房、治安等。一切就绪，已有香客陆续上山。已来帮忙两天的小周，就要下山回县城上班。种花菇的父母托一位老人家带小周参拜庙里诸神，讨个吉利，种花菇是辛苦活，小周如今体会到他们的辛苦，听说他们要来庙里帮忙，也就上来了。

这里的神高明

近傍晚时，香客明显增多，吃饭的香客几乎坐满。我们也坐下吃饭，随口问邻座从哪里来。"从松阳来，我们是亲戚，我今年第一年，她们几个好几年了""说这里的神很灵啊，我们也是听亲戚说的，喏，就是那边那位，她来了十几年了。"邻座大姐指着一位老奶奶说。

奶奶叫游美娣，85岁，家住松阳，10多年前与邻居同行而来，之后就没有间断过。原来和同伴一起坐车到玉岩镇，走上山，现在有路可以坐车上山。问起为何每年都来，"这里神高明啊，山清水秀神仙都住这里""我来求好运气啊，家里人都很好"，奶奶精神好，笑得爽朗。奶奶与禅院里的人也都是老相识，半夜不好下山，就会安排她住在这里，第二天再走。

庙门外聚集的人越来越多，和昨天形成鲜明对比的

八月初一凌晨是香客人潮最多的时候

是来了不少年轻人。2003年上山道路装了路灯，据说那年来的人很多。时不时可见香客三五成群喘着粗气向上爬。问起他们从哪里来，来求什么，玉岩镇来的最多，也有从松阳和周边县赶来的，至于来求什么，求财、求运气、求子各式各样，还有说什么都不求，来玩的，原来是求乐。

禅院今年请来法师，做当地人称为"问神"的表演。只见法师赤脚，结手印，嘴里时不时念念有词。一会抱起长条板凳挥舞，一会又坐桌子上口吞烛火，此时法师似乎已处于非清醒状态，神情恍惚。突然他精神起来，眼睛瞪圆，张口说话时，已有神仙上身。有人问什么事，神仙就借法师之口回答。大家将法师围在中间，脸上浮现出既紧张又有些不可思议的神情。

接近子时，上山香客越来越多，庙外空地、庙里挤满了人。虔诚的人从庙门开始，点香拜一圈，烧纸拜一圈。庙内被烛光照得明亮，鞭炮、烟花声不绝，上山香客仍络绎不断。香火呛得许多人已经泪流满面，此番情景一直持续到凌晨才稍有减弱。

人间冷暖有真情

第二天一早，在庙里吃过早饭，来帮忙的人也略显疲惫，仍有香客上山祈福。捐银处的吴大姐和熟悉的香客们聊天。"我来山上也有十几年了，大家都叫我吴大姐，好多香客也认识好多年了，有什么话都愿意和我说说。"正说着，她就和一位大姐打招呼，两人用方言聊了些什么，大姐就哭了出来。原来大姐女儿今年得病过世了，"哎，才十几岁，那孩子我见过，学习很好，可惜了""有这么个场所挺好的，大家有什么难处可以说说，能帮到就帮帮"。

的确，这样的事情并非孤例，两天中，陆续见到或听到许多不如意的事情。庙会不只为大家提供了一个祈福场所，也为一些人提供了可以敞开心扉的地方。他们像是热闹祥和气氛中的一条暗流，还好有心思细腻的人没有忽视他们，他们将委屈与苦闷留在这里，内心释怀。■

义务来山上帮忙的妇女，要连着煮七顿饭不休息

跟着上山的小女孩也有模有样地拜神

9月29日，松阳举行叶氏南迁1820年的祭祖大典，可贵的是所有程序与奏乐都是严格按族谱记载进行，展现出代代传承的祭祖活态仪式。到场1500人，来自中国与全世界的叶姓人，共祭江南始祖叶望。

叶氏祭祖大典的会场

卯山

叶氏祭祖大典 亲历记

文·野望

9月29日上午9时，卯山脚下已遍布大大小小的车辆。千古卯山恐怕第一次碰到这样的人流。大家在山脚下下车，步行上山。叶氏后人们披着统一的围巾、蓝衫，分外精神。汉声组也随之而行。卯山云气缭绕，不愧是叶姓第一圣山。

铜铃声与号角大作，道士们已在醮祭。只见一位松阳居家道士，头扎红布，右手师刀（即道教法器），左手持牛角号，身披法裙，做法青打扮，腾挪跳跃，多种步态。他身边有两位穿红袍的女道士为之助法。

事后我们请教了这位叫季土松的作法者。他把醮祭称为行罡作法，这个法事叫三十六道罡，首先是"通神"，其次"开洞"，再次"藏身"，让张、李、叶三天师化作过来。然后才是做罡，而各种罡步正是重中之重。季土松道名法彬，52岁，枫坪乡砻村人。15岁向道士翁根土（今年90岁）学法，他自称"代天行化"。

8分钟醮祭结束。

叶氏祭祖严格按族谱规定进行，我们得以看到正宗的古代家族祭祖礼的过程，其中最核心的是三进三退。即在祖灵前有依次排列的三大张供桌，主祭人与执事人着古服，在桌前祭献贡品，然后面对祖灵往后退（不可转身而退），再到下一桌。

首先是奏礼祭主题音乐，整个祭礼有八首祭乐，也

季道士领着两位女道士进行醮祭仪式

祭祖乐队奏唱祭歌

全部是叶氏族谱上记载的。主题音乐最为隆重，由钟、鼓、琴、瑟、管、笙、箫、笛、板、祝、磬组合演奏。

奏乐者着古服，是古市《月宫调》传承者，包括两个团长都在。

其次打鼓三通。初验鼓，次验鼓，三验鼓。鼓声的数字都有严格规定，每次37槌。

再次由祭祖乐队奏唱《初上歌》：

"茫茫田野，长蒺藜，清除野草与荆棘，一元复始年复年，种植小米与高粱，小米长得茂又盛，高粱地上排得齐，享天伦……"明显是先祖开垦北方祖地场景。

为了让现代人听懂，这些歌词都做了一定程度的白话改写。

《初上歌》，原歌如下：

"楚楚者茨，言抽其棘，自昔何为？我蓺黍稷。我黍与与，我稷翼翼，为酒为食，以享以祀。"

《再上歌》：

"步趋有节，神端庄，神端庄，把牛羊清刷清爽，奉献冬蒸和秋尝，分盛奉上，献神灵，献神灵……"

《三上歌》：

"各项仪式都完成，钟鼓之乐准备奏，孝孙回到原来位，司仪致辞大声喧，神灵喝得醉醺醺，各神起身离开位，各神起身离开位……"

这时执事分列两排，主祭登坛受位，司仪者唱："主祭干手（洗手）！""主祭扎巾（擦手）！"

（注：台下第一排叶氏年轻人认真地执脸盆、红桶，为主祭者供水，显出长幼有序的修养。我注意到有些年轻人是从加拿大、美国赶来参加祭礼的。）

司仪唱：

"主祭复位，整冠，拢衣。

叩首，二叩首，三叩首。礼毕，平身。

执事者验香，执事者一上香，祭祖者奉香一拜，二拜，三拜。

叶姓青年执盆供水让主祭者净手

《月宫调》传承者们同样身着古服演奏礼祭音乐

主祭者献祭品

《月宫调》两位团长
身着古服演奏礼祭音乐

执事者再上香，祭祖者奉香一拜，二拜，三拜。

执事者三上香，祭祖者奉香一拜，二拜，三拜。

执事者进香神前，叩首，再叩首，三叩首。

（进香时奏上香台一曲。）

执事者举爵，执事者一进酒，祭酒者奉酒告天，天官赐福。

执事者再进酒，祭酒者奉酒告地，地脉兴隆。

执事者三进酒，祭酒者奉酒祭拜，一拜，再拜，三拜。

执事者进酒神前，叩首，再叩首，三叩首。

（进酒时，奏敬酒调，又名《仙姑进汤》，以唢呐乐器为主，打击乐器有大鼓、响板、大锣、小锣、小镲、大镲。）

执事者献春莲，祭祖者奉鲜果，一拜，二拜，三拜。

执事者进春莲神前。

叩首，再叩首，三叩首。

执事者献海味……（与献春莲相同程序，用省略号代替）

执事者献鲜果……

（此时奏迎神行路曲。）

（这时，到了第二张桌前。）

祭，进东界，（向东方叩首）

拜，叩首，再叩首，三叩首。

执事者献春香……

执事者献鲜果……

执事者献山珍……

执事者献海味……

执事者献坚果……

执事者献冬圆……

拜，叩首，再叩首……

执事者献五谷……

执事者献点心……

执事者献山珍……

执事者献百子糕……

执事者献大吉利是……

将终尽，退下去。

叩首，再叩首，三叩首。

执事者献春香……

执事者献夏莲……

执事者献秋糕……

执事者献冬圆……

祭毕，上拜

（到第三张桌前。）

主祭者献大礼（猪头）

孩子们齐声诵读
叶氏家训

叩首，再叩首，三叩首

执事者献璜……

执事者献大礼（猪头）……

执事者献海盐……

执事者献谷……

执事者献鲜果……

礼毕，平身，退拜下去。"

以上是司仪者所唱，也是所谓三进三退。

三进三退为一堂，因为祭者众多，所以祭了五六堂。

司仪唱："请各位宗亲俯伏。"礼祭主题音乐再次奏起。

行读祭文。

孩子们20人列队着古服，诵叶氏家训。童声朗朗，摇头晃脑，倒颇吹来一阵清风，精神为之一振。

放炮，大乐司奏乐——《送神曲》。

主祭献粳。

献魂帛。

法师执度元功。

最后由唱礼者念"祖世德深，江南一叶，遍地金枝挺秀，宗功积累，代代相传，玉叶流芳，请观鱼灯舞。"

这便是完整的叶氏祭祖典礼。

叶氏族谱是少见的记录了祭祖礼仪全过程与祭曲的。这与他们从始迁祖叶望开始便是古代高级知识分子有关，也因此叶氏子孙得以代代依礼而行。今天我们得以看到，并做完整记录，也了解了江南叶氏有这么强的凝聚力和他们礼仪的周全是分不开的。■

祭台下满满堂堂的叶氏宗亲

祖先如何对待子孙？子孙如何对待祖先？这是中国文化中重要的命题。中国人自古便把自己视为祖先的"遗体"，慎行以全体，敬德以孝宗。松阳的文化中最精华的是在一个个古村中保存着宗族与先祖的灵魂。其保存之完善与村人祭典的郑重是全国罕见的。其中松阳最大的叶姓，其祭祖与溯源的虔诚，显示了宗族的力量，也是中华民族生生不息的根源力量。

松阳第一姓——"叶"的力量

文·艾天马

我们的祖先为了子孙的安全与绵延，在颠沛流离中寻找安居的净土，这是中国历史中最动人的故事。

叶姓来自楚昭王的后代。秦统一中国，也开始了对六国贵族的残酷镇压。楚昭王的后代长途奔亡，在当时南阳（今天平顶山）的叶县隐藏下来，也在此得姓"叶"，最早的先祖叫叶公，便是叶公好龙之叶公。二十二代的叶望，做过东汉的大夫。当时宦官当权，朝政不堪，作为言官的叶望耿直，见政治没有希望，便辞官隐居到山东青州，意态潇洒，垂钓歌咏。这样的日子没过多久，曹操挟天子以令诸侯，而青州是袁绍的根据地。曹操发兵攻打，青州处处烽火。叶望带着大家族再度逃亡。公元197年，建安二年，这一回奔至丹阳的句容。

句容是少数民族山越的地盘，本以为可安身立命的叶望又听到了喧嚣的战鼓。原来句容是东吴认定的势力范围，偏偏山越效忠的是曹操。孙权连连发兵攻打山越，句容又成了战区。

岁月静好，那是梦想。何处是安身所在？叶望遥望青草英英的南方，与家族再度逃亡，来到松阳卯山，这一回他们终于找到了桃花源，从此绵延扩大。

叶望是江南叶姓之祖，淮河以南所有的叶姓都起源于松阳卯山。幸亏叶望当年这一逃，逃过了战火与屠戮，全中国叶姓有700万人，其中世界上90%的叶姓，600多万人是在南方，也就是叶望的子孙。其中浙江有100万叶姓人，而松阳有3万，是松阳第一大姓，8个松阳人就有一个姓叶。

如果没有叶望的明智之举，中国叶姓要少了90%的人口。

祖宗的恩，是生之德，是生命中最大的恩情。子孙岂能忘怀。

叶望的儿子墓地在卯山五里地的石龟山。而叶望从句容南下后下落不明，他的墓在哪里？成了一个谜。

推测为东汉末年叶望公的墓砖

盗墓案再现江南叶祖

1987年的一个晚上，古市人蓝田伙同东角垄村民盗了一个古墓，盗取了许多文物，在香港出境时被抓，公安追踪到松阳。当时松阳文化局局长叶平正是叶氏后人，他在这古墓盗址上发现有"元康七年七月三十日"的墓砖。"奇怪，不是说晋代叶俭是我们松阳叶姓的祖先吗？怎么还会有比叶俭更早的叶氏墓呢？"当时，他并没有深想，只是把追回的文物送到松阳博物馆，并在1989年把此墓列为保护区。

2005年叶平退休。2006年当地村民在"元康墓"10米远的地方发现了一块墓砖，上面写着"建安昭宝叶"。原来这是一个叶氏墓葬群。这回叶平多了个心眼，他翻看史书与叶氏宗谱。因为东汉年间，江南唯一姓叶的就是叶望一家。叶平经过考证确定这正是自己祖先江南叶氏始祖望公的墓。这样把南方叶姓往前推了100多年。这个发现得到了世界叶氏的公认，世界叶氏联谊总会，2010年、2011年连续两年到这儿寻根，台湾先后三任的叶姓祖庙的董事长都来过，祭先祖叶望。

这样，一起盗墓案确认了江南叶氏始祖叶望的下落与归宿。

台湾叶姓联谊会的会长找到叶望墓的经历很有趣：他在丽水下了车，下着大雨，人海茫茫，他只好问车站工作人员，"你们哪儿姓叶的人最多？""松阳。"他就往松阳赶，找到统战部部长，正好也姓叶。"那你要找叶平。"叶部长说。这样叶平就带他上卯山。没想到，这个会长一共来了6次。

叶平退休后，觉得要做点事。2006年他和几位叶姓老人共同成立了一个组织，"俭公祠修缮促进会"，其实就是叶氏松阳联谊会。确定要做三件事："第一，重建卯山。第二，我们向70多个叶家祠堂，征集文物、宗谱。第三，募捐。"大家研究祖谱，征集文物搞得不亦乐乎。

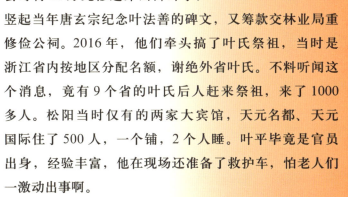

促进会搞了四五次全国叶氏研讨会。叶氏人多好办事，促进会筹得80万元修建卯山御碑亭，竖起当年唐玄宗纪念叶法善的碑文，又筹款交林业局重修俭公祠。2016年，他们牵头搞了叶氏祭祖，当时是浙江省内按地区分配名额，谢绝外省叶氏。不料听闻这个消息，竟有9个省的叶氏后人赶来祭祖，来了1000多人。松阳当时仅有的两家大宾馆，天元名都、天元国际住了500人，一个铺，2个人睡。叶平毕竟是官员出身，经验丰富，他在现场还准备了救护车，怕老人们一激动出事啊。

叶氏后人祭祖的热忱出乎想象。

慎终追远是中国人的文化基因，谁让江南叶姓的源头在这儿呢！

现在一提祭祖，叶平就头痛。全国都向他要名额，怎么分配都摆不平。各地都在问为什么不给我们宗祠一个名额？给全国名额多了，松阳3万叶姓人又不高兴了。"好嘛，我们松阳姓叶的自己祖先都祭不上。"叶平想，"索性，明年就搞松阳本地人叶姓祭祖。"

今年的祭祖，是叶氏南迁1820年，政府14个部门现场开会，交警大队长亲自疏导交通。流动厕所都备了好几个。本地叶姓志愿者就有 30 多个，外县来了 13 个，总共 40 多个。专门负责交通的叶姓 40 多个人，乐队包括唱歌的 50 多人，小学生念家训的 20 多人。警察、卫生、救护的、环卫、维持的好几百人，所以当时现场来了一千三四百人。

"就像温州给了 90 个名额，结果来了 180 人。"叶平有点高兴，又有点发愁。

一个姓氏有两个省级"非遗"

大姓常见，但一个姓氏承载两个省级非物质文化遗产却相当少见。

松阳叶姓，是《月宫调》传承家族。《月宫调》传说是叶法善传下的，而古市传承《月宫调》的大多姓叶。松阳邱建平老师收集了上百首道教音乐，统称《月宫调》，其中不少是叶氏祭祖音乐，不仅宗谱上有记录，现在叶氏祭祖还要奏唱。

另外一个省级"非遗"是叶法善传说。

整个卯山 5000 亩可以说是叶姓的祖山。当年叶法善封越国公。他没有子孙，用俸禄供养卯山众多道观。一个是他祖宅，当时唐玄宗树了一个匾额叫淳和仙府，后又改为永宁观，就是古市小学前身。天师殿搬到卯山。卯山有上观有下观，下观叫清溪观，唐代高骈有一首诗"清溪道士人不识，上天下天鹤一只。洞门深锁碧寒窗，滴露研朱点周易"。就讲了叶法善修炼的清溪观，便是天师殿现在所在的位置。宋神宗时封道观为寿圣观，因为叶法善活到 105 岁。后来南宋时叫广福观，这匾额还在下

面的村子，被弄去做桥了，还保存着，但"观"字缺了半个，"广福"还完整。上观在唐玄宗时被封为通天宫。

叶氏寻根游

叶氏联谊会还有这样的有趣建议：卯山是叶氏祖山，也是道家的神山，可以开展"江南叶氏寻根游项目"。

叶氏 600 万在南方，浙江有 100 万姓叶的。30 个省份里排第一位。人口比例排第一位，浙江百家姓中排第 6 位，100 浙江人中有两个姓叶。福建有 60 万姓叶的，百家姓排第 12 位，广东有 116 万，排第 12 位，江西有 41 万姓叶的。所以叶姓总人口 700 万，淮河以南包括湖南、湖北、四川，江南叶姓占了 90%，台湾有 30 万人姓叶。卯山景区打造好，每年仅叶姓人口就是巨大的客源。松阳 3 年后通动车，两条铁路交会很方便。江南是经济发达地区，宗族观念南方比北方强。叶平向县政府建议，可与叶姓人口多的县联络，搞个项目：叶氏寻根之旅。"除了看卯山，松阳还有很多叶氏祠堂，武义牛头山是叶法善修行故地，搞个几日游没问题。"浙江姓叶的上万人的县有 35 个，广东有 38 个，福建有 20 多个，江西有近 20 个，有上万人口就可以搞旅游项目。

这可能是第一个以宗族为主题的旅游项目。

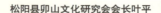

松阳县卯山文化研究会会长叶平

叶氏英杰

采访时，叶平先生讲了这样一些话：

"我们叶家有几个对我们国家对我们家族有重大贡献的人物，第一个是叶公，因为他，我们得姓了。而且当时他对楚国做出了很大贡献，叶公好龙，就是这个叶公。

"第二个就是我们祭祖叶望。望公，因为他迁到南方，找到了这么一个风水宝地，使我们中兴，兴旺发达，现在世界上90%的叶氏都是他的子孙，台湾、福建、广东、浙江、江西，主要的叶姓集聚地都认他做中兴主，江南的始祖。

"第三个就是叶法善，服务五代皇帝。两千年封建社会，唐玄宗开元年间是开放的国力强盛的一个历史时期。叶法善死了19年以后，唐玄宗还为他在长安景龙观立了一个叶尊师碑，怀念叶法善对他功绩的帮助，唐玄宗写了1000多字的碑，而且是他亲自撰写，史载碑文也是他手书，太子题额，几千年来没有一个皇帝这么做过，说明叶法善对大唐、对李家的贡献，他是刻骨铭心的。这是绝无仅有的。

"第四个就是我的老祖宗叶梦得。他是两宋之交文坛盟主，他不光在文字方面，在理财、军事、佛学方面都有成就，对当时南宋小朝廷立国与稳定都起了至关重要的作用。两次担任当时金陵前线重任，江东安抚制置大使。两次，几十万军队打到长江边上。他当过户部尚书。在金陵前线稳定后当了福建安抚使，福建的安抚使就是省长。福建有50多窝土匪，作乱，他一一平定。他带兵几十万，岳飞、韩世忠都是他部下。所以我们宗谱还有岳飞题字。绍兴十二年到福建两年，他治理很好，

百姓安居乐业。秦桧让他到四川去，他拒绝，不去，后来就被免职了，在绍兴十六年落职，隐居回到这里。因为他建炎三年、四年曾回过松阳。当时宋高宗被金兵追到温州，整个朝廷都散了，他就逃回处州，即松阳。两年后政局稳定，回去，在那个时期，当过短短几十天的丞相。叶梦得的石林家训可以和颜子家训相比，讲了很多道理，叶氏世界总谱把它放在重要的地位。"

从周代起，中国人就相信，祖先的德行会保佑子孙，成为子孙的榜样，而子孙对祖先隆重的供奉会得到祖先的护佑，也许叶氏就是最好的范例。

在今年祭祖时，主祭人唱诵了这样一段话，无疑代表了叶的力量，也是子孙的心声：

"祖世德深，江南一叶，遍地金枝挺秀，宗功积累，代代流传，玉叶流芳。"■

叶法善研究会收藏的对联

市集上的 花鸟字

文·陈诗宇

中国的民间美术，具有很强的生命力和表现力，千年世代相沿又不断发展，能服务百姓又雅俗共赏。花鸟字便是很有代表性的一种。花鸟字起源很早，和先秦时的鸟虫书以及飞白板书一脉相承，千百年来在民间广为流传，深受百姓喜爱，雅俗共赏。甚至还远播至日本、韩国。2017 年 9 月 29 日一早，松阳古市镇迎来又一次的市集日……

在松阳古市熙熙攘攘的市集边角地摊上，我们惊喜地发现一位松阳人，正在地摊上书写花鸟字。他右手伤残，单用左手捏起扁平的笔刷，在调料盒中轻轻点蘸，在白纸上便灵活地写画出一手灵动的花鸟字来。鸟雀、鲤鱼、吉祥符号跃于纸上，整体又可看出字形，装饰感很强，引起了我们的兴趣，驻足观看。这个看似不起眼的技艺，其中却大有门道，背后还蕴藏着民间悠久的美术传统。

小小扁笔刷出鲜活画意

交谈中我们得知，师傅名叫叶秀有，是松阳大东坝镇后宅村人，自小看当地民间画师阙祥文师傅所绘壁画，对绘画和花鸟字产生兴趣，数十年来钻研花鸟字技艺，单用左手也练出娴熟笔法来。花鸟字在笔画间加饰花鸟虫鱼，又称板书，是以特制的扁平工具蘸墨彩半写半画的字体。叶秀有特地为我们展示了工具，并仔细写了几幅。

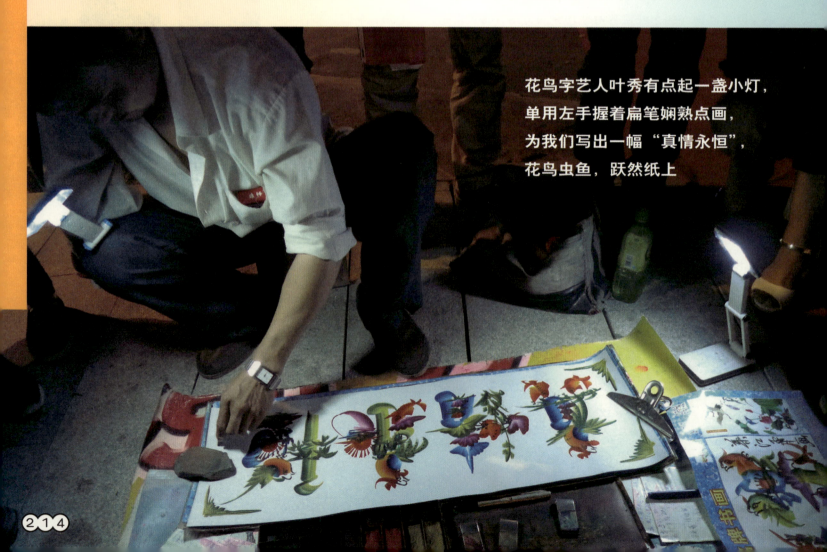

花鸟字艺人叶秀有点起一盏小灯，
单用左手握着扁笔娴熟点画，
为我们写出一幅"真情永恒"，
花鸟虫鱼，跃然纸上

花鸟字"真情永恒"

如何写出具有生动表现力的花鸟字？重要诀窍是他的工具。花鸟字最大特色是模仿毛笔飞白的笔画，又有色彩浓与淡、单色与双色渐变的效果。这种富有装饰感的效果，是通过一种特制的扁笔画出来的。扁笔一般宽寸许，过去用木片、竹片或皮革制成，现在则多用木板或铁皮制成笔柄，包以海绵、绒布、毡布等材料做笔头。

写一幅花鸟字需要准备五六支扁笔，分别调制不同颜色，避免颜色混杂。一笔之内一般用两种相邻色配合，一端重色、一端浅淡。不同笔画之间冷暖色调可以交叉出现，有韵律节奏感。

笔画间雅俗共赏的吉祥元素

叶师傅用"真情永恒"四个字为我们演示。所谓"花鸟字"，其实笔画题材并不限于花和鸟，包括了各种四季花卉、瓜果、树木、竹叶、鸟雀、昆虫、动物、龙凤，甚至山水、日月、船帆、器物都可以，根据艺人喜好自由组合创作，又有一定的规律。基本字形写好后，再用墨笔勾勒鸟兽动物的眼、嘴、须、鳞片等细节。在我们的请求下，叶师傅又专门为本书题写了"松阳传家"

永字的起笔以鸟做点，首先书绘出鸟身

鸟的形象完成后绘出竹身。永字当中的一竖用竹子来替换

接下来永字左右两边的撇捺依次由莲花、鲤鱼、日出山峦等元素分别表现

永字全部完成后，使用墨笔勾勒细节部分，最终完成

"永"字绘制步骤概略

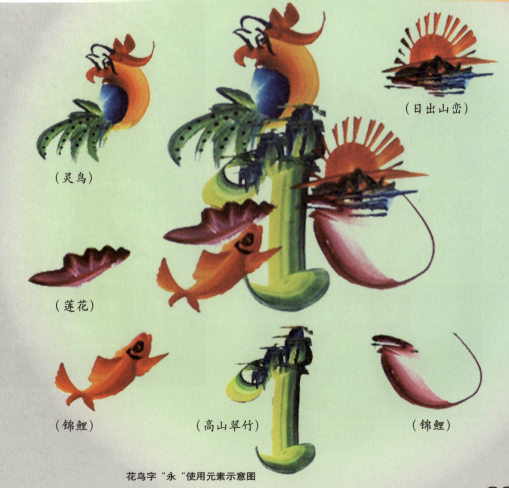

（灵鸟）

（日出山峦）

（莲花）

（锦鲤）

（高山翠竹）

（锦鲤）

花鸟字"永"使用元素示意图

四个字。

　　用这种笔法书写出的吉祥字语，有如绣娘的彩绣作品，色彩绚烂、热闹、喜庆，有装饰功能又有美好寓意，是深受民间喜爱的画面。中国文字有别于西方字母文字，本身就具有图案构成之美，在此基础上又融入丰富的吉祥符号和生活中常见的自然元素，图腾式的美感更为加强，就算大字不识的百姓看了也会生起幸福愉悦感来，是一种雅俗共赏的美术形式。

　　书法艺术一直为文人所掌握，但民间美术字的适应性更强，天地广阔，更具有生命活力。正是因为如此，千百年来，花鸟字在我国民间广为流传，民间艺人常在集市、庙会路边摆摊写画，成为百姓喜闻乐见的一种美术字。如今已不多见，在松阳街头还能见到它的踪迹，更显难能可贵。

登上大雅之堂的艺术。它的起源和先秦时期的鸟虫书以及飞白板书有关。秦书八体中有鸟篆，又称鸟虫书，以虫鸟的头形起笔，以鱼虫类的身形为笔画，先秦、汉时被使用在青铜器上，端庄又生动，装饰性很强。湖北江陵出土的战国越王勾践剑上有铭文鸟书，河北省满城西汉中山靖王刘胜墓出土的金银鸟篆文壶，壶体上也用金银丝嵌出勾回流畅、纤巧精致的鸟、鱼形篆体字，绮丽华美。后来还有各种名为鸾凤书、鹤书、花书、花草书的字体，都是结合花鸟虫鱼的传统美术字。

　　随着纸张以及隶书、草书的出现，大约汉末时，又兴起一种飞白书体，在笔画中夹白，有时使用木片、竹片做工具，蘸墨的一头常劈成扁刷状，所以写出来的笔

从千年飞白板书到花鸟字

　　花鸟字不仅是一种乡野民间美术字，背后还有着相当悠久的千年历史源流，是曾经

春秋末期，越王州句剑铭文，湖北江陵出土
剑铭鸟篆八字"越王朱勾自作用剑"

唐代，板书《太子升仙之碑》局部

板书《飞白十如是》局部"如是相如是性"，
传为日本空海和尚作

岁时风俗

叶秀有书松阳传家

画有平行的飞白效果，线条如飘带飞舞。唐代有人将鸟虫书和飞白板书结合，创造了一种飞白板书花鸟字，如唐代《太子升仙之碑》碑首上的大字，平刷出的笔画上丝丝露白，并且融入十几只不同的鸟形，妙趣横生，已经具备了后世花鸟字的基本特征。

随着文化传播，花鸟字还传至日本、韩国，入唐日本高僧空海就曾从唐土带回《鸟兽飞白》一卷，相传为空海手书的《飞白十如是》，主体文字用飞白书写，局部壁画绘成人物、松树、燕雀。在日本、韩国还形成了一种叫作"文字绘"的表现形式。把花鸟虫鱼、各种器物造型融入书法中，与中国花鸟板书一脉相承，成为汉字文化圈共有的传统艺术。■

板书《飞白十如是》局部"如是作如是因"，传为日本空海和尚作

文字绘《信义》（日本）

文字绘《忠孝》（韩国）

217

中秋节俗

文·王艳光

岁时风俗

中秋节，又有八月节、拜月节、团圆节等称谓。中秋节为每年农历的八月十五日，此时秋高气爽，月亮大且圆，民间有赏月、祭月、拜月、吃月饼等习俗。月圆又兆人之团圆，因而中秋节又有期盼团圆、思念故乡和亲人之情。此外，农历七八九月为秋季，八月称仲秋，中秋节时值三秋之半，农作物和各种果品陆续成熟，因此也有庆祝丰收、表达喜悦心情之含义。

月亮人圆庆中秋

据《周礼·春官》记载，周代已有"中秋夜迎寒""中秋献良裘""秋分夕月（拜月）"的活动；晋时亦有中秋赏月之举，不过尚不普遍；直到唐代将中秋与嫦娥奔月、吴刚伐桂、玉兔捣药、唐明皇游月宫等神话故事结合起来，使之充满浪漫色彩，中秋赏月宴饮之俗才大为盛行。北宋，正式定八月十五为中秋节，并出现特制的节令食品，苏轼赋诗《月饼》形容此物"小饼如嚼月，中有酥与饴"。明清两朝中秋盛行，除吃月饼之外，还出现了"烧斗香""走月亮""放天灯""树中秋""曳石""舞火龙""卖兔儿爷"等节庆活动。其中的赏月、吃月饼、吃团圆饭等习俗一直延续至今。

"一轮高挂碧峰头，影样琉璃万顷秋。凉籁奏成羽衣曲，恍疑身在广寒游。"此为南宋文学家叶适笔下的松阳中秋。卯山挂月为松阳县城内卯山八景之一。《霓裳羽衣曲》传说为唐玄宗游月宫时听到的，安史之乱后渐渐被人遗忘，道教天师叶法善得以把曲子带回松阳老家，改名为《月宫调》，在松阳地区传奏。

松阳人重视中秋节，这一天全家人要一起吃饭赏月。月饼自是少不了的，此外还有诸如沙擂、麻糍、糖饼等应节小食。而秋季又是收获的季节，农历七八月正是收稻谷时节，因而"八月出，尝新米"成为松阳的一个习俗，尤其受到农家的重视。旧时松阳流行"八月戏"，众人集资，请了戏班，在寺庙或宗祠内的戏台开演，一来庆祝丰收，酬谢众神及祖先的保佑；一来农事告一段落，以此娱乐劳顿大半年的人们。松阳旧制里称"松阳好演戏"，由此可见戏剧在当年的繁盛。

《果仙敬月图》 杨柳青年画，描绘了中秋时祭奉月神的情景

小朋友许愿后将香插入香炉

"月光佛" 里情意长

　　松阳县城里还流行拜月，主要是为未成年的孩子们举办的。吃过饭，在庭院宽阔可见月亮处，摆好大米筛，放入供品，月饼、月光佛、柚子（文旦）是必不可少的，依情况还可放入橘子、苹果等水果。燃了香，小孩子对着月亮站定，许了愿，拜三拜，将香插入香炉，拜月完毕。待香燃尽，便可享用供品了。

　　"月光佛"是松阳民间流传的一种中秋食品，也叫"月光饼"，是用糯米粉、白糖和薄荷油做成的一张厚度约1厘米、直径约20厘米的圆饼。洁白的圆饼看起来就像是圆圆的月亮，有着吉祥团圆的寓意。以前小孩子的零食少，月光饼不失为一道美味。并且，照过月光的月光饼，据说会保佑小孩子平安健康，实现愿望。

　　不过圆饼仅仅

画在纸上的"孙悟空大战火焰山"，贴在月光饼上

是"月光佛"的一部分，"月光佛"重要的部分在圆饼的表面。以前有专门的佛画先生用毛笔蘸可食用的颜料直接在圆饼表面画上精美的图案，如《嫦娥奔月》《貂蝉拜月》《唐明皇游月宫》等。听说有的小孩子不舍得吃掉，会一直留很久。后来，图案画在了纸上，再贴到饼上，饼也由自家制作变成购买。现在，"月光佛"的绘画已经被机械化的印刷品所取代，拜月的人也越来越少了。

　　看到街上的拜月，很多父母驻足观望，并对小孩说"看，爸爸妈妈小时候就是这样拜月的！"拜月承载着人们对孩子的关爱、祝福，对团圆、幸福的祈盼，还凝聚着一代人的温暖记忆。■

父亲帮儿子准备拜月所需物品

赤岸

中秋拜月

文·艾天马

母子两人一同拜月

9月4日，是中秋节。松阳赤岸择子山村杨再兴一家团圆了。老丈人、丈母娘从江苏泰州过来和亲家过个团圆夜。杨再兴平时住在北京，是国土资源部矿产研究院的工程师。19岁便离开松阳求学，今天他把儿子杨卫成带回了松阳。

拜月是现在孩子们最喜欢的事。杨再兴回忆起来，当他五六岁第一次拜月时，可不是那样。心里想的是"怎么还没完？！"他急急盼着拜月快点结束，好吃那个月光饼，那时吃的东西少，清清凉凉有点薄荷味的月光饼可是孩子的美味。那时家里还是土房子……那时的月光还在心里……

今天的乌云可大了，不知月亮会不会出来。月亮出来最好啦，不出来也得拜。按松阳的规矩，下雨天，在屋檐下也得拜月呢。

怎么拜月呢，月光下的庭院里，方凳上摆个圆圆的竹匾，当中放个圆圆的大柚子，柚子上插三支香。边上放一个圆圆的月光饼，正面画着嫦娥，背面贴着一方红纸。这是松阳的特色，旧时是直接手绘在饼上，有武松打虎，有孙悟空，有哪吒，所以月光饼是孩子们最喜欢的。还要放几个圆圆的苹果，还有圆圆的月饼。这大大小小的圆象征中秋一家团团圆圆。

匾上还要放面条，意味着长长久久。

一般松阳的规矩是吃团圆饭前先拜月。

月亮总算出来了。

清辉洒在田野的山间，一切都平和了。

"快给月亮婆婆许个愿！"妈妈找来满地玩耍的孩子杨卫成。

孩子站在竹匾前许了愿。孩子果然是孩子，突然大叫一声："快跑，要命了！"就往屋里蹿，冲天炮与焰火放起来了。

"我们那时哪有焰火啊，如果不是每年带他回老家拜月亮，他可能大了就忘了。在他成长时有这个仪式，他可能一直会记得。"杨再兴笑看兴奋的儿子，在读幼儿园大班的儿子却有些不耐烦了。

"可以吃了吧？"娃娃在征得大人同意后，伸手拿起一个苹果就啃。

"真——难——吃——"他吃了一口就放下了。也许是苹果皮的蜡没去干净。

屋里已经热情招呼大家吃团圆饭了。今天吃薄饼，也是圆的。∎

孩子大口地吃着月光饼

人们围桌而坐，共庆中秋

青蒙

中秋晚会

文·王艳光

松阳还有"中秋晚会"？！在哪？谁演？演什么？

夜色朦胧，带着疑问急急寻去，原来就在县城不远处。之前听说是在村里，可进入的却是个安静的别墅区。仔细一听，远远传来音响的震动，循声而去，灯火通明，人头攒动，当然还有舞台，以及演出。

驻足观看，不仅有歌有舞，还有朗诵和小品。舞台对面的河堤上，人们一桌桌围桌而坐，一长排排开，远看有长街宴饮之势。不同的是，观众们面对着舞台，时而欢快大笑，时而跟着台上的演员一起拍手歌唱，时而吃些桌上的果品小食，时而和周边的人打打招呼、拉拉家常，轻松而热烈。

"同舟嘛共济海让路，号子嘛一喊浪靠边，

百舸嘛争流千帆竞，波涛在后岸在前……"

在村主任一首激情澎湃的《众人划桨开大船》之后，我们趁机"逮住"他，解了"中秋晚会"之惑。

原来这场热烈的中秋晚会，全是村民们自行组织编排演出的。村主任说他以前在外地做松香生意，后来回到松阳，买了现在的别墅。他还联合现有的住户组成了

业主委员会，大家共同商讨、决定居住区内的相关事宜。临近中秋，大家琢磨着搞个什么活动庆祝一下，一商量，就热情高涨地办了场晚会。从征集节目、布置现场到购买用品，业主们共同参与完成。村主任坦言，在这过程中确实会有些不好协调的事情出现，但大家共同居住在这，为同一件事情而努力，经过磨合，问题都一件件解决了，而且大家的关系也得以改善，变得更为亲密了。

除了应季的瓜果小食，桌子的正中央还有松阳过中秋必不可少的手工月饼、月光佛、柚子。村主任说，住在青蒙村的还有一些外地人，摆上松阳中秋的节食，希望大家能感受松阳的特色。只是即便本地人也大多是从外地归来，对传统习俗已不是很了解。

表演完的叔叔阿姨们脸上洋溢着自豪，高高兴兴地自拍、互拍留念，还一个劲儿地说准备时间不足、没想到有这么多人关注。年青一代相互鼓励着，约着下次再表演什么节目。坐在观众席的"村民"们，也有了更多空间相互熟悉、共同参与。

灯火闪亮的松阴溪畔，众人划桨开大船。■

如今老街上做手工月饼的作坊已有好几家，形制都差不多，铁锅炭火、平底锅烤饼、现做现卖。老杨家的手工月饼只在中秋时节制作，据说一个多月的时间里，他家只卖月饼的收入可达数十万元。

位于老街的老杨家手工月饼店，店内制作饼坯，门口现烤现卖

老街

中秋手工月饼

文·王艳光

早晨五六点，太阳还未升起，70多岁的老杨便到店铺前的空地上准备烤月饼需要的炭火。直径约60厘米、深约35厘米的铁锅装满炭火，不翻动、也不加减炭的情况下可以使用一整天，直至晚上十一二点。

生火是个技术活

炭要分三层装：底层、中层和表层。每铺一层都要让炭充分燃烧、不能有明火，以免使用过程中火灭掉或过大。一层压实后再铺下一层，以保证一天的用量。表层的炭尤其要细碎一些，避免火大把饼烤焦。充分燃烧且燃烧均匀后，还要撒一层灰来调节火力、保持温度，再次压实后在边缘搭上木桩，将平底铁锅放到上面，才算将火生好了。一口锅大概要一个小时的时间才能备好。

耗时的是让炭火充分燃烧。老杨戴着口罩，穿着围裙，一手拿吹风机对着炭，一手拿小铁铲将炭压碎、压实。红红的火苗从天色尚暗，燃烧到阳光初现，伴着灰尘飘飞。路上的行人由稀稀疏疏，到穿梭往来变得热闹。新的一天，从大家赶早市、吃早餐开始了。偶尔有好奇者停下来在路边观看，不一会就被烟和灰赶走。而老杨，旁若无人地吹着炭火，过筛昨天剩下的灰，将细碎的炭小心地铺在表层。

炭火充分燃烧后压碎压实，最上层铺上细灰。先将石头放置在炭灰层上，在石头上架置平锅，最后在锅檐缝隙中塞入木头用以保温

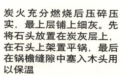

馅料甜咸皆有

老杨的妻子陈阿姨也从早市上买了早点，以及一些月饼馅。月饼需求量大的时候，她要凌晨三四点就起床和面、准备馅料。

面有两种，一种是面粉和油合成的无水油酥，一种是水、油、面粉合成的皮面。陈阿姨说什么样是和好了得靠眼观手感，难以用语言描述，全凭经验。面和好了放一边醒着的时候，开始炒芝麻、磨成粉备用。

老杨家的月饼有五种馅：椒盐、芝麻、霉干菜肉、豆沙、蛋黄。豆沙和蛋黄可以到市场购买直接使用，其他几种为自制。

芝麻和糖磨成粉后加入食用油调和便是芝麻馅。椒盐是芝麻馅加了霉干菜。霉干菜要足够干燥，不然要再烘干，这样做成月饼才不易腐坏。霉干菜捣碎后过筛，将细碎的部分与芝麻馅调和便成了椒盐馅。据说这两种馅都耐保存，可达数月。霉干菜还可以和鲜肉碎拌和，加入鸡精成为霉干菜肉馅。

手工制坯

制坯在小店里。老杨家就在店面后面的深巷里。陈阿姨将一盆盆面、馅料搬到店里，开始手工制作饼坯。

油酥和面皮分别揉成长条，再分别揪下一小块正方柱形的皮面和油酥，用皮面包住油酥，擀面杖擀平后呈长椭圆状，从左到右卷起成长条，再擀平后从上至下盘起成团状，用手压平，包入已团成小团的馅料，拍成圆饼，一个饼坯制作完成。

这样制作的月饼外皮，烤出来以后会有很多层，香薄酥脆。为了区分不同的馅，老杨家用食用颜料盖章做记号。

霉干菜肉馅：
霉干菜和鲜肉碎拌和，加入鸡精调和

芝麻馅：
芝麻和砂糖磨成粉后加入食用油调和

椒盐馅：
霉干菜捣碎后过筛，将细碎的部分与芝麻馅调和

豆沙馅： 红豆沙
蛋黄馅： 咸鸭蛋黄

五种馅料

1. 油酥和面皮分别揉成长条，再分别揪下一小块，皮面要稍大一些，包住油酥

2. 擀面杖擀平后从左到右卷起成长条

3. 再次擀平后从上至下盘起成团状，用手压平

4. 包入馅料，拍成圆饼，一个饼坯制作完成

手工制坯

做记号

使用八角和木块蘸食用颜料做记号加以区分

烤好的月饼表皮焦黄，香甜了整个巷子

陈阿姨和儿媳妇在制作月饼

新鲜出炉

饼坯放入平底锅烘烤，远远就能闻到香味。烘烤期间需要翻面，一锅大概半小时烤好。焦黄的外壳在阳光的照耀下更是添了几分诱人色泽，趁热吃上一个，满口香甜。

只有老杨夫妻二人的话，一天最多做 500 个月饼。临近中秋，儿女们趁假期一起来帮忙，可以做更多。陈阿姨声音沙哑地说，每年受人委托做月饼，一年一年就这么做下来了，累也停不了。

老杨夫妻从 1985 年开始做月饼，之前还做过鞋子。手工月饼渐渐做出名气之后，一近中秋，便有熟人来定做。于是年复一年，做中秋月饼至今。他们平时还做些应景的节气食物，如端午的薄饼、粽子，过年时候的糖果之类。

老杨家的店面不大，两口烤月饼的锅架在店外，店里也就容得下三四个人同时制作饼坯。跟随陈阿姨一起回家调制馅料，一进门是卧室，再往里是厨房。出门的时候，陈阿姨说，就是这个小地方养了三儿一女四个孩子。如今，孩子们都

已各自成家立业，她和老杨仍坚守这里，说去别的地方不习惯。

一个月饼 5 块钱，10 个一封，用红纸包起来，仿佛回到了过去的日子。阿姨说以前大儿子和小儿子在外地当兵，中秋的时候一定要寄过去几十个月饼。现在外地的松阳人，怀念老味道的，也都提前预订上一些。遇到相熟的亲友，阿姨坚持不收钱，双方往往要相互推让几个回合才落定。老街上人来人往，陈阿姨坐在小店里几十载，捏了上百万个月饼，母爱在其中，乡情在其中，生活的艰难困苦与甜蜜幸福亦在其中。■

夜幕降临，行人往来，老杨一家仍在忙碌

松阳

沙擂

文·王艳光

制作水磨糯米粉

1. 泡好的糯米加清水碾磨成细浆

2. 米浆放入布袋，吊起沥干水分

3. 晒干后获得糯米粉

沙擂也称"沙溜"，是糯米团，也就是我们熟知的汤圆，外面裹上芝麻粉后形成的麻团。汤圆煮熟后沥去汤水，倒在拌入红糖或白糖的芝麻粉里滚动，使整个汤圆都裹满芝麻粉，便成了软糯香甜的沙擂。

糯米团由水磨糯米粉做成。在松阳，做水磨糯米粉是有讲究的。取糯性好的糯米，洗净后用水浸泡，期间每天换水，使其不泛酸发酵。泡至米粒能用手指捻搓成粉末状，便可以加清水用石磨磨成细米浆。米浆放入布袋，扎好袋口沥干水分，便得到了糯米粉。这个过程大概要三五天，故松阳人又称水磨糯米粉为"七日粉"。"七"是概数，泛指所需天数长。

晒七日粉对天气要求高，松阳人称"赶日头"，就是赶好天气。要预估几天内不会遇阴雨天，以便及时晒干，松阳人称此为"落干晒"，这样晒出来的糯米粉洁白清香。若是不巧碰上阴雨天，没有及时晾干，做出的汤圆可能会泛出微微的暗红色，便是因为湿米粉放置久了发酵所致。

糯米团视情况还可加入馅料，或甜或咸，丰富沙擂的口感。以前，沙擂是中秋餐桌上的必备美食，现在则成为一道美味的常见的特色点心，出现在各时餐桌上。■

沙擂制作工序

1. 黑芝麻翻炒出香味

2. 研碎后加糖备用

3. 糯米粉和好后揉捏成团

4. 水煮沸，投入糯米团煮熟

趁热咬上一口
软糯香甜

5. 放进芝麻糖粉里翻滚

6. 掂摇均匀后，糯米团粘满黑芝麻糖碎

种田，谁不会种？还要"全记录"？——没错！是时候了。虽然松阳自古是粮仓，但目前99%的田用来种茶了，平原的稻田多为机械化的现代农业，只有在岱头这样的高山上还有传统的水稻耕种，我们5次来到岱头观察记录远古传下的农耕。值得一提的是，这个记录并不仅是回望过去，也是为了未来。因为岱头有机种植既传统又与现代育种科学结合，浙江省著名育种专家叶胜海为农民提供了坚实支持。没想到一年风波不断——岱头经历了稻飞虱近乎毁灭性的袭击，在专家们的帮助下，岱头农民胜利了！在收获时，不速来客又让村民直跳脚……这份记录饱含汗水、泪水，弥足珍贵。

岱头

高山有机水稻
种植全记录

文·瞿明磊

松阳最峻美的高山梯田在岱头。望祀山尖海拔1225米，顶着蓝天，也是古代祭天之所。世世代代倔强的山民硬是在峭拔的山梁上垒起了重重叠叠天梯般的梯田。最低海拔800米，最高950米，150米的落差，如同给高山披了件水田衣。

岱头也有松阳最远的山路，2002年这儿才通公路，之前村民们到松阳县城，半夜就要起身，扛着100来斤杉木松木，走上一天，换回肥料，打着竹火把回来，到家又是半夜。

今天，人们发现，在这片净土上，他们是最后保留

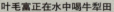
叶毛富正在水中喝牛犁田

祖辈耕作方式的人。

犁田

4月5日初探，5月9日，紫云英开花的季节，我们再次来到了岱头。人们在犁田。

叶毛富是村里第一名牛把式，他正在水中喝牛犁田，老人家瘦小，脖子却昂昂的，看到我们并没有停下手中的活计，我们就在田头记录犁田的知识。

高山犁田得用黄牛，因为水牛虽然力大，但体大偏重，容易陷在山田中。

牛把式真爱牛呀，牛5天一休，人却不能，春耕急切啊。牛可以四五天连休，放假前晚牛把式要喂老牛喝黄酒，里面还要煮个鸡蛋，牛真享受。

所有水田都要犁两次，耖两次，以一犁一耖的节奏进行。犁一次田要翻两遍土，第一遍犁田如图，第二遍则反向。

犁的翻板往右翻泥，所以线路很重要。叶毛富告诉我们犁田最重要的是确定中心点与两头，定得好，一圈圈下来宽处渐宽边上才没有死角。第一次犁田非牛不行，因为要把紫云英翻进土里，机器会被紫云英植株牵绊住。第二次犁耖则可用小型耕作机。

可别小看我们老祖宗发明的犁，中国的犁比西方领先1000多年，犁铧破土，泥翻在两边，盖住青草变成绿肥，露出的土照到太阳变成熟土，一举两得，直到美国总统杰斐逊发明了杰斐逊步犁，西方才有与中国完全一样的犁。之前，他们没有犁铧翻板，只有平板犁，没有曲辕犁，用4至6头牛才能拉动犁，而中国人一牛一人足矣。中国人用犁用耖用碌碡，在不增肥增水情况下通过改变土壤物理特性"空隙度"增产增收。这是一项高明的农业技术。所谓中国人的精耕细作，精耕便在此。

中国的壤字奥妙无穷，一边的襄字意为帮助。土之柔者谓之壤，经过人们帮助的土才能成壤，而壤才能种庄稼，这样的秘密3000年前我们祖先就明白了。

犁完田，要耖田。人站在耖上，牛往前拉。第一遍从低处往高处走，恰似一根弹簧。第二遍则是另一种路线，似同心漩涡。耖田的窍门是要把高处的土运往低处，这样才能耖平。所以在耖高处时用力，到低处时抖落土。地平了才好插秧。

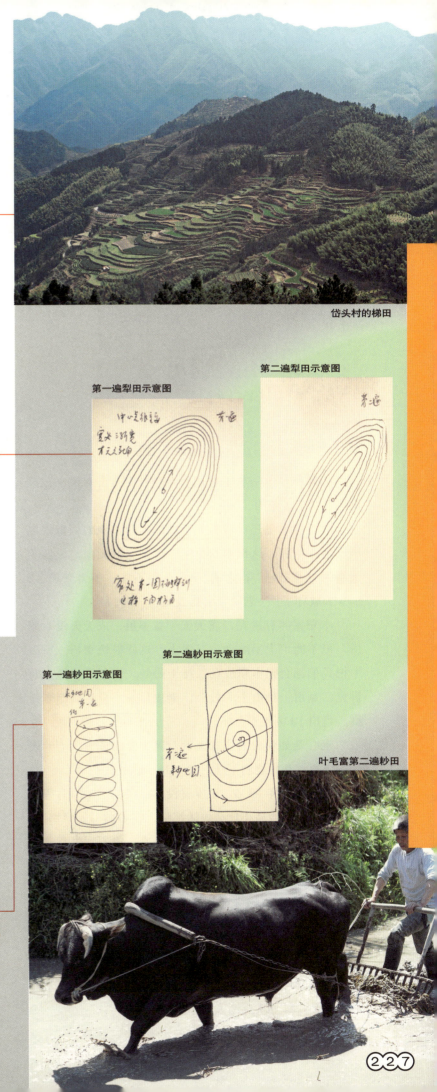

岱头村的梯田

第一遍犁田示意图

第二遍犁田示意图

第一遍耖田示意图

第二遍耖田示意图

叶毛富第二遍耖田

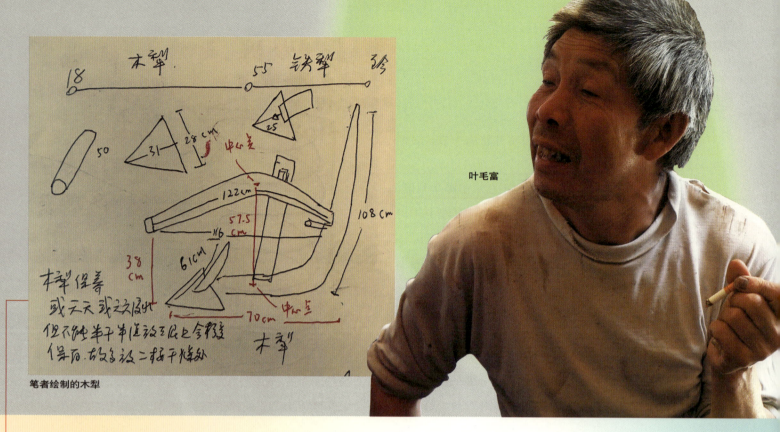

叶毛富

笔者绘制的木犁

作为村里第一名牛把式，合作社 150 亩有机水稻田全部是叶毛富犁的。

叶毛富家里还珍藏着他手做的木犁，我们兴奋地测量尺寸，拍照，这把木犁用了 5 年多完好无损，见证了他精湛的犁技。"犁得好，3 到 5 年不坏，不会犁的，3 到 5 天就坏了！"老叶昂头眯眼笑。

木犁保养有讲究，或天天干置不用，或天天浸水使用，但不能半干半湿地放在泥上，这样很快变朽。所以牛把式们都会把木犁放在二楼干燥处。木犁的拉绳也有讲究，是用一种山上的奴藤，剥皮后埋土里烂后即剩纤维，可用 10 多年不会坏。

老叶是如何成为牛状元的？老牛爱喝黄酒，老叶爱几口烧酒，几杯烧酒下肚，他打开了话匣子。

叶毛富今年 63 岁。7 岁就没了父亲，家中只有妈妈和一个妹妹。他从小什么农活都学，11 岁就开始学犁田，牛把式在田里犁，他在边上看，11 岁，望不到牛背，连牛都要欺侮他，他却明白"我什么都要学都要会，才不会被人欺侮"。冬天，水田起了薄冰，牛把式们嫌冷不肯犁了，"我来！"正是小叶练习的好时机，赤着脚，打个哆嗦就踩冰下水了。功夫就是这么练出来的。牛的脾气有大小，"大人搞不定的牛，我也搞不定。大人能搞定的牛，我一定能搞定"。叶娃子就是这么有志气！18 岁叶毛富正式开犁，从此没人敢小看他。

自从当上牛把式，叶毛富就没歇过。力气大的牛，一天可以耕两亩田，力气小经验不足的牛才能耕一亩。牛可以歇，人不可以停，春耕抢时间"宁可田候秧，不可秧候田"，叶毛富快累趴下了，才会找人代一天工。别人有时间打牌打麻将，叶毛富从来不沾。靠牛，叶毛富养活了老母亲、小妹妹和三个儿子，收入比别人高，家庭负担也比别人重，叶毛富名副其实。

叶毛富唯一爱好是喝烧酒，喝酒长力气啊。

掉下悬崖

田里种满紫云英，这是传统的绿肥，在稻谷收割前就要种下，来年开花再犁进田里当绿肥。"草子种 3 年，差田变好田。草子是农家宝，种田养猪少不了。"松阳农谚中的草子就是紫云英。

野草野花紫云英遍布田埂也挡住了小路。

只听一声尖叫，同事小超突然不见了。

"小超，你在哪里？"声音在山谷回荡。

一只手颤颤从草丛里冒了出来，道道划痕。原来小超一脚踩空摔下悬崖，亏她一把抓住野草，加上崖上有个土坎托住她才没摔下陡崖。

我和镇豪把她拉上来，宋美赶紧抓把凤凰米，让小超嚼碎抹在伤口上，小超惊魂未定，就又开始工作。

一米多宽的秧田平好后，两人一左一右同时开始播种

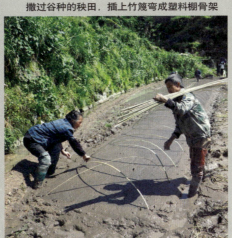

撒过谷种的秧田，插上竹篾弯成塑料棚骨架

塑料布拉开来后，用田土压住边缘防风

育秧

这边田头紧张犁田，那边田头同时在播种育秧。

谷要浸上两天，拌入肥灰。肥灰由 90% 的人粪和 10% 的草木灰拌匀。不等出芽即可播种，这是松阳最传统的方法。

秧床已抹平了，干后抹上湿泥再来回抹平两次。两米宽的秧床两边竖起 20 厘米高木板防种子撒落。现在可以播种了。一米长撒一两稻谷，10 米要撒一斤。

播完种后就要搭棚，竹条长 2.2 米，拱高 30 厘米，盖上薄膜。第三天，就要开两头通风。除两头外，还要将长棚中背风的一边揭起通风。

一般从上午 9 点通风到下午 3 点，阴天下雨天不用通风。出秧后更要注意通风，当秧苗长到 3 厘米高时，则把薄膜全部拿掉。

古代则不用覆棚，而是用水灌满秧床，谷种在水下。

采访完育秧，我们想找村支书了解一下岱头有机米的整体情况。村民指着田头一位满脸大汗、衬衫湿透、正在指挥搭棚的中年人，"喏，他就是我们书记。"

有机水稻拯救岱头

岱头发展有机水稻种植走过一条不平常的路。

肥灰由 90% 的人粪和 10% 的草木灰拌匀

6 月初来到岱头，秧田长满绿油油的稻秧

秒过的田要有人拿着农具把田推得更平整

村支书叶周富已连干了四届，2007 年他接手岱头村时可谓临危受命，原来的村支书是他哥，当时村里因为修路负债 23 万元，当支书，家中穷得叮当响，哥哥辞了支书去县城当司机了。

岱头村 125 户人家 450 人，走了三分之二，在外打工开超市或镇里陪小孩读书。留下的三分之一人口都是老人。全村 235 亩耕田，三分之一荒掉，三分之二种吊瓜，每亩收入 1000 元。只有 10 亩水稻。路太远，茶贩不愿进山采购，所以也没人种茶叶。全村经济吊在吊瓜上呢，偏偏洗吊瓜取籽流出黑水，污染了供给县城的东坞水库，政府要取消这个产业——岱头村正可谓山穷水尽。叶周富正是在这种情况下放弃了江西的松香生意，回来接手这个烂摊子。

直到今天，叶周富还会说："做人没有后悔药，这个支书本来就不该做的。"——他实在没想到要付出这么多心血要吵多少架才赢来一点进步。

他首先承包了村里 70 亩土地种茶，上了规模，有人终于肯来高山上门收购，各家留守老人也搭顺风车一亩亩种起茶来。到 2017 年全村已有 300 亩茶田，每亩收入可达一万元。穷山沟终于看到了钱。

但茶叶村村都有，岱头村路在何方？

叶周富想起岱头村老祖宗从 600 年前搬到这个山头就种水稻了，生产队时期还有 240 亩水稻，能不能在水稻上做点文章？

叶周富一年就想办法还掉了村里 23 万元欠债，并在三届任上为村里做了 20 件实事。叶周富认真，喜欢说真话，光为修岱头到古市的新路，就同不肯让地的村人吵了无数的架……吵归吵，有公心，别人服气，他在村里有威望。所以他一提议全部停掉吊瓜改种水稻，村里老人家们个个摩拳擦掌要恢复老祖宗的水稻田。

干！就得有新办法。叶周富找到了省农科院顶级水稻育种专家叶胜海，叶胜海是松阳人，也想回报故乡。2014 年他考察岱头村后发现岱头四面环山，高山顶有清泉流下，谷底水汽蒸腾，云气可形成内循环的小气候，高山则是绝佳的污染隔绝带。岱头应当发展高质高价的有机水稻！他带来了明珠四号试种了两亩，第一年，他来到岱头 10 多次。山高路陡，坐车到吐，第二次没人敢陪他来了，他却单车独进，乐此不疲。他恢复了以紫云英为主肥，有机肥辅助的传统方式。同时在海南为岱头做提纯复壮。2015 年，明珠四号全面铺开，叶周富与村主任等 5 人成立合作社，以 9 元一公斤高价收购村民的稻谷，售价 12 元一公斤，合作社宁可亏钱也要让村民旱涝保收，建立种有机稻的信心。这一年，碰上罕见的 10 月台风，有不少田倒伏了。为了诚实保证品质，农民含泪没有收倒伏田，共收获 10 万斤响当当的有机米。

这一年，米虽然只卖出一半，岱头米的品牌却打响

为能让秧苗行列在弯曲的梯田里笔直排列，
需要拉绳子校准

捞起的秧苗，还要在田水里洗去根部的泥

了，品质过硬，售价涨到 20 元一斤。北京无用公司运来
岱头米在北京当场用脱谷机脱谷卖放心有机米，价格高
达 60 多元一斤，一时成了大新闻。望祀山米烧酒也一炮
打响。

2017 年，合作社把村民们 155 亩水稻田以每年 200
元一亩全部租下，每家可出 2000 元自愿入股，耕作的村
民，合作社以 130 元至 180 元一天付工资，村中老人靠
给合作社种田一年有 5000 元以上收入。

今年，岱头村能否走出新路，能否换来好收成，我
们带着悬念离开了岱头。

插秧

6 月 10 日，我们第三次来到了岱头。田头正在移秧
插秧，天空中时雨时晴，村民们披着雨披蓑衣，忙得顾
不上说话。正缺人手，我挽起裤脚，也跳进水中，帮忙
插起秧来……农夫们也无余话，过来便指点，发芽的秧
一丛插 2 株，没发芽的插 3 到 4 株。三指持秧，不能高，
否则插下去会折断。

水田中处处是青蛙的叫声，蝌蚪们游得自在，有机
稻田就是不一样。

和农夫们一块干活，没多久，我们就成了自己人了。

擦擦满头汗，大伙直起腰来。

左手拿适量的秧苗，右手插秧

岁时风俗

农人沿着绷直的绳子插秧

9月岱头田里的稻花开了

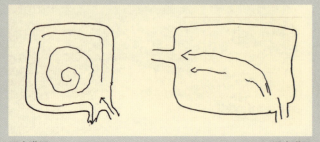

死水灌溉　　　　　　　　活水灌溉

66岁的叶增炎长着一脸络腮胡，他一脸认真地和我说："那边有一头牛会说话，真的。"还指了指远方一个牛影。

"呵呵，你当我们城里人是傻子啊？"我也回了一句。

他哈哈大笑，没多久，他又指着路过的一个村民："他有两个老婆。"那个村民挥挥拳头。

山民就是这般直爽。

我问清谁最能种田，就跳进他的田去。

默默插完一池田，这位农夫说："我教你一句话——夏至不插秧，种田种个屁。"

原来岱头海拔高，必须在夏至前插完，否则在夏至后插秧，白露时因为天冷不会结穗。话糙理不糙，这就是农谚妙处。

山中梯田每块都是不规则的，和平原不同。插着插着会走形。不少田里正中拉着一根线，这样沿线可以插上一行笔直的秧，别的行可比照插下，这样秧如列队，空间的行距方便农人打草行走，好管理。

叶知大60岁，何宝松70岁……种田的没有年轻人。他们插完这阵秧，有的还要去外地打工。

和农夫们一起流汗，和农夫们一起在溪边洗完脚上岸去喝酒。

"纸上得来终觉浅，绝知此事要躬行。"

扬花

稻子扬花的时节，9月1日我们第四次来到岱头。带着露水，日头渐高，美丽的小小稻花开花了，空气中有一股清甜香。

这家稻花为何这般旺？——村民说这家人姓叶，最会种田。

村里种田好手62岁的叶起满正在这田间挥锄，我们抓住机会向他请教。

他一边挥锄，一边和我们说。

高山种稻要有几个窍门。

一、犁田时，土要混犁均匀。

二、插完秧，水的管理至关重要。

秧刚插上时，天气温度低，所以秧田的水温要保持住，水不能更新太快，叫死水灌溉。一池田中，进水口与出水口要紧挨在一起，这样水循环就慢，水温就高了。

稻拔节后，这时气温偏高，水温便要低，需要活水灌溉。进水口与出水口要在一池田的两头，这样水过田速度快。插完秧时水不要太满，水深2厘米合适，水位高了发芽慢。

三、间距很重要，田土质好，种稀一些，田土质不好，种密一些，产量有保证。

四、草木灰重要，秧苗长起来时，撒一些，越多越好，钾对杆子好。灌浆前施一次，结穗多。

我们参观了叶起满的田，果然长得比别家好，沉甸甸饱满。他的田边没有一根杂草。他告诉我们草要常拔不蔓延田中，拔下的草在灰铺烧成草木灰一举两得。他详细告诉我们灰铺的做法。

他说今年不打农药不施化肥，和往年比产量肯定会减少三分之二。确实，现代常规农业，1200斤一亩，岱头有机米，300～400斤一亩。

专家大战稻飞虱

村支书叶周富眉头紧缩，其他农夫们也神色凝重。灰白稻田虱来了，而且损失面积很大，40多亩，还在蔓延，支书带我们去看了受灾田块。一看心凉了半截：不少田心都黑成一片，杆子上密密麻麻稻飞虱。一拍，灰蒙蒙飞了一片。怎么办？

叶周富有些沮丧："王峻书记关照坚决不打农药，要保住岱头有机米的声誉。现在情况很严重了，这样下去，有些田块要绝收。我们只能放弃，现在连草也懒得拔了。"一声长叹。

汉声组也心情沉重。我只能安慰叶书记："别灰心，有机农业有有机农业的办法，不放弃希望。"

离开岱头后，我立刻在微信上发布岱头村遭到稻飞虱灾的求助消息。王国慧等友人第一时间转载，接到50多个回信，全国的有机农法与自然农法专家、农夫们给了不少建议。

青澄计划的饶金彪曾在宋代典籍中找到700年前的一个办法：在田中撒菜油，然后用水枪把稻飞虱扫入水中，一滚上油膜，必死无疑。他们曾这样有效地治理了苏州昆山有机农场的稻飞虱。岱头村民们回忆过去村里也有这法子，但一般用在稻子没长密，稻飞虱刚起时，稻秆密集，此法就失效了。

向明是国内有机农业技术高手，做过不少有机农场的技术总监，建议放干晒田，施用生物农药。但山区引水不容易，晒田困难。一位有机农场主盛秋认为目前这种严重情况下，建议喷洒生石灰，这样防蔓延，止损。向明也赞同，并建议立刻去做。岱头村民们觉得这样对庄稼损伤还是很大，难以下手。

但向明一句话提醒了我，光凭照片，难以判断，需要有专家尽快到现场找方案。

我连夜打通了松阳农业老专家吴振辉的电话："村民们心急如焚，不知吴老可有办法？"他沉吟片刻："松阳有一种叫博落回的植物，俗称喇叭柴，可以治稻飞虱，但这么严重，不知有没有效。"74岁的吴老立刻表示，第二天就去岱头村实地查看。

第二天吴老扛着大量烟叶来到岱头村。立即吩咐村民大煮烟叶，煮液喷洒，这是旧时最佳方法，但是这回岱头效果不大。他想起玉岩有机茶曾用苦参碱治虫，随后吴老赶到松阳唯一卖有机农药的店，买来苦参碱有机农药，再次爬上岱头，喷洒后有效……叶周富终于眉头

受稻飞虱侵害的稻株

稻飞虱传播水稻条纹叶枯病、黑条矮缩病，造成大面积减产

舒展了，村民们松了口气。

这次行动，有七八位专家提供了意见，苦参碱与鱼藤酮是共识。吴老现场分析是紫云英后期肥劲足，加上高山水稻晒田难，水一直较满，湿度较大滋生了稻飞虱。为此吴振辉老先生还提供了未来预防的详尽意见。

与野猪抢粮食

战胜稻飞虱后，岱头终于迎来了有机稻的收成。

10月6日，黄永松先生带队，汉声组第五次来到岱头。打通支书电话，那头传来的声音略带喘息，他正带领大伙抢割水稻。

原来，稻飞虱走了，快要丰收时，野猪来了。

后山有一大片有机稻，野猪一家五六口看上啦，每晚都来，放鞭炮，喊叫，用电喇叭放吼声，什么方法都

试过了，就是请不走贪吃的猪八戒。最后打猎队晚上埋伏，打死了两头大野猪。

今天就是要抢收被野猪看上的那块田。田里，<u>猪迹凌乱，大大小小蹄印</u>。最可惜的是有一片田，稻谷还青，也得割走。否则剩下这孤零零一片，是野猪百分之百的目标。

野猪造成的损失，保险公司不赔。

从这片田挑担上去要走五六百米陡坡，挑着百十斤担的六七位全是白发老人家，一位细弱的大娘挑起担来如风中芦苇，脚步却稳得很。我们一面高兴老人强健，又不免为他们受累而难过，村中的年轻人啊，你们什么时候能回来？汉声的大汉刘镇豪想为老人分担，结果他一挑起120斤的担，前几步还好，后面越走越晃，走成八戒步啦。

跟着挑担队伍走到半山腰，支书接了电话，原来县委书记王峻要来，"没有准备，如何是好？"

王峻书记一来就说："不许杀鸡，备几个素菜。"原来王书记利用国庆节假日带着妻女来看看他最关心的岱头村。

然后他与叶支书便坐在阳台上，促膝谈心，村里有什么困难，有什么要求，把节假日开成现场办公会议了。叶周富也不客气，实话直说："书记要帮我卖米……"

我们则和支书直扑稻飞虱受灾田头，看到虫灾终于止住了，比什么都高兴。

王书记要买望祀山酒，支书不肯收钱，山里人嗓

被野猪糟蹋的稻田损失严重

野猪脚印

农民挥汗在稻田里收割水稻

门大，两人争了很久，王书记赢了。

含泪的收获

"凡含泪播种的，必欢呼收割"，这是王峻书记常爱说的格言。不过，今年岱头村民却是含泪收获了。叶周富算了一笔账，今年种了155亩有机水稻比去年少种45亩，其中40亩受到严重的稻飞虱害，减产一半，少收万把斤，野猪又毁了几千斤。今年共收6万斤有机水稻，亩产400斤——亩产在有机稻中还是不错的，也说明了农夫们的努力。相比去年收了10万斤，少了4万斤。今年真是个有些艰难的年头。有机农业追求自然，也要承受自然风雨鸟虫的侵扰。

叶周富有点灰心："第四年不想搞了。"

不过各界的支持让岱头农夫们撑了下来。有机水稻使岱头米成了松阳一张名片，偏远的小山村引来关注，游客来了，民宿办起来了。政府支持使村庄公共设施有了巨大改善，举办了插秧节、收稻节。县委书记多次来现场办公。村民清楚这些是有机水稻引来的好处。

叶周富常对农民说："你们赚钱还有红包送的？！"

"王书记多次到我们村来，这么关心我们的有机稻种植。"

"火苗不能熄了。"王峻书记说。

"对，火苗不能熄了。"叶周富的眼睛又亮了。■

岱头村支书叶周富捧着手上的稻谷，颇多感慨，这稻谷得来不易

农妇抱着收获的水稻

松阳老百姓利用途柱将重量分担在两肩

开玩笑？！**一根棍子竟然是松阳传家宝？**恐怕是的，我们发现了它的智慧。

途柱：一根棍子的智慧

文·艾天马

松阳老百姓把这根棍子叫作途柱。松阳话发音如"垛叠"（古市人又称"棒触"）。这是百姓日用的一根棍子，做什么用呢？挑重担时，这根棍子可放在另一肩膀，撬起扁担，这样重担的重量由两肩来分担。放下或挑起重担时，可用它来支撑扁担，这样省力方便。走山路，或过小溪，或道路坎坷不平时，用它做拐杖。更讲究的途柱上端叫"判官头"，中下部有一颗"途柱奶"，下端嵌有扁形铁锥，外扎一个厚铁圈，人称"铁锤途柱"。行进时可将铁锥头随地而拖，与路石碰撞，发出"当啷、当啷"震动之声，赶走路边的蛇与野兽。夜间赶路，多人结伴，如要歇担，从第一人开始，先放下途柱着地一拖，"当啷"声起，后面的人知道要"歇担停步"了，就同样一一传声下去。否则，担与担之间会产生碰撞，特别是下坡，产生追尾是很危险的。一物四用甚至多用。

这是非常好的设计，因为它完全从功能出发。途柱一般是挑担人自己削制，高度与自己的肩平，一般选用轻质的杉木或笔直而结实的竹竿。如左图，你会发现途柱有两处凹槽：一个在途柱顶上，月牙弯，一个在途柱上侧。前者用来撑扁担，后者用来撬扁担。这是完全按功能来削制的，完全按受力的需要来削制弧度。没有多余的东西。一般用竹子做的话，这两个凹槽都会设计在竹节那，因为竹节是竹子最结实的部分，不易折断开裂。用竹、用木各有优长，用木头做不易打滑开裂。用竹子做，受力面宽，较舒适。

途柱是劳动者必不可少的好帮手，也体现了百姓设计的巧妙。大哲学家王艮说"百姓日用为道"，途柱，道在其中。它不是一个值得传下去的松阳传家宝吗？■

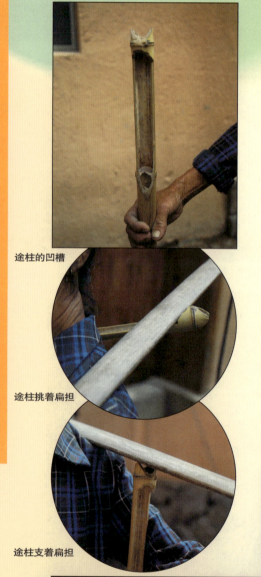

途柱的凹槽

途柱挑着扁担

途柱支着扁担

岱头村民用途柱支着扁担休息

信众们虔诚的目光

因巫画师郑王义先生的接引，我们进入了松阳民间信仰的一个隐秘世界。东山尖大殿的送太平船、炼火、开光、踏莲花、接神目不暇接，完全是民间自发的祭仪，也是民众的狂欢，在众人点点泪光中，我们看到了信仰的力量。炼火中道巫不分，沉醉迷狂的传统仪式是人类学重要的案例。

靖居

东山尖大殿 炼火开光记

文·野望

巫画师郑王义要给靖居东山尖大殿开光，特别提到有炼火，邀请我们一观。没有想到的是我们看到了如此精彩的民间宗教活动。

送太平船

东山尖大殿见证了民间信仰的执着。郑王义说这是

东山尖大殿庙门

他造佛生涯中绝无仅有的一座寺庙，他4次为这座庙塑像！东山尖殿在中华人民共和国成立前是一座出了名的灵验大庙，老百姓说得最多的故事是抗战时，众人在东山尖祈福保平安，随后日军打入松阳，打到东山尖脚下金钟时，战马伏地不愿前进，草木化成了兵。日军便撤退了。百姓认为这是庙中唐、葛、周三神显灵。东山尖大殿三神坐着虎皮，被认为可以驱魔驱邪，许多生病的人会住在东山尖庙。其建筑堂皇，成为远近闻名的大庙。1958年，这座大庙因百姓云集被当作迷信活动场所拆除。1982年，老百姓你送一棵树，我送一根木头，搭起了简易的树皮佛棚。1986年老百姓集资，远到丽水、缙云、武义都有信众送钱来。因为之前的大殿神像是松阳名画家丁光所塑，所以老百姓找到丁光的徒弟郑王义再塑金身，1988年郑王义第一次为东山尖大殿立神像。这一年，东山尖完全恢复了之前的辉煌与香火。1991年开展了一次破除

送太平船现场，老百姓认为船能带走瘟疫

太平船

迷信运动，东山尖神像被全数拆毁。1993 年，郑王义第二次为东山尖塑佛像，1996 年在又一次迷信严打活动中，东山尖神像又被摧毁。因为老百姓呼声很大，1998 年郑王义任松阳佛教协会主席时，以观音信仰上报政府使其成为合法的寺庙。2008 年郑王义再次为东山尖立全堂神像。2015 年 10 月 1 日早上，人们发现全部神像又被破坏，至今未破案。2016 年农历六月二十五日开始重修，郑王义第四次塑佛神。老百姓从山下挑水，自带米粮来助工，历时 8 个月，全堂塑好，今天正是开光日。

我们进殿时，父老乡亲已济济一堂，每个人都笑逐颜开。

第一个活动是送太平船，<u>一艘红色的纸扎船</u>，点着烛火，写着"漂流瘟使上花舡，流到九州通四海"等句子。<u>道士在选出的一排汉子前一一在其额头用香画符</u>，据说可避邪。送走太平船时，无数双手伸了过来，投入写有自己名字的红包。这艘船被画了符的人们抬着放入山下溪水中，代表晦气与瘟疫都被送走了。

法事间歇，我听代表佛家的郑王义与道士的谈话，觉得很有意思。

郑王义："这些庙里佛教、道家法事都有，焰口就是做佛事。"道士："道家叫判阴阳。手印 80 多个。不管和尚道士，正宗的要藏身藏起来。"郑王义："以前有个人做焰口，就看到后面有鬼。"道士："焰口不焰口我不知道，我坐上去，那些安葬的鬼要向我祖师爷拜一下，全部要到我这儿来登记，才有座位，一定要到我师爷那敬一下。佛教是观音化身，道教是太乙救苦天尊的化身。"

像东山尖的这样的民间庙殿，既有唐、葛、周，三夫人，三太子这样的地方神，又有天师这样的道教神，还有功能性较强的龙王、五谷神、财神、

道士三太子附体，
村民跪下求问

岁时风俗

道士用黄符引燃炭火

道士旋转如胡旋舞，神情开始恍惚

土地神，还有佛教的观音。佛、道、巫都可以融合，甚至同堂作法，毫无唐突之感。这是民间信仰有趣的地方。

炼火

炼火开始了。炼火一般是在两种情况下举行，一种是家中老房子的运气不顺，不好，香火不旺，再请"红火"回来。一种便是佛像开光。炼火有清洁、干净的作用。

执事们扛来9大袋炭。先在地上铺上黄符纸然后堆起一座炭山，慢慢点燃，道士则做起请雪山师傅的法事。

这次主祭道士名叫谢永松，是云和人。

只见他头裹红布，左手持号，右手持铃，旋转前进，法裙张开，如胡旋舞状，又如索菲派教士的旋转冥想，姿态颇优雅。

炭火炽热起来。执事们给殿中柱子包上硬纸，并不停地用湿布擦拭降温，以免烧坏柱子。毕竟是自己亲手建起来的，很爱惜呢。

随后将炭摊平，放上一列砖头。炭火正炽，一位道士光脚迅速走过。

主祭谢道士则开始奇异的罡步，先是绕圈走动，然后是并步跳跃，没多久出现恍惚的神态，接近人事不省，眼白上翻，嘴唇突起，往外吐气，跳至祭台前，先手扶祭台，随后双手用力拍打，

额头顶住桌边，全身似乎瘫软，接着一屁股坐上祭台。马上有3位村民跪下求问。主祭道士则一边摇头一边蹦出一些字句。据乡亲们说这是唐、葛、周附体，但没有多久，就中断了，据说接不上。随后道士又陷入迷糊状，跳下台来，将头搁在祭台上，然后又坐上祭台，乡亲们仍是笑着追问，这次回答时间较长，据说是三太子附体。

随后道士领着一队汉子，先是喊着各路将军的名字，喊着保平安的号子诸如"戚将军……各位弟子，大吉大利！"全殿百姓高声应和，慢慢绕着炭火堆跑动起来，越跑越快……停下，继续喊一轮，全场氛围热烈起来，百姓们又笑又叫，好不欢快。

随后这一队汉子每人抱着一只庙中新香炉，石做的香炉沉沉的。然后一个个赤脚走过炭火堆。

接着全殿的父老乡亲都踩着砖，从炭火中走过。老

乡亲们踩着火砖而过

谢道士翻滚过炽热的炭火

郑王义开光

太太被左右搀着拉过来。妈妈抱着娃过来，连我们都走了一下，平安清洁。大家又紧张又欢乐，共同走炭火仿佛一根无形的带子，把大伙连在一起。

主祭道士用纸包着滚烫的砖头，一口咬住，用刀尖顶住，绕场一圈，每块砖头都从火中取出了。

惊人一幕出现了。

主祭换上牛仔布外套，突然一个空翻从火炭堆上滚过，接着交叉翻滚。只见他身手敏捷，霎时火星翻溅。来回6趟后，没多久，他衣服与头巾上都是大大小小的火洞，全身冒白烟气。民众用看英雄的目光盯着他。

炭火快要燃尽时，老百姓开始去抢炭火下的黄符，据说能保平安。一个小伙子抢了一张揉成一团，吹着气，左右手交换着降温。

开光

到了开光时刻，郑王义早早抱了一捧毛笔，在笔尖上抹上朱砂，又在洗佛像的水中滴入朱砂，剪开公鸡冠将血抹在镜子上。看着捐助人名单，一一念诵开光的经文。

神像们都披着红布，郑王义揭开红布，在神像的头、眼、鼻、耳、手，都用朱砂点一下。然后替佛像洗脸、胸。随即站起，面向信众，把镜子高举，喊着神佑的话语，将洗剩的清水一把把洒向信众。口中应和着，信众们举着香，尽量倾向神像以便迎着圣水，眼中泪光闪闪，那一刻，那些饱经沧桑的面孔泛着柔和的微光，每个人心中都是柔软的，那是奇妙的时刻。

开光除了这个仪式，还需在佛像内腔放入佛脏，佛脏由五色、五金、五味、五香、五药、五宝、五谷、大悲咒、心经组成，放入佛像中，佛像才有灵魂。

郑王义分别给唐、葛、周三将军，龙王、五谷神、财神、青龙、天师、土地神、白虎、三夫人、观音、三太子，连厨房中的香积菩萨也开了光，花去颇长时间。

随后老太太们在观音前面开始了踩莲花，她们头戴红花，斜挎香袋，把莲花垫铺地上，便开始摆出队形唱起来："……莲花位下落莲

郑王义将洗佛像的圣水洒向民众

陈胜利

花，莲花位上奉观音么，南无阿弥陀佛，莲花位下，观音菩萨么绣莲花，南无阿弥陀佛……"她们一共走出七种队形，我们一一记录，不过记不下的是她们虔诚的心情。

全部开完光已近凌晨3点。

这时主祭道士有些不大高兴了，认为开光时间长了，错过了接天神的时间，需要改成凌晨六七点。

老百姓们没有走，大家一起聊着天，喝着糖茶。开光真像他们的节日，乡亲们在一起，亲亲切切。

东山尖大殿总管陈胜利是个拙于言辞的汉子，他告诉我们，这个庙的工作者全部是义工，没有一个人拿过工资。所以东山尖确确实实是老百姓自己主持的庙。

庙本身没有自己的利益。所有的活都是义务的，那些掌厨的、送饭的，都是一张张再憨厚不过笑盈盈的面孔。也因此东山尖大殿的活动会考虑百姓的参与感受，积极性。这种管理方式恐怕也是东山尖大殿能获得乡亲

们热烈信仰、屡破屡建的原因。

这些都让我们思考民间的宗教自组织的有效方式。

接天神

接天神开始了，首先一幅长长的红布从门外接到祭台，红布两边由乡亲们持香端拿。一只鸡被吊在竹竿上，要做"凤凰带路"的道具。一位道士爬上门口梯子吹响牛号，开始念念有词，不时摔下卜钱（当地叫圣筊）。吊鸡从红布上飞过直到祭台，一一被请进的神分别是唐、葛、周、财神、曹国舅、张天师、青龙、白虎、观世音、韦陀、三太子、三夫人、西天佛祖、伽蓝菩萨。

当神都请进后，那红布成了抢手的东西，被撕成一根根小条，人人争抢，带回家……

谢道士除下头上红布，又换上道士袍与道冠，开始了移星见斗的仪式……

东山尖大殿的开光仪式，充满了参与感，庄重又欢乐，是民间活泼泼的善良典礼，佛、道、巫和谐共存，既神秘又人间，正因为是老百姓自组织自进行，充分体现了民间仪式的草根与在地、真挚与热烈。那份难忘永在心间。■

众人持香烛准备迎接天神

凤凰带路

谢法师修章书烧化禀报上天

谢法师进行炼符仪式，将大符放置大厅中央，小符围绕排列

南州

三社炼火

文·赵英华

松阴溪边的南州村社庙重建开光，于2017年农历十月十二日晚举行大炼红火表演。南州原名沙溪，据说因东汉"南州高士"徐稺曾在此地讲学而更名南州，曾经是松阴溪水运上的重要码头。该村原分上、中、下三个村，三村合祀社庙，称为忠信、兴庆、太平三社。紧挨社庙有文昌阁。因年久失修，南州举全村之力，在原址重建社庙与文昌阁。

新建社庙以木结构为主，两进，两天井，明亮宽敞。主祀三位社公，另有唐、葛、周三将军，陈、林、李三夫人，五谷神、财神、土地公、土地婆等。文昌阁为木结构，一层祀文武曲星，二层为魁星。

当天，社庙内布置一新，所有塑像均用红布裹头部，待开光时，由塑像师傅掀开。法师已设好道场，此次炼火道士仍是云和人谢永松法师，并有副手帮忙，仪式中两位法师交替主持。与东山尖大殿开光相比，此次炼火表演更为盛大。

入夜，谢法师请神后，炼符。法师持铃念经，后跟两位村内推选的执事，两人分别拿符、持香。由法师带领走八字，由慢到快，据说此法为震龙脉，使之后炼的符可得效力。紧接着，法师将写有咒语的红纸铺在道场中央，另将1000张黄纸符，围绕红纸平铺，场面尤为壮观。法师在每张符上洒鸡血后，带领三位执事，按顺时针方向，绕符作法。只见他时而念经摇铃，时而做一些手诀并念念有词，经几轮后完成。村民们将符一张张收好，待开光结束后，由法师送到各户，一户两张，贴在大门，可驱除恶煞。

炼火前做操冰法事，主祭坛右侧另设坛，请北方玄天上帝与雪山真人坐镇。玄天上帝又称真武大帝等，为北方之神、水神。坛下摆一大水盆，法师持师刀作法，师刀在盆中沾水后引至炼火区域，寓意用雪山镇火。之后法师将写有"水"字样的符放在炼火区域中央，另拿多张黄纸盖在符上，再将几大袋炭火堆在黄纸上，平铺成大致圆形的炭火堆。众人用点燃的黄纸引燃炭火，不一会整个炭火堆炽热燃烧起来。

谢法师准备向村民洒净水

还没开光的神像头上盖着红布

此时社庙里挤满了人，大家兴奋得等待观看炼火表演。村人将崭新石制香炉集中在香案前。谢法师精神集中，在香炉边作法后，村人将土填入香炉内，并贴红纸插香。法师站在香案后，将村人召集在香案前，法师说一些吉祥祝福语，随后法师向众人洒净水，大家争相接受净水的清洁。

谢法师换上法裙，头裹红布，打赤脚。法师吹响牛角，乐队配合，响起锣鼓，预示表演马上开始，众人将庙内围得水泄不通。法师持牛角、师刀，边吹牛角边绕火堆疾走，突然停下面向火堆用师刀画符，然后极冷静地踏过火堆。反复几次后，又引水至火堆。这仅仅是开始，法师闭眼绕火堆行罡步，神情逐渐恍惚，跳跃几圈后，坐上香案。此时法师已进入神附身状态，村人向神提问，多是问村里未来的情况。之后，法师带领几位村人再次绕火堆疾走，法师越走越快，同时吹起牛角，仿佛冲锋陷阵的号角，一队人快速从炭火上踏过。随后几位执事端香炉踏过火堆，之后抬烛台、香案分别踏过，寓意用火清洁。随后村人们一一从炭火堆上踏过，希望能驱除晦气、疾病。

待大家全部踩过后，两位法师将铺在炭火上的砖头去掉，马上就要上演最为惊险的一幕。谢法师再次拿起师刀、牛角，绕火堆一圈后，突然从一角向炭火翻滚过去，火星四溅，法师的身上火星斑驳，有人迅速冲过来将其扑灭。谢法师再一次冲向火堆翻滚，众人加油助威，尤为振奋，反复几次后结束。许多妇女自带锅或大搪瓷杯，争抢炭火带回家，剩余炭火则洒在社庙前的几条道路上。此时已凌晨2点左右，村人的热情不减。随后

村民纷纷从炭火上踏过

由塑像师为诸位神祇开光，村人们纷纷上香点蜡，祈福平安。社庙内被烛光照得分外明亮，热闹气氛一直持续到天亮。

炼火也称踩火或大炼红火，是以村落为单位举行的大规模祭祀仪式，旨在驱除邪疫，祈福全村平安，在浙西南地区较常见。众人踏过炽热的炭火，用这样的行为模拟冲锋陷阵，铲除一切妖魔鬼怪，祈愿全村太平、五谷丰登。它既是仪式也是表演，是典型的民间祭祀剧。在民间祭祀中，道士或法师腰系法裙，头缠红布，拿师刀，吹牛角，与恶煞战斗，将它们驱赶出村子。这类仪式在长江以南较多，内容上各有不同，其共同点，据东京大学田仲一成研究，就是与恶鬼搏斗时，施法的法师也要武装，红头是阳气的象征，可压恶鬼阴气，此类法术是道教以前民间已有的"巫教"咒术。■

仪式完成后，社庙正式启用，众人忙着插头香祭拜

谢道士在炭火堆上翻滚，火星四溅

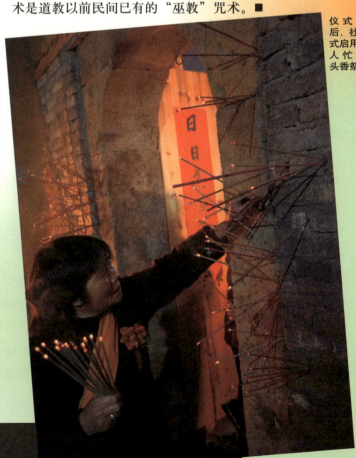

农历六月十九这天天未亮，鲁峰及附近村的一些妇女结伴来到楼底村的祥云寺，她们要在寺院内踏一堂莲花，作为还愿的祈福仪式。

踏莲花

文·赵英华

踏莲花是一项特别的民间信仰活动，它的参与者全部为女性，并且与观音有密切关系。所谓"踏"类似于跳，在民间，观世音的形象多是坐在莲花宝座上，人们便认为采集莲花可以带来福报。踏莲花就是妇女们跳出一些步形来模拟收获莲花，从而得到福报的行为。

当日一早，庙里慢慢聚集了不少人，幽静的庙堂初现生气。除道士和助手外全部是女性，她们自带香烛供品，向庙里的神敬香、奉茶，并用方言唱着经文。寺院里主祀观世音菩萨。观音一袭白衣，手拿净瓶，表情平和安详的女性化形象早已深入人心。这位女性是谁？在民间，妙善公主的传说有着广泛的影响力。

据说，妙善公主是妙庄王三女，因拒婚遭妙庄王惩罚。妙善公主一心念佛出家为尼，妙庄王一怒之下放火毁寺。之后妙庄王得重病，妙善舍自己眼、手救父，最终促使妙庄王皈依佛门，自己也成道为观音菩萨。后世依此故事不断丰富创造，便有了《观世音菩萨传略》《香山宝卷》《南海观音全传》等著作，并以戏剧、宝卷等形式在民间广为流传，松阳鼓词中的观音戏，其内容就是基于此传说。

因此，其诞生日（农历二月十九）、出家日（农历六月十九）、成道日（农历九月十九）就被认为是观音菩萨的圣诞日、出家日与成道日，在松阳被称为观音的佛期，踏莲花便是在这三个佛期举行。

上完香后，妇女们边低声交流边打扮自己，显得轻松自在。大家几乎都穿着红上衣，头发梳理整齐，之后换上蓝色裙子，裙边有莲花图案。大家红衣服上穿绣有莲花的百叶肩，类似戏剧舞台上旦角的云肩，脖子上戴麦秆做成的佛珠，还有各种莲花图样的装饰。侧背两个莲花包。妇女挎的莲花包、用的莲花垫都是双数，原来是代表丈夫也来参与，可以带来双份福报。无论百叶肩还是莲花包都做得精致美观。打扮完成，最关键的是在开始踏莲花时换上莲花布鞋。观音像前是踏莲花的场所，她们称为莲花堂，只有换上莲花鞋，才能进入这个区域，可见她们对此仪式十分慎重。

踏莲花的妇女们正在上香烛

妇女们打扮完成

众人跪观音像前唱经，之后转向，朝庙门方向唱经

开场由道士请神，之后就由"佛头"来主导，踏莲花是以团体的方式进行，"佛头"便是团体里的领导者，每次活动的大小事宜都是"佛头"安排。此次活动参与者较多，共24人，由两个"佛头"带领，均分为两组进行。

"佛头"手持香，其他人拿木鱼。首先，众人跪观音像前唱经，之后转向，朝庙门方向唱经，寓意敬拜天地，是仪式第一阶段。第二阶段则围绕莲花展开，先唱经，由"佛头"带领走出各种不同队形，每种队形都有寓意，借由队形变化模拟不同行为。首先是栽莲花，其次是结伴上天参加莲花会拜观音，再次是收莲花3000朵，寓意得到观音福报，整个过程庄重肃穆。再其次是坐观音法船，观音在民间是普度众生的形象，妇女们模拟坐上法船，寓意现世受观音救难。最后由道士作法送神，仪式才算完成。

妇女们绕着莲花垫行走

法船随着道士航行出寺门口

踏莲花时妇女所唱经文，都是手抄本，人手一本，在休息时，她们也聚在一起，通过唱经来增强记忆。这些手抄本并无书名，收录有各种佛道经文，大多数也非正统佛道经典，多以通俗话语讲述佛道教中的故事。

踏莲花的文本依内容来看，是将流传于民间各类通俗经文整合在一起，不仅有流传较广的佛教变文，如目连救母，道教中的陈十四夫人，还有劝善书等内容。这种传统早在唐代就有，最早是僧侣将佛经故事翻译成通俗语言，方便其在民间传播，此类文本在唐代称为变文，宋以后有类似形式，称为宝卷。民间戏剧、说唱艺术也多出自这些文本。

大伙儿合力烧化法船，送走观音

观音信仰在正统道教与民间信仰中都占据重要地位。过去，女性独特的生产、生活需求催生出许多女性神，并赋予了满足她们的功能。一方面有娱神祈福的需要，另一方面是满足自身外出娱乐的需求。民间祭祀多以宗族或村为单位展开。妇女结社参加宗教活动，据学者研究，明清以来延续至今。

在古代印度及唐代之前，观世音通常被描绘成年轻俊美的男性形象，五代之后逐渐转变为我们常见的女性形象。苏州大学朱光磊教授认为："观音信仰在汉地的流传，除了依仗佛教典籍的翻译，更多地表现在信众的口耳相传中。在此过程中，观音的化身故事逐渐与中国本土的伦理相结合，具有了中国人的思维模式和处事法则。"全国较普遍的观音信仰，或许就是满足妇女们有关生育、抚养子女以及家人健康等需要，松阳妇女们的踏莲花正是印证了这样的需求。■

踏莲花妇女们人人自备的手抄经文

刘文华左手夹竹板、右手持鼓槌，端坐鼓前，显得精神抖擞。与闲谈时温和腼腆的形象截然不同，已然进入鼓词艺人的角色，一通鼓点，预告表演开始。演者蓄势待发，观者立马专注起来。

松阳

鼓词

文·赵英华

松阳鼓词在民间也称唱故事，是一种以鼓与竹板作伴奏，表演说唱故事的曲艺形式。松阳鼓词以叙述为主，或唱或说，并伴有评论，一人饰多角，艺人通过声音的变换、辅以不同表情来塑造人物，唱腔平稳优美。内容唱的多是浙江民间流传已久的神话、传说，如《陈十四夫人传》《观音词》等，也有《三国》等演义故事，唱词七字一句、四句一段，也有八字九字句，如何唱得流畅押韵，是鼓词艺人的基本功。

成为鼓词先生

松阳鼓词艺人多为盲人，在农业社会里，若身有残疾或眼睛不便，是无法完成重体力劳动的，因此他们必须另谋出路，学唱鼓词就成了当地盲人可以养活自己的手段之一。

松阳鼓词传承人刘文华今年67岁，老家在裕溪乡小槎村，5岁患眼疾导致失明，少年时被父亲送到今丽水碧湖区的师父家学艺。据说当时碧湖地区聚集了不少这样的鼓词艺人，整个丽水地区，有丽水调和碧湖腔之别，在曲目本子上大同小异，主要不同在唱腔道白上。刘文华所唱鼓词道白以碧湖方言为主，因此鼓词艺人的活动区域便是在能听懂其方言的范围之内，刘文华几乎跑遍了丽水、碧湖、云和、青田和松阳的一些地方。

据说拜师也有规矩，先由家长托人征得师父同意后，再写投师状，之后摆酒谢师，师父会邀请一些同行参加，目的是将新收的徒弟介绍给大家，也让弟子知道行业里前辈的名字等。之后便开始学习鼓词，曲目全由师父口传身授，并指导如何敲鼓打板，唱鼓词的伴奏简单，但也有变化，遇到武打等激烈场面时，鼓要打得响一些，节奏也要加快。

刘文华随师父学鼓词的同时，也随师母学算命，眼睛看不见，就要有好的记忆力，上百个曲目必须熟记于心。学艺一年，刘文华就独自出去闯荡，遇到说书人说书，他会把故事默默记下，重新组织语言，由他口述，请人记录，慢慢改编成适合唱鼓词的故事。刘文华可谓记忆力卓群，据他讲，假如一晚唱5个小时，他能连续两个月唱不重样，真是故事大王！当年，他父亲住院，刘文华就在医院门口卖艺，一连唱了数十天，大受欢迎。

当家曲目是《夫人传》

鼓词艺人拜师学艺时，主要是学会唱《陈十四夫人传》（简称《夫人传》），民间将唱鼓词也称为唱夫人，鼓词艺人把演唱《夫人传》视为正业，足见其在鼓词中的重要地位。

陈十四夫人即陈靖姑，也叫临水夫人、顺天圣母等，被当作保护妇女生育和儿童成长的守护神来供奉，其信仰分布从福建东南部到浙江南部。这些地区的人移居东南亚等地，也将陈十四夫人的信仰带了过去。仅在松阳境内，供奉陈十四夫人的庙宇就随处可见。

陈靖姑的传说，最早出现在元代张允明所著《卷忆妙计》中，此后散见于随笔、地方志等。清代，里人何求所写的《闽都别记》中记述了福建福州一带民俗、传说，其中详细记载了陈夫人的传说，是非常重要的文献。据传，"陈靖姑福州青田县人，生于正月十四。其母饮观音手指血怀孕。最初在闾山学法，后降妖救民。是年大旱，陈靖姑脱胎祈雨，被蛇妖所害。死后复现，封死蛇妖于古田县临水乡白蛇洞。后人于当地建庙临水宫祀之。"（广田律子1993年《中国女性神祇及其艺术表现》。）

后世以陈靖姑生平为题材演变出多种传说故事与说

唱艺术，如福州评话、温州鼓词等。松阳鼓词《夫人传》的内容与以上传说稍有不同，陈靖姑为触犯"天条"而含冤死去。《夫人传》共分三册，演唱时间视主家需要或经济能力而定。大全本《夫人传》需唱三天四夜；中全本要唱两天三夜；小全本则唱一天两夜，故事主要情节基本相同，只是在个别章节有删减。

鼓词好听 夫人难唱

当地有俗话，叫"鼓词好听，夫人难唱"，意思是听唱一般曲目是比较容易的，而唱《夫人传》则是在如求子得子还愿，孩子生病许愿治愈后还愿，求雨保平安等特定条件下演唱。由于陈夫人在当地被看作是孩子的守护神，因此唱《夫人传》主要是为了孩子唱。

唱《夫人传》规矩讲究，若是自家的事由，地点一般选在主家的中堂，如果主家地方有限，也可借用邻居家中堂演唱。若是集体为祈雨、消灾等许愿还愿的，则选在村中社庙或祠堂演唱。

演唱时，鼓词先生只要带上鼓槌、竹板，鼓一般村里都有，另外自带画有众神像的三界图。在演唱场所挂起三界图，并在画像前做个祭坛，点香烛，供上素斋、水果、夫人粽、鸡蛋、三牲、酒、茶等供品，另外米斗中装镜子、尺、剪刀等特殊法物，有说法这是陈夫人用来称量妖怪所吃的人骨，判断谁被吃了。陈夫人上场时，有专人负责点香敬酒，并烧纸钱。从唐宗龙、李蒙惠所整理出的《夫人词》文本中，鼓词先生唱到"香主奉杯酒三献……"时，必有专人点香烧纸。唱完后，有的主

家还会摆酒请客，请客有荤菜，只有主家吃素斋。鼓词先生除收到商定好数额的酬劳外，还会有回师礼，在唱《夫人传》期间，鼓词先生也被尊称为夫人先生。

如今，信息更迭迅速，鼓词艺人走街串巷演唱故事的情景恐怕很难再现，原本极具地域性的娱乐活动在时代洪流面前被消解。松阳鼓词得以坚韧地生存下去，也得益于当地文化土壤的丰厚，对陈十四夫人的广泛信仰，使得松阳鼓词娱神性的一面可以继续发挥它的功能。（本文部分内容参考唐宗龙1993年《〈陈十四夫人传〉的演唱和习俗信仰》，特此感谢！）■

图背标示为"下"的三界图轴之一

刘文华表演鼓词

唱《夫人传》用品

官香七斤
手香七斤
防风烛一对
蜡烛四对（三斤重）
八登烛两斤
双响六筒
连炮八串
元宝锭五千个
火同锭三千个
灯草币两元
佛前灯茶油四斤
烧纸一捆
灯盏四个
毛巾十条
五色布两幅
五色纱五个（白色不用）
剪刀两把
尺两条
镜两面
酒壶两把
斗米两个
米升四个
三生三副
鸡蛋三十八个
包夫人粽米五斤
洋红粉币一元
吃饭桌三张
水果素菜十二样
雨伞一把
法通／靖鞋各一双
夫人鞋三双
斋碗五十个
酒杯二十四个

唱《夫人传》所需物品清单

刘文华演唱鼓词所使用的竹板

2018年正月初三，千年古刹法昌寺观音殿前，一群身穿明黄色练功服的人在打拳，中有一位老人动作利落，转身风姿展，飞脚气魄扬，尤为注目。

樟溪

樟村拳 百年护乡里，村野传武魂

文·李博

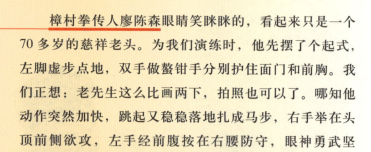

樟村拳传人廖陈森眼睛笑眯眯的，看起来只是一个70多岁的慈祥老头。为我们演练时，他先摆了个起式，左脚虚步点地，双手做鳌钳手分别护住面门和前胸。我们正想：老先生这么比画两下，拍照也可以了。哪知他动作突然加快，跳起又稳稳落地扎成马步，右手举在头顶前侧欲攻，左手经前腹按在右腰防守，眼神勇武坚

定，一下子就把我们给镇住了，谁能想到他实际上已经94岁了！

一套拳打完，收桩立正后，老先生面不改色，大气不喘。我们听他聊起了樟村拳的历史种种。

僧传守家拳

说起樟村拳，离不开法昌寺，两者有极深的渊源。

法昌寺位于松阳樟溪乡，原名灵岩寺，有近1500年历史。传说南宋时期，寺内就有武僧，主要习练南派拳术。明朝末年战乱，寺僧为救百姓于苦难，破戒演示拳法，有人默默记下，潜心习练，并传授给更多人，因樟溪古称樟村，故称"樟村拳"。

在另一则传说里，樟村拳与南少林有关。清代时，福建南少林因参与"反清复明"，被朝廷围剿并遭火焚，大部分武僧四处逃散，其中一批逃至法昌寺隐姓埋名，之后僧人将功夫传给当地村民，逐渐演变成樟村拳。

传说或为无稽之谈，其真实性难以考证，但"樟村拳术源法昌"却是当地普遍认可的。

廖陈森演示阴阳八卦掌套路

廖陈森与弟子在法昌寺观音殿前演练樟村拳。从左到右人员及动作依次为：廖高法，猛蛇吐舌，徐德忠，金鸡啄立；廖松明，直酒；李阳春，凤凰摆尾；廖陈森，阴阳八卦掌；李苏琦，直酒；徐凤飞，猛蛇吐舌；刘跃旺，观音显掌

当年旧事，寥寥几句，令人心神激荡，但也有一些令人感伤。

"我爸爸也练拳，他挑着稻谷回家，碰到日本人，拿着步枪要打我爸爸。我爸爸把枪一把拔过来，然后连人带枪给扔了出去。他又挑起担子继续走，日本鬼子把枪捡起来，开枪把我爸爸打死了。"

内外两相合

对于廖陈森，来法昌寺就跟回到家一样。

他上面有 5 个姐姐，母亲在法昌寺求子许愿后才生下他。之后母亲每年都给寺里捐 50 斤油、50 斤蜡烛，廖家还捐了 5 亩地。他一出生就被母亲抱来寺里，由一位叫孙陈信的和尚，在他全身拍打了一个月，这也是还愿的一种，回想起来，他说："或许也打通了经脉。"

廖陈森小时候，法昌寺会武的和尚还有 20 多个，附近不少小孩跟他们习武。廖陈森十二三岁时，拜孙陈信为师学了两年武艺，当时主要是学睡觉，"三个树桩，

在历史资料中，也能爬梳到樟村拳的蛛丝马迹。清代光绪年间编修的《松阳县志》中，有"国朝武举"的名录，其中一人是廖登高。廖登高就是樟溪人，是目前可追溯的第一代樟村拳拳师。同一时期的传奇人物还有王老七、王老八，廖陈森曾听老辈人讲过："他兄弟两个，能打上百的土匪；还会飞檐走壁，鸟飞过头顶，能一把扯下来。"

民国时期樟村拳流传最盛，廖陈森回忆：当时习练者上千，村村有武馆，多达上百家。男女老少都练拳护村守家，因此樟村拳又被称作"守家拳"，有不少故事廖陈森至今还记忆犹新。

"力溪村有人会樟村拳，去押镖时，有山贼来抢镖，被他打败了。

"村内一些好汉半夜去劫狱，救被抓走的人。

"廖运达用拳打死了两个日本鬼子。

"国民党的军队到这里拿菜、拿米，这里人不同意，把一个连的 10 个人打死了。军队开过来了，说要把这个村子平掉。大家就集中起来，你要来我们就跟你打。"

廖陈森演示达摩长寿功动作

李阳春演示五虎滩阳动作

样便于及时回防。"廖陈森的徒弟李阳春一边演示一边为我们解说，"另外，像五虎滩阳套路，有很多跳起踢腿的动作，但都是虚招，为的是迷惑对方。腿跳起来踢出，对方双手要下压防守，上半身就没有防护了，这时双手就可攻击对方面门。"粗略总结，樟村拳的特点就是手脚并用、以攻为守、虚虚实实。

据说历史上樟村拳有刀、枪、剑、铜、双钩的器械套路，目前常用的只剩棍和板凳了。以板凳做武器是樟村拳比较独特的，清朝时就有，以双手持凳腿，做出推、挡、扫、撞等动作，称作"凳花"，其中也可见樟村拳的乡野和质朴。

拳勇忧不继

现在节日期间到法昌寺，能看到一批身穿保安服的人在维持秩序。他们不显露，却都身怀功夫，是廖陈森的徒弟、樟村拳第六代传人。

李阳春是师兄弟们的联络召集人，他今年48岁，12岁开始随廖陈森学拳。"小时候我五虎滩阳打得好，

用布包起来，头上一个，屁股上一个，脚上一个，睡觉时就躺那里，睡了两年，全身的劲都出来了。"

师父传授的内功练习方式也很特别，要在半夜一点钟进行。练"阴阳八卦掌"的套路，共九个定式，每个式子坚持两三分钟，练下来大概半个小时，像是桩功。廖陈森练了几十年，直到现在还是如此。问他为什么选在半夜，他说："一点钟放松，气好顺。"内功练久了，每次收功全身骨头都会发出声音，一握拳，手指骨节噼啪作响。其中的玄妙之处，外人就难以窥知了。之后睡几个小时，五点半就起床，打三套拳。

樟村拳存有小五步、七星、八仙、小四门、五虎滩阳等三十四路拳法，直观看来，较少大开大合的招式。"樟村拳是'打半拳'，兼顾防守与进攻。比如说，拳向前打出后，肘还是弯曲的，不是直直地完全打出，这

李苏琦演示樟村拳棍套路

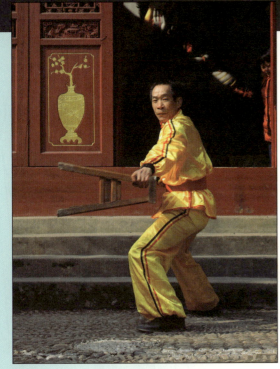

刘跃旺演示樟村拳凳花套路

学到十八九岁，开始挣钱，练得少了，再后面就不练了。"一直到2008年，"当时师父把我叫到法昌寺，说：'这个拳你不能落下，要慢慢捡起来，我现在身体还好，你忘记的地方会告诉你。'又让我负责寺里的安保。"自此李阳春开始召集廖高法、廖松明等师兄弟定期到寺内习练。

师兄弟几位都是早年习武，之后的经历和目前的生活状况也相似。现在他们平日里跟常人一样，做着生意，忙着工作；节日期间，来法昌寺当保安；需要时也换上练功服，参加"非遗"展演。但重心还是生计，拳术上能投入的有限。

廖陈森年轻时战绩辉煌，在全丽水各县市的比武中屡次力压群雄，因此也收了不少学生，前前后后有500多个。"不过目前樟村拳的习练者不多，会打的也就10来个人。"李阳春讲得很直接，"因为不能挣钱，说有强身健体的功效，很多人也不感兴趣。"

李阳春几人会的拳法加起来有十几路，"全部恢复的话，我们这帮人也能恢复起来，只不过没时间去练。"李阳春说。他们也不像师父一样半夜起来练内功。如此，拳法的精髓是否会失传？李阳春坦承不练内功会影响拳法的技击功能，廖陈森则说："天天练招式，对内功也有帮助。招式也不练的话，什么东西都没有。"

2007年开始，李阳春又多了一项工作，在樟溪乡中心小学当教练，教孩子们打樟村拳。旧时师徒教拳强调武德，想练拳必须先立德。如今也是不光教套路，还教孩子们"尚武崇德"的精神，通过坚持不懈的武术锻炼，强健体魄，为精神上的"自强不息"打下扎实的基础。有了这些，技术上的一拳一脚或许不用斤斤计较，精气神、胆识、气魄的传续才是真正关键。■

李阳春演练樟村拳七星拳套路

木偶戏

文·陈诗宇

伴随着热闹悠扬的锣鼓丝竹，几乎方米的戏台上，木偶舞枪弄棒，把盏挥扇，妙趣横生。帐后一双巧手，牵拉弹转，细腻传神……临近岁末，木偶戏又开始活跃在松阳各地的山村，用它朴实无华的生命力，为村社神灵表演祈福，也给农闲时百姓们带来欢乐。

巧手操纵手中线　十指演绎千古情

木偶戏是由艺人操纵木偶表演故事的戏剧。木偶俗称"傀儡"，木偶戏也称"傀儡戏"，有很多形式，比如提线、布袋、杖头、铁线等。松阳民间是传统的提线木偶戏，一般农闲季节演出。一般的木偶班都能演数十本松阳高腔、婺剧的戏目。木偶戏班、剧团的人员构成包括前台和后台两部分，前台指在台上提线操偶表演者，后台指在旁侧奏乐帮腔者。最初的木偶戏班道具简单，木偶和人员都少，前台提线一人，后台锣鼓、帮腔一人；现在一般一团最少4人，一前台三后台，比较多为二前台三后台，规模大的可达10余人。

木偶戏大多在社庙和村镇前空地演出，表演舞台用20来根竹竿在一米来高的平台上搭成长方形的棚架，俗称"傀儡棚"。演出时，傀儡先生一边操纵木偶，一边念唱剧中人物说白和唱段。所有傀儡、行头、乐器、道具都装在几个大箱子中，长年累月活跃在深山岭坞，穷乡僻壤，自古以来是戏曲队伍中的一支轻骑。它和人

背部千斤线1根
耳部千斤线2根
手指线
手腕线
手肘线
手肘线
腿线2根

木偶角色

木偶戏班的木偶角色和人戏配置大体类似，也分生、旦、净、末、丑等门类。全堂木偶戏的数量一般为28身到32身，生包括文生、武生、老生、小生、苦生、红衣生、蟒袍正生等；旦包括老旦、花旦、武旦、彩旦、青衣、官衣旦等；花脸包括大花、二花、四花等；还有兵丁、跟班、包公、黄阁老、道士等特殊角色。有些木偶更换不同的服装、冠帽，也可以扮演不同的角色

红衣生

苦生

小生

文生

老生

武生

班戏曲一样，在山区人民群众中有着广泛的影响，是一些偏僻山区群众文化生活中的重要亮点。

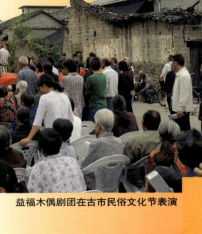

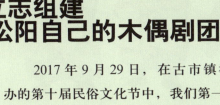
益福木偶剧团在古市民俗文化节表演

立志组建
松阳自己的木偶剧团

2017 年 9 月 29 日，在古市镇举办的第十届民俗文化节中，我们第一次看到了松阳益福木偶剧团的演出。在镇里的小广场的舞台上，用竹竿、框架和红色幕布搭建出了一个小小的戏台。戏台背后的架子上挂满了数十个提线木偶，台上艺人双手灵活操控各个角色，连说带唱，台侧乐师配合鼓点帮腔，引来众多百姓观看。

李益福正在叠放木偶

我们注意到，益福木偶剧团所用木偶看起来非常古朴传统，人物面部雕刻和发型头饰细节都很讲究，可以看出似乎不是新近定制的用具，于是特地上前打听，并特地为其一一拍摄记录。原来这套木偶为新兴镇徐郑村叶锡福师傅所传，共有 28 个。年代确实相当古老，可能有近两百年历史，虽然经过了多次重妆鬆饰，依然保存了制作之初的形态。其中包括王乞老兄弟，以及老生、小生、老旦、正旦、花脸、白面、黑脸、各色蟒、兵丁、丫鬟、媒婆、小二、道士等，基本可以满足各种戏曲角色扮演的需求。

数十年前，松阳的木偶剧团一度绝迹，表演多是周边如遂昌、武义、泰顺、温州的戏班，近十几年来，又恢复了两个剧团，分别是益福木偶剧团和乐艺木偶瓯剧团。李益福是樟溪肖周村人，生于 1963 年，1977 年十几岁时跟随新兴镇徐郑村叶锡福师傅，学了三四个月提线木偶，但工资低难以为继，于是到嵊州越剧团、青平越剧团、金华婺剧团从事副吹，也曾表演过前台。

后来在遂昌工作了近 20 年。2007 年接近农历新年，李益福在遂昌听说有木偶戏，去看后，觉得过去松阳的水平也不差，应该有自己的木偶剧团，于是到老丈人隔壁的师傅家打听，正月就花了 3000 块钱买下所有木偶，但已腐朽散乱只剩头，又花了两万块钱到金华等地置办服装盔

提线木偶由头、腹笼、胸、腹、背、臀、手脚、交牌、提线以及服装、盔头、髯口等道具组成。过去的木偶体型较小，如今除了沿用旧木偶的戏班外，新购置的木偶身高都达到了三四十厘米

一件木偶的提线一般为 7 ~ 11 根。最少 7 根线，包括 3 根千斤线，2 耳 1 背 2 手线；2 脚线。或加 1 肚线。较多为 11 根，包括 3 千斤，6 手线，1 手指，1 手背，1 手肘，2 脚线。也可加 1 肚线。还有 4 手线，1 手腕，1 手肘

老生　老旦　　老生　老旦　　青衣　　官衣旦　　正旦　媒婆

黑脸包公

花脸将军

紫蟒花脸

红蟒文生

绿蟒文生　道士

武义桃溪镇里九畈木偶剧团的吴方成在黄田村表演

图为金童玉女及祭品

头，到 8 月完成。当年参加丽水演出获得三等奖，随后在松阳农民文化节获一等奖。开始是遂昌老班底，随后培养松阳本地团队，逐渐发展壮大至今。

十几年来，松阳从事木偶表演的艺人逐渐恢复、增多。比如三都乡汤汇萍，8 岁始深受徐郑村木偶五代传人叶锡民和父亲汤树荣的影响及传授，成为家庭式的松阳木偶戏第三代传承人，熟练掌握了各种曲牌音乐，精通各类木偶戏路和技艺。2008 年加入益福木偶剧团，承担并开展对木偶戏发掘、整理、保护等抢救工作与措施，整理抢救出 80 余部剧本。樟溪乡的余新美，13 岁开始，跟从李益福老师学艺，学习婺剧、松阳高腔、民间小调。2008 年 1 月开始学习提线木偶戏至今，学会了提线木偶的操作技艺。现为松阳乐艺木偶瓯剧团团长的叶春彪是赤寿乡人，1995 年开始学习木偶戏，2016 年参加"非遗馆""每周剧场"展演，这是另一支在松阳文化活动中活跃的木偶剧团。

酬神娱人的全套表演形式

木偶戏表演不单单只有农闲时娱乐功能，更多还是民间庙会酬神、礼敬神灵祈福、驱邪避灾的重要方式。所以表演场所也大多在村中社庙的戏台，面朝主殿搭建戏棚。全套表演还有着特别的表演讲究。李益福为我们详细描述了完整的演出过程，包括先锋闹台、请神、叠八仙、正戏、包公判台等流程，非常讲究。

2017 年 11 月底，我们听闻黄田村有武义的木偶剧团来村里的社庙连演数天木偶戏，便特地来观看，看到了一场完整的木偶戏表演。此次表演的剧团是来自武义桃溪镇里九畈的木偶剧团，团长吴方成 1980 年开始跟温州师傅学木偶戏，从事木偶表演已经有三四十年。剧团成员有 5 人，包括前台 2 人和后台 3 人，即正吹、副吹和鼓。设备包括 6 个箱子、5 个木偶箱和 1 个道具箱。

演出场地设在村旁的社庙里，一天有下午和夜里两场表演。表演之前，搭建好戏棚后，先在台前供

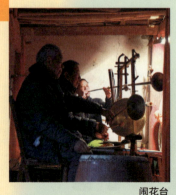
闹花台

王乞老兄弟　　　兵丁　　　丫鬟

奉祭品，包括两个鸡蛋、红包、纸钱、酒、肉、豆腐、面、米饭，以及插上香火。幕布前还会有一对金童玉女木偶镇场。下午场准备开演前，后台乐师开始演奏闹台音乐，由先锋（一种长号）吹长音开场，热闹的鼓点音乐奏响，村民们听闻喧闹声，知道演出即将开始，陆陆续续都来到社庙中，先燃香敬神，接着就座等待观看。

十几分钟的闹台以后，小小的庙里逐渐挤满了观众，吴师傅便开始进行请神仪式，恭请神灵们来观看演出。在台上烧纸、念经，并投掷菱杯三次，接着烧纸、倒酒。随后是一段特别的表演，木偶们戴上面具，扮演各种神灵出场，称为"叠八仙"，叠八仙的规模有大有小，包括魁星、福、财神、观音、关公、值日官、文昌帝君、天聋地哑、孙悟空、关平、周仓、关公、天官、白脸（叶法善）、文武状元等各种民间信仰神灵。

叠八仙的时间很长，持续半小时，正式演出才开始。前台一到两个艺人操控木偶表演，同时念唱台词，后台乐师伴奏。日场演出的是一出《赐神剑》。所有表演结束以后，拆戏台、收行头道具，以包公判台收场，请诸神灵以及各方灵怪归位。

许多木偶艺人都是婺剧、高腔演员出身，有功底。演木偶戏与演人戏不一样，所有的男女唱腔、念白都靠一两人完成，而且木偶的提线操控、指法技艺要很娴熟，包括步伐、手指，甚至眼神，都需要很到位。一只三四公斤重的木偶，每天要演6个小时，不是一般人能吃得消的。

吴师傅说，他们剧团能演数百本传统婺剧、高腔折子戏，可以连唱一个月不重样。过去每年除了农忙，其余都是演出时间，主要还是在年底有演出业务。每到一地演几天几夜，一天820元两场，分为7股，前后台一人一股，中介、道具各一股。

叠八仙

"千年事业一宵中，万里路程八尺内"，现在年轻人生活条件越来越好，娱乐方式也越来越多，和许多其他民间戏曲表演一样，电视、电影多了，木偶戏演出就少了。木偶戏里的唱词、道白都来自古典小说，也少有年轻人耐得住性子去学。但在松阳的传统观念里面，木偶能迎太平，保一方平安，依然顽强地活跃在广大的山村中，给万千百姓带来心中的安宁和欢乐。■

前台演员在幕布后提线，同时唱念台词

包工判台

12月初，小雪节气，松阳的山头还是绿的，路边偶尔蹿出一棵挂满火红果实的柿子树，提醒着人们秋意渐浓。松阳的农人结束一年的忙碌，期盼已久的松阳高腔冬戏热闹开演。

松阳

高腔

文·李博

白沙岗剧团合照，中间端坐穿便服者为松阳高腔国家级代表性传承人陈春林

2017年12月3日早上，陈春林开着自己的三轮车，从玉岩镇白沙岗村出发，花了两个半小时，到达新兴镇内石塘村。前一天晚上，他所在的松阳高腔白沙岗剧团开始在这里演冬戏。

冬日里的"土调"

松阳高腔目前的演出戏班只存于松阳县玉岩镇的白沙岗村和周安村两地。松阳高腔在历史的发展中一度被称作"白沙岗之土调"，是地地道道的乡村小戏。冬戏则是当地的一种叫法，因戏在冬天演出而得名。按照当地农村的习惯，农历新年拜神许愿时，不光要求神保佑，还要跟神许好如何还愿，一般就是年终时送几场戏酬神。于是到了农历十月的冬天，戏班就会陆续收到邀约，排定好日程，就马不停蹄地一个村接一个村地演下去，演戏的地点大多在社庙或祠堂，一直能演到过年。

这次演戏，陈春林本不打算过来，他已换了满口假牙，一张嘴演唱，假牙就从嘴里掉出来，再加上多年的气喘，已经无法登台，但作为团中德高望重的前辈，其他人一定要他来看看，指导一下，他这才奔波了40多公里山路过来。

上午十点半，我们的车行到内石塘村口，刚想开口询问在哪里演戏，一阵锣鼓声传来，给我们指明了地方。快走几步抬头一看，原来是在叶氏宗祠里。后来得知，村里的演戏除了第一天只演晚上，其他天都是下午演一场，晚上演一场。剧团的演员都是农民出身，演戏只是业余的兼职，都是边排边演，因此早上也不得闲，都安排了排练。

当天演出在叶氏宗祠，戏台正对叶氏先祖叶法善神位，演戏既酬神又娱人

从未合班的高腔

本来白沙岗高腔剧团今冬是不准备承接演出的。年初时几名演员分家出去，成立了一个新剧团，也带走了服装、道具、电子显示屏。剩下的演员多是五六十岁的老人，家家又都有本难念的经，演出眼看着要停了。大家本来并不在意，"我们是同一个村的，就是亲兄弟也是要分家的。"演员陈叶发说。白沙岗现任村支书陈承祥在剧团唱正生，他接过话茬："靠演戏赚钱是赚不来的，他们搞起来，好好传承下去，我们也无所谓的。"

《三状元》演出照左绿衣为陈叶发，右红衣为陈承祥

意料不到的是，由于演员不够，新剧团吸收了不少婺剧演员加入。这一下，原剧团的老人坐不住了。"再搞下去的话，婺剧不像婺剧，高腔不像高腔，变到什么程度都不知道了。"陈春林大声说。"高腔是我们村里祖宗传下来的，李氏族谱里面有的。最早唱高腔的李凤祥是万历十几年的，到我这里有二十六代。"李宙发是白沙岗李氏高腔第二十六代传人，自豪的同时，他也对高腔被胡乱改动很生气，"我们这个是原汁原味的。这个腔是我爷爷传给我的，我唱出来，不能有变。"

在戏曲演出史上，有一种"合班"现象，即演唱不同剧种的两个或多个戏班合并为一个戏班演出，演员也身兼数能，各个剧种都能演，都能唱。合班能促进不同剧种之间的交流，取长补短，京剧的诞生就得益于清中期的"徽汉合流"；而可能导致的一个后果是某些剧种的衰落甚至消亡。

《三状元》中番王为李宙发

历史上浙江曾有八大高腔，大多数都在合班演出中逐渐式微，如今只残留在婺剧、瓯剧等剧种中。相比之下，松阳高腔的可贵之处就在于它一直保持独立成班，从未合班。

一唱众和的独特帮腔

后场的锣鼓伴奏

下午一点半，高腔开演，剧目是《三状元》。所演内容是：公孙胜中状元后流落番邦，十几年后，他的两个儿子公孙朝、公孙麒麟又同年分别中取文状元和武状元，后来两人终将父亲解救回来。

开演前一二十分钟，后场的锣鼓先热闹地敲打起来，这叫"闹台"，村里人听到声音，就知道戏快开演了。村里留守的年轻人不多，来的大多是老人，带着孙子孙女，三三两两地过来，四五十个人不一会就坐满了整个宗祠。

高腔演出的一个重要特点是"一唱众和"——一句唱词唱完，后面常有一个拖腔，这时幕后有空的演员就同时出声演唱，使高亢的拖腔连贯下来，称作"帮腔"，松阳当地话也叫"接音"。过去演员都是男的，按规定帮腔只交给后场乐队中敲小锣的。近几十年有了女演员，帮腔也尽量是男帮男、女帮女，只要幕后的人有空，都可以帮，甚至三四个人一起帮。

在没有扩音设备的年代，戏班在祠堂、庙宇、乡间搭台演出时，帮腔能让演唱声音更为高亢响亮、传播更远，有一种特别的野性。现在用了话筒音箱，调试不好时，演员的演唱却往往被乐队的演奏盖过，独具特色的帮腔有时没那么真切，有时又反客为主，不能不说是一个遗憾。

演出中不时有来上香还愿的村民

难以演出的看家戏

认真看戏的村民

剧团目前还能演出十几出大戏，其中的三本《夫人戏》是松阳高腔的看家戏，也是松阳高腔特有的剧目。一本要演一个下午加一个晚上，全部演完要三天三夜。《夫人戏》演的是陈靖姑闾山学法并在各地斩妖除魔的故事。由于陈靖姑信仰在松阳及周边地区的盛行，《夫人戏》在松阳、武义、缙云、龙泉、遂昌都很受欢迎。陈叶发的老婆是戏中主角陈靖姑的扮演者，他说："前几年，如果我老婆在家的话，基本上所有村庄都是要演《夫人戏》。只要演《夫人戏》，你演到多晚，他们看到多晚。演到精彩的

何谓高腔？

高腔是中国戏曲的四大声腔之一，其他三种分别是昆腔、梆子腔、皮黄腔。高腔是由明代的弋阳腔演变而来，弋阳腔起源于江西省弋阳地区。明清之际，昆腔发展至鼎盛，此时，能与昆腔并提的就是弋阳腔。两者都是曲牌体，曲牌来源都为南曲（宋元时期南方戏曲、散曲所用各种曲调的统称）和北曲（宋元时期北方戏曲、散曲所用各种曲调的统称），都曾搬演于宫廷，同被奉为戏曲声腔的正统。

两者相较，也有很大的差异。清代李声振《百枝竹枝词》："（弋阳腔）俗名高腔，视昆调甚高也"，"昆腔又名低腔，以其低于弋阳也"。昆腔演唱缠绵低婉，高腔则粗犷高亢，"金鼓喧阗"。昆腔的演唱和表演都有非常严格和固定的程式，唱时"依字行腔"，即字的读音对演唱该字的拖腔方式有直接的影响。高腔则不然，它

没经过文人的加工，形式自由，每流传到一地，很容易就与当地的民间音乐和方言音调结合起来，可以"改调歌唱"，在各地流传时，一步步演化出众多的地方剧种。时至今日，仍有十余种高腔剧种存留于南方各地。川剧、湘剧、赣剧、婺剧中也存留有高腔的影响。■

20世纪六七十年代，松阳高腔的演出一度沉寂，直至70年代末才重又恢复。陈春林、李宙发等目前戏班的不少老人，都是在那个时候学的戏。下为松阳高腔国家级代表性传承人陈春林对当时及之后经历的口述。

"什么苦我都吃完了"

我们1976年学的时候，很艰苦的。那时玉岩西沿头村有个叶樟根先生，八十五六了。身体也不好了。他说，他以前是白沙岗的老戏班学出来的，白沙岗戏班很可惜，他如果死了，白沙岗就熄了，他也很好心地讲。

我大伯特别喜欢高腔，他没进过剧团，但他爱吹唢呐，小时候常跟我说："你坐这里，我吹几句高腔给你听听。"小时我也看过高腔，也觉得很好听。1976年时我21岁，村里找了些年轻人，希望把高腔继续传下去。到处问："你来吧？你来吧？你来我们这几个人出点东西，还是要把它学起来。"当时报名的有二十几个人，先唱唱看，你这个喉咙好不好，唱不唱得起来，还有一部分人后来不愿意学了，后来挑了十三个。

当时我们村里老人家讲话讲出来很"好听"的："你这帮人如果学得出来，我这个嘴巴给你放鞭炮。"那个时候我的脾气也是很拗的，跟其他几个人讲："我们学起来，再拿他的嘴巴放鞭炮。"

我们这帮人就用毛竹做轿，用

地方，他们哈哈哈也笑，看得很认真。"

陈叶发和老婆两人本来在杭州开超市，一边要看店，一边要演出，两人只能回来一个，吵来吵去，最终陈叶发回乡演出。主角缺席，《夫人戏》这次也遗憾不能得见了。

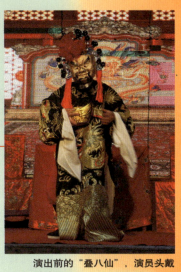

演出前的"叠八仙"，演员头戴财神面具

作为看家戏，《夫人戏》中用了很多面具，用于表现戏里众多的妖精，以及人物进行变化的情节。要用到面具的还有每次演出前的"叠八仙"——在这一环节中，演员扮成天官、财神、魁星、麻姑等神仙，轮番出场，为请戏的村庄祈福。所用的面具，既有套在整个头上的全面具，也有只盖住人脸的半面具。

演出前的"叠八仙"，图为"白面"，当地人说是叶法善

面具的使用也是松阳高腔与浙江其他戏曲表演的一个差别。据学者徐宏图考证，《夫人戏》中的面具跟闾山教的科仪有关，早期闾山教作法时就使用过面具。不仅如此，据陈春林介绍说，《夫人戏》里也吸收了不少道教音乐以及道士唱的道士调。

当地人爱看长戏，《三状元》足足唱了三个小时。戏演完了，摄影师帮剧团拍了张合照。今天的阵容比较整齐，算后台伴奏在内，总共有20多人。再过不到两个小时、晚上六点半，晚场的演出又要开始，演员们没有卸妆，已经忙碌地开始吃饭并准备了。

我们的采访暂告一段落，向大家告别返回县城。临行时，陈春林老先生托我们送一个女孩回县城的学校，一问才得知，小姑娘刚上初中，对高腔比较感兴趣，想学，今天就来看看。延续六七百年的松阳高腔老树还能发出如此鲜绿的嫩芽，这是当天最后收获的感动。■

肩头把叶樟根抬到白沙岗村里来。一个人照顾先生在我们家里吃饭，吃半个月。我家吃半个月满了，到你家里吃半个月。教过我的李宙献先生，是我上一辈，叶樟根比李宙献还上一辈。全部戏的全本的角色他都知道，都念得出来。

现在的二十几本戏都是叶樟根传的，1976年抬来，在我们村里教了两个年头，每次教半年。有个叫李百能的，他会写字，那个时候村里面很积极的，让李百能坐房间里面记剧本，生产队里面积工分的嘛，"我今天做一天，积给李百能"，村里面其他人积工分给他。

学的时候在食堂里面，白天学，晚上学。晚上没有灯，就去山上搞来松木烧，我们学了一个晚上下来，脸都是黑的，鼻孔都黑黑的。

1978年开台演出，这个台步，都是李宙献教给我们的，李宙献也是叶樟根的徒弟。李宙献是演大花脸的，我是他亲手教的。他对我也

是很好的，看我这个人很忠实，他不演之后跟我说："春林，这个剧团你要搞好。下一步我不会去了，要靠你的。"

我这个人是很忠实的，大家不做，我是要坚持做的。1986年、1987年的时候，大家不要了，演不出去了，要拿去分，服装拿去分，帽子拿去分，卖个几块钱也好。我说："全部东西你不能分，总共加起来多少钱，你们讲一下。"最后是道具、服装连后台的乐器，还有戏箱、剧本，总共算两千块钱，说："你明天就要拿出来，你明天不拿出来，我们就分了拿去卖了。"

我就去信用社贷款，贷了两千块钱，"你们拿去，东西全部都给我。"这个剧团，就由我承包下来。那个时候两千块钱买来，我是这么想的：如果他们分了，我们村里的庙会，四年两头要演的，就搞不起来了。我保持演了三次，三四一十二年，就是我一个人搞的，我一个人

承包十二年。

这个高腔1978年开始，什么苦我都吃完了。我把这些东西买回家，老婆又不肯："这些东西买回来干什么？！你搞一批账欠进去干什么？！"我有三个儿子，家里很困难，儿子问我："这些东西你买来干什么？！戏也不能演，你拿到山上去喂野猪啊！"家里吵了多少次。

1999年开始，县里政策又好一点了，要挽救松阳高腔，县里也开会了。国家可能有钱补助了，这些人都回来了："你这个东西，还卖给大家。"我说："卖给你们，你们要拿去卖，还是保证这个村庄能演下去？"保证演下去的话，我是卖给集体的，卖给十几来户演的这都人。他们又集资了两千块钱，我说："你协议写好，两千块钱拿来还给我，只要白沙岗传承下去，能演下去，两千块钱你们就拿去。"就这样再搞起来了。■

兴村

土法红糖 "甜蜜"的副业

文·李博

甘蔗的栽种及土法红糖的熬制在松阳有几百年的历史，在顺治十一年（1654年）编修的《松阳县志》中，"物产"一条便记载有砂糖，砂糖即以甘蔗榨汁后熬制的红糖。宋代陆游《老学庵笔记》曾记："砂糖中国本无之。唐太宗时外国贡至，问其使人：'此何物？'云：'以甘蔗汁煎。'……自此中国方有砂糖。"由此合理推断，清初时松阳种植甘蔗及出产红糖已比较普遍。

另有一个佐证，兴村以傅、余两姓为主，听老一辈说，两姓的先民于乾隆年间从福建迁过来时，就开始种甘蔗榨糖了。

从普遍性到个别性

松阳甘蔗的种植在历史上也有起伏。最盛时在20世纪70年代，那是机制白糖还需凭票供应的时期，人们对糖的需求促成了甘蔗的大面积种植。据1996年版《松阳县志》所载，当时集体年均种植甘蔗816亩，总收获甘蔗2535.56吨；社员自营年均460亩，产量1420.76吨。时至20世纪80年代末，机制糖货源充足，土法所熬制的红糖在人们心中成了落后的代表，甘蔗的种植也随之大幅减少，土法制糖的工坊、工具也日渐衰落，如今则只有兴村硕果仅存了。

兴村是松古平原很不起眼的一个村子，不靠山不傍水，也没有传统乡土建筑遗留，村民一年到头只在田地里讨生活。据兴村村支书王卫星说，村民比较勤快，为了多份营生，也为了过年时打麻糍、做糖糕用糖，即便在20世纪90年代红糖市场不好的时候，大多数村民仍会在田埂上种一排甘蔗。近几年，食疗养生成为热门话题，土法红糖因生产中添加物少，且保留了甘蔗中大部分的营养成分，又重受人们的青睐，投向兴村的各方目光也多了起来。

红糖工坊的明星效应

王卫星还记得几十年间甘蔗榨汁工具的巨大变化：最开始用人力操作，榨汁机的主体是两根圆木，之间留窄窄的缝隙，一人往里塞甘蔗，一

兴村村支书王卫星接受访问

人往外抽甘蔗，另有四人两两一组，合力扳动把手，使圆木滚动，榨出蔗汁。"到后来就用牛车，再后来木头换成了铁的，20 世纪 80 年代用柴油机，现在是电动的。"而熬糖却几十年如一日，一个灶门烧三口锅，里面倒满蔗汁，一人烧柴火，一个师傅掌勺熬制。

两三年前，村里加工红糖的几家小作坊就是这样的场景。"直接搭个棚子，烧的是柴火，灰尘多，卫生状况差，熬糖时也比较忙乱。"王卫星说，"政府带人来看了以后，说这个产业还可以，但是要治理一下，考虑建个厂房。"

兴村村口由建筑师徐甜甜设计的红糖工坊

2015 年 6 月，由县政府投资、著名建筑师徐甜甜设计的红糖工坊开始筹划，作为兴村的集体资产。2015 年年底工坊动工，2016 年 10 月份即投入了生产。新建的红糖工坊四周采用全透明的玻璃幕墙，参观者在外面可以清楚地看到工人的操作。里面宽敞明亮，12 组操作台都沿用传统的一灶三锅，彼此间距加宽加大，燃料则采用颗粒燃烧机，避免了烟和灰。不足之处是熬糖时水汽排放有些不畅，但氤氲的雾气又给外人一种热火朝天的感觉。

红糖工坊一建好就成了当地的明星式建筑，效应也一下就来了。"去年在兴村加工的红糖有 20 来万斤，遂昌的甘蔗也拉来加工。会有旅游团过来，也有开土特产店的来进货几百斤。"王卫星说，"我们村种的是印度蔗，这个品种跟青皮的甘蔗不一样。我们这个榨的糖品质好，有香味，青皮的没有香味。今年我们就控制不加工青皮的，不能把名气搞坏了。"

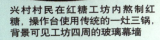

兴村村民在红糖工坊内熬制红糖，操作台使用传统的一灶三锅，背景可见工坊四周的玻璃幕墙

王支书的两笔账

红糖工坊受到的关注也带动了当地农户种植甘蔗的意愿。"以前都是种一点点，现在有几家种四五亩。以前不种的，这几年也开始种了，产量高了好几倍。"王卫星介绍道。

目前兴村的主业还是种茶，老的茶树生长十几年后砍掉重种时，大多数人家会先种一年甘蔗。还有很重要的一点，甘蔗平时管理不难，采收、榨糖主要在冬季，与稻米、茶叶的农忙时间不冲突。

兴村有 160 多户人家，今年三分之二的人家都种了甘蔗，每户的种植量

红糖工坊外空地上堆放着待加工的甘蔗，旁边还有一小片甘蔗田

茶园中的小块甘蔗田

约一亩，2017年共种植甘蔗约100亩。王支书算了一笔账：每亩产甘蔗8000～10000斤，10斤甘蔗榨1斤糖，1亩地能榨800～1000斤红糖。目前兴村的红糖已小有名气，每斤能卖20多块钱，这样一亩地的收入差不多有两万块钱。另外还要扣除将近4000块钱的熬制成本：一锅红糖35～40斤，要付40块钱的人工费，平均约1斤1块钱人工；此外，每斤还要付给村集体3块钱，作为燃料费、场地费和工具使用费。王书记估计，按每户1亩来算，红糖收入能占兴村村民人均年收入的三分之一。

红糖工坊作为村办企业，也给村集体带来了一笔直接收入。王书记又算了第二笔账："去年是搞承包，个人给集体交一些钱，这个锅就由他管理，有6.8万元交到集体。今年是村里集中管理，加工费归集体，集体付给工人工资，还负责燃料、维修、工具的费用。"2017年红糖工坊总共加工红糖8万斤，总进账24万元，但颗粒燃料费的成本就花去三分之二，最后村集体的利润是7万元。

在王支书的设想中，进一步还可以做统一的包装销售，开发相应食品，甚至吸引更多年轻人留在家乡。但目前这些都还无法起步，"目前市场不够大，也需要一大笔资金。现在家家户户种甘蔗，已经开始影响销售，我们要先把销路打到外面去。"■

红糖工艺

文·李博

刘光水和高日升两位老大爷一位在锄倒甘蔗，一位在砍顶梢

立冬时节，田里的甘蔗已经长至三米五六，糖分也积蓄够了，正待陆续收割，一般要赶在冬至前收割完毕，以免受到冻害。

兴村目前种的品种是印度蔗，节细，口感又硬，只适合榨糖。甘蔗田一小块一小块散布在低矮的茶园中，这样小面积种植能使每株甘蔗都充分照到阳光，也避免发生大面积倒伏。走近一看，一排排甘蔗长在高高的土垄上，垄高三四十厘米，甘蔗在上面深深地扎着根。

刘光水和高日升两位老大爷都60多岁了，正在地里忙碌。俗话说："甘蔗老头甜。"为了多榨糖，甘蔗采收一般不直接砍，把根留在土里。而是先把甘蔗从地里锄倒后拔出，再用镰刀把须根和泥土砍削干净。

顶梢的四五节也砍下，之后要集中堆埋在地里过冬。第二年立春后，再从地里挖出来育苗，每一节上的嫩芽都能长出蔗苗。到3月再移栽到地里。

红糖工坊内热气蒸腾，散发着红糖熬制时的香甜

之后的管理比较简单，只需不时把枯叶剥下，使蔗节能照到太阳，这样蔗皮才红，也有助于糖分的累积。

看傅师傅熬红糖

傅杨东师傅当天半夜12点就来红糖工坊上班了，我们见到他时，他已经不眠不休地熬了11个小时，平均两小时熬一锅，实在累了才换班交给下一人，赚的是辛苦钱。

熬糖的锅很有特点，是一个灶门烧三口锅，温度也有差异，离灶门近的锅温度低，离烟囱近的温度高，中间的锅温度适中。开始时，往三口锅中都加满榨好的甘蔗汁，不断加温熬煮，为了受热均匀，还要将蔗汁在三口锅中不停地来回倒换。

傅师傅今年46岁，他73岁的父亲傅荣华在旁边另一口锅边忙碌，傅荣华20多岁时，在生产队里学会了熬红糖，傅师傅又跟父亲学了这门技术。他一边用大瓢搅动锅中的糖液，一边跟我们说："熬红糖最重要的是耐心。"熬糖要不停地搅拌，瓢口朝上搅一搅，瓢口朝下推一推，防止糊底，还可以感知糖的黏稠度。人不得一会儿空闲，又不能急躁。傅师傅保持着差不多的速率，偶尔还用大瓢舀起一些糖液浇下来，看看颜色和稀稠。

锅中的水分越熬越少，糖液也由浅变深，由稀变稠。慢慢地，三锅的糖液被并到靠近灶门的两口锅中，两锅最后又都并到中间的一锅里。熬煮到了最后阶段，傅师傅集中精神，眼睛始终不离锅口，他搅动的速度加快了，旁观的我们也紧张了一些。

出锅的时机最难掌握，出早了糖不散，不松；熬太老，糖结块，敲不动。每家的甘蔗质量不一，又要凭经验做出调整。对火候拿捏的技术就在这一步！

要出锅了！傅师傅先前已经在糖床上撒了四五勺小苏打粉，他把糖床拉进锅口，接着就用大瓢一瓢一瓢地把锅中的糖浆舀出来，泼洒在糖床上，动作一气呵成。黏稠滑腻的糖液在糖床上迅速摊开，一阵甜香扑鼻，直冲脑门！

糖舀完后，傅师傅又用铲子不断地快速翻弄糖浆，这一步的目的是将糖浆与小苏打混合均匀。成品是砂糖还是结块的板塘，秘诀就在这里。原来小苏打遇热分解，能生成大量的二氧化碳泡沫，这样冷却后一铲，糖就成了松松的沙状，不加小苏打，糖就结成块状的板塘了。

傅杨东师傅舀起糖液，判断熬制程度

熬好的糖慢慢冷却，刚好阳光从透明的屋顶射下来，照得整个糖床泛着一片透明的黄，细看其中还有金黄、浅黄、深黄交织的纹路。

糖还在缓缓流动，蒸腾着白白的热气，仿佛是火山口喷涌而出后流动的岩浆。用相机拍下细节放大看，无数细密的气泡正非常缓慢地从糖浆中透出来，在表面破裂后又形成密集细小的坑洼。

慢慢地，糖冷下去了，透明感失去了，颜色也变暗淡了。等了三四十分钟，傅师傅动手铲糖。他先纵横各划了十几道，又一块块打松，直至糖变成松松的沙状，金黄的感觉又以另一种方式回来了，偶尔几粒还闪闪地反射着阳光。

捏一点儿尝尝，糖没有一丝犹豫，瞬间在舌面化开，随之漾开的是一股纯纯的甜味。这是好的红糖！松，不黏腻；纯，没有其他杂味。■

采收甘蔗，用锄头将甘蔗锄倒

土糖制作工序

松阳红糖熬制在初冬开始，立冬后一星期开始甘蔗采收，边收边熬糖，最晚能持续到冬至。

1. 采收甘蔗

甘蔗连根锄倒，用镰刀削去根部的须根和泥土，砍去顶梢四五节用于第二年育苗。约二三十根捆扎一起便于搬运。

电动榨汁机效率更高

2. 榨汁

目前用电动机器，三四根甘蔗一起送进榨汁机中，蔗汁、蔗渣快速分离，以钢桶接盛榨出的灰绿色蔗汁。

3. 加热去杂质

熬制所用为一个灶门烧的三口锅。同时往三口锅中加满蔗汁，共约200斤。煮开后火力转小，不断往锅中加小苏打，小苏打遇热分解产生大量二氧化碳气泡，能带起锅中杂质。由此边加边撇去杂质浮末，三口锅约加 15～20 克。

用大瓢将三锅中的糖液不断来回倒换

4. 熬煮

转大火熬煮，使水分蒸发，糖液浓度不断提高。因三口锅温度不一，还需将三锅中的糖液不断倒换，使浓度均匀。

5. 浓缩

锅中水分减少明显，糖液颜色变黄加深，由稀变稠时，调小火并不停搅拌，以免糊底。为防止粘锅，还可往锅中加约一两色拉油。

三锅并为一锅，旁边两锅已加入新的蔗汁

6. 并锅

根据糖液的体积、颜色、黏稠度，当熬煮浓缩至一定程度时，将三口锅的糖液并成两锅；继续熬煮，再将两锅并至中间的一锅。空出的锅马上清洗，倒入新的蔗汁。

7. 出锅

糖床上预先撒 15～20 克的小苏打。熬好后，用大瓢将糖液舀出，铺在糖床上。之后用铲子将小苏打和糖液混合均匀。小苏打受热产生气泡，便于糖松化，方便成品粉碎成砂糖，不加小苏打则结块成板塘。

8. 冷却

冷却三四十分钟，糖液逐渐固化。

9. 铲松

用铲子将糖铲松成砂糖。

三锅熬出的成品约 35～40 斤。

糖液静置冷却

用铲子不断打松糖块

用大瓢将熬好的糖液取出锅，糖床上白色粉末状物为小苏打

加了小苏打的红糖呈沙状

不加小苏打的红糖呈块状

玉岩

砻空殿庙会

文·赵英华

玉岩程路村附近的砻空殿是千年古刹，有崇福堂、崇善堂，分别建在山涧两边，以一座桥相连。松阳村落中的寺庙多建在清幽之地，砻空殿也不例外，山谷中沿溪而建。站在公路上，可将其尽收眼底。当天，山涧雾气环绕，显得格外有灵气。走下一条长长的阶梯，过廊桥，庙会离我们越来越近。

农历正月十五、七月十五、十月十五，是道教神天、地、水三官诞辰，这三日分别为上元、中元、下元节。上元节同时也是元宵节，中元节则与盂兰盆节同日，因此过节习俗延续至今。而下元节渐渐被淡忘，松阳砻空殿在下元日举办庙会实在罕见，被遗忘多年的风俗再次恢复，可见当地复兴传统风俗的愿景。

廊桥就像是庙会的入口，当地人在桥上设摊位，免费为参与者提供红糖水、热茶。初冬渐冷，喝一杯下去，温暖怡人，顿时能感受到庙会的热情。走过廊桥，有一片开阔地，在角落搭了高腔戏台，据说昨天下午已开始演戏。

砻空殿全区，有崇善堂、崇福堂两座寺庙

腰鼓表演，动作整齐划一

布置好的砻空殿崇福堂

崇福堂内装点一新，主祀陈、林、李、马四位夫人，陈夫人在松阳作为妇幼的守护神，常常与其结拜姐妹林、李二夫人一同祭祀。这里又多了位马夫人，马夫人信仰遍及浙西南，其传说起源于今景宁县一带，当地也称她为护国夫人。在丽水地区，马夫人还被当作催生夫人来供奉，与三夫人一同守护妇幼。崇善堂内如今主祀如来、观音。据说此处最早是先锋殿，供奉李大夫、李先锋，传说因其触犯天条，而废此殿。我们在两间堂内来回参观的同时，庙会活动开始了。

一队舞狮队伍，敲锣打鼓先进崇福堂，拜过四位夫人，又过桥进了崇善堂。持绣球人，拿绣球引狮子来到观音像前叩拜，接着绕每根梁柱舞一通才

草狮子，形象拙朴可爱

出去。后面又跟来程路村的草狮子和船灯，堂内聚集了不少人，大人小孩簇拥着看热闹。出了崇福堂，几支表演队伍聚集在戏台前的开阔地，看热闹的人们主动围出一个大圈。先是腰鼓表演，接着草狮子，船灯，舞狮，舞龙。龙嘴还能喷焰火，大家热情高涨，各个喜笑颜开，戏台上化好妆的高腔演员们，也探着脑袋观看。

紧接着，几位道士搬来八个稻草扎的假人，脸上还贴有画像，仔细看好像是八仙。"八仙"摆好后，郑法斌法师与其他五位法师一手持牛角，另一手有的拿师刀，有的拿铃。郑法师吹响牛角，其他几位也同时吹响，另有锣鼓伴奏。道士们三人一组，绕草人旋转，由缓至急，一一绕八仙转完。郑法师说这叫转八仙或八仙送财，寓意请八仙下凡，看人间繁荣，并祈福当地风调雨顺，保佑大家平安富裕。

送福完成还要消灾，午饭后法师做"延生地狱"表演。法师摆供桌、设坛。坛前供地藏菩萨像，另摆供品，并在五块豆腐上插香。准备完毕，所有法师打赤脚。郑法师在供桌前吹响牛角，其余法师有的吹牛角，有的摇铃。郑法师时而跳跃时而捏手诀，嘴里念念有词，接着拿来五块瓦片，摆在五块插香豆腐边，这五块瓦片据说代表五方地狱门。随后由郑法师带领，几位道士在后，另外还有几个孩子头缠红布跟随。郑法师绕祭坛敲木鱼念经，其他人紧随其后。几圈之后，突然加快，郑法师急促敲击木鱼的同时响起锣鼓，头缠红布

舞龙表演

船灯表演进入崇福堂内表演

的孩子一一在铺了稻草的地面上翻过，之后道士们也翻过，郑法师最后翻过。以此顺序翻两次后，他们围跪在坛前，郑法师念经，另一位道士掷筊杯，随后郑法师破一块瓦，寓意关掉一方地狱门，此后按此方式重复，依次破掉东西南北中，五方地狱门后仪式结束。"延生地狱"，据郑法师解释，此仪式为替现世人延生消灾而做。由法师开五方地狱门，带领头缠红布的村民一同闯入地狱，走一趟，再从地狱而出，达到救度众人的目的。每当他们翻跟头的时候，大家看得最高兴，或许是为他们平安地归来而高兴吧。

郑法师手托一沓瓦片绕着祭坛走动，瓦片代表地狱之门

耷空殿庙会内容丰富，表演一个接一个，郑法师在崇善堂内又做了"三官叠库"。法师请来天地水三官，有许愿的村民踩上条凳向三官进献。郑法师代问事由，有人希望生意做大，有人希望身体健康，郑法师一一传达后掷筊杯，表示三官已经知道，许愿人从条凳下来。踩上条凳表示上了天界，下来则是回凡间，一上一下似乎就转了运。外面戏台上已经唱起高腔，来许愿的人不多，大家显得轻松自在。明天法师们还要在崇善堂内做打清醮仪式，为当地祈福平安。■

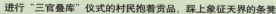

众人轮流翻跟斗代表从地狱走过一遭

进行"三官叠库"仪式的村民抱着贡品，踩上象征天界的条凳

众人围绕祭坛进行仪式

2017年底，上寮山村的叶氏香火堂重建完成，为安祖先牌位，叶氏家族请道士择吉日在香火堂打清醮。醮的原意是祭，为古代礼仪。打清醮目的是祈祷家族平安、地域内一切太平。

上寮山

打清醮

文·赵英华

远眺上寮山村，民居依山而建

祖宅是祭拜祖先的地方

上寮山村位于东坝镇西北边的半山腰上，村子约100余户，八成人口姓叶，他们的祖先是谁，从哪里来，村里人都能说得上来。2017年农历十月十六，上寮山村的叶氏香火堂重建完成，为安祖先牌位，叶氏家族请道士择吉日于2018年1月23日在香火堂做法事，保家族平安。

叶氏是松阳第一大族，约3万人口，8个松阳人就有1个姓叶。淮河以南的叶姓都起源于松阳卯山。自江南叶姓始祖安居松阳，叶氏子孙就在这里开枝散叶。元朝中叶，叶万二公游商至松阳南部三十八都大岭头，见这里田园肥美，风俗淳良，遂即置业安家在这里，历传数代、人丁兴旺，后建叶氏祠堂，以安祖先牌位。

清康熙年间，万二公第六代孙明财公，迁居大岭头以南的上寮山，建起了村里第一栋大屋。这栋住宅就是如今重建而成的香火堂。香火堂一般设在祖宅的一间厅或堂中，而不像祠堂，是专门摆放祖先牌位的建筑。香火堂所在的建筑，有居住的功能，明财公的子孙原本也是居住在这栋祖宅中，之后有条件自建住宅后逐渐搬离，只有在祭祀祖先的时候，明财公的后代才会聚集在这里。

祖宅年久失修，早有倒塌的风险。叶昌辉给我们看他手机里老宅的照片，破败不堪。叶昌辉53岁，属蛇。10多年前开始做松香生意，在四川等地都有建厂，村里许多做松香的人都是他带出去的。据他介绍，七八年前，祖宅就快倒塌，老人们一直希望能重修房子，因是自己家族的事，又有些财力，叶昌辉带头表示出钱重建，可也有困难。

祖宅不同宗祠，宗祠是全族持有产权，而祖宅虽早已无人居住，但仍是私产，由十几户共同持有。大家是否愿意将祖宅改建成纯粹祭祀功能的香火堂，叶昌辉也费了不少劲儿，还好都是自家人，很快征得同意，2017年农历七月十三动工，3个月左右就建成了。香火堂以木结构为主，两进，中间有天井，祖宅成了祭祀祖先的地方。

重建的叶氏香火堂朴素庄严

安位保平安

当地有传统，宗祠或香火堂重建或修缮时，需要将祖先牌位移位，等重修完成后，再将牌位安位并请道士打清醮。醮的原意是祭，为古代礼仪。清醮是"举行净化蓄积在地域内祸根的醮礼"的意思，目的是祈祷地域内一切太平。

众人在张贴固定香火堂神位

这次所请道士是大岭头村的叶龙达法师，叶法师随父亲学法，至今是第六代，做法事的区域是大岭头村二三十里的范围。打清醮前一天，叶法师先到香火堂内做准备，主要是书写法事所用的一些文检、神符等。叶家亲族张贴香火大王与祖先牌位，主要供奉北极镇天真武上帝，陈、林、李三夫人以及叶氏宗亲位。

香火堂大梁及大门两边挂五色布，寓意风调雨顺。堂前悬挂大、小符，大符八种，分别是天清、上清、太清、张天师、李天师、叶天师、紫微大帝和二十八星宿，小符为钟馗。等法事完成后由各家带回，大符挂中堂，小符贴门，有保平安等作用。香火堂被装饰得色彩丰富。

房梁上挂好各色剪纸，意为道场

次日早六点半，叶氏一族从社庙请来社公平水大王，请到后放炮、上香，表示社公已请到香火堂。祖先牌位前悬挂道教三清像，画像前设坛摆放素斋供品与疏同，上写法事所请神仙的名称。疏同有青、白、红、紫、黄五色，分别代表东、西、南、北、中五方。神仙有三清、玉皇大帝、紫微大帝、三官等上、中界神，以及松阳境内供奉的各神祇。中堂两侧挂上、中界神像，设坛、上香。叶氏宗亲们都聚集在香火堂内。

法师开坛。由法师诵经，并伴有锣鼓，身边有叶家推选的事头持香陪同。然后，请三界童子送信请三界神，法师念经完毕后，出香火堂燃信、放炮，预示信已送出。

早饭过后，法师去叶氏亲族各家洒净。法师持铃、净水与杨枝，两位事主分别持香与写有清醮保安字样的红色灯笼陪同，众人跟随。法师入各家厨房，各家厨房灶台点香，法师念经洒净。有趣的是上寮村在2009年新农村建设的号召下，建了公寓楼，有些户已搬入现代化的楼房内居住，法师同样要到家里洒净。一共12户人家洒净完成后，众人回香火堂。

叶道士与叶氏宗亲事主一行前往各家洒净

叶道士在章台前念奏章请神光临

稍做休息后，中堂设章台，章台摆素斋供品、酒、茶。法师念经迎请三界神光临，宴请诸神。此时，法师念奏章，向三界神通报今天法事的内容，念完后出香火堂，焚烧奏章。回堂后，拜章书，恭送诸神，撤章台，法师带领两位事主转三角阵，表示仪式完成。

午饭后，法师重新请三界神祇，设忏坛。法师念玉皇赦罪宝忏，法师旁仍有两位事主陪同，另有三人代叶氏亲族持香立三清像前。法师念玉皇赦罪宝忏，其余几人随法师跪拜、起身、跪拜，至仪式结束，寓意为请玉皇赦免现世叶氏亲族们的罪恶。仪式完成后，众人随法师出堂，法师副手燃纸、洒酒，恭送诸神后回堂，**法师带领转三角阵**，结束。过程持续近3个小时，期间有两次休息。

晚上6点，做燃灯仪式。中堂设坛，摆放供品，**供桌四边分别摆七盏油灯，共二十八盏，代表二十八星宿**。法师先请鲁班天师造桥，此桥为**迎接二十八星宿下凡**。桌上供品先拿饼干盖住，叫作封醮，等法师将二十八星宿请下来后，再将星宿中的凶星送走。此时拿掉饼干，叫作开醮。饼干则分给大家同吃，一起沾沾好运。开醮后，法师念经，向吉凶敬酒，念情意。当地将打清醮中的一种文书称作"情意"，内容是此次打清醮的事由。之后法师诵三官经祈福，仪式漫长，但大家都认真观看着。

道士与助手、叶姓事主转三角阵

打醮仪式开始，叶道士开坛，击铙诵经

晚上燃灯仪式，设坛摆二十八盏灯代表二十八星宿

稍做休息，法师念祈福保平安的经文，出堂，放炮，恭送上界神。回堂，灭二十八盏灯，撤台，收上界神画像，表示上界神已送回。之后法师拿一碗米饭，上面放一些鸡肉等，将饭菜丢到香火堂外，念经作法，并做一些手诀，将孤魂野鬼赶走。最后送走中界神，仪式全部结束。

此时已近深夜，打清醮的一天内，所有人都要吃素斋，以表尊重。叶氏亲族们将香火堂打扫干净，陆续向祖先上头香、敬拜。叶氏的血脉传承至今，子孙们感谢祖先的保佑。平安幸福的生活，是亘古不变的追求。∎

叶氏香火堂正式启用，宗亲们忙着插头香

道士迎请二十八星宿下凡

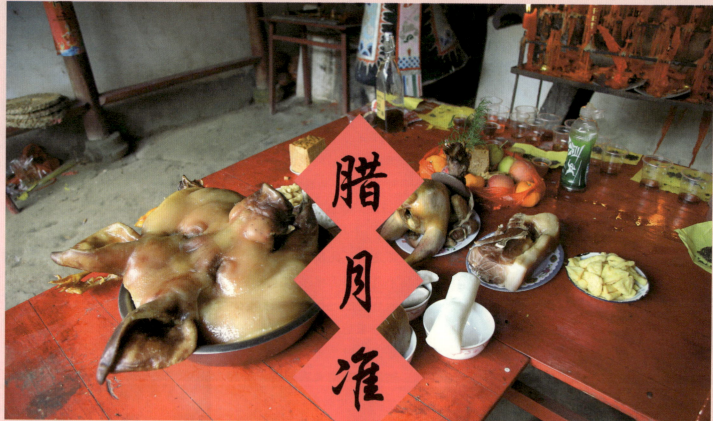

腊月准备过年

文·陈诗宇

猪头在除夕煮熟特别作为供品祭拜

刘宋美家的年夜饭

除夕祭祖请年神

对于农家来说，年前杀猪是一件大事。杀猪多安排在凌晨，过了冬至，各家各户就开始盘算哪天杀猪，自己留多少肉、哪几家亲戚朋友要送肉。有条件的还要留出一些猪肉做腌肉、腊肉。猪头则要在除夕煮熟特别作为供品祭拜。2018年2月15日是除夕日，一早我们来到松阳象溪鲁峰村刘宋美家。清早姐夫就忙着分切杀好的猪，在大锅里煮猪头。

除夕日很重要的一项活动是请年神和祭祖。农村里家家户户在这一天都要提着供品，到社庙、社公殿去祭拜，其中猪头就是必不可少的供品之一。午后，鲁峰村里陆陆续续有不少村民开始提着猪头、鸡、鸭、糕点等到社庙祭拜。住在老宅的宋美奶奶，也在自家厅堂点香烛、焚纸钱，祭拜先祖。村中有的人家正在灶台上张贴新的灶神像，祭拜迎接镬灶老爷。

打蓬尘、贴春联
辞旧迎新

同时宋美家中，上上下下也忙碌着打扫，贴春联、贴门神、挂灯笼，布置一新以后，刘妈妈还不忘拿出红纸，贴在猪圈的门口祈求来年六畜兴旺。年前打蓬尘是一件大事，屋里屋外、桌椅橱柜，一概要进行彻底的大扫除，干干净净迎接崭新的一年。传统用细竹枝捆扎在竹竿上，打扫清洁以后丢进河坑，也是丢掉旧年的晦气。接着换上新的春联、灯笼、门神，布置厅堂。农家还要在家畜家禽栏贴上写有吉祥字样的红纸，或直接贴红纸。

临近腊月年末家家户户都要忙碌起来杀猪蒸糖糕打米……各种年节食物的准备马不停蹄迎接新年到来

准备各种年节食物

最重要也是最花费时间精力的，就是各种年节食物的准备了。过了腊月十五，家家户户都要陆续开始准备年糕、发糕、米粿，各种年节糕点食物。刘妈妈除夕一早也开始忙活着蒸一大屉糖糕和一大屉发糕。其中糖糕是最重要的一种年节食物，用水磨糯米粉和粳米粉拌上红糖水，倒入铺着箬叶的蒸笼上锅蒸熟，吃年糕"年年高"，给来年带来好彩头。

下午则开始准备山粉圆和山粉饺子。和北方人过年吃饺子不一样，松阳当地过年饭桌上必不可少的食物还有山粉圆和山粉饺子。毛芋煮熟剥皮，一个个摔进盆中，拌入山粉揉成团，一家人围坐一起包山粉饺子，其乐融融。鸡鸭鱼肉、八宝菜、黄米粿、豆腐皮……一家团聚，迎来团圆美满的年夜饭。■

从年头到年尾，在松阳经历了一年十二个月的岁时节庆，又到年末。和所有中国人一样，松阳人重视过年，腊月有许多需要准备的事情，忙得不亦乐乎。松阳老话说"八月无破箩，十二月无太婆"，秋收晾晒的粮食多，再破的箩筐也要派上用场。

十二月年末，家家户户都有许多事情要做，就算是年纪大的太婆也得忙碌起来——腊月二十三、二十四日祭灶神，送镬灶老爷；杀猪、蒸糖糕、打米粿，准备各种年节食物；打扫屋舍掸蓬尘，迎灶神，布置一新，迎接新年来临。陪伴我们一年的松阳向导刘宋美，也在年末特别邀请我们到她家过年，体验传统的松阳年俗。

酿酒

文·赵英华

农历十月，已进农闲时节，松阳乡间许多人家开始自酿糯米酒。此时深秋初冬，气温适宜，新收糯谷也已糯化，这个季节酿的酒，松阳人叫"十月缸"。

当地酿酒多用红曲发酵，也有用白曲或两者混合使用。红曲是用籼米做原料，蒸熟后拌入黄酒或专门曲药发酵而成。制好的红曲呈暗红色，颗粒分明，散发淡淡酒香。白曲则是用麸皮、鲜酒糟发酵而成，呈白色团状。

《松阳乡俗散记》中关于酿酒有这样的描述"松阳有句俗话：'望病搭酒无老手。'可见'搭酒'是技术活，而且是'技术含量相当高'的技术活，没人敢拍胸脯自称'老手'"。"搭"字用得传神，所谓酿酒手艺就是掌握原料的搭配比例，一般一斤的糯米加一斤或一斤半的水酿出的酒，在松阳人看来是相当好的。

松阳乡间的厨房内多是柴火灶大铁锅。糯米淘洗干净，浸泡一夜，吸收充足水分的糯米颗粒饱满，沥去水分后倒入竹制饭甑内蒸熟，新鲜的糯米饭香气四溢。再将糯米饭倒入竹簟箕上凉至不烫手，加入用水泡过的红曲和碾成粉末的白曲搅拌。酒桶中央立一根直径约10厘米的粗竹筒，将搅拌好的糯米饭倒入桶内压实。然后抽出竹筒，将糯米按压平整，中间形成至桶底的酒眼，可使空气与糯米充分接触，再撒一层白曲。之后加入泡过红曲的水与温水至与糯米齐平，此时的水量约为糯米总量的一半，20天后再加入另一半水，此法做成的酒口感极佳。最后盖棉布、桶盖，桶盖上再加塑料布与粗麻布，以便保温。松阳各家酿酒有自己的"秘方"，加水的方式与曲药的比例，都由自家口味决定，传统酿酒多用大缸，如今也有用塑料桶。

酿酒的前3天，淀粉逐渐转化成葡萄糖，此时的酒液糖度高，喝起来是浓甜味。再过3天，糯米就完全发酵，桶内已糟化的糯米与酒曲混为一体。沥去杂质的酒液呈浅棕色，喝起来温厚甜糯。■

酿好的糯米酒

红酒曲

团状的白曲

酿酒工序

1.糯米浸泡一夜，使其充分吸收水分

2.糯米沥干水分后倒入饭甑中蒸熟

3.倒入竹箅箕中凉至不烫手

4.加入浸泡过的红曲和碾成粉末的白曲，与糯米饭搅拌均匀

5.酒桶中立一根直径约10厘米粗竹筒，将搅拌好的糯米饭倒入桶内压实

6.抽出竹筒，将糯米饭按压平整，撒一层白曲。中间形成至桶底的酒眼，以便糯米饭与空气充分接触

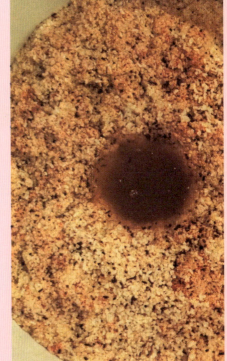

7.加入浸泡过红曲的水与温水至与糯米齐平，以便温度适宜发酵

酒桶先盖棉布再盖桶盖，桶盖上加塑料布与粗麻布，以便保温

熏火腿

文·李博

俗话说："小雪腌菜，大雪腌肉。"节气一到，松阳家家都忙着腌菜、腌肉，保存食物，腌制火腿也是此时的一项重要工作。火腿制作要选新宰的猪腿，但"四蹄有别，后腿较优"。对于普通农家，辛苦养了一年、两百多斤的猪出栏宰杀后，也只有两条各30多斤的后腿能用，其原料可说是比较珍贵了。

松阳人喜欢熏火腿，乡土制法比较复杂，先要盐腌，接着烟熏，最后再风干发酵，前前后后要一年时间。与之相比，临近的金华，自明清时已是有名的火腿产地，但金华火腿多数不用烟熏；两湖、云贵、四川等地的腌肉在烟熏后，无须发酵即可食用，只能叫作腊肉。

民间俗谚："三年出一个状元，三年出不得一只好火腿。"说的是火腿制作时间长且过程不易控制，每一步都很重要。首先要保证原料的新鲜，宰后不久即进行加工。最先进行的腌制影响后续的熏制、发酵，是关键步骤。《本草纲目拾遗》曰："四时皆可腌，唯冬腿为第一。"松阳

熏房内吊挂的火腿与其下的熏灶

茶叶熏火腿制作准备

普通人家熏火腿用的柴火多种多样，茶叶熏火腿主要用鲜茶树枝当燃料熏制。最先将这个点子付诸实施的，是人称"腿哥"的陈金富。松阳有十几万亩茶园，每年三四月份，春茶采摘后都要剪枝、修整，有一些茶树还要砍掉重种。"那些不要的茶枝都堆在路边，一般直接烧掉做肥料。我就想：用鲜茶树枝当柴火，是不是会有用茶叶熏制的效果？也是废物利用。"几经试验，陈金富的"茶叶熏腿"于2010年研制成功了。熏烟中含有茶多酚，使制品有一种独特的香味，同时茶多酚还有很强的抗氧化性，对人体有益，并能降低熏腿中的亚硝酸盐含量。

修好的猪后腿

原料

火腿制作选用成年猪的两条后腿，先修坯：刮净腿皮、脚趾上的细毛、血污和杂物，再用刀修圆腿面，并剔去血筋和浮油。修好后腿呈琵琶形，肌肉鲜红，肥膘洁白。

冬天的平均温度低于10摄氏度，早晚温差大，此时腌腿，可减少细菌污染，成品耐保藏而不变质。用盐量也很讲究，需精准控制。过多，会抑制后期的发酵作用，使火腿缺乏香气；过少，则不能有效防止有害菌的繁殖，导致火腿变质发臭。难点还在于要保证腌制均匀，大腿不淡，小腿不咸。

明人张岱有一首咏火腿诗，其中一句是"香从烟里生"，如其所述，松阳火腿的独特风味，与烟熏有很大关系。熏火腿离不开土灶，以前松阳可说是家家有土灶、家家熏火腿、家家有技艺。火腿腌好后，就挂在土灶或烟囱上方熏制；有条件的人家还会将出烟口先导到一个简易的熏房内，里面悬挂火腿。一天烧火做三顿饭，火腿也在反复的烘熏、通风、冷却中，染上特有的烟熏味。松枝、竹片、草叶……农家烧的柴来源不一，各家火腿的烟熏味也有差别。近年来，还兴起了用茶叶熏火腿的新技艺。

火腿成熟要经长达200天的风干发酵，需要耐心等待。期间火腿表面会长满霉菌，看起来很惊人，实际上它们却起着保护作用，防止内部肌肉的氧化、褪色，也抑制有害细菌的侵入。此时在火腿内部，微生物和酶正发挥作用，蛋白质和脂肪等被分解，并进一步反应生成新的风味物质，逐渐累积形成火腿的浓郁香气和独特滋味。尤其是夏天，随着气温升高，酶的活力增强，是火腿生香的关键阶段。

高亭村一座用了八九十年的老灶头，柴火堆上方的架子就是用来吊挂、熏制火腿的地方

腌制火腿用的粗盐

其他用料

粗盐：腌制要使用颗粒状的粗盐，颗粒盐溶解慢，利于盐分在腌腿中缓慢渗透，尤其在南方，空气湿度大，如果用日常吃的粉状盐，很快就溶解流失掉了。

工具、设备

腿床：由竹或木制成的长方形平板，约厚10厘米。火腿腌制期间，在腿床上进行叠放，可避免腌腿着地，减少污染。腌制期间析出的盐水也很容易从板缝中流走。

熏灶：熏房中的熏灶是陈金富研制的，已申请专利。熏灶顶部密封，两侧分别开有一组出烟口，并且熏灶顶部两侧向外凸出，形成屋檐状的挡火檐。火腿就悬挂在熏灶上方的空间中，如此可避免熏制中火焰直接接触到猪腿，火腿上的滴油也不会对火焰造成影响。

整齐排放正在腌制的火腿

成熟的火腿切开后，瘦肉鲜明似火，肥肉依稀透明，向来是上等的提鲜吊味食材，以此制作的火腿石蛙是当地的山珍名肴。松阳人"无锅不成筵"，吃饭时总要有一个锅，底下用电磁炉或风炉烧炭持续加热，锅里或烧鱼、或炖肉，重点要汤菜齐全。火腿可直接切成薄片，煮成火腿锅，搭配冬瓜、丝瓜等淡食材，更显其独特的咸鲜味。

在过去，对于松阳普通人家，火腿、土鸡蛋都算是最好的食材，轻易不吃，招待贵客才用。未来的女婿首次登门，丈母娘若相中，觉得满意，会烧一道名为"火腿蛋鳖"的点心招待，几片火腿加水烧开，打两个荷包蛋。小伙子吃到了这道菜，心里也就明了这婚事八九不离十了。盛夏抢收、抢种的"双抢"时节，身体消耗大，农户才舍得自己吃几片火腿，为了少用点鸡蛋，这时是打蛋花，做成火腿烧蛋羹。

近几年来，由于环保污水处理的原因，农户养猪受限，再加上山上不让砍柴，很多人家里也没了土灶，松阳自家熏火腿也大为减少。但去到一些村里，总还有几户人家在按老一辈的方法做。对于松阳当地人，看到傍晚山村里的几缕炊烟，是不是还能记起以前自家熏火腿的独特香味呢？■

商店里陈列贩售的整只火腿，外表暗红，非常坚硬

茶叶熏火腿制作工序

1. 腌制

擦盐腌制使腿脱水、防腐并调味，是决定火腿质量的关键环节。总的用盐量约是鲜腿重的10%。第一天为小盐，占总用盐量的10%，将盐均匀抹擦在肌肉面、腿蹄、腿皮上，使水分析出。一两天后用大盐，占总用盐量的50%，尤其要在骨节处、肌肉肥厚处加大用量，使盐快速渗透。

叠：上大盐后，肉面朝上在"腿床"上依次堆叠四五层，每层之间隔以竹条，以利于腌腿脱水。

换：腌制六七天后，将叠放的腿进行换位，上层的换到下层，下层的换到上层。换位时，再一次用盐，占总用盐量的10%。

如此每隔六七天重复叠换操作，并重新用盐，四五十天后腌制完成。

工人正在叠换火腿，并重新抹盐。图中可见竹制的腿床

3. 熏制

火腿挂在熏房中烧火熏制约半年时间。最初烧竹子，火力旺，有助于火腿排水；三四月份春茶采摘后，烧修剪掉的鲜茶树枝。每天烧火一两次，每次半小时到一小时。总体是前期熏得多，后期熏得少，还需根据天气晴雨进行调整。每次烧火后打开熏房自然通风冷却。熏制完成后，火腿表面会积一层黑黑的烟灰。

刚入熏房熏制不久的火腿

4. 发酵

火腿悬挂在室内阴凉通风处进一步风干与发酵，时间至少要半年。在此期间火腿中的蛋白质、脂肪会进行分解，产生火腿特有的香味。火腿表面会逐渐生成绿色或白色的霉菌，属正常现象。

熏制完成入发酵房发酵的火腿，部分火腿表面已生出白色的霉菌

2. 洗晒

火腿腌好后，放清水中浸泡约12个小时，洗去表面盐分。然后吊挂通风处晾晒三四天，最好有阳光照射，但温度不宜过高。

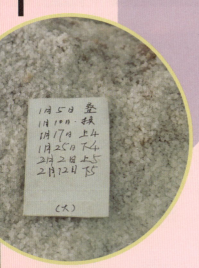

某区火腿的叠换记录

5. 清洗

发酵完成后，洗去火腿表面的烟灰、霉菌，在阴凉处晾一两天转入室内。如此悬挂可保藏两三年。

6. 切片包装

火腿可整只出售，也可割去表面氧化层后，切成薄片，真空包装出售。

真空包装的火腿切片，瘦肉鲜红，肥肉洁白

苦槠豆腐

文·陈诗宇

在松阳的餐桌上，有一种外地少有的传统美食"苦槠豆腐"，颜色灰褐色，略微发苦，可以切块切片炒食也可以煮汤，因为含有淀粉，既是菜肴、又是主食。做好以后切成薄片晒干可以保存很久。苦槠树长在大山里，每当冬季来临，农村人捡拾苦槠子制作苦槠豆腐，这是自然的馈赠。要想吃到这苦槠豆腐，还需花点功夫。

来自大山的充饥之物

苦槠树是农村人喜爱的树。中华人民共和国成立前，逢上旱涝或者其他灾荒年，村民靠着槠树果实挨过了一个又一个冬天。现在农村生活好了，早已不需要靠着苦槠充饥了。可是这种天然的食物却成了抢手货。

我们在安民乡的李坑村，请几位老乡为我们制作一次苦槠豆腐。苦槠又名槠栗，是山毛榉目壳斗科锥属乔木，可长成高达十几米的大树。在李坑村附近，有大片百年苦槠林，高大的树林下，散落着不少小小的苦槠子。

苦槠豆腐就来自苦槠树的果实苦槠子，一个个头挺小的带有深棕黑色硬壳的圆形小果实。初冬时分苦槠子从树上脱落，人们要非常仔细地搜罗这些果实，得到果实之后先要摊在小院里暴晒使壳子开裂，取其果肉。一天只能捡十几斤苦槠子。

得来不易的加工方式

苦槠豆腐制作不易，苦槠壳开裂以后，还得经过长时间的浸泡、磨浆（当地人称苦豆浆）、过滤、加热、凝固成块、切割、在一缸一缸清水中浸泡轻漂……

熬的时候要不停搅拌，柴火锅做出来的东西总是充满着烟火气。

最后才得到这特殊的苦槠豆腐。制作好的苦槠豆腐散发着天然的香气，原生态加工的苦槠豆腐会略有苦味，不过这略微的苦味也是绝妙的风味所在。一道苦槠豆腐，做成不容易，捡、晒、磨、泡……一道道工序，需要时间，需要沉淀，方才成就美食。真正的美味就是如此！■

高大的古苦槠树

苦槠子

苦槠豆腐制作工序

切片后进行晾晒

切条晒干后的苦槠豆腐

使用新鲜苦槠豆腐制作的菜肴

1. 采子

苦槠成熟后自然掉落，可到苦槠林拾子。100斤苦槠子能制作出70斤苦槠豆腐

2. 磨浆

将苦槠子在水中浸泡软，并加水磨成浆

3. 漂洗

苦槠浆静置，每天换三次水，漂洗一周以上，去除苦涩味

4. 搅煮

四份苦槠浆加一份生粉，倒入大锅中煮。煮时用木权不停搅拌，避免锅底焦煳，搅到一定稠度时换方向搅动，使颜色均匀。煮将近一小时

5. 凝固

把煮好的浆灌入豆腐架，静置一夜使其凝固成豆腐状

6. 晒干

凝固的苦槠豆腐切块、切片后可直接烹调使用，也可在匾上晾晒成干储存，食用前泡软烹调

豆皮是豆浆经过加热，表面水分蒸发凝结而成的大豆蛋白质薄膜，皮薄透明，色泽浅黄。松阳人过年时，常用它包春卷、炸葱花肉，十分美味。

豆腐皮

文·李博

还有两天就是除夕，望松街道草塔村，王雄榜与妻子还在忙着制豆腐皮。

工坊里，十五个方形槽一个挨一个排满了三面墙，槽里的豆浆微微冒着热气，飘着一股豆香味，上面的竹竿上挂着一张张已经揭好的豆皮，色泽浅黄，油润平整，隐隐透着背后的墙面颜色。屋子中间靠着另一面墙搭了一个挡风的棚子，晾着揭好的豆皮。空间虽小却安排得当，开放、遮挡分明——豆浆结皮需要空气流通，加快蒸发；晾晒要防止风吹卷曲粘连，也避免干燥过快，来不及下架整理就变松变脆。

王雄榜祖上做豆皮的历史有一百七八十年了，"一百多年前怎么做，现在还怎么做，什么都没有添加"。说话间，一张豆皮凝好了。就见老板娘拿起小铲子，沿槽的四边铲了一圈，再用两根光滑细长的竹条从豆皮下方穿过，将豆皮捞起到了空中；接着两根竹条分开，一根平直不动，另一根贴着豆皮滑下来；最后将豆皮搭在竹竿上，并在两侧各贴两段吸管辅助定形，一张完整平展的豆皮就捞好了。整个过程熟练又流畅，只用了 10 秒钟。

看起来不难，里面却有非常细致的技术，大豆的质量、水质、豆浆中蛋白质浓度的高低、豆浆温度都要恰到好处。比如说蛋白质的浓度：太低，豆皮难以形成，或结皮速度太慢；太高，结成的豆皮色泽深，且豆浆很快变稠。王雄榜讲不出确切的数字，但凭多年来的经验就能精确把握。

豆皮每隔八九分钟才能结成，一个人操作，十五个槽里的豆皮很快就可以捞完，但也不得休息。"收比捞还要快。"老板娘一边说，一边将晾好的豆皮下架，一张一张地用手摊平，叠在一起。多耽搁一会儿，豆皮就变干发脆，再一捏就碎了。紧赶慢赶做完，槽里的豆皮也差不多凝好了。

手工做豆腐皮的，在松阳就王雄榜一家，供不应求。尤其是下半年，"天气凉了，吃火锅的多，一个人一斤豆腐皮，一下子就吃完了"。松阳人过年时，用豆皮包春卷、炸葱花肉也比较多，因此王雄榜也更加忙碌。问他忙到什么时候，他笑了："今天最后一天，明天就回家过年了。"■

老板娘把晾好的豆皮取下叠放在一旁

豆腐皮制作工序

黄豆经浸泡、磨浆、过滤、煮开后，即成可凝结豆腐皮的豆浆，之后保温在约90摄氏度，表面缓慢结皮，再捞皮、晾晒、整理。每捞两张皮，需要往里补充一勺豆浆，七八次后，改为往里补充水，后期捞出的豆皮颜色褐黄、无光泽，质量较差。每锅可捞20多张豆皮，最后残留下黏稠状的浓浆，一般用来喂猪。

1. 边长约55厘米的平底方形槽中加半槽豆浆，槽底以蒸汽加热至90摄氏度左右。静置蒸发八九分钟，表面由中间开始至边缘逐渐结出一层豆皮

2. 用铲子沿槽的边缘铲一圈，将豆皮与槽分开

3. 将两根细竹条并起平直地挑起豆皮，右手持一根竹条在高处保持平直，左手持另一根竹条由上到下滑下来，使豆皮尽量展平

4. 将豆皮搭在锅槽上方的竹竿上初步晾晒，搭好后抽出细竹条。在豆皮两侧靠下部分，横着各贴两根短吸管定形，避免边缘卷曲

5. 竹竿搭满后，将其移到专门的晾晒区，用地面架设的热蒸汽管道继续烘晾

6. 三五分钟后，豆皮出现卷边、颜色加深，及时取下摊开，避免变干变脆，并叠放在一起。注意要同一面朝上，以免粘连

右为前段所捞品质较好、较透光的豆皮，左为后段所捞品质一般、较不透光的豆皮

王雄榜将豆皮上的吸管取下，一张张摊平整理整齐

灯盏盘

文·李博

炸好的灯盏盘

汤阿姨炸灯盏盘

松阳街巷上时常能看到卖灯盏盘的小吃摊，一个热油锅、一大碗馅料，再加一盆米糊，就能现炸开卖，趁热吃别有风味。

灯盏盘因加工所用的特制铁勺形似灯盏而得名。相比一般的家用勺，它直径较大，有七八厘米，凹槽不深，比较扁平。勺把不是直的，而是向下向外撇，有一定弧度，就像是伸出灯盏外的一条长长的灯芯。这样一来，勺子放在油中炸时，把手还离油锅很远，不至于被油溅到，操作非常自如。

松阳很多人家中都有这样一把铁勺，做灯盏盘时就拿出来。所用馅料随时令变换而不同，南瓜采摘时用南瓜，青豆成熟时用青豆，非常适宜来尝新解馋。当地有名的八宝菜，过年包山粉饺剩下的馅也都可以现成拿来用。在靖居、裕溪一带，还有用茶油现炸灯盏盘招待客人的习俗。

司机蔡姐自告奋勇，请她的婆婆汤阿姨炸灯盏盘给我们吃。吃过晚饭到蔡姐家，汤阿姨已经备好了米糊、油锅，看我们一到，立刻开炸。只见她在勺子中先铺一层米糊，再放馅料，又浇上米糊盖好，下锅炸几分钟，一个油汪汪、黄灿灿的灯盏盘就好了。我们几人问东问西后，看着简单，就自告奋勇亲自试炸。

一上场，先自信满满地学着汤阿姨，用汤匙将米粉糊上下搅拌均匀，防止沉淀，结果却被她指出了没注意到的其他细节："勺子不能拿出来，要放在油锅里。"原来铁勺要先在油中预热，再铺米糊垫底，如此下锅炸时灯盏盘才更容易与勺子脱离。馅料要放多少好像怎么都掌握不好，不是放少了炸出的灯盏盘瘪，就是放多了堆太厚，外面炸焦了，里面还不熟，吃起来还太咸。试了五六个，我们就乖乖交给汤阿姨继续完成了。

迫不及待来试吃，咬一口，又怕烫，嘴巴不停地吸溜着，可真是外焦里嫩、咸中带酸、鲜香无比！■

灯盏盘制作工序

材料： 米粉加水，调成稀稠适中的糊状。馅料所用是剩下没包完的饺子馅：白萝卜丝、胡萝卜丝、酸菜丝、芹菜丁、肉末等，加盐、香油等拌匀

工具： 炸灯盏盘特制铁勺

1. 铺浆
舀两三汤匙米粉糊倒入勺中，之后上下左右旋转铁勺，使米粉糊均匀铺满勺底

2. 放馅儿
取适量馅料堆放入勺中，中间馅料稍高，四周逐渐变低，勺子边缘留约1厘米的一圈不放馅料

3. 浇浆
上面再淋两三汤匙米粉糊，覆盖全部馅料。并用汤匙将铁勺边缘刮干净

4. 油炸
放入油中炸。炸约30秒后，轻轻晃动勺柄，使灯盏盘与勺脱离。之后不时翻动锅中的灯盏盘，炸至两面金黄色出锅

炸灯盏盘工序示意图

黄米粿

黄米粿

文·王艳光

1.过滤灰汁水

2.蒸饭

3.众人合力舂捣，加入烧开的灰汁水

黄米粿是一种松阳民间小吃，以前主要用于婚庆、乔迁和过年时节，以及招待贵宾，现在则是流行的地方特色佳肴。

粳米在一种草木灰的汁水中浸泡后，经蒸熟、捣杵后制成的食品便是黄米粿。黄米粿色泽晶黄，黄中透绿，散发着草木清香。用粳米而非糯米，做出来的黄米粿糯而不黏，口感柔韧，有嚼劲儿的同时易于消化。黄米粿一般配菜炒食，如腊肉、笋丝、青菜等，色香味俱佳。将黄米粿切成薄片，夹上香肠或腊肉，高火略烤，待黄米粿变软即可，吃起来鲜香可口，回味无穷。此外还可煎炸烧烤、拼盘佐用，油而不腻，增色添香。

黄米粿制作主要有四个步骤。一是烧制灰汁。松阳人称烧制灰汁的植物为米粿柴，是一种常绿灌木。烧成灰后，纱布包好，用开水冲泡、挤压，过滤出灰汁水，沉淀备用。二是蒸饭。将上好的粳米放入灰汁水中浸泡至米色橙黄，捞出滤干，入锅蒸熟。三是舂捣。蒸熟的粳米饭趁热倒入石臼中，每人一根木棍协力舂捣。若饭太硬，则加入烧开的灰汁水。舂到基本上看不出饭粒即可。四是揉捏成型。手工揉捏成团状或条状，冷却后即制作完成。短期食用不完，还可将黄米粿浸入灰汁水中保鲜，可存放数月。风干后保存，则可达数年之久。

松阳还有一种不用灰汁水做出来的米粿，称白米粿，也称年糕，做法与黄米粿相同。近年来多用机器轧制，有的还印出花鸟鱼虫、福禄寿喜等图案或字样。自家食用之外，多用于年节时馈赠亲友。■

4.趁热擀压成型

5.用线切割成小块

糖糕与青糕

文·陈诗宇

岁近年末，松阳家家户户都要忙着做年糕。"糕""高"谐音，过年吃年糕，寓意"步步高升"。近年就算家里不方便制作，也要到市场买上一两块，这是正月里重要的食品。除夕前几天蒸制的年糕，可以一直吃到二月初。

年糕有很多种，包括糖糕、青糕、高粱糕、红豆糕等，原料以糯米粉为主，辅以各种其他米粉和材料，呈现出各种各样的颜色和口味。传统吃得最多的是"糖糕"，用糯米、粳米或籼米水磨米粉，糯米粉占一半比例，拌入红糖水制成，呈红褐色，香浓味甜；另有一种青糕，不用红糖，添加的是鼠曲草或艾草，则是青绿色。又有一种用高粱粉蒸的高粱糕，又叫"粟儿糕"，用糯米、高粱、粳米、黑米粉制成，比例上糯米一半，其余各种一半，还会添加切碎的肥肉、橘皮末，10斤米放1斤8两肉，吃起来口感丰富；近年还有红豆糕，为紫红色，受年轻人喜爱，价格比糖糕稍贵一些。传统糖糕尺寸较大，一屉一块，直径可以大到半米。因为家庭越来越小，近年小尺寸的逐渐受到欢迎，小的仅有15厘米。

过去做年糕，多用石臼捣粉，先将米在水中浸泡一整夜软化，沥干倒入水碓的石臼捣成细米粉，或者用小石磨动手磨粉。制作时，各种糕均需要油、红糖和适量水，20斤米放1斤油、8斤糖。把熬好的糖水、油或者其他配料拌入米粉，倒进铺满箬叶的圆筐中。铺叶的方法很讲究，需要有一片较长的叶子穿过筐底，其余叶片旋转铺满。灌浆以

在蒸笼内铺箬叶

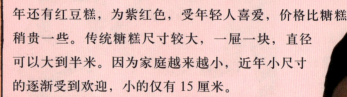

做好切块的各种年糕，绿色为青糕、紫色为高粱糕、红色为糖糕

糖糕制作工序

1. 泡米
将准备好的米浸泡吸水

2. 磨粉
将各种米磨成粉，如果是青糕则将艾草切碎打浆，放点碱

3. 炸糖
红糖入锅炸热

4. 拌粉

将炸好的糖浆、油，以及其他材料拌入米粉中，搅匀成浆

5. 铺叶

先用一张长箬叶沿直径铺底。再将其余叶稍剪，围绕圆心转圈铺满底

6. 倒浆

将拌好的米浆倒入筐中

7. 整理

修剪多余的叶梢。如果是整屉蒸大糕，还需要沿着圆筐插若干竹管，使蒸汽可以上升

后，还得特别注意在边缘插上几根细竹管，这是因为过去家族中人多，做一次年糕都是整笼屉大块，插上竹管便于蒸汽上升。现在年糕越做越小，一笼可以蒸好几块，也就不需要插竹管了。

年糕蒸熟以后冷却成块，可以直接切片食用，也可以煎、烤、炸，软糯可口，是年夜饭以至于正月期间餐桌上必不可少的一道美食。■

炸好的红糖年糕

8. 蒸糕

蒸3.5～4小时，每2小时打开一次，将积在糕面的水倒除。蒸熟放凉即可

刚蒸好的红糖年糕

发糕普及度不及糖糕，但也是松阳不少人家过年、盖房子、办喜事时餐桌上的必备点心。

发糕

文·李博

发糕谐音"福高"，寓"年年发""步步高"的吉祥含义，其成品表面光滑，切开里面有很多孔洞，口感松软，上面还可以嵌红枣、花生。腊月二十八，鲁峰村，向导刘宋美的妈妈约邻居甘香英到家里帮忙做发糕，我们也赶去记录。

发糕用米、面都能制作，各家可凭喜好选择，甘阿姨这次用面做。工序说起来很简单，面粉加小苏打、红糖、食用油、水，搅成面糊，静置发酵后，上锅蒸即成。整个过程，面糊的稀稠程度最不易把握，太稠蒸出的糕发硬，太稀发酵时发不好。需非常耐心，分多次加水，每次加水后，都要用手不停地搅拌均匀，并捻开其中没有化开的小面块，否则蒸好后，就成了发糕里一个个硬硬的面疙瘩。

看似很稀了，甘阿姨还觉得不够，她一边又添了点水搅拌，一边对我们说："软一点，好吃！"搅好后，她用手抓起一把举到高处，浅黄色的面糊从她的指缝、掌边像瀑布一样流下来，没有一点间断，流畅又顺滑。

甘香英阿姨做发糕

发酵好入屉后，又耐心等了3个小时，发糕蒸好了。掀开一看，原本半屉高的面糊涨满了整个蒸笼，鼓囊囊的，外面透着深红色。趁热切一块，拿在手里就能感觉到它的蓬松柔软，捏着一边，另一边就要往下掉。塞到嘴里，既有红糖的香甜，又有箬叶的清香。我的家乡并没有发糕，但这种醇厚又淳朴的味道，仍唤起了我的记忆，在新年之际，让人感受到一种熟悉的温暖和幸福。■

3小时后蒸好的发糕

米粉做的发糕在松阳很常见

红糖发糕表面的气孔

切开的红糖发糕

白糖与米粉做的发糕

红糖发糕制作工序

基础材料：5 斤面粉

其他材料：小苏打、红糖、食用油

配比：1 斤面粉用约 10 克小苏打、350 克红糖、10 ～ 15 毫升食用油

1.面粉、小苏打倒入盆中，加提前化开的红糖水，搅拌成面糊

2.加入食用油继续搅拌，加油蒸出来不易开裂。分多次加水，并不断搅拌均匀，直至达到合适的稀稠度

3.静置约一小时，发面糊。发好后再用筷子搅拌下，使面糊均匀

4.在蒸笼里密集地铺箬叶，叶柄露在蒸笼外，下一片要压住上一片的一半。在中间箬叶旋转交错处铺两片叶子，加强易漏处。剪去叶柄过长的部分，蒸笼外大概露两三厘米

5.把整盆面糊倒入蒸笼内。在箬叶与笼壁之间等间隔插三四根竹管，以便热蒸汽通过

6.大火蒸 3 小时即成。晾凉保存。每次食用前切片装盘，再上屉蒸热后上桌

山粉丸与山粉饺

岁时风俗

文·陈诗宇

　　除夕夜，松阳的年夜饭桌上少不了一盘热乎乎的山粉丸。山粉丸也叫山粉圆、山粉粿，用番薯粉和毛芋拌成团，加少许碎肉、虾米和冬笋粒、香菇粒和佐料，拌匀蒸制而成。可汤食，也可炒食，油而不腻，口味颇佳，是山外不常见的一道好菜。若用拌上山粉的芋泥面做皮，包上馅儿做成三角状的山粉饺，更是浙西南山区年节里必不可少的传统乡土美食。

　　所谓山粉就是淀粉，过去以蕨根粉为正品，葛粉也可，现在一般则多用番薯粉。将蕨根、葛根、番薯等一类富含淀粉的块茎捣碎磨浆，放在大缸里沉淀，倒去上层清水，暴晒干研成粉末。山粉黏性不足，要做成山粉丸还需要毛芋的配合。毛芋煮熟剥皮，捣碎搅拌成芋泥，再加上山粉，倒点鲜美的高汤，有条件的再加上肥瘦肉丁，拌上虾皮、香菇、冬笋等各种配菜，口感更好。一同拌成糊糊以后，放在大锅里蒸熟。

　　蒸熟后直接食用，刚出锅的山粉丸，热气扑面而来，香喷喷、热乎乎的，蘸一点酱油醋送进嘴里，爽滑而不粘，越嚼越有味。等山粉丸冷却以后，也可切成小块状、片状、条状等各种形状，加入笋丝、胡萝卜丝和肉丝等其他佐料爆炒，或者丢进火锅煮汤。

宋美一家正在包山粉饺

　　每到除夕前，松阳人家都要准备数量不少的山粉丸供正月待客。除了山粉丸，还可以做成更精致可口的山粉饺。2018年除夕，我们在鲁峰宋美家，就一起体验了一次地道的山粉饺子制作。准备工作类似，也要将毛芋煮熟剥皮，拌上大约比毛芋少一半的山粉，使劲揉成均匀的面团，并且准备肉末、香菇、粉丝等配菜。不过山粉丸的配菜和糊糊都拌在一起，山粉饺子不一样，而是做成馅儿包在皮里。取一小团芋泥面，用手摊成圆面皮，夹适量馅儿放在面里，三面往内聚拢捏成三角状的饺子，上笼屉蒸熟即可。■

山粉丸炒制的菜肴

包好待上锅的山粉饺

制作山粉丸与山粉饺需要用到大量毛芋

山粉饺制作工序

1. 捣毛芋
芋头煮熟、剥皮，顺势摔入盆中捣烂成泥状

2. 拌山粉
取大约和毛芋1：2比例的山粉，倒入芋泥中，用力揉成面团

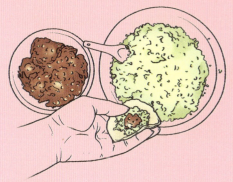

3. 备馅料
根据喜好，将肥瘦肉、香菇、冬笋、白菜等馅料切丁，还可以加粉丝，拌上佐料和匀

4. 包山粉饺
取一小团芋泥面，用手摊成边薄中厚的圆皮，中心可以下凹成窝，夹适量馅料放在皮中，三面收拢捏成三角状饺子即可

5. 蒸煮
可以上笼屉蒸熟，或水煮、放入火锅煮汤

刚出锅的山粉饺

值得传家的松阳岁时旧俗

——何为松访谈

采访·汉声采访小组　执笔·翟明磊

何为松老先生被称为松阳活字典，我们更愿意称他为"松阳文化土地爷"。他谈起松阳旧风俗如数家珍，记忆入纤毫。这样的一位老人，为年轻人讲一讲这块土地上岁时旧俗再合适不过了。你知道全城出动的迎太保游行吗？冬至如何行刑？尝新米要先供天地再给父亲？松阳为什么改名白龙县？松阳还有一个西天取经的唐僧？为什么说"种田不种烟，赛过活神仙？"……

何为松夫妇

在一个严冬的晚上，松阳文广新局叶云宽局长、王永球副局长陪同汉声采访组一起向何老先生虚心讨教。这个晚上很冷，但人心是热的——原来松阳有这么多精彩的老风俗。如何保存恢复是个大课题，也许留下记忆是第一步。

松阴溪原叫松溪

汉声（以下简称汉）：您是"松阳文化土地爷"，今天想请教松阳的故事。松阳建城很早，东汉就有了。

何为松（以下简称何）：松阳主要是田园文化。松阳古时划在丽水，松阳的粮食种一年可以吃三年，所以松阳的粮食大量出口。云和、龙泉那边都是山地，田地小，而松阳有松古平原，粮食都是松阳运过去的，像龙泉有三分之一的粮食是松阳运过去的。故有"松阳熟处州足"的说法。

除掉粮食之外，还有烟叶、茶叶、桑叶——松阳三张叶。养蚕是两个从日本留学回来的专家搞起来的，一个是刘德怀，一个是包超。包超也是浙江省农业厅的，中华人民共和国成立前从日本留学回来。

汉：我注意到这边土做的房子比较多，有个疑问，降雨较多的地方，土造的房子为何可以存在下去？

何：松阳古时砖产得很少，多用泥墙。虽然雨水多，但松阳地势比较高。以前的县城古市地势比较低，唐朝时被大水冲了，就搬到松阳来。那是在紫荆村，然后搬到了这儿。松阳的河改道也改了好几次。这条松阴溪原来是分段叫的：古时，界首以上的那段，也就是遂昌到松阳段叫松阴溪；下面又叫界溪；下来就是松阳溪。古时地图，它就是松阳溪，简称松溪。后来叫松阴溪是因为源头叫松阴溪，是20世纪70年代，遂昌县委书记邵宗仁任上（当时松阳归属遂昌县），松阴溪这个名才叫起来。

松阳文化水平比其他地方高

汉：在这样一个地理环境下，松阳形成了一个什么样的文化呢？和其他区域比有什么特点？

何：一方面，松阳物产比较多，田地比较多；另一方面，松阳文化也比其他地方高一些。在日本留学的人，民国之前，光绪宣统年间，有七八个。处州10个县里头，总共只有11所中学，松阳就有3所，景宁、宣平是没有初中的，都是到松阳来读的。遂昌也是1944年才有初中，我们同班的同学很多是宣平人、遂昌人，他们没有初中的，没有中学。松阳文化水平高一些，所以松阳比较开通。

送雨不送风的松古平原

汉：松阳粮食产量这么高也是和地形有关系吗？三边环山？

何：应当说四面是山，北面是召尖山，东边是马鞍山，西边是小丘陵，南边是大溪，松阴溪南边是山。

汉：这从风水来说是很好的，青龙、白虎、案山都有了。台风从哪儿过来呢？

何：台风到松阳来，都被高山阻挡了，送雨不送风，风都不大的。

汉：怪不得是个好地方。

何：山上树叶形成腐积土。松阴溪是比较宽的，水流大，山上的腐殖质被冲下来，形成小的冲积平原，土质非常好，适合种东西。

松阳县城三十六个半社亭

何：土堆积起来，松阳的大溪不断往南移，这个泥土都很肥沃，松阴溪又是东西水利，灌溉条件得天独厚。松阳县城就跟着南移。松阳南门地势比较低，是松阴溪改道后在明朝时建起的。县城的北面也往南移，比方说北门——朝天门，古时朝天门不在这里，还要往北两百米、现在的古老院再往上的位置。为什么这么说？因为现在朝天门往北还有两个社亭，证明是古县城的地域。这个社亭，是古老的行政机构，商朝时就有的呢。商朝二十五户为一社亭，到了唐代是五十户一社亭，中华人民共和国成立前是一百户左右了，整个松阳县城有三十六个半社亭。为什么有半个呢？因为社亭要配套的，一个社亭还要一个社公、一个土地公、一个四相公。四相公是四位侯王，红脸黑脸白脸黄脸。三个配套。为什么永平社是半个？永平社是七户人家，孤零零地住在上面，这七户人家名字我都叫得上来。这七户人家只有这点能力，只能盖一个社殿，摆祭是有，只有一张桌子，七碗东西放在那边。我家边上的社亭叫永衢

坊，为什么叫永衢坊呢？这个地方是交通大道，南边是古市遂昌，往北是宣平武义。过去有一副对联的：直出宣平武义，横过古市遂昌。社亭的传统大概是很古老的，自有文字记载就有，祖传的行政组织，古汉语中都讲到的，我们松阳还保存着！

祭年神很特别

汉：今天采访年俗，很有趣，有请年神祭太公的。上海有祭祖先，好像没有祭年神。

何：祭年神，是我们松阳这边的传统，究竟是请哪位，倒讲不出来。现在祭年神基本上放在除夕夜，其实过去呢不一定，有的提前好几天，哪一天日子比较好，就放在哪天请，捡日子的看历书，哪一天宜祭祀。现在基本放在除夕夜，早上很早的。

汉：有的老人家说，今天晚上、年二十九晚上就摆上去了，明天早上就收了。

叶云宽局长（以下简称叶局）：松阳有的地方是今天过年，大部分是大年三十，也有二十九过年的。

松竹梅打扮社殿

何：我们除夕夜时就把每一个社给它打扮一下的。用什么？用松竹梅。哎，砍一株松树来，插在地上，两根竹子也放到那儿，还有梅花，叫扮松竹梅。过年先要扮松竹梅，这叫岁寒三友。一直摆到正月十五。

汉：在日本过年有插松枝、竹子的，看样子是古老的习俗。

何：砍一株松树，背回去下段当柴火烧了，树枝这段绑在社殿，到随便哪座山上都可以免费砍到，只要你说装扮松竹梅用的，人家都会答应的。

汉：这个真有意思，您要不说，松阳年轻人都不知道呢。

何：元宵节时舞龙灯，不是要毛竹吗，一条龙起码要十几根。年初时，只要一包红糖，一斤，你走去挂在竹林里头，你就随便去砍——我舞龙灯，要用到你竹子，红糖你拿去。

汉：这民风真淳朴。

年初一禁忌多

汉：松阳二十四节气排下来有哪些活动？

何：我一个个跟你讲好了。

从除夕夜开始，和现在一样，非常热闹。和现在不一样的是，过去人家忌讳是比较多的，会提前交代小孩：过几天，要过年了，过年，骂人不能骂，讲话要注意。小孩非常高兴，吃年夜饭，包红包。年夜饭后晚上睡觉时，大人会交代：明天，不能叫起床，你自己早点爬起就是。过去跳蚤多，过年时，跳蚤跪在床底下，一叫起床，跳蚤就全部出来了。年初一要吃素吃一天。

汉：现在改成早上吃素了。

何：年初一禁忌，扫地不能扫，刀不用，菜头一天先切好的。这一天早上起来，大家穿着新衣服，先到上辈那儿，拜年。我过去一早就到祖母舅公那拜年，当然，红包会给你的。还有一大盘鸡蛋，家里都交代，鸡蛋只能吃一个，我早饭吃饱了，鸡蛋就拿一个放在袋子里头。我拜年就像打游击一样的，拜拜年，鸡蛋拿了，我们就走了，跳到第二家去。一小时左右，好多家拿过来，过年饼、鸡蛋，那是满载而归了。

汉：有说不能动剪刀，动了剪刀，老鼠就多了，有这个说法吗？

何：剪刀是行凶的，所以这一天不用的。还有，第一次扫地要在年初二，外面往里面扫，财气不会外流；出去买东西，第一件，是红蜡烛，又红又足，彩头好；也买糖，甜蜜蜜。

年初一鸡日，初二狗日，初三猪日，初四羊日，初五牛日，初六马日，再下面，初七是人日，七人，八谷，九豆，十麦。这十天，鸡日，往鸡笼里贴一条红纸条。初三是猪日，猪栏，要贴六畜兴旺。牛日，牛栏也贴一下。猪和人最亲密，农家一年钱从猪身上出，所以有的人在猪栏头要祭祀一下，比较简单，就是放一点饭之类的东西。

初八日，松阳又叫上八日。这一天，开店的开店门就开始营业了，木匠等手艺人开始出工了。这一天不用捡日子，就是吉日。

叶局：古人很聪明，否则，七挑八挑到十五都没有挑起来，你别挑了，就是好日子。

松阳有"年架"的说法

汉：这儿有没有迎财神的说法。

何：有的，开店的就有迎财神，过年要摆上四天，年初一到初四，年节，四日"年架"，这四天最核心。年架，年的骨架。

王永球副局长（以下简称王局）：以前商量什么事，都是这四天"年架"先过掉，不要乱七八糟烦心，"年架"是个核心的日子。这四天很重要的，是要在家过的。

汉：这风俗是什么时候形成的？

何：这很早。下面是元宵节，又叫上元节，上元过去，是中元七月十五，下元是十月十五。这上元、中元、下元三个节，来自道教，上元节是天官生日，中元节是地官生日，下元节是水官生日。我们松阳，水官不注重的，十月十五不怎么过。元宵节就是舞龙灯。

元宵节敲竹杠

汉：我们松阳除了舞龙灯，还有什么其他特别的地方吗？

何：以前元宵节，除了龙灯外，还有旱船、马灯。松阳还有一个特点：敲竹杠。敲竹杠，我把某某人放在这一天来骂，谁是贪污的、赃官啦。在街上，很快出现，用竹杠敲着去，还有的不用其他的，用破雨伞点燃，拿着一下子冲到街上，弄堂里冲出来，"某人怎么坏怎么坏"讲一下。当然不允许的喽，警察要干涉，他就溜掉了。

汉：发泄一下情绪。

何：倒人家的霉的，坏人家的名声。

汉：这说明松阳民风上有挺好玩的地方。

年初一早男做饭，
不在娘家过除夕

何：年初一早上是男的烧饭，是有这个习惯的。女的一年烧到头，过年换一下，男的烧给女的吃。还有一个禁忌：出嫁的女儿不能在娘家过除夕夜，真的要在娘家过年，你要在鸡窝里坐一下。有的人真的象征性坐一下，再去睡。

叶局：我看到一个篇章，讲这个习俗成因。很巧妙的，夫妻吵架，女的跑到娘家，但你过年必须回，这也是娘家赶你的一个办法，一个借口。不动声色地让你回去了，如果硬赶就是娘家不近人情了。

立春古时鞭春牛盼晴

何：立春节气，现在没有隆重的活动。古时会鞭春牛，那个历书里有颜色规定的，比如说今年的春牛，什么地方用黑色的、红色的，有规定的。你看历书好了，不同年份用不同颜色。立春这天，我们巴不得要晴天。立春这一天，老皇历是有四句话的：岁朝宜黑四边天，大雪纷飞是旱年。但得立春晴一日，农夫不用力耕田。年初一最好是阴天，如果下雪来年会大旱。1967年大旱，年初一真的下大雪。

正月二十，无麦也有面

何：正月二十这一天，松阳有句话：正月二十，无麦也有面。种田的人，正月二十是晴天，这年麦就会很饱满。无麦是麦少的意思，麦种得少，面粉也有得吃。再下面的节气是雨水、惊蛰。我们松阳种田是看雨水这一天，最好是下点雨，否则会春旱。惊蛰一到，百种下地。

清明插杜鹃柳枝

何：春分没有什么活动。清明是大节气了，扫墓、做青明粿，清明插杜鹃花、插柳枝，插大门两边，这是纪念介之推的。介之推隐居山中，谋士说火烧山他就会出来，结果他宁愿烧死也不出来。他和母亲，一个是抱杜鹃花烧死的，一个是抱着柳树烧死。过去清明头一天是寒食，但是以后、最近几百年，寒食清明合并不分开了。古时是分开的，寒食吃冷的。松阳人不过寒食节了，和清明节合并，就是门上插杜鹃与柳枝，既可以两边都插，也可以一边插杜鹃、一边插柳枝。

汉：有意思。有松竹梅，又有杜鹃、柳枝，很有古风。我们扫墓时有什么讲究？

何：分两种，一种是新墓，一种是旧墓。新的墓是刚装上去的，是需要清明头一天扫墓的，不能清明当天扫，叫"新坟不搭清"。旧墓是清明节扫的。

叶局：我们有种说法是前扫一，后扫七。清明前一天你能扫，后面七天你也能扫。过了这时间段就不能扫了。

何：这边叫前三后四，前面三天，后面四天，也是七天。清明基本上与地官有关系，中华人民共和国成

立前判决死刑的人，一个放在清明这天行斩，一个放在冬至这天行斩。

立夏羹，立夏贴

谷雨是农时节气，比如下种，放在谷雨后可以下种。谷雨，并没有单独过什么节日。谷雨就是开始农忙季节。立夏，有立夏羹，是说小孩子吃了立夏羹，不会长疥。立夏羹，是苋菜、米粉，弄成糊。立夏贴——清明后虫类较多，用草纸黑毛笔写好贴出来，上面写敕令，下面写罡，中间写文字"立夏，立夏，毛虫逃无路，逃到青山去，永世不回家"（注：此时何先生用松阳话念），松阳话是押韵的。一贴，虫就没有了。这板壁贴一张，那板壁贴一张，一家四五张。

汉：这个好玩，应当恢复。

何：讲起立夏贴，以前还有个贴，叫东司贴，东司就是茅坑。我小时经常看到，有人贴在厕所里，"天皇皇，地皇皇，我家有个小儿郎，昨天睡眠不安静，过路客官读一读，一夜睡到大天光"。这叫东司贴。

松阳水稻

汉：立夏后是小满，又是比较忙的日子。我们水稻播种在谷雨吗？

何：惊蛰之后，播种育秧，谷雨插秧。

汉：哦，这比其他地方要早呢，其他地方多是谷雨、立夏播种，小满到芒种插秧，松阳比较早。

叶局：这和我们种双季稻有关，一年种两季的，两次水稻。

何：过去水稻日子比较长，生长期比较长。

汉：收割是何时？

何：处暑之前。

荞麦、马蓼豆

汉：第二季何时种？

何：过去水稻就一季，中华人民共和国成立前，第二季就种荞麦，还有马蓼豆，这两种东西。马蓼豆小小的，比黄豆要小，先撒在水田里头，让水浸泡上一天，自己根出了，只有这么高，密密的，产量不高，种得最好，一亩田100斤。

汉：做什么用的？

何：用来榨油。榨豆油，做豆饼，种田、种烟叶要用的，过去松阳烟有名的。

汉：你说过去还种荞麦，不是一般的小麦。

何：荞麦是用来吃的。马蓼豆拔了后再种小麦，马蓼豆要农历九月底，水稻是种一季的，马蓼豆是间种，水稻没有割，它先撒过去的。割稻时，马蓼豆有这么高了，也有的和水稻一起割了。

松阳小麦

汉：小麦何时种、何时割?

何：小麦农历十月份种，第二年小满前收，"割麦不过满"。还有一句话，"小满子，不割也会死"。小麦成熟了，你小满时不割，它也会黄掉死掉。

汉：能把这些告诉我们年轻人，能传下去再好不过了。

我种了 27 年田

何：种田我种了好多年。小时家有 22 亩田，我 6 岁读书，也开始牧牛了。我种田很多年，我划右派回来种田，又种了 16 年田。平反，再去教书，教中学，我教化学的。芒种到了，松阳山区开始种玉米。玉米，种在高山里，不需要施肥。把山上草木烧掉，就变成焦泥肥了，刀耕火种的方式种玉米。挖掘时，把玉米子放嘴里，一边掘，一边吐子。山坡比较陡，站也站不牢，背后背一袋玉米子，吐光了，再拿。

汉：这样双手腾出来了呢。所以你种了 27 年田。

种田不种烟，赛过活神仙

何：你准备种烟叶，一亩田种多少烟叶，我有数的，一亩 1300 株。

汉：烟叶什么时候开始种?

何：头一年，放在坐北朝南的地方，烟丝做起来后就要做苗床，上面盖稻草棚。烟叶与其他东西不同，苗床的泥搞得很实，再把烟籽放进去，灰撒上去，稻草盖起来。为什么搞得那么实呢? 如果土松，烟籽生根往下长都是直根；把它弄平，下面很实，横的根比较多，烟苗才是好的烟苗，才长得大。头一年秋天才开始种，冬天稻草盖起来，第二年，开春，天气暖和了，撤掉稻草，清明前几天下栽。清明，叶子有青果这么大。接下

来，烟农要吃得丰厚，因为上烟土，培土很吃力，每天吃得很好的，酒啊，肉啊。种烟苦，所以松阳有句话："种田不种烟，赛过活神仙。"

王局：我爸就是这样，等我毕业了，没经济负担了，他说再也不想种烟了。

何：为什么? 种烟很吃力，种一亩烟，有种五亩田功夫。清明培土，小暑时开始采脚叶（最下面两叶）。上面顶要摘掉，只能留 8 至 13 张叶，肥施得少，只留 8 张，我家里基本留 12 张，再留多，上面的叶很小。大暑时，上面大叶可以摘了，先摘第一张，从上面往下摘。

叶局：那时我还是一个上中学的小孩。晒烟时，竹夹夹在那里，很重。晒烟时天气变化快，一个雷打来，马上就下雨，就把东西抢回来，抢到一半又没雨了，又要从里面扛出去。

何：松阳农民就是靠这点烟叶赚钱，你种稻谷，产量有限。过去工资很低，请个工，一天工钱，一斗米，松阳米斗，四斤半，一天做了就是四斤半（米）的工资。到了抗战时，劳力少了，种田由四斤半提到十斤米一工。过去工资只有这一点点。

汉：端午节有什么习俗?

何：立夏以后，包粽子、吃薄饼、划龙舟。端午茶是端午前 5 天就可以采了。大门要插菖蒲、艾叶。

汉：端午下面是小满，下面是芒种、夏至。应当没什么活动，都是比较忙的时候。

七夕：上茶节，祭七家星，洗头，乞巧

何：这些都是农作物终结的时间，都是比较忙的。七月初七，七夕。松阳七夕，有好多东西，有小孩的人家，过上茶节。为什么要上茶节? 松阳三位夫人陈、林、李是小孩子的保护神。这里有一个典故，陈、林、李是道教的人物，陈是陈靖姑，林是林九娘，李是李三娘，三个是道姑。陈靖姑，怀孕了，肚皮很大，但出现了一个白蛇精，白蛇精会吃小孩子的。这个陈靖姑为民除害，她吐胎除妖，把自己肚皮里的胎，吐出来，先保存在外面。她就没有顾虑，轻装上阵，另两个夫人协助她，三个人杀掉了白蛇，小孩子得到保护，把妖除了，又把小孩放胎里了。松阳一中旧址，就是过去陈、

林、李夫人庙，民国十五年拆掉改作中学的。15 年前，松阳人都要到那边上茶，为什么上茶呢？因为道姑不吃酒的，清茶代酒，所以是上茶节，有小孩的人都要祭祀。那天，为保养身体，每个小孩杀一只童子鸡。鸡是自己家里养起来的，家里有两只鸡，就杀两只鸡。

汉：七夕，除了上茶还有什么活动。

何：就是晚上的时候祭祀七仙女，松阳叫七家星。祭案放在外面楼顶，东方有七颗星，就是牛郎织女，摆上供品。七夕节还要补充一点，是妇女孩子的节日。女人要到溪水里去洗头，这天洗了以后，头发长得黑黑的。白天，在太阳底下，拿一脸盆的水，缝衣服的针，每一个人拿一根，六七个妇女一起，平放水面上，浮着运气好，沉下去运气就不好了。还有你也放她也放，大家放了，过去的针，缝衣服缝着，头上一擦，有油、有静电反应，一下子会堆拢了，变成一朵花一样，这几个妇女运气就特别好，这叫乞巧。

中元节：
四祭坛，放水灯，搭纸桥

何：下面就是中元，七月十五。中元就是鬼节，松阳是祭祀的。七月半，松阳有四个祭坛。我给你介绍一下。

叶局：我都不知道哎。

何：这四个祭坛，县官要祭祀，还要把城隍抬去。一个是先农坛，就是变电所那边，不单要去，中饭吃后，县官要象征性地扶一下犁，祭神农氏、后稷氏，还有六祖。

汉：这个知识不记下，真要失传。

何：先农坛、社稷坛、风云雷雨山川坛、厉坛，松阳有这四个坛。这个厉坛，是最后的，1950 年还祭祀过。1951 年没祭。

汉：所以中元节是很隆重的节日，也是鬼节。

何：中元节，除了祭祀之外还要在独山夫人庙放水灯。这个夫人庙很出名，松阳一度改成白龙县，就是因为这个夫人。改了 60 年，公元 939 年到 999 年。为什么改白龙县？这个夫人庙原来叫太婆庙。民间传说这个太婆是水南人，没有出嫁，还是一个小姑娘时，在水边洗衣服，上游有个白白的东西飘下来，她马上捞上来，放在鼻子那一闻，很香的，一下子滑到嘴巴里，吞

下去了，她肚皮大起来了。她的父母说她不贞节，赶出去了，她就在独山岩洞里，产下孩子来，她连形状还没看到孩子就飞走了，晚上就回来吃奶。

她说："儿子，儿子，你晚上来吃奶，你白天也要给我看一下。"结果产下来是一条白龙。

白龙说："我出来，你要怕死的。"

她说："母亲对儿子怎么会怕呢？"

白龙说："你要是不怕，那明天我现身给你看一下吧。"

结果第二天，白龙一来，她真的吓死了。就盖了一个庙，太婆庙。公元 939 年，松阳大旱，大家求雨，当时县官叫陈时，也要拜雨。一跪下，一声闷雷，惊天动地，山顶上一条白龙出现了，一下子大雨下来了。这个太婆庙真灵啊。公元 939 年浙江和江苏两省，叫吴越国，这个县官呢，把这事上报钱元瓘这个皇帝，他就说："哦，松阳有这事，改县，改成白龙。吴越国兴旺，是有白龙出现。就封太婆为瑞现夫人。"所以独山下的庙叫瑞现夫人庙。前面是传说，后面改名是有历史记载的。这个夫人庙有会的——夫人会，我爸爸是会员。每一年的七月十五，放水灯，就是送瘟神到水里。因为是鬼节，民间会搭纸桥，插 36 炷香。每张纸一折，盖成纸的桥。烧 36 炷香，一根根地插上去，每一户门口、门前、屋后搭起来，一边烧纸火给孤魂野鬼。香插在桥两边地上，什么地方好插就插哪，也有插在路边。

中秋节：
灰汁糕，沙擂，月光佛

何：八月十五是团圆节，松阳那时刚刚是新谷登场，尝新米。稻草烧灰，用水溶解一下，灰汁浸米，浸出再磨细，做灰汁糕。团圆节，吃沙擂，汤圆外滚芝麻。小孩子这一天除了月饼，还有薄脆吃——一种饼，沾芝麻，烘出来。还有月光饼，松阳叫月光佛。月光饼怎么做？米粉，有个圆圆的盘，把米粉白糖拌匀，一敲一敲就薄薄一层，放水上一蒸，倒出来就是一个月光饼，我的舅父，就用食用颜料画桃园结义、吕布貂蝉，有的就画一个仙女。做外婆的人，有几个外孙，就买几个月光饼。我们小孩又想吃又舍不得吃，画起来的那部分用刀割下最后吃。

汉：这是对孩子最好的美的教育，现在还有吗？

何：现在还有，只是改成印的，饼上面是印画的纸，底下是红纸。这个月光饼，我小时也画过，是怎么样画的呢？

我的舅父把轮廓先画出来，我涂颜料，很快的，几个铜版画一个。我的舅父丁光在松阳艺术界是第一号，扮太保、扎龙灯，都是他弄的，他是杭州艺术学校的一个顾问。99岁死了。

尝新米先供天地后父亲

何：新米出有个尝新米的仪式。先供天地人再吃。

王局：第一餐，香要插起，天地要先吃。我父亲这么干的。

叶局：老爸要先吃的，父亲要撑起一家来的。

何：一般放天井里祭祀。

叶局：20世纪80年代、90年代还这么做。

以前松阳最热闹的日子：迎太保

何：松阳还有一个迎太保的习俗。迎太保要一整天，迎太保的人叫角首，要家庭好，福气要好，夫妻双全，最好四代同堂，这种人才有资格做角首。还拣日子呢，他的出生年月要合得来。迎太保的时间在二月二以后、清明以前，"太保不搭清"。还有个城隍，也要跟着一起迎，城隍先到太保庙这边，一起接，把太保迎接出来。抬太保的日子是松阳一年中最热闹的一天。比如说今年是二月初十迎太保，头几天，附近县做生意的人全部赶到松阳，松阳山区，随便什么深山的人都要出来看太保，实际上变成物资大交流。太保日，什么都有。

汉：那太保究竟是个什么神？

何：太保爷是个元帅。有四个人有资格做太保，岳飞有资格，韩世忠有资格，我们松阳太保是温琼，一个元帅。还有一个我忘记了。四个，温琼是一个武元帅。游太保时，城隍抬去，把太保接出来，接太保的队伍是怎样的？前面鸣锣开道，一个锣，很大的，抬起来，后面的人敲；接下来是銮驾，很多的人拿着什么大刀等，再有两个牌，"肃静回避"；接下去是各种灯，花灯、纱灯、珠灯，一队队排起来的；这些东西全部排完之后，再下面，为首的角首，长袍马褂、布鞋穿起，带领城隍、太保，八抬大轿。后面很多"犯人"，

自愿自觉化装成犯人的有几百个。这是些什么人呢？这些人，一年到头生病了，到太保爷那边，"保佑我病好，迎太保，我来做犯人"。这些犯人都是生病好起来的人，来还愿。要带纸做的枷，也是纸链，两只手拿一个毛巾，草纸包起来，毛巾捆一捆，插几炷香，叫作迎香。迎香的人，就在后面。

另外还有抬阁（注：就是把小孩高抬起来的一种仪仗），我也扮过的，放在太保、城隍后面，在犯人前面，一般是六抬，有的是八抬。

汉：你最后看到迎太保仪式是哪一年？

何：1950年。中华人民共和国成立后就在1949年、1950年两年有，之后就没有了。

汉：太可惜了。

何：有四个太保会，每个都有田，总共70多亩，会友300余人。迎太保轮流做，今年东门、明年西门、后年北门的太保会轮流做，这些事情都是用太保会里的田产来做的。1950年以后土改，太保会就散掉了。

太保会迎太保之后，上午半天到中午，四门走遍，人很多，但是阴曹地府的鬼也会来看太保，所以要收孽。鬼不一定在大街上，在弄堂里也有鬼。那个太保很大，我舅舅雕的，一株大柏树雕的。而收孽的太保，是一个小太保，是大太保分身，用两个人抬，小弄堂都进得去，后面跟几个人敲锣，很快弄堂走一遍，半走半跑的，都走遍了，鬼都收了，保一方平安。下午城隍与太保分头了，城隍做另外一件事情去了，他到厉坛去，祭阴曹夜鬼，全猪全羊供品放在那边，锡箔烧很多，米饭很多，城隍祭夜鬼。

何：迎太保那天，每个社殿里有供品迎接太保。社亭里，每一家都有祭品排桌连起来。看你家庭条件，条件好一点，祭品好一点；条件差的，祭品低级一点。比方说我家过去迎太保，光是用青团。这就是松阳迎太保的情况。

叶局：什么时候我们迎一次，要把会恢复起来。

汉：意大利、法国两个地方都以迎圣母出名。一个月时间，圣母玛利亚，很大的世界性集会，很多人会到那边去。太保庙还在吗？

何：太保庙是一个庙宇群，有罗汉堂、百子庵、很大的庙，7000个平方米，被日本人炸掉了。现在空下来的遗址全部加起来还有1000平方米。

重阳吃粉干生

汉：重阳节松阳怎么过？

何：重阳的登高，松阳到民国时已不搞了。重阳节主要是吃，一般就是炒粉干生，粉干做出来没有干的、没有晒，就直接拿了炒着吃，就这个意思。街上卖时挑起来，一摊摊，比圆珠笔笔头粗。现在都是晒干的。有时用灰汁糕、沙擂。

冬至：杀头的回忆

何：接下来是冬至，要吃大饺子。那时生活条件差，冬至粿就是萝卜丝饼、大饺子。松阳人冬至上坟。

冬至，有很多事，比如说修理坟墓，都放在冬至这一天，还有处死犯人也在冬至。新华路99号门口就比较热闹。死刑犯捆在柳树上。杀头有办法，刀柄在这里，刀刃对外，一拉，反手刀。他怎么杀的呢，先肩膀给你一拍，"二十年后，你又是一条好汉"，他一拍，犯人一惊动，原来头硬在那里，这么一拍，松一下，刀正好在两块骨头之间划过。厉害的刽子手，一刀头落地。民国时一个三里亭的抢劫犯，名叫秦岳，把军官抢劫了。古市有个军官，军官有个皮箱，有个警卫员在后面挑着。抢劫犯头天摸好底了，一定经过三里亭，他与另一个人合伙把这两个人杀掉了，皮箱抢来了。结果破案破出来，原来是古市人。那个帮忙的没枪决，这个判处死刑。放在什么地方宣判呢，就在孔庙门口，这是最后一个杀头的。当时我还是孩子，我坐在爸爸肩上去看，那时县官叫蒋建农。他在那边，一张桌子，一个笔架，毛笔、朱砂，和演戏一样的。一块斩牌绑在犯人后面。宣判时，犯人供认不讳。县长说"你抢劫判处死刑"，红朱笔在犯人头上一点，监斩牌一点，县长把桌子一脚踢翻，马上接下去一圈火炮，他也怕鬼缠身啰。再给犯人吃一杯水粉酒，就是毒药，烂肠，就是有人抢劫法场也没用。县长说："你还要吃什么？"他（犯人）说"吃包子"，买了包子给他吃，"够了没有？""还要吃支香烟！"又给香烟点起来。然后他就"你这个赃官，你这个死官！"骂起来。结果把他塞进黄包车里，黄包车很快的，跑着来到官塘门柳树下面。这个我没敢去看，胆大的人去看的，捆在柳树上面。杀头，这是最后一个。所以老街边上那个地方，杀头杀了很多人。

汉：何老师记忆力太好了，像电影一直在脑海里。

松阳女人祭灶

何：立冬就是有好多收成的东西。立冬一般没有什么活动。立冬吃麻糍。

十二月二十三日下午祭灶，二十四日灶神爷上天。实际上，灶神爷年终总结，二十四这天，灶神爷半夜子时上天，二十三就要祭祀他，行点贿。还有的人祭灶爷时，装一盘水，他嘴里讲，"好事呈天庭，坏事丢海边"。这个就是祭灶。每一个月初一、十五，都要祭灶爷的。很简单，小盏饭，宝塔型，刮得光滑，尖尖的，就祭祀了，三灶香插在小香炉上。有的人香火堂贴家里，初一、十五，也要递点饭，叫递羹饭，门神里头插两根香，三贴草纸，三张一贴，九张一烧，这就是初一、十五祭灶。三十夜祭祀，灶王爷下地。

汉：有没有说祭灶时，不能让女性参与的。

何：松阳一般是女性祭灶。

汉：历史上一开始是女性祭灶的。后来祭权收起来了，老百姓只拥有一个祭灶权，还有一个祭祖的权力，就变成一家之主男性来祭灶。这边风俗可能更古老。

松阳人看不到独山要掉眼泪的

何：我们松阳对外宣传不够，许多人不知道松阳的故事。比如为何改成白龙县，比如延庆寺塔的故事和《西游记》一模一样，也是西天取经。和尚奉吴越王命令，一个人到印度西天取经，10年，结果取了八部大经论，还有四十九粒舍利子，他就是行达禅师。这不是和《西游记》一样的故事吗？皇帝也赐他袈裟。他造了两个塔，一个在松阳，一个在永嘉。永嘉的塔没有了。还有一个治平寺，我的考证，治平寺值得宣传。古时丽水一带，佛经都是治平寺印的，很出名。

汉：松阳人与其他地方人比，性格上有什么不一样的地方？

叶局：就是地地道道的农民性格，小农意识，看不到独山就要掉眼泪。恋土情结，不愿意出去，守牢温饱，守业。

汉：我们的书打开来就应该是一个独山，"看不到独山就要掉眼泪"。■

松阳村落：最后的江南秘境

文·鲁晓敏 摄影·叶高兴 注1

在江南文化的核心地带——苏杭地区，田园牧歌式的生活场景日渐消亡。然而，有着1800余年历史的浙西南松阳县，却隐藏着百余座格局保存相对完整的传统村落，其中有75个"中国传统村落"（截止到2018年全国第五批），位居华东首位，也是国内拥有"中国传统村落"最多的县之一。880多年前，北宋状元沈晦在松阴溪畔吟唱出了这样一首诗："西归道路塞，南去交流疏。唯此桃花源，四塞无他虞。"沈晦点出了松阳县的地理环境：西边地形险要，南面交通闭塞。他还赞叹：这真是一处"世外桃源"，可以让人无忧无虑地在此生活。由于这里山环水绕、偏居一隅，才有幸保存着绵延千年的耕读文化烙印。

我们请致力于松阳传统村落研究的鲁晓敏特别撰文
介绍松阳村落的背景、形态、风水，以及其中的宗族、耕读文化
松阳资深摄影家叶高兴拍摄的大幅航拍照片
为我们直观村落风水面貌提供了便利

江南到底在哪里？行政上的江南，历史上的江南，地理上的江南，气候上的江南，文化上的江南，语言上的江南，饮食上的江南……可以说，每个人心中都有自己的江南。而我们通常讲的江南，泛指文化上的江南。那么，它究竟指的哪块区域呢？

在苏浙毗邻区，有一大一小两块湖泊，大的是太湖，小的是西湖，围绕着这两块湖泊大致形成了吴越文化的核心地带，也就是说杭州与苏州成为文化江南的核心。从苏州、杭州延伸开去——苏南、浙江、皖南、赣北的上饶、江北的扬州拼出的文化江南区块，就是我们通常讲的江南。

翻开地图，松阳县地处浙西南山区，毗邻福建、江西、安徽，客观地说，浙西南长期以来只是江南文化圈的边缘。但是，苏南、浙北、上海地区，古典江南的底色渐渐褪去。在此背景下，松阳传统村落的意义凸显，几乎可以被视为"古典江南"的最后领地。松阳历史悠久，建县于东汉建安四年（199年），为丽水市建制之始，在1406平方公里的土地上，1800年的时光精雕细琢出独具韵味的物质与人文。在松阳县，较为完整地保留100多座传统村落，其中有75个"中国传统村落"（截止到2018年全国第五批），数量高居全国第二。松阳传统村落的形成、发展脉络清晰，源头可追溯到新石器时期的阴岗山、占安山、营盘背遗址，以及商周时期的塘寮遗址和大石遗址。历经各个时期，在松阳形成了一批特色鲜明的村落，它们具有浓郁的地方特色，建筑环境、村落布局、建筑风貌保存得比较完整，宗族文化、耕读文化、风俗民情等各个时代的历史信息脉络可循，相对完整地保持着"山水—田园—村落"的格局。

松阳传统村落凝聚着1800多年农业文明历史的精华，它们是乡村建设和发展的历史缩影，它们是传统文化的遗迹。当浙江步入工业文明之后，工业化地带已经不复存在成片的传统村落。当其他地方大规模的传统建筑消失之后，松阳传统村落成了浙江最后的领地之一。这些村落至今完好地保存了古典中国传统的一部分，它们与百姓日常生活交织着，沿袭着鸡犬相闻的田园世界。从某种程度上来说，松阳正在承担着保护和振兴浙江乃

注1：文中的大幅村落高空航拍照片均为叶高兴提供，其他照片为汉声采访组拍摄。

松阳的村落形态多样，
或居于高山之巅，或隐于群山之间，或在清溪之畔……
包括阶梯式、平谷式、
傍水式、台地式以及客家式几大类

杨家堂村是阶梯式村落的代表。几十栋民居沿着
山坡一级一级延伸分布，气势恢宏

杨家堂村俯瞰实景

平谷式

聚落建筑

平谷式村落吴弄村，坐落在松古平原，规模较大，规划规整

台地式

台地式村落呈回村，坐落在山头台地上，介于阶梯式和平谷式之间

302

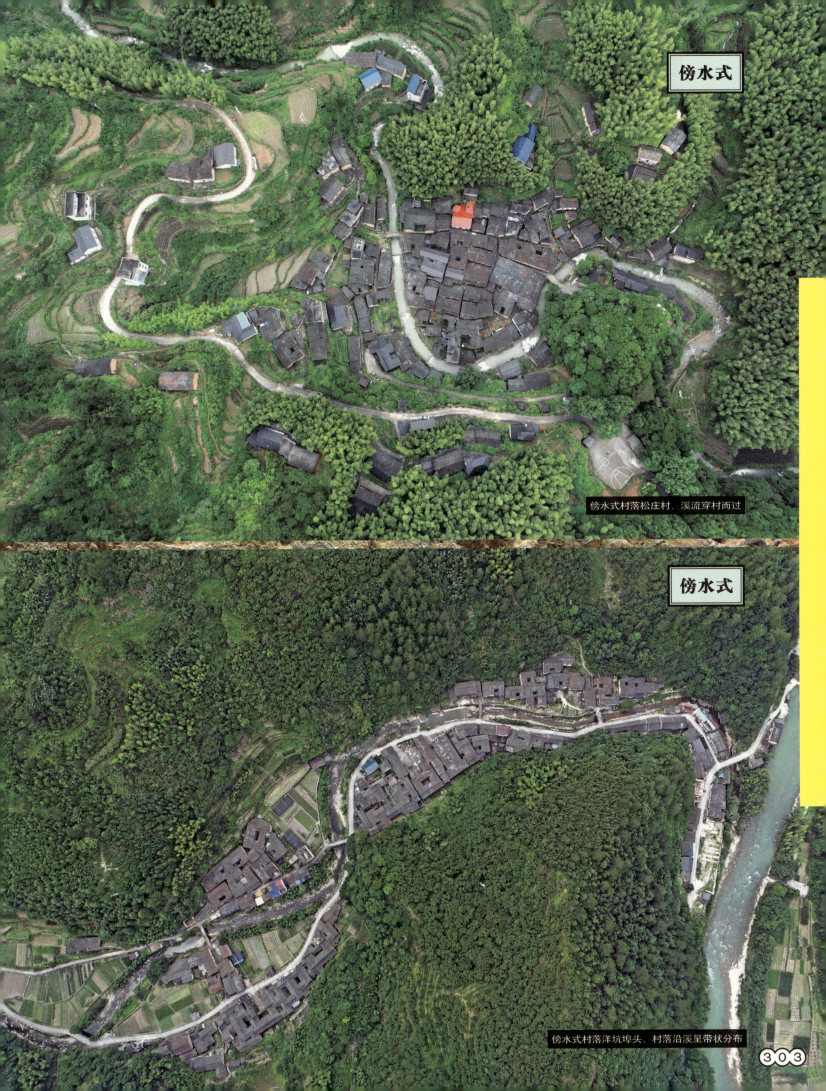

傍水式村落松庄村，溪流穿村而过

傍水式

傍水式村落洋坑埠头，村落沿溪呈带状分布

客家式

后宅村

客家移民聚居的石仓，家族建造大型住宅聚族而居，如石仓后宅村传统民居群排布的方式，依然保持着客家传统

至中国传统村落文化的重任。

成因
移民造就了多元的文化景观

松阳传统村落的成因不尽一致，有的是由从事农业的原始聚落自然衍生和逐步演化而成，更多的是由历代集体、自发移民形成的聚落。随着人口的增加、生存压力的加剧，以及发生大规模的战乱、巨大的社会动乱，大批中原人不断地往江南迁徙，其中一部分迁徙到偏远的松阳县。在历史长河中，松阳先后经历了四次移民潮。

"永嘉之乱""安史之乱""靖康之难"，都是由于中原大地爆发大规模战争，北方人民沉入血海，他们被迫迈开了向南迁徙的沉重步履。据史书记载："天下衣冠士庶，避地东吴，永嘉南迁，未盛于此……""天宝末，安禄山反，天子去蜀，多士南奔，吴为人海……""安史之乱"掀动的人口南迁大潮的余波，一直持续到唐末和五代十国时期。"筚路蓝缕，以启山林"，这八个字描写的就是艰辛的移民生活，移民为了生存，辗转迁徙到荒山野岭，砍伐森林，开荒辟地，从而争得生存空间。大批北方人士南渡来到松阳，带来了大量的劳动力和先进的生产技术，促进了松阳经济的发展。特别是"宋室南渡"后，松阳得到了大规模开发，传统村落吸纳了中原文化的建筑精髓，这一时期形成的村落众多，比如界首、南州、黄岭根、球坑等。松阳由此进入了文明开化期。

松阳历史上规模最大的一次移民潮出现在清初"三藩之乱"（1673—1681年）平息之后的一段时间里。在"三藩之乱"中，处州（今丽水）被耿精忠叛军占领了3年，造成大量的原住民死亡和逃离，战后，福建、江西、安徽等地的移民迁徙至处州各县开荒垦地。这些操着不同口音的移民从遥远的福建、江西等地翻山越岭进入松阳，又像一把细沙一样撒在了松阳的山山水水之间。这是一处隐蔽的世外桃源，移民放下行囊，扛起锄头，建设起自己的新家园。松阳的山水肌理间，渐渐形成了一个个新的村落，一个个新的宗族聚居区，有些移民被迅速同化，他们与当地的原住民融为一体，成了地道的松阳人。有些移民一直保持着自己的语言、习俗、信仰，成为定居松阳的客家人。

这一时期，到底有多少移民涌入松阳呢？

清人叶葆彝在《古市志略》一文中写道："清初之洪舜、周君秀等贼，及耿精忠、彭子英诸匪兵，均前后为乱，窃踞我松，杀戮剽掠我市势不能免，唯灾劫酷烈与否记载缺略，年久又少传闻，不可知耳。查古市北面沿山一带，自择梓山、半古月、各旺、塘堨、黄枝连、东阁堘、黄连山、谢树薮、山下阳、山儿下、乌丼、大塔头等村；南面沿山一带，自大石、泉庄、温州薮、溪下、包村、樟村、馒头山，以迄石仓源等各村，居住族姓皆清初自闽瓯及其他省县迁来……"

1932年，杭州柳营路建设委员会发表《浙江松阳县经济调查》称："全县人口121574，……再就籍贯分之，土著占十成之六，福建占十成之二，温州占十成之一，各处杂居，共十成一。"我们从中可以清晰地看到松阳的人口构成，移民达到了松阳人口比例的十分之四。其实十分之六的原住民中，很多也是移民后裔。移民文化优化了松阳文化结构，本土文化融入了中原、福建、江西等地的文化精华，使得松阳村落景观和非物质文化变得丰富多彩。由于移民和本土文化的差异及自然环境的不同，现存的村落千姿百态，那些移民费尽心思设计出来

的家园，给后人留下了太多难以解答的谜团。

景观
村落在山水中表现出大情趣

浙北、苏南水乡自古经济发达，居民生活富裕，文化造诣深厚，他们富于追求居住环境的诗意性，由于缺乏瑰丽的自然山水，所以只能营造人工园林弥补缺憾。虽然这些微缩版的山水相当典雅、精致、秀丽，可是与现实中的山水相比，不管从体量、气魄，还是视觉效果上都存在着巨大的差距。在经济相对滞后和文化开化程度相对较低的松阳，先人没有过多的财力和能力营造人工园林，也没有太大的必要去营造人工园林，他们生活在自然的大园林中，一切景色皆为我所用，并实实在在地在居住空间里创造了无尽的诗意美。

松阳是山地、丘陵、平原、谷地、台地、水网相间的地带，大盆地套着小盆地，小盆地连着小山谷，这样的地理结构层次错落，盆景式的景致很符合中国人的审美情趣。松阳先人非常重视选择理想的居住环境，将村落与盆景地貌有机地结合在一起，将村落隐于山水间，将山水置于村落中。整个松阳呈现出一种田园牧歌式的景象：稻菽泛浪、茶园吐翠、田舍掩映、阡陌纵横、山峰叠嶂、竹木葱郁……恬静的田园风貌在山水中突出大风景，在景致中表现出大情趣。比如西坑、呈回、吊砩、上堂、岱头、横岗等，这些村落的环境择址及布局极明确地向我们展示了松阳先人极高的审美情趣。

松阳传统村落一般是青瓦、泥墙、木板楼和卵石墙裙组合在一起，民居或者依山而建，或者傍水而聚，它们是那么和谐、宜人、亲切，其韵味远非色调统一的现代钢筋水泥

岱头村山水风貌

的民居所能替代。一些历史悠久的村落景观布局极富文化创意，如进村口的地方有村门、围墙、歇荫树、凉亭，周围还有象形山峰等，如呈回村正对着"文笔峰"、南岱村水口正对着圭璧型山峰、陈家铺村正对着龙脉山、石仓善继堂大门正对元宝山……传统村落多有水口，村民在下水口广植高大乔木，点缀着凉亭、社庙、廊桥或者石拱桥，借助自然，使山水、田野、村舍融为一体。

村落背后多有庄重的大山、茂盛的树林衬托出村落的幽静，弯曲的小溪环绕村前，石桥或者廊桥作为建筑的联结点，村对面还有丘陵作为屏障和对景。作为村落的延伸部分，山林、农田、梯田、菜园、田埂、晒谷坛、林间小径、田间小道、古道、凉亭、灰铺、棚舍，形成隔断的篱笆、栅栏、矮墙、瓜果架等，以及四处生长的花花草草、路边房前的坛坛罐罐，它们散发出浓郁的乡土气息和田园的野趣。它们不是由人刻意营造的，而是村人随性为之，这种随意的搭配源自生产、生活，无意识的景观创造组成了村落的园林意趣。

松阳村落基本上都有公共建筑及社区交流场所，如

宗祠、香火堂、社庙、书院、寺院、道观等，这些公共建筑坐拥山水之间，丰富了村落的文化景观。一般一姓居住的村里都会有宗祠，多姓杂居的村落有各自所建的宗祠，大的村落会有几座宗祠，如王村玉林街两侧聚集着五座宗祠。宗祠一般坐落于村落的中心部位或者村前，面临一个小广场，在门厅处，往往还搭建着一座戏台。宗祠相当于西方建筑中的议事厅，戏台相当于西方建筑中的歌剧院，宗祠前的空地相当于西方建筑中的广场，社庙相当于西方建筑中的教堂。宗祠实际上就是一个集中多种功能的公共空间，宗族在此聚众议事、举行祭祀等活动，它是宗族血缘关系的纽带，是宗族村落凝聚力、向心力的象征。

很多古镇、古村都有自己的"八景"甚至"十景"，犹见昔人风雅之怀，不免让人心仪心醉。如古市八景：永宁仙迹、明善遗音、卯峰屏翠、带水环襟、龟山朝旭、仙岩蟠拱、象鼻漾涧、旧城乔木。元代进士练鲁撰写的《蟾湖八景》：湖堤春晓、郭林晴雪、西溪夕照、蟾湖夜月、后岭孤松、野渡横舟、笔峰晚翠、石桥流水；元代文人王子敬撰写的《蓉川十景》：西山爽气、净峰积翠、东皋新月、孤山晴雪、碧莲峰、玉花洞、风门鸣籁、天井归云、花村戍鼓、松寺僧钟……这些点睛之笔均极富诗意，呈现出对故乡的挚爱，充分地表现了他们热爱家乡，对生活的、对文化的景仰以及知足常乐的心态。

纵观松阳村落，水景观也是村落的妙趣之笔。在小盆地和小谷地上，许多村落也是溪水穿村而过，或傍村而过，或引水入村。在村内，通过水流的合理规划来实现全村人共享水源。山下阳村便是一个典型的例子，其流经该村东边的溪水经拦坝截流引入村内，水渠曲折蜿蜒，从各家门前流过，

小苏坑村村前的溪流

使村中的每个成员都与水源建立密切关系，在取水之便的同时，也唤起了人们对保护水资源的高度责任感。许多村落都以上游山涧流水为源，在盆地和谷地上精心布局，一条条堰渠穿村而过，下田、松庄、南岱等村落沿溪两侧分布，村内有众多小桥、矴步桥以及临河的板屋，整个村落与周围的群山组成一幅绝妙的山水画。

松阳先人充分地利用溪流、山涧、清泉、水井、池塘、水沟等水体，甚至将水体设计成各种形状，如腰带水、九曲水、<u>月池</u>、半亩方塘、阶梯水等，水被艺术化地利用。村落或依山傍水，或背坡临溪，或枕山面水，或依山跨水。开窗见山，槛外是水，逐水而居。由水衍生出石拱桥、廊桥、矴步桥、河埠头、码头、水碓、堤坝、水榭、吊脚楼等水上建筑和沿水建筑。水景观成为松阳村落中最重要的组成部分之一。

综合上述，松阳村落选址一定是优中选优，最好是有山有水的盆地，村落布局合理，功能齐全，发育较为成熟，这些规划设计理念直到今天看来仍然相当科学，呈现人与自然的"天人合一"。松阳村落建设并没有严格意义上的规划师，如果说有的话，也多是当地的风水师和文人。他们在村落建设中比较注重将中国园林建筑手法用于村落布局及环境完善，如园林借景方面，他们远借园外、村外的自然山水，使居住者足不出园便可"悠

然见南山"。邻借别人家的景色，一般是通过漏窗和矮墙，将邻家的佳景引进来，使视野所及皆有天然之趣。一些村落建在半山坡，如膳垄村上有峰峦苍翠，下有溪水潺潺，周边是一望无垠的竹海，俯仰之间均有佳景，夏听蛙鸣，冬赏山雪，晴有鸟语，雨闻荷声，在有限的空间上"聚借"了众多的各有特色的景观。

松古盆地犹如浙西南的一座后花园，在农耕时代，与陶渊明的《桃花源记》相吻合，可以说这里是理想的乐园。对于现代人来说，"古典中国"越来越成为遥不可及的梦。由于群山隔阻，文化习性使然，又处于江南文化圈的边缘处，这一带较少受到现代化浪潮的冲击、破坏。所以，众多的古迹、文物才能得以完好地保留。所以，松阳的山野间还富有古典精神和诗情画意。由此，这方水土被视为"古典中国的县域样本"。

<u>形态</u>
松阳村落形态呈现多样化

松阳处于徽派建筑文化的辐射区，建筑风格、形态、布局、功能等各方面深受徽派建筑影响。由于松阳毗邻福建、江西、安徽，又吸引了各个地域的文化精华，形成了一批特色鲜明的传统村落，容纳了各个时期的建筑风格，相对完整地保存各个时代的历史信息，是研究江南传统村落历史的活标本。

我从建筑形态上将松阳传统村落分为五大类别：

第一类是以杨家堂、官岭、横岗、横坑、庄后、陈家铺等村落为代表的"<u>阶梯式</u>"村落，这是松阳最具有代表性的传统村落。松阳先人们有着愚公移山的精神，他们将有限的平地用于耕作，把山地缓坡辟为住宅区，几十幢，甚至几百幢民居沿着山坡一级级、一层层向上延伸，各种形制的马头墙随地形起伏延伸，在视野中展示出一个巨大的建筑立面，以自然体现出村落的恢宏气势，具有淳朴的山地特色，具有朴素大美，具有山野大气象，具有浑然天成的艺术美感。村落依山崖陡坡而建，

山下阳村中的月池

但是数百年来却很少发生泥石流、山体塌方、水灾等自然灾害，这得益于村落的科学选址和布局。几十座高山"阶梯式"村落在松阳高高低低的山冈上生长而出，它们是松阳先民改造自然和回归自然的经典之作，是他们不屈不挠精神的最大体现。

西坑村位于回龙山顶台地，为台地式村落

横坑村位于坳岱尖山坡上，为阶梯式村落

靖居村坐落在较大的山间盆地，为平谷式村落

小槎村沿溪流分布，为傍水式村落

第二类是以山下阳、横樟、吴弄、靖居、燕田为代表的坐落于平原和谷地中的传统村落，合称为"平谷式"村落。这样的村落大多坐落在松古盆地以及几块狭小的谷地中，经济相对富庶，村落规模较大，规划较为规整，保留着较大面积的大屋。

第三类是以界首、雅溪口、南州、小槎、松庄、洋坑埠头为代表的"傍水式"村落。溪流从村落一侧流淌而过，或者穿村而过，或引水入村，形成门前观流水的景象。村落沿溪呈带状分布，村内有码头、埠头、渡口、小桥以及临溪的民居，整个村落与周围群山、溪流组成一幅绝妙的山水画卷。

第四类是以西坑、平卿、呈回为代表的"台地式"传统村落，它们坐落在高山突出的一块台地上或者相对平缓的坡地上，背靠大山，前临峡谷，将村落建筑在一块

露台一样的高山平地上。远观"台地式"村落，视觉效果介于"阶梯式"与"平谷式"之间，有整齐划一的建筑群，也有高低起伏的屋舍。

蔡宅村位于石仓客家聚居区，为客家式村落

此外，还有第五类是以石仓（上茶排、下茶排、山边、下宅街、蔡宅、后宅等村）为代表的客家建筑传统村落。客家移民居住的石仓溪两岸，传统民居群排布方式与闽西、闽南一带非常相似，其建筑平面布局、空间序列、文化理念保持着客家风格。四十余幢石仓民居散落在石仓溪流域，建筑面积近5万平方米，成为记载客家先民筚路蓝缕、精诚团结的经典代表，形成别具一格的"江南客乡"。至今，石仓人依旧操着福建"汀州腔"，并一直自称"汀州人"。千里之外的闽西，历史上的"汀州"已经消失。很多人不会想到，松阳的客家移民仍旧"不知有汉、无论魏晋"地思念着故乡。虽然已经繁衍生息300年，但他们仍旧没有被同化，至今完整地保留着客家风俗习惯。

这些阶梯式、平谷式、傍水式、台地式和客家传统村落，或居于高山之巅，或隐于群山之间，或坐落于清溪之畔，或掩映在竹海古树群中，体现出恢宏气势，呈现出朴素大美的质感，具有浑然天成的艺术美感。

在松阳，几乎每个传统村落都拥有多幢甚至连片的庞大传统民居，它们掩映在青山碧水间显得清雅秀气，它们雄踞在山坡崖顶上显得粗犷大气。这些老房子与大地的颜色一致，带着泥土的气息，仿佛从地里生长而出。这些老房子的颜色与人的皮肤接近，正好契合我们祖先提倡的"天人合一"的思想。

古村落中的木雕、石雕、砖雕用材考究，巧夺天

工，风格独特。黄家大院被誉为"中国木雕博物馆"。许多大屋内部雕梁画栋，传说、典故、瑞兽、花鸟虫草、琴棋书画，皆入木、石、砖雕题材，显得幽雅别致。室内大都粉刷白灰，粉墙上多有彩绘、墨书、墨画等装饰，题有意境深远的诗文。这些建筑就格局、形态、类型和布局来看有着巨大的差异，里外截然不同，装饰构思奇妙，造型儒雅大方。松阳古民居经过历朝历代的发展，形成了各式各样的风格。经过多年的调查研究，我将松阳传统民居分为"四合型天井合院""三合型天井合院""一字黄泥屋""石仓围屋""瓯越吊脚楼"五种类型。

松阳村落既有极重礼制的历代官式建筑，也有突破礼制约束的商户大宅，在适应地理环境、适应当地风土人情习俗、满足生存需要等诸方面显示出无比的机巧和智慧，极富地方特色和灵动之气。建筑营造丰富鲜活，就地取材，宜卵石则卵石，宜杂石则杂石，宜土墙则土墙，宜砖头则砖头，宜木板则木板。无论是木构造、砖木构造、竹木构造、土木构造，还是石木构造的古民居，它们在采光、通风、隔热、防寒、防潮、防水、防震、防风、防虫、防盗等方面各有独到的设计，既注重实用性又充分呈现出艺术性。

这些传统村落在松阳山水间交相辉映，对于研究浙西南文化历史和建筑史都具有非常重要的意义。与临近的楠溪江传统村落群、婺源传统村落群相比，松阳传统村落数量多，文化多元，风格更加多样化，文化传承更加完整，形态更加贴近大自然，更能突出原始的野性和朴素的大美，是本土文化与外来文化完美结合的典范。

宗族

散落在松阳大地上的百家姓

据记载，一共有叶、赖、程、孟、廖、肖、林、王、潘、洪、周、吴、谢等30多个姓氏在不同的时代、从不同的地方移居到松阳。迁入姓氏支派也不一样，比

南岱村吴氏宗祠外观

如刘姓有11支，王姓也有9支之多。有的因羡慕松阳山川秀美、物产丰富而举家定居松阳，如象溪高氏、平田江氏、黄岭根陈氏、南岱吴氏等；有的是战后迁居到松阳开荒，如山下阳张氏、木岱坑黄氏、石仓阙氏、谢树寮许氏等；有的为躲避政治清算和仇人报复，如蛤湖的包氏、大潘坑杨氏、呈回村的宋氏等；有的是追求隐居等目的由别处迁来的家族繁衍形成的，如球坑郑氏、玉岩杨氏、黄公渡谢氏、内孟孟氏、尹源李氏等；有的如温州、青田、永康等地的船民、商人因为生计或者经商而渐次定居松阳……

今天松阳一共约有300来个姓氏，其中的86姓建有220余座宗祠，最大的宗祠如山下阳张氏宗祠占地1102平方米，小的如下垄村王氏宗祠，占地只有几十平方米。在所有的宗祠中，叶氏宗祠数量最多，达到20多座。各个姓氏的香火堂更是不计其数，一些大村的香火堂多达10多座。这些宗祠和香火堂成为各个姓氏、宗亲家族的精神领地。

郡望即某家族世居某郡而成望族，自秦朝实施郡县制以后，历代朝廷将有功的臣民以其住地或者发源地赐予郡号，后指本姓氏源于何地。堂号则是姓氏中某支派用郡望或本姓中的名人事迹、典故、传说或趣闻佳话演变而来的称号。迁居松阳的郡望有"南阳郡"（叶氏）、"延陵郡"（吴氏）、"太原郡"（王氏）、"琅琊郡"（王氏）、"汝南郡"（周氏）、"济阳郡"（蔡氏）、"敦煌郡"（洪氏）、"高阳郡"（许氏）、"河间郡"（詹氏）、"彭城郡"（刘氏）、"安定郡"（程氏）、"平昌郡"（孟氏）、"陈留郡"（谢氏）……

属于松阳的郡望或者堂号的有10个姓氏：赖、黄、瞿、劳、丰、库、厍、盐、蒋、壶，也就是说这10个姓

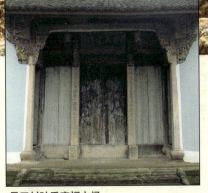
吴弄村叶氏宗祠大门

在松阳发迹，逐渐繁衍成望族。经过历史长河的涤荡，今天除了赖、黄、蒋之外，已经很难发现其他姓了，松阳已无劳姓，盐、壶、厍在全国也属罕见的姓氏，特别是厍姓已经面临绝迹。

东晋宁康年间（373—375年），赖光迁居松阳，到赖光三世孙赖遇时，赖氏已成当地一大望族。赖遇于晋宁康年间任江东太守，晋安帝亲题"松阳郡"赐予赖遇，故此这支赖姓以"松阳"为郡号，并尊赖光为开基始祖。东晋元兴年间（402—404年）赖氏又举族迁居到江西。470年后的唐僖宗年间，一支赖氏迁居福建上杭。清雍正初年，赖氏一支从福建龙岩迁居到古市东角垄村，另一支也于福建上杭迁居到松阳赵圩坝。历史有时候真有趣，告诉我们什么叫轮回，这两支赖氏在外飘荡了1300多年后，最终还是回归故里。

叶姓发源于河南叶县，是最早迁入松阳的氏族之一，始祖叶望早在公元196年就迁居松阳。叶姓约有3万人，占松阳总人口的12.5%，松阳有一种说法是"无叶不成村，无叶不成席"，叶姓成为松阳名副其实的第一大姓。叶姓是松阳历史上出现人才最多的第一望族，比如叶法善、叶梦得、叶希贤、叶霞翟等。从松阳外迁的叶氏后裔名人如叶适、叶绍翁、叶琛、叶浅予、叶挺、叶飞等，更是不计其数，故有"江南叶姓出松阳"一说。

文化
松阳保持着鲜明的"耕读"印记

松阳村落讲求天时地利人和，突出建筑的实用性和追求建筑的思想性，除了建筑上的价值，每个传统村落都有自己的文化特质以及古老的地方风俗习惯，保存着完整的乡土文化脉络，它们是传统中国文化的一个缩影。

过去，人们将徽州古村落（含婺源）和楠溪江传统村落视为中国"耕读文化的典范"。与它们一样，松阳传统村落也深深地打下了耕读文化的烙印。这里的传统村落，往往是一姓或数姓"男耕女织"家族聚居之地。不同的是，自古以来，松阳吸引了无数氏族大家迁徙栖居：内孟村是亚圣孟子后裔聚居地，章山村是秦朝名相吕不韦后裔聚居地，黄岭根村陈氏是陈朝开国皇帝陈霸先的后裔，横坑村钱氏是吴越王钱镠后裔，横樟村是"包青天"包拯后裔聚居地，黄山头是"唐宋八大家"之一的苏轼后裔聚居地，桐溪村叶氏是南宋理学大家叶梦得的后裔，周山头是南宋丞相、文学家周必大后裔聚居地，呈回村是南宋丞相汤思退后裔聚居地，杨家堂村是明朝开国第一文臣宋濂后裔聚居地，小槎村是千古帝师刘伯温后裔聚居地……

横樟的包氏宗祠不大，两进三开间，八字门墙如同衙门，让人惊讶的是竟然悬挂着11块古牌匾，明间正中"孝肃遗芳"的匾额为包氏后人追思远祖龙图阁学士包拯而立。深层次的意义不言而喻，这是包氏治家思想的核心，它如巨镜一般照耀着包氏子孙，简单贴切地教导他们怎么做人。宗祠的柱子上挂着"两代翰林芳名播于凤阁，四代进士雅望溯自蟾湖"。这是松阳科举历史上的奇迹，四代进士两翰林，比东里程氏一门三进士、詹氏兄弟进士更加荣耀。包氏历代出仕官员95人，一代代包氏秉承包拯的精神无一贪腐，堪称廉政文化的典范。这些官员职位差距悬殊，任职的地域不同，时间相距遥远，经

横樟村包氏宗祠正厅

象溪村高氏宗祠

西屏下马街詹氏兄弟进士牌坊

历也相当驳杂，但是他们一生谨守家规，共同书写出一项800年的清廉记录。

耕为务本，读为修身。象溪高氏家训提出："农桑，衣食之必资，上可以供父母，下可以养妻子，所以奉生之本也。"界首刘氏宗谱家训中指出："重视学习，勤劳务业。"杨家堂宋氏则有："开地方蒙馆，提倡教化，以教育儿孙。"正是有了这些有着深厚历史渊源的名门之后，松阳的礼仪之风日盛，这方小山水才渐显大情怀，逐渐形成了民风淳朴、家风和睦的风俗，实现了村人、族人之间"德业相劝、过失相规、礼俗相交、患难相恤"的风气。松阳先民由于有着良好的教育开化，形成了"温良恭俭让"的民风。

松阳先民拓荒僻地于高山深谷，荷锄耕作于泉林田野，自古群贤辈出。松阳是五代帝师、道教天师、养生大师叶法善故里，也是宋代四大女词人之一张玉娘的家乡，诞生了南宋理学名家项安世、明代《永乐大典》总裁王景等名士。在科举史上，松阳诞生了百位进士，涌现出了蛤湖、河村、东里等一批科甲连登的进士村。

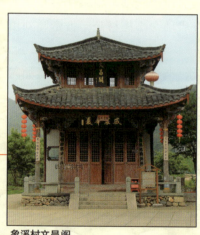

象溪村文昌阁

在松阳较好地保存着县城的文庙和散落在村落中的文昌宫、文昌阁等建筑，山下阳、蔡宅、周山头、横樟、杨家堂、呈回、界首等村至今尚存清代私塾、学堂，还有为了表彰功名的两座进士牌坊、数百对旗杆石，

这些建筑和纪念物组成了松阳的科举历史。明清以来，界首取得功名者达到了73人，靖居更是达到了117人之多。科举废弃之后，松阳教育风气不减，如杨家堂村出了教授级别和副厅以上的人员46人，其中博士、博士生导师就有4人。像这样的村落在松阳还有许多，松阳有幸保存下了延绵千年的耕读文化烙印，至今耕读之风不减，是传统文化照射到松阴溪流域的一个缩影。

在传统村落中，许多非物质文化遗产，如有"戏曲活化石"之称的松阳高腔、板桥三月三、竹溪排祭、山边马灯、平卿祈福、高亭迎神赛会以及舞狮舞龙等，仍然流传的唐玄宗迷恋的《霓裳羽衣曲》、畲族服饰、传统家具、民间工艺品、庙会、祭祖、礼仪等有形文化，世代相传的神话、民俗、民歌、民间舞蹈、口头传说，以及木雕、竹编、造纸、编织等传统手工艺，生动展示了浓醇的乡村风情和乡土意蕴。浓厚的传统村落建筑特色和乡村文化交织在一起，构成了村落的物质属性和精神属性，形成松阳独具特色的文化品牌。

风水
松阴溪流域孕育大量风水村落

浙西南绵延的群山伸展到松阴溪流域的松阳忽然矮了一截，这里有中山、丘陵、松古盆地、连片的山谷，有大片符合风水思想的理想村邑的地形，成为风水先生大显身手的地方。

从大环境而言，理想的居住环境应是：北面有蜿蜒而来的群山峻岭，南面有远近呼应的低山丘陵，左右两侧有护山环抱，左辅右弼，重重护卫，中间部分堂局分明，地势宽敞，且有屈曲流水环抱，这样的地势最适合建立村落（如靖居村）。从小环境而言，理想的居住环境应是：后有靠山，左右有屏障护卫，前方略显开敞的空间环境。简单地说，理想的居住环境是三面环山、一面临水、水口紧收、中间微凹、山水相伴、朝抱有情的较为完整的微观地理单元（如横樟村）。若是平原，就以"高一寸为山，低一寸为水"的标准来选择最佳基址（如吴弄村）。这种山环水抱的场所有利于形成良好生态和良好局部小气候：背山可以屏挡冬日北来的寒流，面水可以迎接夏日南来的凉风，朝阳可以争取良好的日照时间，近水可以取得方便的水运交通及生活、灌溉用水，环山可以保持一个相对私密的生活空间，冬天可以躲避西北风。依山砍柴方便，靠水取水便捷，便利原则可以使生活更加协调。这种程序所选择出的环境还将自然生态环境、人文环境及景观环境做了统一的考虑。房址大多选择在离溪流较近、有一定坡度、地质坚固、土质干燥的

山下阳村的"丁"字路口

台阶地，房屋大多坐北朝南，背坡临水，山环水绕。纵观这些风水设计，说明他们已经有了良好的环境观，了解地形、地势和地貌在村落布局中的作用，选址已经具有实用性和科学性。

如果你是第一次来到山下阳，你很可能会迷路。从山下阳的第一条路开始，你就进入了迷魂阵。它的大路没有一条十字路口，只有数不清的"丁"字路口，寓意着子孙世代人丁兴旺。一条巷弄一转折，往往是一幢老宅的后门，或者是一垛隔山墙，走过几个转角，又见一条通道。特别的是，整个村庄以传统的阴阳五行布局，与自然山水紧密结合，巷道曲折迷离，村庄格局宛如八

靖居村全貌，是理想的村落选址环境

卦迷宫。

雅溪口村按照传统风水选址布局，具有很高的科学、历史、文化价值。村落呈船形，周、施、徐三大姓氏以横贯南北的巷弄为界，形成了三个聚居区块，分别对应着船头、船舱、船尾，防洪体系相当完备。村落临水一侧保存着一条300余米的古驿道。以驿道为主线，北侧坐落着民居、宗祠、香火堂、商铺、当铺、旅社、驿站、学堂、拳馆，民国乡公所等明清至民国期间的古建

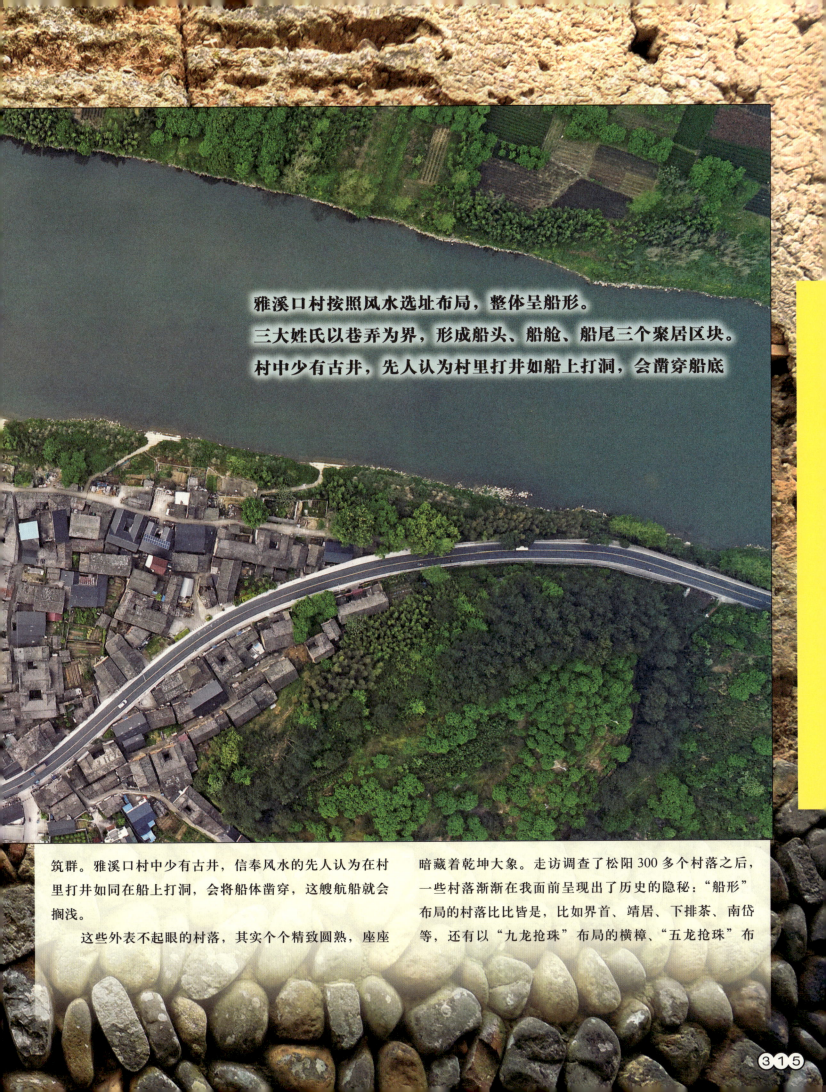

雅溪口村按照风水选址布局，整体呈船形。

三大姓氏以巷弄为界，形成船头、船舱、船尾三个聚居区块。

村中少有古井，先人认为村里打井如船上打洞，会凿穿船底

筑群。雅溪口村中少有古井，信奉风水的先人认为在村里打井如同在船上打洞，会将船体凿穿，这艘航船就会搁浅。

这些外表不起眼的村落，其实个个精致圆熟，座座

暗藏着乾坤大象。走访调查了松阳300多个村落之后，一些村落渐渐在我面前呈现出了历史的隐秘："船形"布局的村落比比皆是，比如界首、靖居、下排茶、南岱等，还有以"九龙抢珠"布局的横樟、"五龙抢珠"布

横樟村布局为九龙抢珠式

周山头村布局为倒钟形

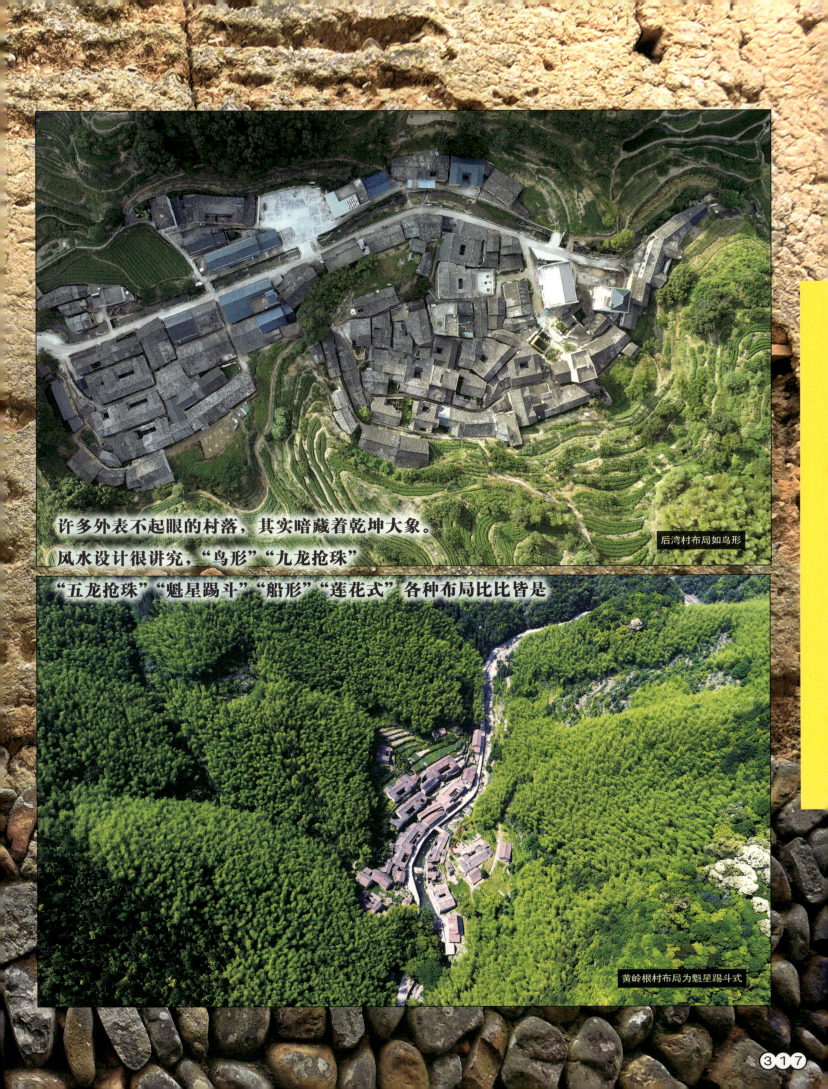

许多外表不起眼的村落，其实暗藏着乾坤大象。

风水设计很讲究，"鸟形""九龙抢珠"

后湾村布局如鸟形

"五龙抢珠""魁星踢斗""船形""莲花式"各种布局比比皆是

黄岭根村布局为魁星踢斗式

局的杨家堂、"魁星踢斗"布局的黄岭根、板凳形状的吴弄、倒钟形的周山头、"鸟形村"后湾、"莲花村"章山……许多不显山露水的村落沉睡在大山的各处，等待时人去唤醒。

在一些村落中常常隐藏着一些高深莫测的风水设计，或水流、或池塘、或道路、或空坛，它们依托山水形成了玄妙而奇特的风水景观，如同一道道来自历史深处的谜语，让后人苦苦猜测谜底。在他们面对不可认知的科学领域和大自然的神力面前，这些别出心裁的布局事实上表达了古人对大自然的敬畏，也是古人为村落祈福的一种暗语。

为什么在松阳有那么多的风水村落？这里是叶法善、丰去奢等一大批著名道士的活动场所，崇道风尚千年不衰。经过实践总结，松阳先人渐渐地丰富了环境选择理论，并将其体现在风水设计中。另一个更加重要的原因是松阳与两大风水起源地江西和福建毗邻，大批风水先生于明清之际随移民进入浙西南，他们以丘陵和山水作为试验场，营造了一大批风水村落。通过探寻这些蕴含风水思想的村落，我们可以真正还原过去中国人的乡村生活图景。

改造
顺应自然是古人建村的法宝

先人总想追求理想的景观环境作为定居点，但真正理想的定居点毕竟有限。为此，松阳古人在实践中积累了一系列非理想景观环境的改造经验。当山水形势有缺陷时，他们就通过布景、修景、造景、添景、补景等办法达到风景画面的完整和谐调。用调整建筑出入口朝向的办法来避开不愉快的景观或前景，以期获得视觉及心理上的平衡。

横坑村大部分建筑坐西朝东，大门向东开，迎接东来的紫气，寓意着接祥纳福。叶氏宗祠坐向也是坐西朝东，但是大门却开在北面，正对着鸡母山，据说叶姓先

周山头村坐北朝南，但周氏宗祠坐南朝北（红框标示），为避开村口蟒头石

人大多安葬在鸡母山，这种格局代表着叶氏子孙时刻不忘祖宗的恩泽。我围绕着宗祠走了一圈，发现事实并非如此。在地无三尺平的横坑村，叶氏宗祠建在西高东低的坡面上，叶氏先人首先在坐西朝东的上坡上筑起了一座座石头垒砌的平台，然后在平台上建房，所以表面上看起来是朝东，但是它的面东的平台与前景形成了垂直三四米的落差，也就是说如果大门朝东的话那就形成了断头路。再看宗祠的南面，紧依山涧，没有出路。西面是一条高过宗祠的石头垒起的道路，大门向西的通道也被阻断了，唯一剩下的就是向北开。但是，古人很忌讳大门朝北，有"败北"之说，聪明的横坑人总是能够找到自我安慰的方式，如果大门朝北，正好对着安葬祖先的鸡母山，在以孝治国的时代，以追念祖先的最好说辞避开了大门朝北的忌讳。这样一来，叶氏宗祠向北开门的理由算是比较充足了。

周山头村坐北朝南，周氏宗祠却是坐南朝北，与村落朝向正好相反。询问了多个老者，有人说宗祠是死人居住的地方，所以阴阳相反，事实是这样的吗？宗祠大门出来，向东又有一道外门，使得宗祠从形制上看起来又是坐西朝东，这就否决了老者的说法。为什么会设计成倒座形式呢？因为村口有一块形似蟒蛇的奇石正对着宗祠，为了避蟒头所以设计成倒座形式。

事实上，松阳村落里，大门大多向南开，以满足日照需求。受地形地势的影响，无法向南开门的古民居只能根据实际情况处理，朝东的寓意"紫气东来"，朝西的寓意着"瑞映长庚"，朝北的寓意着"北阙迎恩"。总之，都会有相应的吉语来对于四个方位，从而带给居住者心理安慰。事实上，大门的使用功能是放在首位的，大门开处首先要满足便利，如果连出路都没有，即便建门也没有实际的使用功能。

朝西的大门上题"瑞映长庚"，长庚即傍晚天空西侧的金星

改变溪水的局部走向和形状，在住宅或村落前后左右开挖沟渠，以形成"环绕宅之四面如腰带水""宅前弯绕横过水"。比如官岭的陈氏宗祠和杨家堂的宋氏宗祠前就有人工开挖的腰带水。沟渠的开挖，疏通了一方水的供排系统，既保持了住宅的干净，又免于负汲之劳，同时也改善了自然景观，使静止的居住空间因曲折的流水而富于动感，而且由于消防取水的近便，可有效地防止火灾。改造地形，在山上建庙，溪流上建风水桥，一方面弥补了自然环境中的某些缺陷，使景观更趋完美。另一方面也满足了人们心理上的需要，对促进地方文化的发展也起到了一定的积极作用。

打井凿泉一般是为取水之用，但有时取水并不是主要目的，即打井主要不是取水之便，而是固一方之生气，通一地之龙神。开挖池塘，主要有灌溉农田、排涝、消防取水等作用。但有的在村落中间开挖池塘，除了消防取水便利和作为风水设施之外，也是为了在密集的房屋中留出一块空白，"开挖池湖以明亮之"。在水流湍急处也常有池塘，先人"以池湖以静注之"。

松阳村落的生态意义在于它"顺应自然，为我所用""改造自然，加以补偿"，搞一村一乡，一户一室的局部生态平衡和环境保护，而不是一味地掠夺自然；它的形态意义就是因地制宜地将建筑环境、空间和造型上的内和外、虚与实、动和静、奇和正、简和繁、私密和公共等做到对立统一，强调和谐、秩序和韵律；它的情态意义就是人与建筑、与环境交流着情感，集体或单体都使人们触发聚合感、归宿感、安全感、亲切感、秩序感等，使建筑突破了物质技术乃至功能的范畴，进入人情和心理的境界。现代水泥丛林楼房在根本上忽视了人的居住景观要求、艺术感官要求和生态要求。如今人们已深深地认识到人类在促进技术进步的同时，也应当提高生活的品质，尤其是需要提高居住生活的质量。对居住景观需求和生态需求前所未有的重视，正是松阳村落让不同地域的人所广泛欣赏的原因之一。其深层原因，正在于这种独有的生态、形态和情态"三合一"的深层魅力。

水口
有一种神秘的风景叫水口

水口，是指水流的入口和出口。水是生命之源，有水流才能生养万物。传统风水学认为水是财源，水流穿村或者绕村而过寓意着"财源滚滚来"。所以，古人特别注重水口的营造，他们把水口视为村落的门面，当成村落的保护神，比作宗族发展的生命线，水口成为村落最重要的组成部分和表现风水核心的场所。按风水的要求，

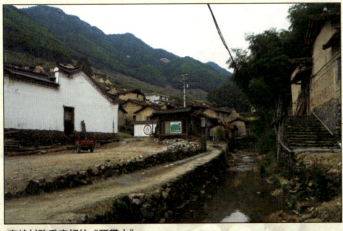
官岭村陈氏宗祠的"腰带水"

水流最好是从西北角引进村，从东南角出村。水口是村落重要的风水宝地，经过历代不断地渲染、宣扬，水口被松阳人视为村落中最神圣的区域。

在松阳县，官岭村水口规模最大、发育最为成熟。由苦马瀑、苦马潭组成S形大回旋状上水口，由社庙、石拱桥镇守着。沿着苦马溪走向下水口，一路水声轰鸣，水流溅溅，峡谷乱石垒叠，菖蒲疯长，两侧山峰竹影铺陈，古木参天。下水口四周黑压压地长满了樟树、红枫、香榧、柳杉、红豆杉、毛栗等各色树木，更多的是大片大片的竹林，风吹过，青翠的竹林左右晃动，节奏和韵律的一致性，让人产生一种错觉，仿佛山体跟着清风摇动起婀娜的身姿。官岭村现存百年以上的古树就有162株，其他树木多不胜数，参天大树将身后的官岭村遮掩得严严实实。下水口由多重建筑物形成锁关之势：第一道由红豆杉、枫香、枫杨古树群和石拱桥、堰坝组成；第二道由观音庙、风水池以及柳杉、红豆杉等古木组成；第三道由关帝庙、廊桥、堰坝、大墓山古树群组成。官岭村与山水自然地融合在一起，体现出"天人合一"的

至高境界。官岭村负氧离子浓度特别高，空气特别纯净，水流特别清澈，整个谷地浮着一层温润的湿气，所以官岭村长寿老人特别多。

膳垄村水口南北走向，村落房子大多坐东向西南，村南侧有半圆形高山，东西两侧山峰呼应。水流经过人工改造，曲曲折折，两侧以香枫树居多，再高处多为柳杉、红豆杉，形成一条树走廊，其中两棵500年的柳杉一左一右镇在水口，如同门神一般威武。左有平水大王庙，右有四相公庙，关锁住水口。树起着保护河坝的作用，防止水土流失，曲线的水流保证在水流湍急时减速，有效保护水口不被洪水冲毁。一座高5米左右的堰坝扎在水口，使水流变成阶段状，一方面为了枯水期蓄水，另一方面为了丰水期减缓流速，一年四季水在此流淌，寓意着财源滚滚而来。

在海拔五六百米以下的村落，水口一般以种植香樟树为主，高山村落的水口广植香枫树，香樟和香枫都带有一个"香"字，枝叶茂密，象征着宗族香火旺盛。在生产力和成活率低下的古代，人丁兴旺是保证宗族发展壮大的首要要素。水口的植被茂盛寓意着子孙后世枝繁叶茂，关乎家业兴旺，关乎宗族发展，更关乎村落气运盛衰。所以水口的一草一木都是具有灵性的，绝对不允许私自砍伐和破坏。松阳人呵护风水林如同自己的生命，不准任何人砍折风水林中的

官岭村水口，古木参天

丁坑村水口

一草一木。从章山村水口清代的《禁永碑勒》上就可以看出他们对水口的信仰：自禁之后，不拘蒿草杂柴一应砍伐，凡我同人务必互相告诚共相劝勉，毋蹈前辙。如有不法之徒违禁者，轻者经公议罚，重则鸣官究治，决不徇情……遵守族规成为他们的自觉行为，即使1958年大炼钢铁的时候，章山人也没有舍得砍伐水口树。

许多宗族以举族之力营造水口，除了植树造林之外，还建亭榭、楼阁、路桥、书院、廊桥等建筑，将水口建成一个巨大的园林，比如后畲、丁坑、黄岭根、膳垄、南岱、何山头、玉岩、上坌等。这是一片人工造化与自然天成的山水园林，揉进了千般风情和人文情怀，将天地人融进其中，碧水草塘，崎岖古道，静美的诗情、水墨的画意、隐士的心境在山水林泉中呈现而出，为家族和后代构筑起一处休养生息的诗画家园。

松阳如此珍惜水口，渗透着松阳先人坚信风水能够惠及子孙后代的理念。科学已经渐渐破解了风水中的玄妙，删除风水中的迷信，风水的复杂性、神秘性和戏剧性逐渐被揭开，还原了它原本简单而统一的功能性。事实上，山林和水是人生活中不可或缺的重要环节，天地人交织形成的互动气场，促进了个人的修行，形成健康的心理。林泉之处，可以净化空气；山水可以明目，良好的环境则能使人生理健康。植被丰茂的水口有效地防止水土流失、涵养水源、减轻旱涝和风灾、调节湿度，形成良好的小气候。

松阳水口不受一时一势的限制，以变化丰富的地形为依托，山水、田园、村舍与水口相互勾连，自然而然地融为一体，形成景物交织的天然画卷。像松阳这样，大部分传统村落的水口得以保存，放眼整个华东也极其罕见。

山巍巍，村依依，屋连连，墙片片，瓦鄰鄰，水潺潺，松阳村落悄然隐藏在浙西南土地上。无论是门前的小溪，巷弄的卵石，或是花开花落，姑娘的一笑一颦，带给我们的不只是古村落藏匿在时光深处的无限风光，也许更多的是童年和故乡的记忆，以及它所经历的几度沧桑，或许每个人都可以从中找到一种久违的归宿感。可以说，中国人在这里找到了归属感。

在江南地区，目前还保留着徽州传统村落（含婺源）、楠溪江中上游传统村落、松阳传统村落等几处极具历史文化和旅游价值的传统村落群。周边这几个传统村落群，徽州的西递、宏村等传统村落进入世界文化遗产名录，楠溪江、婺源的许多传统村落列入全国重点文物保护单位，即便是我们身边的武义县俞源、缙云县河阳等村落以整个村落或者是古建筑群的方式入选了全国重点文物保护单位，而拥有华东地区最多"中国传统村落"的松阳至今没有一个村或者民居列入国宝名录，这不得不说是一个遗憾。

松阳传统村落的综合价值并不比徽州、楠溪江等传统村落逊色，从数量、原真性、历史风貌、田园生态、自然山水等各方面综合而言或许更胜一筹，这些原始的传统村落依旧处于沉寂之中，遗忘在松阳大山的夹缝里、遗忘在松古盆地的溪流边，正如《中国国家地理》杂志所言：它们是最后的江南秘境……■

县城：古典中国的县域样本

资料提供·何为松、鲁晓敏 [注1]
文·陈诗宇

除了传统乡土村落，作为古典中国的县域样本，必不可少的还有古县城。县城是一县的政治、经济、交通中心，承担一县之内的许多公共功能，也是县域中最大的一个聚落，规划布局、功能地位都更加完备和重要。一般都要具备县衙、公署等行政设施，城墙、城门、兵营校场等防御建筑，文庙、书院、文昌阁等文化建筑，商街、商铺、作坊、公会、公所、驿站、码头等经济、交通设施，坛庙、佛寺、道馆、社庙、宗祠等宗教、礼仪建筑，以及大量的住宅。松阳不仅保存了上百座相对完整的古村落，古县城也难能可贵地相对完好地保存了下来。

从古市到西屏县城

松阳于东汉建安四年（199年）立县，是处州建置最早的县，也是处州文化发祥地，距今已有1800多年的历史。松阳有一新一老两个县城，新县城是今天的西屏街道县城，老县城则是古市镇。

松阳立县之初的县治在古市镇；唐武德四年（621年），松阳升格为松州，州府所在地依然在古市。古市又称旧市，民国《松阳县志》载："在县西二十里，古松阳县治，故址犹存，故名旧治，今日'旧市'，音之讹也。"清乾隆《松阳县志》："旧志云：初，县治建于旌义乡之旧市。屡值水患，唐贞元间郡刺史张增请于朝，改设今地，即古紫荆

注1：何为松老先生为我们提供了老松阳变迁的历史资料和回忆记录，鲁晓敏与郑升老师带领我们走访了松阳古县城绝大多数的历史街区，鲁晓敏老师提供了详尽的资料。

西屏古县城的规模不大，也没有城墙，但历史古街区格局保存得相当完好。古地图中的许多公共建筑和宗教建筑保存至今，依然不失为一个古中国县城的难得范例。

村也。"唐贞元年间（785—805 年），一场大洪水冲毁了古市镇，因此松阳县城从古市镇搬迁至紫荆村，即今天的西屏县城。但古市在此后的上千年，依然还是一处相对重要的交通枢纽和商贸中心，保留有繁华的商业街和码头，"居民稠密，尤为一邑之胜"。

　　西屏街道地理位置非常优越，它是连接瓯江流域与钱塘江的重要支点，逐渐发展成为浙西南重要的商贸中心和物流集散地，粮食、茶叶、烟叶、布匹、盐、瓷器、铁器等物资在这里交易了千年，积累下了浓郁的商贾文化。西屏街道的规模不算大，也没有城墙，作为标准县城来说稍显遗憾。但县城中以南直街为核心的历史古街区，保存得相当完好，规划肌理大体清晰完好，建筑类型丰富而齐全。有城门、公共建筑、行政建筑，如朝天门、文庙、城隍庙、天后宫、汤兰公所、烟酒税局等，有密集的临街商铺建筑，以及宗祠、住宅、社亭等，整条老街完整地保留了明清时期的风貌，已是省级历史文化名城，依然不失为一个古中国县城的难得范例。

无城墙却有六座城门

　　松阳古时一直没有建造城墙，"傍山依水，向无城墉"。但随着唐、宋、明朝数百年的发展，西屏县治逐渐形成规模，也在主要街区主道四周建造了六个城门作为出入口。先建造的是东、南、西、北四个城门，分别是东门光华门、南门济川门、西门治平（金屏）门、北门朝京（天）门，在明成化年间以前均已建成。明成化二十年（1484年）《处州府志》载：松阳县"城池：无。门：光华门去县东一里，济川门去县南一里，治平门去县西一百五十步，朝京门去县北一里"。

松古平原西北方向为古市镇，西屏县城在东南方向

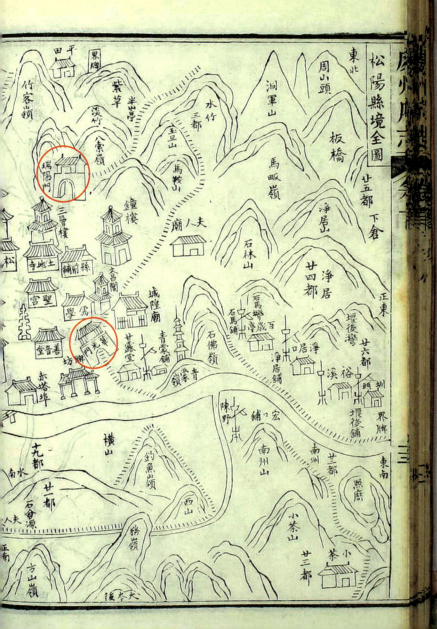

清光绪《处州府志》中的"松阳县境全图"，图中绘出松谷平原中县城的主要建筑，包括城门、坛庙和各种公共建筑

红框内为西屏"人"字形老街格局

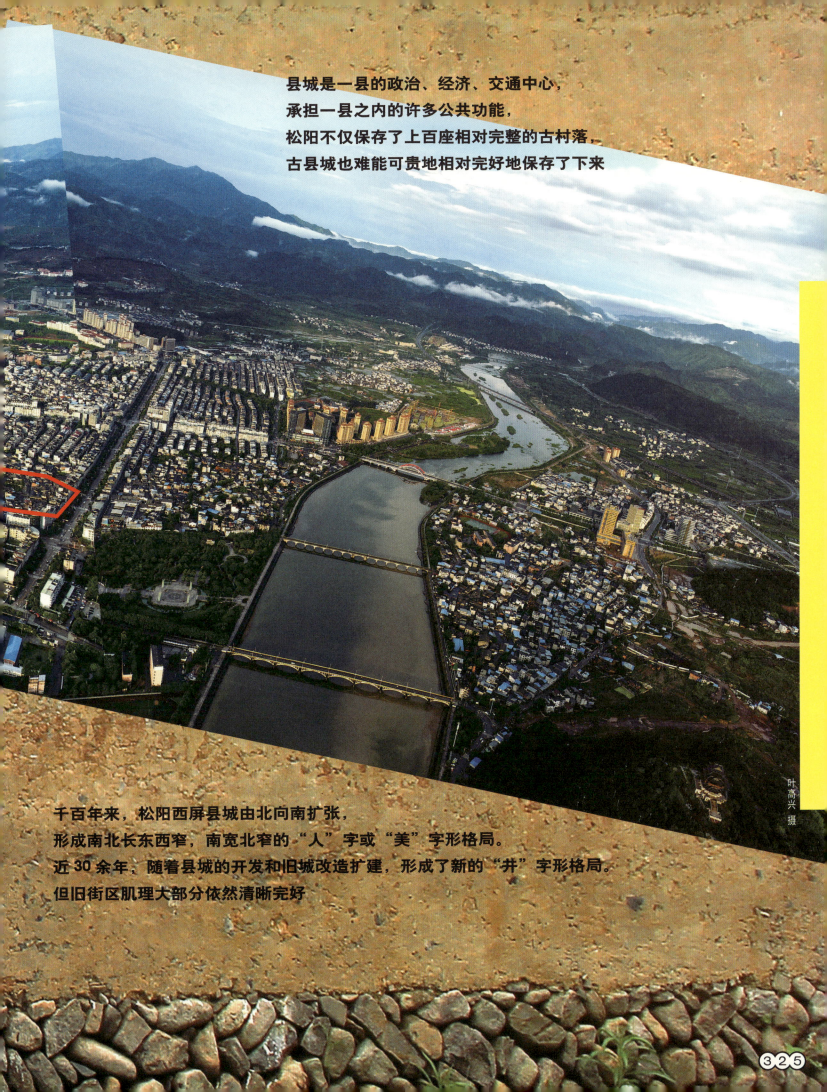

县城是一县的政治、经济、交通中心，
承担一县之内的许多公共功能，
松阳不仅保存了上百座相对完整的古村落，
古县城也难能可贵地相对完好地保存了下来

叶高兴·摄

千百年来，松阳西屏县城由北向南扩张，
形成南北长东西窄，南宽北窄的"人"字或"美"字形格局。
近30余年，随着县城的开发和旧城改造扩建，形成了新的"井"字形格局。
但旧街区肌理大部分依然清晰完好

大约在清乾隆三十四年（1769年）以前，又在北门的东西方向增建了西北门凤臻门和东北门瑞阳门。清乾隆《松阳县志》载："松邑傍山依水，向无城墉，有关门四：东曰光华门，南曰济川门，西曰治平门，北曰朝天门。另有西北凤臻门，东北曰瑞阳门。"乾隆时还在光华、朝天、凤臻、济川四门外各建牌坊。到清末光绪时，济川门已废；民国三十一年拆除凤臻门。光华门、金屏门（即治平门）、瑞阳门在中华人民共和国成立后的旧城扩建时拆除。至今唯一保留的一座是北门朝天门。

各城门的规模都不大，据何为松老师的回忆，其中的光华、金屏、瑞阳、凤臻四门形制接近，均以25厘米×30厘米×60厘米的条石垒砌而成，门内顶为圆拱形门洞，纵深3米以上，门宽2米有余；侧壁砌有阶梯石级，可高登门顶平台。唯一保存的北门朝天门则相对简陋，紧夹于两边民房的巷弄之中，两侧各竖一石柱，再顶上圆弧条石。门高仅2米有余，门宽1.6米。何为松老师分析，从朝天门外的两根社宫遗址和四相公殿遗址，以及民居遗址、卵石街道、水井遗址看，今天的朝天门外还住有两社的居民。原本的朝天门应当在更北两百米之外，与明成化府志所称"去县北一里"，即距离县衙北一里相符合，形制也和其他四门类似，现在的朝天门应该是县城北界南移之后的产物，距离原县衙北墙仅有100多米。

三十六个半社

朝天门内有一个社亭，称永衢坊，为县城三十六个半社亭之一。如今的永衢坊亭，系民国六年（1917年）修建。它由本社毛姓庠生起鹏、起鸿兄弟发起，他们带头集资白银80两，然后向本社各大户人家征集资金赞助，总共筹集资金200余两。当年有功

德牌额铭记，悬挂于东侧横梁上，另造"永衢坊"三字的金字匾额悬挂于亭正中，后在"文化大革命"中被毁。

松阳县城有三十六个半社亭的说法。社即土地，本是一个区域单位，《周礼》以二十五家为社。过去松阳县主要村庄都建有社庙或者社亭、立有社神，作为每月朔望或逢年过节醮祭土神的场所，在西屏县城也设立了三十六个半社亭。为何会有半个社？那得从地域说起，因为当年建社神必须讲究神佛的配套，每个社除社亭外还必须配以"四相公"与"土地公"，所以每社都建此三宫作为祭祀神灵之场所。而北门的永平社，因为地处凤臻门和朝天门之间人烟稀少地带，只零星住着六七户人家，又与其他社无法相连，因此只得自立一社，至于再建四相公殿及土地公庙又没有实力。由于它的不配套，所以

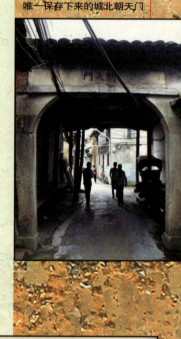

唯一保存下来的城北朝天门

1940年前后西屏古县城古街巷示意图（何为松绘图标注）

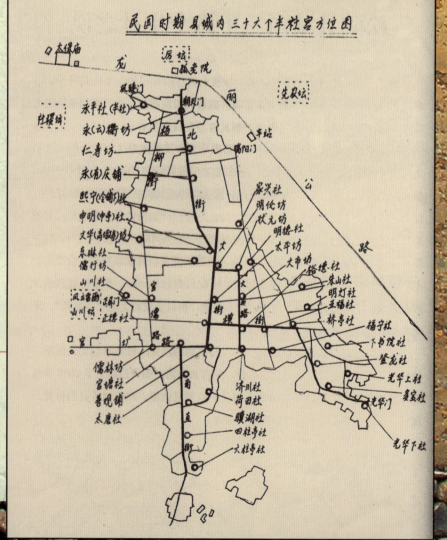

民国时期县城内三十六个半社宫方位图

大家称之为"半社儿"。故此松阳城内就出现了三十六个半社之说。中华人民共和国成立后，县城社亭、社宫、神龛大多拆毁改建，朝天门内的永衢坊在2008年得以修缮保存。何为松老师据回忆绘制各社位置示意如上图。

南北三块区域分布格局

自晚唐县城搬迁至西屏以来，1200年来随着城市不断地扩展，西屏县城由北向南扩展，大致在清末至民国时最终形成定型的西屏古县城。整体轮廓南北长两三里，东西广里许，大体呈南北长东西窄，南宽北窄的"人"字或"美"字格局，东伸而西缩。

总体布局可以划成三个区块：太平坊以北是公共建筑聚集区块，北部的公共建筑区

县城今貌俯瞰，古城聚落肌理大体保存，南北分为三个大区块

古时有县衙、昭忠祠和妈祖庙，今天还有文庙、城隍庙、太保殿、药王庙、基督教堂、天主教堂、汤兰公所等公共建筑；太平坊至市墈头为中部商业区块，中部的商业区住着经济基础较好的人群，街道两旁店肆林立，保持着前店后宅或者下店上宅的格局；南部为市墈头至长松路的南部平民区块，大部分居住者是平民、手工匠人、船工等，以普通住宅为多。

为何会是这个分布呢？鲁晓敏老师分析，主要有两个原因：一是观念的原因。中国古时传统以北为尊，以南为卑，帝王住在北边，臣民则住在南边和四周，不管是都城还是府县治所，宫殿、衙署一般都设置在城池的中北部。二是水患的原因。松阳县城的地势北高南低，南边流淌着松阳的母亲河松阴溪，经常发生洪灾。比如清乾隆六十年（1795年），就曾"大雨倾盆，溪水猛涨入城，漂没庐舍，舟船入街道施救"。相对而言，北部遭受的灾情要远远好于南部，这也是为什么在城市中北部还保留了大量公共建筑以及10余处明代建筑的原因，而城市南部却没有一幢明代建筑。

另外，县城南部露出地面和开发的时间也较迟。据何为松老师考证，由于溪流改道南移，西屏县城整体也曾有南移的情况。唐宋至元朝初期时，松阴溪（当时称松阳溪）与今日不同，流过独山潭后，溪面开阔，北至市墈头，南至瓦窑头，连今中药厂和南直街一带均为泱泱溪面，至竹蓬头下，溪水又分水南北两港再汇合。据骥湖《丁氏宗谱》记载，元朝泰定年间（1324—1328年），由于溪水的南移，北港的溪水枯竭，大片河滩裸露为肥沃的滩涂，几百年来，陆续淤积沉淀了上千亩淤地，陆续吸引四乡的百姓前来开发和定居，明清以后尤盛。如骥湖《丁氏宗谱》序言所说："十二世祖之初迁，当为

家宅，置买祠店。已未（1799 年）鼎建头门……"形成了骥湖、荷田、项弄等区域。之后又开发为成片的住宅、商街，就是今日的老街南直街。

街道巷弄与丁字街

西屏老城的南北主干道包括朝天门内北段的北街，中段的大街，南段的南直街；东西主干道为中部的横街，以及横街的延伸桥亭街。这几条大街为过去主要的商业区，宽度三五米左右。县城中心由大街、学宫路、大井路、横街组成一个四方圆。其他还有近百条大小街巷纵横交错，构成西屏的路网系统。

过去街道除了太平坊至桶盖街一段为条石外，其余多为窝心条石，两边卵石；巷弄则均为卵石。当年的龙游担（龙游籍的人力运输队）、兰溪担（兰溪籍的人力运输队）等用独轮车或双轮手拉车贩运物资，轮子压着石板走，大大地减轻了劳动力。20 世纪 80 年代旧城改造后，主要街道

城内街道以丁字路口为主，十字路口较少（叶高兴摄）

铺设了水泥路，数年前老街重修时又铺设成了石板路，依旧古色古香。

近 30 余年，随着 1982 年复置松阳县以来，加速了县城的开发和旧城改造，在过去的周边空地新建了许多街区，古城的旧轮廓已经不复存在。另外还新建了新华路、紫荆路，扩建了人民大街、要津路、太平坊路、府前路等，形成了新的"井"字形格局，但旧街区大部分都依然存在。（根据何为松老师的回忆以及实地考察，老城街巷示意如图。）

最主要的南北主干道，今天统称为西屏老街，北从朝天门开始，南到南门码头，全长 2 公里，包括北直街、人民大街、南直街，这是浙江省最长的县城老街。整条老街店铺林立，人气兴旺，有着浓厚的传统农耕文化元素。其中人民大街在民国时曾以蒋介石的名字命名为"中正街"，中华人民共和国成立后改名为"内大街""县前街"，后称为"人民大街"。这里自古就是县城最繁华的商业街。

人民大街和横街的交接处有一处"丁字街"，在西屏老城行走，会发现主要老街鲜有十字路，大多为"丁字街"。人民大街与横街交会、人民大街与市塕头交会、济川路与猪行路交会、塔头街与猪行路交会、塔头街与桥亭街交会、荷田岭路与猪行路交会、南直街与市塕头交会、官儒路与官塘门交会……一条接着一条"丁字街"跳到眼前。

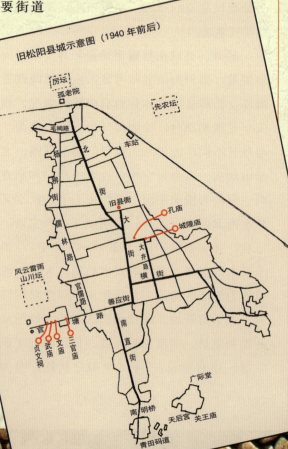

旧松阳县城示意图（1940 年前后）

1940 年前后西屏古县城古街巷示意图（何为松老师绘图标注）

西屏"丁字街"的格局是如何形成的呢？是先人特意设计还是偶然所为？鲁晓敏老师认为，历史上，西屏屡遭水患，讲究风水的古人设计出"丁字街"格局，希望把古城钉在原位，避免水患的侵袭。即使在发大水之时，洪水沿着曲折的街道涌入城区，"丁字街"也能够有效地减缓洪流，从而保护住核心城区免受冲击。由于西屏坐落在平原，除了西面横着低矮的西屏山、吴家山之外，三面空荡荡。聪明的先人以"丁字街"将城市巧妙地围成一个藏的格局，南北和东西对向的风无法贯穿整个城区，使得居民在冬天不必遭受凛冽的西北风侵袭。

各种公共行政机构

松阳县城里的主要公共建筑，包括烟酒税局、邮电局、消防铺等，过去还有县衙。旧县署衙门在今人民大街北段紫荆路以南，钟楼路以北，社仓弄、龙头坑以西，人民大街两侧。民国县公署、县政府也驻于此。民国三十一年（1942年），侵华日军将县署纵火烧毁。

南直街59号是旧邮电局，始于清光绪二十九年（1903年），1917年又添置了邮汇业务，用邮政机构来汇兑银洋，1922年开辟了电报业务，邮电局自成立以来就设在县衙斜对门（原西屏派出所东北部）。1942年被日军烧毁。中华人民共和国成立后，邮局迁至南直街现今这个位置。

南直街60号保存有烟酒税局，民国六年（1917年）春，县内设立烟酒稽征所。民国二十五年（1936年）设松阳土烟特税分局，南直街60号曾是丽水地区烟酒分局。松阳烟叶为地方较大税源之一，一直为发展地方经济做出重大贡献。这里

南直街 59 号旧邮电局

南直街 60 号旧烟酒税局

不仅交烟酒税，松阳县老百姓的各种赋税都要交到这里。

横街10号是消防铺，堆放消防器材，队员来自民间的青壮年市民及各店家的年轻店员，全以自愿、义务参加为原则。救火从不计较报酬，凡参加救火之后，每人仅发一张面票作为点心，不过大家仍能积极参与。遇到火灾时，松阳人敲着洋铁箱在街巷上边跑边唤，一听到敲洋铁箱，大家立即放下手头工作，不需多长时间就会赶赴火场，投入救火行动。

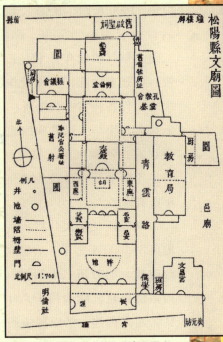

民国《松阳县志》中的文庙布局图

祠庙与公所、会馆

过去松阳县城内外各种庙宇、寺观、宗祠林立，作为县城必备的大型祠庙包括城隍庙、文庙、武庙等，还有太保庙、文昌宫、魁星阁、上下天后宫、药王庙、金钟庙、仓颉庙、朱子祠、昭忠祠、叶雪庵公祠、节孝祠、忠烈祠、贞文祠等。还有数十座宗祠和香火堂。保存下来的主要古建筑群为文庙、城隍庙，和汤兰公所、下天妃宫。

松阳文庙位于大井路2号，占地面积940平方米，是省级文保单位。明万历前，庙建在县城东南隅金钟寺（今县粮库）附近。1595年，在绅士叶以章的倡议下，将文庙移建今地。至清乾隆三十三年（1768年），原庙焚毁重建。到道光年间，因久未修缮，

自大成殿及东西两庑、戟门、泮池、棂星门等均栋宇摧朽，墙垣剥落，亟应修整。在筹资无着的情况下，邑庠生叶乐山应声而出，愿一人独资修缮，从道光乙未年（1835年）开工至道光戊戌年（1838年）落成，计用白银11000余两。民国二十六年（1937年）后曾被毓秀小学借用，称毓秀二部。民国三十一年（1942年）秋，旧县府因被日寇焚毁，搬迁至文庙，大成殿作为会议室，两边庑廊用作各科室办公场所。1949年，大殿毁于兵火，中华人民共和国成立后重建，作为会议室。两侧平房，仍作新县府办公用房，后经不断变迁，今改为老年大学校址。2016年重新修缮。

城隍庙位于大井路7号，文庙东侧，占地面积2000平方米，省级文保单位。由长松台改建。明万历二十四年（1596年），知县周宗邠重建。明崇祯十六年（1643年），知县张维高再建。清康熙年间，邑士民捐资修建。乾隆二十一年（1756年），知县李国才倡捐修建。清嘉庆初，知县傅秀漳劝捐重建。清道光年间，邑绅劝捐重修。清咸丰、同治年间，复劝捐续修。整个古建筑坐北朝南，分前、中、后三殿。前殿是城隍老爷的坐殿，面阔五间，高耸气派。后殿是城隍娘娘的坐殿，二层重檐，雕刻精细。柱子上刻着一副对联："助雨露风霜调和五气""与山川社稷保障四方"。指明城隍庙是古时松阳民众祈福纳祥的场所，寄寓着达官显贵和布衣平民所有的梦想。民国间，庙内曾设松阳战时中学、松阳报社、自卫队队部等。中华人民共和国成立后，以破除迷信的名义，铲除神像，将庙宇改建为储粮仓库。

松阳还有大量行业公所和地方会馆。这些公所、会馆，往往还和相关地方、行业神灵崇拜结合，同时也是庙宇。清乾隆年间以来，温州、金华、台州、丽水各地以及福

文庙大成殿现况

建、江西、徽州等地商贩进入松阳经商，这些异地经商的商人经营中药、布帛、五金、南货、水产、盐铁、烟叶等货物。他们以籍贯或者行业结成商会，每个商会建有一座联络、聚会用的会馆。乾隆十四年（1749年），福建商人在城北建起了上天妃宫，兼做"福建会馆"；乾隆三十四年（1769年），福建汀州商人在城南建起了下天妃宫，兼做"汀州会馆"；清嘉庆十四年（1809年），汤溪、兰溪籍布业染坊商人在中弄兴建起了"汤兰公所"；青田商人、船夫于清末先后在县城和古市兴建了"瓯青公所"；临海、天台商人于清末在北直街兴建了"临天栈"；江西客商建起万寿宫兼作"江西会馆"；药商建起了药王庙兼作行业会馆……作为参照，1891

城隍庙修缮前旧貌（松阳县供图）

汤兰公所俯瞰图（叶高兴摄）

南直街 53 号"非遗馆"，原为江西会馆万寿宫

年时的温州城仅有福建、江西、宁波、台州四家会馆，而松阳会馆数量竟超过温州，体现了西屏作为一个浙西南经济重镇的地位。

大大小小的会馆坐落在西屏各处，汤兰公所是其中最豪华、面积最大、保存最完整的一座会馆。汤兰公所又名兰溪会馆、关圣宫，位于中弄 12 号。坐北朝南，中轴线上共三进，方砖墁地，占地面积 1100 平方米，也是浙江省较大的会馆之一。

下天妃宫及宫前的古戏台为清代原物。撑船师傅每次出航总会去下天妃宫祭祀，烧香拜佛，保佑出行平安、逢凶化吉。明末清初时期，有福建王姓移民落户松阳县城市墈头、水南一带，后代一直以航运、捕鱼为业。闽籍后裔募捐集资在松阳县城建立天后宫，奉祀天妃。历史上，松阳县城还有一座香火旺盛的上天妃宫，这两座天妃宫无论是占地面积、建筑规模，还是奢华程度都占据县域庙宇之冠。天妃宫即妈祖庙，妈祖信仰曾经在松阳盛极一时，过去，每逢农历三月廿三日，两座天妃后宫都要举行盛大的祭祀仪式，恭恭敬敬地纪念妈祖诞辰。

位于南直街 53 号的"非遗馆"，原来是建于清代的万寿宫，为江西会馆，民国年间曾设太唐小学、县商业合作社办公室等。1956 年在原址上建起了工商联，后来改成了电影院，现在则开设为非物质文化遗产中心，展示松阳当地的各种"非遗"文化。

药王庙位于中弄 21 号，占地面积 574 平方米，建于清嘉庆十六年（1811 年），为兰溪旅松药商公建，内祀药王伏羲氏、医圣孙思邈，既是民俗宗教场所，又是医药业的行业会馆。坐北朝南，前后三进。民国时县法院曾设于此。中华人民共和国成立后，改设县木器社。因为长期缺少有效保护维修，加上遭受风雨、暴晒、台风、冰冻等自然因素影响，存在着较大的安全隐患。2018 年开始清退修缮。

百业商铺、作坊与古宅

在人民大街、南直街一带，沿着窄窄的街道两侧，上百座大小商铺、作坊林立。各种打铁铺、草药店、南货店、刻碑店、裁缝店、制秤店、理发店以及染坊、布行、烟行、当铺、旅舍等，见证老松阳繁盛的历史，许多店铺今天依然开设，生活气息浓厚，是少见的保存传统经济生活的老街。比如人民大街的金大土配锁店、缙松秤店、白铁制品店、知源刻章店、流芳照相馆、义和烟行、同福堂中药店、黄仁和打铜店、酱坊店、民国银行、小黄棕板店、老五钟表店、白铁制品店。南直街的杨氏油料饼店、亮亮打铁铺、祖字打铁店、民国旅馆、王美凤小吃店等。

重建后的下天后宫大殿

老街有三多。一是理发店特别多。二是打铁店特别多。经过普查，松阳县总共有打铁店15家，松阳县城就有12家，而300米的老街就汇聚了7家。铁器与农耕文明息息相关，松阳自古就是"处州粮仓"，打铁店十分重要，许多打铁店还保留着传统的打铁模式。南直街10号祖字打铁店，创业于清末，是一家百年老店，民国时在老街名气最响、手艺最好、徒弟最多、店面最大，经过阙樟通、阙法法、阙炳跃祖孙三代苦心经营，成为老街现存营业时间最久远的打铁店。南直街47号的亮亮打铁铺，是老街上的老字号打铁店，店主吴忠亮手艺是祖上家传，其父亲吴寿宝原先一直在南直街开打铁店，传至吴忠亮时才买下这间店面，改为在此开店。还有官塘路4号连法打铁店，现在的店主吴连法今年40多岁，15岁开始学打铁，至今有20多年，是老街最年轻的打铁师傅。

三是药店特别多。人民大街154号的善应堂药房，中华人民共和国成立前是一座寺院，门口立着的功德碑上详细地刻着当年信徒捐献的修庙资金。这里当时还有一座善应塔，在清咸丰年间倒塌。南直街62、63号仁寿堂国药店，是一家民国时松阳县知名药店。1958年全行业公私合营，同福堂中药店与仁寿堂国药店合并，1964年一并转为国营，起初名为西屏国新药店，20世纪80年代初名为国营松阳医药商店，1982年3月松阳恢复县制后更名为松阳县医药公司。

此外还有许多店铺，也都围绕百姓生活日用而开设。比如人民大街101号百年老店白铁制品店，人民大街95号黄仁和打铜店。人民大街72号的金大土配锁店，是一个有40余年历史的老店，历经3代人，名声在外，且临近繁闹的太平坊路，客流量很大，生意非常好。人民大街77号的缙松秤店，店主缙云人诸葛明，1978年移居松阳后便在老街从事制秤，已经有40年历史。虽然现在电子秤流行，对传统杆秤业形成了很大的冲击，但普通的农民还是习惯用杆秤，特别是松阳茶产业非常发达，茶农携带称茶叶非常方便，即使在当下电子秤的时代依旧生意不错。人民大街109号徐公美号制秤店也是老店。人民大街133号董寿春染坊，店主董鸿喜祖籍温州，父亲董寿春民国时到松阳经商后定居。在中华人民共和国成立

理发店

连法打铁店

缙松秤店

南直街街貌，大小商铺、作坊林立

前主营百货，兼营印染，店名分别叫益昌百货和益昌印染，自家的店面房一半是百货，一半是印染门市部，店铺后面旧时为染坊工场，现仍保留有室内水井一口，染坊用的圆石槽一个。该店铺布局规整，保存完整，是街区中比较具有代表性的古店铺。中华人民共和国成立后不再经营百货，而专营印染。

松阳的很多饮食店都会做当地的各种风味小吃，如粽子、薄饼、清明粿等。南直街3号的王美凤小吃店，店主王美凤从1990年开饮食店，店址位于南直街的自家店面房里。最早是做豆腐脑、馄饨、饺子等日常饮食，后来做粽子、清明粿、糖糕、青糕等时令小吃，或者根据顾客的预订，做盖房上梁用的馒头、寿宴用的寿桃等食品，是老街上最受欢迎的小吃店之一。

清末至民国时期的松阳巨商首富黄秋光家族，在老街也开设了大量商铺产业，均冠以"集成"商号。人民大街127号和130号的集成布店和集成烟行，民国时黄秋光孙子黄宗昌经营。人民大街122号集成棉布号，当时规模非常大，里面摆放着有30多口大染缸，据说染坊染出来的布料够全松阳县的人穿。人民大街122号的西屏街道卫生院，过去是集成钱庄。人民大街84号是松阳最早的律师事务所之一集成律师事务所，由黄秋光毕业于上海政法大学的儿子创办。位于人民大街95号的理发店，民国时是黄氏家族的纸坊集成纸坊，中华人民共和国成立后，这里成了流芳照相馆。

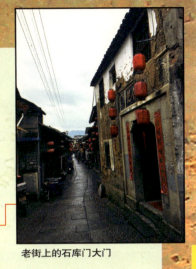

老街上的石库门大门

这一带很多房子是松阳大地主潘金水的房产，包括南直街51号山中杂记以及巷弄里几幢。松阳很多人家的大门都采用石库门，鲜艳的红石条门框，大门进出口铺着红色的石板，"红"与"宏"谐音，"途"与"图"谐音，脚踩红石寓意着"大展宏图"。石库门采用红色的花岗岩打制，头顶红门寓意着"红运当头"。现在的潘祠上弄2号笃舍民宿老屋是金罗汉潘寿年的房产，他曾办过寿年小学（原烟厂），中华人民共和国成立后，这里曾为文化馆、幼儿班、西屏街道第三小学，如今改造成老街一家高端民宿。

除此之外，还有大量古民居，有些还是名人故居。中弄7号的何联奎故居，建于清光绪二十六年（1900年），占地面积513平方米，为省级文保单位。何联奎是民国著名的学者、作家，曾任中央训练委员会指导处处长、主任秘书、副主任委员等，当选为第二、第三届国民参政员，1949年去台湾，后曾任台北故宫博物院副院长。何联奎得到了蒋介石父子的器重，蒋经国将其视为心腹之一。大井路57号是吴振猷故居。吴振猷毕业后加入国民党空军志航大队，多次参加对日空战，1949年去台湾。■

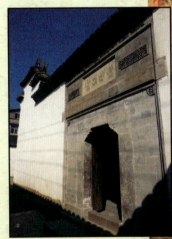

何联奎故居大门

破坏没有开始，建设也未开始，观赏也没开始。古市的时光仿佛停止了，它遗留在历史的冰箱里。整个古镇仿佛就是一件完美的文物。

如果把古市比成一个女子，她从东汉走来，曾历尽繁华，见识夜夜笙歌；如今她抖落华丽的衣裳，独对秋月荒荻，寂寞如许，轻轻把《月宫调》哼唱。如何面对古市，也成了一道文化保护难题。

古市
她从东汉走来，哼着《月宫调》

文·野望

古市有一种奇特的魅力。你走进去，会沉浸其中。这里没有新的事物，斑驳的牌坊，长满荒草的石子路，吱呀开合的木门，石雕花的城堡的宅子。我不明白这种沉浸如何发生，直到我了解了它的历史。

两千年的古镇

古市在松阴溪南岸，松阴溪河面在此扩大，曾有百舸争流的盛况，也因此成为古代浙西南重要的门户。西汉建元三年（公元前138年），闽越国对东瓯国发动战争，4万东瓯国人被迫从温州一带迁往江淮，一部分东瓯国难民进入荒原成片的松古平原，脱离北上的队伍和当地土著成为松阳最早的居民。古市一带很可能便是重要的聚落点。

西汉元鼎六年（公元前111年），汉武帝讨伐不听话的东越国，东越亡国，难民北迁，古市再次成为收容的据点，成为浙西南最早的集镇。东汉建安四年（199年），东汉政府在古市镇设松阳县，管辖今天丽水大部分地区，金华、温州部分地区，是浙西南第一个建制县。从此从北方迁来一批批躲避战乱的

人带来北方先进的生产技术，在这里建一个宁静的安乐窝。古市成为浙西南商贸中心。

唐武德四年（621年）松阳县升格为松州，古市成为松州的政治、经济、文化中心。4年后又废州为县。持续繁荣600年后，中唐时古市毁于一场百年大洪水，人们将县城迁往现在的西屏街道。但因为松阴溪航运枢纽的地位还在，古市依然是浙西南繁荣的城镇。到了明正统六年（1441年），浙江省布政司将分司设置在古市，古市掌管整个处州府的财政。这证明，古市虽不是这个区域的政治中心，却是经济与交通的中心。

唐代国师叶法善是古市卯山人。江南叶姓也起源于此。南宋淳熙九年（1182年）大儒朱熹在古市明善书院讲学，众多学子云集古市。2000年

古市老街

"古井无波"古牌坊

来，古市一直是松阴溪流域的一处经济中心、商贾重镇。老百姓把古市称为旧市街，农历每月初四、初九周围松古平原上的农民云集在此赶集。

直到丽水至龙游公路通车，一座座水电站建成，松溪水道变得窄浅，无法通航，码头纷纷废弃。持续2000年的繁华大剧竟然在几十年里轰然落幕。古市人纷纷离家打工、求学、搬家，遗落下这个汉代的古镇。

正是这并不远的落幕与两千年厚重的积累形成了鲜明对比，也形成了古市独一无二的原生态古镇风貌。迅速地落幕与人群迁走，使大量的古迹没有被破坏而保留下来。因为繁华已去，几乎没有新的建设，古市得以保存古旧的面目，整个古镇就是一件完美的文物。而几乎没有游客的踪迹，使古市成为难得的没有被开发的古镇。

破坏没有开始，建设也未开始，观赏也没开始。这是古市因为被遗忘而形成独特风格的原因，也是让我们能沉浸在原汁原味，少有改动与修复的古镇的原因。

在这个奇妙的历史平衡点，我们与古市相遇。这是发展无情的遗憾，却是文化难得的机遇。

让我们数点一下，古市这个整体文物留下的"财产"。市老街，全长1060米，加上分岔道是1700米，这还不包括如毛细血管分布的小巷。这一公里半的真正老街不仅在江浙，在全国也是不多见的。在老街上的大多是清朝与民国的建筑，有17个文保建筑，目前还未做任何修复，原汁原味。目前确定的保护区达18公顷。

古市老街分为上街、下街。上街是名门大宅区，下街为行业街，有烟纸弄、纸厂弄、米行弄等，特色分明，而老街紧邻风光绮丽的松阴溪，松阴溪畔则多吊脚楼建筑。

古市是历史留给松阳真正的文化财产，也是真正的传家宝。

如何保护古市成为一个难题，古市最难得的是整体氛围。如果像目前通行的古街开发模式，只保护文保建筑，急于商业开发将是对历史的犯罪。

据古市镇镇长张屏介绍，浙江省古建筑设计研究院将保护范围扩大，除了17幢文保建筑，把20世纪五六十年代的宗祠等普通房子也列入保护建筑，政府要先做基础设施，如路面、管线与雨污分流，然后让老百姓自己来修，政府按每平方米补助。柱子直，管线内走是基本要求，否则一票否决。这样可以保证老街不受商业侵略成为原住民做主的街区。县委书记王峻定下"控风貌，收资源，强基础"，尽量不要破坏，把资源能收的收回来，把基础设施做好。

中国著名建筑师冯纪忠先生主张古建保护不能仅"修旧如旧"，而是"修旧如故"，如何将古市做到"修旧如故"，是松阳面临的一个文化难题。

走走古市老街

老街起头是城门，门东是"古井无波"古牌坊。往前，前街71号是古市乡土画家谷子林故居，老人家一生留下了许多古市旧貌的油画。他的代表作《千古之镇，古市旧貌》用笔宏大，老古市船来船往，两座木桥长虹跨波，吊脚楼掩映绿树

谷子林

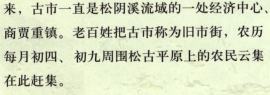

谷子林绘的《千古之镇，古市旧貌》

小岛的景色格外迷人。码头整齐的蚱蜢船是松阴溪往日特有的景象。一群搬运工扛着食盐、布匹、洋货向上走，另一批搬运工挑大米、茶叶、烟叶、山货准备装船，真实反映了当时货物往来的情景。

老人家把乡情寄托在笔尖，留下了宝贵的记忆。

老画家宅中梁上刻着麒麟，整栋建筑有浓浓书卷气，墙上有谷子林先生一幅精湛的油画，画着鲜花与果实。谷子林夫人还居住在此宅中。

到了分岔路有一家被称为乡愁馄饨的三角坛馄饨。汤中放猪油渣的小馄饨是当地一绝。

左边的分岔路通过太保殿遗址。现在是幼儿园。古市有趣在虽不是县城，过去却有老县城完备的体系，文庙、城隍庙、太保庙、县学、城门楼、天师殿、牌坊、书院藏在古巷深处，值得一一探访。

右边的分岔路，93号是排业公会旧址，当年松阴溪运输多靠水排，这是水排工人们的行会，协调纠纷，安排运输。不少排工还健在。

99号是老银铺旧址。101号则是1961年的豆腐坊。111号是20世纪60年代的遂昌火柴厂。路上有个古井，所以这段又叫大井头。

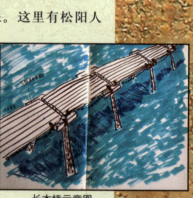

接下来便到下街，29号是一幢古色苍苍的西洋楼，这是清末

古井

松阳首富烟草大王黄秋光为外孙叶东东盖的房子，杰出的民国建筑。现在的房东老夫妻大方和气，客人登楼也心生欢喜。

39号门口有四字费猜疑，考倒了一大批秀才。有说是"常拯道统"。而洪关旺先生判

为"南极迎祥"。

再往前走是一个安里亭，方便往来客人稍坐乘凉。坐板不宽，却很适合挑担客柱担倚坐：照顾乡里乡亲的古风。

63号秀润公祠是个颇有年头的老建筑。64号是民国水龙宫，里面还存有清末至民国时期的消防器械。老街尽头是陈氏宗祠，券门与宗祠的雕刻都颇可观。

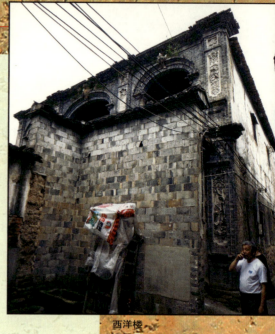

西洋楼

另外古市草药铺、打铁铺、盐号、酒铺、理发店、缝纫店还在热气腾腾经营着。老居民们生活悠闲，松阳甚至有句俗语"旧市街布裤满地拖"，来形容古市人懒散的风格。这是一个为自己而不是游客活着的古镇。

古市的桥顺应自然

在谷子林老先生的画上有两座长木桥，盈盈一水间，是古市的标志性景观，也曾是古市老人乡愁的寄托。因古市老居民指点，我们不禁被这两座桥所折服。这里有松阳人民甚深的水智慧。

如图，这长木桥由许多两脚木桩组成的凳子和一块块长木板拼成，并用铁索相连，有趣的是这长铁索一头固定在岸上，一头却不固定。为何这样？原来，松阴溪发大水时，人们就让大水把这个桥冲垮，但冲垮却不散，有铁索连着呢，就冲到了一边河岸旁，大水停了，人们再捞起搭建。

长木桥示意图

这样的桥顺应自然，不与水对抗，而是通过把自己解体来解决洪水期的问题。这真是天人合一的思维方式，也反映了松阴溪边古市百姓的水智慧。

《月宫调》的故乡

每天清晨，在古市街上都会传出悠扬的古乐。

这是什么？这是宝贝。

古市有一个世界上独一无二的宝贝：《月宫调》。据说这是从唐朝传下来的曲调。

刘禹锡诗云"开元天子万事足，唯惜当时光景促。三乡陌上望仙山，归作霓裳羽衣曲"。白居易诗句"千歌万舞不可数，就中最爱霓裳舞"。张祜诗句"天阙沉沉夜未央，碧云仙曲舞霓裳。一声玉笛向空尽，月满骊山宫漏长"。

相传叶法善带唐明皇游月宫，唐明皇记下月宫中仙女曲调作此曲，在宫殿演奏。叶法善因是唐明皇国师，得以将此曲带回家乡古市。在道光年间的卯山叶氏族谱中记载了这个传说。

古市人将此曲称为《月宫调》。有一个说法，老百姓为避忌讳把只能宫殿传唱的霓裳曲改了名。另一种说法，古市语月宫就是月亮，形容此曲如同仙乐。

《月宫调》只在松阳古市一地有，1200年来《月宫调》就是靠这些普通市民一代代传下来，像几代传承下来的以唱木偶戏为生的詹家。现在传承人周文郁正是跟詹龙龙所学，而詹龙龙又是从父亲詹芳根那儿学来的。每天清晨，古市10多位老人家都会到老乐手老丁家练习，已经10多年了，老丁去世后，大家没有散，老丁夫人郑小女，每天招呼大家来家中奏乐，递烟送茶。问郑小女为何这样坚持，她只笑说："我几个孙子都考上了好学校，就是沾了灵气。"

汉声目睹了这群乐手的演奏，真正是乐在其中。

古市《月宫调》的团长叶万芳先生告诉我们："《月宫调》是古市独有的，是唐代的宫廷音乐。除了《月宫调》，还有《过街溜》，是宫廷舞曲，很热闹。还有《八仙》，反映缥缈之境，还有《霄凡曲》《正凡》《玉芙蓉》等10首。"

说起《月宫调》，有一位松阳人功不可没，那就是邱建平。1985年，他做松阳民间文学三集成调查，第一次录下了《月宫调》。当时仅有《月宫调》与《住花园》两首，许多老人只记得谱不会演奏了。他组织起老人通过回忆、摸索，又恢复了10多首唐宫廷音乐。同时他又搜集民间的法事音乐，与道场音乐，加上宫乐，共125首。他统称《月宫调》。当然这样的分类还有争议，包括法事音乐与道场音乐能否归入以宫廷乐为特色的《月宫调》，人们有不同的看法。但邱先生的抢救工作得到了一致肯定。

战火、改朝换代与政治运动常常特别容易消灭文化精英与上层的文化资产，相反是老百姓用自己的生活温润地保护着传统，也从传统中得益，这种互融互生的关系往往使民间留下的文化强健而有活力，也是传统得到生活检验后的精华。此中埋下未来的文化种子。

古市让我们沉浸在过去，但也看到了未来。■

老人们在老丁家练习《月宫调》

叶万芳

建筑：从民居、商铺到祠庙

文·陈诗宇　建筑测绘·北京清华同衡规划设计研究院、浙江省古建筑设计研究院

松阳古建筑、乡土建筑的类型丰富而齐全。由于地处浙江两流域交流的节点，历史上又有几次移民，所以建筑风格上也受到包括浙中、浙西、浙南甚至福建的影响，但晚期建筑以婺派风格为主。数量最大的是遍布城乡的古民居，大小宗祠、社庙的分布也很广，大多兴建于清后期，规模大多中等偏小。和村落一样，不同的地形、环境也形成了不同类型的建筑形态，比如逼仄山地的小型住宅院落、吊脚楼，开阔平谷地带的多进多路院落。在相对繁华的市镇，还有各种公共建筑、行政建筑、商业建筑和大型庙宇，以及各种塔、阁、桥梁。

我们在松阳一年的考察里，探访了大多数市镇以及数十座古村落中的代表性建筑，以民居、商铺、宗祠、宗教建筑、塔桥等分类进行介绍，并对常见的结构和装饰做简要概括，不尽全面，希望能对松阳建筑风貌做一大体总结。相关的实地测绘图，则来自浙江省古建筑设计研究院和北京清华同衡规划设计研究院的测绘。

1 民居

在松古平原以及四周的山脉间，分布着数量极其多的成片传统民居，土墙青瓦，高低错落。当地民居受浙中、浙西婺派建筑影响较深，民居平面布局严谨、规整、对称，以三开间为基本单元，组成三合院、四合院，规模大多中等偏小。围护墙以夯土为主辅以垒砖，结构以木质梁架承重为主体，民居梁架结构多为穿斗式，少数厅堂以抬梁式和穿斗式两种相结合，风貌明显。

松阳民居的平面类型有好几种，不同的阶层、经济条件，以及不同的地形，都会产生不同的平面空间布局。从最简单基本的"一"字形横屋，到三合

院、四合院，再到扩大规模的多进、多进多路式大型院落，以及吊脚楼，不同的规模、形态，适应不同的地形、居住需求。其中以小规模的直头三间和三间两客轩最多。直头三间为"一"字形，中间厅堂、两边卧室，多用于地势陡峭、经济实力较弱的山区村落和平民住宅；三间两客轩为凹字形三合院，后为正屋，前为客轩，客轩前为天井，是标准的普通住宅。扩大规模还有五间、七间甚至九间的大宅。

在此基础上发展出四合院、多院组合的中等住宅；人口密集的市镇有多进排列院落；聚族而居的客家地区，则形成了最大规模的多进

"一"字形

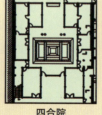

三合院

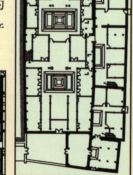

四合院

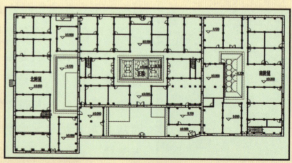

多进式　　　　　客家式

黄田村山坡上的"一"字形住宅

吊硙村的吊脚楼

上垄村的两开间"一"字形住宅

多路多天井围屋式大型住宅。大中型民居通过纵向或横向进行组合拼接，形成封闭的多进多轴线院落。各种住宅均以两层为主，下层主要生活起居，上层储藏及次要居室。公共空间由中心的厅堂、天井和檐廊构成，天井尺度适中，建筑三面或四面围合。厨房等杂物房则设于外侧附属的披屋、附屋。

①"一"字形

在松阳当地各种土屋住宅里，最基础简单的普通民居为"一"字形，是独立的小型单体民居。一般为四面夯土墙，多为悬山或硬山式，不用高大的封火墙。最少两开间，一间堂屋、一间卧室；普遍为三开间，即当地所说的"直头三间"，最为常见，中间堂屋，两侧为卧室；少数多的也有五、七开间。厅堂户门直接对外，卧室也均向外开小窗，二楼明间大多开敞，有时加腰檐或门檐。主体建筑外侧面加建披屋或附屋作为厨房、柴房等，较为简朴，装饰少。

此类住宅占地面积小，没有院落空间和客轩，密度高，所以在地势比较陡峭的山地村落使用较多。一方面是因为地势所限，住宅难以向纵深发展，开间只能沿道路平行延伸；另一方面也因为这些村落大多经济条件稍差，无力建造太多规模宏大的住宅。由于往往地处山地，"一"字形房屋的前后常有一层的高度差，二楼后墙开后

门可通往后坡道路。樟溪乡的黄田村便是典型实例，整个村庄分布在山坡上，大多为"一"字形住宅，大东坝横樟村也是类似的情况，"一"字形民居占一定比例。

在一般村落中，较贫困的农家也常建"一"字形住宅。由于建筑质量通常较差，容易被更新改建，所以保存下来的"一"字形住宅年代通常不久远。清末至民国时期以后至20世纪90年代新建的普通简易住宅，也多采用"一"字形。

在地盘狭小局促、坡度较大的山区村落，还有一种吊脚楼式民居，正屋建在山体上，前屋或前廊以木廊柱支撑，下部悬空，或跨在山路上形成过街骑楼。一楼悬空部分可以堆放杂物，二楼为生活起居空间。吊脚楼临水依山而筑，通过架空扩大使用面积，一面或多面为开敞的木结构，节省土地并且通风干燥。主要分布在吊硙、后畲、横岗、梨树下、沿坑岭头等山区村落。

②三合院

山下阳村三合院正面

三合院是松阳传统民居中最典型、分布最广的一种，属于中等住宅单元，所需地基进深不大，适应性强，不管城镇还是乡村随处可见，广泛分布在山地、平谷、台地等各种地形。

一栋三合院由正屋、天井两侧的厢房（本地称"客轩"）以及前院墙围合成"凹"字形平面。简易的三合院为土墙悬山式，正门披檐，稍有条件者在正面左右客轩山面建造山墙，这样在大门外左右便可见高大的封火墙。一般也均为两层楼，一楼为生活起居空间，厅堂、香火堂和主要卧房，二楼为谷仓、杂物间或晚辈次要卧室、书房，有的地方也将香火堂设在主屋二层厅中。

三合院根据主屋开间数不同分为几种规模。最少为

三开间，即常见的"三间两客轩"；扩大规模则成五开间、七开间甚至更多。正中堂屋朝向天井开敞，不设隔扇，堂内设供桌、壁龛。左右为主次卧室，有正房、偏房之分，以左手"大边"为上，供家中长辈居住。客轩在天井左右两侧，也可作为卧房使用。前设隔扇，往往雕饰精美，是一栋住宅的装饰重点之一。总计一栋三合院可有四到十几间居室。

楼梯弄一般设在正屋左右末端；有些规模较小的三合院，楼梯间设在堂屋北侧。天井尺度不大，为方形或进深较短的长条形，中常有石砌花台、花池。附属房屋一般建造在主院两侧或后侧，因地制宜，或方或不规则，地盘较小者做成披屋，较为宽裕则建造带天井的跨院，朝向正屋。

最基本的三开间两客轩实例如平田村现村委会，坐南朝北，东侧有两附属房屋。三开间三合院最精美的实例为黄家大院的"竹菊轩"，光绪二十四年（1898年）由黄绍桂兴建于黄家大院后院西侧，全屋上下雕饰精致。五开间实例如酉田村35号民居，坐北朝南，占地面积约290平方米，为五开间两客轩带双弄三合院，中院墙辟石库门额题"安吉寿康"。三都乡杨家堂村是五开间三合院最集中的典型村落之一，整个村子10余栋高大的三合院，大多数均为五开间。

有时三合院后面加设一个狭小的后天井，两侧伸出短短的厢房，形成"H"型布局，后天井正中或加设邮亭。位于西屏街道人民大街102号的蔡氏民居，是较早的一处实例，坐西朝东，占地面积300平方米。大门内前院中轴线上辟石库门，门墙用细水磨砖砌筑，工艺精细；石库门内为第一进五开间两客轩单层大厅，结构较古老，应是清初以前建筑，厅后左右有客轩，正中是邮亭，连接后门。三都乡酉田村29号民居，坐东朝西，占地面积约330平方米，为五间两客轩带双弄前后天井三合院，布局规整，其后带有狭长后天井，其南侧有两进附屋，屋内有七处灶台供主屋住户使用，可称得上是松阳中等规模民居的典型之作。

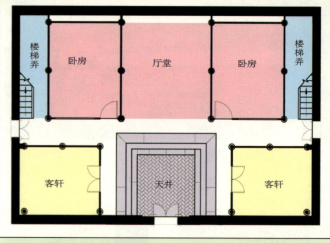
乌丼村黄家大院"竹菊轩"内景

三间两客轩带双弄三合院布局示意图
（粉色为正屋，黄色为客轩，蓝色为楼梯弄，紫色为天井，以下同）

主院纵剖面

西北立面

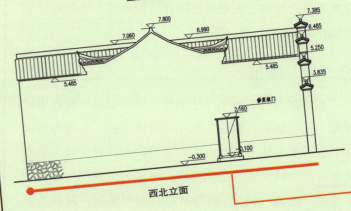

前天井横剖面

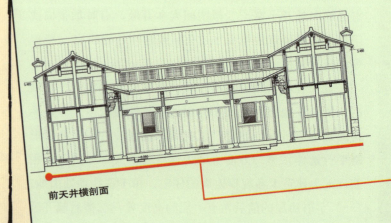
酉田村29号民居测绘图（浙江省古建筑设计研究院测绘）

山地中等住宅多为三合院，为适应地形横向延伸。
酉田村 29 号民居，为五间两客轩带双弄前后天井三合院，
正面两侧有高大的马头墙，南侧还带有两进附院，
是松阳中等规模住宅的典型代表

三合院

北

酉田村 29 号民居一层平面图（改造后现况）

西南立面图

7.385
6.485
5.250
3.835
2.730
1.000

7.385
6.485
5.250

6.275
5.900
5.090
5.760

2.580
1.650
0.550

实景

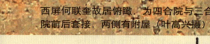

西屏何联奎故居俯瞰，为四合院与三合院前后套接，两侧有附屋（叶高兴摄）

主院内景，二楼四周相通

靖居村靖中路27弄12号，主院为开阔的四合院（叶高兴摄）

③四合院

在三合院的基础上，前院墙内加设门廊或门厅、房间，和正屋、客轩一起围合成"回"字形四合院。大门多开在正中，第一进有的做成单层门廊，两侧有卧房；规模较大的四合院第一进则做成双层，正中开门厅，二楼回廊可以相通，可称为"跑马楼""走马楼"。第二进正屋中央为正厅，也有三开间、五开间、七开间等几种规模，居住空间增加，可供规模较大的家庭居住。

四合院相对三合院需要更大的进深，房间数也更多，建造所需的财力也更大。所以多见于地势开阔的平谷式、傍水式村落，以及经济发达的市镇街区，如雅溪口、吴弄、靖居、南州、界首、横樟等，实例如望松街道吴弄村曾氏民居、33号叶氏瑞气盈庭，正门内加设门廊，为小型四合院。经济发达地区的四合院往往不单独存在，一般还会在后侧、两侧增建附屋或更多的院落天井，比如靖居靖中路27弄12号，主院为相当开阔的四合院，二楼四周相通，在周围还附有贴墙小天井。

④组合式

在地势平坦的市镇街区，人口密集，经济发达，住宅鳞次栉比紧紧排列。屋主经济实力强，但地盘通常为面阔相对限制的长方形，空间只能往进深方向延伸，所以往往建造成多进组合天井式住宅。可以由多个三合院或四合院前后相接而成，面阔以三开间为主，大宅也使用五开间甚至七开间。

三进以上的多进院落，常常设有前院，前院内为第一进门厅，进入大门后是前天井，天井左右为客轩，过

天井第二进通常为开敞的大厅、中厅，多为单层建筑，中三间打通，梁架粗大雕饰华丽，大厅后有后天井，两侧有时也有客轩；第三进通常为独立的三合院内院，多为两层楼，为内宅部分，二、三进之间有时隔以封火墙门。组合式民居每栋单体院落不一定为同一时间建造，往往以主体建筑为核心，往前后陆续增建院落。

此类组合式住宅在西屏街道，以及古市、界首、靖居等规模较大的村镇分布较多。如西屏街道猪街弄25号丁家大院，坐北朝南，临街东南开有大门，门内为前院，第一进为五开间单层大厅，中三间不设隔墙，为抬梁穿斗混合结构，开敞高大，两侧稍间为卧房，大厅前后各有天井、客轩，为H型布局。过第一进后天井，跨越墙门为第二进二层三合院。第一进大厅西侧还有两个附属跨院。更加豪华的实例如西屏街道中弄7号何联奎故居，占地1089平方米，临巷为带有花窗的围墙，中设前门，前院内为第一栋四合院。一进为单层五开间门厅、两侧客轩，过天井为单层大厅带前后廊，大厅后接一栋五开间三合院后楼，东西两侧均建有多处附属院落。

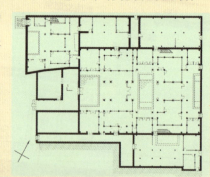

界首村刘德怀故居平面图，主院两个三合院前后套接（北京清华同衡规划设计研究院测绘）

界首村刘德怀故居也属于多进式院落，前院大门内的主体院落为两进三合院连接而成，前进为五开间单层大厅，明三间开敞，后进为五开间二层楼，带有后天井，两侧各有附屋。界首村216号居易堂规模更大，建于清乾隆年间。坐东朝西，通面阔15米，进深33.8米，面积507平方米。为三进五间六客轩院落，第一进为单层

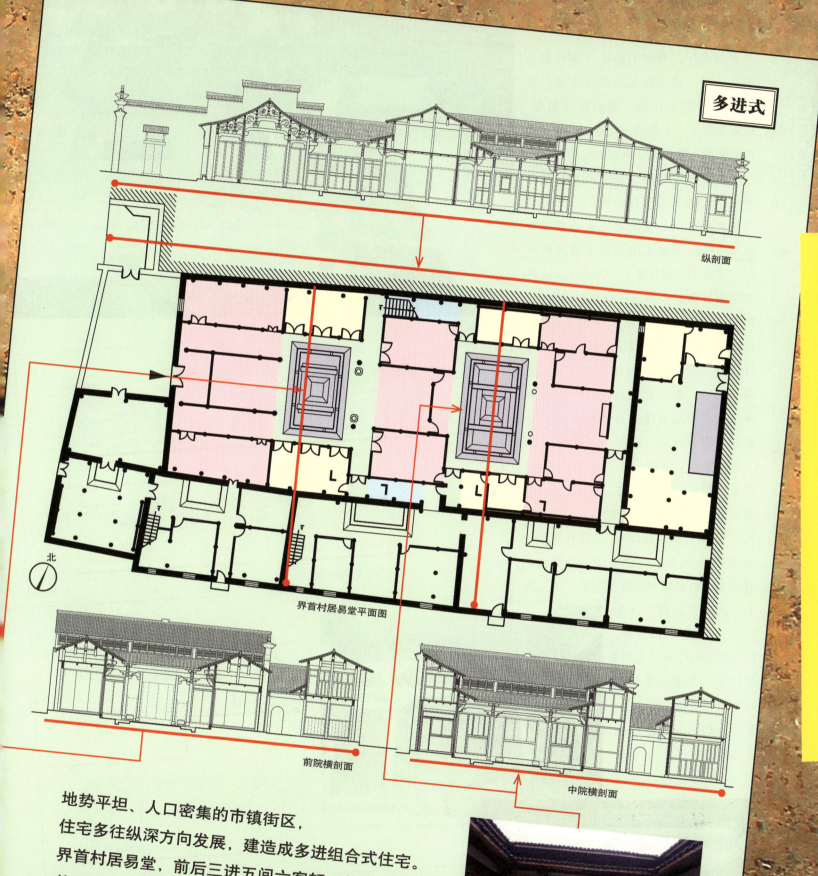

多进式

纵剖面

界首村居易堂平面图。

北

前院横剖面

中院横剖面

地势平坦、人口密集的市镇街区，住宅多往纵深方向发展，建造成多进组合式住宅。界首村居易堂，前后三进五间六客轩，前厅为气派的单层大厅

第三进五开间后楼

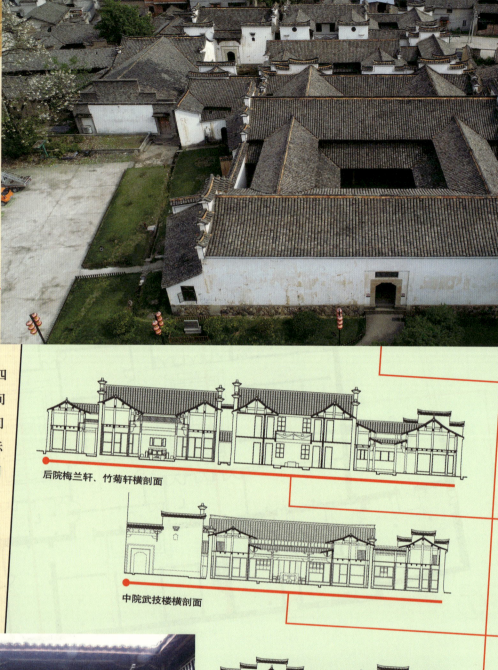

乌丼村黄家大院俯瞰
图全貌（叶高兴摄）

三开间大厅，典型的抬梁、穿斗混合结构。第二进为两层三开间主屋，第三进为两层五开间，开间面阔稍窄，后面加披屋。主路的南侧还加了一列狭长的附屋，整体属于纵深方向的发展。

组合式民居中，规模最大、平面最复杂、建筑最气派的实例，是位于松阳县城北两公里的望松街道乌丼村黄家大院。黄家大院始建于清同治年间，完成于民国九年（1920年），由当时松阳首富黄中和祖孙三代苦心经营、精心规划构筑。整座大院坐北朝南，占地面积6460平方米，有前中后五座四合院、三合院以及附屋组合而成，之间隔以门巷，整体以高墙围合。同治年间黄中和在中院首建武技楼和家祠，为标准的一进五开间三合院，东侧为三开间三合院家祠；光绪三十二年（1906年）其子黄绍桂在后院兴建二栋梅兰轩和竹菊轩，均为三开间三合院，二院东西并列；民国七年（1918年）其孙黄秋光为庆贺60大寿，兴建豪华气派的前院集成堂，是黄家大院精华所在，为三进七开间大型院落，面阔27.6米，进深33.8米，前后左右六个天井，172根柱子，牛腿和雀替上共有204个篆体寿字，无一雷同，所以前厅也俗称百寿厅。

后院梅兰轩、竹菊轩横剖面

中院武技楼横剖面

前院后楼集成堂，二楼挑出栏杆

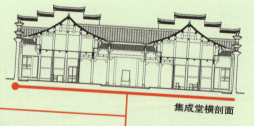

集成堂横剖面

百寿厅横剖面

前院前厅（百寿厅），为气派的四合院

黄家大院是松阳组合式民居中
规模最大、平面最复杂、建筑最气派的实例，
由数栋三间两客轩、五间两客轩、三进七开间四合院
各种规模的院落组合而成

组合式

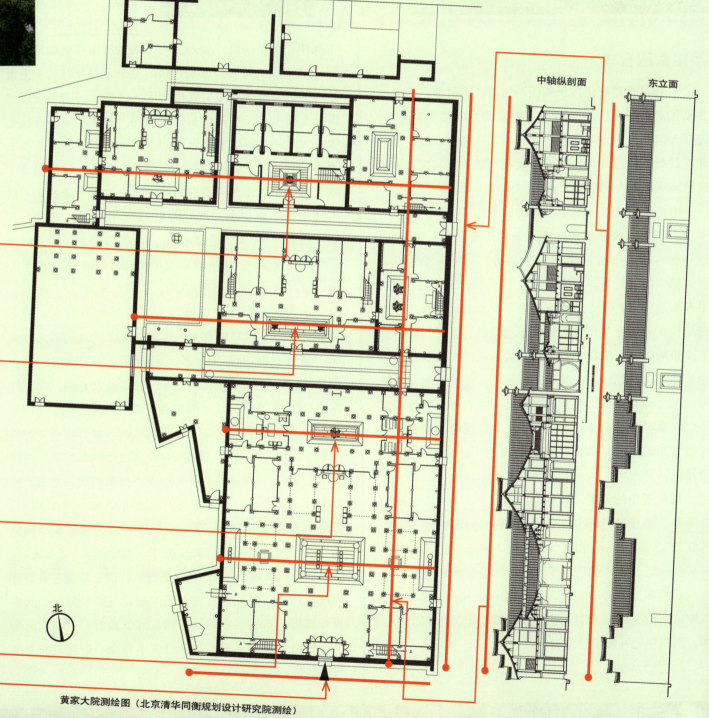

乌丼村黄家大院总平面图

中轴纵剖面

东立面

北

黄家大院测绘图（北京清华同衡规划设计研究院测绘）

石仓六村8号余庆堂俯瞰，是石仓规模最大的客家民居，俗称"九厅十八井"（叶高兴摄）

石仓六村8号余庆堂俯瞰，是石仓规模最大的客家民居，俗称"九厅十八井"（叶高兴摄）

⑤客家围合式

石仓是福建汀州移民阙氏一族聚居的村落，为大型客家民居集中的区域。客家人以宗族为单位聚族而居，随着人口的繁衍，以门楼、天井、正堂为中轴线，前后和左右加建多进、多路建筑，规模不断扩大，建造出体量空前庞大的大型方块民居。

石仓阙氏太公阙盛宗和他的四个儿子在康熙年间从福建上杭长途跋涉迁到此地，先后建造了数十幢大宅，分布在六村、七村、山边、下宅街、后宅、蔡宅6个村，其中六村最多，面积小则上千平方米，大则三四千平方米，大多兴建于清嘉庆道光年间，时间很近。虽然在结构和装饰上与当地清中晚期建筑没有太大差异，但平面布局颇具客家特色。如石仓人所说的"祖上建房用的是老家的布局，东阳的木匠"[注1]。此类住宅虽然规模很大，但整体性比组合式院落高，左右侧甚至前后侧还会陆续增建附屋（当地称横屋）加以围合，属于客家民居常用的类型，即福建客家所说的"三堂两横""几堂几横"的布局。

规模适中的大宅，如石仓山边村下包1～3号民居余庆堂，建于清代中期，坐东朝西，通面阔28.35米，进深52.7米，外有院坛，主屋为二进七开间带两客轩布局，一进三柱六檩后单步单檐，二进和厢房重檐，五柱八檩前双步后单步，明间内有壁龛。楼梯设客轩后。主屋南、北两侧均有附属横屋，北横屋七开间带双弄二厢，南横屋七开间带一弄二厢。

注1：据王媛《客家传统的移植与嫁接——浙江松阳石仓村客家移民老宅考察与研究》中的采访。

规模最大的实例，是石仓茶排六村8号民居，也称余庆堂，建于清康熙年间，建筑面积3138平方米，坐西朝东，共有九个厅堂、十八个天井、508根立柱、129间房，被当地人称为"九厅十八井"，"九厅十八井"也是闽西、赣南、粤东等地客家住宅的常见类型。中轴线上前后三进七开间，三个大厅面对三个主天井，前进为五架梁前后双步梁厅。二进、三进为楼屋重檐，五柱七檩。右侧南首横屋一列，九间二厢房五柱七檩三天井；左侧北首横屋两列，前列七间四厢房五柱七檩，后列面阔九间四柱六檩，前后六天井，规模相当宏大。六村大宅还有洋头岗9号聚德堂，建于清道光末咸丰初年，坐西朝东，占地面积1485平方米，三进七开间，通面阔74米，进深40米。六村白粉墙4号善继堂俗称"白粉墙"，建于清嘉庆年间。占地面积1907平方米，通面阔50米，进深41米，二进九开间。

七村的大型住宅也相当多，如10号敦睦堂，建于清嘉庆十五年（1810年），为茶排阙氏建造的第二幢大屋，建筑面积3065平方米，屋前有开敞的前院。通面阔70.8米，进深26米，主体住宅二进五开间，共有厅堂四个卧房29间。正屋两侧各有两列横屋，属于横向延伸类型。34号乐善堂建于清道光年间，坐西朝东，建筑面积1820平方米，三进九开间，通面阔36.5米，进深51米。35号福善堂建于道光年间，坐西朝东，建筑面积2193平方米。共三进七开间，通面阔45米，进深48米。另外还有后宅村26～33号宁静堂，由两幢泥木结构建筑构成，建筑面积约1700平方米。蔡宅村4～5号民居，坐西朝东，占地面积约2507平方米，由正院及左右跨院和横屋构成。正院为三进九间四厢，左横屋为七间两厢重檐楼房，右横屋由一幢面阔五间单檐房和一幢三间两厢楼房组成。数十幢大宅，组成了石仓一带恢宏的大型古民居群。

山边村余庆堂为中等规模的两堂两横住宅。
松阳客家民居集中在石仓一带，"老家的布局，东阳的木匠"，
主体建筑为二、三进院落，两侧甚至后侧加建多列围护的横屋，
为客家"几堂几横"式

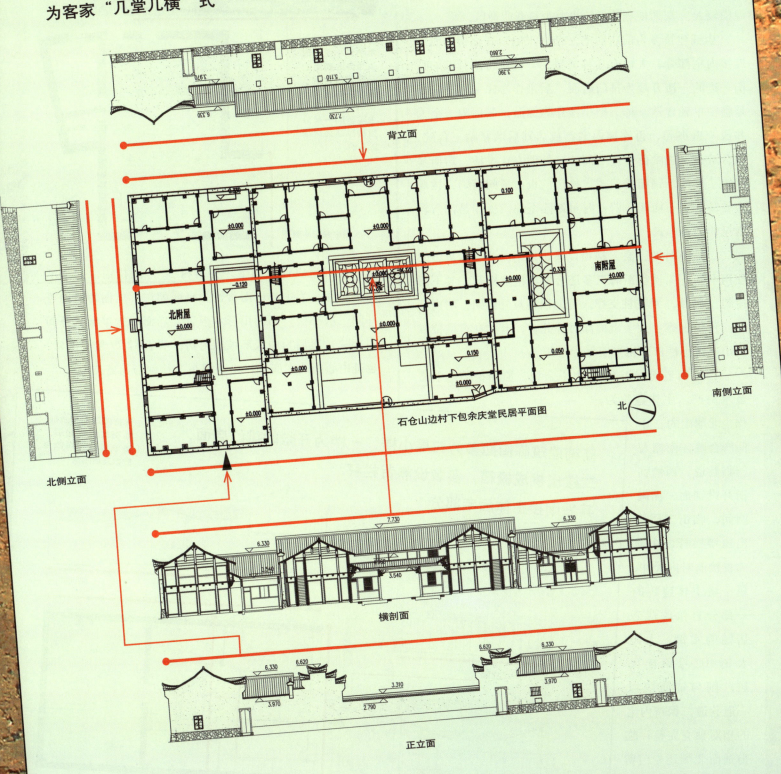

背立面

南附屋

北附屋

石仓山边村下包余庆堂民居平面图

北

南侧立面

北侧立面

横剖面

正立面

2 商铺

松阳最主要的商业建筑集中在西屏县城由北直街、人民大街、南直街、横街等街道连成的老街一带，上百栋铺面沿着主要街道分布。此外在古市、界首、靖居等规模较大、交通便利的村镇也有少量商业街区。

店铺建筑多为前店后宅、前店上宅，在临街店面后连接内宅部分，大体有几种类型。一种是将四合院的临街一进的一楼开敞为排门店面，后进作为住宅。另一种是临街单独建造一栋二层小楼作为铺面，其后隔一个天井或一道夹弄，再连接内宅；或店铺后墙紧贴三合院、四合院或多进院落为住宅部分，处理方式灵活。店面基本为二层楼，铺面排门式，排门门板占通间面阔，按顺序安装在上下槛间，营业时可卸除全部门板，是南方较常见的铺面形式。

二层有时做腰檐、披檐以遮蔽风雨。为争取更多的使用空间，二楼临街面更多还会做成出挑檐箱，其下用牛腿、斜撑、垂花柱支撑。有的出挑对外封闭，对内开口，可供坐靠；大多出挑都对外开窗，有的在窗槛位置挑出一排小栏杆，相当于靠背栏杆。

西屏街道南直街51号山中杂记，原为松阳地主潘金水房产。主体建筑为一栋坐北朝南的三开间四合院，南侧大门临巷道，西侧临街开设铺面，面阔两间，临街二楼挑出窗槛栏杆，店铺内直接面对内天井，属于将主体建筑的一部分直接改造为店铺的实例。人民大街102号蔡氏民居，则与铺面隔以一道巷道，保持内宅的相对独立完整，临街铺面北侧还专门留

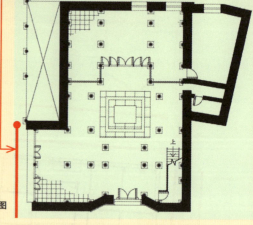

南直街51号山中杂记，主体建筑为坐北朝南的三开间四合院，西侧临街延伸开设铺面，属于将主院落的一部分直接改造为店铺的实例

山中杂记平面图

有一间门道以通往内宅。界首村27号南货铺，建于清乾隆年间，为中心街南货铺。坐西朝东，店面为面阔三开间二层小楼，面门用杉木板装。店面后接单层三开间四合院，最后为曲尺形披屋附房。界首村29号福满堂，也是中心街的老商铺，坐西朝东，结构与前者类似。

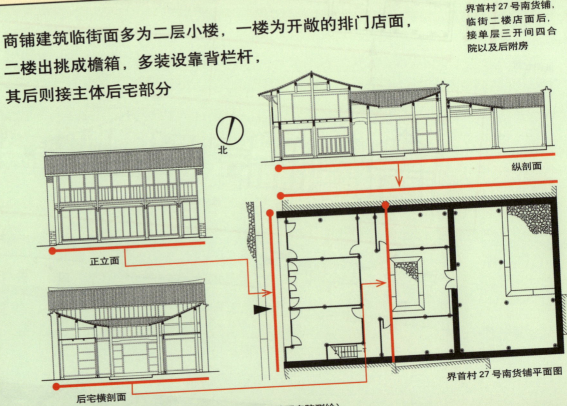

商铺建筑临街面多为二层小楼，一楼为开敞的排门店面，二楼出挑成檐箱，多装设靠背栏杆，其后则接主体后宅部分

界首村27号南货铺，临街二楼店面后，接单层三开间四合院以及后附房

北

正立面

纵剖面

后宅横剖面

界首村27号南货铺平面图

界首村27号南货铺测绘图（北京清华同衡规划设计研究院测绘）

3 宗祠

松阳的宗族文化相当兴盛，稍具规模的聚族村落几乎都有族谱，城镇和村落中宗祠分布也相当广，有的村落甚至有大小数座宗祠、香火堂，已经修缮的达 200 余座。包括小型香火堂和大型祠堂两类。

象溪村高氏宗祠内祖先龛与香案

杨家堂村 4 号二楼明间的香火堂

南岱村上村 23 ~ 2 号正厅香火堂

吴弄村曾氏 2 号民居圆洞窗内的香火堂

①香火堂

香火堂为祠堂 分出的小家族祭祀场所，村落、宗族规模较小，户数少，也可建香火堂。

香火堂通常是家族先辈曾居住过的祖宅，形态和其他住宅没有本质区别，多位于村落中间，后辈住宅围绕香火堂分布。多进住宅的香火堂通常设于最后一进，或正堂后金柱处设置香火龛，或在正堂后天井设香火亭，正堂太师壁中则开设圆月花窗，朝向香火龛。也有在正堂二楼设香火龛的情况。

吴弄村叶氏宗祠大门"八"字墙与旗杆

②宗祠

宗祠是家族在年节举行各种祭祀礼仪、红白喜事的场所，建筑质量、规模比一般住宅更好更大，一般位于村口或村中心。由于宗祠一般至少有高大的前后堂，所以正面不设山墙，而在两侧建造高大的山墙。大门前一般有前院，大门入口多做成"八"字墙，通常墙面粉刷石灰。若族内有人取得功名，就有资格在祠堂门口设旗杆石。

早期祠堂做法与温州福建一带接近，有斗拱、上昂挑斡、弯枋等做法。比如雅溪口宗祠，可能是松阳境内最古老的一处实例，主体大厅原为悬山式建筑，面阔三间，明间梁架为抬梁式。西屏潘氏宗祠门厅为明万历十四年（1586 年）建造，也是年代很早的宗祠。位于玉岩镇潘山头村的洪氏宗祠，建于明嘉靖年间，前厅建于清道光年间，坐西朝东，面阔三间，二进二厢。后厅梁架为明代原物。

清代中期以后建造的祠堂，形制结构高度一致、程式化，接近浙中、浙西做法。最少为两进厅堂，前厅内侧均设有戏台，有伸进天井的附属戏台和在厅内临时搭设戏台两种。天井两侧有回廊或厢房，正厅高大开敞，厅前有时加建拜亭。更大规模的还有三进院落。正厅高大宏伟，明间梁架多用抬梁或穿斗抬梁混合式，大量使用粗壮的月梁、拱背的猫梁和雕饰精美的牛腿。与民居不同，雕饰部分多加以彩画装饰，正厅后壁设祖宗神龛、牌位，有的还在墙壁上直接绘制祖先像。

西屏街道占祠路 12 号的詹氏宗祠，重建于清道光十一年（1831 年），是晚期宗祠的典型实例。二进五开间，抬梁穿斗混合结构，木雕精细，石质檐柱刻四对楹

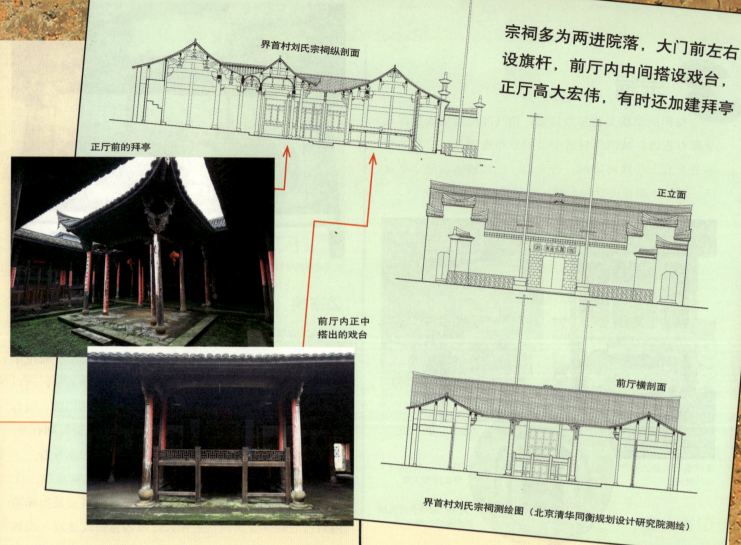

界首村刘氏宗祠纵剖面

正厅前的拜亭

宗祠多为两进院落，大门前左右设旗杆，前厅内中间搭设戏台，正厅高大宏伟，有时还加建拜亭

正立面

前厅内正中搭出的戏台

前厅横剖面

界首村刘氏宗祠测绘图（北京清华同衡规划设计研究院测绘）

联，并与周氏、蔡氏、程氏三宗祠和兄弟进士牌坊相邻近。界首村刘氏宗祠，前后两进五开间，前有"八"字墙、旗杆，前厅明间内设戏台，正厅明间前有拜亭，也是典型一例。三都乡酉田村中部的叶氏宗祠，坐北朝南，占地面积约 325 平方米，由门厅、正殿及两厢构成四合院式，为二进三开间二厢单檐泥木结构。位于古市镇的卯山俭公祠，是叶氏后裔为纪念始祖叶俭而建。面阔三间，明间抬梁式，次间穿斗式。

大东坝镇六村水井头 9 号的阙氏家祠，建于清康熙年间。占地面积 674.6 平方米，坐南朝北。石门枕、石门槛、石门框，门罩一柱二檩。厅堂结构，五间二厢房，五柱七檩。东首附屋二排，第一排厅堂结构，七间二厢房，五柱五檩。第二排楼屋重檐，五间二厢房，五柱七檩。西首附屋，三间二厢房，三柱五檩。正厅和附屋的牛腿浮雕案几插花，格扇为棂条直格纹。泥墙青瓦，硬山顶马头墙，泥土墁地，阶沿条石砌，天井改水泥地面。

雕饰最精美的宗祠，为南岱村吴氏宗祠。建于清嘉庆五年（1800 年），临溪而建，坐北朝南，二进五开间，抬梁穿斗混合结构。泥墙青瓦、硬山顶马头墙、方砖墁地，天井条石砌，祠前置旗杆石一对。前有前院，第一进厅堂与众不同，在明间加出一座歇山顶式屋面。前厅五架梁，前后双步卷棚轩廊；后厅五架梁，前后双步轩廊。木雕工艺尤其精美，牛腿、雀替镂雕狮子、麒麟、人物神像、鹿回头等。

南岱村吴氏宗祠

4 宗教建筑

松阳的宗教、信仰类建筑种类相当丰富，包括遍布全境数以百计的小型社庙、社殿，供奉各种民间信仰神灵，以及规模相对大的佛寺、道观，如法昌寺等。另外在县城还有若干大型庙宇，如城隍庙、文庙、关圣宫（汤兰公所）、天妃宫、药王庙等。

① 社庙

松阳基本上每个村落都至少有一座以上的社庙，位置多在距村落一定距离的山头、山坡、水口，祭拜神灵各地不同，多为民间信仰，较常见的包括陈、林、李夫人，唐、葛、周将军，平水禹王等组合。还有五侯大帝、胡公大帝、关公、土地、五谷神、财神、观音等。一座社殿一般有一组主祀神灵，往往还会将其他的神灵组合供奉。名称多为某社，如"新兴社"，或直接以主祀神灵称呼，如禹王殿、关公殿等。

社庙的规模大都很小，较多见的是单开间、三开间的小殿，旁边有时有附属房屋为厨房杂物间，前方设以围墙，少数带有厢房，如石仓蔡宅村禹王庙。殿内中间神龛塑神像，后有壁画，次间则设附属神像。保存最为完好精致的实例，是后畲村的社庙，三间小殿直接临街，两侧护以山墙，规模虽然很小，但梁架粗壮完整，牛腿装饰也十分精美。

② 寺庙

清代松阳境内据载有89座佛寺、11座禅院、52座庵堂。但保留至今的不多，规模大小不一。普通规模为两进四合院，如位于城西南独山下的瑞现夫人庙，传说为夫人之子白龙显身处，民国三十一年（1942年）被日寇焚毁，1943年原址重建，为两进小型院落式寺庙。

石仓后宅村的感应佛堂位于村口石仓源溪边，建于清嘉庆二十三年（1818年），平面呈长方形，为三进五开间四厢布局，是中等规模的三进院落式寺庙。石仓下宅街的定光佛院，包括左右两路四合院，建于乾隆二十七年（1762年），结构完整，西路大门内设有戏台，正殿三开间，明间为粗壮的抬梁式，次间穿斗式。规模最大的佛教寺庙为法昌寺。法昌寺

石仓定光佛院陈、林、李夫人

东山尖殿唐、葛、周将军

上垒村兴新社平水大王

黄田村社庙五侯大帝

蔡宅村单开间社庙

吊砳村带前院关帝庙

后畲村三开间社庙

石仓定光佛院戏台

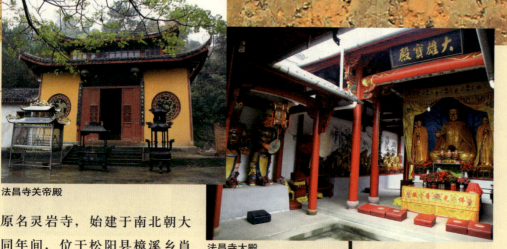

法昌寺关帝殿

法昌寺大殿

北朝南，建筑面积 940 平方米，现存建筑为二进二厢四合院式，前厅仪门面阔三间，三柱五檩，后厅大成殿面阔三间，五架梁，前后双步梁，泥墙青瓦，歇山顶，厢房面阔五间，牛腿浮雕有荷叶纹、曲带、插花等纹饰。

原名灵岩寺，始建于南北朝大同年间，位于松阳县樟溪乡肖周村后山，四周分别建有观音殿、大帝殿、关帝殿，是一组大型的寺庙建筑组合。由于松阳的寺庙建筑规模大多偏小，所以神像的安置多为组合式，比如法昌寺主殿的神像自上而下包括如来佛、观音、关公等。

西屏县城还保存有若干大型庙宇建筑，包括文庙、城隍庙、关圣宫（汤兰公所）、药王庙等。文庙坐落在松阳县城西屏街道大井路 2 号，建于清代，坐

城隍庙坐落在松阳县城西屏街道大井路，建于清代，坐北朝南，建筑面积 896.5 平方米，现存城隍庙建筑自南而北依次有大殿、后寝、厢房、后楼。大殿面阔五间，五架梁前后双步梁，金柱、梁枋用材硕大。明、次间方形石柱上刻楹联三副。后寝面阔三间，五架梁前后双步梁。厢房面阔三间，三柱五檩。后楼重檐，面阔三间，五柱九檩，明间采用减柱法。各进牛腿、雀替、柁墩浮雕有荷花、莲瓣、曲带、花卉、吉祥果等纹饰。内存碑刻四道。泥墙青瓦，硬山

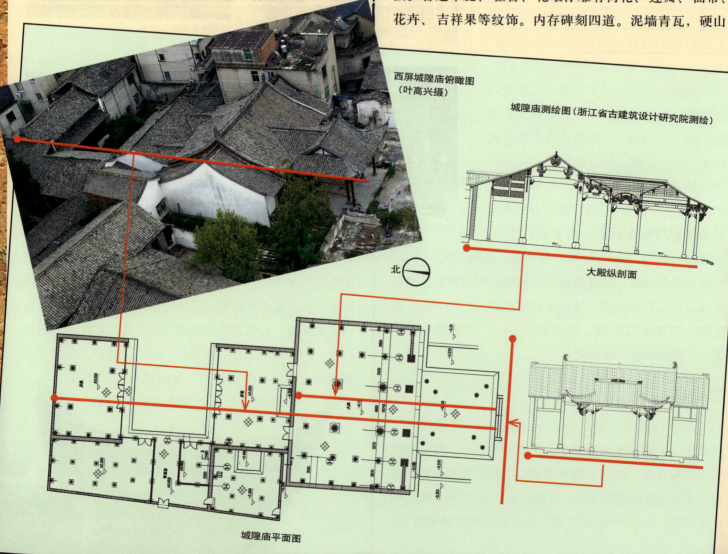

西屏城隍庙俯瞰图
（叶高兴摄）

城隍庙测绘图（浙江省古建筑设计研究院测绘）

北

大殿纵剖面

城隍庙平面图

顶马头墙。现存城隍庙建筑平面布局和梁架结构保持原貌，做工精细，雕刻

汤兰公所俯拍图（叶高兴摄）

步梁，两侧有楼梯；中庭中央有巨大的邮亭，面阔五间，抬梁结构，五架梁前后双步梁，明间三架梁，用两块虾弓梁和吊柱组合而成；两侧各有五间厢房；后厅面阔三间，抬梁穿斗混合结构，五架梁前后双步梁，厢房面阔五间，三柱五檩，楼下减除中柱。建筑木雕装饰十分精细，前厅、邮亭、后厅牛腿镂雕招财童子、刘海戏金蟾、八仙、狮子戏球、财神等，其余牛腿、雀替浮雕人物神

精美。

汤兰公所

位于松阳县西屏街道中弄12号，汤溪、兰溪布业商人筹资建造于清嘉庆十四年（1809年），又称兰溪会馆，主祀关圣。其坐北朝南，建筑面积800.7平方米，中轴线上依次为砍磨砖砌八字门墙、前厅、邮亭、厢房和后厅。一进台门为牌楼式砖结构，砌筑极其精密，门墙呈八字式，高约9米；前厅面阔七间，抬梁穿斗混合结构，五架梁前后双

汤兰公所大殿

汤兰公所外立面

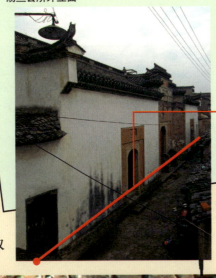

北

纵剖面

立面图

像、花卉、吉祥图案，邮亭、后厅前廊施卷棚，后廊施天花。泥墙青瓦，硬山顶马头墙，邮亭为歇山顶，方砖墁地，天井分别用条石砌筑和卵石拼花。

5 塔

在清代，松阳县城及周边有延庆寺塔、青云塔、祝延圣寿塔、善应塔、仁寿坊塔、五福社塔、白塔、赤塔大小塔八座，保留至今仅有两座，为延庆寺塔和青云塔。

●**延庆寺塔**：坐落在松阳县西屏街道塔寺下村西，建于北宋咸平二年（999年）至五年（1002年），为楼阁式砖木结构空筒体塔，六边形七级，副阶重檐，一层平面六边形边长3.06米，对边距5.30米，通高38.32米，外观挺拔俊秀。建筑结构上保存了许多北宋甚至更早的遗风，以及体现江浙地方风格的特殊做法。塔基为砖叠涩束腰式有间柱须弥座，和五代吴越末石塔做法相似。塔体由下而上逐层收高至顶部，每层设壶门六个，二至七层设平座回廊，从副阶入塔可登至七层凭栏远眺，每层隐出八角形倚柱、方形槏柱、阑额、地栿及泥道栱，全面模仿木构造形式。木构斗拱五铺作重抄斗栱，用材一致，接近宋《营造法式》五等材。顶部冠以铁质塔刹相轮。

修缮后的延庆寺塔

建成以后，香火鼎盛，至今塔壁粉墙上还留有许多宋、元、明各代游人题记，以及线条流畅的朱画飞天、墨画罗汉。历经千年风雨，塔的外檐木构部分有一定程度的残损，1989年至1990

1970年延庆寺塔修缮前旧貌

延庆寺塔斗拱

青云塔

年国家文物局拨款予以加固重修，恢复旧貌，但基础和砖砌塔身仍是宋代遗构。延庆寺塔为江南重要的早期古塔，是六边形砖身木檐楼阁式塔现存最早的实例之一。2006 年 5 月，国务院公布为全国重点文物保护单位。

● 青云塔：又名青蒙塔，位于松阳县西屏街道青蒙村青云山顶。明万历年间知县林大佳倡建。据《松阳县志》载："青云塔在县东十里青云山上，为邑治水口华表，又在县城巽方主文风取青云得路之意故名青云，今称青蒙塔，音之误也。"

该塔为空筒体砖塔，六面七级，塔高 31 米，塔门西北向，底层面宽 3.08 米，塔身厚 1.36 米，有一拱券门，高 2.27 米，宽 1.36 米。塔内原有木构楼梯盘旋而上，二层以上壶门隔层相间，每层辟有 3 个壶门，菱角牙子叠涩出檐，用砖砌成筒瓦状瓦垄、勾头、滴水。塔刹四级相轮，顶为宝葫芦。塔基周围用条石铺设，进深 2 米。

6 牌坊

据清顺治《松阳县志》，当时松阳境内有各类牌坊 62 座，其中功名坊 22 座，道德坊 40

寺口村进士牌坊

座，保存至今的还有 7 座，包括 2 座功名坊和 5 座节孝坊。均为仿木结构石牌坊，大多数为四柱三间五楼式，稍简者为四柱三间三楼式。

① 功名坊

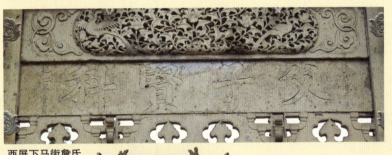

西屏下马街詹氏兄弟进士牌坊背面"父子贤科"

功名坊包括城东下马街的詹宝兄弟进士牌坊和城南的寺口进士牌坊，为省级重点文物保护单位。两座牌坊均建于明弘治九年（1496 年），整体结构、装饰风格都很相近，仿木斗拱，结构复杂，镂雕装饰精致。

● 詹氏兄弟进士牌坊：位于城东下马街。詹雨、詹宝兄弟二人为城东人，自幼丧父，家境贫寒，但勤奋刻苦。詹雨为明成化丙戌（1466 年）科进士，官授广东省左参政，又尽力抚养其弟詹宝，詹宝在弘治丙辰（1496 年）登第，弘治帝赐准建石坊以彰功德。牌坊为仿木青石结构，高 8.5 米，宽 6.35 米，四柱三间五楼歇山顶。明间额枋两面分别阴刻"兄弟进士""父子贤

西屏下马街詹氏兄弟进士牌坊

科"，龙门榜镂雕双狮戏球、飞凤奔鹿，上额枋雕凤穿牡丹，藻头为结带花草。正楼石匾"恩荣"大字。正楼四攒，三昂七踩。次间、夹楼各用三攒，双昂五踩象鼻昂，杆状撑栱。楼顶勾勒出瓦垄、勾头和滴水，脊兽相对配置，翼角起翘，颇有气魄，虽经 500 年风雨仍保存完好。

● 寺口村进士牌坊：位于城南寺口村，为旌表进士包杰而建。高 8.28 米，面宽 6.2 米，同样镂雕有双狮戏球、凤穿牡丹等图案，次间还浮雕包杰刻苦攻读、获取功名的人物故事。另外还有象溪镇南州村的联柱坊，坊高 3 米，宽 1.4 米，二柱单间，为明代永乐年间（1421 年）举人徐伯基所立，形制较简，是松阳县现存最早的牌坊实例，惜毁于 2004 年。

② 节孝坊

除了进士牌坊，松阳还有 5 座节孝坊，集中建造于清嘉庆、道光年间，规模结构稍简，装饰也比明代进士牌坊简朴，承托斗栱多为简单的偷心造，龙门枋为月梁型。正楼石匾一般书"钦褒""圣荣"等字，额枋则具体书旌表对象以及"节孝""古井无波""玉度冰心"等，有的在外侧还设有花墙围护。

建于清嘉庆二十五年（1820 年）的界首村节孝坊，为旌表贡生刘邦诏侧妻陶氏而建，高 6.5 米，宽 5.3 米，四柱三间三楼硬山顶，是较简的一例。此外还有新兴镇山甫村清嘉庆二十三年（1818 年）徐成龙原配程氏节孝坊；古市镇城头街 140 号清道光六年（1826 年）

额枋"古井无波"石刻

城头街口的"古井无波"牌坊

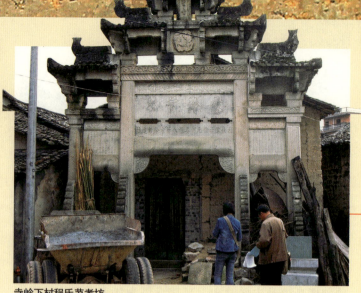

寺岭下村程氏节孝坊

洪溥侧室孟氏节孝坊，四柱三间五楼，外有花墙围护；水南街道寺岭下村清道光十二年（1832 年）徐元河妻程氏节孝坊，也为四柱三间五楼；西屏街道十字路清道光十二年（1832 年）潘光武妻徐氏节孝坊，四柱三间五楼歇山顶，偷心造五踩斗栱，龙门枋为月梁造型。

7 桥梁

松阳处于瓯江流域上游中低丘陵地带，中部为松古盆地，以松阴溪为主干，众多山坑小溪迂回汇聚，山环水绕、重峦叠嶂，村落也大多选址在溪流附近或傍水而建，所以在村镇水口、交通要道建有大量桥梁。明成化县志中记载了 21 座桥梁，乾隆县志载有 41 座，民国十四年（1925 年）县志记载 160 座。主要的传统桥梁形式包括廊桥、石桥等。

① 廊桥

第一大类是廊桥。浙南、浙西南、闽北一带是我国廊桥分布的集中区，浙西南山区多雨水，木桥容易腐烂，在桥面上建造廊屋可护桥体，又可遮蔽风雨，作为休息歇脚之用，同时往往也作为庙亭，廊屋中间通常做成重檐，两侧有鱼鳞板围护，屋内设有神龛供奉神佛。松阳保存至今的廊桥有 15 座，包括石拱廊桥、平梁廊桥、木拱廊桥、八字拱廊桥等，以平梁式廊桥居多。

平梁廊桥包括玉岩镇玉岩村普济桥、板桥乡板桥村廊屋桥、竹源乡横岗村横岗桥、玉岩镇道惠村清道光十九年（1839 年）道惠大桥、玉岩镇周安村康熙仁安桥等。石拱廊桥则有板桥乡板桥村清乾隆三十七年（1772年）普惠桥、板桥乡桐榔村清光绪六年（1880年）万安桥、象溪镇鲁西村清道光二年（1822年）夫人桥、枫坪乡小吉村永庆桥，均为石单拱，桥身用不规则大卵石或块石叠砌，桥面铺设石板。

板桥廊屋桥

●**普济桥**：位于松阳县玉岩镇玉岩村南水口，建于明正德年间，是松阳年代最古老的廊桥。跨大源坑，东西走向，为双孔石墩双向伸臂木梁廊屋桥，孔跨6.5米，桥长27米，宽6米。东西桥台用条石横联错缝砌筑，桥墩用条石砌成船型，迎水面砌成分水雁翅，桥墩宽3米。桥墩上纵横叠交五层垫木伸臂梁，自下而上布置为垫木、伸臂梁、垫木、伸臂梁、垫木，在第五层垫木上架设木大梁7根，大梁上置方形枕木17根支撑桥板。木梁部分用鱼鳞板封护。

桥面上建廊屋，面阔9间，通面阔25.9米，其中明间4.5米，次间3.1米，梢间3.2米，尽间3.4米，桥内宽大如同一个祠堂。进深为五架梁前后单步梁。廊屋明间和尽间为局部重檐。内有方形

玉岩普济桥　　　万字形斗拱

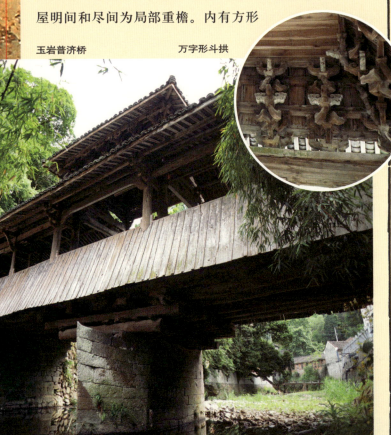

藻井，用18根"卍"字形斗拱承托，斗拱密排，层层出挑，构造复杂，设计精巧，是相当有特色的做法。

●**板桥廊屋桥**：位于板桥乡板桥村，建于清康熙、雍正年间。包括上中下三桥，三座木构廊屋桥并列而建，相距各30米，横跨周川。村中民房分布在周川三座板桥的两旁，故以板桥定村名，三座板桥为古今村民往来的通道，也是休息纳凉和娱乐的场所。板桥建筑设计科学，功能齐全，保存完好，至今仍发挥其应有的作用。

上桥长9米，宽8.1米，廊宽1.6米，两端石台上架粗大原木梁6根，上铺木板，又以18根大木柱支撑廊屋，两侧设栏杆靠椅；中桥长6.6米，宽5.3米，廊宽1.8米，木梁4根，木柱12根；下桥长7.7米，宽8米，木柱18根。板桥村南普惠寺旁另有一座普惠屋桥，为单孔石桥，长15.8米，宽3.7米，上建廊屋六间，现存左侧一间。

●**横岗桥**：竹源乡横岗村，建于清光绪二十二年（1896年），是通往下坑的要道，为木结构平梁式廊桥。桥长18米，宽4.9米，高5米。桥两端用块石砌筑，桥台上架大原木，铺木板。廊屋五间，明、次间为上下重檐，梢间单檐。抬梁穿斗混合结构，桥北侧设神龛，南侧外柱间有廊板。

②石桥

另一类是石桥，包括石拱桥、条石桥等。石桥大多结构较简，以单拱、板桥为多，少数为多跨石拱桥。石桥耐风雨，所以可以不在其上建造廊屋，较窄的溪流用简单的单跨或石板即可。

●**三济桥**：水南街道寺岭下村三济桥，建于民国

初，四孔石拱桥，长 70.8 米，宽 4.2 米，高 5.1 米，拱跨度 9.5 米，桥墩上部朝上游方向有龟形石雕。旧时为去西乡及龙泉、庆元两县通衢。

●利济桥：望松街道五都阳村南利济桥，建于清嘉庆十八年（1813 年），长 50 米，桥面宽 1.2 米，高 2 米，15 孔，孔跨 3 米。桥墩角楣立两石柱，并以两石柱斜撑，上架条石为梁，铺以石板。

●六旬桥：位于松阳县叶村乡南岱上村村头，处于松（阳）龙（泉）古道上，跨南岱坑，南北走向，为单孔石拱桥，桥长 6.5 米，宽 2.15 米，拱跨 5.0 米，拱券并列砌法，桥面块石铺筑，南北桥头连接松龙古道，桥东面券石上竖书阴刻楷书"六旬桥"三字。据南岱村民介绍，六旬桥由古市潘明明为祝 60 寿辰捐资建造，故名六旬桥。

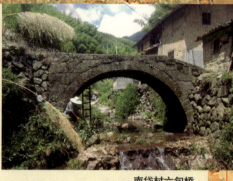
南岱村六旬桥

雅溪口明代宗祠正厅内景

8 结构装饰

西屏人民大街蔡氏民居正厅

卷梁

①梁架

松阳地区绝大多数古民居都建于乾隆以后，集中在道光至光绪之间，结构做法、风格相对统一，接近金华婺派风格；也有少数清前期和明代建筑，风格明显不同，民居、厅堂多为单层，层高也较矮，柱头、阑额上大量使用斗栱、弯枋，大厅内额正壁也使用斗栱与弯枋、弯梁等层叠组合，偏向福建、温州一带做法。

雅溪口宗祠大厅做法特殊而古老，有完整的斗栱、上昂挑斡、弯枋，原为悬山式建筑，明间梁架为抬梁式，柱头承以斗栱，内侧有上昂挑斡，阑额明间放置一朵两朵斗栱、次间一朵，斗栱上承弯枋，厅内正面也做斗子蜀柱、斗栱弯枋组合，雀替下有丁头栱，和福建风格接近，应当是明代建筑。位于古市镇刘边村 8 号的刘氏祖居门楼，建于明代，两柱间用门槛联置，柱头间用上楹联置上饰，补间斗栱二组为一斗三升，柱头铺作为五铺作，挑檐枋上施四组斗栱均为五铺作双卷头，拱瓣砍削明显为三瓣，具有宋明风格。

蔡氏民居梁架

人民大街 102 号蔡氏民居也是一处典型的早期结构实例，建于清前期，柱头、阑额放置斗栱承托弯枋，大厅内明枋上也施加斗栱与弯梁、弯枋，有很强的装饰效果，在横额上放置四组斗栱，斗栱之间承托三道拱形弯枋，两侧也各有一道弯枋，之上再层叠四组斗栱，上接横梁。大厅为单层，梁架为穿斗式，但使用了晚期建筑不多见的月梁。

西屏猪行弄丁氏民居正厅梁架

清中期以后的晚期建筑以浙中、浙西风格为主，民居以穿斗式二层梁架为主，柱头直接承接梁檩。如果是多进院落，通常前进大厅为单层开敞结构，明间两榀梁架为抬梁式或者穿斗抬梁结合式，次间、边榀用穿斗式梁架，檐下以牛腿组合承接和装饰，也是这一代晚期建筑的普遍做法。较早的实例比如西屏街道猪行弄丁氏民居，前厅单层五开间，明三间开敞，中路为弧度较大的粗壮抬梁式，边路穿斗梁架也使用了有一定弧度的月梁。石仓六村余庆堂前厅，则

石仓六村余庆堂前厅梁架

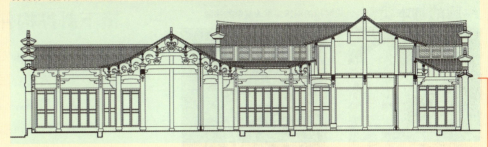
界首村刘德怀故居纵剖面（北京清华同衡规划设计研究院测绘）

"人"字形硬山式山墙

单阶平头式马头墙

三阶三花跌落式马头墙

四阶式马头墙

五阶五岳朝天式马头墙

曲线马鞍式马头墙

是晚期大厅代表实例，明间抬梁偏直，边路穿斗也使用笔直的穿枋。界首村刘德怀故居，前厅抬梁、后楼穿斗，便是晚期结构组合的典型样式。

建筑构件大多有当地习惯称谓，比如檩称瓦梁，中心承接栋梁之柱称为栋柱，前后依次是前后大步柱、小步柱，有的还有廊柱；每榀柱间的穿枋称为"抽"，榀与榀之间的枋称为"明"，另外还有弓背形的卷梁（猫梁、猫拱背），是浙中、浙西区域内广泛流行的地方做法。

②外墙

外墙以夯土为主，以鹅卵石、块石、蛮石做墙基，豪华大宅还会将墙面涂饰为白粉墙，描绘彩画。大门一般开设在前墙正中，以石条或木框拼砌，门楣上刻有郡望或吉语门额，根据朝向不同会有不同用语，比如朝西便常用"瑞映长庚"。

大门左右一般为客轩山墙，最普通的民宅使用悬山或"人"字形硬山式山墙，如山下阳三合院；有条件者做成高大的马头墙，有单阶的平头式、三阶三花跌落式、四阶式和五阶五岳朝天式、曲线马鞍式几种，其中最常见的是三阶三花跌落式马头墙，曲线马鞍式在闽东北多见，有可能和移民传播有关。

③地面

厅堂地面铺装一般使用三合土，条件稍好的使用方砖铺设；卧室和二楼则用木地板铺设，相对干燥洁净。

天井尺度适中，规模较小的天井或条件好的宅院，天井整体都使用条石砌筑，显得平整洁净，比如黄家大院各天井；更多情况下天井用卵石或不规则块石铺地，仅在四周以条石砌筑。卵石有时特别铺设出图案，常见包括铜钱纹、花卉纹，较复杂还有双狮戏球、犀牛望月等图案，如石仓光裕堂各天井中的铺地。另外还有石仓余庆堂天井用卵石拼钱纹、菊花纹、叶脉纹；洋头岗9号铺设双喜、钱纹和菱花等图案；七村20号铺设卵石镶嵌犀牛望月、花卉及钱纹等图案，七村34号铺设双狮戏球图案等。

天井内的卵石铺地

天井整体用条石砌筑

牛腿的基本类型：由简单的斜撑发展为复杂的牛腿

斜撑式

立体式

卷草式

S形曲线式

开光式

硬折线式

立体式

檐下斜撑构件组合

檐下有一组构件来支撑挑檐，
包括以牛腿为核心的七块构件，
集中在天井周围，
是浙西南传统建筑雕饰最精的部分，
具有很强的装饰性

传梁（猫梁）

连机

平水转（插翼）

星斗

斗底垫

大头枋（琴枋）

牛腿

黄家大院灵猴献寿牛腿

周山头村和合二仙牛腿

吴弄村15号内壁圆形开光式壁画

吴弄村叶氏宗祠挂轴联对式壁画

蔡宅村墙头彩画

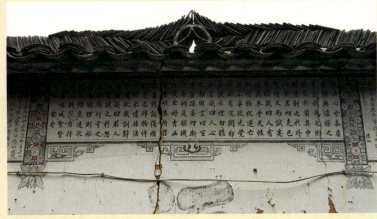

杨家堂2号墙头题词

吴弄村圆花窗

南岱村吴氏宗祠隔扇

④彩画

民居木构部分一般不施彩画，宗祠、寺庙建筑则会在雕饰部分做彩画。

白粉墙有时沿着墙头施横条彩画装饰，包括卷草、花鸟、渔樵耕读、戏曲人物故事等，有的甚至还题以家训、诗词，比如杨家堂。少数在内壁墙面绘制壁画，常见形式以挂轴联对式，以壁画绘中堂布置，还有在圆形开光内描绘花鸟、动物等装饰画，在吴弄、石仓、周山头等地比较多见。

⑤雕刻

装饰重在三雕，木雕集中在牛腿、隔扇、门窗、挑梁、雀替等处；砖雕主要在门楼处；石雕则用于柱础、门框等。

雕饰最集中的部分是木雕，大型住宅通常会耗费极大的财力在木雕上，也是地位身份的彰显，如黄家大院、吴弄、杨家堂以及西屏县城的一些大规模宅院。其中的牛腿由檐下的斜撑发展而来，自下而上包括牛腿、大头枋、斗底垫、星斗、连机、插翼等部分，均饰以复杂的雕饰。基本形态由简而繁分几种：最基本的早期的斜撑形，发展为卷草形、S形、带圆框形、硬折线形等，清晚期还有大量整体雕刻立体造型的牛腿。内容包括正堂常用的太狮少狮、鹿鹤同春以及各种鸟兽、人物等。

隔扇门窗是小木作装修最主要的部分，正房、偏房和客轩面朝天井一侧，一般均开有隔扇门或花窗。正厅中央和前廊两侧有时开有圆花窗，是木雕的重点；客轩朝向天井一面多做四山雕花隔扇，样式很多；卧房朝向天井面也会开设花窗，为了卧房隐私考虑，有时花窗下段做成封闭式，上段为镂空花版。■

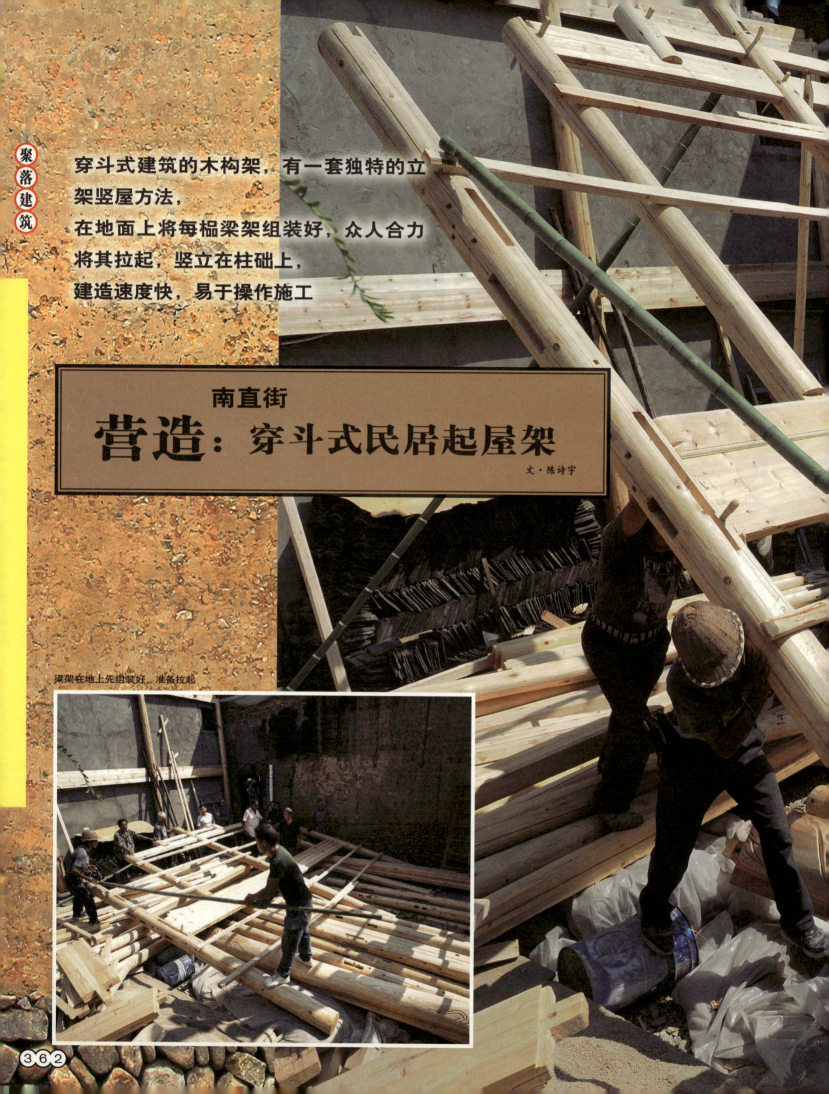

穿斗式建筑的木构架，有一套独特的立
架竖屋方法，
在地面上将每榀梁架组装好，众人合力
将其拉起，竖立在柱础上，
建造速度快，易于操作施工

南直街

营造：穿斗式民居起屋架

文·陈诗宇

梁架在地上先组装好，准备拉起

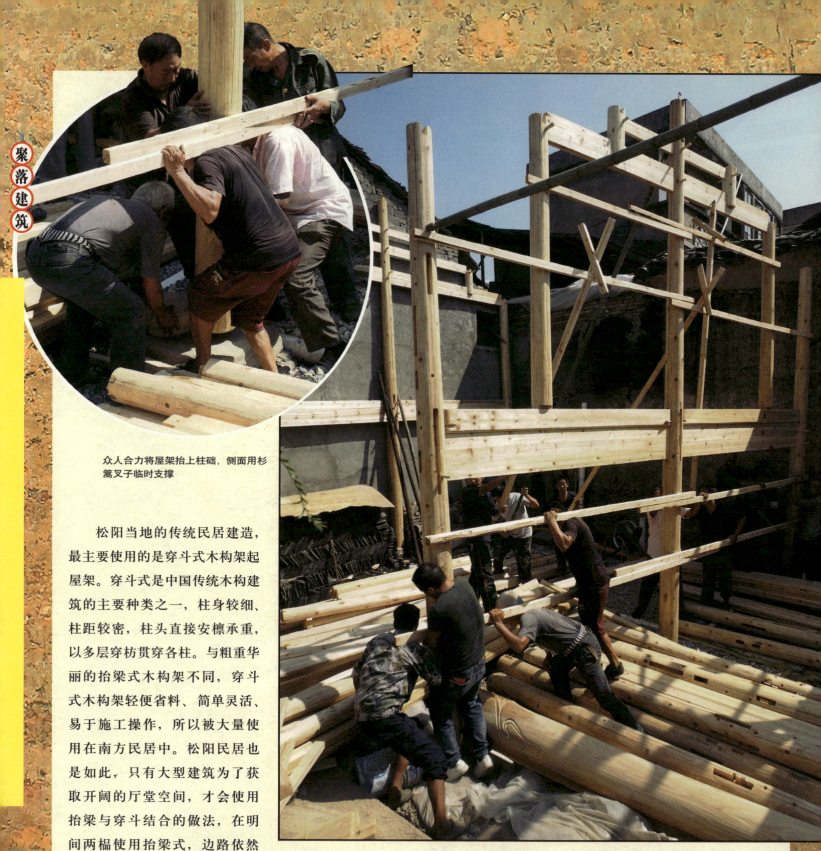

众人合力将屋架抬上柱础，侧面用杉篙叉子临时支撑

松阳当地的传统民居建造，最主要使用的是穿斗式木构架起屋架。穿斗式是中国传统木构建筑的主要种类之一，柱身较细、柱距较密，柱头直接安檩承重，以多层穿枋贯穿各柱。与粗重华丽的抬梁式木构架不同，穿斗式木构架轻便省料、简单灵活、易于施工操作，所以被大量使用在南方民居中。松阳民居也是如此，只有大型建筑为了获取开阔的厅堂空间，才会使用抬梁与穿斗结合的做法，在明间两榀使用抬梁式，边路依然采用穿斗梁架。

穿斗式建筑有一套特定的立架竖屋方法，而且还继续使用在当地重修和新建的木构建筑中。2017年10月初，我们在松阳老街采访时，无意中目睹了一栋老屋重建起屋架的过程。此屋位于南直街33号，在街东侧店面后，坐东朝西，为面阔三间、带两客轩一天井的两层三合院，是松阳当地十分典型的中小型民居单元。主持大木建造的工头师傅杨章海，是松阳玉岩镇人，有几十年的营造经验，为我们介绍了基本的起屋架建造过程和当地的结构称谓。

上梁意味着一栋房子主要结构完成。
上梁是否顺利，是关系到房子稳固、家宅兴旺的大事，
需在黄道吉日进行上梁仪式，梁上挂红彩

从定碈盘到上栋梁

一栋传统穿斗木构民居的营建，大体包括前期设计、备料、地面铺装、木构架制作、立架竖屋、上梁、屋面铺装、装修等部分。

立屋架之前有许多准备工作。首先选地、丈地，木匠师傅根据地基大小位置和屋主意见，确定建造方案包括开间、柱距位置、柱高、屋高等。然后进行基础铺垫、地面铺装，在定好的柱位放置碈盘，摆上柱础。同时准备木料，制作梁、柱、枋等大木构件，多用杉木制作。

接着便是立架竖屋，穿斗式建筑的梁架组装方式和大体量抬梁式不同，因为梁柱构件尺寸较小、重量轻，所以是先在地面上将进深方向的每榀梁架组装好，再依次拉起竖立在柱础上，起屋架的速度很快。一般先将东一榀的立柱在地上排列起来，接着从下往上依次安装抽路（穿枋）。组装好一榀梁架以后，众人合力将其拉起竖立，抬上柱础。立定位置，在两侧用杉篙临时支撑加固。接着依次拉起其余梁架，并整体校准微调。起屋架的顺序，如果是较开阔的场地，一般是从中间东侧第一榀开始，往两侧陆续安装；若地基局促，则先将边路梁架立起，再竖立中间梁架。

全部架构竖立起来以后，安装两榀屋架之间横向的穿枋（当地称明路）、梁栅等构件。基本大木构件安装完毕后，最后进行最重要的"上梁"。一栋房子正间居中两根最高的柱子为栋柱，连接栋柱顶端的梁就是"栋梁"。栋梁不仅是一栋房屋最高、最重要的大构件，也承载着许多仪式性功能，上梁意味着一栋房子的主要结构完成，

上梁是否顺利，关系到房子是否稳固，居住者今后是否兴旺发达，所以需要选择黄道吉日进行上梁仪式，梁上挂红彩（东侧挂红布、西侧挂青布），放炮颂词。

整体框架完成以后，接着进行屋面铺装，在檩上铺椽子、铺设望板，安装瓦片，当地一般民居常常直接将瓦片搁于椽上。然后进行楼板、内墙板和牛腿、隔扇等装饰构件的安装。一栋房屋就基本建造完毕了。

三间两客轩的大木梁架

为了方便施工，大木结构制作好时，一般会在上面标记名称，便于准确辨认和安装。许多结构都有当地的特殊称谓。我们通过杨章海师傅的介绍，以南直街33号为例，大体记录了当地一般民居建筑大木结构、空间的称谓习惯。

●空间：以东为大。一栋房屋面朝天井方向，左手边为大边，不论实际方向也可泛称为东边；右手边即小边或西边。天井方向为前，后墙方向为后。正中开间为"中间"，即厅堂，两边开间依次称为"一间""二间"以至于"三间"以上，一般为主要卧室，中间左侧第一间即称为"东一间"，为最重要的卧室，其余房间依次类推。楼梯一般设在中间中堂壁后侧，规模较大

的住房也可设在东西两侧。

天井两侧的厢房称为左右"客轩"。客轩有时可以作为入口，本处房屋左外墙临巷，所以将左客轩开放为门厅。

●柱网：一扇梁架称为一榀架，或拼架。每榀梁架正中最高的柱子为栋柱，往两侧完整的依次为今（金）柱、步柱、廊柱，规模大者还可细分大步柱、小步柱等，规模小如本例仅有栋柱和前后大步柱。中间东侧第一榀的栋柱即"东一栋"，往前的大步柱为"东一前大步"；往东第二榀的栋柱即"东二栋"，其余柱也依次类推。客轩前靠近主屋的步柱称"左一前"，后步柱为"左一后"。立在穿枋之上的短柱称为"直筒"。柱下有柱础和柱盘，即"礅盘"。

●梁枋：柱子之间由梁枋穿连。栋柱顶端之间的梁为"栋梁"，又有大梁、门梁、瓦梁、边明梁、水口梁等，梁下两侧雀替称"梁托"；开间方向的枋称为"明""明路"（本字或为"楣"）；进深方向的枋称为"抽""抽路"，最下一层为"下抽""大抽"，上层往上依次为"二抽""三抽""四抽"。

铺设椽子、瓦片，完成屋面

●七块：主屋和客轩面朝天井的大步柱上均安装了一组以牛腿为核心的斜撑构件，是一栋房屋最精美的装饰构件。一般包括七块构件，所以也有统称为"七块"。最下的大斜撑为牛腿，之上的长方构件称为大头枋（琴枋），枋端顶有星斗垫和星斗，其上为平水转、连机，两侧有插花。平水转的背后与柱身连接的拱形构件叫传梁，又叫猫弓。■

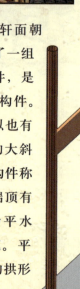

在松阳老街重建一个老屋子有多难？小叶的建屋故事，折射出老街保护与复兴的艰难，也催生着未来的希望。

老屋重建历险记

文·艾天马

外婆的房子

松阳南直街是条老街，老街上有一位96岁的潘娣娣，老太太一直有个心事。她最爱从小带大的外孙小叶，逢人便说要把300年老宅子传给他。这两年，老太太记忆不好了，啥都忘了，就忘不了这房子。一旦有生人进入老宅，她就会唠叨："有人来看房子了，你们要把房子卖了！"反复安慰，老人家才会平静下来。

2016年的冬天，老人家在见到从东北学校放假回来的曾外孙女后，才闭上了眼睛。

随后，300年的老房子就出了问题。有一段时间潘娣娣的女儿女婿去其女儿家住了一个月，一时没顾上老房子。结果老房子下雨天就开始漏雨，一屋子里要摆十几个脸盆。这日子没办法过了。

怎么办？有两个办法，松阳县名城办有规定：其一，是把老房子置换出来，给新房子。其二，自己花钱

聚落建筑

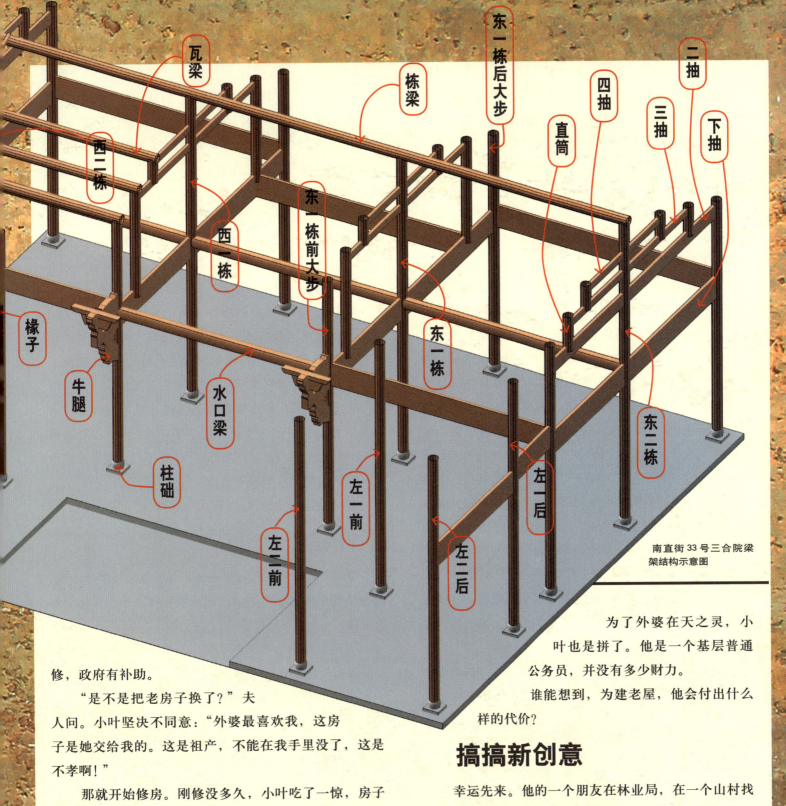

瓦梁

栋梁

东一栋后大步

二抽

四抽

三抽

直筒

下抽

西二栋

东一栋前大步

西一栋

椽子

东一栋

牛腿

水口梁

东二栋

柱础

左一前

左一后

左二前

左二后

南直街 33 号三合院梁架结构示意图

修，政府有补助。

"是不是把老房子换了？"夫人问。小叶坚决不同意："外婆最喜欢我，这房子是她交给我的。这是祖产，不能在我手里没了，这是不孝啊！"

那就开始修房。刚修没多久，小叶吃了一惊，房子的柱子基本都烂了。名城办也来人查看并拍照。小叶做了个大决定：全部推倒，重建老屋。

这个决心够大的。虽然政府有补助：重建，沿街一层 500 元一平方米，第二层减半。第二进的，一层 300元一平方米，二层减半。小叶的宅子 130 平方米，可拿到 5 万元，自己得投入 70 万元。而建一个水泥新房，10 多万元就够了。

为了外婆在天之灵，小叶也是拼了。他是一个基层普通公务员，并没有多少财力。

谁能想到，为建老屋，他会付出什么样的代价？

搞搞新创意

幸运先来。他的一个朋友在林业局，在一个山村找到了高山好杉木。小叶兴冲冲地过去看材料，拉了回来。

接着他找到一个好的设计师，人称小何。小何是松阳人，原先在杭州建筑界打拼，有了女儿后他心思都变了，回到松阳，就爱改建松阳老房子。他先后设计过云山居、莺舍、山中杂记。小叶原先不认识小何，经人介绍后一起坐下来喝茶聊天，越聊越投缘。小何的理念是什么呢？他最烦一位清华建筑老师说的老房子只能原样保护，老茅坑都不能动。相反他欣赏一位台湾规划师观点：要复兴老街，首先要让老街居民住得舒适，这样年轻人才会回来。老街才能活起来。

这也是小叶特别认同的。老屋承载着记忆，他和妻子都记得在老屋里，96岁的外婆像个小姑娘一样，故意向他们讨一元二元零花钱的乐趣。但外婆去世后，潮湿又阴森的屋子，别说自己女儿不愿来，小叶也很少来，如何让老屋舒适是关键。

老宅复建图纸首先是松阳县建筑设计室出，严格控制高程、范围。但小何可以从住户角度考虑做改动，只是改动必须经设计室同意。小何认为老宅虽老，但住得要清爽，所以保留木柱，打木腊油，环保又显木纹。但墙要用乳胶漆，亮堂，不要都是木板，像桑拿房。保温隔音都要用新材料、新办法。屋顶要加装木板与防水层。卫生间干湿分离。他说服小叶，扩大中堂，缩小卧室，这样公共使用面积扩大了，最重要的是天井不设厨房，做一个茶室，下雨天可在天井观雨品茶，有禅意。而且老屋留下的六对牛腿都可装上。这个设计名城办、建筑设计室很快通过。"其实名城办巴不得我把厨房扒掉，把天井恢复。但他们原先没感动我，说服不了我。"小叶笑着说。只有像小何这样的设计师能从人性居住角度细致地说服业主。当然也有小何想改，名城办没通过的。比如马头墙，小何想增加美观。名城办以控高否决了。

这是小何第一次在老街做民居改造设计。他想把小叶的老宅做成老街民居改造样板房。"看他把牛吹出去了，怎么落实！"小叶带点调侃，看得出他们俩已很熟了。"小何碰到我也是幸运，我好说话，重合同。"

小何也不是一般的设计师，他在大东坝还有一个工程"被动房"，与五位留德生联合，不用空调只用新风系统与德国新材料就可以达到冬暖夏凉，因适应自然，故称"被动房"。

忍气吞声

接下来的可都是不愉快的事。

重建或修缮均得邻居同意。有一户邻居A家是哥俩，弟弟已把房子卖给哥哥，整日赌博。听到小叶要建房，弟弟就说"不同意，要同意，给钱！"并放言，"即使把我抓进去，关几天，出来还要，打伤了还要"。小叶虽然有门路，但他息事宁人，给了那个混子一笔巨款，签协议时写的是"无故索要"。混子说，"只要拿到钱，怎么写都行。我还要感谢你，你不盖房子，我还没钱拿"。

另一个邻居B家，和A家是兄妹关系，因A家地势高，排水系统不畅，造成B家常年潮湿不堪，故B家说服A家借此机会硬要从小叶家排水，费用由A家出5000元，不够部分由小叶承担，并以此作为签字同意小叶重建房屋的条件。小叶做了父母工作同意了。叶父用双手环了一圈，"你水管只能这么粗"。邻居比画一下，大了一半。小叶笑了，"过都让你过了。大一点无所谓"。到了临头，排水管的费用邻居B家不肯出了。意思是"你盖房子这么多钱，还在乎这点？"最后还是A家哥哥过意不去，出了2000元，小叶不得不让别家排水管从自己重建房大厅底下过，还得出水管钱。

为了建房。小叶说："我真是忍气吞声！"

不许建！

2017年10月2日，汉声组正好偶尔经过小叶工地，黄永松先生决定临时采访，因此我们目睹了小叶起房架全过程。

老房子建法与水泥房不同，要先把屋子木框架在地面平放搭好，然后再拉起。

中国建筑安装出奇方便。一天就可以完成主体构架，而且这木构架与柱础之间是可以移动的。地震时木构架可以跳动，较难折损。中国人传统智慧尽现于此。

万事俱备，正要拉起呢，出状况了！只听一片嘈杂，一位微胖的妇女坐在梁上，口中嚷着，不让起屋。叶家与之争论几句，她叫来几个儿子，拿走木匠工具。

怎么回事呢？原来叶屋起来后，出水比原先高一点。邻居认为会影响他墙面，不肯让小叶施工。而这邻居正是想借小叶家排水的B家。

小叶苦笑，"根本不影响，原来出水低是因为老房子300年了，屋架倾斜了，自然低，现在重建，屋顶拉直，出水当然比原先高"。

邻居根本不听这道理。

小叶有点火："当年邻居私自修缮超高很多，我父母不同意。我不仅没举报还劝父母让邻居，好，现在我建房，他们倒来闹！"

聚落的房子邻里关系非常微妙。松阳有风俗，谁家的房子高，风水会往谁家流。邻居B家原先是建筑公司的，比小叶家条件好，高高在上惯了。看到邻居起了好房子，心里有点不平衡。

理论

名城办巡视员也来了，只会苦笑："小叶的房子指标都符合名城办条件，我们现场主要看有没有超高。完全没问题的。但纠纷我们不好介入，主要还是邻居间调解。有些真的没办法，人民大街157、158号，房子盖好了，邻居不同意，拆了好几次，把二楼柱子都给锯了。甚至新房朝街的一面，和邻居完全没关系的，邻居不让人家开个窗户。就是这么霸道。"

老街的聚落关系错综复杂，邻里关系盘根错节。难就难在这里。

事情不能僵在这儿。小叶冲了出去，与邻居理论起来。他说了三点："第一，以前的房子是斜的。你让我原样做出水，我没这个手艺。我出水百分之百不会影响你，我盖好后，出水要影响你，你过来，把我房子敲掉，我绝对保证没有意见。第二，两家相邻的柱子锯低一点。第三，房架弄好后，整体房架连柱础往外移一点。让出水更方便点。"

妇女不说话了。

两个儿子比较凶。小叶便问："当初你们造房子，我怎么一句话都没有？我还劝我爸妈。我建房子，你们来这样，什么意思呢？当初你们私自修缮房子，要不是我一个电话打去，你们是建不起来的。做人总要讲点公平道理的。"

工地终于平静了。

起屋架了

起屋架了！

最激动时刻到了。众人蜂拥而上，齐心前拉后推。

四榀屋架竖了起来。

一般三开间的房子有四榀屋架。拼装齐全之后再把它们竖起来。竖的时候，在每个平磉上放一个鼓形的柱础，柱子就落在上面。竖起一榀，就用杉篙临时固定一榀，四榀全都竖起，再拼装桁、枋和穿条，把四榀架连接成一个完整的木构架，这时候可以把临时固定用的杉篙抽掉了。

上栋梁了，扎着红布的栋梁必须由手艺最好，且家庭美满的大师傅抬过来，而且不能落地。到了吉时，便上梁。栋梁上有五色布，红黄青蓝黑，为了避邪，保佑房主世代昌盛。鞭炮声响起。

小叶看着这梁，心里翻腾，说不出话来。

当天，他守信，当全部屋架连好，他连柱础整体向外（东边）移了16厘米多。直到不能移为止——那一头柱子都顶墙啦。

大概也就只有中国古建筑，能这样边建边移，西方石头建筑，想都别想。

中国民间建筑的灵活性令人叹为观止。

我们看到因为紧贴墙，而墙有些斜度，所以柱子不得不竖着削掉三分之一。

想到小叶这个男人为建一个老屋付出的代价，我们一片沉默，心中却为他叫好。

老屋建成后，汉声又专程来拍摄了这幢房子。请看图片，这样的老屋你愿住吗？■

重建后的三合院天井内景

一楼明间客厅

二楼的卧室

拯救老屋
重要的是修复人心

文·翟明磊

王永球

头痛！头痛！在文物保护工作中有一个大难题：大量民间的低级别非国有不可移动文物建筑正纷纷倒下，国家的钱难以进入私产，老百姓没钱也没有办法修复这些文保建筑。有识之士们终于想出了一个好方法。

拯救老屋行动是由国家文物局支持、中国文物保护基金会发起、针对低级别私人产权文物建筑的保护计划。基金会一次性地给松阳投了4000万元，松阳成为"拯救老屋行动"全国第一个整县推进试点县。拯救老屋是让老百姓参与到自己的老屋保护中，基金会资助一半的钱，百姓出另一半来修复自己快要倒下的祖传老宅。这样的好事！万万没想到……

王永球不敢相信自己的眼睛：经过几次动员大会，拯救老屋计划报名人数竟然是——零。

失望吗？失望。奇怪吗？不奇怪。在任职松阳博物馆馆长时，她全程参加了第三次全国文物普查工作，好几次被老百姓轰出家门，"登什么记啊！被登记了，我老房子就不好拆了，不拆我哪有地方盖新房啊"。怪老百姓觉悟低吗？怪不得——老房子虽然浑身是宝，可是阴暗潮湿大多没有现代卫生间，居住不舒服，除了老人家，年轻人不爱住。许多老屋没人住，本来一片瓦漏雨，用竹竿顶顶就能解决，因为没人，便一生二、二生三，三四处漏雨，木建构就完了。半年一年下来，老屋就朽倒了。"老房子修什么修，倒掉就算了"，这是老百姓的普遍心态。

也曾有人提出来，县财政配套力度大些，修缮的钱大部分由政府出或者全部出了。王永球坚决拒绝，"这样无法培养老百姓的主人翁意识，变成政府要修，不是我要修"。

王永球是个风风火火的女强人。从担任博物馆馆长到拯救老屋办副主任，大家看重的就是她的实干：她蹲点酉田村老屋改造，一年去了200多次。清晨先一头扎进山里，事情办完再回到县城准点上班，中午又去下午赶回，晚上如果有事，又开车去解决。

这位农村出来的玉姐，明白拯救老屋重要的是——修复人心。

从零开始

王永球从民间来，深深知道

老百姓的性格是眼见为实。身边没有成功的例子打死也不会做。首先的突破口应当是做出成功的示范点。

老百姓的事，说破天，也没有用。关键要有人带头，老百姓有样学样。

横樟村列入拯救老屋计划的有16幢，是重点村。但是一家都没动。为啥？当时邻村有一些省级文保单位，维修资金多数由财政负担。因为有对比，动员老百姓的难度更大。有人建议先别以这个村当示范。——"不行！越是难的村就越是要突破。"王永球坚持。

镇里很重视，镇长亲自到村里去做工作，挑了一幢破败的老屋，有17户产权人，挑这样的来带头最有说服力。拯救老屋重要的工作办法是选好牵头人，牵头人很重要，由户主们自己推选，这样由牵头人来协调户主内部矛盾。这个宅子选出的牵头人是40多岁的包加理，村委委员。当年因宅中娃多了，天井里乱搭建的房子也就多了。他带头全拆了，天井格局恢复了，倒掉的墙夯上去了。马上有人开始说闲话，说他承包工程赚钱了。包加理哭丧着脸找到老屋办："我这么辛苦，联系这，联系那，他们还……"王永球安慰他"挺住"。

老百姓最怕什么：政府说好的钱不给，或不能及时给。拯救老屋特别考虑到这点。工程量到三分之一，资助款就付一半。"因为瓦都揭了你不可能工程就放那不动了。剩下那一半资助款，工程完了验收通过统统给你。老百姓家里现金是不太多的。我们就先付一半，支持一下老百姓。"

公家的10多万元一拿到手，房子也修起来了。包加理报告："那个冷嘲热讽的人不说话了。"

钱果然到位了，宅子修得不错。中国文物保护基金会理事长励小捷也来看了，得到北京这么大的官表扬，包加理很有成就感。村里另外两三个宅子也马上开始修了。而且其他老百姓都以他家老屋为榜样："人家修那么好，你干吗修那么差？"

修好房子，17个户主一起请来道士打青醮，过年张灯结彩还合买了一套新锣鼓，一套新木沙发。吹吹打打自娱自乐起来，那个说冷话的户主锣鼓敲得很响。

巧对钉子户

平卿村是一个被称为"松阳的西伯利亚"的古村落，坐落在远山上。

在这个村里，有一座列入拯救老屋计划的老宅子，五户人家，四户都同意了，只有一户是个70来岁的老头，不仅不同意还骂骂咧咧的："我儿子又不住这儿，我都快死了，还花这钱干吗！"

怎么办？

儿子说老头不同意就算了。但在牵头人劝说下，当儿子的愿意到老屋办来坐一坐。

王永球明白：老头，钱肯定是不出的，还得儿子出，儿子通，老头就通。

不讲大道理——人家不是来受教育的。她端上一杯茶，便问他最近在忙什么，跟他聊起家常。

慢慢地王永球为他分析起来："你修还是要修的，这么好的机会，错过了亏也亏死了。""你可以到网上去查，我有没有骗你，松阳是全国唯一的拯救老屋行动

试点。这项目两年不实施，人家就把资金收回去了，没有了可不可惜？人家想修还没资格呢，这么大的馅饼砸你头上你不要，你怎么这么傻？"

——王永球点评：你一定要让老百姓明白，他是得了实惠的，说难听点是占了便宜的，不过这是占了国家大好政策的"便宜"，换言之：要让老百姓真正有所得。

这个机会你错过就没有了，下一步全县铺开一起动，面一扩大，那就不是我们来求你了，肯定是你来办公室主动要求了。你再仔细想一想，把机会抓住。

"大家都同意修了，你不同意，那就是你害得老祖宗的房子倒掉了，如果真倒掉了那大家都找你去好了。老祖宗建一幢这么气派的房子不容易，你说你还像不像个做子孙的样子？"——重的话也说几句给他听听。因为重的话对他们有触动，每个人内心敬天爱人思想都会有的：祖宗房倒掉总归不太好。

"从风水上来说，连祖宗房都要倒的，你后面几代搞不好要没落下去的。你猪圈厕所全部弄在大门口，五个厕所堵在那儿，你不把它拆了，风水能好吗？

"政府拿几十万元补给你，你亲戚朋友那儿去讨讨看，几十块

她蹲点酉田村老屋改造，一年去了200多次。
清晨先一头扎进山里，事情办完再回到县城准点上班，中午又去下午赶回，
晚上如果有事，又开车去解决。

钱都很难。你搞搞清楚噢。"——再次用切身利益来打动他。

接着王永球话锋一转：

"这5万元，牵头人也只是预收，之后还得结算的，多了还得退给你。而且你也不一定要交现金的，你可以投工投料，我看到你楼上不是有木头嘛，如果投进来那也算钱的呀。你在外面打工还不方便，你现在可以给自己打工，一天150元钱，一幢房子全部下来，起码三个月，你工钱1万多元呢。"——拯救老屋行动鼓励老百姓动手参与到自己房子的修缮中，老百姓不一定用现钱，也可以投工投料。这是一个巧妙的设计，户主可以从项目中通过劳动挣钱，而且保证有质量，因为没有人会把自己家弄成豆腐渣工程的。

"我看你也是一个很懂道理的人，比起人家来说你思想通多了。为什么这件事情上想不明白呢？"——马屁也要拍拍的。

老头的儿子说："是呢，那我是很支持修老房子的。"

王永球转头和牵头人讲：

"我看他很支持修老屋的嘛。"

说出去的话好像收不回去了——他就说："好的，我回去就动员老爸，让他赶紧同意。"

事情没那么简单。

县城到平卿坐车得个把小时，每次王永球坐车晕得不行，但还得三天两头去。

没多久老头和牵头人打架了。

王永球赶到时，老头还在骂骂咧咧地扔东西。

问题似乎出在厕所和猪圈上。老宅一进的房间不好装卫生间，需要统一安排在二进的楼梯下，那是老头的空间，他不肯退让，结果每家卫生间只能有一个马桶的空间。淋浴与洗脸盆都装不上。大门口四家人的猪圈与厕所统统拆光了。唯独老头猪圈不肯拆，里面是空的。老头说万一我要养猪呢。——好嘛，你70岁以前不养猪，70岁以后要养猪？肯定心里不爽，只是那个点，牵头人没搞清楚。

问题原来不在厕所猪圈。——老头只是冲在前面的人。问题还在儿子身上。

老头的儿子两夫妻又来到老屋办，表情有点奇怪。王永球可是聪明人，开门见山："你们是不是觉得牵头人把那么多钱揣口袋里去了？""你先告诉我，你自己付了多少钱。"说了，

王永球又说："那你说他贪了多少？"她好好给他们算了一下账，算得他们心服口服。

"我知道你是支持的，你那个爸这次可没讲道理哦。我不怪你，前面全靠你一趟两趟去村里，把你爸思想做通。"——给他高帽戴戴。他又很高兴。

"你这叫卫生间吗？淋浴与洗脸位置在哪里？你就要保持这个我也没意见。毕竟我们是为老百姓打算，老百姓喜欢那么小的卫生间，理论上我们也是没有办法的，也认了。但有一个，验收上，我们要求有马桶有淋浴有洗脸台。卫生间的钱要减掉，不通过。变成你害得别人也一分没有。这不是我为难你们，是北京来验收。我没理由讲放你们一马。还有一个，你们这么用心，我是想全县树典型的，电视台也到你们这里来拍过，你也出镜了。以后来参观，子女也会来，这种卫生间，谁会上，洗个澡也不好洗。"

"那是不好的。"儿子说，"那我要拆了重新做哪。"

王永球顺势而下："那你们这个账算算看，合不合算？我们大家都不能太自私，既然住在这里就是亲人，何必计较你的我的，楼梯下各家都有份，多让点给别人建卫生间又咋了。你那猪圈，你不想你儿子被人骂就放那儿，猪圈我们不强求拆掉的，因为这毕竟是历史上慢慢传下来的。我们拯救老屋只是修房子，你们不拆，我真拿你们没办法，但这一

点你们真要长远一点儿去考虑。"

他说："那要拆的。"

钉子户就这样一个个拔掉了，用温柔的力量。——"我们松阳老百姓是非常勤快的，大家都是靠自己自食其力挣钱，所以更多的是吃软不吃硬，要跟他们讲道理讲感情。"王永球笑了。

让老百姓做文保主人翁

拯救老屋有一系列灵活的制度设计，关键一点让百姓当家。

老百姓当家，说时容易，做时难。

首先，老百姓可不会做修缮方案和概算，一开始也考虑是不是找一家专业公司统一做了。王永球说不。负责技术支撑的省古建筑设计研究院卢远征副院长也说不。专业公司画图纸，事情似乎是简单了，但老百姓的主动性又被削弱。拯救老屋行动的实质是让老百姓自己来保护自己的祖屋，这样才能拯救未来千千万万的老屋。

要拯救老屋，最关键的是让老百姓愿意住在老屋里。而让老百姓住在老屋里的关键是让老百姓自己设计想居住的老屋，让自己住得舒适。所以拯救老屋的一个重要原则是"兼顾使用"。在文保"最少干预"的原则下，让老百姓提出需求，由专家提供技术支持。

像现代卫生间以前在传统文保建筑中是很少植入的，这次都考虑进去了。还有屋面做防水、墙壁做保温层、双层地板……拯救老屋，同时让老屋成为一代代愿意居住的家，这样才能永续保护老宅。

所以修缮方案得老百姓自己来做，但又得符合文物保护的要求。老屋办想出了好办法。

老百姓只需手绘简单的示意图，拍好照片，标明尺寸。什么立面剖面图一概不要，你不要跟老百姓扯这个。这儿一根柱子，就画柱子，你隔起一道墙，就画一道粗线，只要一眼看出来，皮尺一拉，平面图画好，谁都能看懂。你一眼看到瓦百分之六十坏掉，然后手机拍下要更换的部件，注明："更换新瓦补充百分之六十。"然后在修的过程中拍一张照贴上，修好后再拍一张。三张照片就可以完成工程跟踪验收。你有五根柱子烂掉没用了，拍了写在那里，"这两根多粗多长，我要整根换。"——直白。

"你真的不要把老百姓的事情都包掉，这样他的主人翁意识就没有了，如果这个方案是他自己做的，不管好坏他绝对不会怪你，这真不是推卸责任，而是要充分激发他们的积极性和主动性。如果我们全包办了，老百姓就没办法参与进来，那么就不了解，会造成非常多的误解与矛盾，比如他会问为什么我家这柱子不给换新的，为什么我家不能做卫生间等——这就真的麻烦了。如果他自己负责做方案，他会和工匠一起一个房间一个房间细细地检查。这样的话他对整幢房子的现状就会特别地了解。如果我们包做方案的话，他看都不太看，自己跷二郎腿说三道四。现在房子是他自己要修，修成他想要住的，而且钱也是他自己一分分算出来的，心服口服。但有一点：这么做我们很吃力，老百姓毕竟都没做过这种方案，有时改了十几遍了还没办法达到要求，那就又得指导他们如何改。可是，为了真正替老百姓负责，我们必须这么做。"

这样做，费事的是专家，受益的是老百姓。老屋办和古建筑设计研究院的专家们必需走进一户户老宅和户主们细致讨论方案，指导方法。

王永球经验谈2　修补人心

"牵头人是没有补贴的，完全是自愿行为。就修老屋这件事情来说，户主内部矛盾让户主先自己解决，他们的解决方式的，我们掺进去反而会弄得更复杂。所以在申报之初，我们都让户主们自己先行协商，他们有矛盾不可调和，我们再出面。很多老房子的户主们其实也有矛盾多年不住一起了，他们协商的过程，也就是修补多年来努力把老屋修起来的感情，哪怕是吵一架，最终都能齐心协力把老屋修起来。如果我们一开始就掺和进去，反而会撒手不管，甚至连修缮的钱都不掏了，老百姓反而会撒手不管，甚至连修缮的钱都不掏了，老百姓反那么委托外面包工头也是可以的，哪怕户主里面很难推选出来，好说，总之不要大包大揽，不要把主人翁意识弄没了，很多时候修人心不是靠外力，像这种老宅子大家住在一起，难免有些小矛盾，吵过架甚至打过架。很过修老屋，反而慢慢地又开始搭话了，若干年不说话的亲情关系，邻里关系、宗族关系有所淡化，我有一个愿望，那就是希望通过修老屋，让邻里更亲更善，让人与人之间的关系更和谐。"

373

教会老百姓修古建

第一批报名的几幢老宅，推迟很长时间才签约。正是双方在修建观点上有分歧。

"有些连资助合同都签了，第二天就反悔了。我去做思想工作时，他通了，但过几天又反悔了。也会被气哭哦。"——王永球回忆。

老百姓与工匠修房子喜欢全部换新的，比如说一个柱子只坏了一小段，老百姓会要求整根换新的，除了雕花牛腿，只要有些坏的，能换新的全部要求换——这是老百姓觉得最好的方法。所以老百姓做的方案往往是大量地换构件。

但文物保护是要保存本真与历史痕迹。所以有"修旧如旧""能修不换"等原则。一根柱子坏了一段，那就把坏的那段锯掉，用新料接上。卢远征说得形象：老百姓要的是老宅"返老还童"，我们文保要的是老屋"延年益寿"。诸如此类的文保原则老百姓往往不理解。老屋办和古建筑设计研究院的专家们成了现场教百姓保护文物的第一个老师。如何能修不换，这就需要灌浆、局部加固等专业办法。古建筑设计研究院陈仲寅工程师回忆，2016年，他每个月有两周以上的时间在松阳，每天就是在现场教老百姓这些道理。

通过讲解，老百姓第一次详细地审看自己老屋，明白其中的价值，开始从简单的居住者成为文物真正的保护者。

老百姓的预算也需要专家辅导，比如换一根柱子，老百姓会仅算柱子料钱，换柱子的工钱。他们没想到换柱子需要首先揭瓦，去屋架，再把连接构件——去除，"偷梁换柱"需要这么大的成本。

拯救老屋不同于工程招投标形式。中国文物保护基金会理事长励小捷认为拯救老屋有个最大原则："不要给老百姓造成负担，不要因为这个项目还整那么多花样。这个规则那个规则，其实是给老百姓增加负担的。这个绝对不能要。我们要接地气。"如果用招投标形式，老百姓烦不胜烦，要施工图，要图审、财审，办各种手续，没有半年一年批不下来。用卢远征的话说"被搞死了"。而用拯救老屋老百姓定方案、专家审核的方式，从做方案到开工只需1到2个月。当然，这之前也是经过专家们认真研究才制定出来一套适合老屋的办法的，也是有自己一套严谨的程序的。

不用专家画图纸定方案，如何保证质量？拯救老屋有自己的一套。

老百姓编制的方案经老屋办初审后，再请浙江省古建筑设计研究院专家一同到现场来审核。在现场与老百姓拿方案初稿核对。"你这根柱子是好的，不用换。""这个楼板的尺寸偏小，不行，得符合要求。"……方案是卢主自己拿的，他总不可能怪别人。

当然如果有漏的，专家也会告诉户主。"你有漏项了，赶紧补上"。

因为老屋修缮的复杂性和不可预见性，拯救老屋行动的概算当中还给老百姓留了不可预见费。所以一旦方案概算敲定了，不允许户主擅自更改。王永球分析："方案做得认真的人，各种情况你都预先想到了。那么这个不可预见费就可以充分利用了。所以做事认真的人总是不吃亏的，这次就直接体现在经济上了。"正因为这样，老百姓做方案就会非常认真。

把技术留在当地

拯救老屋行动借用传统的老百姓修房方法，老百姓可以请城里正规工程队，也可以请村庄上或周边的土工程队来修。这就需要对工程队进行文保培训。

老百姓已经好久没做夯土墙了，当拯救老屋的号角吹起时，那些工匠们连做夯土墙的夹板都找不到了。一切只能靠老工匠带着小徒弟们一点点回忆，从做工具开始。一开始，泥筛得很细的夯土墙没多久就开裂了，才记得夯土墙要新土旧土混在一起，而且要混上瓦砾，这样土墙会呼吸，才不容易开裂……这些都是细节，最要命的是老工匠虽然技术没问题，但没有文保概念和品质追求。

拯救老屋启动仪式选在一个村中，仪式当天就马上对全县200名工匠开展培训。之后，类似的培训频繁地组织。培训课上

> 老百姓要的是老宅"返老还童"，我们文保要的是老屋"延年益寿"，
> 所以需要现场教给老百姓道理。
> 拯救老屋，以老百姓提方案、专家审核的方式，从做方案到开工只需1到2个月。

王永球电脑上虽然放着课件，但坚持用松阳土话来跟大家交流。课件里所有的照片都来自做过的项目，重点讲项目当中大家做得不到位的地方，一张张项目中以不适当方式修复的照片放出来，马上有不少人脸红了——"哦，这不是我修的嘛。"

王永球问工匠们："你们自己说质量怎么样？"

"那是看不过眼的，怎么这么差！"

"你们说接下来要不要改？"

"改！肯定要改！"——台下喊声一片。

接着放成功的专业修复图片。形成一个强烈对比。工匠也是老百姓，老百姓不要听大道理，要适当地激发他们的职业荣誉感，用现在的话来说要激发他们的工匠精神。讲完课件立马把工匠拉到现场。与出色的工匠师傅探讨，有什么疑问现场问，以前接柱子都不规范，下面烂掉的一截平接，文物口有严格规范，是用卯口对接……现场一看就明白。

接下来是分片培训，比如小港流域一片，工匠集中在横樟村培训。

有人提出来要么统一在县里会议中心多培训几天，王永球一口拒绝了，"第一，老百姓没有那么多时间给你折腾，不需要讲太多理论性的东西，要把内容精简实用些讲给他们。第二，不到村里项目现场，很多问题没办法表达，老百姓喜欢直观的感受。第三，放在县城老百姓不方便，吃饭与交通如何解决？给他们发误工费、快餐费吗？我坚决不同意直接给工匠们发钱。我一定要让他们明白现在是政府给你们免费授课讲技术，你怎么能开口向政府要钱？钱我们有，我们有培训经费，但不能发给个人。一定要让他们明白我来听课是自己赚到了，政府是送知识送技术给我。分片区放在乡下培训，半天时间就结束，老百姓大多是周边村落的，培训完回家吃中饭也还来得及"。于是所有培训就这么过来了，工匠们不但没有一句怨言，而且经常相互交流，很高兴。

2017年老屋办对工匠又进行专项培训。比如三合土技术培训，三合土做得好的油光发亮，比大理石还漂亮，光一个三合土，老屋办请了三个专家：省古建筑设计研究院专家、博物馆70多岁老专家、专业建筑工队专家。室内讲完看现场：泥巴、石灰、沙子一堆堆，放在地上，沙子几簸箕，石灰扔几袋，工匠们看得一清二楚。

传统工匠现代统筹能力较弱，许多事情不能同时展开，下一步培训会针对此展开。

这也是拯救老屋的一个重要原则：把技术留在当地。只有把文保概念牢牢扎进工匠们的脑中，才能一代代保护老宅。

问问老百姓满不满意

拯救老屋计划从2016年1月开始，从零开始。到后来大家踊跃报名，确实不易。早在2017年初，名额就全部满了，还有很多人要求报名的。截至2018年8月底，总共报名142幢，全部完成了修缮，有的自住，有的租给人家做民宿，也有的作为村里的党建基地等。

那么老百姓，那些老宅的主人满不满意？他们是否住上了他们向往的房子？修复中有哪些奥妙与方法？

汉声采访小组随着专家目击了整个验收过程，有图有真相。（见383页）■

卢远征：
拯救老屋行动的价值与方法

文·野望

拯救老屋计划是一项前所未有的创举，其制度与工作方法有许多奥妙与巧妙之处。我们请来浙江省古建筑设计研究院副院长卢远征为大家讲讲其中门道。

没有了老屋就没有传统村落

我先说说对松阳的感觉，2013年开始，我几乎一个月去松阳两三趟，当时落脚点在传统村落上。说白了，松阳吸引我们的真不是建筑，除了延庆寺塔是浙江231个国保点之一，有点高大上。其他如黄家大院年代偏晚，作为省保，代表丽水地区建筑是有独特性的，但它上不了国保，金华地区雕刻更精致。文物分国保、省保、市保、县保单位，文保点，三普登录点。所谓三普登录点是国家第三次文物普查登录在案的，有文物价值的建筑。拯救老屋保护的几乎全是县保以下登录点文物，是大量有文物价值但还没有成为文保单位的建筑。但这是全国建筑文物金字塔的基础。这个基础保护不好，这个金字塔就危险。但是这么大量的建筑怎么来保护？松阳以传统村落为建筑特色，而这些建筑对松阳特色是有力支撑，如果只剩几个省保、市保、县保建筑孤零零地在那儿，大量民间文物建筑倒塌，传统村落也就不存在了。刻不容缓。这是我们对拯救老屋的理解。

传统村落应当是中国传统农耕社会的细胞，我们文化工作者会关注它的文化如何延续发展。我最直观的思考是：村落保护不应当是某个人，或某个机关，某个政府来砸钱。为了存续下去，最关键的是让老百姓有这个积极性来做，自己认可这件事情。村落有宗祠等，大家对村落的感情是毋庸置疑的，这是真正家的感觉。不像城市街区是外来的人组成的，村里面确确实实是感情维系着村民，但为什么不愿意住在村里？我们作为文化保护的技术团队，我在这里面能做什么？

雅溪口老屋重建

老房子首先要有人住、住得好

我们院是浙江文化厅下的一个国有企业，是以企业身份来做事情。我们在许多城市做过街区的更新和活化利用。在村里首先要解决的是老百姓能够好好住下去的问题。如果大家觉得四面漏风，屋顶又漏雨，在生活不符合现代需求的情况下，你再说你房子有多少好，有多少价值，他也不愿意住。木结构房子没人住里面，一个瓦顶漏雨了，过几天就坏掉了。过几个月梁就漏雨，过一年半载就坍塌了，本来我们农村看见瓦掉了，用竹竿捅一下，瓦滑下来就不漏雨了——这么简单的事情。因为没有人住会造成整个房子出大问题。老屋要保得下，至少老百姓要住在里面。松阳报了不少中国传统村落，我们选了酉田村，想做一个建筑保护利用的示范。传统村落不缺乏理论，大家都有理论，但具体怎么做，怎么来解决老百姓问题？如果老百姓不愿在里面住，一切都是空的。酉田村取得省局支持列入浙江省传统村落保护的一个示范点，列入后就不仅仅是建筑改良，而是思考针对不同类级的老房子，怎么来找到保护与使用的平衡点。

可以用技术来解决老屋居住问题

如果建筑列入文物，我就不能动了，这也不行那也不行，限制很多了，没意义的，老百姓没有主动性。不是说保护和使用是矛盾的，在很大程度上，通过技术手段是可以解决的，举一个最简单的例子：比方说这个房子地面要保护，做卫生间，地面要挖下去，做管线通出去。这个地面是 200 年前的，我当然不允许你挖，你单纯地来问我能不能做卫生间，谁都没法回答，但是我采用集成卫生间，提高 20 厘米，管线落在那里面，相当于加一个家具放在地上，行不行呢？那行。许多问题可以用技术手段来解决，我们又恰好有这个技术。酉田村实验，我们做了许多尝试，包括卫生间、防水、保温、节能啊，诸如此类。老房子还是可以做一些改善以符合我们使用的需要，而不是建新房子。反过来，我也会说清楚，你如果用现代建筑居住条件要求老房子是做不到的。为什么老是要跑现场？你坐在办公室画张图是没有意义的。跑现场了解相应的东西。松阳县和我们相对比较合拍，聊得来，蛮一致的。我们应当怎么做，出一些引导图则，而不是具体做某个村。当时松阳做了几个村落。他大多还是利用我们的技术图则。拯救老屋行动，我牵了条线，松阳与国家文物局有个对接。在这样的大框架下做拯救老屋行动。

老百姓要"返老还童"我们要"延年益寿"

中国有大量的传统村庄，村庄里有大量的三普登录点。对于这些低等级文物，且大多是私人产权的房子怎么办？当时国家文物局局长励小捷思考过这个问题。他退下来做中国文物保护基金会理事长时就争取了一个基金项目。想全县域地推进文物建筑的保护，就有了拯救老屋行动。采用基金

屋面瓦片下加的防水层

卢远征

会出一半钱，来做这件事情。本来没有问题，真正落实下来发现推进有比较大的问题，首先是技术上的问题：老百姓你让他出一半钱，不可能走招投标路子，如果请正规的施工单位来施工，这样就有杂七杂八的费用，这件事情没法做。县里面也有修房子的老师傅，家里修房子是隔壁泥水匠修的，从来没有说是招投标的。那么能不能还是用这个方式？行啊，老百姓只会这种方式，但用老百姓的方式有什么问题呢？你让不懂文物概念的人怎么来修文物？举个很简单的例子，对于老百姓来说，这个料，普通木匠他看到的是个料，我们眼中，它如果是檐柱，我会用灌浆等方式，但肯定是在原位置发挥原来作用。许多工匠会觉得这个料坏了，把它截短，把这个料，用到别的地方去。这里换个新的，那就完

蛋了。他眼中所有看到的东西都是料，他没有文物的概念。这是要面对的事情。我当然知道整个拆掉，用新的更牢了。但我们文物要的不是"返老还童"，要的是"延年益寿"。这是技术上的矛盾，思路、想法上的矛盾。

原则一：能修不换

在松阳，我们编了一本《浙江松阳县传统村落文物建筑修缮导则》。导则中一个直接的原则就是"能修不换"，文物保护讲"最低干预"，我们跟工匠说"最低干预"他根本听不懂。所以我们换了个词"能修不换"。他修的过程中你不能只谈料，每个料你能不能修？只要你能修，你就不能给我换掉。你说不能修，我们再看看，确实不能修，该怎么处理就怎么处理。比方说：梁的构造起承重作用的该换就换，其他只是拉牵作用的，我们可能接一下再用。而传统工匠一上来，能换就换，所以这是一个方向的问题。

导则里做的另一件事情是松阳当地夯土墙牵正的方法，历朝历代都是用这种方式，这

是它的地域传统工艺，一边牵过来，整排竹鞘。我们都有把它纳进来。我们导则是希望包括原则用词、构件名称尽量用当地工匠的说法。词不一样，他就看不懂。所以我们做了许多工作。拉着当地工匠到现场去。这个构件叫什么，那个叫什么，记录下来。我们也了解了当地用材，苦槠、杉木，维修时要求尽量用当地材料。我们更大意义在总结一套工作方式方法，如果说有借鉴意义，直接拿着导则有参照作用，但你肯定不能直接拿到别的地方用。我是针对松阳这个地方写的东西。这个导则结合工匠培训，如果说刨法，他肯定比我懂。培训工匠不是教工匠做法，其实是教文物保护修缮方法。

为什么不用招投标而走新路

钱怎么算？国家有定额。大家一般按这个走。但是你按这个定额走，管理费都在里面。老百姓会觉得你说扶我一半钱，结果我出了更多，本来20万元民间能修下来，我只要出10万元。加上管理费，你说要30万元，我最终还要出15万元。所以价格怎么定是个关键。基金会钱也是公有的钱，也不能老百姓你说多少就多少，这个钱谁说了算？当时如果走招投标程序，你要有图纸，要算工程量。先要付设计费，老百

拯救老屋行动

浙江松阳县传统村落文物建筑
修缮导则

中国文物保护基金会

编制单位：浙江省古建筑设计研究院

2016 年 04 月

姓要找工程单位，就会搞得很麻烦。但老百姓你自己修没关系。请个当地村里工程队，看看修好了。不好你再帮我修一天，我再付点钱。这是两种做法。

怎么办？招投标肯定不适合老百姓，老百姓的传统做法又有问题，没办法保证质量。这拯救老屋行动是没有先例的，属于开创性的事情。国家给了松阳试验区，可以来做尝试。励理事长觉得古建筑设计研究院对老房子状况最熟悉，了解地域做法与历史做法，比较专业，给国家编过南方建筑的维修定额，所以有技术能力做尝试突破。所有的突破不是拍脑袋出来的。励理事长希望让古建筑设计研究院做一个公益性的技术团队来支撑拯救老屋计划。他说："我会给点钱，但你不能申请百分之五，百分之六，这样我补贴老百姓4000万，就失去原来意义，我只能给你公益行动的价格。"我们同意了，作为第三方的技术团队来帮助推进拯救老屋行动。松阳需要，国家文物局系统内也有这个需求。我们也觉得这些私有产权文物修缮确实需要有一个方法。不能停留在口头上的。钱要国家来投，地方政府出钱是不可能的。但政府资金进入私有产权是个问题。通过拯救老屋行动用基金会的方式进入，确实是个尝试。这个新尝试中我们碰到的问题，确确实实都是新问题。

如何让老百姓学会算钱

我们首先做了一个《浙江松阳县传统村落文物建筑修缮概算指南》。松阳当地人请隔壁邻居把瓦片翻下来盖回去，按工时如何算钱，我们要把这些信息了解了。首先问工匠，当然工匠肯定是报得高一点。还要甄别，要问户主，我们做了很多基础工作来确定这个价格。因为直接牵涉到基金会钱的问题。但是我们毕竟还是对传统工艺了解的，前两年我们做的浙中传统建筑工艺调查还获了国家文物局的奖项。同时我们不得不在现场核实。绝对不是有个指南就完事了。指南可能是薄薄几张纸，屋立面做法，墙怎么定。换柱子怎么定。在调查基础上完成了一个概算指南，通过了基金会专家论证。在论证时，也列出松阳招投标的项目要多少钱，我们要做一个对比。针对损坏很厉害的要大修的房子，与小修的房子，我们又做了价格到底有什么区别的对比。施工讲总体平衡。比方说你只修一跟柱子，你肯定修不下来。你去买，我们车子运进来。一根柱子成本非常高，但整幢修，我们肯定平差给你平掉的。我们大项目要测算，小项目也要测算。老百姓的心思就是"没钱，我只能出这点钱能做什么事情？"我为什么对概算

指南有底，比方做卫生间，你可以花5000元，也可以花1万元来做。花2万元来做，没底的。你愿意花多少钱，我告诉你怎么来做。必须知道当地市场价，否则还是空的。当时只是很简单的一个想法：老百姓只有这点钱，政府有补助这种情况下拯救老屋能不能做得下来？那时就了解这个地区市场价，而不是按招投标价格，才能现场解决问题。我们想用最少的钱做最多的事情，不是所有房子都大修。所以这样定了一个价格。最后提交基金会专家来查看，都是实地来查看，非常认真的。

方案必须老百姓来定

界定了概算。试用了一段时间。那么到底方案谁来定？我们又做了《浙江松阳县传统村落文物建筑修缮方案编制方法》。确定修缮方案由业主联合工匠来编，不能老屋办来编。老屋办说让我们古建筑设计研究院做一下行了嘛，这样简单。我们做当然简单，但是不行的。完全由老屋办来编，业主会说"是你让我这么修的，出了问题就找你"。因为老百姓不是十几户是上百户。老百姓自己定方案，我们组织技术人员，做方案审核。其实

是现场核对。让老百姓定是反映他们的真实意愿。技术，他们很多是不懂的。技术人员和他们说，"你这一块是怎么修的，你同不同意？""其实是这样做""你不做会有什么问题"，让他做方案调整。但第一轮方案肯定让他出。也不能是专家听老百姓讲，记录，做出方案。我有过教训，因为到最后不是技术问题是社会问题。

老百姓定方案绝对不会画工程图，就是拍照片。拍好，就按我的表格，把照片放进去。我验收时就有用了。换了部件以后照片再放进去，我资料就全了，谁来查账，我是换过的。否则怎么向基金会交代。我修了，他说没修。没办法扯了。

我给你看看，这就是我们方案文本：比方说修补老窗三个，照片放边上。好了以后再放照片三张。修前、维修中、维修后三

张照片。这样确定肯定是修过了。我直接按窗户面积给他算钱了。不是一点点拆分出来算，这样简化关系。

四套文件支撑老屋计划

这样制定了《浙江松阳县传统村落文物建筑修缮方案编制要求》《浙江松阳县传统村落文物建筑修缮验收办法》《浙江松阳县传统村落文物建筑修缮导则》《浙江松阳县传统村落文物建筑修缮概算指南》四套文件，组成一个体系支撑了拯救老屋行动工程推进。每套房子我们专家都到现场。对于技术部门，技术含量最高的还是前面制定文件。后面是体力劳动。文件制定评审认可经过半年时间。这也基于我们有很多经验积累，没有这个积累你根本做不出来。你没算过概算定额，你怎么知道概算怎么编？拯救老屋行动，如果对其他地方有借鉴意义的话，那是技术部门的介入。把

技术留在当地，才有长远意义。私有产权文物又需要做维修，我们想探索一条路子，授人以渔，教人一种办法对这一事业来说是有意义的。这么做我们没有心理障碍。钱是另外一回事。别的事业单位也可以去赚这个钱。但是对于低等级文物建筑保护是非常有开创与借鉴意义的。

为什么要断自己的饭碗

那么从验收来看，当地老百姓操作起来情况怎么样？

其实这个反应不是验收时去听的，整个过程中，我们的人就待在松阳，几乎都是周末才回家。前期比较到位，框架上没有调整，最主要的问题是他们对这个算法理解。我们对木构比较熟悉，比方说我要换这根柱子，楼板都压在上面，偷梁换柱换得下来吗？换不下来，你要把屋面瓦片拆掉，楼板拆掉，连接构件拆掉，你才能换下来吧？这些钱也要算进去的。只说这根柱子多少钱，不行的。所以我们有成熟体系按工艺来定这个价格，老百姓就觉得换根柱子，我只管买料、制作、安装这些钱，不管其他的如拆楼板的钱。我们更多的是教他们这个规则怎么用。开始前面几幢，过了很久老屋办才和他们签，就是理解不到位。他们就算柱子的钱，结果屋面也要拆，他们不搞死了？

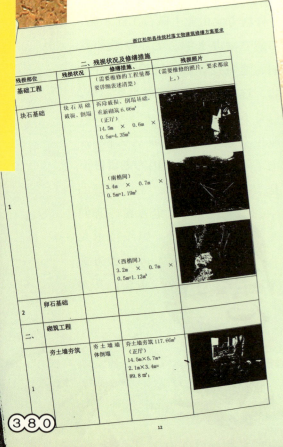

所以更多地在现场告诉他们，修，怎么修，按文物来修。而不是按其他方法，例如先把房子拆开来，全部装回去，这也是一种做法，更简单，我肯定不允许这样来做。更多的是教工匠从文物的角度来修房子。到后面比较轻松。巡查的事情都是老屋办来做。从另一个角度，我们把技术留在当地。这些工匠已经成为当地的骨干力量，这在一两年前是不可想象的。所以我觉得拯救老屋行动的一个意义是技术上的尝试，这一类私产文物建筑怎么弄。另一个意义是怎么利用地方上的技术力量来培养提高文物保护的能力。王峻书记很认同，他说："你古建院在松阳待1年是1年，待3年是3年，不可能永远待在松阳。松阳老房子一直要修复下去，关键是把技术留下。"松阳的古村落保护深受县委县政府重视，国家文物局把它做试验区，所以有机会来做这个尝试。松阳可以做，别的地方也可以这么做。这是拯救老屋行动的意义。

安全听专家的 使用听老百姓的

竣工验收时，我更注重业主的感受。老百姓不满意，专家再说好也没有用，这是主和次的问题。房子是他用的。你按文物要求来修，你管的只是这部分。所以验收时，也是因地制宜。我们

这么定的：结构安全的事情你听我的，你有部分没有修，会造成房子漏雨，那你必须返工。不然我一分钱不补给你。但是，如果你本来要造两个厕所，修的过程中觉得没有必要，后来建一个厕所。没关系，我就把另一个厕所的钱收回。门窗，户主没按要求做——这样花钱，改成墙了。不影响文物的情况下，我们是同意的，但你这个墙把木柱子包在里面，那不行。为什么? 柱子包在里面柱脚部分永远不会干，过几年就会烂，出安全问题。做墙可以，但柱子这一块你要裁出来，让柱子和空气直接流通。安全是要听我的。使用的问题听你(业主)的，验收时我们这样分两类处理。并不是方案定了就一定要做。这也是以人为本。验收办法想清楚了，就按验收办法去做就行了，调整问题不存在。但让老百姓怎么理解要花工夫，老百姓说"哎，我地面没做，你是不是补助不给我了?"……都是细问题。现在有100多幢，我们工作人员要和他们现场解释清楚这件事情，这需要大量精力。

兼顾使用

其实真正的原则就几个。修的方面是"能修不换"。要"兼顾使用"。"不改变文物原状"，不能光为修而修，就是前面说的，验收时，修和使用是分开的，我卫

生间怎么设，电线怎么拉。如果为修而修，这些钱都没办法补助，这样的话，老百姓会觉得他们还要花多少钱来做这个做那个，报名积极性就不高了。最后拉电线算补助的费用。但空调、厨卫设施，肯定不管的。卫生间给你钱，通进去的管线还是给补助的。"兼顾使用"是个原则。但落地之前这些细节和基金会是反复讨论过的，能不能落地? 你要落地，就要给他实实在在的东西，而不是你提个口号"兼顾使用"。

保护环境

还有一个"保护环境"的原则，那个环境不是大环境是小环境。拆违章搭建我们给不给补助? 引不引导? 最后确定文物周边环境杂物的清理也是给补助的。他是有产权，许多房子正门外面会搭一个披。从文物角度是要求拆的。拆了以后整体关系不一样。比如天井里搭了个卫生间，拆掉，鼓励拆是要给点钱的。这些钱是有益的。虽然很少，一平方米几块钱，有这个引导后，他不会觉得拆了白拆。但不是说另外给你钱，而是你拆的钱，我补助一半。所有东西按基金会百分之五十来。比方拆掉的工钱1000元钱，

我给你 500 元。

设了不可预见费

我甚至还设了这钱：老百姓请边上工匠来，要有人出工伤事故怎么办？还给了意外保险费。

汉声（以下简称汉）：很人性化。

卢远征（以下简称卢）：当时考虑得蛮多的。施工单位是有安全费用的，但按拯救老屋这样测算出来是没有的。所以加了意外保险费。

我们还考虑到，老百姓会过来说工程中这个没想到，那个没想到，所以我们设了一个不可预见费，比例很少。百分之二点几，有这块钱，老百姓心里就平衡了。修房子过程中，不可预见的东西肯定很多。

不要以自己想法为准，实地解决

汉：你知道老百姓是怎么修房的，是你以前经验得来的吗？

卢：对。我在小县城长大。20 世纪 70 年代生人。1980 年以后浙江基本用砖混，很少用木构房子了。但是我跟施工单位打交道比较多，对项目经理用的是国家标准，但项目经理会分班组，有时把活儿，比方加工柱子，一个柱子一工，三十个柱子三十工，包给民间班子做了。我知道民间单价、做法。老百姓的需求我知

道。我去做村落里的项目，改善设施做厕所。年纪大的人会说你做了以后我菜地里肥都没了。城里人会怎么说？我住房总共只有二十几平方米，你卫生间给我两个平方米弄掉了。个人需求不一样，千万不要以你的想法为准。所以我才在制定导则时提出尊重业主的意愿。这样子做下去，后续不会有太大问题。说白了，我是干活的。冲在第一线，力所能及地解决一些实际问题，还是很有成就感的。从本质上，我愿意和他们一起来交流，这样掌握很多第一手的东西。要想知道老百姓的需求，你就要和老百姓去聊嘛。看看他们到底要什么。有一个三开间的一个老房子。户主一间半，隔壁是他兄弟的。女儿大了。二楼本来堆东西的，户主说："我想能不能给她做个房间。"松阳老房子，二楼直接铺瓦片，灰尘很大。我直接想到：最好加一层防水，但你只有一间半，如果在屋面上做文章，势必加高，就比边上的屋面高出一层。风水被你破坏了，边上兄弟不会同意。我们怎么从技术的手段来解决？我屋面不动，再做一层木板，把防水层做到下面去，就像装修一样。解决了灰尘下来的问题。所谓老百姓需求，你必须实地去解决。

找到了路

汉：整个拯救老屋很精彩的是

大家都不傻，充分考虑各自利益、感受。

卢：在这个过程中，我有这个技术能力，但我也知道老百姓是怎么想的。民间怎么修房子，文物保护怎么修房子。在这两个前提下找一个平衡点。国家的钱不能到私人产权，那这部分房子怎么修？按文保规矩，他就不让你修，让你倒掉。从我自身来说，我关心文物传承问题。为什么以前老百姓不想配合你修他的老宅？在里面找一个切入点。国家法规上的事不是我们能做的，在我们能做的事情当中找条路来解决如何保护利用私有产权的文物建筑。我问满意不满意？住户普遍觉得非常开心。有个老太太，每次台风来都要把她转移，她说从没有想到这么大年纪还能住修好的房子，因为凭她能力修不起来。没有这个项目，让宅子里十几户人统一思想也是不可能的。

拯救老屋找到了这条路。■

老屋内增加的洗手间

拯救老屋下乡验收记录

文·陈诗字

此前浙江省古建筑设计研究院卢远征副院长介绍了拯救老屋计划的指导原则和基本方法，老屋办的王永球副主任也说明了工作中的甘苦。但具体是如何操作的？2017年11月底，我们特别跟随古建筑设计研究院与老屋办的工程师们，一同下乡参与拯救老屋计划常规的审核、初验收工作，了解实际的执行情况。3天的时间里，一共考察了杨家堂、雅溪口、周山头、靖居、后畲、后宅、黄上7个村落。

老屋办裘基鹏（右一）在靖居进行拯救老屋计划验收工作

底，共有249幢民居老屋符合修缮条件，再核减近年已经修缮、状况较好的建筑，有180幢需要修缮，最后筛选名额资助142处，预计在元旦前能完成近80幢老屋的验收。

每一处房屋修缮前，都会按要求编制方案并审核，对建筑整体现状进行记录，修缮过程中会有多次现场指导和记录，最后验收，工程结束后整理成档案备查。此次下乡便包括了其中的方案初步审查、施工现场指导以及初步验收几个部分。验收团队包括浙江省古建筑设计研究院派出的陈仲寅工程师和县老屋办派出的裘基鹏老师，另外还有当地村镇干部、屋主、施工方，甚至设

计方，几方共同在场协商讨论。

方案的初步审核

在三都乡杨家堂4号老屋，进行的就是对修缮方案的现场审核。方案会在导则的基础上，充分考虑和尊重村民意愿、兼顾使用，根据实际情况来共同商定。"设计方案时申报人会和所有户主沟通，村民深入参与进来了，后面也会实实在在当作自己家的房子修，"古建筑设计研究院的陈仲寅工程师介绍，"方案不需要出完备的设计图纸，对于地方工匠也难以做到，只需要一张平面图，以及照片和文字信息，具体是否合理我们会一一到现场核对，不合理的提出更改建议。"

陈工对照方案清单，一则一则地核对现场实际情况，并根据导则判断是否可以通过。第一是涉及结构安全的部分，以及大多缺失、损坏的部分都需要修

为了做好拯救老屋行动工作，浙江古建筑设计研究院编制了前文提及的四套文件，提供了从修缮方案、概算审查到施工技术指导、验收工作一系列的技术支持。到了实际执行阶段，浙江古建筑设计研究院也派出专业的工程师、专家到每套房子的现场。具体的项目工作量，县老屋办的裘基鹏老师介绍，老屋办之前先对县域内当时评定的50个中国传统村落近1600处进行调查摸

浙江省古建筑设计研究院陈仲寅（右二）在杨家堂村现场审核老屋修缮方案

横樟村三合土铺地修缮后改为方砖铺地

复，比如前围墙倾斜的拉正，腐朽木构件的更换等。另外，在现场勘查中，还发现一些没有登记的修缮点。比如后天井厢房靠后山壁的立柱过于倾斜，会有安全隐患，陈工建议整改。同时还得保证"能修不换"的最小干预原则，能保留、有价值的构件不能轻易换，尽可能再利用。夯土围墙局部破损，整体稳定，不存在安全隐患的，也可现状保留。周山头18号周火标宅，现住户有三户，其中一户不准备修缮，但为了整体房屋结构和风貌考虑，还是做了基本的维修加固。

杨家堂4号屋主提出希望在屋前外墙一侧重建一座披屋厨房，但是经过现场勘查，此处原来的建筑痕迹不明，也难以判断原来的结构和规模，所以不纳入资助计划中。"一栋房子如果梁架一半坍塌，一半还在，进行修复是没有问题的。但如果已经完全不在，需要新建、复建的房屋，则不属于拯救老屋的范畴。"陈工解释说。

设计方案里很重要的一部分，

是根据"兼顾使用"原则而添加的一些设施和做法。在充分尊重产权人意愿和需求的前提下，鼓励、支持屋主进行合理的利用，建筑内部空间可以结合使用功能予以适当调整，通过保护利用更好地满足基本生活需要，体现作为建筑基本属性的使用价值。

我们在村落现场，就看到不少已经制作完成的"兼顾使用改造"，比如卧房内大多增加了洗手间。但这些增设的厨房、卫生间，位置基本置入建筑内部，大多设置在一层靠外墙的次要、隐蔽位置，比如在一楼卧房最内侧靠近后山墙的位置，不影响结构并且做好防水、防潮处理。"屋面可以突破过去干摆瓦的做法，可以增加防水层、加望板。这能延长建筑的寿命和使用时间。保温隔音我们也是同意的，而且属于可逆的操作。"另外有些地面的改造也被允许，"地面也可以突破，灰土地面，也可以允许更换为方砖地面"。这些做法不会影响建筑风貌，而且对于居住舒适度和牢固度都有帮助。

在雅溪口村和周山头村，我们看到墙体上有一些过去新开的窗户，但并没有封堵。陈工解释

说，墙体原则上不得在外立面新开门窗洞口，但在不影响建筑风貌和结构安全的前提下，为满足通风采光的需求，一些之前打开的窗户在方案审核时也予以现状保留。

对于与整体风貌不协调的屋面，应采用小青瓦更换。对渗漏严重的屋面全面揭瓦翻修，拆卸前需对瓦垄数、底盖瓦搭接、屋脊做法等做好记录。严禁因揭瓦不当导致木构架日晒雨淋。施工中尽量保留质量尚可的原瓦件，缺失、破损的瓦件按留存样式补配手工瓦。从视觉效果考虑，原瓦件宜铺设在建筑的主要看面，或在适当的部位集中摆放。

现场施工指导

确定修缮方案之后，屋主自行联系施工团队进行施工。根据导则，老屋修缮的材料应当采用传统的乡土材料，材质、质感、色泽应与原物相同或相近，就地取材，保持建筑的乡土性和地域性，并尽量采用传统技术建造。但

对于许多地方工匠来说，不少做法多年未操作，所以在工匠进场之后，古建筑设计研究院也需要派出工程师到现场多次进行施工技术指导，对工程量、维修质量进行检查，并且对修缮技术随时提出建议。

在后畬村下村14号，工匠们正在对天井的卵石铺地做最后的调整。据工匠说，外墙夯土的配比和颜色之前在指导下做了多次试验，才达到满意效果。对三合土质量不太满意，陈工和裘老师继续在现场进行具体指导。"尤其像三合土的技术是个难点，我们有一些经验进行研究，再统一指导，也避免质量参差不齐。"陈工说。每个工匠的做法不统一，施工工艺水准参差不齐，在做好几幢房子以后，会集中对问题进行梳理，纠正操作，解决问题。

一些体现松阳传统特色的做法也被尽量保存，比如夯土墙。应尽量原状保护，轻微开裂、局

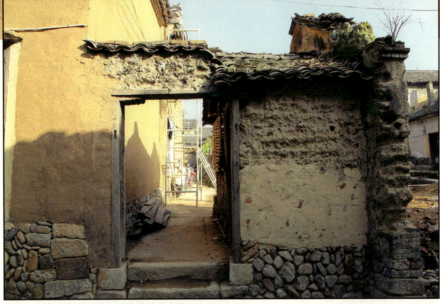

雅溪口村老屋夯土墙的几种修缮处理方法

部破损的可采用黄泥灰修补或保持现状；墙体局部倾斜的应采用传统的"土墙牵正"措施。若局部坍塌，则需进行"打墙"处理，打墙的用料、工艺、构造及收分要求均应符合传统做法。还有墙面上原有的墨线、墨绘、壁画、标语等信息，基本以原状保留为主。比如周山头村的壁画，靖居村商铺里的标语，都在施工时被特别保留下来。

对当地工匠传统技术的重新培育，是老屋计划最重要的目的之一，所以在修缮过程中，专家需要多次到现场进行指导。"基本上一个星期、半个月都会需要来现场一次，尤其是工程刚开始的时候来的次数特别多。有的构件工匠虽然会做，但不清楚具体的修缮规范，比如哪些构件可以在不换的前提下继续使用。"裘老师介绍，"几个工程下来，经验积累以后就逐渐可以不需要指导，也是对当地技术的一种促进，有利于工匠队伍的建设。慢慢有一些年轻工匠意识到有市场了，也开

始陆续注意积累经验，甚至有装修队转行做古民居的修缮建造。"

修缮成果验收

此次下乡最主要的工作，是对若干初步完成的老屋修缮项目的"初验"。裘老师与我们介绍验收的操作流程："验收分两次，一次是初验，就是在项目完成95%左右时进行的预验收，现场核对工程量和施工质量，会出一个书面的意见，屋主根据意见进行整改；一次为终验，组成专家组进行验收，除了古建院技术方面的专家，也会有地方文史风俗方面的专家，终验也有可能出现问题，老屋办督促整改，最后根据整改情况拨付经费，若有不符合的情况，也会核减部分经费。"

初验的第一栋老屋是象溪雅溪口村18号。雅溪口村位于松阴溪北侧，18号老屋位于村南溪畔，房子坐北朝南，2017年5月开工修缮。初验时，屋主和施工队先准备了修缮验收表，里面包括了这栋房屋的基本信息以及每

雅溪口村老屋夯土墙的几种修缮处理方法

雅溪口村老屋夯土墙平整抹泥

一处修缮点在修缮前、中、后阶段的照片记录，包括整体风貌、基础、墙体、地面、木构架、木装修、屋面、雕刻等部分，并且有简要说明，非常详细。

陈工对照修缮验收表，仔细检查每一处修缮点的情况。外墙的夯土墙年长日久已经斑驳，但主体结构还在，承重没问题，因此只是在外面抹泥平整；屋顶新加了望板，重新铺瓦，在望板与瓦之间，加了一层防水材料。重新铺瓦时，新瓦用于仰瓦，铺在下面，老瓦用于覆瓦，铺在上面。这些都属于合格的情况。

验收时尤其注重安全隐患的检查。陈工在核对中发现，附屋靠近山墙的前檐柱直接落地，下面没有柱础或磉盘，柱脚容易被雨水侵蚀、地面湿气也容易上升，所以特地请施工队注意添加柱础。另外，不符合传统做法的地方也需要重做，这栋房屋客轩

的隔扇门残损比较严重，所以大多被重新制作更换，新隔扇尚未安装好，摆放在天井。对比老隔扇，新的尺寸过厚，而且纹样搭配不符合当地习惯做法，对整体风貌会有影响，所以陈工和裘老师均提出需要重做。

在后畲村现场验收时，还看到屋主在二楼新增加了几个卫生间。"我们一般不允许在二楼安装卫生间，如果是没有木结构的位置，整体建造上去没问题。但加在木结构上的卫生间容易有隐患，对文物建筑不利。"陈工说。一般在前期方案和现场指导时，发现有违反大原则的情况都会引导和制止。但也有极少数在验收时才发现，如果已经安装并且对结构影响不太大的

情况，也无法拆除。比如这栋屋主为了未来民宿使用在二楼安装了过多的卫生间，超出方案设计，这部分就不会计入项目补助中。其他自行增加的设施也是类似的情况。∎

雅溪口村老屋附屋立柱下无柱础

横樟村北弄20号修缮前后对比

横樟村北弄20号民居为一幢二进五开间四合院，内外两层大门。原建筑外围墙，以及前墙西侧倒塌，西厢房和门廊西侧塌毁严重，天井内东南郊有后加建披屋，屋面多处破损。拯救修缮后对比如图。

内大门全景：重新夯筑了倒塌的西侧山墙，修补大门粉刷部分以及彩绘、门额题字

西厢房全景：修复损坏严重的门廊西侧和西厢房

二进明间内景：清理梁架污迹，保留张贴捷报痕迹，地面原为素土，重新铺设方砖

屋面：保留原有完整青瓦，修补铺设瓦面和屋脊坐瓦、瓦花

（松阳县「拯救老屋行动」领导小组办公室供图）

松阳特色传统村镇简介

整理·瞿明磊、陈诗宇、赵英华、王艳光、李博

松阳保存了数目巨大的传统古村落，目前保存较为完整的有近百座，其中有71座入选中国传统村落名录，分布在全县境内，是浙江乃至全国古村落数量最多的集聚地之一。松阳的主要地形包括松古平原区和松北山脉、松西山脉、松南山脉构成的北部、东部、西南部丘陵山区。不同的地形也形成了几种类型的村落，如高山阶梯式、平谷式、台地式、傍水式等。

这些古村落不管是风貌形态、风水布局，还是村落文化，都各具浓郁的地方特色。经过一年的探访，我们也特别选择29座特色相对鲜明并实地考察过的村落简要介绍。完整传统古村落名录可参见附录。

（资料数据：松阳县文化和广电旅游体育局2018年提供）

吴弄村

行政区划：望松街道	始建年代：明代	人口：450
村落形态：平谷式	经济生计：茶叶	
主要姓氏：叶		

• 井然有序聚族而居

吴弄位于松古平原较为隐蔽的后方腹地，也是松阳为数不多的平谷式古村落。松古平原自古以来就是松阳县的经济中心，交通便利，经济文化水平较高，所以吴弄的村落格局、建筑质量都比较好。整体格局完整，古民居连片分布，互相串联。当地还是松阳名产"晒红烟"的主产区之一，又称松北大烟。

四条主道北大路、东大路、中央巷弄、祠堂路两横两纵构成井字形格局，将十几栋古民居夹在其中。村中主要为叶姓和曾姓，明隆庆年间耐性桥叶氏迁居吴弄，清康熙时午岭曾氏迁来。所以主要的主建筑包括叶氏宗祠、11栋叶姓民居和两栋曾姓民居。大多兴建于清道光以后，多为三合院和四合院，以祖屋为中心，向前后左右扩散延伸十几栋院落，各自相对独立，又连为一体，组成整个家居集居的村落，方块状聚居，井然有序。有兄弟同楼、连幢的，有兄弟隔墙、隔弄相望的，栋宇鳞次。村中建筑的雕刻以及壁画精美，也是一大特色。

吴弄全村俯视图

山下阳村

行政区划：古市镇	始建年代：明末清初	人口：1206
村落形态：平谷式	经济生计：茶叶、柑橘	
主要姓氏：张		

• 风水村落的典范

山下阳在松古平原北部边缘，村庄北部是仙霞岭山脉，属于平谷式村落，布局规划与风水紧密结合，堪称松阳古代按风水学基本原理建村的典范。

村落依靠自北向南的六都源水而建，格局对称规整，整体地势平坦，缓缓抬高，几十条鹅卵石巷弄构成村落脉络。表面上看成长方形布局，但少有十字路口，多为丁字路布局。以月池、地坛、张氏香火堂、张氏私塾为中轴线。最有特色的是公共活动中心月池风水塘，呈半圆形横卧在村前部。风水墙将风水塘严严实实地包围着，塘后凿有一眼水井，历经数百年不干涸。一条石砌的堤将水塘一分为二，堤的另一侧是一块正方形水地，取意天圆地方，墙外还有一口荷塘。

建筑群落类型丰富，以风水塘为核心，前方是巍峨的张氏祠堂，身后林立着张氏香火堂、20余栋古民居、商铺，马头墙高低起伏。站在井边向四周眺望，村后是逶迤起伏的山峦，池塘边的树似笔尖，倒映在池水中，仿佛笔尖垂下，此时风水塘俨然成了墨池，所谓的"文笔蘸墨"风情在这里清晰凸现。风水塘前是开阔的田野，仿佛铺出一张硕大的宣纸。村庄右侧坐落着石贵山，三段起伏的山峰酷似笔架，"笔墨纸砚"齐全。

山下阳张氏香火堂前沿中轴线是月池，中间有口井

大竹溪整体面貌

一 大竹溪村

行政区划: 水南街道	始建年代: 北宋	人口: 2325
村落形态: 傍水式	经济生计: 茶叶	
主要姓氏: 叶、徐、潘、刘、黄、王		

● 家家门口浣纱女

大竹溪村南靠树叶盘山和关山，东、西、北三面为广袤田园。位于县城西南 3 公里，由竹溪、市口、新溪三个相连的村组成。历史悠久，在唐大中三年（849 年）有新兴院寺庙，宋代更名正觉寺，后改名觉宗寺。市口村 1982 年以前叫寺口村，因此大竹溪是在北宋建村。大竹溪最有特点的是古道穿过整整三个村。古道边有一条清溪流淌，引自竹溪源。市口村段称为"沙石圳"，竹溪、新溪和河头村，一路流经"众济圳"至安宁垄、独山后至青龙圳。溪水沿八卦学说呈"S"形布局，可欣赏古水利巧妙安排。溪水在村中长达一公里，一路有少妇老妪在溪中洗衣洗菜，溪水遍及家家户户门口，使大竹溪成为松阳境内典型的水乡。

大竹溪村中心街东路 16 号是一座明代的建筑，砖雕精巧。市口村有建于明代弘治九年（1496 年）的包杰进士牌坊，雕刻精美绝伦，为省级文保单位。竹溪自古风景优美，宋状元沈晦有《游竹溪》，诗云："寒流穿清阔，支径入翠微。山深古木合，林静珍禽飞。居人本避俗，游客亦忘机。归路晚烟暝，新月照柴扉。"

小竹溪村

行政区划: 竹源乡	始建年代: 元末	人口: 692
村落形态: 阶梯式	经济生计: 茶叶、笋竹林	
主要姓氏: 叶、郑		

● 摆祭隆重年味浓

小竹溪四面环山，山上竹林郁郁葱葱，清澈见底的竹源溪从村中穿流而过，可谓山清水秀。村中老人说村庄风水极佳，其地形呈三仙下棋形：西为文化山，南为金字山、东为笔架山，据说能保佑子孙后代衣食无忧、平安健康。

小竹溪村下辖创古基、紫坞、甫弄三个自然村，距县城 10 公里左右。主产毛竹、竹笋、茶叶、油桐籽、油菜籽等。小竹溪村有"全国松香之村"之名，村民大多出外开办松脂加工厂或从事松脂采摘工作，不仅带动村民致富，还带动周边村乡共同发展。

小竹溪村现有吴氏宗祠、潘氏宗祠、清代民居、大王殿等古迹。松阳著名的"小竹溪摆祭"正是在大王殿举行的。每年元宵节，全村人用"摆祭"的方式纪念"徐侯大王"。祭祀当日，全村以户为单位，将各自准备的供品摆上方桌。桌子有百余张，前后相连，酷似长龙，故人们也称其为"长龙祭"。早上，人们用八抬大轿把"大王"接回村里观灯、祭奉，并为全村祝福求安。最热闹的要数晚上的"送灯"，烟花爆竹响彻彻夜空，竹溪锣鼓铿锵不绝。龙灯舞动此起彼伏，全村男女老少手提灯笼，排成长长的"火龙"队，把"大王"送回殿中，寓意送走所有灾难和不幸，迎来新年风调雨顺、国泰民安。村内还建有多家民宿，各有特色，住客在这里既能享受清净秀美的山水，又能体验传统民俗文化。

小竹溪虽地处深山，却因松香产业的兴盛与送灯的盛大举办而闻名松阳内外

靖居村

行政区划: 象溪镇	始建年代: 元	人口: 1300
村落形态: 平谷式	经济生计: 茶叶	
主要姓氏: 包、李、汤		

● 蓉川古道东门第一村

靖居位于松阳县城与古处州府相通的蓉川古道上，曾设有驿站，被誉为"东门出城第一村"和"东大门"。古称蓉川，里号芙蓉，明代中叶，改村名为净居，清咸丰八年（1858 年）改为靖居，俗称靖居包。主要姓氏为包、李、汤。制造了"包登辰事件"的太平天国石达开部队到此，因此村而过。

靖居地处的盆地面积较大，又因为重要的交通地位，所以保存了大量古民居。村庄远山层叠相拥，近处平畴广野，溪水傍村而过。以村落整体规模宏大，布局规整，农商业繁荣，文化昌盛，保有的有寺庙以及祥云寺、夫人庙等寺庙公共建筑，是松阳少有的有寺庙的村落。还有一条传统商业街，有古商铺和粮库，建筑质量较高。

靖居群山围绕，腹地广大，人口众多，曾是区域行政中心

南州村

行政区划: 象溪镇　　始建年代: 南宋末年　　人口: 769
村落形态: 傍水式　　经济生计: 茶叶、板栗、油茶、葡萄、油桃、桑葚
主要姓氏: 徐、罗

● 水运渡口商贾云集

南州村沿松阴溪而建，是松阳少有的平原村落，距县城18公里。南州原名沙溪，因"南州高士"徐穀曾在此讲学，而更名南州村。据说南宋大儒朱熹路过此地听到琅琅读书声，便进村一探究竟，见村里孩子们读书勤奋，男女老幼谈吐大方，耕读气氛浓厚，留下"孺子别里"四字，孺子指的就是徐穀。

南州原有上、中、下三社，各有社庙，如今三社合祀，于2017年重建，称作庆兴、忠信、太平三社，社公为平水大王。三社边有文昌阁，该村耕读传统悠久，出过不少读书人，曾有功名牌坊"联桂坊"，为旌表明代举人徐伯基所立。村中有徐、罗两大姓，分别建有祠堂，徐姓是南宋绍兴年间由龙游灵山迁来，罗姓则是明代天启年间由福建延平迁入。

过去陆路运输不便，南州因地理之便，是松阴溪水运上重要的渡口，也是商贾们进入松阳县城前停泊的最后一站。村中有一条大石板铺成的街道，过去街道两边商铺林立，可见当时南州的热闹气氛。如今，村内新旧房屋交错，亦有10余栋古民居，多为清代建造。

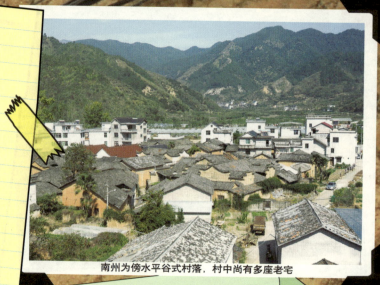
南州为傍水平谷式村落，村中尚有多座老宅

象溪一村的文昌阁与村落风水相关

象溪一村

行政区划: 象溪镇　　始建年代: 唐神龙年间　　人口: 723
村落形态: 傍水式　　经济生计: 茶叶、板栗、油茶、民宿
主要姓氏: 高

● 人文灿烂进士村

村庄建于唐神龙年间（705—709年），距今已有1300多年。历代有3位进士，5位举人，85位秀才。原名象溪村，据考证，唐神龙年间进士高鑑之子、国子监太学生高温乘船经此处蝌蚪潭，见潭中有象状巨石上下浮动，仿佛活的一般，认定"风水"这边独好，便从杭州徙居于此，故名象溪。20世纪90年代撤乡建镇后，象溪成了镇的名称，村子改称象溪一村。村貌整洁优美，是"丽水十大最美丽乡村"之一，新农村建设示范村。

村中有文昌阁，松阳名士高焕然曾在此读书得中进士。朱熹学堂来历悠久。南宋朱熹在南州村讲学三天后来到象溪一村，先在村头云岳店（虎庙）讲学一天，后在此处讲学两天，后人为纪念此事，命名为朱熹学堂。

高氏宗祠占地604平方米，是松阳规模最大的宗祠之一，所挂对联"礼云乐象德，诗曰思无邪"是高焕然手书。高焕然故居太守第占地520平方米，是清代老建筑。高焕然，光绪二十四年（1898年）进士，任广东番禺知县、钦州知府。高焕然在做知府时，亲自到村庄，细问民间疾苦，并在村中办小学。民国十四年回到家乡，任松阳孔教会会长，并在村中办小学。民国十四年高焕然首倡并主纂《松阳县志》。高焕然以"官可不做，人不可不为"为家训，他的幼子高自元、长孙高威廉均为中国第一代飞行员，在对日作战中为国捐躯。

玉岩镇

行政区划: 玉岩镇　　始建年代: 北宋天圣二年（1024年）　　人口: 1362
村落形态: 盆地平谷式　　经济生计: 食用菌、水稻、商贸等
主要姓氏: 叶、杨等54个姓氏

● 民间文化之乡

玉岩镇地处松阳西南边境，辖32个行政村，距县城61公里，与遂昌、龙泉相邻，交通便利。该镇坐落于小盆地中间，周围群山环绕，东面双乳峰，南面卓寨山，西面龙凤山，北面高济尖。玉岩以种植花菇为主要产业，在镇上可见连片花菇种植棚。

玉岩古迹不少，最早建于玉岩村南水口上，有明代建成的普济桥，是浙江省级文物保护单位。该桥东西走向，横架于玉溪之上。桥墩用条石砌成船形，迎水面砌成分水雁翅。桥面铺设木板，上建有木结构廊屋，抬梁式结构，中间藻井为"卍"字形斗拱天花，并有精致朴素装饰，屋顶覆青瓦。此外玉岩村还有文昌阁、寿喜乐拱桥。

玉岩民间文化丰富，首批国家级非物质文化遗产松阳高腔的发源地就在玉岩白沙岗。此外民间祭祀盛行，并形成各具特色的庙会活动。镇北面香乳山上有香乳禅院，主祀胡公大帝，每年农历八月初一举行庙会，各地善男信女赶在子时上山敬拜祈福，香火旺盛。道惠村的"夫人会"则是以陈十四夫人信仰衍生出来的风俗。每年正月十四是陈夫人诞辰，全村人在永兴寺内展示自家制作的供品，之后还要聚簇、分粽子、表演太平花灯，活动热闹非凡，一直持续到正月十六。此外，位于程路村附近的砻空殿，每年也要举办庙会，周边多个村子参与，规模盛大。

玉岩坐落于盆地中间，群山环绕，近处大片的菇棚生产著名的花菇

390

春节祭祖后道惠村人扮太平花灯娱神也娱人，图为花灯演出

道惠村

行政区划：玉岩镇		始建年代：明代	人口：267（2017年底）
村落形态：依山傍水式		经济生计：茶叶、笋竹林、水稻	
主要姓氏：谢			

• "夫人会"闻名松阳

道惠村在玉岩镇的西北，距镇政府23公里。道惠村的"夫人会"始于明代后期，陈十四夫人生日是正月十四，所以每年的正月十四至正月十六，村民们都要隆重地举办"夫人会"。

首先是祭祀供品大比试，年前全村人用抽签决定各户摆祭的物品。到了正月十四一起送到村头永兴寺祭拜陈十四夫人，正月十六才端回来。各户供品别具一格，一盘一景，表达了村民对陈十四夫人的敬仰，也是村妇们争奇斗巧的比试。

中午全村40来户人家以坦为单位分四个地点聚餐，村里的妇女在这一天里不用干活，聚餐时不但可以上桌，并且是坐在上首。聚餐做东的人家和生了娃的人家，还会给全村各家各户分粽子。到晚上，"太平花灯"开始表演，整个小山村都沉浸在热闹和欢腾中。

石仓

行政区划：大东坝镇		始建年代：明代	人口：6000多
村落形态：傍水式		经济生计：茶叶、旅游	
主要姓氏：阙、蔡、王、李、冯等			

• 江南客乡俗犹传

石仓一般指松阳县南部石仓溪流过的一个谷地区域，分布着七村（下茶排）、六村（上茶排）、山边、下宅街、后宅、蔡宅等传统村落。邑人叶成章《石仓里居诗》："地方久仰石仓源，远近烟包十里村。直上两边皆屋宇，遥看四处尽田园。"溪水流经各村，四周青山笼翠，云蒸雾绕，古朴的民居沿溪岸分布，青瓦连绵成片，中间耸立着高大的夯土马头墙。

查考石仓各大姓宗谱，如阙姓、蔡姓、王姓、李姓、冯姓等，其先祖大都是福建古汀州一带的客家人，明清时期迁居至此，以宗族为轴心建成一个个村落。其中尤以阙姓发展最盛，世代繁衍成为石仓望族。

虽迁入已三四百年，但当地居民还说汀州话，这在石仓的建筑和习俗中都有体现。石仓至今留存有20多座宏伟气派的清代大宅，是浙西南保存规模最大的清代民居建筑群，大的建筑面积超过3000平方米，小的也在1000多平方米，这是为了满足客家人喜欢聚族而居的习惯。其布局不是一味地强调轴线进深，而常常是横向的院落形式，中间是主院，两边是护院，彼此有通道相连，既尊卑有序，又守望相助。护院的房子是朝向主院的横屋，这是客家围屋形式的影响遗存。

习俗上，各座大宅厅堂内香火堂保存完整，各支脉的后人四时八节进香上供。尤为隆重的是各村除夕新年"请年神"的仪式，家家户户都参与其中。年轻人春节回乡，随父辈一起去宗祠、社庙祭拜祖先和社神，传续慎终追远、知恩图报的传统美德。人流来往涌动，气氛热烈、虔诚又有序，游客跟着观看，都深受感动。

石仓一带客家聚落的传统建筑规模宏大、工艺细致，至今许多仍保存完好

横樟沿着溪水两旁建立村落，周遭山陵环绕

横樟村

行政区划：大东坝镇		始建年代：明代	人口：835
村落形态：平谷式		经济生计：茶叶、山林、大豆、粮食作物	
主要姓氏：包、张			

• 秀野空灵是横樟

横樟是一个充满灵气、画意的村子。400年前包公后人包继昱举家从蛤湖搬到此处，蟾氏主支衰落后，这儿反成了包氏大本营。横樟村在群山环抱中，仿佛在是一个聚宝盆的盆底，冬天不受西北风影响，溪水却又带来夏季的凉爽，是绝佳的小气候。东坑水与横樟源水在村中交汇形成"人"字形，故称之为"天地人和"。以前溪水会涌出红色泥浆，故古称横浆，后因村口有大樟树伸展在溪流上，改称横樟村。

来到横樟村可欣赏其严格的风水布局：北高南低，坐北朝南，背靠留明尖山，九座山脉拱卫，仅在东南部留有一进口，九山脉齐指村中心包氏宗祠，形成九龙夺珠势，村口则有九小山岗护卫，水口处迎面有两座山头咬合，狮象把关。村落正前方三峰突起，形成案山。状如屏风，阻挡风水外流。这是松阳典型的风水古村落。风水是中国古老的人居环境学问。每个游客进村都有一种舒适的感觉与此是密不可分的。

横樟村有张氏明代大宅，还有元代的建筑石基。虽说是村，却按城池布局，村中公共建筑齐全，有包氏宗祠，14座香火堂，丹阳书院，观音殿，社庙，水碓作坊。特别在观音殿，清风拂面，感觉秀雅灵润。村周边还有包仁墓、古银矿洞、古冶遗址、摩崖石刻、古道、古桥、牌坊。

明清以来，横樟村成为松阳县通往龙泉、云和的重要道路，村中至今古道犹存。横樟村集天地之野、人间之秀于一身。秀野空灵，是绝佳的人居环境。2013年入选中国传统村落名录。

官岭村是最典型的阶梯形山村，村民仍遵循祖先遗训，三分用地

平卿村

行政区划：新兴镇	始建年代：元至正25年（1365年）	人口：507
村落形态：依山式	经济生计：茶叶、高山蔬菜、笋竹林	
主要姓氏：周、张		

• 高山上的祈福

平卿村位于新兴镇的西北方向，距离县城40公里，背山而建，地势分布呈北高南低，三面环山，南边山谷，避风向阳，村庄四周由古树群包围，也是一个宗族聚居村落，村中以周、张为主，周姓始祖三道公于元至正二十五年（1365年）从大岭根村迁至平卿并建立村庄，繁衍生息至今已经有600多年。

山村雄踞于山顶阳坡，村中现存二三十幢清代和民国的传统民居，黄墙黛瓦，借山势而建，错落有致，层层叠叠，呈阶梯形状排列，石径逶迤。传统道路网保持得比较完整，村中道路三纵多横，多弯，多等公共设施仍旧遗存。平卿村周边环境保持良好，种类繁多，社庙、凉亭、踏碓等公共设施仍旧遗存。平卿村周边环境保持良好，散着150多棵百年以上的古树名木，村落与周边优美的自然山水环境和谐共生。

平卿村非物质文化遗产丰富，有拜祭、福日祈福、舞龙灯、求雨、做戏、做竹篾等习俗。特别是还保留着"福日祈福"的民间信仰习俗。村民选取黄道吉日，合众向"八保新兴社"中的"平水禹王"还愿，祈福。每年有四次"福日祈福"活动，分发祭拜神灵后的熟猪肉、米饭以及生猪肉并与家人共享，将神灵的佑护和福气带到家家户户。

平卿村非物质文化遗产丰富，还保留祈福信仰习俗

官岭村

行政区划：新兴镇	始建年代：明万历年间	人口：856
村落形态：阶梯式	经济生计：高山茶叶、蔬菜、瓜果	
主要姓氏：陈		

• 壮观的阶梯式村落

官岭是松阳乃至江浙最大最典型的阶梯式布局的村落，非常壮观。官岭的美需要细细品味，方能回味无穷。整个村庄的水口幽静美丽，有古树162株，其中有500年的古树，占地100亩，是浙西南古树最多的村落之一。上水口水道呈S型，上水口掩在树林中。

官岭山上，上面三分之一为森林，中间三分之一为梯田，下面三分之一为民宅。老祖先分别在各三分之一处种下大树，明令子孙不得逾界，这样森林可以涵养水源，滋润农田。这是古代生态文明与山智慧最好的例子。

这样的格局是因为官岭坐落在古时热闹的松阳到龙泉的松龙古官道（总长15里）上，所以人们在古道边建屋，方便开店经营，梯田便设在村庄之上。官岭的夜晚最美，站在村高处望去，家家灯火，如同星河落了人间。

始建于万历年间的官岭，建村先祖为唐末太子太保陈穆公的后人。因在官道旁，称为官岭。村庄距今已有400年了。现存最早建筑修建于明朝。传统建筑集中修建于清朝及民国时期。古建筑群功能齐全，有传统民居，庙宇（禹王庙、关公庙、四相公庙、永庆堂），祠堂（陈氏宗祠），粟裕居住地，廊桥，谷仓等。祠用具八仙法器和宝廷兵器。祠里珍藏一组清代祭祀用具八仙法器和宝廷兵器。

至今村中仍有一批篾匠、木匠、石匠、泥水匠、制作草鞋匠等手工艺人。村中太平龙在松阳出名，从明代至今已有400年的历史，太平龙又名桃龙。是国家第一批传统古村落。有人说：杨家堂村像油画，黄上村像版画，官岭则像素描。

竹圆村以真武大帝人形为风水布局

竹圆村

行政区划：新兴镇	始建年代：元末	人口：692
村落形态：阶梯式	经济生计：茶叶、笋竹林	
主要姓氏：叶、郑		

• 元代古村真武形

竹圆很特别。村子有800年的历史。元代末年，唐代避黄巢之乱来到松阳的郑氏家族郑禹一支迁到此地。

竹圆村特别在宗祠内供奉一个女祖宗郑娘娘，这在松阳独一无二，全国也是罕见的。这郑娘娘名郑淑英，竹圆人，是明代沈王府王妃，定陶王的母亲。1550年沈府定陶王钦赐诰命及御祭文，令谕府亲郑清立祠堂奉祀，才有了这特别的女祖宗祠。在宗祠中仍有精美的女祖宗像，值得细细观瞻。

竹圆村还特别在新村与老村并存，养育了29代人的老村古木参天，600年的香榧，400年的柳杉，300年的红豆杉护佑着村庄，当然纯粹因为村庄贫穷，20多户人家无钱在公路边盖新房，才保住老村庄，成为松阳难得的老村新村并存的传统村落。竹圆村列入第四批中国传统村落名录。

竹圆村特别在它的风水布局上。整个老村，以真武大帝人形为风水布局。真武大帝右脚踩龟，便是村中明代古坟，左脚踩蛇，便是村中大溪，左右乳各是大岩石，头部便是村上一山头，整村便在真武大帝怀中。而真武大帝是明代重要的信仰神，到清代，统治者用关帝来取代，便不多见。可见竹圆村明风尚存。

另外郑氏宗祠、先锋庙与宝云堂三庙并列一排，这格局也是松阳仅见。每年会举行先锋庙会，每年四月初八，村民们还会做乌饭纪念一位孝女。常被水南大竹溪、古市上河抬去求雨。每月四月初八，村民们还会做乌饭纪念一位孝女。

村中除了茶叶，自古还有做畲箅的竹工艺传统，现在村中老人还会制作。

竹圆村古村中有高大的残壁，荒草掩映的旧宅基，古藤处处，尽显岁月沧桑，是喜欢废墟游的年轻人的绝佳去处。

岱头村

行政区划：叶村乡	始建年代：明洪武年间	人口：406
村落形态：高山阶梯式	经济生计：茶叶、香榧、水稻、高效笋竹林	
主要姓氏：叶姓为主，此外还有何、陈等姓		

● 高山挂落百缀衣

美哉！这个高山顶的村庄，有层层跌落的梯田，高山如同女神披着百缀锦衣，在云雾间徜徉。更是具有神性的村庄。高山顶峰麻士尖南麓，古称"岱峰"。岱头因地处南岱山顶峰麻士尖南麓，古称"岱峰"。岱头因地处南岱山顶峰麻士尖而处，至今有祭天遗址尚存在。村北是海拔 1225 米的麻士尖，南下竹源周过。其正北位有土名"舞龙头"，即古柴望祭台。

岱头村最早的原住民是在洪武年间从官岭迁徙至此的叶氏，是叶梦得的后代。村中有溪名"道士坑"。岱头海拔 830 米，是松阳离天最近的高山村之一。西通玉岩大脚岭，北邻新处官岭，东连南岱村。松龙古道，出县城金屏门到玉岩的古驿道经村而过。岱头村地处高山，视野非常开阔，四时之景分明，时有云雾蒸腾，被誉为"仙境中的小山村"。村落南面 2 里许有金坑源原始林，古木参天，水流清澈，环境清幽秀美。

岱头村村民在 600 年间敬神敬天。每年收成后，村民自发筹钱请戏班到村中唱戏 3 到 5 天，感谢毛洞主娘娘一年风调雨顺的护佑。毛洞主是龙母娘娘传说的变异与延伸。到吉日，先在村中明新社祭祀，然后村人与戏班成员在道士带领下，扛彩旗，鸣炮，带上祭品。村民们在家门口点竹篾火，焚香三叩。然后浩浩荡荡的队伍前往金坑源洞主殿，把洞主娘娘像请里里来看戏。娘娘出山后先巡村，每家放鞭炮并焚香，最后请到会堂与村民一同看戏。

村里有尊祖训、重祭祀、护祖产的传统，20 世纪 90 年代就把保护传统村落写进《村规民约》，故全村 100% 为传统建筑，且总体保持良好。建筑风格相当丰富，有四合院、三合院、吊脚楼、过街骑楼、"一"字黄泥屋等多种风格，建筑种类有传统民居、宗祠、庙宇、祠堂、香火堂、客栈、茶亭、凉亭、瓦窑、古河道、古井、古池塘、古石桥等；建筑年代久远，60% 以上为明清和民国时期建筑，其中明代建筑 4 处，分别为社殿、廊桥、岱头堂、叶氏宗祠（门楼），社殿和廊桥的主要构件材质为南方红豆杉。文物古迹较多，有麻士尖古柴望处遗址、摩崖石刻和明清古墓葬群等。目前已列入县级文保单位（点）5 处。

2014 年岱头列入第三批中国传统村落名录，也成为松阳最后保存传统自然农耕的村落，是国家生态示范区。其清洁的高山流水，又使之成为松阳县重点饮用水发源地。

南岱村

行政区划：叶村乡	始建年代：明代	人口：506
村落形态：依山傍水式	经济生计：高效笋竹林、茶叶、油茶、高山水果、水稻	
主要姓氏：以吴姓为主，此外还有叶、金等姓		

● 松阳最精美的宗祠

南岱村坐落于南岱山之南麓，始建于明洪武年间。南岱村以吴姓为主，此外有金、叶等姓。叶姓始迁祖明初由官岭村迁到南岱村，发展成为该村大姓。

南岱村四面环山，分上下自然村，上村是阶梯式传统村落，下村是傍水式传统村落。村落按照风水布局，基本上都建在溪流北部，坐北朝南，背山面水。村前，清澈的南岱溪自西向东在村前流淌而过。村落沿着溪流呈狭长布局，村头至村尾有 1000 余米长度，中间宽、两头尖，极似船篷。水口密布着几十棵百年古树，圆帽形的圭璧山坐在村落缺口处，形成了案山，圭璧山外还有一座更加高耸的大山形成了朝山，高低两山形成朝案有致的格局。

南岱村历史上非常富庶，有 100 余幢古建筑，建筑质量良好且分布连片集中，风貌协调统一。民居种类很多，有民居、宗祠、公馆、社庙、香火堂、水碓、廊桥、石拱桥、堰坝、古道等。建筑种类有三合院、四合院正面是高大的山墙，屋宇式大门，建筑细部及装饰十分精美，最为精致的建筑当数建于清嘉庆年间的吴氏宗祠，雕刻奢华，是松阳县宗祠中雕刻最精的代表作。现在的南岱村还保持着四时八节敬神祭祖的各种规制和仪式，请年神、还愿戏、逢旱求雨等习俗。

南岱为沿溪而立的山村

岱头村落景色，800 米以上的高山梯田稻米得来不易

杨家堂村

行政区划：三都乡	始建年代：清顺治十二年 (1665 年)	
村落形态：阶梯式	经济生计：茶叶、高山水果和蔬菜	人口：308
主要姓氏：宋		

● 藏在山坳里的凤凰窝

杨家堂村位于三都乡马鞍山麓一个半环形的小山坳里，村内所有房屋依山顺坡而建，前低后高，级级上升，落差上百米，互不遮挡，家家视野开阔。石道百转千回，斑驳的封火墙层层叠叠，是典型的阶梯式村落，又是当地有名的文教之乡，人才辈出。

杨家堂始建于清初，最早叫樟交堂，因村口三棵相交叉的樟树而得名，后改为杨家堂。村中以宋姓为主，祖先为唐代名相宋璟，清顺治宋显昆从松阳三都呈回迁居杨家堂，从"窭窭数室"，到清中期其曾孙宋宏堂（传说其因拾金不昧而跟随衢州巨商经营木材生意发迹，"世为板业巨商"，成为松阳木材业大富）时，在当年结庐的山地上逐渐建造起了我们今日得以看到的广厦华屋群。

村庄选址风水十分优良。整个村子坐东朝西，左右两翼峦山峦环抱村庄，左青龙略长，林木葱茏，右白虎稍短，古树参天；后玄武高大坚实，前明堂开阔，朝山不远不近，尺度适中。南边左侧有一山涧沿山脚汩汩流淌，至村前形成玉带半抱的格局，然后在水口出村，村之右侧县城道路在此与村庄主路形成恰当的连接。山形、水势与路位相得益彰。

在地无三尺平的山坳中，宋氏族人顺应山势，沿着山体等高线一级一级建起向上延伸的大宅，形成了五层 18 栋气势恢宏的晚清民居群，每层高差二三米，横向伸展 200 余米，是很具代表性的山地阶梯式布局。由北侧的县道入村，迎面而来便是巨大的千年古樟树，樟树之南有一条横贯村南北的主路，将村子分割为东西两个部分：西侧为上坡，主要的 5 栋大屋及 10 栋附属院落均位于此侧，级级抬升，最南端有四段石阶相连；东侧半部是下坡的三四栋老屋和晚近加盖的零散房屋，宋氏宗祠则位于下坡中心，村外南侧和西北侧有青云宫和五龙社两座社庙。

村中住宅朝向也多因地势而调整，位于东西中轴的五开间大屋均为坐东朝西，为村落的主朝向，大屋南侧或北侧一两栋附属院落朝向主屋。唯有大樟树东南方向的六号民居，由于靠近北坡，是村中唯一一栋坐北朝南的主屋。

村中民居装饰的一大特色，便是每栋老屋院墙上端题写的各种经典格言、家训，如《朱子治家格言》《宋氏宗谱家训》等，体现主人当年的治家理念。村人重视耕读传家和兴办教育。自清道光以来，杨家堂出国学生、庠生 30 余人，又陆续考上各级高等院校上百人，成为松阳近百年来教育最成功的村落。

杨家堂是一座典型的阶梯式村落，背枕山岭

酉田已是中医世家闻名的传统村落

酉田村

行政区划：三都乡	始建年代：明代	人口：311
村落形态：阶梯式	经济生计：茶叶、高山水果、蔬菜	
主要姓氏：叶		

● 半山苍松伴云飞

酉田原名油田，因村在高山，水贵如油，故名油田。在民国时已改为酉田。酉田在仙霞岭余脉的半山腰上，村庄散布在田间山上。两峰相应，呈龙兴之势，古松苍虬为著名的景观。山村常云雾环绕，气象万千。明代嘉靖年间先祖叶文清（叶三公）从桐溪迁居于此。至今名医叶起鸿便是私塾培养，后成一代名中医。叶氏行医世家成为村中瑰宝。

清代时村中有叶氏私塾，民国时有五心小学，广收五个村子弟。

2014 年 11 月，酉田村被省文物局列为"浙江省历史文化村落保护利用示范项目"唯一实施地，为村庄复兴开了好头。

平田村

行政区划：四都乡	始建年代：北宋政和年间	人口：288
村落形态：平谷式	经济生计：茶叶、四都萝卜	
主要姓氏：江		

● 云端古村换新颜

平田村距县城 15 公里，依山而建。因地势较高，时常能看到云雾环绕群山的美景，因此有"云上平田"的美称。

近年，该村因建成所谓"慢生活体验区"的民宿建筑群，由一个不为人知的平凡小山村一跃成为松阳的明星村，吸引许多向往田园生活的城市人来这里观光体验。民宿建筑群为国内优秀建筑师设计，将老房子改造重修，设施齐全，有舒适的民宿，亦有平价的青年旅社。餐厅可品尝当地特色美食，此外有手工艺体验室、农耕馆等。

建筑群与当地环境融为一体，并无突兀的感受。经营者也与当地村民和谐共处，相互帮助，村民种植的农产品可直接送到民宿餐厅。常住人口也因此有所回流，曾经的半个空心村，现在展现出新的生命力。

平田村落依山而建，地势较高

西坑坐落在海拔 640 米的向南山顶

西坑村

行政区划：四都乡	始建年代：明代	人口：320
村落形态：台地式	经济生计：茶叶、四都萝卜	
主要姓氏：叶、丁		

● 高台上的云雾人家

西坑坐落在海拔 640 米的向南山顶台地，是典型的台地式古村落。四都源至龙殿分东、西二支流（坑），西坑村在西边的支流边上，故得此名。有回龙庙与回龙桥，松宣古驿道穿村而过，路网保留完整，有 20 余栋古民居、社庙、宗祠。当地俗语：四都萝卜三都姜。西坑村为四都萝卜主产村之一。

人口 300 余人，以叶、丁两大姓为主，叶氏族人源出古市塘岸，均为道教鼻祖叶法善之后裔；丁氏族人源出西屏南门丁家祠堂，叶、丁二姓均有"拜月半"之俗；又有"拜石玄头娘"和"拜樟树娘"之俗。"石玄头娘"位于村后山腰，一石高约 3 米，一石高约 1 米，相依相伴有若母子相依。

西坑的自然景观很美。村西有一片原始林，多常绿乔木，或独立挺拔，只争向上。站在村口南眺，四都源水库两侧，大山夹出一个巨型"V"字，而云岩山夹来在"V"字中央，极似一尊巨佛，头西脚东，怡然仰面而卧。村后海拔 1129 米之大种山，山势层峦叠嶂。

村里每年有 100 多天有云雾，被称为云上人家，夏日雨后，云蒸霞蔚，龙腾虎跃，变幻莫测，恍若仙境。村里民宿业发展处于松阳领先地位，也是松阳著名的摄影胜地。

汤城村

行政区划：四都乡	始建年代：明代	人口：111
村落形态：傍水式	经济生计：高山蔬菜、甜玉米	
主要姓氏：曾		

● 出尘人家枕流水

难忘的高远山村。汤城的祖先们因为"此处有崇山峻岭，涧水澄鲜，苍松掩映于前后，翠竹交加于两旁，异峰接天，迥然有出尘之境也"而迁居于此。因有九龙抱珠、灵蛇探水、狮子抱球三道水屏障，东南北均有群山环抱，只有西边有一出口，加上地势又是西高东低，整个村如固若金汤的城池，故名汤城。2016 年，列入第四批中国传统村落名录。

汤城在武义县松阳县交界处，距县城 24 公里。一条石蛮石铺成的武遂古驿道穿村而过。现存古建筑以三间两客轩为主，黄墙黛瓦。建筑呼应，暗道明巷多有雨棚勾连，为他人着想。村民在村中行走，可以不用日晒雨淋。

全村有百年古香榧树 50 余棵。汤城历史悠久，有"先有汤城，后有武义"的说法。地处偏远的汤城是一座宁静而有自己品格的山村。

由村口向东可远眺整个松古盆地，视野非常辽阔

汤城是深山县境上的小村落

黄田村

行政区划：樟溪乡	始建年代：明末清初	人口：224
村落形态：傍水式	经济生计：高山茶叶、板栗、高山蔬菜等	
主要姓氏：刘姓		

● 山坡上的松阳瞭望台

黄田村位于松阳县西部，整个村子分布在山坡上，海拔 600 多米，坐西面东，与古市镇道教圣地及叶氏发源地卯山遥遥相对。黄田的视野极好，站在村内可俯瞰整个松古盆地，素有"黄田山观日，松阳瞭望台"之称。

由于地处山坡，平地极少，所以村中的传统民居以"一"字形长屋为主，多为直头三间，属于比较简单的民居类型。少数早期建筑为三间两客轩三合院。有 10 余栋古建筑。站在远处回望，层层叠叠的大片黄土墙民居顺着山势错落排列，风格简朴。村中还有大帝殿、四相公殿等社庙。

制香是当地的传统手工艺，村中不少居民采集山苍灌木的枝叶以及山茶壳晒干为原料，搓竹签制香，也供应法昌寺使用。

界首在狭长的山水间，构筑起一个船形的村落

界首村

行政区划：赤寿乡	始建年代：明代	人口：855
村落形态：傍水式	经济生计：茶叶	
主要姓氏：刘、张		

● 金光片片石莲花

　　站在万寿山顶望去，万寿山、尖坛背、鸡笼山、金钟山、鲤鱼山、和尚头等丹霞山峰宛如红莲花瓣，界首村就是这莲花的花芯。汤显祖曾在此写下"金光片片石莲花"的诗句。

　　界首村的祖先们在宋代因地制宜，在狭长的山水间，构筑起一个船形的村落，中间大，两头尖，船头是张氏宗祠，船尾是禹王宫，一棵300年的糙叶树是船篙撑在船尾。村中长约500米的古驿道是船的龙骨，横向小巷是船的骨架。

　　界首处于水陆要道，是松阳、遂昌两县交界处的第一个村庄，故名界首。界首是松阳的西大门，距县城20公里。自古是松阴溪上游繁忙的码头。大量货物在这儿中转。向北通过陆路运到遂昌与龙游，进入钱塘江流域，向南通过水路运至松阳丽水，再到温州，上千年来，盐、粮食、茶叶、布匹、铁器等物资在这儿交易，商业文化气息浓厚。

　　界首自古以来，因为紧扼松古平原入口处，像一把铁锁把关，历来为兵家必争之地。村中古驿道始建于宋，东南西北向穿过全村，沿街建筑以鹅卵石砌墙，可防洪水。禹王宫与刘氏宗祠间有三道坊门。这些都值得细细品味。此外清代风格的牌坊，古客栈，36口古井，刘张二姓宗祠，10多幢古民居构成了完整的古村体系。

　　界首民风淳朴，注重礼节，故有"小邹鲁"之称。两人行道，年轻人必让年老者先行，称呼不直称名，必以辈分相呼。界首村重视教育，村中完整保留一座清代的学堂，这便是教育家刘德怀创办的"震东女子二等学堂"。

黄山头村

行政区划：赤寿乡	始建年代：明代	
村落形态：依山式	人口：224	
主要姓氏：苏	经济生计：茶叶、板栗、香榧	

● 东坡后代隐居在此

　　这是一座默默无闻的古村落，是苏东坡后代的村子。它就坐落在赤寿乡黄山头山山顶下不远的小山坳中，确实是一座山头之村。始建于明朝（1573年），距今已有446年历史，是一个山坳之村。村中民宅以水口处祠堂为中心，向西、向北方向沿坡而建，呈扇形阶梯排列。村东北上方是梯田。可观赏其与自然合一的布局。村中有建于清代的遂松古道长达6公里。宗祠建于道光二十六年（1846年），占地350平方米，有雕刻精美的牛腿与狮子头。其苏氏宗祠的对联："绿野牧童歌，青山樵子唱。"正如蔽的小山村，人们过着和平而诗意的幽居生活。坐落在全县人口最稀疏的仙霞岭上。随着岭上其他三个村庄半岭、砌坛、田岗都迁移到松古平原，黄山头村更成为值得保存、细细观赏、最具传统风貌的古山村。2014年列入第三批中国传统村落名录。

黄山头村地处深山，经常云雾缭绕，犹如身在仙境

沿坑岭头村

行政区划：枫坪乡	始建年代：明末清初	人口：358
村落形态：阶梯式	经济生计：高山蔬菜、柿子	
主要姓氏：叶		

● 柿子挂枝头

　　沿坑岭头村是群山中的小村子。秋天，村里的柿子树上挂满了红澄澄的金枣柿，吸引不少人来画画写生，成了远近闻名的画家村。据说这些柿子树是由300年前迁居至此的叶氏祖先带来的。120余户的村庄，亦有两栋叶氏宗祠。

　　写生的人也带动了村庄的复兴，为给来画画的人提供住宿，村民们将自家房屋修整，纷纷开起了民宿。村民们自发组成合作社，整合全村民宿资源，合理分配，让大家都能赚到钱。

　　村子的自然资源丰富，有郁郁葱葱的毛竹林，还有成片的杉木。村里的叶关汉师傅，利用这些大自然的馈赠，做颇具当地特色的竹钉大鼓。因结实耐用，慕名来购买的人不少，除用在庙堂外，还有不少人买来当作特色工艺品收藏。

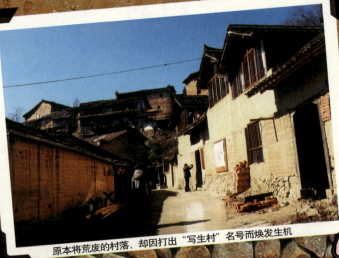

原本将荒废的村落，却因打出"写生村"名号而焕发生机

高亭村

行政区划：枫坪乡　　　始建年代：明代正统年间
村落形态：依山傍水式　　经济生计：笋竹林　　　人口：620
主要姓氏：周、吴

● 迎神赛会出高亭

　　高亭村地处松阳、龙泉、遂昌三县交界处。村内有直坑源由南至北穿村而过，村庄南北向沿溪而建。据记载，高亭因前人在村旁高树上，用大石垒成石亭，故以高亭得名。

　　村庄风景优美，周边山上林木茂盛。过去，村里靠山上毛竹致富，村民因地缘之便，做笋子生意，远销杭州、丽水、温州等地。村内有济川桥等古迹，另有颇具气势的周氏宗祠。该村还是革命老区，1935年，粟裕、刘英率领红军挺进师开辟浙西南革命根据地，高亭一带是兵家必争之地，因地势险要，历来是兵家必争之一。1949年3月，民国松阳县长率旧部起义，与国民党军队在此发生激烈战斗，村中现有高亭战斗纪念碑。

　　高亭最有名的是每年一次的迎神赛会活动。农历六月第一个卯日，村民将平日供奉在钟山古寺内的平水大王和唐、葛、周将军等神像请出寺庙巡游。每年迎神赛会都能吸引上千人来观看，同时还有舞龙表演，热闹非凡。

高亭昔日为交通步道枢纽

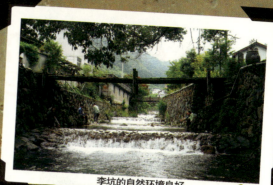

李坑的自然环境良好

李坑村

行政区划：安民乡　　　始建年代：明代　　　人口：497
村落形态：依山傍水式　　经济生计：茶叶、民宿
主要姓氏：周、潘

● 古木围绕造纸村

　　李坑村位于松阳县城西南五六十公里，距箬寮原始林景区仅1公里。李坑村因村溪流两边多为李树而得名，至今近400年历史，多数村民姓周，据族谱记载为北宋著名哲学家、理学家开山鼻祖周敦颐后裔。

　　整个村坐北朝南，坐落在四面环山的谷底中，小溪自西向东顺着村子中央流过，村庄呈带状分布，包括上村、下村和洋尾三个自然村。全村现存古民居多修建于清代，其中永宁古社为县级文保单位，周氏祠堂、潘氏宗祠等为第一批县级保护古建筑。村里还保留有手工造纸、竹制龙灯、草狮子等传统手工艺、民俗，以及青明粿、黄米粿、苦槠豆腐等几十种传统饮食。其中造纸是当地一大特色传统产业。

　　李坑村的森林覆盖率很高，达90%以上，村周围分布有古树上百株，树龄大都在300年至500年之间，是松阳面积最大的一处属省政府挂牌保护的古树群，有300年以上树龄的古树28株，其他连片古树群8处，主要以香樟、苦槠、枫香、松树为主，通过新修建的古木栈道可观古树及欣赏全村风貌。

松阳的畲族村，村落虽小，风景却十分优美

麒上村

行政区划：板桥畲族乡　　始建年代：清朝乾隆　　人口：137
村落形态：阶梯式　　　　经济生计：油茶树、板栗、茶叶、杨梅
主要姓氏：蓝

● 兀自静好的阶梯式畲寨

　　麒上村与金村相邻，因麒麟山而得名。村内现有35户137人，以蓝姓为主，茶叶为其主要经济收入。

　　因为地处偏远，这一阶梯式村落至今以清代至民国时期的"一"字三间结构和四合院为主，保留原有的传统风貌，巷道高低错落，块石小道四通八达，完整保存着"山水—梯田—村落"的格局，是个依山抱水、风光秀丽、气候适宜的休闲养生特色畲寨。村内有麒麟湖、麒麟山、祭祖平台、古战场等景点，并建有麒麟山居、麒上人家等特色畲族民宿。畲族祭祖仪式也在这里举行。

金村

行政区划：板桥畲族乡　　始建年代：清朝　　　人口：368
　　　　　　　　　　　　经济生计：茶叶、板栗、油茶
主要姓氏：蓝

● 传统畲族文化村

　　金村民族村位于板桥畲族乡西部，四周群山环绕，村落沿山而建，由金弄、安勤畈、潘家弄、大水槽等5个自然村组成，其中畲族人口占90%以上，以蓝姓为主。其主导产业为茶叶、板栗和油茶。

　　金村如今已成为松阳县极具畲族特色的民族村。村内建有畲族特色文化墙、水车、山寨门、陈列馆以及民居，畲族陈列馆收集了上百件畲族农耕与生活的物件。八角亭、竹长廊、竹篱笆等田韵十足的建筑与四周云雾缭绕的青山，一同融合成一幅畲寨风景画。

　　畲族人热情好客，注重传统习俗，每逢节庆必以歌会友。其中，三月三是畲族的集体对歌日。1994年莲都区老竹镇、丽新乡、武义县柳城镇、松阳县板桥畲族乡四个镇在老竹镇举办首届三月三畲会歌会，此后每年在这四乡镇轮流举办。是日，村民祭祖拜谷神，并吃乌米饭，缅怀祖先，载歌载舞，款待来客。

每年松阳畲族三月三盛会都在本村举行

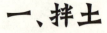

雅溪口 夯土墙

文·翟明磊
绘图·刘镇豪

一、拌土

将2份的黄泥土加1份砂、碎瓦砖，少量的石灰拌匀

二、运土

拌好的土料以簸箕运送到板筑工地

三、倒土

往筑板间倒土，要诀是略往两边墙板倒，使料里粗瓦碎砖自然滚落中间

四、夯实

1.先倒土料高过杵头，倒转石杵，以杵柄稍夯打角落、墙边泥土，一方面使角、边结实，同时也避免石杵头破坏墙板

墙柱

2.略弓腰一手上提，一手为轨，上下提放夯8到10下，把土夯实，层层加土、夯实

墙板

松阳的传统乡土建筑，外墙使用最多的是夯土墙。土墙墙体并非连成一片的整块，而是以1.5米左右宽度的方墙块组成。这样的好处是某一块坏了或裂了不会波及整面墙。若是连成一体的夯土墙，一道裂缝会蔓延整座墙，导致墙体坍塌。而且夯筑时只需2米长的夹板，拆装方便灵活。这种工艺使得松阳夯土墙相对结实，大量保存下来。

夯土墙的全套工序大体包括拌土、运土、倒土、夯实、移板、加层、修整等部分。先是拌土，夯土墙所用的是三合土，200斤山上运来的黄泥土，加100斤砂、碎瓦砖，碎瓦砖要有棱角，整砖整瓦要剔除。这样墙体空隙多，适合墙体呼吸，并且不易开裂。再加30斤石灰，这样墙体可更坚固。在实际操作中，倒掉的土墙老泥可以与新泥混后再次使用。所用三合土要求有一定的

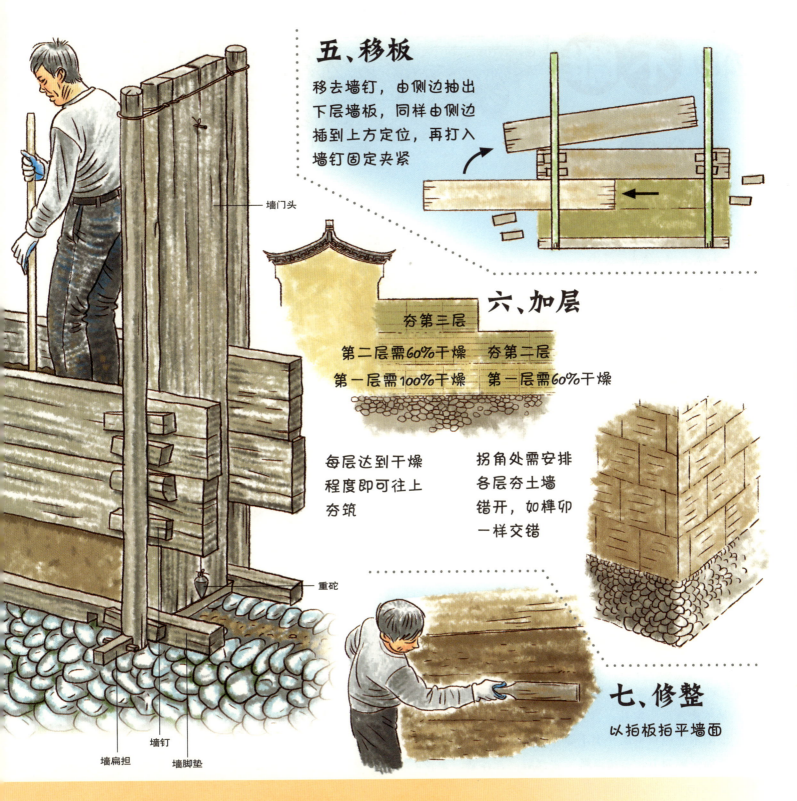

五、移板

移去墙钉，由侧边抽出下层墙板，同样由侧边插到上方定位，再打入墙钉固定夹紧

墙门头

墙扁担

墙钉

墙脚垫

重砣

六、加层

夯第三层

第二层需60%干燥　　夯第二层

第一层需100%干燥　　第一层需60%干燥

每层达到干燥程度即可往上夯筑

拐角处需安排各层夯土墙错开，如榫卯一样交错

七、修整

以拍板拍平墙面

湿度，以泥捏成块扔地上，会散开，但仍呈小块状为符合要求。更传统的工艺是不加石灰的。

筑板构好后，一层层往中间倒土，倒土技巧是两边略高，这样倒下的粗瓦碎砖自然滚落至中间。接着将土夯实，夯土工略弓腰，一手上提，一手为轨，上下提放，每一处要夯七八下到十下，夯土工脚跟略提离泥面，这样用力可更大些。这样层层夯实，形成一个1.5米长，1.6米高的泥块。可以移筑板了。一般第一层干了60%时，夯第二层，第一层干了100%时，夯第三层。所以等待时间较长，特别是阴雨天。拐角处需要如榫卯一样交错，这样更牢固，不易造成长条裂缝。夯好后表面要用拍板拍平、修平，修整墙面，完成夯土墙的施作。■

松阳 木雕

文·陈诗宇
绘图·刘镇豪

木雕师傅潘吴林

一、画样
先将平面图样描绘在纸上

二、描线
沿边剪下图样，描绘在木料上，注意妥善安排位置，避开料上裂缝、瑕疵，充分利用木料

工具
三角刀　圆刀　平刀　斜刀　平刀　木槌

三、开料
将木料锯出外形轮廓

中国是一个崇尚雕刻而又十分擅长雕刻的国度，雕刻在民间装饰艺术里有很重要的地位，尤其是木雕，是木构建筑、家具、器物最主要的装饰方法。

松阳木雕原材料的种类主要为香樟木、杉木。技法上以平面浮雕为主，有薄浮雕、浅浮雕、深浮雕、高浮雕、多层叠雕、透空双面雕、锯空雕、满地雕、圆木浮雕等类型，层次丰富而又不失平面装饰的基本特点，且色泽清淡，除了社庙、宗祠外，均不施油漆彩画，保留原木天然纹理色泽，属于"白木雕"的体系。

2017年11月，我们来到潘吴林的木雕作坊采访木雕技艺。潘师傅是安民乡人，生于1962年，小学时曾向父亲学木工。1992年发展箬寮旅游业，曾开发制作雕刻旅游工艺品。2009年因天后宫重建的机会，正式开始从事建筑木雕行业，逐渐成为松阳当地有名的木雕师傅。

彰显财力和雕刻技艺的"七块"

潘师傅带我们来到松阳县城重建的天后宫，为我们一一指明木雕施用的位置、名称和讲究。在一栋建筑里，理论上露出的木构件都可以进行雕刻，但最主要的装饰部位还是集中在梁架以及牛腿、隔扇这三个部分。

其中以牛腿为首的七块构件组合，是当地包括浙中、浙西南一代最重要的木雕表现处，也是雕刻最精细的地方。这七块构件包括了牛腿（也称马腿），牛腿上的琴枋（本地称大头枋），琴枋上放置的坐斗和坐斗垫、平水转、插叶，以及背后的传梁。七块之中，牛腿的面积最大，也最吸引眼球，形态很多，包括最早期原始的斜撑形、S形，以及后来的圆鼓形、方折线形，还有最复

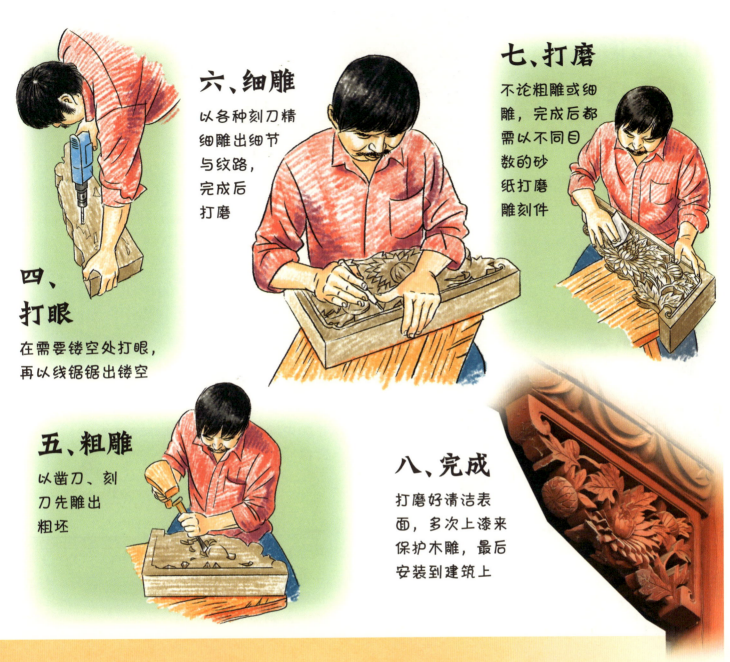

六、细雕

以各种刻刀精细雕出细节与纹路，完成后打磨

七、打磨

不论粗雕或细雕，完成后都需以不同目数的砂纸打磨雕刻件

四、打眼

在需要镂空处打眼，再以线锯锯出镂空

五、粗雕

以凿刀、刻刀先雕出粗坯

八、完成

打磨好清洁表面，多次上漆来保护木雕，最后安装到建筑上

杂的立体圆雕形，是一栋建筑里装饰最华丽、也是最昂贵的部分。

过去建造一栋宅子，是否有七块雕刻，雕刻得是否精美，是显示一户人家财力、地位的重要手段。最著名的例子便是松阳的豪门大院黄家大院，由当时松阳首富黄中和祖孙三代历时60余年经营而成，精美考究的木雕至今让人驻足流连，惊叹其精湛华丽的技艺。

从画样到细雕

在作坊里，潘师傅为我们演示了一套完整的木雕制作工序。首先需要设计和画样，根据建筑装饰部位以及主人的需求，对不同构件设计图案，描绘在平面图纸上，其次在硬纸板上将画样轮廓剪下。再次是选择木料、开料，锯成所需的尺寸规格，将画样轮廓描绘在构

件表面，最后镂空锯出大体轮廓，便可以进行细节雕刻。

木雕所用的工具并不复杂，包括各种规格的圆刀、平刀、斜刀和三角刀，不同刀具适用于不同的雕刻表现。粗坯雕出之后，再在表面进一步描绘细节纹路，进行细雕，最后打磨完工。

植物题材是常见的雕刻纹样，包括随处可见的梅、兰、竹、菊、莲、牡丹等花卉，松、柏、柳、桂等树木；神仙传说、历史故事、戏曲人物、生活场景等是另一类主要题材；鸟兽题材则往往结合美好寓意，比如五福捧寿、松鹤延年、太狮少狮、鹿鹤同春等。此外还有亭台楼阁、琴棋书画、文房四宝、八宝等，风光、清供器物和吉祥寓意题材。■

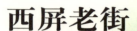

西屏老街

棕板床

文·陈诗宇
图·顾敏超

材料

棕丝、
木材

棕丝

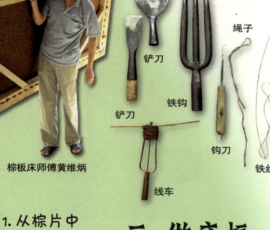
棕板床师傅黄维炳

工具

铲刀

绳子

铲刀

铁钩

钩刀

铁丝

线车

竹签

四种规格的铁条

四种规格的篾钩

一、打线

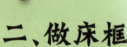

1. 从棕片中抽出棕丝，理顺。喷点水湿润。用线车顺时针捻成单股线

2. 木板上钉一个线钩，蘸点油润滑。用两个线车各捻线。线头接起来

捻好的两股线

二、做床框

根据定制的尺寸做木框，加四角撑，并加中间的弯撑

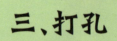

三、打孔

在床框边缘打孔供绷棕线用。根据棕线算孔距，孔距一般 3.5 厘米，孔的方向交错，以增加耐力。上面孔靠内沿，下面孔稍靠外

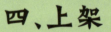

四、上架

将床框放在两条板凳搭成的架子上

人民大街 145 号有一家"小黄棕板店"，店主黄维炳、吴金美夫妇。黄师傅生于 1962 年，是本地大地主黄家后代，因为成分不好，所以没读初中，1975 年 13 岁开始在武义学习棕板床手艺。3 年出师以后，15 岁便开始开店以此谋生，1983 年开始和夫人一起做，一干就是 35 年。2017 年因为老街改造，黄师傅和隔壁的弹棉花蓑衣铺一起，暂回杨柳街家中制作，我们也到家中特地拜访记录棕板床的制作过程。

制作一张棕板床耗费的工期不短。和蓑衣一样，过去棕板床师傅也会上门到人家做棕板床，3 人需要做 7 天，头两天打线，剩下 5 天制作。第一步是棕线的准备，接着木工做好床框，框上打孔，上架子，就可以开始穿棕线

五、绷直线

1. 一把棕线 16 根，一卷 12 米，可以拉足 6 个孔不浪费，过长则不好拉。用油将棕线擦光滑

2. 先绷直线，从对角线开始往两边绷。用铁丝绳穿过孔眼，两根两根理清，用木棍卷几圈拽绷牢，随即用硬木木楔插牢，来回若干趟，多余部分转横

对角用钢条绷紧

3. 绷完一卷后需打结接线

4. 为防床框变形，绷直线后期还需在另两角各挂 60 斤沙袋加固

了，这也是制作棕板床最花费时间和考验技术的一部分。绷上直线，再上横线，然后两位师傅各在一个对角线开始编织，随着长度越来越长，穿线的竹签、铁条也换长，用钩刀辅助快速编入。黄师傅的绝活还能在棕板床面上编织出各种花纹图案来，而且床面特别厚实平整。

过去，棕板床一直是比较高档的家具用品，普通人家多用木板、棕垫甚至草垫床，条件较好的人家才买得起棕板床，结婚时才舍得定制一张。传统棕板床规格比较小，多为 1.3 米宽，1.99 米长的尺寸，初学者制作的尺寸更小；大一点则有 1.5 米宽、1.8 米宽，现在以大尺寸居多。

20 世纪八九十年代松阳还有二三十家棕板床店，最高

七、编织

从一角起头，以铁条辅助，用篾钩编入横线，铁钩砸紧

1. 右手用钩刀一头拨开直线，左手执铁条错位挑起并插入

2. 翻起铁条，形成开口

3. 整平横线，用篾钩将其编入

4. 拉紧横线，用钩刀钩紧

5. 用铁钩进一步砸紧

7. 然后编主体部分，两人操作，铁条插到一半时可以借对方穿过

六、上横线

先上两头三角空区，一次穿两组，根据长度另一头裁断，一边留两孔。接着一端用杉木木楔打入其余部分横线

6. 做完一组将横线用木楔敲入孔中，切除多余线头。再进行下一组横线编织，直至完成

峰时，黄师傅家一年可以接到上百单订单，后来有帮工时6人一起做，一年可以做到200张。近20年，席梦思床垫对棕板床冲击非常大，后来订单逐年减少，学徒也陆续转行，如今县城只剩下黄维炳师傅一家，夫妻两人一年只能做十多张棕板床。2018年初，随着店铺修缮完成，黄师傅夫妇也重新回到老街店面继续制作棕板床，成为老街一道不可缺少的风景。■

8. 主体部分编到最后时，由于距离过窄，篾钩无法穿入，需换用长铁丝穿线编织

9. 最后一组横线距离最窄，需用绳子绑住四根横线，引线从中央穿过，收尾完成

八、编花

特别定做的大床，还可以在床心部分通过压挑次序的不同，编出花纹，比如"万年青""喜"字等图案

九、修平

用铲刀铲平编好的棕床表面毛刺

喜字纹棕床成品，白线为编织起头、转换方向、起花边界示意

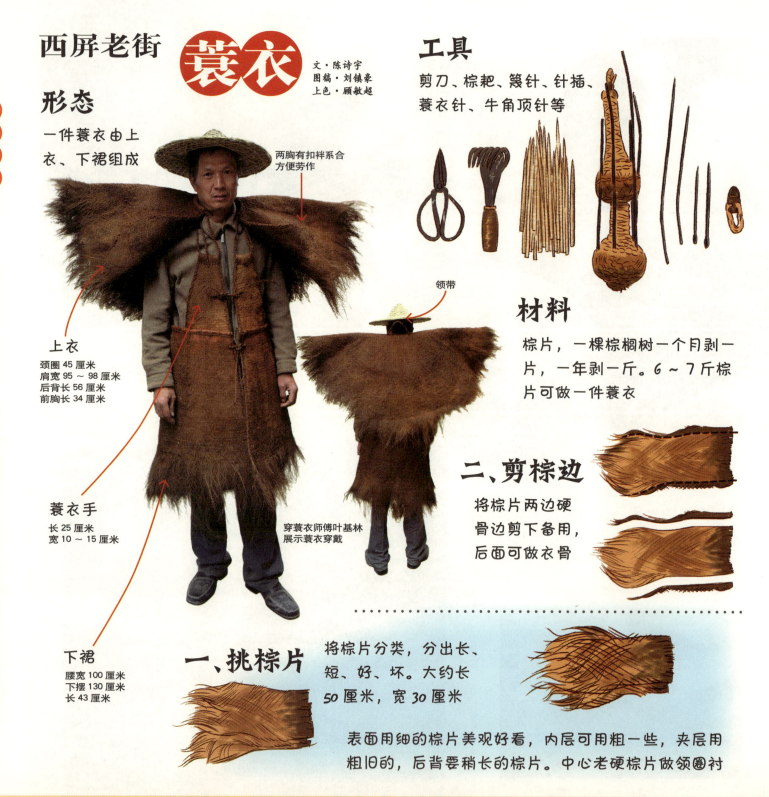

西屏老街 蓑衣

文·陈诗宇
图稿·刘镇豪
上色·顾敏超

手工技艺

形态

一件蓑衣由上衣、下裙组成

两胸有扣袢系合方便劳作

上衣
颈圈 45 厘米
肩宽 95 ~ 98 厘米
后背长 56 厘米
前胸长 34 厘米

蓑衣手
长 25 厘米
宽 10 ~ 15 厘米

下裙
腰宽 100 厘米
下摆 130 厘米
长 43 厘米

穿蓑衣师傅叶基林展示蓑衣穿戴

领带

工具

剪刀、棕耙、篾针、针插、蓑衣针、牛角顶针等

材料

棕片，一棵棕榈树一个月剥一片，一年剥一斤。6 ~ 7 斤棕片可做一件蓑衣

二、剪棕边

将棕片两边硬骨边剪下备用，后面可做衣骨

一、挑棕片

将棕片分类，分出长、短、好、坏。大约长 50 厘米，宽 30 厘米

表面用细的棕片美观好看，内层可用粗一些，夹层用粗旧的，后背要稍长的棕片。中心老硬棕片做领圈衬

蓑衣又称棕衣，在塑胶雨衣还未普及的年代，蓑衣是农家必不可少的避雨用具。在松阳老街上，有一家"老叶弹棉店"，店主叶基林平时除了弹棉花外，也是多年制作蓑衣的老手。松阳当地早年间少有蓑衣师傅，叶基林生于 1956 年，17 岁随温州老丈人学蓑衣制作，当时有两个学徒，学 3 年出师，从此以后一直在松阳制作蓑衣。2017 年 11 月初，我们找到叶师傅，请他特地为我们演示蓑衣的制作工序。

叶师傅家中挂着好几件过去存留的旧蓑衣。一件蓑衣包括上衣和下裙两大件，上衣由一块中间开有领口的大圆片对折而成，两胸部有扣袢可以系合；下裙则是上窄下宽的扇面梯形，从后往前围合，两侧有一对称为蓑衣手的构件，挂有裙绳可调节长短。

制作蓑衣最主要的材料是棕榈树的棕片，许多农家

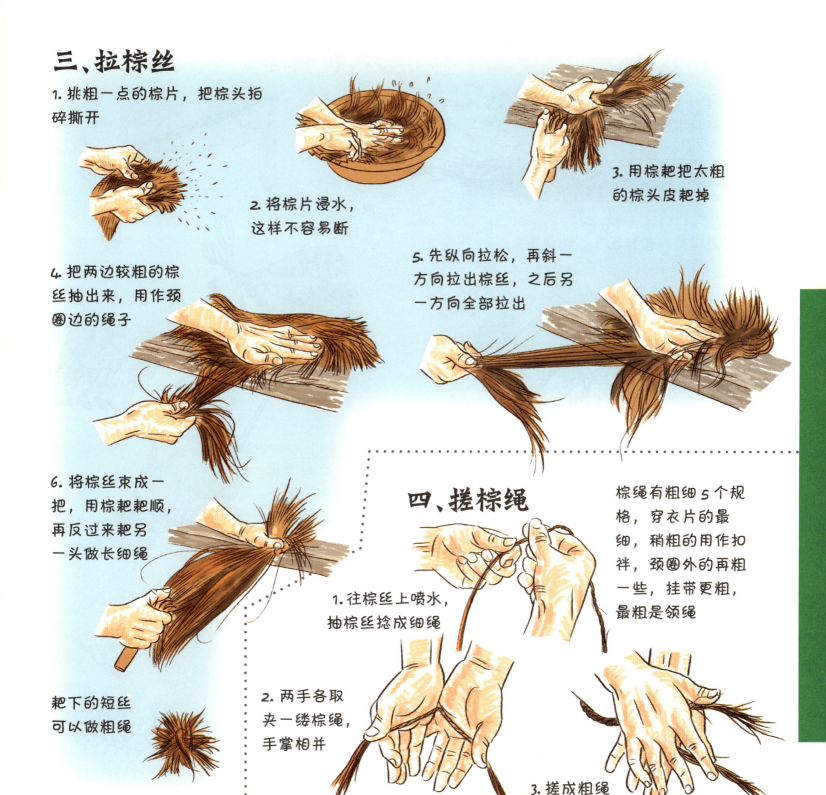

三、拉棕丝

1. 挑粗一点的棕片,把棕头拍碎撕开

2. 将棕片浸水,这样不容易断

3. 用棕耙把太粗的棕头皮耙掉

4. 把两边较粗的棕丝抽出来,用作颈圈边的绳子

5. 先纵向拉松,再斜一方向拉出棕丝,之后另一方向全部拉出

6. 将棕丝束成一把,用棕耙耙顺,再反过来耙另一头做长细绳

耙下的短丝可以做粗绳

四、搓棕绳

1. 往棕丝上喷水,抽棕丝捻成细绳

2. 两手各取夹一缕棕绳,手掌相并

3. 搓成粗绳

棕绳有粗细5个规格,穿衣片的最细,稍粗的用作扣袢,颈圈外的再粗一些,挂带更粗,最粗是领绳

在山坡、田间都种有几棵棕榈树,平时采集棕片存在家中,等存到一定数量,就请来蓑衣师傅打蓑衣,或者出售。做一件蓑衣需要六七斤棕片,耗费四五个工作日,工序相当烦琐复杂。一开始要对棕片挑选分类,进行剪棕边、拉棕丝、搓棕绳等准备阶段,把所需要的各种规格的棕绳全部打好。接下来就是制作上衣和下裙,先做好领圈,将棕片沿着领圈放射状拉开,逐渐铺垫多层棕片成为大圆形,并在中间衬棕边制成的蓑衣骨。叶师傅说,加了蓑衣骨,上衣有骨架才能挺直,许多偷工减料的蓑衣没有这个部分,用久了整件上衣就垮掉了。

接下来是最耗费时间的缝蓑衣,也叫"穿"蓑衣,将棕片先用篾针固定好,然后用蓑衣针沿着领口开始将细棕绳一圈一圈地穿过棕片,如绗缝一般穿成细密平整的表面。缝蓑衣的手法很讲究,右手中指套顶针,针头

五、扎领绳

1. 40厘米长的老棕片，剪成10厘米宽，上头放一束粗棕丝和一根长160厘米的最粗棕绳

2. 用老棕片将粗棕丝和粗棕绳裹紧

3. 口咬最细的绳子将棕片正反紧紧卷缠

六、折领缘

1. 将领绳两头绑在桌腿

2. 取5～6片棕片剪平棕头

3. 向同方向1.5厘米顺折

4. 头端回折2厘米

5. 每个褶子用篾针蘸油固定

6. 将棕片朝一个方向连接起来。外缘横针固定

7. 棕片头卡在领绳下

蘸油，左手中指压棕面浮线，蓑衣针头翻转钩入棕面钩出，缝完一面再翻过缝另一面。缝一件上衣起码要耗费一天半。缝到末端喷水，将棕丝拉开、拉直、拉薄、拉平整，陆续抽掉篾针。缝好后，棕耙背面顺定型。沿肩线对折钉住，加扣衿，上衣就大体做好了。接着制作下裙，大体步骤类似，只是造型为扇面形。最后定型、钉牢、压平，将各个部分连接组装成完整的一套。

叶师傅25岁时结婚，平时上半年到各家中上门做蓑衣，一年可做五六十件，下半年则弹棉花。1990年开始在老街开店，原本有十几个学徒，但是随着蓑衣被取代，2000年以后，已经十几年没做了。2017年因为老街改造，临时搬回内墙弄家中加工。2018年初，我们再次来到老街采访，叶师傅也再次搬回老街，弹棉花店面整修一新，楼上则摆放了几套蓑衣，展示传统的手艺。■

8. 做外领，折褶子 0.8 厘米

9. 棕片回折包住领绳

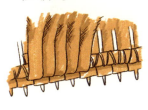

10. 用篾针穿过内外层。中间平褶，褶子更密。量对称。10 余片

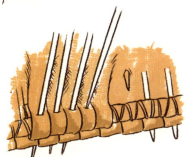

七、穿领圈

1. 将粗丝绳在柱子上拉软，过油

2. 用直针将里外片沿着领圈用回针隔两个褶子缝合固定。并陆续将篾针抽出

八、扯棕片

1. 将棕片拉松

2. 用耙柄将褶子绳子砸平整

3. 修剪领绳两边的粗棕丝

4. 将领圈掰弯成圈。打个活结

5. 再进一步拉松棕片

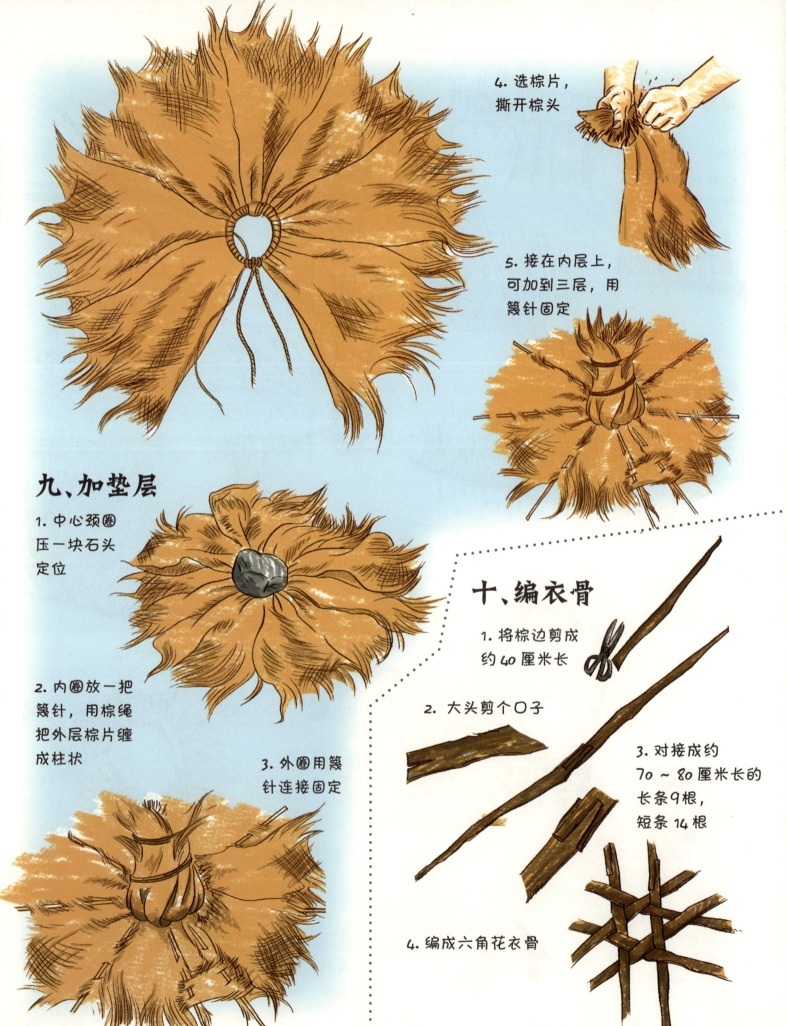

4. 选棕片，撕开棕头

5. 接在内层上，可加到三层，用篾针固定

九、加垫层

1. 中心颈圈压一块石头定位

2. 内圈放一把篾针，用棕绳把外层棕片缠成柱状

3. 外圈用篾针连接固定

十、编衣骨

1. 将棕边剪成约40厘米长

2. 大头剪个口子

3. 对接成约70～80厘米长的长条9根，短条14根

4. 编成六角花衣骨

5. 编成的六角花衣骨，用细棕线缠绕固定外边

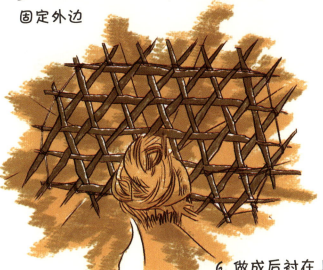

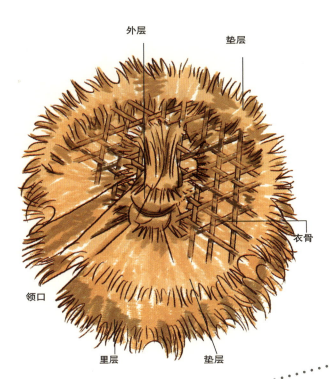

外层

垫层

衣骨

领口

里层　垫层

6. 做成后衬在上身棕片间。再加一两层棕片。靠近领口加棕丝。修剪太厚的部分，再加一层填平

十一、缝蓑衣

1. 解开内圈

2. 铺平、拉直、扒平，边缘内卷

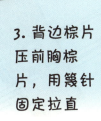

3. 背边棕片压前胸棕片，用篾针固定拉直

4. 取下石头。翻面，里边内卷固定。领口外圈钉一片棕保护

5. 翻到内面。油筒放在领圈中。用短蓑衣针穿细线沿着领口开始缝，右手中指套顶针。针头蘸油，左手中指压棕面浮线，蓑衣针头翻转钩入棕面钩出

6. 缝到末端喷水，将棕丝拉开、拉直、拉薄、拉平整，陆续抽掉篾针，拉开再固定

针距2毫米，缝距2厘米。棕片连接处，针尾抬高可钩深一些

7. 缝完翻面缝外层，外层要缝得更深更密，确保不漏水

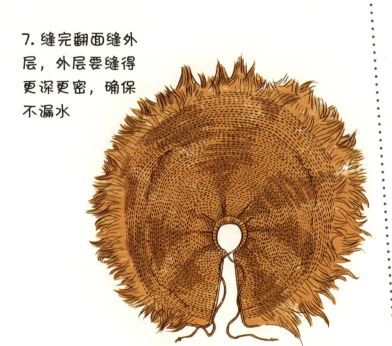

8. 缝好后，用棕耙将上衣边缘梳顺

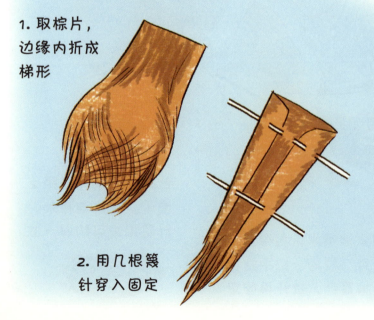

十二、定型

1. 利用桌边沿肩线将上衣折出角度

2. 上身对折

3. 缝住固定两边

十三、做下裙

下裙包括裙身和裙身两端上的蓑衣手

1. 取棕片，边缘内折成梯形

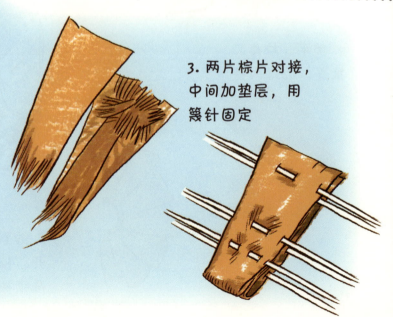

2. 用几根簐针穿入固定

3. 两片棕片对接，中间加垫层，用簐针固定

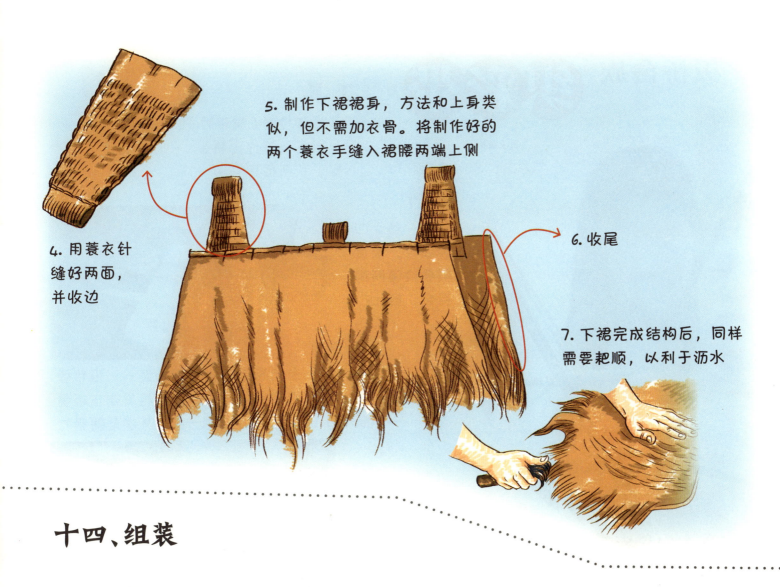

5. 制作下裙裙身，方法和上身类似，但不需加衣骨。将制作好的两个蓑衣手缝入裙腰两端上侧

4. 用蓑衣针缝好两面，并收边

6. 收尾

7. 下裙完成结构后，同样需要耙顺，以利于沥水

十四、组装

1. 用板凳面压平蓑衣正反面

2. 将蓑衣各个部分连接组装成品

板桥畲族 织彩带

文·陈诗宇
图·顾敏超

兰才花教
小朋友织彩带

工具

三根细竹管（耕带竹）、一根尖头竹片（耕带摆）、两截稻秆

材料

丝线：最少四种颜色，长度需要绕腰两周有余，约1.8米

一、准备

取一条长布带绕出两根圈套入一根竹管和一根竹片的头部，然后将其绷在板凳上。梭子靠近板凳一头，其次是耕带竹

二、牵经

根据定好的经线颜色，将其一上一下交错绕过梭子和耕带竹，将所有所需的表、里层经线绕在板凳上。表层经线从竹片下方经过，里层经线从竹片上方经过

三、提综

牵经时里层经线已经通过竹片被翻起，取细丝线一一绕过所有的里层经线，并打圈节，成为提综，可抽掉竹片

畲族自称"山哈"，所以畲族织彩带也叫"山哈带"。过去是畲族男女的定情信物，不管男方送什么，女方都要回赠一条自己制作的彩带。2017年10月，我们来到板桥畲族乡万岭脚村，村里的兰才花大娘，为我们演示和解说了畲族织彩带的制作。兰大娘生于1963年，七八岁时就开始跟随妈妈学织彩带。搬起一把板凳和一小包工具，大娘就在村口操作起来，引来许多同村大娘、大姐围观。她也告诉我们许多织彩带的讲究。

织彩带的工具和原理非常简单，是相当基础的织造工艺，便于操作。只需要三根细竹管、一根尖头竹片，几乎随时随地就可以操作。准备好几种彩色丝线，用一根竹管和一根竹片先在板凳上牵经布线，把表层、里层的经线一一牵好，然后提综线，再把经线圈一头绑在柱子上，一头固定在腰上，就可以开始织花纹了。根据心

帆船　　　梅花　蝴蝶　　　"田"字　　　　蜘蛛

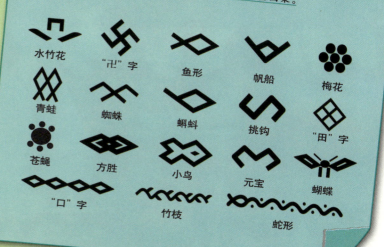

织带的形态和图案

长度 1.5 米到 1.8 米，宽度 2～7 厘米，包括带边、带眼、彩条、带芯、带须等部分。

大多根据带芯花纹部分的经线数命名，比如五行、三双、七行、五双、十三行、五十五行，数目越大，可以织的图案、文字也越复杂。

苍蝇为七行，水竹花为八根四双，蛇为五双，蝴蝶花为十三行。以几何纹样为多，包括鱼、蝌蚪、船、元宝、蜘蛛、挑钩、田字、蛇、鸟、竹枝、万、口等大量图案。

水竹花　　"卍"字　　鱼形　　帆船　　梅花

青蛙　　蜘蛛　　蝌蚪　　挑钩　　"田"字

苍蝇　　方胜　　小鸟　　元宝　　蝴蝶

"口"字　　竹枝　　蛇形

四、固定

将经线圈从板凳上取下，经线的远端绕在细竹管上并用一根带子固定在柱子上。靠近综线的一段绕在另一根竹管上并卡在腰带上，坐好以后，可以开始编织

五、编织

用一截稻秆起头引纬线。并陆续用竹片打纬打平整。提综线形成开口，用竹片的尖端根据算好的花纹挑花，依次引入纬线、打纬，织出花纹。中段竹管可以根据进度不断向上推移滑动，逐渐将整根织带织出。最后留一段不织的经线做带须

中想好的图案，提综、引纬、打纬……花纹一点一点地出现在彩带上。大娘们织彩带时，都会唱起织彩带歌，歌调类似，但歌词有很多套，还可以根据心情随编随唱。

彩带宽度很窄，只有几厘米，长度绕腰两周有余，多作为腰带使用，过去当地穿着便裤必须有腰带固定，所以家家户户的女孩都会织彩带。各种织彩带多以花纹部分的经线行数命名，图案以几何纹饰为主，通过象形、象征、会意、谐音各种方法模拟各种形态，造型古朴自然。取材大多是日常所见的花鸟虫鱼、生活用具和吉祥图案，各种图案可以重复出现，也可以组合出现。■

弯钩

小鸟

鱼形

"卐"字

松阳 麦秆扇

文·陈诗宇
绘图·刘静

编麦秆扇的老人

工具

针、线、剪刀等

材料

1. 麦秆：选用大麦秆，农历四月大麦采收后挑选
2. 棕骨：作为边框骨架
3. 竹篾：做扇柄
4. 绢布、丝线：扇芯刺绣

一、取秆

将大麦秆割下，取第一节约 30 厘米的秆芯，挑出。成把捆扎起来挂起晾晒干。剪去末梢，齐平

二、漂白

用淘米水浸泡麦秆，约七八小时，将其漂白，并再次晒干

三、分规格

视麦秆的粗细，分成三四种规格，分别捆扎。最细 1 毫米、中等 2.5 毫米、粗的 3 毫米左右

四、编扁带

用一根麦秆起头，陆续插入三根麦秆交叉编织，折四个弯起完头后，在一侧插入两根棕骨作为骨架支撑，转成直线编织。麦秆用完之后，随时插入新麦秆接续，大约编织四个通臂长度

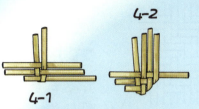

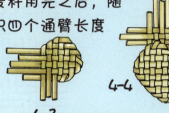

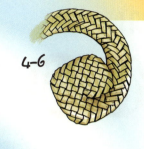

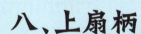

4-1　4-2　4-3　4-4　4-5　4-6

五、盘扇面

折断扁带末端，沿着扁带内侧将扁带环绕中心盘绕，并缝合成圆形扇面

八、上扇柄

将削好约36厘米长的竹篾，上部剖成两层，把扇面、扇芯夹入，并用线缝合固定上端。组装完成

七、编扇芯圈

在纸板上画圈剪下，将丝线缠绕在纸板圈上。将一根麦秆劈成9份，刮平，在丝线上编织出团，制成扇芯外圈装饰

六、绣扇芯

根据画样，在圆形绢布上刺绣彩色图案扇芯

麦秆扇由麦秆扇面、刺绣扇芯、竹扇柄组成。扇面由麦秆编织的条带盘成圆面，直径大约30厘米。扇柄长约36厘米

麦秆扇，又称麦秸扇、麦草扇。在浙江、江苏等地广泛流传，在松阳当地也是很常见的用品。松阳传统习惯，女儿、女婿在端午节就要给娘家"送端午"，比如猪蹄、肉、面、蛋等，而丈母娘在收到礼物后，也会回赠两把绣制精美的端午麦秆扇作为回礼。此外农家女儿出嫁时，麦秆扇常常也是嫁妆之一。

早年松阳民间的妇女们许多都会打扇，但随着电扇、空调的普及，自己打麦秆扇的也越来越少。我们特地找到松阳斋坛乡的何香兰大娘，为我们演示麦秆扇的编制工序。何大娘生于1954年，六七岁便跟随外婆、妈妈学打扇子，一直到现在还不忘手艺。

一把做工精细、质量上乘的麦秆扇，一般要经过剪、剥、漂染、晒、选等前期麦秆材料准备，以及编、盘、绣、削、缝等多道加工工序。其中，编扇面和绣扇芯是最关键也是最花费时间的部分，一般要数天才能完成。麦秆扇的原材料是田间的大麦秆，每年4月大麦丰收以后，农妇们挑选一些白净笔直的麦秆，5月份便可以开始打扇，把原本废弃的麦秆编织成一把把精美的扇子。雪白麦秆编成扁辫围绕中心一圈圈盘起扇面，扇面的中心镶有圆形扇芯，上面用五彩线绣着日月山水、花鸟、人物、吉语等。用竹子做成的扇柄，将扇面和扇芯夹牢，便可制成一把成扇。■

松阳 竹编

文·瞿明磊
图·刘镇豪

编织基本方法

竹编的编法种类很多，主要包括平纹、斜纹、斜纹起花、三角孔、六角孔等基本手法，可灵活组合运用

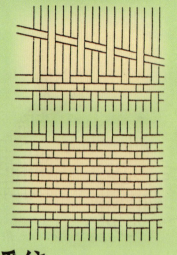

平纹

一条竹篾在上、一条竹篾在下交织，压一挑一，为最简单的编法

斜纹

多上多下，步阶式排列，呈现斜向"人"字形纹路

六角孔

1. 以三条竹篾起头

工具

锯、刨、篾刀、剪刀等

竹编提篮

他 69岁，眼睛不行了，再也编不动了。王肇志细细摆弄着他的作品，眼神惆怅。

而他的手艺也会在他手上断掉。他曾在20世纪70年代带过16个徒弟，要么学到一半，知难而退；要么出师后不干这一行了。没有一个人还在编竹。吃不了那苦，磨不出那个性子。

16岁时，他是一个迷茫的孩子。爷爷、外公都是地主，他读不了书，连生产队都待不了。学一门手艺养活自己是他唯一的希望。离他的村庄竹源乡黄下村5公里的高山上有一个村庄叫岱头，村里有一位竹编师傅水平像山一样高。他叫符关基，是松阳排行第一的竹编大师傅。符师傅收留了这个可怜的孩子。

3年，他吃住在符家老老实实做学徒。跟着师傅走遍松阳村庄揽活，师傅心善不仅没有打骂过他，还把全部绝活教给了他。当年在村庄里，剖好篾条，就得整天蹲在地上编啊编。竹编艺人驼背的多，是个苦生意。

3年后，他告别师傅，自谋生路。

农家所用的所有竹编具，他都会做。但他渐渐编出了自己的特色。

当时虽然出身不好，但父母还年轻，能靠生产队工分养活自己，他又是独子，不必用竹编的钱来养活父母。生活压力不大，王肇志追求慢工出细活，宁愿钱少拿一些也要做得比别人精细。熟能生巧，随后他的竹编速度也提了上来。一年不到，他就出了名，20岁时他每天工资是1.3元，一个月30元，比当时教师（每月25元）

手工技艺

2. 再以三条竹篾编成六角孔，此后以六条一组逐渐增加

斜纹起花

先将竹篾染色，直线不染，横线染色，按照一定的次序编织出不同的花形图案

竹编细工箩筐，底为多重六角孔

双色竹编细工置物盒

双色竹编细工提篮

竹编师傅王肇志

竹编细工暗花置物盒

拿得都高。靠竹编，他养大了三个儿子，大儿子读的西北政法大学，留学英国成了博士，现在是大学教授。

从面前看到的这些竹编品中，可以看出他一丝不苟的用心。

砍竹子要在9月到12月，竹节间不能短，也不能太长，要六七寸长，软一些的竹子，而且得是3到4年的竹子。只取篾青、篾黄两层，其他扔掉烧火用。剖成篾条后盘起在大锅里煮个把小时，再让太阳晒干，没有太阳则用火烘干，这样才不会长虫。而提篮夹，一个篮子要一对，用铁丝缚好也要大锅煮过，每口大锅只能煮四对。然后日晒定型。别人做竹提篮用粗篾、篾黄，老王只用篾青剖细丝，别人用小铁钉，他只用铜钉，做一个提篮要7天。提篮与执筐都是松阳人给女儿出嫁时的礼品，因为老王做工精细，这样的竹编可以用上一辈子。

不同的竹编有不同用途，滚沙播、做豆腐的竹匾就不一样，抓鱼的、做酒的竹笼细看又不同。装细软的竹盒与装书的也有区别。最难做的就是婚嫁提篮，上面有复杂的菊花芯编法，还要编出"福、禄、寿"等字，竹编艺人要把最好的寓意编在上面，代表父母对女儿的心。

在松阳，婚嫁用的竹提篮与执筐，老王执牛耳者也。

因为长年要细心用眼，王肇志，65岁眼睛吃力了，今年眼睛完全不行了。

离开老王家很久了，而我似乎还能听到他那长长的叹息。■

松阳 草鞋

文·王艳光
绘图·何羽

手工技艺

打草鞋师傅
蓝细德

工具

草鞋耙

条凳

草鞋压

草鞋编

木槌

小木块

材料

稻草

麻绳

布条

一、布置经线

将一根麻绳对结成四股，四股后的长度基本上就是最后草鞋的长度。将两个圈套在草鞋耙相邻的两根木齿上，另一端系在腰间的草鞋压上。为了更光滑，老先生用蜡打磨草绳

二、编织草鞋鼻

材料全部用麻绳。经线在相邻两个木齿上。左两条经线和右两条经线上下穿梭，编至三指左右完成

提起草鞋，人们并不陌生，或多或少都有些印象。草鞋又称草履、芒履、芒鞋，还称"不借""千里马"。顾名思义，草鞋是用草编织的鞋子，南北方用料有差异，南方多用稻草，北方多用蒲草，东北有乌拉草，此外还有麦秸、玉米秸等材料。

历史中的草鞋

草鞋在中国历史悠久，相传为黄帝的臣子不则所创造。从文献和先后出土的西周遗址中的草鞋实物，以及汉墓陶俑脚上着草鞋的画像证实，商周时代就已出现了草鞋。草鞋在汉代称为"不借"，"不借，草履也，谓其所用，人人均有，不待假借，故名不借"。汉文帝刘恒曾

有"履不借以视朝"的故事，穿着草鞋上殿办公，做了节俭的表率。三国时期蜀汉的开国皇帝刘备，也是卖草鞋出身。唐代草鞋制作工艺讲究细致，吐鲁番阿斯塔那出土的唐代草鞋，做工精细，为上层社会所使用。唐宋八大家之一的北宋文学家苏轼，在被贬黄州之后的第三个春天，在《定风波·莫听穿林打叶声》中写"竹杖芒鞋轻胜马，谁怕？一蓑烟雨任平生。"当时苏轼与众人野外行走，所穿正是草鞋。

草鞋流行于全国许多地区，虽然简陋，但可以随穿者千里之行，故又称"千里马"。

北方草鞋多用蒲草编织，有帮有底，为的是保暖护

三、编织鞋底前脚掌部分

之后开始四条经线一上一下穿梭编制

将两个经线圈分别套在左右三根木齿上，呈最大宽度。稻草混合布条编织，长度约占全鞋长的四分之一

为了不让宽度突然增加，先分别从左右两根经线上下编织，重复三到四次

四、加草鞋前扣

在全鞋最宽处加草鞋扣，功能相当于鞋带扣眼，成鞋后与草鞋鼻的绳系在一起。

一段麻绳搓成两个相同长短的绳扣，约拇指长，系在最左边的经线上，右侧相同

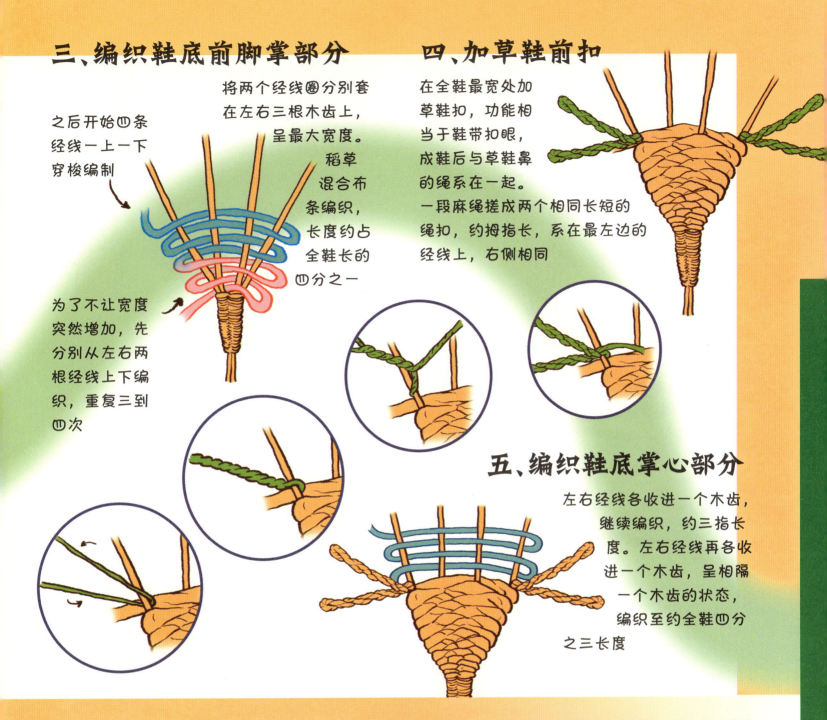

五、编织鞋底掌心部分

左右经线各收进一个木齿，继续编织，约三指长度。左右经线再各收进一个木齿，呈相隔一个木齿的状态，编织至约全鞋四分之三长度

足，冬季同样适宜穿用。过去贫寒人家，冬季多为老人和孩童置备蒲草鞋。虽看似臃肿笨拙，又不耐穿，但穿着轻便暖和，而且比较便宜，心灵手巧者还可自采自编自用。

南方草鞋多用稻草编制，称打草鞋，多有底无帮，底上有耳，以草绳为攀带系于脚上，相当于草凉鞋，轻便、耐水、防滑，适宜登山跋涉。据说现代的凉鞋样式正是沿用草鞋而来。

草鞋在松阳

松阳地区的草鞋以稻草与麻为主，经济实用。普通百姓家日常穿着的草鞋无帮，可以自己编织。以前上山

下地多穿着草鞋，随着生活水平的提高、其他鞋类的普及，穿草鞋的人越来越少，编草鞋的人就更少了。我们来到象溪石牌门村，请当地的蓝细德师傅演示草鞋制作。蓝细德今年68岁，是畲族人，小时候同家人学习编草鞋，至今仍保留着这份手艺。

老先生悠然自若地扛来了一条板凳，安放在天井一角。地上青苔翠绿，与天光云影呼应，让人不禁不敢高声语，恐怕打破了老屋中的这份恬淡静好。麻绳和稻草备好，老先生把有着7根木齿的草鞋耙卡放到板凳一端，自己腰上系了由一截木棍和绳子组成的草鞋压，便坐到了板凳的另一端，开始了编织。

六、加后鞋扣

同为左右各两根，但两根长度不同，短的为长的一半。同系在最外两根经线上。成鞋后与后跟的绳系在一起，能让草鞋的后跟更稳固、方便行走

八、编织鞋后跟

编约三四指的长度后，将经线收起打结。为了不磨脚，用一块布将结包裹，拉紧经线绳后，分别与后鞋扣固定

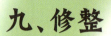

七、编织鞋底跟部

左右经线再各收进一根木齿，呈相邻两根木齿的状态。编织长度约全鞋四分之一，也可根据实际需要调整长度

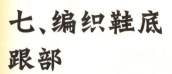

九、修整

将麻绳从草鞋压上解下，分别穿过前鞋扣，剩余部分为鞋带，穿着草鞋时通过前后鞋扣的辅助将鞋固定在脚上。用木槌捶打草鞋修型，使其变软。将毛糙以及接头修剪平整后，一双草鞋完成

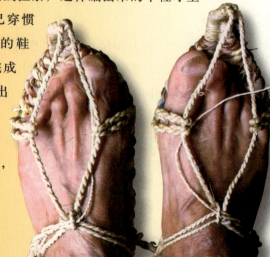

以前编鞋底用稻草，选长且粗壮的草秆，现在为了更加柔软舒适，加入了布条一起编织。编织过程中，需将稻草根、接头留在鞋底，以使鞋内平整舒适；且需要将稻草和布条一直沿一个方向锁紧，这样编出来的草鞋才耐磨、牢固。为了进一步加固，编织一段，就要用草鞋编将编织好的纬线部分压紧。

草鞋编织并不算困难复杂，先布经线，再从鞋尖部分的"草鞋鼻"开始编织，逐渐编成鞋底前脚掌、掌心、脚跟部分，中间加入前后鞋扣，最后编织鞋后跟，修整完成。但要编得美观舒适、坚固耐穿，还需下一番

功夫。蓝师傅的秘诀是"腰要硬，绳要紧"，即编的时候腰要挺直，把经线拉紧，这样编出来的草鞋才坚挺。如今，人们已穿惯了各种柔软材料的鞋子，传统草鞋也完成其历史使命，退出人们的日常生活。而更符合现代审美和舒适需求的草鞋，正待发展创新。■

靖居包 风炉

文·瞿明磊
绘图·刘镇豪

风炉师傅江乃林

工具

铁丝架

铁丝架　木槌　锥槌　铁条　锥子　改锥

一、练泥

1. 取田间带黏性合适青泥，去掉杂质，泡水一夜后，将泥捶炼至细软

2. 以塑料布保湿，存放备用

泥料要细软
有黏性而不出裂纹

二、做泥板

1. 以箍固定模桶，将灰撒入、滚动模桶，使内壁均匀沾上一层灰，之后易与泥坯分离

2. 取泥料拓打成弧形泥块，长度超过风炉直径，宽度超过风炉高度

3. 以铁丝切下一片弧形泥板

老人家开着三轮车来接我们。好个风度翩翩美髯老汉，像个老嬉皮士。到家首先请我们喝自酿的好酒，烟不离口。后来我们才知道这江乃林大爷是方圆出了名的"酒神"。

我们抛出了第一个问题："谁会来买风炉？"老人家笑呵呵回答："我20岁开始做风炉，做了47年了。风炉，三种人用。第一种是记性不好的人，电、煤气会忘掉，容易出危险。第二种是生病的人，煎中草药。第三种是富贵的人用，熬猪骨头煨汤补钙。"

老人家的风趣一下子把我们逗乐了。"一天做几个风炉？"——"这个不能告诉你，否则知道我有多赚钱了。"我们一愣。老人家倒自己笑开了："一天30个，一年500个，每次烧100个，平时做，攒到冬天烧上五六次。平时还要种田、种茶，这是家庭副业。"

风炉加一次炭，可烧一个半小时，是松阳人家常用具。老人家的风炉行销方圆20里。以前这个村是风炉专业村，有十几户人家做，好的时候可以卖到武义、丽水，如今就剩老人家一人在做。一个风炉只卖15元到20元，他的心平和得很。他从不赶集，都是人家到家里求炉。他做的风炉和别人不同，从没有人退货。"因为我的炉子

4. 将弧形泥板放入模桶

5. 将泥板贴紧模桶成为风炉炉壁，用铁丝切掉上缘多余的泥

三、做炉底与中底

1. 取一泥团，捶成圆饼形，直径略大于炉底

2. 泥饼平放入模桶底部

3. 先以手指按压使炉壁与炉底接合，再用锥状木槌修整接合处角度

4. 翻转模桶，手指蘸水将底部接缝弥合

5. 模桶翻转回来，手指蘸水修整底部接合处

6. 再取一泥团，捶成泥饼，直径稍大于炉底泥饼

7. 将泥饼平放入炉身内部高约3/5处

8. 将炉壁上缘翻卷下来，用双手拇指蘸水接合中底与炉壁上缘成型

透火好！""这窍门等会儿给你们说！"

我们请老人家从头到尾给我们做风炉。

"好！"老人家一声爽脆，就大大方方做了起来。

练泥

做风炉的泥取自稻田，但不是表层的黑色水稻土，也不是深处的带些砂石的黄土，而是中间略微泛绿的"青泥"。

青泥搬回家，可以马上练，也可以放在那儿。如果风干了，加上水照样练。每天做风炉用泥量是六簸箕。三簸箕练一次泥，可做15个风炉。土摊开，水放进去，泡上一天一夜，才可以捶泥。边做边把小石子捡掉。捶泥时，是把泥团放当中，绕着四周捶。

要捶到什么程度呢？细软。用来做泥板，晒干了可以写清水毛笔字。

做泥板

把练好的泥割成扇形，尺寸很有意思，是用老人家的"自带尺"两种，一种是拇指到中指距离，老人家称之为"一杆"，一种是中指的前两个指节长度，老人家称之为"一跪"，很形象。扇形上弧长度为"三杆一跪"，下弧长度为"三杆"。扇形的竖长则与木模相合是16厘米。

四、做三耳

2. 将泥棒分成两半

4. 泥棒突出部分向里弯折

1. 取泥团以手掌搓成棒状，两端稍细，中间粗

3. 将炉壁上缘往里挪出空隙，将泥棒粗的一端放进去

5. 以手指捏塑出承接锅底的耳

6. 用同样方法完成另外两支耳

7. 手指蘸水修整从耳到中底全部区域

五、开洞

1. 在两耳间炉壁上开一下凹边缘，并以手指蘸水修整

13个落灰洞分成三组

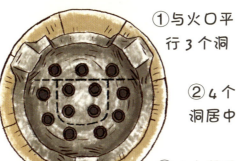

① 与火口平行3个洞

② 4个洞居中

③ 6个洞沿圆周呈弧形排列

六、开门

泥坯略干，下缘向上一拇指宽处开口，宽度与上缘凹处大致相同

2. 以锥子锥穿后，手腕转圈挖洞，洞口上小下大

3. 手指蘸水修整中底、上缘

七、阴干

完成的泥坯放在阴暗通风处干燥

做好扇形泥板，便围在模桶里，用手从里面压平压紧，模桶分成两片，用箍并在一起。老人家模桶有两种，分别做小风炉与大风炉。

做炉底与中底

炉壁围好后，用手抛下光。炉底则另捶做一个圆泥块与炉壁捏合。然后做中底，就是盛炭的中间隔板。隔板呈凹形。开在何处全凭经验用眼判断，一般开在炉壁高3/5处。这一高度也是炉子好不好烧的关键，太低，火烧不到锅底不旺；太高，加了炭，炭紧挨锅底，锅的重量全传递到中底，烧热时中底易受力破裂或脱落。

做三耳

支锅三耳老人家做得非常迅速，十多秒搞定一个。其实很关键，我们让老人家放慢速度，才看出门道。原来是分成七步：第一步，将做耳泥块插入进去；第二步往下捏，使耳泥块咬住炉壁；第三步捏扁一点；第四步，拗进去；第五，再压实；第六步把斜度做出来；第七步，耳的两肩平一下。七步完成，不好看的地方就抛光一下。

这样做的耳又美观又结实，盛锅甚好。炉火纯青的技艺在做耳上充分显示出来。

八、堆烧

江师傅用田间荒废的灰铺来堆烧风炉

1. 干燥的泥坯用车运至灰铺

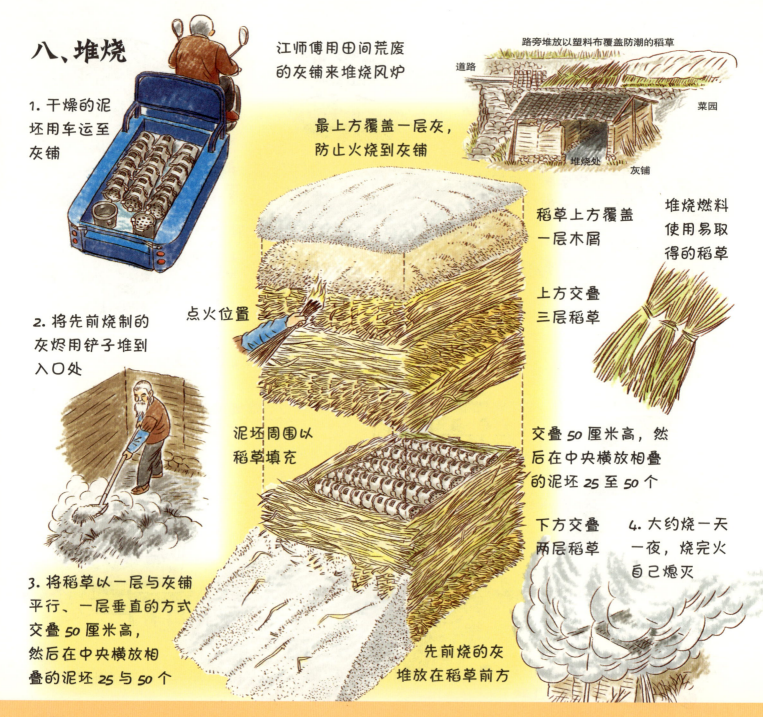

路旁堆放以塑料布覆盖防潮的稻草

道路

菜园

堆烧处

灰铺

最上方覆盖一层灰，防止火烧到灰铺

稻草上方覆盖一层木屑

堆烧燃料使用易取得的稻草

上方交叠三层稻草

点火位置

2. 将先前烧制的灰烬用铲子堆到入口处

泥坯周围以稻草填充

交叠 50 厘米高，然后在中央横放相叠的泥坯 25 至 50 个

下方交叠两层稻草

4. 大约烧一天一夜，烧完火自己熄灭

3. 将稻草以一层与灰铺平行、一层垂直的方式交叠 50 厘米高，然后在中央横放相叠的泥坯 25 与 50 个

先前烧的灰堆放在稻草前方

开洞

装上底部就是挖洞了，挖洞有窍门。只见老人家用尖头木棒锥透底板后，迅速用手腕转圈，细看木锥顶部转圈小，木锥尖部圈大。这样锥出的洞，上小下大，炉灰容易下去，火星底灰不容易冒出，很是巧妙。

底部上的洞共 13 个，分成三组。靠火口（炉门）的 3 个洞先钻，排成直线与火口平行。然后是一组 6 个洞，沿圆周呈弧形排列。然后看第二组排列情况决定第三组 4 个洞的位置。如果第二组 6 个洞之间较紧，第三组 4 个洞的可疏一些。如果 6 个洞较疏，第三组 4 个洞也可紧些。总之用这 4 个洞灵活调整空间关系。

不要小看钻洞，这是风炉透不透火的关键。

开门

炉的雏形在太阳底下晒了半小时，便可以开火口了。开火口用的是磨好的锯条。火口外框略大于内框，火口左右壁延伸线基本上是指向炉的圆心。老人家开好火口，示意我们俯瞰底洞。我一下子明白，近火口 3 个洞为何是直线。因为如果是弧线分布，烧好的炭灰会从洞口落在火口外。老人家真是好老师，不言而教，印象深刻。

阴干

风炉做好后不能直射太阳，需要阴干。正常天气起码要阴干一个半月，阴雨天则更长。一年任何一天都可

5. 堆烧隔天上午，从灰烬中拨出烧好的风炉

6. 风炉上有余热，小心地以竹竿将风炉挑出，放置于空地冷却

烧制完成的风炉非常坚固，江师傅整个人站上去也不怕

以做风炉。风炉做好后，积存在冬天开烧。

我们在现场做了刚捏好的风炉与烧好的风炉的尺寸对比测量。以小风炉为例，高 15 厘米，烧完后 13.5 厘米，直径烧前 21.5 厘米，烧后 20.4 厘米。高度差距大，宽度差距少一些，不是等比收缩。

老人家除了做小风炉、大风炉，还做三种产品，一种是烤火用的火缸（当地叫火占），保温与保火性非常好，一天一夜还有火。一种是冬天给饭保温用的缸。还有一种是酒坛的泥盖。总共五种。

烧炉

烧炉就在田里。选择在冬天，收完茶便有大量修剪下的茶枝可用做燃柴。烧基是方的，先放 50 厘米厚的锯末。再放 70 厘米的稻草、茶枝或柴火，把 100 多个风炉按 15 个一排套好横卧。总体排成四方形。严严实实盖上 30 厘米的灰，灰起到保温作用，并使风炉闷红。白天点燃，烧一天一夜（24 小时），温度在 300 度以上。柴燃尽会自动熄火，然后闷一天一夜慢慢降温。

变革

老人家大名江乃林，67 岁，20 岁开始做风炉，做了 47 年。他的师父就是爸爸、爷爷。从太公起就会做风炉。小小风炉传承了四代呢。父亲用的还是老做法，中底盛炭层是平的，因为旧时锅多为平底。到老人家这一辈，圆底锅流行，老人家便把中底做成弧形，方便与锅底配合。旧时中底为平底时，洞上下大小一样。老人家把中底变凹形后，洞也变革成上小下大。这一变化正是老人家炉子好烧透火的原因。因为他的炉子从未有退货，所以生意好，成为全村 10 多家风炉作坊唯一剩下的一家。这也说明手工艺中合理变革的重要性。

江大爷心态开放，是手艺人中的活神仙，镇豪开玩笑说要把模桶偷偷搬走，也做风炉生意。老人家朗声说："我送你一个模具。"他的风炉还可以定做，我们商量做小茶炉的可能，他反应迅速地说："把耳做里面就可以盛茶壶了。"他的心态是风炉手艺长做长青的关键。

思考

风炉是我们在松阳手工艺采访案例中很特殊的例子，大多数手工艺都在衰落中，而风炉老人江乃林的生意却欣欣向荣，是何原因呢？我们总结了 4 个词。

日常：虽然风炉整体需求量肯定在下降，但不失为农村、山区，甚至饭店实用的保温具，有生活基础。老人家的五个品种都是日常用物。

心平：老人家没把风炉视为工艺品，仍卖 15 元低价。也没因报道自抬身价，做专门的工作坊，还是采取家庭副业的方式，因可为家庭增收。压力小，心态开朗。

手熟：47 年技艺在身，生产速度快，薄利多销。精湛的手艺，使他的风炉透火好用，一家独大。

脑活：为了适应现代生活，老人家在风炉上做了变革。这种变革是在对传统继承上的创新，使实用功能强化。老人家对新事物有好奇心，例如对茶炉就有兴趣。

风炉老人案例对松阳手工艺发展是个很好的启示。■

瓦窑头 箍桶

文·陈诗宇
绘图·刘镇豪

工具

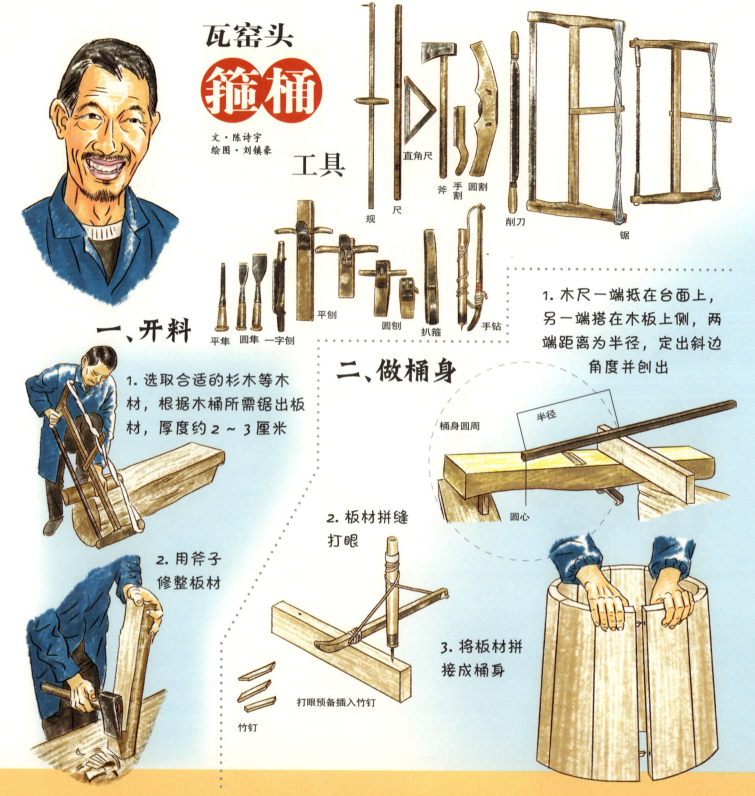

规　尺　直角尺　斧　手割　圆割　削刀　锯

平隼　圆隼　一字刨　平刨　圆刨　扒箍　手钻

一、开料

1. 选取合适的杉木等木材，根据木桶所需锯出板材，厚度约2～3厘米

2. 用斧子修整板材

二、做桶身

1. 木尺一端抵在台面上，另一端搭在木板上侧，两端距离为半径，定出斜边角度并刨出

半径　桶身圆周　圆心

2. 板材拼缝打眼

竹钉

打眼预备插入竹钉

3. 将板材拼接成桶身

木桶是过去家家户户必备的生活用具，今天虽然已不多见，但在松阳还能见到、找到手工箍桶的手艺人，松阳水南街道瓦窑头新村的叶增海就是其中一位。叶师傅生于1954年，16岁开始跟父亲学箍桶手艺，学了三四年。叶师傅六兄弟都在本村箍桶，至今仅有他一人继续从事这一行业。

做一个木桶，基本工序包括开料、做桶身、拼板、上箍、做桶底等数十道，工具也有几十种。其中拼板上箍是关键的步骤，所以也被叫作"箍桶"。过去箍桶往往到人家门上制作，加工工期需要半天到一天半。

木桶种类很多，供应生活器具、饮食、农作使用，比如生活起居盥洗要用到的面盆、浴桶、脚桶、马桶、水桶；饮食炊饭使用的各种型号饭桶、豆腐桶；以及农作、收获需用的秧桶、打稻桶、米斗一类。人家结婚时

4. 将原本一片片板材组成的桶身以刨子刨成圆弧面

5. 取竹篾编成篾箍

6. 桶身倒扣，套上篾箍，用木榔将篾箍一圈敲紧，箍紧桶身

大桶还需上底箍，桶底箍用扒箍扣牢

装盛食物的桶用篾箍，其他桶可用铁箍，有条件可用铜箍

7. 架好桶身，将内面刨成圆弧面

9. 以刨子修平整桶边，保持桶面水平非常重要，不然桶盖就盖不严实

10. 以刨子修整两个把手斜面

8. 再以凿刀细修平整桶内

11. 用特制工具开底槽

往往会陪嫁三桶、五桶，是成套的组合。

　　许多种类现在已经不太使用，特别是生活类用桶，比如面盆、浴桶、马桶、脚桶，基本被塑料、陶瓷制品取代。我们在叶师傅家还难得地看到几件过去留下来的老脚桶、浴桶。老浴桶不像今天的浴桶，其桶身很浅，并非泡澡使用，而是坐在桶中泼洗；老脚桶则带有高高的桶足，方便洗脚。

　　时至今日，基本仅有饭桶、豆腐桶等饮食用桶还在被继续使用，是饭店和农家常用的容器。叶师傅仍然在制作的也主要是此类饮食桶，另外，还要负责对老桶的修补翻新工作。■

三、做桶底

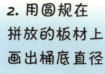

1. 用竹篾量桶底直径

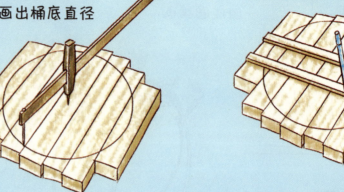

2. 用圆规在拼放的板材上画出桶底直径

3. 拿木档定出位置做记号

4. 在板材拼缝上钻出穿档孔

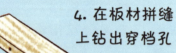

5. 在板材拼缝上钻出插销孔

6. 用斧子削出透气缝，朝桶内一面缝大，朝桶底一面缝小

7. 用特制工具细削处理

10. 沿圆规画出的圆周将拼合的板材锯成圆形

9. 敲入木档，固定桶底板材

8. 将板材以竹钉拼合

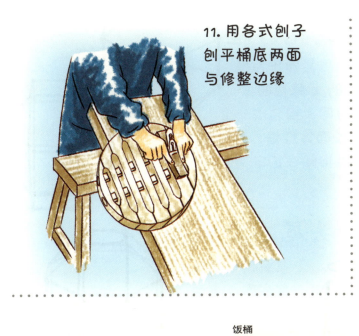

11. 用各式刨子
刨平桶底两面
与修整边缘

四、组装

将桶底板开缝大的面向下，装进桶身，多数木桶还需配上桶盖即成

过去生活里离
不开各式
木制桶具，
这些是叶师傅
还在制作的部
分种类

饭桶

脚桶

饭桶

小饭桶

水桶

马桶

秧盆

水桶

大竹溪

八角灯

文·陈诗宇
绘图·顾敏超

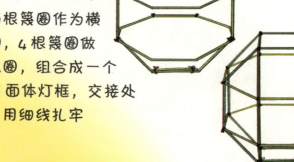

三、扎灯框

两根篾圈作为横圈，4根篾圈做纵圈，组合成一个26面体灯框，交接处也用细线扎牢

一、劈篾

根据制作的八角灯大小，定出竹篾长短，劈出8根同样长短的篾条，比如直径20余厘米的中等大小八角灯，篾条长度为90厘米

肖大福

四、加头尾

其余两根篾条绕成圈，直径正好可以嵌在顶部和底座两个方框内，绑牢

二、折篾圈

将其中的6根篾条每隔10厘米做一标记，折成9等分，首尾一段相接，用细线扎牢，扎成6个一样大小的八角形篾圈。注意篾青在内侧

五、糊绵纸

1. 在篾框上刷糨糊，准备一张高度略大于30厘米的绵纸，横向糊在灯面上，若绵纸不够长则续一张

肖美华

相隔不远的大竹溪和小竹溪，每年元宵节前后都有盛大的摆祭送灯活动，张灯结彩，走坦看灯，其中必不可少的节日物品就是各种花灯。2017年春节，汉声在当地经历了热闹的庆典，时隔一年再次来大竹溪，记录老艺人的八角灯扎制。

为我们展示制作的是村里的周关根和肖大福两位老先生。老先生们已先拿出一个最常见的八角灯来，尺寸不大，直径只有20多厘米，方便小孩提耍。剖面是八角形，除去顶口和底座，有24个面，每个面上都贴着红绿彩纸剪出的花花，或者描绘图案，比如花草虫鱼、暗八仙、福寿喜字等。面与面交接的棱边则贴着红纸剪出

的锯齿状贴边，俗称"老鼠牙"。下面装着木底座，上面有竹篾弯成的提手。

除了基本的八角灯，还有各种各样的其他花灯，周关根热情地带我们到家中观看他的花灯作品。在八角灯的顶端向四个方向各平插两根细杆子，杆头扎牢，各垂挂一条红纸做的长幡飘带，写上"五谷丰登""风调雨顺""喜庆元宵"等吉祥话，这就叫作花灯；用竹篾编出花篮造型，糊上绵纸，四周缀一圈剪纸穗，上面插满绢花，则是采茶灯；还可以做成各种花卉、动物造型，比如荷花灯、金鸡灯，里面点上蜡烛以后，玲珑可爱。

八角灯的制作不难，两位老先生准备了几根篾丝

2. 上下两部分遇到三角形灯面时，有多余纸张则收拢叠贴在篾框上

3. 将整个灯面贴完，留出上下两口，表面再刷一层糨糊晒干加固

八、加底座和提手

用小木圆块做底座，可点蜡烛，上面加插竹篾圈提手，从下而上套入灯笼，制作完成

六、贴框架

用红纸剪出两侧有锯齿的"老鼠牙"长条边，贴住所有的框边，交接点加贴一朵小纸花

七、贴灯花

用红纸或彩纸剪出各种花型，贴在每一个灯面上作为装饰，底座也可以加一圈剪纸穗边

周关根　肖美华　肖大福

和绳子，还有绵纸，就在村主任吴学根家中大厅制作起来。制作一个八角灯，需要规格都是90厘米的篾条，其中6根都弯成9段，首尾一段重叠相接，就绑成一个八角形的篾圈。两个篾圈组成横圈，另外4根篾圈纵向套接，这样就架构成一个八角球框，交接的地方用细绳扎牢。剩下两根篾条绕成圆圈，套在顶部和底部的方框内，作为上下开口，这样框架就扎好啦。

村主任的母亲肖美华大娘负责之后的糊纸和剪纸部分。肖大娘找出几张白绵纸，在篾框上刷上糨糊，绵纸的宽度正好是灯笼表面的高度，把整张绵纸小心地贴在表面，碰到三角形的灯面则把多余的绵纸收拢重叠贴在框架上，这样一到两张绵纸就可以糊好整个八角灯，表面再刷上一层糨糊晒干加固。糊完之后框架部分显得不齐整，这时肖大娘开始准备剪纸，先剪出几条两边都是锯齿的长条边"老鼠牙"，贴在框架上，把不齐整的部分全部盖住，交接点贴一朵小花，再仔细剪出各种花样，贴在每个面上。

加上底座和提手，玲珑可爱的八角灯就做好啦。肖老先生说八角灯特别耐耍，因为只有顶部一个小出风口，四面都被护得严严实实，点上蜡烛以后怎么甩、怎么玩都不容易坏。肖先生说着就突然将八角灯甩起了大圈，果然里头的蜡烛还依然不灭。■

山边 马灯糊纸

文·李博
绘图·刘镇豪

形态

山边马灯以竹篾编成前后两截，前头为马头带半截身体，后头是马尾巴与半截

身体，前半截系绳由穿着戏服的男孩手提，后半截系一木销，插在男孩后腰裤带上，前后两截里头各有座子点蜡烛

一、修补骨架

使用6～7毫米宽的竹篾，先修补好马灯骨架破损处

二、糊绵纸

1. 前后竹篾框架糊一层白色或红色的绵纸，蜡烛座正上方透空不糊，纸要与竹篾尽量贴合，纸与纸少交叠

2. 糊好后挂起晾干

蜡烛座子

三、贴马颈

各色彩纸裁成15厘米高、20厘米宽的长方形，下端剪成须状。由马前胸自下往上一片压一片地贴，一直贴到马头下方，大致贴七八片

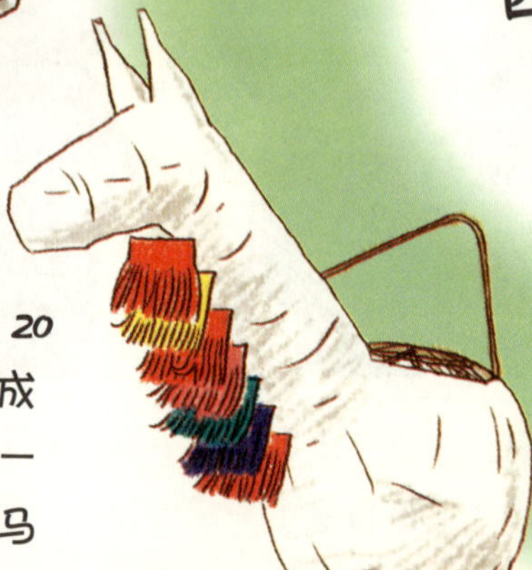

四、贴护甲

1. 马前胸贴一片与马身同色的纸，宽度与马身相同，高度与马肚下方齐平，代表马身上的护甲

2. 护甲后的马身上贴一张寿字剪纸

山边马灯分前后两部分独立骨架，即马的前半身和马屁股，都用竹篾扎成。糊纸时，先整个糊一层绵纸，绵纸的颜色就代表马的颜色。山边马灯有七匹白马和一匹红马，由马尾的颜色一看即知。依据饰演角色，勇猛的女将骑红马，如穆桂英，其他人骑白马。无论白马还是红马，马颈、马头、缰绳都层层贴以彩纸装饰，衬托马鞍的垫子还饰以红色、蓝色或金色的剪纸，纹样不一，但并无特别寓意。完成后，整个马灯看上去红色显眼突出，其他颜色花花绿绿，喜庆又热闹。

山边村的马灯大年初二晚上开始表演，大年初一糊新纸。当年马灯表演的主事者提前说了一声，就有不少人自愿来帮忙。一大早，村里的一户人家里，很多人已开始忙碌，大多是30多岁到50多岁的大哥大嫂，没有报酬，也都开开心心。

五、贴马嘴

1. 用稍硬的白纸（如旧挂历）剪成马牙齿的形状，贴在马嘴处

2. 将窄条色纸贴在宽条色纸两边即成缰绳。取两条沿马牙齿上下边贴住，在马嘴两边相交

六、贴鬃毛

1. 鬃毛制法同缰绳，不过各条色纸都加宽，制好后对折，边缘斜着剪须

2. 须毛朝后，由马嘴上方开始，经过马耳一直贴至马背

七、贴马头

1. 由马嘴一边开始，绕至马头后方，至马嘴另一边结束，贴一圈缰绳

2. 再在马脸中段与前一条缰绳垂直贴一圈缰绳

八、贴胡须

在马嘴下方贴一撮须毛

九、贴马耳

色纸对折后边缘斜着剪须，展开后须毛朝上糊在马耳上

十、贴鞍垫

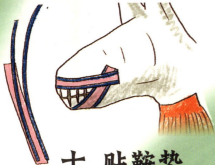

1. 方形剪纸贴在绵纸上，四边贴一圈与缰绳同样做法的镶边

2. 干后将鞍垫贴在马身两侧，只固定上缘。马灯前后两截共贴四片

十一、贴马尾与屁股

1. 白色或红色的纸，剪成30厘米长须状，卷在一起后贴在马尾。再贴一小片同色纸盖住马尾根部

2. 铜钱状剪纸贴在马尾根部下方

十二、贴鞍绳

马肚前后贴固定马鞍的鞍绳，制法同缰绳

十三、开光

演出前用毛笔画上眼睛

上午修补骨架、糊绵纸、裁切色纸，再一层层粘成彩条。午饭各回各家，不到一点钟，又都过来接着忙。天空有些阴沉，渐渐飘起了细雨，大家都加快速度，想在雨大之前多完成一些。直到雨点密集落下，才急急忙忙把桌子、材料搬到屋里。屋里空间小，人多又七嘴八舌，显得闹哄哄，有不知道下一步怎么做请教别人的，有贴错了被对方指出来重贴的，有缺少材料赶紧让人送过来的……整体看似杂乱但又相互配合，细看每一人都专注且充满活力，这一场景正可说是"有生命的无秩序"。

慢慢地，马背有了彩色的垫子，马颈贴上了彩色的鬃毛，马头套上了缰绳，马嘴露出了龇着的牙……快做好时，今年马灯表演的八位小演员也来了，纷纷选起自己的马："我要骑这匹红的！""我要骑这匹蓝的！"我们趁机抓住一个，请他穿戴好，拍了一张完成照。■

潘坑

板凳龙灯

文·陈诗宇
绘图·汪祖亦

手工技艺

一、准备

1. 伐竹：早晨7点，村民们敲锣打鼓，到山中伐竹，需要3年以上的毛竹，竹节平整，一共8根毛竹、一头一尾，其余做龙身。砍第一根时放鞭炮，龙头竹、龙尾竹绑红布

2. 运竹：将竹子抬下山，不能倒地，不能跨越，摆入宗祠

3. 取龙板：将宗祠里的龙板取下，修补准备

4. 劈篾：先将龙头竹劈成14份，去黄，青篾拉成一样的规格，其中6根作为主篾。其余龙身、龙尾篾陆续随做随劈

二、扎龙头

1. 钉篾：将龙头木架修整加固。6根主篾钉入龙头木板一端，用木楔子加固

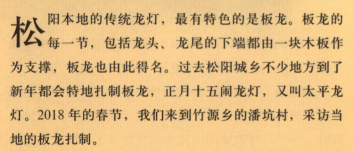

松阳本地的传统龙灯，最有特色的是板龙。板龙的每一节，包括龙头、龙尾的下端都由一块木板作为支撑，板龙也由此得名。过去松阳城乡不少地方到了新年都会特地扎制板龙，正月十五闹龙灯，又叫太平龙灯。2018年的春节，我们来到竹源乡的潘坑村，采访当地的板龙扎制。

正月初一一大早到村口一打听，路边的小孩听说我们来看扎板龙，就径直带路来到了村中央的宗祠，这里是接下来几天扎制板龙的场所，已经汇聚很多村民在忙活。早晨7点，一些村民先敲锣打鼓到山上伐竹。他们选择3年以上的毛竹，竹节平整，一共8根毛竹。砍第一根时放鞭炮，其中两根作为龙头竹和龙尾竹，龙头竹、龙尾竹绑红布。然后运回祠堂。

2.扎篾圈：围绕着竹篾，扎龙颈、胸、头、嘴的篾圈，扎出基本造型

3.编龙嘴：主篾最后绕编成龙嘴的嘴面

　　祠堂里里外外熙熙攘攘聚集了许多村民。板龙扎制相当耗费时间和人力，所以一般不会每年扎制，但一旦村里起愿今年要做龙，就必须坚持下去，否则会不吉利。制作前祠堂董事牵头组织，参与人员自愿报名，村民们都认为这是祈福的好事，所以同心协力汇聚在宗祠里。在村里的80岁老先生王旦仁，以及王通法、王春法几位老人的指挥下开始制作，篾匠是村里的王吉利师傅。负责统筹组织这次活动的王吉林师傅特别提醒我们，龙头竹不能倒地，不能跨越，是有龙性的。篾匠师傅开始剖竹、劈篾，其他村民则陆续分头进行。有的先将宗祠里的龙板取下，修补准备；有的大姐、大娘在一旁剪纸；最主要的工作则是在龙板上钉篾条扎制龙形，扎制最复杂的龙头和龙尾；数量最多的龙身则摆在祠堂外操作。还有一些村民则在扎制龙头上的插花灯。

　　龙头最为巨大华丽，以柔韧的篾条编成Z型，前面有张开的大嘴，后插龙旗，最特别的是，做完的龙头上

三、扎插花灯

用竹篾扎制金鸡、蟾蜍、白菜、八角灯等插花灯的骨架。金鸡灯容易坏，需要预备两只，由小孩背着

还插满各式各样的插花彩灯，琳琅满目，华丽热闹。龙身的长度不一，短则 20 余节，长甚至上百节，但都必须是单数。据老人回忆，民国早期丁山头、水南两村都曾扎过 120 多节大型板龙。每节太平龙板长 1～2 米，宽 20 厘米，两头打孔，以便连接。两节龙板之间以一条约 1 米长、直径 3～4 厘米粗的圆形木棒穿过两块龙板孔连接。木棒即是连接龙板的插销，又是把手。

整个扎制过程需要耗费五六天，最后装饰、组装完以后，就可以准备游龙灯了。龙灯要到村里的米王庙等社庙以及宗祠游转，也要到各家各户，还会到附近的村落。游龙灯之前，有一个特别的程序，叫作"分龙帖"。执事长者到各家各户发放龙帖，龙帖有双帖和单帖之分，视该户人家的经济情况和地位威望而定，有正字为双帖，户主包的红包要大一些，若家中有人过世则不送。一般

五、扎龙尾

用4根竹篾钉入龙尾板，箍出龙尾状

四、扎龙身

1. 钉篾：取来龙身板，先用短篾弯成半圆弧形，两头插在龙身板两端，中间用圆箍出龙身状

2. 扎龙鳍：在龙背上扎出三尖龙鳍骨架

板龙形态

　　包括龙头、龙身、龙尾、插花灯等几个部分。几个部分都由竹篾扎制骨架，糊绵纸、加剪纸装饰并彩绘。

　　龙头大嘴张开，前有两根长龙须，后插有龙旗，两侧有龙耳，还有各种插花灯。插花灯包括头顶的金鸡灯，龙嘴里的八角灯，以及蟾蜍灯、白菜灯等。龙身一般有二三十节，总数为单数，一节身子为半弧形，上面有龙鳍。

　　龙头、龙身、龙尾下面都有木板承托作为支撑。龙头板长165厘米、宽34厘米，上面有木柱高140厘米；龙身板长110厘米，最宽20厘米，两头大中间小；龙尾板长110厘米，宽25厘米，木柱高125厘米和57厘米。

六、装饰

1. 糊纸：各个部分骨架做好以后，糊上白绵纸，并洒矾水，干了以后有加固作用

2. 剪纸：同时根据不同部分的造型，用彩色纸剪出装饰部分，贴在表面

3. 彩绘：在绵纸上画出彩色图案装饰

七、组装

1. 插旗须：将准备好的龙旗、龙耳、龙袋安装上，再插龙须

2. 插花：把做好的各个插花灯插在龙头上

人家为求吉利，都会收下龙帖，这样到舞龙灯这天，龙灯就会舞到家中。每家插龙头香，龙灯来了以后接香，插到灶台，再递给执事红包。舞龙的时候龙头七人，龙尾三人，龙身一人，还有锣鼓和提篮执事。龙灯进家的路线也有讲究，东边上西边下。如果红包大，还会再转一次回龙。

龙灯从宗祠接出以后，同时宗祠里还要留人，准备修补。舞完到祠堂归还，清点红包，发放之前集资的费用，最后将板龙烧掉，留下龙板以待未来再用。每当村里组织扎龙灯，都是一次凝聚全村的盛会，男女老少齐心协力，忙活几天，热热闹闹扎龙灯，舞龙灯，也是对新的一年太平丰收的期盼。■

黄田

佛香

文·赵英华
绘图·刘镇豪

材料

油茶籽壳

山苍子

一、上泥

1. 右手由右上至左下，拿竹片将香泥顺势涂抹在固定好的上泥架竹片凸面上

2. 竹片侧面由左下至右上刮掉多余香泥，留下一支香所需的量

3. 左手拿竹签基部（上色部分）贴着上泥架，将架上香泥刮在竹签上

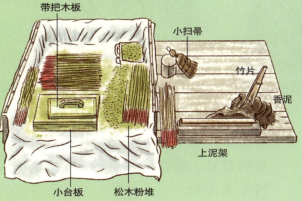

带把木板

小扫帚

竹片

香泥

上泥架

小台板

松木粉堆

座位

二、上粉

1. 带香泥的竹签放进松木粉堆里裹上粉末

2. 左手将香放在小台板上，右手持带把木板向前将香胚搓揉均匀，顺势落到台板前方

三、晾晒

将香成排立在墙脚，暴晒一天后收起包装存放

松阳民间祭祀盛行，香作为通神、辟邪的道具历史悠远。在松阳，几乎家家户户延续制香传统的村子，以黄田最有名。佛香常见，可如何制作，大多数人并未亲眼见过。这也勾起我们的好奇心，初秋时节，已近农闲，松阳各村也为秋冬祭祀做准备，此时访黄田村，或许会有所收获。

黄田村距县城18公里，坐落在黄天山东北半山腰上。在村子附近，可鸟瞰整个松古平原，松阳人的"乡愁"独山与卯山尽收眼底。黄田民居依山而建，呈阶梯状排列，我们一路向上打听谁家在做佛香。

"香莲、香莲家"，一位奶奶向半山上一栋房子指着。敲门进去，正在"工作台"上忙碌着的想必就是邱香莲。村里一般做佛香还要再晚10多天，她提前做香是因为过些天有木偶戏班在村子社庙演戏。邱香莲一天能做10斤香，而一斤香卖7块钱。

黄田村手工制香就地取材，所用原料都来自山中。3年以上的毛竹去掉竹黄、竹青，剖成30～40厘米篾作为香签。油茶籽壳与山苍子树叶晒干后打成粉末。两种粉末按1∶1的比例加水混合，揉成团状，制成香泥，之后便开始制作。香做好后，经一天暴晒，就可使用了。

村里做香一般要持续到腊月，香会被拿到古市镇卖。据说黄田做香的传统与山下的法昌寺有关。法昌寺历史悠久，是松阳最大的寺庙，香火鼎盛。黄田村因此地缘关系，制作佛香售卖，成为家庭收入的重要来源之一。近年，受机械化的影响，黄田的手工制香逐渐式微。■

李坑

土纸

文·陈诗宇
绘图·刘镇豪

造纸师傅张祖献

一、备料

1. 主料采用山桠皮树枝的树皮，长约2～3米，柔软坚韧，纤维长

春夏时可直接剥取，冬季需将树枝蒸制后剥取

山桠皮

2. 胶水在夏天由"卢松"根泡制，能使纸浆纤维分散、均匀悬浮，并作为阻滤剂，使抄纸时水不至过滤太快

3. 石灰：用于树皮蒸制软化，加快纤维分离作用

二、泡料

1. 将成捆的干树皮浸入溪流中，用石块压牢防止被溪水冲走

2. 浸泡一天一夜至干树皮吸水软化

成品形态：

色泽微黄，纸面较平整，无明显粗纤维。韧度较强。一般10张一叠，称为一夹。

有大、中、小三种规格，大幅宽38.5厘米、长58.5厘米；中幅宽40厘米、长43厘米；小幅宽28厘米、长53厘米。

用途：

大多为实用性用途，可用于裱糊纸伞、窗户、灯笼、龙灯，可作为契约用纸、鞭炮引线，以及布鞋底袼褙制作等。

松 阳西南方原始林箬寮山脚下的李坑村，曾是有名的造纸之乡。所出产的纸不是普通的书写印刷用纸，而是用途很广的绵纸，由于质地细腻而坚韧，可裱糊日常用的灯笼、窗户、纸伞，过节舞的龙灯，可做鞭炮引线，可当契约文书用纸，还可以制作传统布鞋的鞋底，是传统生活不可或缺的一种材料。

张祖献是李坑村手艺娴熟的造纸好手，家中全套传统工具齐备。张师傅告诉我们，过去李坑村土法造纸产业规模很大，20世纪80年代以前六成以上的村民都靠造

三、浸石灰水

1. 捞起泡水软化的树皮

2. 将树皮头尾整理好，挑去明显杂质

3. 将生石灰水搅拌到适当浓度

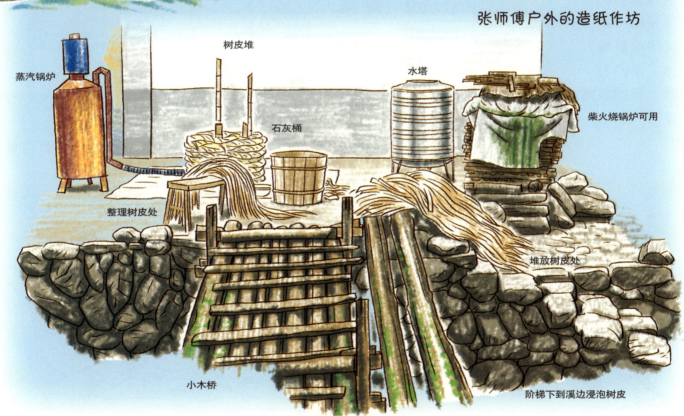

张师傅户外的造纸作坊

蒸汽锅炉

树皮堆

水塔

石灰桶

柴火烧锅炉可用

整理树皮处

堆放树皮处

小木桥

阶梯下到溪边浸泡树皮

纸谋生，产品供不应求，还远销至江西、安徽等地。随着现代工业化造纸的大规模发展，传统的土法造纸日渐衰微，懂这行的手艺人也纷纷转行、流失，时至今日已经少有生产。

与其他大多村民一样，张师傅家祖祖辈辈都从事造纸行当，至今至少已有上百年。他自幼在父亲的耳濡目染下学会造纸，造好纸后还会挑着扁担去卖。今天古法造纸已经远不如打工做生意挣钱快，虽然利润微薄，但张师傅依然没有放弃这门老手艺，成为村中几乎硕果仅

存的造纸人家。古法造绵纸工序多且复杂，不仅要有耐心，还特别需要技巧。2017 年 6 月上旬，由于接到一笔一万张棉纸的订单，张师傅花了一周多的时间连续做纸。机会难得，我们也对其进行了完整跟踪记录，亲身感受古法造纸的不易、难得与可贵。

坚韧树皮与黏稠藤胶

李坑是个沿溪而居的村落，清澈湍急的溪水自原始林奔流而下穿过村中，造纸工序也围绕着这条溪流展开。张师傅带着我们爬上溪边的山坡，路边长着不少长

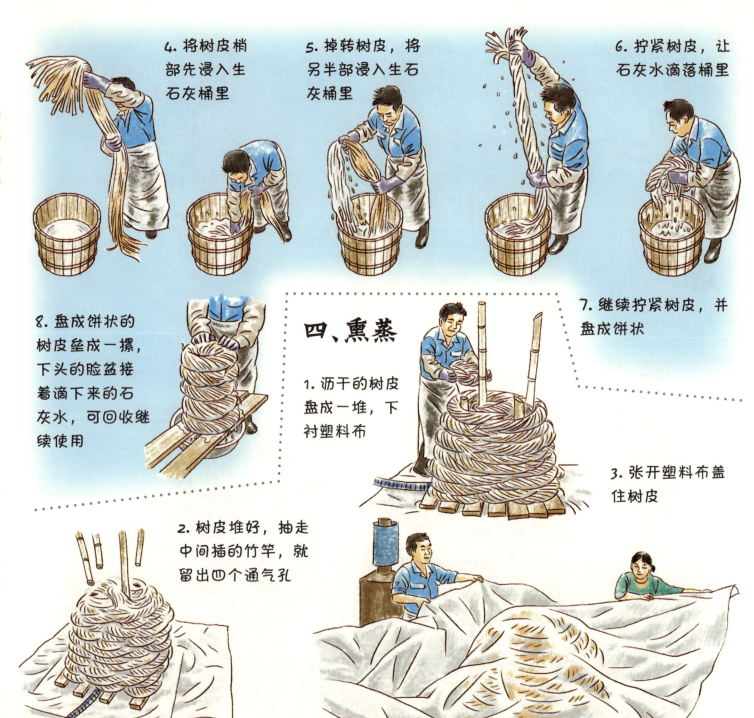

4. 将树皮梢部先浸入生石灰桶里

5. 掉转树皮，将另半部浸入生石灰桶里

6. 拧紧树皮，让石灰水滴落桶里

7. 继续拧紧树皮，并盘成饼状

8. 盘成饼状的树皮垒成一摞，下头的脸盆接着滴下来的石灰水，可回收继续使用

四、熏蒸

1. 沥干的树皮盘成一堆，下衬塑料布

2. 树皮堆好，抽走中间插的竹竿，就留出四个通气孔

3. 张开塑料布盖住树皮

条叶片、有三杈分支的灌木，便是造绵纸的原材料——山桠皮。山桠皮为瑞香科结香属植物，开花有香味，又叫结香、黄瑞香，花蕾能养阴安神、明目。其树枝柔软而坚韧可打结，松阳本地也称水菖花、打结花，在浙西南村落常有种植，为经济作物，采摘花朵以及取皮造纸。现在李坑村造纸所用山桠皮大多自附近的村子安岱后买来。这次为了制作一万张绵纸，张师傅准备了170斤的树皮。

另外一种不可或缺的原料是猕猴桃藤，夏季则用一种当地称为"卢松"的植物代替。这两种植物的茎或根部通过浸泡获得黏液制成的"胶水"，是纸浆的成分之一。起先我们以为胶水的功能是促进纸纤维聚合，询问以后才知道恰恰相反，胶水的功能有很多，其中之一反而是帮助纸纤维分散，使之均匀地悬浮在水中便于抄纸；还可作为阻滤剂，使抄纸时水不至过滤太快，让纤维在帘上停留的时间长一些容易前后左右均匀成型；此外还起到分张作用，否则一张一张的湿纸被叠放在一起，会形成一块"大豆腐"般的纸块，无法分开。

4. 将塑料布四边卷起，以石块压住，并以绳子捆牢

5. 烧起锅炉制造蒸汽灌进扎紧的塑料布里，可增进石灰分解树皮的速度与效果

6. 10 小时不间断熏蒸下，塑料布鼓得像气球

7. 隔天早上揭开塑料布，里头还是热气蒸腾

8. 轻轻就能将树皮撕开，可见结构已被石灰与蒸汽破坏

五、漂洗

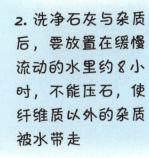

1. 趁着温度未降，在河水里漂洗

2. 洗净石灰与杂质后，要放置在缓慢流动的水里约8小时，不能压石，使纤维质以外的杂质被水带走

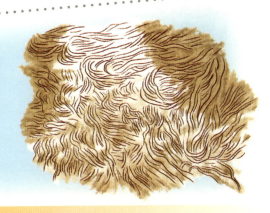

千锤百淘成纸浆

　　长长的树皮要转化为一张张洁净的绵纸，需要历经漫长的过程。做纸前的一大工序是制作纸浆。砍伐下的树枝经过剥皮去芯，蒸制去表皮，再晒干成干树皮存放。每批加工前，需要选择晴日将干树皮泡入溪水中一天一夜软化，雨日溪水太急容易冲走树皮。再浸过石灰水蒸制 10 余小时，促进纤维分解。所需的生石灰量很少，这是唯一的化工辅助材料，污染很小。之后再次将树皮泡入溪水中漂洗，并接受日晒。

　　之后将漂洗过的树皮一一翻查，挑除表皮发黑发霉的杂质，再进行反复敲打，将纤维打烂、打散。将 20 来斤的湿树皮放到木板上，用竹棒槌不停敲打成泥状，需要敲打近一小时才能完成。再装入纱袋里到溪中淘洗把杂质去掉。"绵纸是最干净的，什么脏东西都煮烂洗掉了，100 斤的树皮最后只剩下 30 斤，其余的全都不知道流到哪里去了。"张师傅说。确实，通过日晒、雨淋、水浸、石灰蒸制，再经过反复的捶打、淘洗，树皮中的各种淀粉、蛋白质等有机物终于消失殆尽，只剩下优质的纤维

六、打泥

1. 漂洗过的树皮放在塑料布上，细心翻拣，将霉斑、黑点挑除干净，保证未来纸张的品质

2. 用两片竹板反复敲打纸料成泥状，一次可取 5～6 斤（20 斤湿），敲打 40 分钟，翻动五六次

3. 纸泥装入纱袋放入水中

长柄木杵

4. 一边用溪水漂洗，一边用长柄木杵不停捶打、翻搅，淘洗杂质，直至只剩纤维

5. 挤压纱布袋里纸泥的水分

挤干水分的纸泥

七、打桶

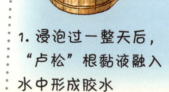

1. 浸泡过一整天后，"卢松"根黏液融入水中形成胶水

2. 木桶中装水，把纸泥投入水中，不停地用力搅动将纸浆打散，需要用力激起水花

3. 过程中捞起较长的纤维不用，以免纸张有筋不平整

4. 倒入滤过的胶水，缓缓搅匀，感受纸浆的稠度，判断是否可以抄纸

束，留下上好的干净纸泥。

最关键的抄纸技术

将一团纸泥加入盛水的大木桶中，用竹竿用力搅动打匀，称为"打桶"；再加入浸泡过一夜的"卢松"根胶水，此时搅动则需放缓，否则胶水效力会减弱。大约一桶添加 15 勺胶水，比例可以随时控制调整，增减胶水的含量可以调整纸浆过滤的速度，进而调整纸张成品的厚度。这样一桶纸浆便准备完成，用松针清洁纸帘后，便可以开始正式抄纸了。

抄纸是用细竹篾编的纸帘在纸浆中抄过，浆水滤过纸帘，纤维被留在纸帘上而形成纸张。抄纸时，先将纸帘装上木框架，浸入木桶纸浆中迅速提出，前后左右晃动两三次，再从左手边掀起木框将多余的纸浆倒出，取下木框，将帘子翻转放在旁边的木板上，轻揭帘子，薄薄的一层湿纸页就留在了木板上。为了定位准确，在木框、纸帘以及木板上都有小木钉作为标记，这样不断重复，湿纸页逐渐整整齐齐地累积得像米糕一样高。

抄纸动作看似简单，张师傅休息时，同事们纷纷上

八、抄纸

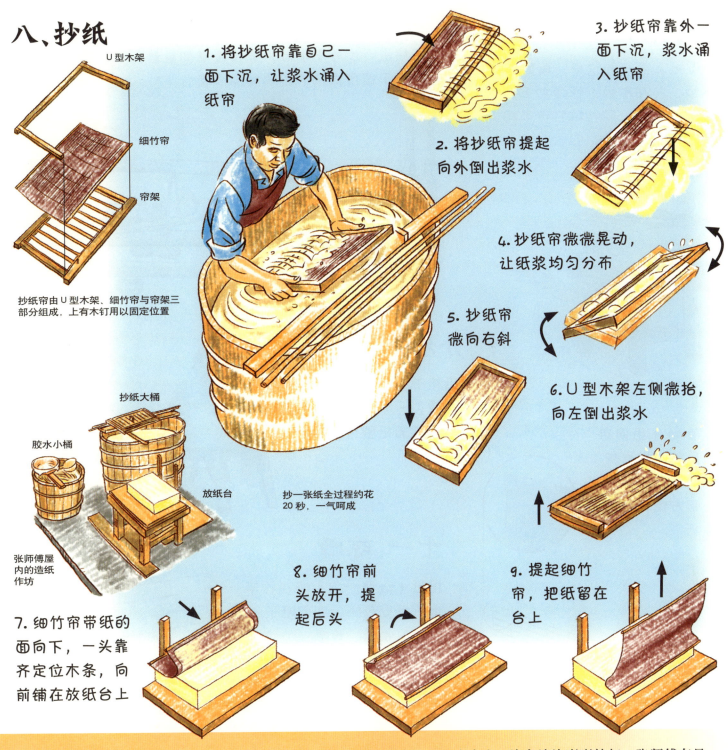

U型木架

细竹帘

帘架

抄纸帘由U型木架、细竹帘与帘架三部分组成，上有木钉用以固定位置

胶水小桶

抄纸大桶

放纸台

张师傅屋内的造纸作坊

1. 将抄纸帘靠自己一面下沉，让浆水涌入纸帘

2. 将抄纸帘提起向外倒出浆水

3. 抄纸帘靠外一面下沉，浆水涌入纸帘

4. 抄纸帘微微晃动，让纸浆均匀分布

5. 抄纸帘微向右斜

6. U型木架左侧微抬，向左倒出浆水

抄一张纸全过程约花20秒，一气呵成

7. 细竹帘带纸的面向下，一头靠齐定位木条，向前铺在放纸台上

8. 细竹帘前头放开，提起后头

9. 提起细竹帘，把纸留在台上

前一试身手，却几乎没有能一步到位做成纸的，纸帘上不是成堆纸浆就是前后不均。原来抄纸是做纸最难、技术性最高的工序，对每个动作的节奏、速度、停留的时间、稳定度要求相当高，如果没有长年累月的练习，很难将纸浆抄得均匀完整。

夫妻同心，树皮出绵纸

到了做纸的日子，纸泥敲打和抄纸是每天同时循环进行的，张师傅负责打桶和抄纸，前期的敲打、淘洗则由夫人负责，制好纸泥一批批提供。两人在老宅厅堂里有序分工，张夫人一边在墙边嘭嘭敲打，张师傅在另一边打桶、抄纸，就如堂上所贴的家训——"夫妻一条心，泥土变黄金"一样，一捆捆的干树皮也在夫妻二人的齐心协力下一点点地变成一张张洁净的绵纸。

当湿纸页累积到一千张时，就需要通过重压把湿纸页内多余的水分挤压出。先在湿纸上加木板，板上置石块初步压去部分水分，再拿到室外利用杠杆原理进一步重压。压一小时后，把榨干的湿纸取出一张一张地分开，这依然需要夫妻二人协作，张夫人坐在一侧掀起纸角，

九、榨干

1. 湿纸上盖一面竹帘，再压上木板，并在木板上慢慢加上石块增加重量，同时以打包带将湿纸的毛边刮掉，回收利用

2. 每10张纸间留最后约3毫米相连不揭开，10张一组方便计数与晾晒

2. 湿纸榨干到一定程度，连上下木板搬到大榨床，用杠杆、大石块进一步榨干水分，需慢慢增加重量，避免榨干速度太快，影响成品质量

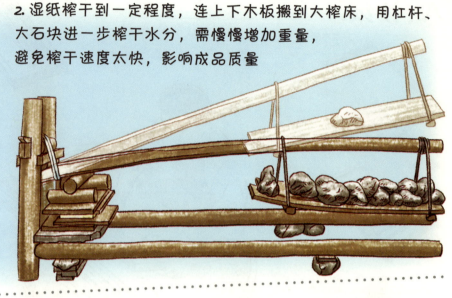

十、分堆

1. 纸榨干只留一点湿度，两人合作，一人揭开纸张一角，另一人提着纸整个揭开

十一、晾晒

将纸（10张一组）晾在竹竿上，接受日晒，完全晒干后取下收藏，日晒越强、时间越长，纸就越白

张师傅顺势接过纸张分开摊到另一头木板上。"男人做技术活，我们做简单的。"每当我们问起为何如此分工时，张夫人总是笑笑称道。撕纸确实也相对较难，力道要稳不能撕破，每张之间撕到末端不能彻底分开，稍稍留一点，10张为一夹多撕一点，5夹再分开，这样便于计数。最后拿出去挂在竹竿上晒干，一张张绵纸就做好了。从开始处理干树皮到第一批纸张做成需要5天时间。

近年来，原始林下的李坑村依托优越的自然资源，开始发展乡村旅游和民宿业。安民乡干部和村干部建议，张师傅可以将土法造纸展示给游客或者让游客来亲身体验，这样既能丰富游客的游玩观赏，又可以售卖纸张，增加经济收入。张祖献师傅自己也开设了一家民宿，起名为"纸序"，希望未来有更多的人能来体验、认识、了解传统绵纸坚韧和洁净的优良特质，并能把这门老手艺继续延续下去。■

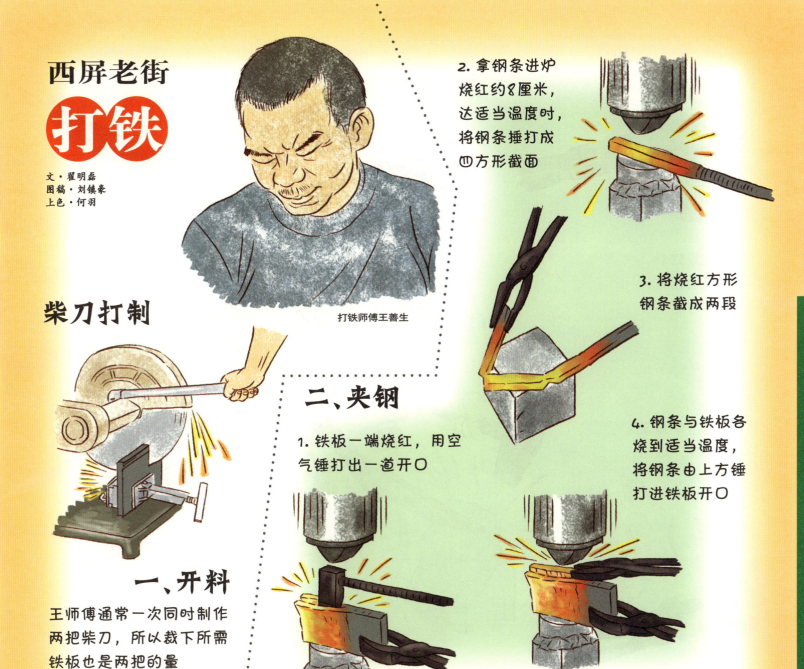

西屏老街
打铁

文·瞿明磊
图稿·刘镇豪
上色·何羽

打铁师傅王善生

柴刀打制

一、开料

王师傅通常一次同时制作两把柴刀，所以裁下所需铁板也是两把的量

二、夹钢

1. 铁板一端烧红，用空气锤打出一道开口

2. 拿钢条进炉烧红约8厘米，达适当温度时，将钢条捶打成四方形截面

3. 将烧红方形钢条截成两段

4. 钢条与铁板各烧到适当温度，将钢条由上方锤打进铁板开口

王善生1972年出生，8岁就没了妈。16岁初中毕业，18岁想学一门手艺，便拜松阳陈开龙师傅为师，师傅是打松阳刀最好的铁匠，师傅弟弟陈开明也是铁匠。两个师傅在松阳都是出了名的大师傅，活好。打铁耗力，需蛋白质，两个师傅每顿只吃肉不吃蔬菜，人也胖。那时铁匠生意好，当地人眼红，所以有句土话："打铁如打劫。"

十里挑一

知道善生没有妈，师娘对他可好了。当了3年学徒，师娘给他洗了3年衣服。出师又开店了，又洗了两年。师傅也从不骂他，乐呵呵的。但打铁真难啊，10个徒弟才能学成一个。难在哪？打铁需要左右手配合得天衣无缝，但每个人一般或右手擅长，或左手擅长，即使都擅长，一个正手，一个反手，也不一定能双手协调。这样就淘汰了很多人。另外打铁可不光是体力活，不仅要眼明手快，在秒间反应，而且是智力活，有许多细微门道，这些门道，师傅从来不讲，就让你看，看出来就是你的，看不出来，你就永远学不到。学不到，不少人出师开了店，因为打的东西不经用，照样没生意关了门！所以农业时代，铁匠有钱，但学成铁匠的，十中取一。能留在老街开铁匠铺的个个是人精。

王善生同年入门的师兄就失败了，现在也只一个师弟连法成功开了铁匠铺。善生是怎么学出来的？善生狡黠一笑："师傅们都休息时，徒弟们抽烟说话，我还在

三、成型

1. 烧红刀料锤打成刀形，必须注意温度，随时回炉加热至适当温度，整个成型工序皆是如此

2. 锤打成两刀尖相对形状

3. 将烧红刀料砸出缺口

5. 平放烧红铁板，继续锤打，使两者结合

6. 刀料进炉烧至适当温度，取出迅速淬火

打，多练才行。反正费的是师傅的料。"

　　当学徒 3 年，第一年工资 100 元，第二年 200 元，第三年 300 元。抢大锤要抢到出师。出了师还要帮师傅干一年。工资 500 元，总共 1100 元。

老婆抢大锤

　　善生是第十四家在明清老街开铁匠店的。他开店时，铁器生意没以前好了。种田的人少了，铁农具也就少了，木匠都改用电钻，不用凿子了。打铁一年纯利三四万。还要千方百计动脑子降低成本。比如从废品收购站进点旧车弹簧钢。这样徒弟也找不到，也没人肯学。那谁来抢大锤啊？只有老婆来干了。

　　铁匠夫妻店，老婆抢大锤的不多。但也有一些。像善生师弟连法的铁匠铺也是老婆抢大锤。老婆抢大锤，别人会以为欺侮女人，其实是没有办法。打铁一般是师傅拿小锤敲在要打的部位上指引徒弟抢大锤。所以这活还真得老婆干。善生的老婆我们见到了，又瘦又小，真难为她，而且一抢就是 11 年，直到 2007 年买了空气锤，她才解放。解放？不见得，她马上办茶场，贴补家用，否则靠铁匠铺，孩子哪读得起大学。日子就得这么过。

他打的锋口最好

　　锋口就是刀刃。锋口打得好要见功夫。最近有一位客人拿着把菜刀找善生师傅，要求换个刀柄，善生一看这是自己 29 年前刚出师时打的一把菜刀，至今仍很好用。因为锋口打得好，善生的师傅陈开龙做松香刀最

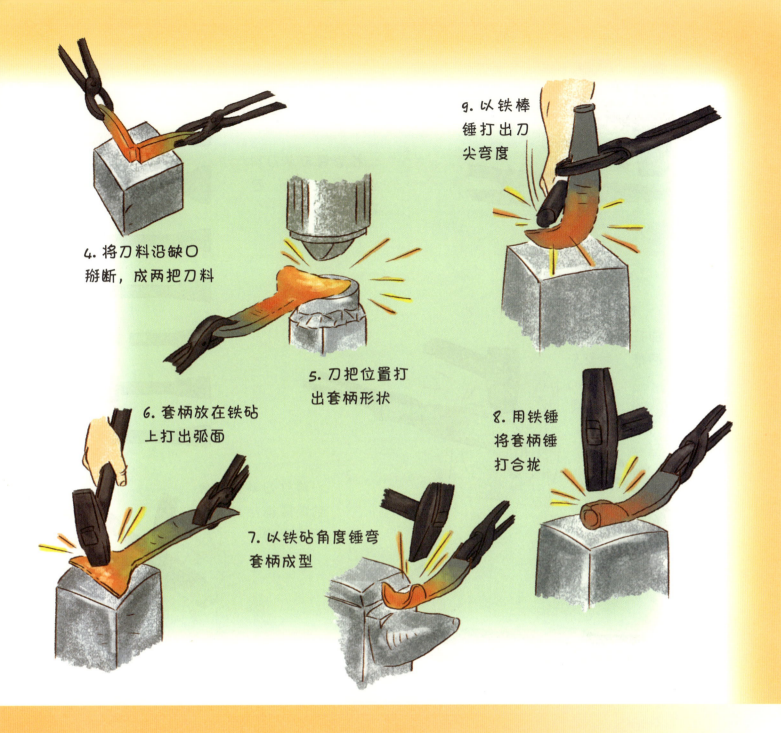

4. 将刀料沿缺口
掰断，成两把刀料

5. 刀把位置打
出套柄形状

6. 套柄放在铁砧
上打出弧面

7. 以铁砧角度锤弯
套柄成型

8. 用铁锤
将套柄锤
打合拢

9. 以铁棒
锤打出刀
尖弯度

多。因为太劳苦，陈开龙和弟弟不到60岁都中风了，得到真传的善生便成了松阳打松香刀最多的人，一年要打三四千把。一把松香刀可用半年，一人一年要买三四把。所以善生打的松香刀供应1000多个松香工人。过年时要备上一大批，平时要备上四五箱供人来取。善生一天可做30把，一年倒有6个月在打松香刀。

善生师傅还特别擅长打精细铁具，像机器鞘子，精细到半毫米，他也打得出。还有画家向他订木刻刀。我们还目睹马队队长向他定制削驴蹄的铲刀。"这倒是第一回碰到！"善生笑了，不过有样子，难不倒他。

还有"自然造物"等手工艺组织向他定制佗寂风格的铁茶盘。王善生做了一个，却很不屑："在我看来，那就是块铁渣，又不用打的，显不出我手艺。"——嗬，还挺有职业荣誉感。

"打铁没什么诀窍，全靠经验！"这是王善生的口头禅。打柴刀，要分清阴阳面，阴面有凹，贴树干，这样才砍得下，从柴刀背俯瞰，整把刀又往阴面略弯。而收稻的齿镰齿上要糊上泥巴与鸡毛才烧不化。斧子装柄的洞很关键，是在整铁上凿出来的，两头大中间窄，再钉铁钉，木柄两头一膨胀就掉不出来了。锄头与柄的角度很重要，太直，锄不下去；太弯，锄头会反弹。这些经验都在方寸间，打铁人要会干农活，工具才能打得贴心。

善生说："有的铁匠打了一辈子，锋口都是不快的。"这是什么原因呢？

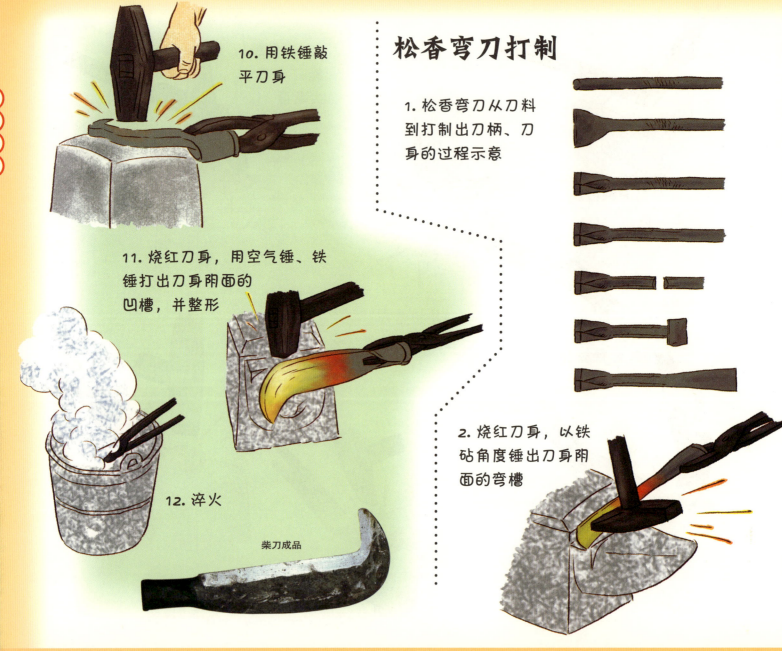

10. 用铁锤敲平刀身

11. 烧红刀身，用空气锤、铁锤打出刀身阴面的凹槽，并整形

12. 淬火

柴刀成品

松香弯刀打制

1. 松香弯刀从刀料到打制出刀柄、刀身的过程示意

2. 烧红刀身，以铁砧角度锤出刀身阴面的弯槽

"打铁关键在赏花"

锋口不快往往是钢烧过了。做把刀，刀柄、刀背是铁，刀刃是钢。所以要在铁上弄出凹槽，夹住烧过的钢条，然后趁钢还是红的，打出刃来。

打铁，其他都好办，像淬火不裂就行。但夹钢是最关键的。夹的钢如果没烧好，铁与钢粘不起来；如果烧过了，钢性就没了，钢就碎了，软了，锋口就不快了。所以夹钢的关键是钢条要烧到表面刚化掉就取出。

"这个关键怎么判断呢？看火花。小型刀具，钢条在炉子里烧出一两个火星就要迅速拿出来，判断在一秒之内，超过一秒就不行了。这火星就是钢花，这钢花像雪花，有个中心点，四面开花。不像打出的火星是直线。打铁就看这一两个火星出来。打铁人眼要尖，手要快，一秒内就要有反应，把钢条取出。这样钢又粘得住铁，夹钢夹得牢，钢性又好，这个门道是打好锋口的关键，有的人打了一辈子铁都不知道。"

"打铁关键在赏花"，赏的就是钢花。

汉声组在善生打铁店从清晨守到天黑，善生最后悄悄告诉了我们这个秘诀。

附：松阳打铁店现状（鲁晓敏·叶高兴调查）

松阳打铁店是农业时代产物。大约每个铁匠可服务七八千农业人口。2003年到2010年松香产业兴起，再一次带动打铁业兴旺。这是其他地区打铁业早已没落，而松阳仍保留完好的特殊原因。

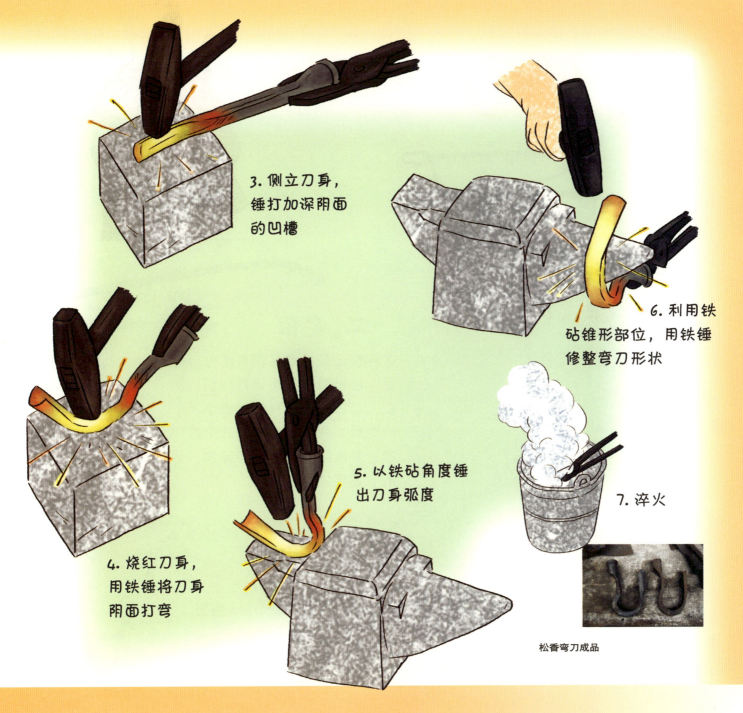

3. 侧立刀身，锤打加深阴面的凹槽

6. 利用铁砧锥形部位，用铁锤修整弯刀形状

4. 烧红刀身，用铁锤将刀身阴面打弯

5. 以铁砧角度锤出刀身弧度

7. 淬火

松香弯刀成品

目前在松阳老街正常营业的打铁店还有 8 家。30 年来老街打铁店以每年一家的速度减少，以这样的速度，10 年到 20 年内，松阳老街打铁店将消失殆尽。

西屏南直街 10 号祖记打铁店是松阳现存最老的打铁店。创业于清末，是家百年老打铁店。创始人阙樟通是民国松阳打铁业领军人物，带出徒弟 30 多人，徒孙难以计数。"阙家军"是松阳打铁业的主脉。当年学打铁要排队，没有一定面子师傅都不收。学徒期长达 9 年，最短 6 年。现在店主是 54 岁的阙炳跃，阙樟通的孙子。

亮亮打铁店位于南直街 47 号，也是老街中老字号打铁店，有 33 年历史，店主吴忠亮 54 岁，带过 10 多个徒弟，但全部改行了。

官塘路 9 号张增喜打铁店，店主张增喜 62 岁，他的师傅是阙火德，阙火德的师傅是父亲阙樟通。张增喜是松阳最早用电动空气锤的铁匠。

连法打铁店在官塘路 4 号，店主吴连法 42 岁，是老街最年轻的打铁师傅。

先明打铁店在人民大街 170 号，店主阙先明 66 岁，是老街年纪最长的打铁师傅。

打铁在松阳手工行业中收入较低，年收入 2 万至 5 万元，与劳动强度不成正比，是亟须保护的传统手工业。■

西屏老街 钉秤

文·陈诗宇
绘图·刘静

钉秤师傅
陈美红

工具

各种规格的锉、手钻、钳子、步弓（两角规）、刀、锯等

一、选杆

将木料刨平、打磨成不同规格的秤杆。一般秤店多直接购买刨磨好的秤杆

二、定位

在秤杆上量出首尾铜皮的位置，锉出槽。并量定刀口纽位。刀口是安装秤钩和提手的支点。杆秤上共要装三个刀口，自大头起第一个挂秤钩，后两个安装提手

三、包铜皮

剪出合适形状的铜皮。在秤杆大头和小头相应位置锉去1毫米，套上铜皮并敲平。在刀口的位置以芝麻钉分别钉上一块铜皮

杆秤是两千年来中国所使用的最主要的称量工具，结构简单轻巧，携带使用方便，造价低廉，所以长期以来被广泛地应用于各种商品交易中。制作杆秤的师傅还被称为"钉秤老师"。在西屏老街有两家秤店。人民大街77号的缙松秤店，店主缙云人诸葛明，1978年移居松阳后便在老街从事制秤，已经有40年历史；人民大街109号也是一家制秤老店，号称徐公美号，是永康人徐晋康于民国初期到松阳开设的制秤店，声誉很好，传承三代，店主媳妇陈美红也熟练掌握了钉秤技术。

杆秤由秤杆、秤钩、秤盘、秤纽、秤砣、刻度（秤星）等部分构成。秤杆杆体结构为一根头粗尾细的圆形木杆，一般用材质坚硬、木纹顺直、不易变形的红木等硬木制作。粗头部分安装秤钩、秤纽，渐细的杆体钉有秤星。秤杆两端包裹铜皮，秤纽部分包裹一半铜皮，

以保护木杆避免侵蚀损伤。

秤杆杆首置刀口两个或三个，第一处刀口横穿铁条装朝下的秤纽（下挂），用于悬挂秤钩；第二、三处刀口安装朝上的秤纽（扁担），上系提绳。秤砣用铸铁制作，上带鼻纽，用于穿绳悬挂。秤星即杆秤的刻度标记，一般还包括说明铭文，如制作者、制作时间、最大称量，往往还有各种吉祥图案，以点排成各种纹饰。杆秤的规格很多，从三五公斤到两百公斤一杆都有，小商贩常用方便携带的10公斤规格，一般家用10到25公斤，称粮食、猪则需要80公斤以上。大部分杆秤都有大小两

四、装纽

在定好的位置用大钻打眼，用蚂蚁锉锉成扁眼，装入刀口。在刀口上挂机芯，并对准位置。第一个机芯上挂秤钩称为"下挂"，第二、三机芯上系秤纽，称"扁担"

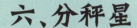

六、分秤星

用步弓分称星，即确定每个刻度的位置。一般杆秤有大小两套刻度，大量程的起始刻度一般为小量程的最大刻度，两套刻度在杆身上平行排列

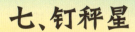

七、钉秤星

用钻在秤杆上按照定好的星位钻眼，约2毫米深。并钻出刻度重量标记。钻好眼后，左手捏铝丝，将其插入星眼，右手持割丝刀将铝丝割断，再将插入星眼的铝丝敲平

五、校对

1. 钩子勾住秤杆上纽，将砝码挂在上纽附近调整位置，平衡之后的位置即零刻度

2. 选择合适重量的砝码，挂在秤钩上，将秤砣在杆身移动平衡，确定最大刻度的位置

八、油磨

在秤杆上涂油、打磨至通体光滑锃亮。检验以后完成秤杆制作

套称量，两套刻度平行排列在杆身，大称量的起始刻度值一般为小称量的最大刻度值。

小小的一杆秤，制作的工序却不简单。包括选杆、划线、包铜皮、上纽、分刻度、钉秤星、打磨等大小十几道工序，对制作的精细度、准确度要求很高。虽然电子秤、磅秤的逐渐普及，对杆秤业形成了很大的冲击，但普通的农民还是习惯用杆秤。相比于电子秤、磅秤，杆秤易携带、价格低廉，在农村乡镇的集贸市场和零散交易中还在被继续使用。松阳茶产业发达，茶农携带杆秤称茶叶就非常方便。■

杆秤成品

钉秤师傅诸葛明

沿坑岭头 制鼓

文·赵英华
图稿·刘镇豪
上色·田梦

制鼓师傅
叶关汉

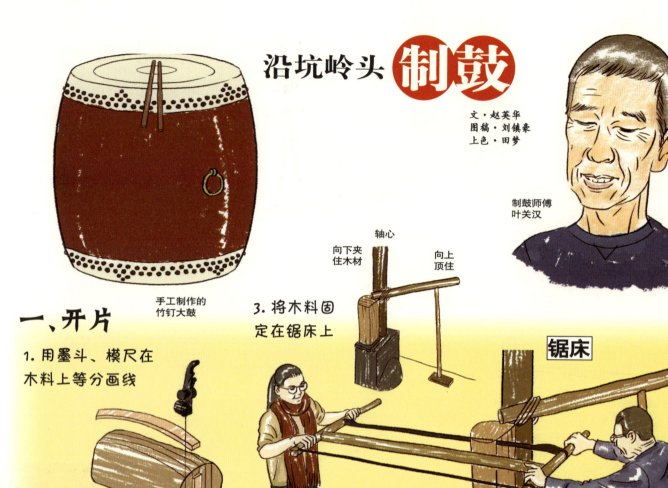

手工制作的
竹钉大鼓

轴心
向下夹住木材
向上顶住

锯床

一、开片

1. 用墨斗、模尺在木料上等分画线

2. 用弧形模尺画出鼓身曲线

3. 将木料固定在锯床上

4. 两人拉大锯按画线分解成弯木开片

5. 以量尺确认木片侧面斜度，固定尺寸的鼓身不论片数多少，斜度是固定的，才能组成正圆

3. 用铁锤微调修整木片，使每片相接弥合呈圆形

二、拼接

1. 将开片侧面刨平后上胶

2. 以尺寸固定的竹圈为范围，将开片拼接完成鼓身

4. 用木槌将竹圈推向鼓腹，逼紧木片胶合

5. 另一端也加箍竹圈，用圆形模板测量鼓圈圆度

三、修整鼓身

1. 待胶干后修平鼓面顶端与鼓身

2. 用圆形模板在顶面画出同心圆，将线内多余木料凿掉，修整鼓身内壁垂直

3. 将竹条装进鼓面内缘加固鼓身

4. 用螺丝钉固定竹条

制作竹条

1. 毛竹破开取四分之一长条

2. 竹条去掉竹节中隔与弧面，精确裁至与鼓面内缘周长相等并弯成圆弧

四、处理牛皮

取前一夜浸泡好的牛皮，翻过背面用刨子削薄至 2～3 毫米，整面皮厚度一致

五、绷皮

1. 将边缘打好洞的潮湿牛皮蒙在鼓上，用铁钉固定住

2. 用尼龙绳反复穿过孔洞后，用硬木棍插入绳圈，绳头处扎紧

叶 关汉师傅踩在鼓面上的样子是我们看到的最震撼的场景，没想到牛皮的韧性这么好。观看一面鼓的诞生，是十足的享受。

　　一面直径 40 厘米左右的大鼓，叶师傅需要 4 天左右完成。鼓身恰到好处的弧度，有一种饱满圆润的美感。如今多由客户要求，鼓身刷上红漆。据叶师傅讲，过去鼓身一般只刷一层清漆，有朴素之感。鼓面刷白漆可以防潮，表面写有咒符一样的文字，新做好的鼓面写上这个符，有辟邪的作用，老鼠也不会咬坏它，是当地制鼓人必备的技能。

　　叶师傅做的鼓，最为特别的是鼓钉，一般印象中的鼓钉多是铜钉，叶师傅说松阳当地，鼓钉的材质是竹子，竹子削成钉子状，在油锅里炒一下，竹钉变硬而且不易腐烂，是很好的材料。即便鼓面破掉重换，只要将竹钉头部削掉，钉身留在鼓内，再重新钉竹钉，也一样牢固。

　　这样用实在高明，第一个使用竹钉的人一定对材料

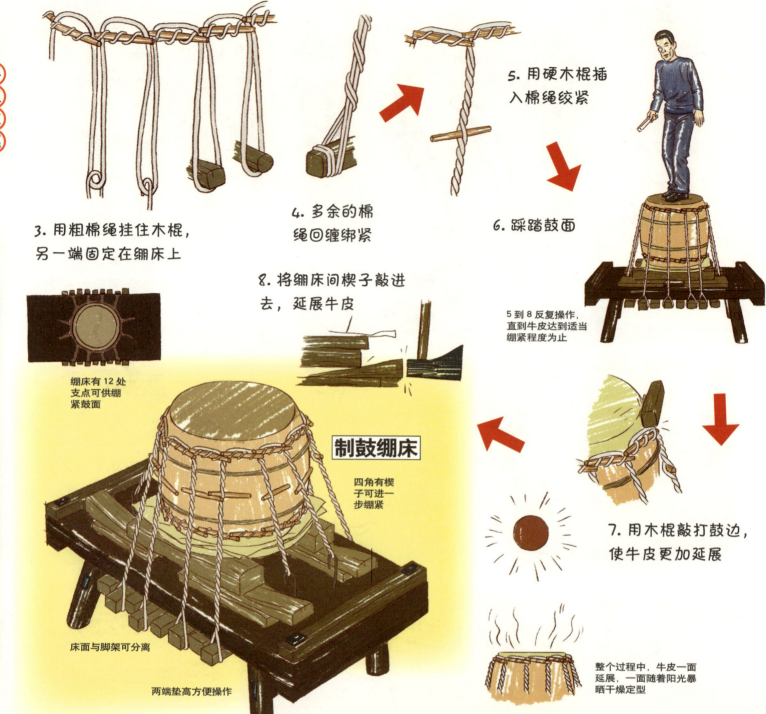

3. 用粗棉绳挂住木棍，另一端固定在绷床上

4. 多余的棉绳回缠绑紧

5. 用硬木棍插入棉绳绞紧

6. 踩踏鼓面

5 到 8 反复操作，直到牛皮达到适当绷紧程度为止

8. 将绷床间楔子敲进去，延展牛皮

绷床有 12 处支点可供绷紧鼓面

制鼓绷床

四角有楔子可进一步绷紧

床面与脚架可分离

两端垫高方便操作

7. 用木棍敲打鼓边，使牛皮更加延展

整个过程中，牛皮一面延展，一面随着阳光暴晒干燥定型

属性了如指掌，才有了竹与木的完美结合。在沿坑岭头村后的山上，有成片的杉木林，杉木质软，纹理直，耐腐蚀，易加工，是很好的建筑、桥梁材料，当然也适合用来做鼓。

叶师傅一般选直径 2 厘米左右的杉木，经画线、开片，制成内圈小、外圈大有斜度的弯木开片。之后将开片拼接、固定、上胶，再调整、打磨表面，做成鼓腔。一面好鼓，最重要的是声音，明亮不沉闷，关键要鼓腔

表面弥合无缝。两天后胶干透，就可以绷皮了。牛皮事先刮毛、去脂肪，在周边打一圈眼，晒干后浸泡水中四五天。

叶师傅自制绷床，鼓腔放在上面，先用小钉固定牛皮，用小拇指粗的尼龙绳穿过牛皮上的眼，并用硬木棍不断绞紧，使整张牛皮在拉伸中延展开。中午日光暴晒，牛皮中的水分会很快挥发，叶师傅必须和时间赛跑。他使出全力将硬木棍绞紧，同时用木槌反复敲打牛皮与鼓

9. 牛皮干燥定型后，将绷床移进室内

10. 牛皮上白漆

制作竹钉

1. 竹签削去三个角成钉型后截下

2. 用菜油炒透晾干存放备用

六、上钉

1. 用冲子在鼓身上打孔

2. 将竹钉放入鼓身孔眼

3. 将竹钉压实

4. 依序松开粗棉绳与尼龙绳，取下插销

七、修整

1. 将多余牛皮裁掉

2. 打磨鼓身后用砂纸细磨至光滑

八、上漆

将鼓身清洁干净后刷红油漆两到三层后即完成

腔的边缘处，使牛皮更大程度与鼓贴合。牛皮的韧性能达到什么程度，我们是没有概念的，等叶师傅爬上鼓面，像跳绷床一样来回踩时，鼓面仍能下陷。反复几次，牛皮逐渐定型，叶师傅敲击鼓面的声音，也渐渐明亮起来。

之后打眼，上竹钉，裁去多余的牛皮，一面就完成了，另一面也如法炮制。接下来给鼓身刷红漆，一面鼓就做好了。鼓面的漆是在上竹钉前完成的，先上清漆，再刷白漆，正面写符。新做好的鼓，给人一种饱满有生命力的感觉，仿佛体内蕴藏了无限能量，只要一敲，能量就会释放出来。

叶师傅的工坊就在自家院前，20多岁时，家里住了位做鼓师傅，叶关汉师傅边看边学，或许因为有箍桶的手艺，他很快就学会了，一做就是40年。农闲时候，他就帮人做鼓或者换皮来增加收入。松阳各村几乎都有社庙或祠堂，举行仪式，鼓是必备道具，叶师傅的手艺依旧有用武之地。■

松阳人的祖先从哪里来？

——洪关旺访谈

整理·王国慧·翟明磊

县治历史

汉声（以下简称汉）：请洪老师说一下松阳的历史吧。

洪关旺（以下简称洪）：松阳县最早在东汉建安四年（199年）建县，属会稽郡，在丽水地区建县最早，全省第24个。之后属于临海郡。遂昌当时叫平昌，属于东阳郡。松阳和遂昌历史上分分合合，唐朝武德四年（621年）时，松阳升为松州，管松阳、遂昌。4年之后，武德八年（625年），松州又撤掉，恢复为松阳，这时遂昌就并到松阳来。直到景云二年（711年），遂昌又分出去，之后一直有松阳、遂昌。中华人民共和国成立后，松阳县撤销，并入遂昌。

汉：中华人民共和国成立后并入遂昌，有种说法，是因为松阳曾是"民国模范县"，所以取消？

洪：这个说法不准确。主要是对"模范县"理解不透。1942年松阳被日军攻陷。抗战胜利后，新的县长来整治。模范县不是指政治上，主要还是环境卫生、治安等其他方面，并没有正式文件确认。当时全省有11个模范县，龙游也是。1958年后松阳并入遂昌主要是战备考虑，所以尽量往山区撤。

汉：主要是战备考虑。

洪：当初的大背景是"一大二公"。1958年搞人民公社，松阳一共5个公社，1952年划到衢州专区，1955年划到金华，1963年再划到丽水，1982年1月再恢复松阳县。

为何叫松阳？

汉：为何叫松阳？

洪：历史上记载有三种说法。第一种说法，武义那里有个牛头山景区，其中宣平、遂昌交界处的山也叫长松山。松阳是在长松山之南，山之南为阳，所以叫松阳。第二种说法，境内多松杨二树，就是松树和杨树。第三种说法，《水经注》里称，长松山之南，东到大阳，现在缙云县有个大洋，当初就是我们松阳这个阳。

松阳的名字变了好几次。且听我说来：

公元910年，五代吴越王钱镠治下，安徽有个枢密使姓杨，吴越王与其交恶，一听到"杨"就反感，把当时我们浙江的4个带"阳"的县都改了名。富阳改为富春；诸暨本来叫暨阳，改为诸暨；松阳县改名为长松县；还有一个东阳改"东场"什么的。

到了939年，当时大旱，长松县的县令到独山求雨，看到白龙出现，我想可能是看到闪电，改长松县为白龙县。到北宋咸平二年（999年），知府再把白龙县改为松阳县。

松阳原住民是山越人

汉：我们松阳有三次比较大的移民潮，对松阳民间信仰体系、古村落分布有什么影响？

洪：三次比较大的。第一次是永康之难，西晋、东晋交替的永康年间，我们也叫衣冠南渡。对松阳最大的影响是什么？是北方文化南迁。

汉：在这之前松阳原住民是什么人？

洪：松阳属于百越的一支。我们考古发现浙江最早人类活动遗址在安吉，距今有上百万年。数十万年前最早的遗址是建德乌龟山里面，然后是浦江上山（距今一万年），那时候已经种水稻。接下来是河姆渡（距今5500年），都是一脉相承。到四五千年的时候，我们隔壁遂昌有人类活动。那么到商代和西周，距今4000～3000年之前，百越的一支——山越已在松阳生活。

汉：山越人有什么文化特性？

洪：断发文身，赤脚，说话是我们讲的鸟语缺舌，北方人听不懂。人群融合有三次历史时机，第一次是吴越之战时，松阳属于越国。战国时为楚国所灭。

楚国人过来，楚人与山越人有个融合；第二次是秦始皇时迁房，把南方可能包括我们松阳这一带的原住民迁往北方去。干什么？"车同轨"，开道路、修长城、开矿、开盐井。北方什么地方呢？就是现在的苏北、山东，西面到湖北。迁了多少人？史书没有统计。

第三次是汉朝。最大的一次人口迁移出现在汉武帝时。武帝把我们松阳这个地方，包括丽水、温州、瓯江流域的原住民——百越人四次北迁，共4万人口。原住民几乎全迁走，除了逃到山里的一些山越人。这四次北迁是到安徽的舒城。为什么北迁？汉景帝七国之乱，吴王刘濞造反，战败后投靠东瓯王，东瓯王又杀掉刘濞。刘濞儿子逃到福建投靠闽越王，因杀父之仇派兵一次次来打东瓯国。最后东瓯王请求汉武帝，批准这里的人口整体北迁，所以当时只留下了逃到山里的山越人。

汉：这些山越人现在本地还有吗？

洪：没有了，到东晋时，浙江已无越族。没有再出现。

第一次大移民：衣冠南渡

汉：所以第一次大的移民是在永嘉年间。

洪：是，衣冠南渡。那时候松阳已经有县了，当时松阳县范围很大：东至缙云仙都山为界，西至太末就是现在的龙游，北至金华一代，南至永宁、温州的瑞安和永嘉一带，包括现在丽水大部分，还有温州、台州部分地区，面积2万平方公里。但人口不足1万户。怎么知道呢？208年有记载，县长丁藩被永宁的贺齐杀掉。松阳地方官还叫县长而非县令（如果人口超1万户就为令），证明人口数量少。三国时松阳设县的主要目的，是孙策为征集兵源从山越征兵。

汉：第一次移民带来的文化和信仰系统是来自北方吗？

洪：永嘉南渡时，松阳从断发文身、鸟语躁舌、采集打猎的原始文化，开始向文明社会过渡，松阳当初的耕读世家全都从这个时候开始。

汉：松阳比较大的家族像叶姓，也是此时过来的？

洪：大的背景是这样，叶姓是从河南叶县迁来的，就是现在的平顶山那里。祖先不姓叶，原姓沈，

沈诸梁，原是楚国大夫。吴越争霸，吴去打楚，越也打楚，公元前476年，为了反击，沈诸梁带兵到松阳一带。后沈诸梁被分封到河南叶县，叫叶公。汉后期，三国前期，中原战争频繁，叶姓祖先叶望，就带着子孙南迁。先到山东青州，后到江苏句容，但那时候山越在那里造反，他又安定不下来，就渡过长江，公元197年到了我们松阳。

象溪文昌阁

我们考察下来，同时期迁来的还有其他姓，百家姓里松阳郡望的就有10个。所谓郡望是什么呢？秦72县，36郡，姓在哪个地方成为望族大姓，发祥地就是郡望。堂号以分房，郡望不一样的不同支，堂号不一样不一定不同支。哪10个呢？劳姓，应该是山东崂山过来；瞿姓，宫中卫士；还有丰姓、库姓、厍（she）姓，祖先是管仓库的官员因此得姓；还有一个是皇帝封的赖姓；还有公姓、壶姓——最早管时间漏壶的官员；唐时还有一个黄姓，贞观年间，松阳5大姓，黄为首；加上叶姓，共10个。那个时候，北方大量人口南迁。

汉：现在还能不能看到一些文化遗迹？

洪：东汉末年遗址还有，在卯山。卯山叶公，叶望墓、叶琚墓与俭公祠。

另一方面，现在松阳土话，也就是方言，受衣冠南渡影响比较大。举个例子，比如吃，松阳人说"咥"die，口字旁一个至——咥饭，古书《中山狼》卷那篇文章为证。古音如普通话的j、q、x，分别要发成g、k、h，用松阳现在的方言，大多数都可以对应。举例子，大"江"念成大"gong"，今天的"今"，松阳说"gan"。松阳方言主要就是那个时候

位于古市的卯山（画面中间处为卯山）

传过来的。

第二次大移民：南宋初年

洪：第二次大移民是两宋时期。北宋灭亡，南宋朝廷文武百官到了临安，北方文明进一步带过来。松阳这时候不仅包括松古平原，松阳当时县域范围和现在差不了多少。南宋时，松阳人口增加，各个地方都有了村落，但也不到2万人。南宋那个时候的人口没有记载下来。直到明朝成化八年（1472年）人口才有记载，超过2万人。

这次的文化融合最大特点是什么，以前只是耕读初级文化，到了南宋，松阳变成了文化之邦，男女老少皆会吟诗，放牛娃、埠头洗衣的妇女，都会吟诗，松阳到南宋时文化最鼎盛。

但是到了南宋，松阳还是地广人稀。南宋时，迁入松阳的有18个大姓、大族。现在有族谱记载的，比如周家，周敦颐后代，他们是从福建过来的。先祖周必大，先迁入我们大东坝那边，然后慢慢往周山头这一边迁过来。包仁的包姓也是这时迁来。兰溪过来

的是宋姓，宋濂的后裔，先到呈回、后湾，再迁往杨家堂。陈霸先的后代陈姓迁到黄岭根。

汉：您刚才说的南宋时松阳文化鼎盛还有哪些表现？

洪：南北宋时，松阳的进士，在松阳历史上纵向比是最多的，70多人。宋的遗迹现存不多，有延庆寺塔。界首水井岭头那边有几个宋窑遗址。宋代百仞堰，又叫青龙堰，坝址更改了好几次。

第三次大移民：明末清初

洪：第三次人口比较多的移民就是明末清初，李自成农民起义时期。最主要是清初，两件事影响比较大。第一件是耿精忠在福建主政时，横征暴敛，福建许多居民受不了了北迁到松阳。第二件是收复台湾，我们是海禁，渔民内撤，这个时候，（移民）从上杭来的。当初说"闽汀十八姓"迁入松阳，其实现在有族谱可查的就有31姓，可能还不止。这个"十八"是个虚指，表示多而已。这个时候，松阳的古村落布局基本形成。后来只有少数的移民，像松阴溪沿埠头

上来，青田的、温州的盖起温州寮，形成靖居口。松阳在清代咸丰年间，1870年才突破5万人。

1962、1963年，新安江水库移民有10个移民村，1929人。1979年，遂昌乌溪江移民，4500人。2005年，青田滩坑移民，2200人。这是当代的松阳移民潮。

松阳的民间信仰

汉：是不是可以说，现在地方上的信仰基本是明末清初时候形成的？

洪：现在的信仰，在两宋时期就形成了。后来，闽汀（客家是上杭来）过来的这一批，依旧保留了闽汀风俗，我们叫他们是操闽语、循闽俗，像陈十四娘即陈靖姑，还有妈祖，都是从福建过来的，但毕竟都是少数。

汉：那您觉得松阳民间的主流、比较大众的信仰是什么？

洪：这怎么讲呢？我们松阳这个地方，应该说，宗教信仰，就是淫祀，就是不讲规矩的。什么都可以祭祀的、崇拜的。信仰有很多，也都拜。

汉：这也是在宋代形成的？

洪：不是，秦始皇南巡时他就发现了，所以他在会稽山立规矩。当时我们南方比北方落后，许多事情都崇尚自然，敬奉自然。

汉：像《楚辞》，众神杂处，自然崇拜。

洪：到南北宋时，更形成礼了，更讲规矩。

县城下天后宫，供奉妈祖

汉：具体有哪些规矩？

洪：特别是礼这一块。朱熹过来在松阳讲学，我们有明仁堂、桐溪书院、明善书院、朱子庙、福安寺（在象溪上面的南州村，朱熹曾在那儿讲学）。松阳有丽水地区最早的学校，唐武德年间即有官学。

汉：畲族最早是什么时期开始过来？

洪：松阳的畲族也是明末清初，和闽汀、客家一个时间段过来的，从上杭。再追溯，从海南来。

汉：我们今年在这里过年，跟老百姓一起拜拜，接触到各种各样的神祇。请洪老师帮我们这些外地人具体讲一讲。比如徐侯大王。

洪：徐侯，不是松阳专有的，你们去看《封神榜》里有。平水大王，平原山区，凡有溪水、河水处都拜。唐、葛、周是三个人，也有被传走样就成了一个人。插花娘娘，未必蓝姓，畲族五姓"雷、蓝、钟、鼓、盘"，从海南来，后来盘姓去了台湾。插花娘娘也有被说是姓其他四姓，反正是畲族的神就对了。陈十四夫人，陈靖姑。陈、林、李三夫人加上法青、法通两兄弟，是闽汀来的信仰。胡公大帝，永康方岩传来的一县令，爱民如子，现穴窟、洞岩里的庙都有供。香菇神，吴三公，种植香菇的鼻祖（元代），没有名字，主要是在庆元县那边供奉。四相公，四种颜色的神，有村民传说，玉帝让四相公管天下，听成管千瓦，故庙最小，常常作弄人，如谁家丢鸡，摆碗饭放神像前即找到，小毛病拜拜就好。毛洞主即独山下的瑞现夫人，松阴溪中见两蛋，生龙。松阳还有一个王十九大夫，还有土地公婆。最突出的淫祠是什么情况呢？竹源乡那里，小竹溪有一山锁庙，当时有一个三都人，在旁观看，太认真了，塑佛师傅就把此人也塑成神像，他也成了佛。

汉：打酱油也成了神。叫什么名字？

洪：记不清楚了，就是白衣。后来三都人经常来朝拜，如果自己那边的庙讨雨讨不了就过来拜，民间认为比较灵。

汉：这边民众衡量灵不灵的标准是什么？

洪：主要是求了是否应验。比如祈雨，下了就灵。

汉：现在还有求雨？

洪：1949年后到1953年左右就没有了，因为有时有械斗，被禁止。

祖先留下的二十四节气风俗

洪：正月初一到初四，老习惯是男人下厨，女人不能参与。整个松阳都有这风俗。其实是男尊女卑。尤其山区，女人月事时不能进香火堂，一般不能进宗祠，说对祖宗不敬，所以排除女人参加祭祀。比如年节期间，正月初一祭祀需用的净物——女人都不能碰的。

汉：在石仓看到初一迎年神时，家家都是男性扛篮子及拜拜，是不是同样原因？

洪：对。腊月三十年夜饭的时间有不同，三都上庄一叶家，年饭是吃腊月三十早饭，七八点。因开山祖曾是长工，给地主干活，后代以此不忘本。还有一个周姓，过三十前一天，因为第二天要回老家上杭祭祖。

除夕蔡宅请神

汉：安岱后也是提前一天过年，怕土匪来抢。松阳人一年比较隆重的是哪几个节点？

洪：松阳过节最大有4个：过年、端午、中秋、冬至。然后是清明、七月半、重九、七夕。三月三其实没人过，二月二、四月八有人过。四月八吃乌饭。二月二吃猪尾巴、猪大肠（三都特有的），还有理发。春节时的（糖）糕（米）粿要各留一块到此时（二月二），煎后，香味诱虫蚁出，烫死虫蚁，一年里就少虫蚁。

汉：端午节有什么活动？

洪：端午，松阴溪有赛龙舟，以前水很深。松阳

人吃薄饼比粽子多，松阳薄饼有名的。明时松阳县令罗拱辰抗倭，为了路途中方便军队食用，烙了薄饼，薄饼是他发明的。端午也说是女人日、送端午，又叫送羹，女儿女婿来看丈母娘，送两斤肉、两斤面，娘家要回羹。即使女儿去世了，女婿也要和外孙来送肉、面。此外还有送年节，过年时女儿女婿送娘家礼。松阳端午有孝有慈，是我们重要的传统精神。

端午茶是"采百草"，根据家人体质配伍，寒的热的。端午茶要在端午十二点前采。其实无史料记载，民间一直这么叫，也叫凉茶。松阳特点是目不识丁之人也识得几味草药。

七月半中元，独山庙会。独山那儿搞个活动，送水灯，主要为安抚"外路伤亡"，相当于盂兰盆会。

汉：重阳有什么活动？

洪：也是鬼节，也要祭祖。

汉：松阳要祭几次祖？

洪：过年，一次祭祖加两次扫墓（拜年坟，初一到初八都可以，大年三十下午）；清明，家祭加扫墓；重九，家祭，不扫墓；七月半，家祭加扫墓；冬至，家祭加扫墓。

松阳七夕，女儿节，也叫上茶节，上茶给七仙女。我常说松阳的茶叶节应该放在七夕，本来就是上茶节。

松阳比较特别的是成人礼、冠礼，吃只整鸡。还有开芋门，白露时节，挖一棵毛芋，看怎么样了，叫开芋门。松阳白露，还是修路、修桥的节日，因为露通路。

汉：中秋后面是什么？

洪：重阳，就是家祭。祭祖加家祭加秋社。秋收结束后，大的活动也没有，有社戏。冬至，祭祖，刚好农闲了，活动比较多，过去就是演演戏。

汉：灯彩一般是什么时候有？

洪：灯彩是正月初八到十五最盛，过去是初八之后到十五，现在是初四就开始了。过去初八之前都是过年。

汉：二十四节气与农业息息相关，松阳有哪些与农业相关的仪式？

洪：二月二，田头地角，插香烧纸，三都那边会用猪头等祭祀。插秧日，这个日子不能属火，属火插

下去，老百姓说要烧焦的。过去插秧要祭拜一下，简单的。

汉：祭的对象是？

洪：五谷神。另外家主人要第一个下地拔秧。但是插秧要在清明后，插秧时要师傅下去"开枝"。那天主人家起码是要请吃豆腐（如果没有肉），"插田无豆腐，交界当大路"，意思是说，插秧时不靠拢，插得很疏，主人家不管怎样都要殷勤招待师傅。还有一句，"吃饭多一碗，稻谷多一担"，土话说起来是很押韵的。

汉：现在这个仪式还有吗？

洪：还有，仪式少了，因为田少了。收割前，有个"标榜"的风俗。种稻谷，谁家丘田里最早抽穗灌浆的，收割前，拔一棵来，放进土罐子里，放到社殿里，给大家当榜样。各家收割前，最早熟的那丘田里的第一镰，也是选一枝挂在自己家的中堂。

汉：育秧有什么要做的？

洪：没有看到有什么特别的，不过我们有一种做法——菜刀插在育秧筐的盖子上，给它"做伴"，主要是怕什么妖魔鬼怪来破坏，挡一挡、镇一镇。铁器，金属辟邪、护秧。

汉：有没有尝新米风俗？

洪：有，不过是小节目，收好第一碗米蒸熟放在门口。还有一个，叫"落田福"，插好秧后请放牛娃、师傅吃一顿，要留几棵秧带回家，丢在自己的房瓦上。

汉：谷物储存，老鼠怎么防？

洪：每年三十，要"饲老鼠"和"焐大猪"。"焐大猪"，要用一个大树根，堵在土灶的灶口外，灶膛里的火要过十五，象征红红火火。打扫房间后，地面一尘不染。焐大猪后，地下的角落里放几粒稻谷，安抚老鼠。

汉：为什么叫"大猪"，这里没有猪。

洪：就是这个大树根。

汉：其他作物有什么风俗？

洪：种烟要做烟圩（松阳话，即垄），一垄一垄的，要挖深沟，是很吃力的，要烧点心吃。圩里可种木薯（一片片切起来种）、山药，有个"规矩"，种木薯时要握着拳头种下去，不能摊开手，怕木薯长出来长成佛手一样散开。还有，

种芝麻时要穿长裤，不能穿短裤，不然以后芝麻荚要很高才能长。

汉：这是一种"说法"吗？

洪：我们讲"制度"。

汉：种茶有什么习俗？

洪：三十夜浇粪。主要是打扫卫生，东司（即厕所）掏出的粪都要挑出去，刚好去浇茶地。如果直接浇青菜会把青菜浇死的，太烧了。茶地不怕，长势会好。清明那一天，搞点茶青（指鲜叶），直接冲了喝，可以明目，叫作清明茶。上坟回来也要喝一点，不管家里有没有种，都喝一点这样的茶青，和端午喝清水一样道理。

汉：采茶前有无仪式？

洪：没有。在松阳，茶也是药，发音一样都是 zhu，吃茶是 die zhu，吃药也是 die zhu。

汉：福建也有这种说法，药和茶都叫 da，药店里有茶卖。

洪：我们也是，茶用锡罐装。

汉：那松阳这边端午茶也可是说是端午药？

洪：是的，可以这样说，端午茶、端午药的发音和意思完全一样。茶作药讲两例子，如治消食，用老茶叶和煮熟的饭抓在一起去烧成灰后泡起来喝；第二个，血糖高的，要降血糖，用老茶叶直接泡凉开水。这个老茶叶，是指老树上的老叶，不是陈茶，就是新鲜的老茶树叶子。

汉：这二十四节气的风俗，老辈不讲，小辈都不知道了。谢谢您。■

山头村龙灯

松阳水遗产

文·王国慧

通济堰始建于南朝萧梁天监四年（505年），是浙江省最古老的大型水利工程，2014年入选世界灌溉工程遗产

遵生八笺：按节下松阳

"按节下松阳，清江响铙吹。"唐代大诗人王维笔下之"清江"，便是松阳人的母亲河，古名松川、又名松阳港、松溪、松阴溪。文人喜斯文，老百姓却要亲昵，从前都叫"大溪"——大溪小溪，就像谁家里都有大毛二毛、大宝小宝，这样叫来叫去的都是自家人，是体己的。

大溪由西北至东南注入瓯江，一路收纳着南北两岸的众多支流，在松古平原上织就了一张庞大的"非"字形水网。这个水网滋养着峻岭、丘陵和河谷平原上的田园、村落、市镇与港埠，也为松阳这个浙南山地的边缘县域，打通了一条串联钱塘江、瓯江流域的黄金廊道：对内可通达中国最富庶的江南核心，对外可勾连温州口岸的海外贸易。

"沧海汪洋同摺水，舳舻恬静并袍山。"县城西屏白龙堰路上，是乾隆年间始建的下天妃宫。仰望这石上镌刻的楹联，明知不过是当年闽汀移民、往来航帮客商向妈祖祈安的吉祥话，然而这愿景里总有些更深沉更温柔的东西，如石子叩进人心里去探问：山有仁，水有智，人居天地间，要如何看山理水，穿针引线，才能保得这同水袍山、四民太平？

水生记斗

"欲知山中事，须问打柴人。"想亲近这母亲河呢，自然要先找大溪上的老水利人。42年工龄的县水利局前党委书记兼副局长周日信，说自己是"一辈子的水利人"。"水文化？"他开宗明义，"松阳的水文化是斗出来的！不斗，田里哪来的水，哪来的'处州粮仓'？"

"1955年大水，邻居家的墙都被冲倒了。水位超过护墙石10厘米的时候，忽然退掉了。我家那时候只有母亲带着我，孤儿寡母的，太险了！不过我们古市人也习惯了，每逢端午水——松阳这里发水大多在端午前后——大包小包收拾一下，去避水。去哪里呢？一般是区公所，那里有三层楼。"

这老县城古市，确是个"斗水"典型。古市（旧名市街）所在的松古盆地、卯山周边是松阳最早规模性开发定居农业的区域之一，也是丽水地区最早立县之地——东汉建安四年（199年），置松阳县，属会稽郡。然而因屡患水害，县治在唐贞元年间（785—805年）就迁到了紫荆村（今西屏镇），"市街"也就成了"旧市街"。旧虽旧，这市街继续依河为生，种田营市，支撑着松古平原不断夯实"松阳熟、处州足"的金字招牌。到了明正统六年（1441年），浙江省布政司依然将分司设于古市，掌管整个处州财政，足见其经济地位。

古市为什么这么容易被淹呢？因这松阴溪是典型的山溪河流，降水汇流快，易涨易落，所谓"松阳山泽相半，十日之雨则病水，一月不雨则病旱"。不仅古市，连地处高山的汤城村，也被洪水逼得搬迁了三次。这松阴溪还时常改道，"忽此忽彼，忽南忽北"。民国时，象溪乡绅高焕然写了一篇《附说松阳溪流之变迁》，以备水利之考。文中感叹："谚曰：十年水流东，十年水流西。沧海桑田，其说信不诬矣。"就是新县城，也并非高枕无忧。当代"松阳活字典"、西屏的何为松老先生特地考证过县城南移的历史，以及他所亲历的项弄中央滩与南直街、南门中央滩与青田码道的形成与兴衰。今天以"明清老街"闻名的南直街，原来也是个"屡建屡毁，屡毁屡建"的典型。不过，用何老先生的话说，"也许这就是南直街的精神所在"。

"俗话说古市人看不到卯山就要哭，西屏人看不到独山就要哭，是讲我们农民本性离不了乡土。可是反过来看，说明这里日子还好过。松古平原历史上是两季水稻套种小麦，用水要求特别精细，那我们怎么就成了鱼米之乡呢，当然是靠水利。"周日信清晰记得10岁那年的冬天，和父亲去金达垄水库担黄泥筑土坝的情景。"大人说这样明年就不怕天旱了。我们背着小簸箕，扛上锄头，带上蒲包饭，饭团里夹一点干菜，还有毛竹做的茶筒，里面灌上端午茶，天不亮就去工地，干劲十足。"第二年松阳一直没下雨，但田里果然都有水，"映着稻子绿油油的。我那时候就想，长大了一定要做这个事情（水利）"。

水官记志

周老带着我们在大溪上跑了两天，细心选了九处

节点，还好不容易约到了健在的几位老水利员，一起重温了他近半个世纪的工作日志。

周老说，古人的用水要求没现代人这么多，就是种田吃饭，不闹灾荒。农田灌溉基本上靠筑坝挖塘、蓄水引流，再加上龙骨水车、筒车来戽水排灌。木筱坝竹笼坝，所谓草堰，很容易被冲毁，有条件了改石砌坝，那工程就花费大了。生活用水主要是溪水、井水，村村都有水碓，打谷、磨面、榨油。山区梯田都是引山水、泉水。当然现在村村通自来水，家家用电，不可同日而语。

到20世纪五六十年代，小堰坝改大堰坝，小山塘变小水库，全面推广机电排灌。1967年建成的江南渠堰，位于松阳与遂昌交界处、界首村之上，规划灌溉15000亩，到现在也是骨干工程。70年代"农业学大寨"，1977年开始治理松阴溪，可谓史无前例：县委书记邵宗仁召开万人誓师大会，遂昌全县（当时松阳并入遂昌）33个公社，每个公社派100多人参加，采用兵团作战方式。一期工程持续到1985年，到1992年基本完成主干流治理。80年代，浙江省内提倡"自力更生修水利"，全县上马了120多个水利工程——堰坝改水库，引水加蓄水；干流上的草堰则大多改用钢筋水泥；还有小流域治理、防洪工程、低产田改造等。1989年之后，松阳连续三次被评为全省水利建设先进县，两次全国水利建设先进县，全省30多个市县组织人员来轮流学习。"现在我们松阳是全国古村落保护的明星县，其实20多年前，我们已经是明星县了，水利明星。"周老回忆那一段历史，最大的感受是"人心齐，一说做水利，都是不计较报酬的"。

进入21世纪，松阴溪两岸的防洪堤加固工程，提高要求到"可抵御50年一遇（洪水）"。沿溪两岸20公里，

江南渠道

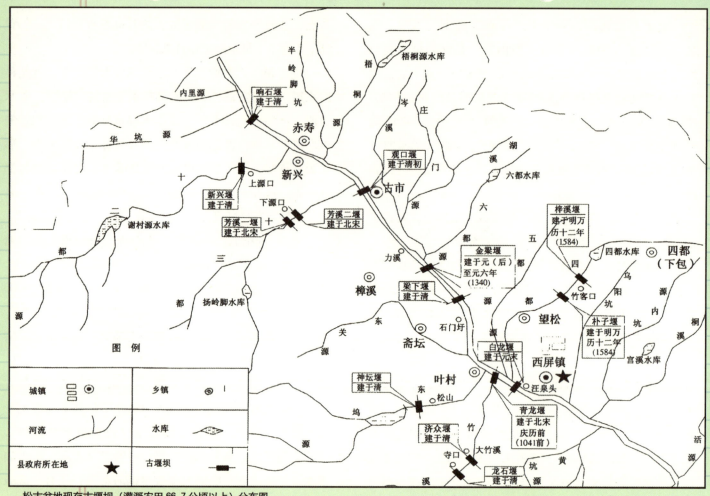

松古盆地现存古堰坝（灌溉农田 66.7 公顷以上）分布图

规划发展"生态滩""生态堤岸"。机电排灌在包产到户后已逐步取消，目前主要是小机电，并逐步推广滴灌。如今松古平原约 13 万亩农田，相应的中小型水库年灌溉能力超过 26 万亩——所谓"双保险"，灌溉保证率达到 30～50 天，甚至以上。"我退休 15 年，刚好是松阳水利大投资、大建设的 15 年。现在的水利工程，论投入、技术、规模、功能，都是大手笔。"周老不无感叹。

居安思危，眼下可还有隐患？当然也有。周老说，第一，比如防洪一定要结合排涝，一味追求高堤就会有排涝风险，现在已经有低地区域出现了内涝；第二，水利问题从根本上来说不是建设问题，而是管理问题。民间组织很重要，和农民切身利益相关的还是农民自己管最有效。公民素质也很重要，"工程质量再好，大家不上心，乱倒垃圾乱排污也会一团糟"。

有什么心得可传授？他笑笑，"第一是民心，既要抓技术，又要发动群众。水利员都是发动群众的高手；第二呢，水利是最实在的事，是得自己去水里蹚出来的。"再问他最大的心愿，"老水利"忽然振声说，"我就希望

我们还是回头种点粮。就算处州人吃米不靠松阳了，松阳人吃米总可以靠自己吧。不然还叫什么处州粮仓！"

堰头记守

松阳的古堰坝在处州地区数一数二，民国时《松阳县志》记有 120 条古堰坝，2004 年前后修复重建了 6 条历史名堰，到 2010 年，灌溉农田 66.7 公顷以上的古堰尚有 14 条。

古市新兴镇。周老带我们去拜访老水利员徐老师。新一代水利员，大多是村委会干部兼任，地方上的水情掌故就不一定很了解。老水利人，尤其新中国第一代水利员，多是从前的"堰首"，堰上长大的。徐老师介绍，这里的水管会是 1967 年就已成立的民间组织，负责 14 个村的农田用水，其中 95% 是茶园用水。茶株用水要求比稻米低，排灌压力大大减少，加上主要靠水库灌溉，基本无旱情。沟渠在 2014 年都用水泥加固过，维护工作也大大减少。收费现在是集体支付，说是减轻农民负担。比如江南渠堰，每年由水管会清理两次，县财政拨

款。水管会有3个管理员，平时负责放水收费、巡查清理，处理些小纠纷。"关键是定了规矩要守，大家都守规矩，就井井有条。"

大的堰坝历史上都是"堰董责任制"：受益农户按灌区选出堰首，组成堰董会，负责堰坝沟渠的日常维护、监督用水分配，组织冬季岁修和调节争水纠纷。报酬一般是由各户交纳谷物充做。解决不了的大事儿再找官府调节，裁判结果张榜立碑为据。这一套管理规制，最早和最为系统的范本，当属如今已被评为"世界灌溉遗产"的通济堰。此堰在1963年划归莲都区管辖，但松阳父老一说起来都是种种不舍。

下了通济堰，松阴溪便汇入瓯江了。通济堰头的堰头村，一路清流环绕，古木参天，山水田园之间，村头堰头早合为一体。这1500年的沟渠营构，清流不歇，所谓的"竹枝渠"，碑上的图样真是栩栩如生一幅好绣工。

行至石函，老百姓俗称的"三洞桥"，是世界上最古老的立体交叉石函引水桥。此处有一股山水横冲干渠，常年清沙排淤，劳役繁重，百姓叫苦不迭。北宋政和元年（1111年），丽水知县王褆听取县学助教叶秉心的建议，加造了一座双柱三孔石函。山坑水可由石函上平泄而下，泄入松阴溪河道；而干渠水则在涵洞下穿流而过，安然入田。山水渠水，一高一低，十字交错而行，互不相犯，"石函一成……五十年无工役之扰"。函上又设一小桥，既便民通行，又增怡情小景。如今人从桥上过，渠旁古樟蔽日，身下水分十字，上下四方，俱是清流漱目。好个"水立交"，真是妙手解疙瘩，又顺手打了个秀

通济堰三洞桥，世界上最古老的水立交桥，两侧上通行人，中央通山坑水，桥下通灌溉水（圳水）

外慧中的十字结。

堰头的龙庙，亦是南朝时就有的二司马庙，是为始建此堰的两位地方官——詹南二司马所建。如今的主位供的是村民堰龙，传说中他潜水修补堰基，功成却未能上岸。庙里收藏着历代堰规碑石，共17方，包括著名的

通济堰龙庙，原"二司马祠"，庙内供奉着堰龙像

《丽水县修通济堰规》——南宋时处州太守范成大所立的二十条堰规，分区分工，权益平衡，权责分明，监管得体，堪称水资源公共管理的典范。

庙前的石虎上坐着一位拄拐杖的老人，一问正是老"堰首"诸葛金文。诸葛老人今年91岁，说："我家本是温州人，从我爹开始迁到这里。我爹管堰，我很小时候就给他帮忙了。1953年时候就是我来管了。"开闸关闸，

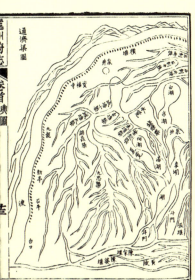

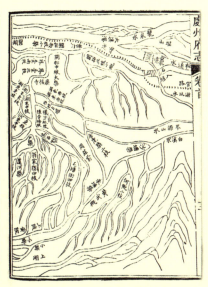

清光绪《处州府志》通济堰渠图

通济堰老堰首诸葛金文

看水巡堰，夏秋时候要特别当心。以前开关闸门都得手提铁钩，堰坝正门闸有 6 块闸门，一块据说重达 500 多公斤，再加上水流压力，开闸关闸还真是个硬功夫，要有力气，又不能使蛮力，得靠巧劲儿。老先生拿起拐杖给我比画着："现在轻松多了，都电动化了。"我这才发现老人的手掌几乎变形了。"我现在做不动了，是我儿子在管了。"儿子诸葛长友本有他业，知道父亲总是不放心，就接过来做兼职——全职是养不了家的。

说话间，有位阿姨端水来搽洗廊柱，正是老人的儿媳。难怪这庙里特别洁净。阿姨说家就在旁边，老人每天一大早抬脚依然往这里来坐着看堰。当真一辈子都看不烦吗？老人说："以前有个宰相，现在这个石头堰就是他给砌的，可牢靠了。他后来的墓都建在那边山里的，说是要守堰。"

庙头记信

告别时，阿姨邀我们秋天再来，看双龙庙会。"这个庙会，修了堰就有了，以前是春秋两祭。双龙庙会是秋祭。春祭要比秋祭更热闹。三月三'龙子庙会'从三月初二开始，我们这个庙、碧湖的龙子殿、保定村的龙女庙，都打扫卫生、张灯结彩，叫作'判官扫地'；初三'拜龙王'，把龙王请出来巡街；之后是三十六行轮流请戏班唱戏，一直唱到四月十二；中间六月里还要做个

界首禹王宫

界首禹王宫主建筑遗迹

'龙翻雨'，是求雨的。中华人民共和国成立之后都没有做了，前些年说是什么'非遗'了，恢复了双龙庙会。"

说起拜神求雨，还真是这一带的老传统。《松阳县志》里说："松邑半多山田，易致干旱。如逢夏旱，农民辄喜求雨，名曰抽龙，三都尤甚。"久旱时，县官须亲身求雨，以示虔诚。至今松阳全境保存完好的禹王（或平水大王）庙有 17 座，还有龙王庙、瑞现夫人庙、水神庙，以及一些治水有功的贤德祠庙，等等。逢年过节，乡民都要祭拜大禹（平水大王）、龙王、胡公大帝（解决水利纠纷）、瑞现夫人（白龙之母）等与水事相关神祇，以求来年风调雨顺。

松阳和遂昌交界处，松阴溪最上游的界首村，就有座禹王宫。这座明代始建、清代重修的四进庭院，总面积 1000 多平方米。外墙门脸是 2003 年村民集资修复的，门里还是荒烟蔓草，因 20 多年前的火灾而废置着。村民讲，曾经每年正月十二至十七村里都要祭禹王。正月初八，各户送灯到宫里来摆，"花样可多了：龙灯、虎灯、马灯、莲花灯、珠灯、宫灯、联扁灯……好看得不得

界首村主街道，以前是水陆交通要道

了"。村民一直想把禹王宫再"修起来"，不过，现在听说是要和隔壁的刘家宗祠、震东女子小学堂旧址打通，作为一个整体保护修复项目来做。"哪里来的建筑师我们都欢迎"，村民表示，"可我们就这一点希望，这禹王宫总得恢复啊。"他们的意思，是得恢复传统的祭拜功能。"不能拜还算什么庙？何况我们界首可是松阳的头和喉啊，松阴溪不是从这里流下去的吗？再说了，没有大禹治水，哪来的现在的中国人？"

"界首这个位置，确实关键。"松阳作协主席鲁晓敏说。浙江的两大流域——钱塘江和瓯江之间，都被山脉阻隔着，山间虽有若干小隘口和山道，但大规模的运输，在以前只能靠航运。沟通的结点，就在界首。温州来的货物溯溪而上，枯水期到古市就停下来了，丰水期可以上到界首，界首再往上就没法撑船了，货物得通通上岸，由担夫接力，走一条叫官溪的官道，大概40公里，就到了龙游县的溪口，那是钱江上游。在那里再装船运到衢州，到中下游的金华、杭州。反过来，钱江流域的货品也是从龙游担到界首来。"你把这条路线理出来，就能发现，松阳刚好处在沟通两大流域的黄金走廊上。"

清光绪七年（1881年）时，松阳有八家会馆，而同年的温州只有四家会馆。西屏南门曾有四个码头——"松阳码头""温州码头""青田码头""沙埠码头"，都是按船帮名称来命名。鼎盛时期据说有帆船1000多只。这些船将产自松阳的粮食、茶叶、药材、竹木、柴炭、桐油、油茶、烟叶等货物运到温州，再将温州的海产，以及来自日欧的各种南货、洋货转运至松阳。后来，随着公路交通的发展，松阳船运逐渐衰落，1985年之后停航，松溪上再无百舸争流的风景了。

水流云在。那些老屋、庙宇、碑刻、青瓷残片、传说、诗文，以及人们对信仰礼俗的顽韧记忆，仍有形无形地交织着，留映着松溪水路上一程程的历史镜像与心灵景观。

水口记慧

"不是我们松阴溪不听话，世界上没有一条河流是听话的，你想让它听话，要有驯化它的能力。"鲁晓敏说。

"今天我们看到的通济堰，就是靠历代不断积累经验而来。刚开始是竹笼卵石，碰到10年一遇的洪水就毁了。后来打进'水底万年松'——把松木表皮剥掉，表皮与木芯之间要留一层黏膜，和人的皮肤一样，有点油脂，这样的松树在水底淤泥封闭状态下不会腐烂。但这个不能破，破了就没用了，要有水平的木工师傅才做得到。把这些松木密密麻麻打下去之后，再累积石块，把基础做好，前后几十米，稳定好河床，再砌石头。后来发现还是不行。于是想到在石头之间各打个缺口，把铁水倒进去，坚硬了以后变榫卯，我们叫'燕尾榫'。再后来前后左右都加榫卯，也还是不行，因为水的力量太大。这时候再想办法，因势利导，弄拱形——力往两边泻，化有形为无形，以柔克刚了。再连续拱，大拱套小拱，这下牢靠了。这个拱形，我们比西方早了1000多年。这是我们松阳人的贡献。"鲁晓敏颇为自豪。

县城西屏，也是一个水利系统。独山对面的吴家山、云岩山，从北到南一条直线全是山脉，正好与松阴溪形成一个"丁"字。独山坳口进来，修一个白龙堰，让水流慢一些，水位抬高一点。古人有慧眼，借山挡水，整个县城坐落在15度的缓坡上，这样来自北面的水流可以快速通过。县城里还留了四个南北纵向水渠，方便泄水。松阴溪两侧一公里范围，全部种桑树或杨柳，一是稳定河床，二是作为泄洪区。

古村落，更离不开水利基础。松阳401个行政村，鲁晓敏已经跑了300多个。"我们松阳古村落，有一样是可以笑傲全国的，那就是风水。"在他看来，这300多个村落都是按风水规划，至少是风水调理痕迹非常明显的：界首村是条船——中间一条路是龙骨，两旁小巷是船骨，民居是甲板，刘氏宗祠是船舱，宗祠后的大树就是船篷。顺流而下，赤岸村、雅溪口村、靖居口村、小槎村，都是一艘艘船。除了船，还有星系、倒钟形、太极图……总之各自因地制宜来做风水营造，形式丰富。"但根子里都是一个思维，我们中国人爱讲的，桃花源。"

水口是一个关键点。传统村落里最重要的公共建筑，除了宗祠就是水口。"我们中国人讲究坐北朝南。最好的水口，西北进，东南出。下水口又比上水口更重要，可保村落平安，财运昌盛。上水口要宽，下水口要紧，大头进，小头出，才是聚财。下水口要有几个标配：山、水、林、建筑。水流要清，不能太急，最好弯弯曲曲、两水交集；两侧要有风水树，最好是香樟、红豆杉、枫香树，结子的，象征红红火火、子孙繁盛；要有桥，锁水口，廊桥是最好的；要有堰坝，藏风纳水，两岸不会被冲垮；要有社庙，水口左右各一个社庙，两庙对置，中间一个廊桥，廊桥上有观音庙；富裕点的村还要有塔亭碑榭，看上去就是个小公园，最本质功能是保护水口，水口是不能动的，动一下会遭天谴，宗族会拿你是问。"

"在水口，通过人工营造，水能得以最大化利用。水多的地方，做个水碓水车，既改善生活，又把水流变缓；水少的地方，挖塘种柳造亭，再写副对联挂上去，迎来送往，写进诗里。科学加文化，多好，多有情谊。"鲁晓敏说。

官岭村下水口的廊桥

乡居记情

西屏再往下，就到了松阳、莲都和云和交界处的小槎。

小槎在槎川源汇入大溪处，源上只能放槎（小木筏），因此叫作槎川。这里曾是瓯江上游的重要商埠之一，岸边古驿道通往丽水和云和。村口斜坡上有处极小的庙，关帝庙，以前是"义渡馆"，过往摆渡免费，渡工酬劳由义田的田租支付。乡上文化员说，源里溯溪流而上三个村，早年都有"渡船会"，有"渡船谷"方便筹捐兑谷，还留有"渡船山"供伐木造船。"人不相互照顾是不行的。"老乡说起上游象溪高氏，"有个种田的，高良仁，家里穷，攒了钱都拿出来做善事。象溪那段水里

石头多，以前经常翻船。他雇了工，枯水时候去凿礁石、通水路。（国民）政府给发了个匾——急公好义，现在还挂在他家老房子里。"

小槎的村民据说95%都是刘伯温（刘基）后人，其余5%是温州来的船夫或客商。"以前的老房子是家家有廊檐，你从村头走到村尾，下雨天不用打伞。吃水不用出门，家家都有穿堂水。"老房子如今不多了，环村的水道沟渠还在。跟着进了一户老屋，厨房里果然一条清流穿堂而过。出门后绕来绕去，到了老水碓房。松阳人有句俗谚："进村看水碓，进户看咸菜"，如今四里八乡还是户户晒咸菜，水碓则很稀罕了。眼前这个水碓房只剩下断壁残垣，面积150平方米左右，内外水道和三个操作区分明可辨。"榨油、舂米、磨面三合一，榨油在中间，三架榨油机同时工作。"村民刘献跃指点给我们看。这是村里最大的水碓房，也是最老的，400多年了，是他家传的。

河谷村落看罢，再往山上走。官岭村，鲁晓敏所说的"中国最典型的阶梯式村落"。山上一壁层层叠叠梯田民居，田园周围一圈树，田园之下一条古驿道，古道下是一涧清溪。

"我小时候就有这条路了。做好纸，就走这条路送到古市去卖。我们种的是单季稻，只够吃半年，还有半年呢就靠砍毛竹来做纸、做竹编。1958年以后就没人做纸了。"76岁的陈银发正在堂屋里烧着火来做竹簸箕，做好两只，左看右看非常满意。待停下手里的活计，他叫上兄长，带我们去找老族长。兄长陈周松比银发大了10岁，两位先生在高低盘桓的山路巷道间健步如飞，我们

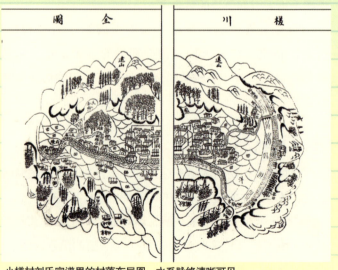

小槎村刘氏宗谱里的村落布局图，水系脉络清晰可见

官岭村口的禹王庙

南岱村的一处水碓房遗迹

在后面紧紧跟着，生怕一眨眼就掉队迷路。遇到修族谱的老先生陈立群，老人家告诉我们，这里种田吃水，以前都靠山水天水（雨水）。溪水供盥洗用，排水也是通到溪里。山洪会有，问题不大，水很快就流到溪里去了，"以前溪两边并没有这么多房子，都是菜地，水来淹就淹一下，不碍事（简称泄洪区）"。村里的古树都是风水林，水口附近就有160多棵。平水大王庙旁边那棵柳杉年纪最大，514岁。下水口那里，最老的一棵柳杉也400多岁了。"这些都不能动的，大炼钢铁的时候也没人敢动。"

"现在不种稻了，都种茶，95%的人都是买粮吃。"年轻的水利员陈舜尧告诉我们，"但田里还是旱。每年通通水渠，效果不大。今年一直不下雨，再不够就得从溪水里抽水了。"现在村里水利工作主要是三块：农田、饮用水和河道整治。通自来水10多年了，排水有化粪池。他带我们去看下水口，果然是越走树越多、水愈缓。沿着溪，曲曲折折慢慢走，一路捡着枫叶、红豆杉子，经过社庙，到得廊桥，桥上供着观音，半山一座关帝庙，果然是锁得好，藏得好。

再上便是南岱村，听说有30多条堰坝。村委会吴主任说，"传说我们这个村子是条船，有水也冲不走"。可我怎么都看不出堰坝在哪儿，吴主任说他也看不全，要请退休的老书记金日贵才行。

亏得金老慧眼，一路走来一路数，貌似平常的河道里，居然藏着人工堰16个、天然堰36个，加上水碓房（遗址）、水池水塘、石桥廊桥，可真是个微雕的"水利大观园"了。这里借用落石起堰，引水入田；那里借树围合，聚渊成潭；高处筑桥，跌水处拦水；水急处架水碓，水缓处要么铺石板做成"过路堰"，要么就半围成洗衣塘、洗衣堰。洗衣取水处，无论大小，都要特别落实平稳，方便上下，以保妇孺平安。此外再根据水势，配置泄洪堰、固岸堰、固桥堰，林林总总，体量不大，功能周密，真是螺蛳壳里做道场。加上材料多是石头竹木，种种巧借天然，这一路的营造几乎隐入山水之间。

经过一户正在做老屋重建的宅院，临溪的石门上镌着四个大字："智水仁山"。门口的三合土旁放着工匠的扁担斗笠、畚斗簸箕——都是陈银发那样的山民最拿手的。门前一段清溪，因上下有堰，蓄成了个小潭。金老说这里叫作"鲤鱼潭"。潭中果有石，粼粼数许，隐隐约约。涧水环石而鸣，潺潺而下，深波如锣，涟漪如磬。

平水记思

"水利万物，理得其性则利，理不得其性，则时或为害。"（屠赤水《百仞堰记》）

独山脚下，小小一间瑞现夫人庙，门脸隐没在车水马龙里。400多年前，百仞堰再度修复时，松阳知县周宗

松阴溪靠近县城的青龙堰附近
记载原何家堰事迹的勒石

芳溪堰下已无"平水石"

宗郐亲往勘察后，"命徙堰
基西上数百武（6尺为步，
半步为武），地形稍高，南
可决水灌田，北不漫流漂
舍，两乡民贴然议，遂共
徙堰基"。百仞堰由是得以
复建，横山村民更是为周
侯立碑颂德——这块"周
侯治水德碑"，至今被收藏
在横山村会堂。然而4年
后，百仞堰又遭大水冲毁。
这次幸得处州林侯撮合，
最终将修复百仞堰之集资

郐曾在这里与好友屠赤水、汤显祖吟诗唱和，传为佳话。

这里的县官其实是不好当的。百仞堰—何家堰—
青龙堰，说起这三堰一体的身世迭代，一篇《百仞堰
记》不足尽述。百仞堰坝原在松阴溪南岸独山（百仞
山）麓独山潭附近，灌溉溪南三村农田。宋庆历年间
（1041—1048年）遭水毁，明正德年间（1506—1521
年）修复后又被冲毁。每逢南岸乡民积极筹款复建，
北岸县城居民总是百般阻挠，因为一旦起堰，水位升
高，发大水时便会殃及北岸县城。如此两难交哄，直到
明万历二年（1547年），水南村的何姓子弟另辟蹊径，
集资在偏西位置（今之青龙堰坝址）修堰建闸，名何
家堰。此堰选址设计都颇为巧妙，既解决了本村的农田
排灌，也不影响下游和对岸居民生活。不过其他两村还
是田中无水，与对岸居民仍是争执不下。1596年，周

划拨于何家堰，此后何家堰由溪南三村共用，堰名也改
为青龙堰，两岸终得太平。

历代水争多事之地，还有芳溪一堰二堰。二堰在
一堰下游90米左右处，北宋时即有记载。两堰分属
新兴、樟溪两乡镇所有，是两乡镇主要水源，又同引
十三都源芳溪坑水，每逢干旱便纠纷不断，往往闹到对
簿公堂。直到20世纪80年代末，芳溪两堰合入杨岭脚
水库，加上江南渠堰的支持，两乡灌溉条件都大为改
善，用水纷争终获解决。二堰旁还建了一个十三都小水
电站，并入国家电网。"我们也是两个乡分配，特别签
了约的，政府主持，红头文件发下来，和古时候一样。"

不过也略有遗憾。曾在两堰之间特意设置的、调解
分水的"平水石"今已湮没不存。若非金石为证，小水
电站旁边的我们哪里辨识得出什么一堰二堰，哪里知道
这"水平"之来之不易？多亏历代堰董后辈细心收藏，
县府关于芳溪堰水事的榜文告示及碑刻拓本40余件，从
明嘉靖九年（1530年）至清光绪九年（1883年）353年
间，如今都可以在县档案馆查阅。其中一幅芳溪堰二堰
水利图，详细标出了堰上的50多个水演（通"眼"字，
即涵洞口）和堰边设置的6个水碓房。

除了分水立约之碑、平水颂德之碑，还有"去思
碑"。元至正年间，金梁堰被水冲塌后一直未能修复，松
阳县令买住一到任便辛苦奔走，捐俸筹资，率众修复。
灌溉既复，百姓欣喜不已，将此堰称为"宣公堤"，还编
成歌谣传唱。6年后买住任满，百姓不舍，特地找到时任
处州府总管府判刘基（刘伯温）请文，以立"去思碑"。

靠近县城的青龙堰，朝上游呈尖拱形。

"吾民不能忘，愿得文以记。"刘基深为感动，欣为纪事。这块"邑令买住公去思碑"，一直保存在金梁堰灌区。这类"去思碑"，如今松阳全境尚存 10 余块。

高处高平，低处低平，长长久久，念念不忘，才是真水平。

珠还记幸

临别时，我问周日信怎么看现在流行的"生态"概念。他说："现在很多讲'生态'，其实是一味追求景观，不是真生态。生态不是一个口号，是生活。你离开了生态，生态也会离开你。"

的确，生态，其实是一种社会生活的运营。在松阳的传统社会里，保田通渠、淘井洗衣、舂米榨油、放排跑船、排涝求雨、请神烧香，甚至争水分水，其实都是在磨炼调理着一种人人有责的社群水务实践。敬水惜水、分水用水、护水管水，这些人与水、人与人相处的经验，贯彻在每个人的日常行为之中，形成了一种颇具区域特点和生态智慧的"水利共同体"。而这种不分士农工商，都需要具备的一点水敏感、水担当和水能力，不正是现在过分依赖科技与行政，又被消费力量所主导的现代社会里所最为稀缺的一项公民教育吗？

松阴溪岸的黄公渡村，曾是去往温州的重要渡口。溪边鹰嘴崖，崖下鹰嘴潭，潭深水广，巨石嶙峋。作为"生态滩"景区的一段，溪中沙洲也是候鸟青睐的栖息地，还是"鸟类活化石"中华秋沙鸭的最佳观测点——这也是近些年大力治理松阴溪，全面禁砂治污的成果。再往村里走，70 后村主任谢根深带我们去看放生潭。走一路找一路，说是"放生潭""黄公渡"，石上字迹历历，离水却是越来越远了。田间山麓散落着的，不只是巨大的摩崖石刻，还有大块小块的拴船石，果然是沧海桑田。虽然说不清楚来历，也没被评上什么"文保"或"遗产"，但村里人都一一原地保留着，不许人损毁。

再回到县城，午后的白龙堰头，两条白虹卧水，粼光灼目。"不容易不容易"，一位老先生说，"凡 30 岁以上的西屏人，多多少少都是靠着白龙堰长大的"。他跟我讲了这白龙堰的起死回生，竟又是一段当代传奇。

这堰最早是元末明初，由辞官归里的武将周汉杰捐资修建的。乡民受了恩惠，就奏请立祠，祠名石柱殿。此后 600 多年历经修护，一直是项弄、白沙两村的主要水源。灌溉、吃喝、洗漱、消防也都靠这里。1994 年，堰头的拦水大坝被洪水冲毁，导致溪水不能入渠，白龙圳渠就慢慢变成一条臭水沟。两村乡民一直盼着清渠修堰，不想 2002 年却等来了填埋弃堰的决定。一时间乡民和热心人士奔走呼吁，恳请"刀下留白

黄公渡村黄公堰放生潭

白龙堰的渠头排沙口

龙"，始终音信渺茫。

到了 2003 年 5 月，项弄村一位村民在修建埠头时，挖出了一块石碑——据文物部门考证，确为清康熙十七年（1678 年）所立之"张侯重造白龙堰碑"。古碑出土的消息一见报，再度引发松阳各界关于古堰去留的热议。远在北京的军医将军程东源、学者吴增芳等松阳同乡也加入了保堰行动。父老乡亲返乡调研，在媒体发文呼吁，又诗文致电政府，反复陈情古迹保护的意义。终于在 2004 年 1 月，县委正式宣布，"白龙堰要通不要填！"这下真是大快人心。2009 年，白龙堰整体修复工程竣工，还设计了两层跌水式堰体，寓意"双龙跌水"。命悬一线的古堰终于"满血复活"。

老先生送给我一本薄薄的小册子，《古堰情深——白龙堰通水纪实》，说是"我们自己编的小通讯"。我在上面看到了一张小小的、模糊不清的黑白照片——是白龙堰头的吕家荣，那位发起保堰行动的普通退休教师。2007 年，吕老师因肝癌过世，没能看到修复后的白龙堰。

但在去世前，他特意写了《白龙堰礼赞》，寄给为保堰出过力的各位父老乡亲。

续一出余韵

的确，我们现在不需要"水底万年松"了，不需要那样煞费苦心地照顾一棵棵木头，让它们在水底还能继续着生命，坚挺又能呼吸。可凭借着高科技和百年都不会降解的合成材料，人到底是在更牢固地圈养水、利用水，还是在更牢固地囚禁自己、更高效地透支地球呢？

时间拨回到 1909 年春天。被水土流失、肥力不足等糟心事儿纠结得头疼的美国农业部土壤管理所所长，富兰克林·H. 金，终于下决心带家人去一趟东亚。这位土壤学家"一直盼望着和这些最古老民族的农民见面……学习他们在长期的人口、资源压力下逐渐达成的实践经验"。而他的那些聚焦于"水—土—肥力"的学农笔记，50 年后成了"美国有机农业运动的圣经"。

修复后的白龙堰特别设计了双层跌水造型，寓意"双龙跌水"

有趣的是，正是从最微观的农业生产物质循环、最基层的农耕技术切入，这位"洋农夫"或许比同时代的西方传教士、水利专家、诗人和哲学家，都更为直观地体察到了这个古老而庞大的东方水利系统中蕴含的可持续性价值，换句话说，他也能理解大禹。

十年水流东，十年水流西。据国际地圈—生物圈计划（IGBP）给出的数据，从第二次世界大战结束至今，全球人口增长了180%，水的消耗量增加了215%，能源消耗量则增加375%。这种被称作"大加速"（Great Acceleration）的趋势，正加剧侵袭着人类赖以生存的地球。

如果说全球化是地球村里每个角落都无从躲避的浪潮，一波紧似一波，那么在松阳，在这个具体而微的节点，我们该如何温习那些两千年里沉淀下来的人水共生的智慧，如何继续敬惜、照料和分享这一段来之不易的"水平"呢？这是大溪留给她的孩子们的，一道关于"新生态"的课题。■

松阳水系小百科

参考文献：《松阳县水利志》
浙江人民出版社 2006年10月第1版

松阳县水系以松阴溪、小港为主干，均属瓯江流域。松阳县水系呈脉络状分布。松阳县属亚热带季风气候，四季分明，温暖湿润，雨量充沛，年均降水量1658.6毫米，年均水资源总量达13.845亿立方米。每当雨季，大溪小河水量充足；遇枯水期，松阴溪干流和主要支流亦不会断流。

松阴溪为瓯江主要一级支流。干流全长109.4千米，流经遂昌、松阳、莲都三县（区），遂昌县境内长44.3千米，松阳县境内长60.5千米，莲都区境内长4.6千米。流域面积1995平方千米，其中松阳县境内流域面积1302.57平方千米。河宽120～160米，平均水深4.8米，年均径流量18.3亿立方米。河道天然落差854米，平均坡降7.8‰。洪枯变化悬殊，颇具山溪性河流特性。■

叶高兴
——咔嚓声中的故园守望者

文·野望 摄影作品提供·叶高兴

我从没见过这么安静的男人。看着你，微微带着笑。他总和他的相机在一起，相比起来，他的相机反而更炽热些。

1987年，他买了台好相机，成为众多摄影者之一，拍风光，拍民俗，拍鸟。他是那么普通，在端着大炮的摄友们中间，他个子矮，又无声无息。

谁也想不到，他会成为一个保卫家园的卫士。

七条好汉

2008年，旧村改造与下山脱贫正在松阳轰轰烈烈推进。因为多年宅基地严控，老百姓盖新房的欲望强烈，旧村改造规定，盖新房必须拆旧房。下山脱贫规定下了山建新村，旧村必须完全推倒。一时间，一座座新房盖起，一座座老宅倒下，一个个古村被消灭。

这时有七条好汉站出来了。"政策很难变，我们抗拒不了，但我们可以用影像把古村落保存下来。"七位好汉是叶高兴、卢朝升、周星龙、周树林、阙福亮、包朝龙、项志忠。他们都有自己的本职

松阳县原点影像文化研究会创始人、会长叶高兴

工作，像周星龙是松阳县人大常委会主任，周树林是个老公安。

他们分成三个小组，每个组拍三个乡，从8月开始与旧村改造下山脱贫赛跑，一直跑了4个月，所有的休息日、节假日，他们都在古村度过。一共拍摄了一百个村落。每次在论坛上发照片，他们还会写一下这个村庄的情况。

照片引起松阳人强烈反响，大部分松阳人第一次发现"原来我们松阳还有这么多古村落！"这是松阳人第一次发现自己的古村落之美，是一次乡土觉醒。

赛跑赢了

2011年《新松阳》报办了半月刊，做什么题目呢？主编向叶高兴问询，叶高兴蹦出三个字"古村落"，于是专门刊登古村落文字和图片，每个村1000字，每期2000字。叶高兴和阙献荣、黄爱香整整写了、拍了一年，100个村庄完整

地呈现出来。

赛跑中当然有深深的遗憾，至今叶高兴仍是一声长叹："四都4个古村：柘坑、午岭、章田、椰树村消失了。玉岩的白麻山村因地质灾害整村迁走了。我们虽然留下了影像，但这些淳朴的古村却永远没有了。"

松阳作家鲁晓敏看到了照片，激发了他研究的兴趣，原先他在山下阳村、界首村跑得多，叶高兴的古村照片使他可以按图索村，深入一个个古村落，也开始了与叶高兴相知相助、图文合作的历程。

2011年，《中国国家地理》杂志在丽水摄影节看到叶高兴摄影专题《村落》，与叶高兴取得联系。2013年，积累两年的努力，鲁晓敏在《中国国家地理》上发表《最后的江南秘境》，不少图片是叶高兴拍的。这篇文章第一次把松阳的美推到全国，引起强烈反响。

之后松阳三批申报的共71个中国传统村落都在叶高兴和他同人们拍摄时发现的100个古村中。2012年第一批8个中国古村落被批下来，2013年春节叶高兴建议博物馆做展览，迅速做了8本画册，各印500本，被一抢而空。

叶高兴并没有松口气、停下脚步。

2014、2015年，他对没拆的古村，继续做影像记录。在新处乡（今属新兴镇）古村落，庄后、官岭等村拍摄中，他发现当地"三改一拆"政策不合理。老百姓建新房，为防一家占两处房，原来老房子必须拆掉，非常可惜，有没有更好的办法？他在网上做了呼吁，"不能拆，可以采用其他形式"。王峻县长看到，做了批示，第二天县政府办公室就去调查。本来两个月限期拆掉，后来改成这些老宅集体收回，这样没有违反原来规则，又保存了老宅。

他参与了松阳博物馆的松阳老照片等展览。他还深深影响了身边的人，他的老部下王永球后来当上松阳博物馆馆长、文广新局副局长，并成为拯救老屋计划负责人，她全身心投入拯救老屋、熟悉古村落工作，与叶高兴平时影响是分不开的。

松阳的知识分子们就是这样同气相求、相互支援，共同成为古村落与家园的守望者。

记录水库移民村

2015年黄南水库定下要建了，历时3～5年，3个村562户人家需要大移民。叶高兴此时已组织了原点影像文化研究会——纯民间组织，成员有60多人。他动员大家一起行动起来给移民村做记录。

2017年9月3日一早，汉声组跟随叶高兴4人来到坳头村。

其中一位男士是叶高兴的哥哥，另一位女士秀雅端庄，原来是叶高兴的夫人。他们乐此不疲，是叶高兴的重要支持者。

虽然是家庭组合，但他们的专业能力却让我们吃了一惊。

原点的这项记录显示了公民影像记录能力的成熟。首先是村貌的全面拍摄，然后是所有的村路街巷、公共建筑、公共空间，如会堂、宗祠，接下来是每一处民宅。民宅拍摄，整村每一户人家的房子必须拍摄，包括中堂、客厅、卧室、厨房，经过户主同意拍摄全体家人，还有家人与建筑的合影。拍好后，还会做成影集送给每一户人家。

叶高兴拍摄手法平实："照片看起来很平常，这种平常照片更真实。艺术摄影是减法，有些逆光是削减信息。但这种照片要顺光，信息越大越好。"

叶高兴一家是从新安江水库移民到松阳的，他两个月就被抱上大卡车，到了松阳。起先只能寄住在当地祠堂，家里攒了10年的钱，才盖起属于自己的房子。虽然那时叶高兴还小，但也从小懂得移民的艰难。

叶高兴的移民拍摄是地毯式的，仅仅一个坳头村大礼堂，他就足足拍了3个小时，连一个破喇叭都不放过，不仅里外拍摄，还用微型机航拍了俯视图。在他头脑里，这就是这个村在世上最后的影像，能不慎重认真吗？我们跟着他和当地居民问问题、访疾苦，看着这些古宅，"最后一眼"的强烈记录意识与淡淡的感伤同时涌上心头。

接着我们拍了村里水电站、七星庙与宗祠。

一天的所有拍摄任务都结束了，叶高兴与夫人却又匆匆往村中主街走去，原来刚才在村头村民聚在一起时，有位残疾人想拍个报名照，叶高兴听说了便去找他，想免费给他拍一下。可惜人群已散，天色将晚。

我们离开松阳后，叶高兴继续拍摄，本来是只能利用节假日，但政府很重视他的记录，借调他专门拍移民。叶高兴便拍了整整一个月，从1月1日开始一天不落，每天6点进村、晚上6点出村。叶高兴还拍摄了视频，并征集村中旧物，准备建未来的移民博物馆。每一个村的旧宅从有到无、一点点拆除、搬迁的过程，叶高兴都拍下来了。

这个敏于行、讷于言的男人，就是这样无声无息地行动着，一步步抓住每一次机会。故园得以守卫，而心中的爱得以增长，眼中的光芒也越发明亮。■

1988 年，松阳县西屏镇

1989 年，摄于松阳县西屏镇南门大桥。人们进城坐手扶拖拉机

叶高兴简介

1962 年出生于新安江移民途中，生长在松阳县，转业军人，现就职于松阳县民政局。1988 年开始摄影，2005 年加入中国摄影家协会。松阳县原点影像文化研究会创始人、会长，主要进行乡村影像拍摄。曾多次参加、策划、组织多项摄影文化展。

论述访谈

1992 年秋，松阳县西屏镇。农民在卖稻谷

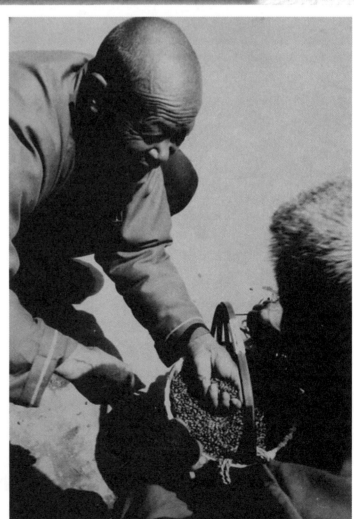

1990 年，松阳县西屏镇。农民在买卖赤豆种子

2002 年 9 月 12 日摄于松阳西屏镇。早晨 6 点，离镇上 20 公里外山村的农民就赶到了镇上，销售自制的木篾制品

2002 年 9 月 27 日，松阳县西屏镇。竹木市场上农民正在把自种的竹子卖给厂商

2003 年 1 月 30 日，松阳县西屏镇。在鸡鸭交易市场后面的露天鸡鸭宰杀摊生意很红火

2004 年 8 月 20 日，遂昌县石练镇。警察正在查违章载人

2004 年 12 月 28 日，松阳县西屏镇。雪中卖菜

2005 年 1 月 10 日，松阳县西屏镇。跟随父母赶集的小孩

2006 年，松阳县西屏镇。牵牛进城

松阳市集

文·叶高兴

集市是农村的一种传统贸易形式。集市多以农历计算，通常5天一集市。一个集镇通常一个月有6个集市日。集市日一般由县区统一划分，所以，在一个区域内，有的集镇农历每旬的一、六为集市日，有的则定在二、七，三、八，四、九或五、十为集市日。我的家乡松阳的集市也是这样，县城西屏镇每逢一、六为集市日，较大的古市镇每逢四、九为集市日。在集市日，周边的农民都有事无事地汇集镇上，镇上居民也走出家门，街上、市场内顿时车水马龙、熙熙攘攘热闹起来。因身处本地，我拍摄集市也多以这两个镇为主。

当我从20世纪80年代末开始爱好摄影拿起相机时，就对拍摄集市感兴趣，常常拿着相机到集市上逛逛，看到自己感兴趣的东西就时不时地按下快门。那时，不管是接触周围摄影朋友，还是自己能看到的摄影媒体影像，多为乡村摆拍的创作和唯美为主的沙龙影像，我从集市拍来的照片总是被老师、影友否定，更获不了什么奖。对于胶片时代，这种无回报的投入是奢侈的，我对自己拍摄集市也产生了疑惑，并停止了自己的摄影。数码摄影节省了拍摄成本，2002年9月10日，我买来了第一架数码相机，我又拿起了相机对准了集市。那时，

2006年松阳县西屏镇。卖菜的菜农正在点烟

2006年3月25日，松阳县西屏镇。赶完集的人们正准备乘车回家

2007 年 1 月 14 日，松阳县西屏镇。街头牙医的价格比医院便宜许多，因此仍有市场

和我国的经济社会发展一样，我惊奇地发现，集市已不再是10年前的集市了，不管是集市交易内容、形式，还是赶集的人，都已经发生了巨大的变化。集市汇集了城乡各种纷杂元素，非常能体现一个地方经济社会发展变化的缩影。我在后悔中断摄影中，坚定了持续拍摄集市的决心。于是，每当自己有空的集市日，我总会背上相机漫游在集市的街上、市场。

我拍摄集市的"情结"或许是从小结下的，我似乎想用相机寻找小时候的记忆。小时候对于集市总是有种期待和向往，集市带给我新奇、带给我快乐和食品享受。虽然在记忆中搜寻，绝大多数具象已经模糊不清，但是，赶集让我第一次吃到馄饨，第一次吃到包子，第一次吃到苹果以及八分钱一碗的光面等，这些美好和幸福的记忆非常清晰。虽然长大参军后，我离开了家乡，集市这个概念似乎慢慢从脑中淡化了。但，那种淡化是表层的，集市的情结已经深深刻在了我的记忆中。

赶集是农民的一种商贸活动，每逢集市，当地农民就拿自己生产的农副产品到集市去卖，或从集市上买回自己需要的生产、生活用品。许多农牧林产品，只有在集市日才有交易，一些米、竹、木、篾器、木器、仔猪、牛等专业市场，也只在集市日才开张。在我拍摄集市过程中，我看到赶集人为了生计进行的辛苦奔波：在竹木器具市场上，每个集市日的早晨，总可以看到他们从20公里外的山村赶来，据他们说，他们早晨3点就起床，然

2007年2月12日，松阳县西屏镇。赶集的人

2007年2月13日，松阳县西屏镇。买鸡过年

2007 年 2 月 13 日，松阳县西屏镇。老农民买了一头牛仔牵回家

2007 年 2 月 3 日·松阳县西屏镇。仔猪市场

后挑着东西走近 10 里的山路到乘车的地方，再坐车到镇上，还不到 6 点。他们所乘的是很多人挤在一起的农用车，他们说，这已经好多了，以前他们起得更早，他们得把自己做的竹木器具步行挑到镇上。最令人感动的是老人的赶集。在木材市场每个集市都可以看到七八旬老人背着木材赶集来，虽然有从山村到镇上的车，但为了节省车费，他们仍然用最原始的行走方式，从 20 多里外的山村背木材到市场上卖。

赶集还是许多流动商贩做生意的方式，他们带着服装、小商品、水果、花卉等各色各样的商品，赶到集镇销售。随着交通改善，从事这种形式贸易的人越来越多，而交通形式也从肩挑背扛、人力车慢慢变为电动车、汽车，集市上交易商品也已经从原来的以农副产品为主，慢慢转化成什么商品都有的格局。

对农民来说，赶集是他们的生产方式，为了卖掉自己的"产品"获取家庭的收入；也是他们的生活方式，从城镇买进油盐酱醋，或者在城镇吃上一碗面，喝上一碗酒；这还是他们的一种交际活动，他们常常借赶集之便，来完成串亲、访友等活动。有的人还把赶集当作一种乐趣：赶集什么都不买、什么都不卖，只是逛一逛，看看集市上的新鲜事、集市上的人，纯当一种休闲开

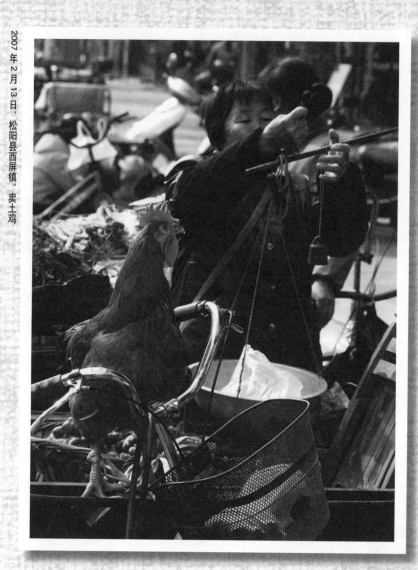

2007 年 2 月 13 日，松阳县西屏镇。卖土鸡

2007 年 2 月 13 日，松阳县西屏镇。销售广告

2007 年 4 月 22 日，松阳县西屏镇。雨中卖草药的农民

2007 年 4 月 22 日，松阳县西屏镇。天突然下雨，没带雨具的人纷纷就近找地方避雨

心。对于商贩来说，赶集是他们的一种经营方式。

　　一年中最热闹的集市应是每年春节前的集市了，本地人说"廿六行（集市的意思）后天天行"，意思是春节前一个集市后每天都是集市，为了采购年货，乡村男女老少都赶到了镇上。买卖鸡鸭的、买卖衣服的、买卖干货水果的、买卖年画春联的、买卖烟花爆竹的等，那时是镇上一年中最热闹、交易也最红火的集市了。

　　10余年对集市的观察，也让我感到了集市的变化。随着社会的进步，和农村年轻人外出进城打工，农民自产自销形式的赶集人也已经老龄化，平时赶集的人中，年轻人慢慢少了，老人所占的比例明显增多了；而农副产品交易也逐渐被商业化，许多商贩成了农产品的生意人，木材市场、竹木器市场中山村农民少了，商人多了，农民大多已经把物品卖给了"经销商"，然后由"经销商"在市场上卖给居民；茶叶市场慢慢火了，而米市慢慢冷清了，因为，近年来本地农民多数已经从种植稻谷转向了种植茶叶……

　　或许当赶集的老人慢慢去世之后，集市也会慢慢消失，成为一种历史。■

2007年5月20日，松阳县古市镇大桥。
由于车人拥挤，桥上发生了阻塞，为了赶时间，人们不顾危险从桥栏杆外走过

2007年6月29日松阳县古市镇。
办茶厂的农民，从茶青市场收购茶青回家加工

2007 年 6 月 30 日，武义县柳城镇。流动商贩准备搭架摆摊

2007 年 7 月 29 日，松阳县西屏镇。奶奶搭着孙子赶集

2007 年 11 月 10 日，松阳县西屏镇。流动商贩

2007 年 12 月 8 日，松阳县古市镇。正在销售围裙的小商贩

2008 年 2 月 3 日，松阳县西屏镇。农民把家养的土鸡放置在鸡笼上做广告

2008 年 9 月 15 日，松阳西屏镇要津路。

一场大雨，使热闹的街顿时冷清了下来，流动水果商贩的生意也冷清了下来

2008 年 9 月 25 日。集市日，往往一家人一起赶集

2010 年 10 月 30 日，松阳县西屏镇。老街口老人们正在卖菜秧

2010 年 12 月 25 日，松阳县西屏镇。风雪中赶集

2011 年 3 月 20 日，松阳县茶叶市场。茶叶商人正在选购茶叶

2011年1月29日，松阳县西屏镇。流动商贩正在演示发饰品的使用

大隐隐于市

文·王培权

在我身边的摄影圈子里，叶高兴是最为人所称道的。我们习惯称他为叶子大哥，这种江湖地位的获得，不是因为他的年龄，而是因为他的忠厚、善良、质朴、热心，以及他对摄影的那种执着。叶高兴一直以来以记录家乡的变迁为己任，足迹遍布松阳县的所有山村。他关注本土地域的人文地理、民风民情、人的生存状态和各种变迁。这些影像资料，伴随着城市化的进程、新农村建设和下山脱贫，伴随着山村的迁徙，已经产生了独特的魅力和影像价值。我们无须挽留山村的变迁，因为我们没有任何理由阻止农民享受现代化的生活，他们一样需要上网、看电视、用现代化的工具。庆幸的是，影像可以留住这些时光，让我们有据可查，有图可阅，有根可寻。而更为难能可贵的是，叶高兴在记录这种变迁的点点滴滴的时候，还把镜头对准了普通的人和他们的生活。《集市》应该说是他的整个影像库中的一个缩影。

印象中，古往今来，集市一直就存在。追究它的历史，应有千年之久。在我很小的时候就随着父亲去赶集，集市中的热闹和繁华，那种如《清明上河图》的画面，至今仍历历在目。农村集市是居民生活稀缺品的主要来源。传统集市不仅是商品交易的重要场所，也是农民们家长里短的传播场所、喜怒哀乐的情感寄托地。在这种长期约定俗成的集市中，人们总从附近的乡村赶来，为的是买点所需的日用品，见见老朋友，了解了解一些新鲜趣闻，这里既有经济规律的约束，也有道德规范的制约。时至今日，集市仍是我们国家农村乡镇普遍存在的一种市场形势，在改革开放初期，对于繁荣农村经济，促进商品经济的发展，发挥了积极作用。随着社会经济的发展，农村集市也暴露出它的缺点，由于推销人员是"打一枪，换一个地方"，不再像以前的邻里交换，产品质量往往得不到保障，农村成了某些商家"最后的市场"。同时，还有不少"文化垃圾"、一些低俗的表演在集市中堂而皇之地亮相。但是如果作为一种文化现象，抑或是传统文化的传承，仍不失为人们关注的一个话题。

叶高兴以栩栩如生的影像刻画了集市中的众生相，这样的影像无须手法上的创新，也无须所谓的观念，我们看不到那种吊诡，但它却可以把我们直接带入集市。摄影人在各种利益的驱使下，追逐赛事的标准、市场的趋同、策展人的喜好，叶高兴却独守一隅，大隐隐于乡村、集市，一如他的为人，无我相，却带给了我们众生相。■

尚未发掘的宝藏

——卯山与叶法善

文·艾天马

我们需要严格区分传说与史实，卯山的文化价值才能真的体现。而此中的关键是回到历史。叶法善究竟是何人，他对中国历史的贡献何在？松阳的宗教与民间信仰的现状与之有何关系？在历史爬梳中，我们发现了叶法善超越千年的一个安排，因此郑重提出将卯山划为圣山保护的理由。

叶法善：超越千年的安排

"可欲之谓善，有诸己之谓信，充实之谓美，充实而有光辉之谓大，大而化之之谓圣，圣而不可知之之谓神"，孟子讲述的神圣源于品德。叶法善正是中国历史中一个具有"神圣性"的人物，关于他的传说很多，正本清源地回到历史，我们才能发现其真正价值，与其对松阳的文化贡献与现实意义。

清溪道士人不识，上天下天鹤一只。
洞门深锁碧窗寒，滴露研朱点周易。

——高骈

四世为道

从叶法善曾祖父叶道兴开始，叶家四代信道教，并且都是在家的道士。他们属于天师道，是崇尚服务于民众的道士。天师道擅长风水地理、符咒治病、天文占星、役使召考，也就是驱鬼求雨，属于古代方术一门。六朝以来浙江地区道与古越巫术传统相结合，呈现"道巫不分"的地方特色。叶家道士虽是天师道授箓道士，却擅长各种巫术，也接近于古越行巫的风格。松阳直到目前，在民间仍流行醮祭求神，正是这一派的遗风。在汉声的众多松阳祭祀实地采访中，仍有鲜活的体现。

叶法善的祖父叶国重善于五龙安宅术，上请天官将吏，乞收除鬼气，安慰冥司，迎请五龙安宅，在松阳地区有很多信徒。但从曾祖父叶道兴开始，叶家道士又习服食之术，注重自身修养，

近于神仙家。这是东晋后浙江天师道与神仙道上清宝灵两派融合的风潮。这些正是叶法善最终成为历史人物的关键。

改变历史

叶法善是个善人，行法之余为当地人免费治病。叶氏家族擅长劾鬼的名声传到长安，唐高宗召请叶法善进驻内道场。此时，叶法善已经41周岁。

从一个完全民间走村落行法事的道士到皇家道观的成员，唐王朝究竟看重他什么？这要从唐代的内道场说起。道教的内道场是唐王朝专门进行皇室宗教活动与安排高道的场所，主要承担宫廷祈雨、止雨，祈请消弭内忧外患，皇帝行道、服丹、问道功能，因此叶法善实在是因为法术高明而被聘。关于叶法善神通的传说太多，查其可考可验的，有《旧唐书》（卷191）记载：

法善又尝于东都凌空观设坛醮祭，城中士女竞往观之。俄顷，数十人自投火中，观者大惊，救之而免。法善曰："此皆魅病，为吾法所

摄耳。"问之果然。法善悉为禁劾，其病乃愈。

《叶慧明》碑记载叶法善："呵万鬼，搦百神，启阴官之符，变冥司之箓，追究往事，坐知来兹。"

如果叶法善只是法术高明，是改变不了历史的。

他自有更高明之处。当时高宗迷恋长生金丹，内道场也承担了炼丹的任务。这时叶法善却挺身而出，他向皇帝说："金丹难就，徒费财物，有亏政理，请核其真伪。"

作为道士他反对炼丹，是颇奇特的，也是颇有勇气的，因为这砸了同行饭碗，得罪人啊，又看得出叶法善明白为政之道，品德端正。高宗同意，叶法善当即从内道观赶走90多名炼丹的道士。

678年，叶法善以道家最高段位"大洞三景法师"奉敕于泰山祭岳。

然而武则天改朝换代后，叶法善的踪影消失了一段时间。

这时，叶法善干什么去了？原来，当他的同道活跃于内道观时，他悄悄成了当时尚为皇子的李隆基的智囊集团一员。

公元710年，中宗暴死，韦皇后谋变，当时的临淄王李隆基带兵与太平公主共同诛灭韦氏集团，随后拥李隆基父亲、太平公主之兄睿宗即位，这时叶法善才重出江湖，主持法事。此时叶法善已94岁，一头白发。史书有商山四皓的故事，刘邦因太子有能力请到平时不出山的商山四皓而息了改换太子的念头。李隆基有高宗时的高道叶法善相助，在政治上是得分的。

随后睿宗欲传位给李隆基，太平公主图谋政变，李隆基一举诛杀太平公主，获得皇位。

随后，叶法善令人震惊地获得越国公的高位。这是为何？

唐玄宗于739年亲自撰写的《叶尊师碑》明确写道：

朕在藩邸，屡闻道要，及临宇县，虚仁昌言。奸臣寓谋，凶丑僭逆，未尝不先事启沃，亟申幽赞。

也就是说在这一系列政变过程中，叶法善都

做了准确的预测、判断，并提出了警告。因此叶法善获得了越国公的高位，特许他着道袍入朝议政。

在当时唐玄宗发布的《封叶法善越国公制》中讲得更直接明白："道士叶法善……预睹衅萌，亟申忠款。"

并不是每一个道士都有如此清醒的头脑，在叶法善喜从天降时，另一悲剧却发生在叶家。

叶法善的叔祖叶静能同样是一位法术高明的道士，甚至被唐高宗聘为三品的国子监祭酒。但他在中宗朝一味炼丹，自谓"金鼎可期，羽衣而立"。后来又投靠韦后集团。结果在李隆基诛杀韦后的当晚，叶静能也被当作韦党而被诛杀。这发生在710年6月20日晚。

相比叶静能，叶法善识人。而其识人的基础是品德的清明。

713年，唐玄宗接受叶法善建议改年号"先天"为"开元"。

开元初，唐玄宗为显示太平兴盛，下令大办元宵灯会。上阳宫搭起30多间彩楼，高50米，金玉翡翠点缀其间，唐玄宗邀叶法善同赏。叶法善却直谏："彩灯之盛，固无比矣！但奢靡过甚，与国何益！"唐玄宗传旨全国：民间可尽兴节庆，而州县不得铺张。开元近30年间，唐玄宗去奢华务根本，励精图治。

叶法善可以说是一位政治上清楚明白、并用自己的法力帮助唐玄宗完成帝业、推动历史进步的智慧的高道。叶法善历经五位皇帝，进退自如，即使成为景龙观观主仍是深居简出，并不与文人墨客权贵往来。因此他被看作出世入世都做得很好的圣者。

97岁的叶法善主持了唐玄宗本命相称的华山祭岳。为何看重叶法善？正是因为叶法善从武则天、中宗朝中退出，是一位完全没有政治污点的权威道士。树立叶法善的权威，表明了新朝是延续了高宗至今、没有经武

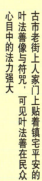

古市老街上人家门上贴着镇宅平安的叶法善像与符咒，可见叶法善在民众心目中的法力强大

则天与韦党污染的道教神权。

720 年 6 月 3 日，叶法善 105 岁时逝世。

去世前一年，他还留心天下苍生，104 岁奉诏祈雨，解秦中大旱。

在叶法善去世后第二天，唐玄宗颁《赠叶法善越州都督制》称："联当听政之暇，屡询至道，公以理国之法，数奏昌言。谋参隐讽，事宣弘益。"可见叶法善的国师影响力。

他去世 13 天后，唐玄宗令内廷绘叶法善像以表怀念，并作叶法善像赞：

词江泻液，义苑含芬，别有真气，青溪出云。卓尔无对，超然不群。幽人蓟子，道士封君。

在他死后 19 年，唐玄宗还写《叶尊师碑铭并序》深切怀念他，碑文最后写道：

乘化而往，彼则悠然。不忘旧情，纪诸事迹。仙山海畔，碑石依然。

香港中文大学吴真博士是研究叶法善的专家，他提出一个重要的观点："写此碑文除了个人的怀念，唐玄宗有其政治考虑，为了消除武则天、韦后的背离李唐皇朝影响，重新树立李唐皇朝的神权权威。唐玄宗有志于建立一个前所未有的道教神权国家。他此时推崇叶法善形象有其道教神权的考虑。在写《叶尊师碑铭并序》同一年 739 年 12 月，大臣牛仙客、李林甫奏贺唐玄宗夜梦玄元皇帝垂告灵应，请宣百官，开始了正式的道教神权国家的确立。"

"而这之前，731 年唐玄宗已建五岳真君祠，青城山丈人祠，庐山九天庙，以道教理论改造国家五岳祭祀系统，737 年敕诸州建玄元皇帝庙，开始将崇拜老子上升到国家祭典。在写此碑前 14 天，唐玄宗自加尊号开元圣文神武皇帝。"

正因此，唐玄宗对叶法善的推崇在碑文中到了无以复加的程度，不仅描述了叶法善 7 岁与 15 岁的两次濒死体验，称其是被神仙请去，列入仙格，而且描述叶法善：

临目而万八千神，咽胎而千二百息。或潜泳水府，或飞步火房。或剖腹涤肠，勿药自复。或剔肠割膜，投符有加，或聚合毒味，服

之自若，或征召鬼物，使之立至，呵叱群鬼，奔走众神，若陪隶也。

这些未免夸大神化的说辞也是通过标榜这活到 105 岁的老神仙，来提高自己神权国家的正当性。暗示自己既是人间帝王也是仙界君王，为自己尊号开元圣文神武皇帝赋予神权。

即使在死后，叶法善仍通过自己被皇家宣扬的神迹，而加入神权国家的建立，这也是当时他对历史的一大贡献。

超越千年的一次安排

然而叶法善是何等聪明的一个人，他对政权也有自己的利用与安排。

唐玄宗登基后，叶法善即被任命为长安重要的皇家道观景龙观观主，并长达 7 年。

716 年，101 岁的叶法善在两天之内两次上奏《乞归乡上表》《乞归乡修祖茔表》，急切地要回到卯山。最后虽然皇上同意了，但他还是死在了长安。同时他又上表《乞回授先父表》，恳求玄宗将先赐予他的爵位回赠其父叶慧明。玄宗大为嘉许，不仅保留了叶法善的爵位，还分别赐封其父叶慧明三品"银青光禄大夫、歙州刺史"，祖父叶国重被赐"有道先生"。开元五年（717 年）由书法家李邕撰两道碑文，立于松阳卯山。三代被赐封并立碑，不仅在唐朝独一无二，在中国道教史上也罕见。

这里有个背景，唐朝极少有道士像叶法善那样告老还乡，多数仙逝在修道地。而内道场的道士更是终老两京道观。而叶法善除了告老还乡，还要为父辈乞爵。这又是为何？

这是叶法善一次超越千年的安排。

叶法善清楚知道，他虽然做了景龙观 7 年观主，但景龙观是皇家道观，决定了它不可能在他死后"人走茶不凉"地宣扬对叶法善的个人崇拜。而天师道的法脉不同于上清派强调师承与宗师，百年后能宣扬他的只能是他的家族子弟。所以他要下一盘棋，在故乡卯山做一次大安排。

首先，他要求已任润州司马的弟子叶仲容弃官从道出家。为什么呢？叶法善终生修道，没有

子孙，所以他的侄子叶仲容过继到他房下，是他的继承人。

其次，他在遗书中要求叶仲容将他的诗与遗书上交皇上过目。遗书中他要求归葬松阳。并预言："吾去后百六十年外，卯山当出一人，更过于吾，若有人于吾旧居修行，即其人也。"也就是说叶法善预言160年后有一个人会重振卯山道教事业。

研究叶法善的吴真先生认为："叶法善此时内心有一种成为道教宗师的渴望。"

怎么做到？除了上述的几项：归葬、安排继承人做道士、预言160年后的中兴、在卯山立祖父两代的碑记，他还做了一个惊人之举，将所有田舍捐为道观，就是将分封的越国公田地与自己旧宅做道观。这看似无私的举动，其实是巧妙的安排。

唐朝赋予道观寺庙田地可免税赋的特权，所以众多富贵捐田舍为观，除了信仰，更可通过私有财产道观化，取得合法避税特权。此风大长，皇帝也不是笨蛋，因此开元年间，713年下令王公以下不得奏请捐舍田为观。714年再次重申，"天下寺观，屋宇先成，自今以后更不得创造"。717年，叶法善要求捐宅为观，无疑是顶风作案啊。

叶法善这么做是将他越国公的田产5000亩（相当于卯山的面积）与旧宅给淳和观，不仅是正常道观的20倍，而且永久免除田税。这就给叶氏族人建立了一个永久有利息的遗产基金，可在千年间滋养卯山叶氏。

果不其然，叶法善去世时，叶氏不是当地的名门望族，甚至排不进当地四大姓。在他去世百年后，卯山叶氏已成为松阳地方大姓、数一数二的名门望族，到了今天更是松阳第一大姓。

更为奇特的是，在叶法善去世160年后，确实有一位大道士丰去奢来到安和观，即叶法善捐宅的淳和观。他一人当先在卯山结茅屋修道，随后离卯山北5里的安和观道士们纷纷跟随他在卯山建观修道，将安和观从卯山下搬到卯山上，丰去奢大振卯山道教并号召道观与居民大建卯山道教殿堂，一如叶法善预言。

这一预言的实现，显示了叶法善有意将卯山"圣化"的动机。

叶氏建立的道观香火代代相传，每一代都有众多的道士。其后人叶藏质是道教南宗祖庭天台山主持，历史上是一位道教大师。后代叶云莱主持道家四大名山之一武当山。叶氏道家集团是唯一能与张道陵家族比肩的道教家族。

这些道观与道士，还有众多的居家道士，都称颂叶法善，称之为先祖宗师。时至今日，我们碰到的几乎所有松阳的道士都称自己的道法传自叶法善。

确实，我们忠实记录的松阳民间道士行法都有鲜明天师道与古越巫风，颇有叶法善遗风。例如在唐朝时就有道教界批评内道场像叶法善这样的擅长道教符章实际技术的人"至于斋静，殊不尽心，唯专醮祭，夜中施设"。我们记录的松阳道教活动确实大多动用符章，多设醮祭、打清醮、踏火，包括中元祭时，也都出现夜中施设等场景。

可以说叶法善这一安排，越过千年至今仍对卯山乃至松阳的民间文化有深远的影响。■

卯山：应建圣山保护区

汉声两次考察卯山，松阳叶氏联谊会的副会长叶德生老先生陪同我们。

一到卯山便觉清气逼人，整个人心情通畅。站在卯山顶，观四周，气象万千。叶平先生告诉我们，卯山风水极佳，其青龙、白虎、朱雀、玄武俱足，而且是大格局，极为开阔。卯山是火山，在平原上异峰突起，从道家来说也是蕴含能量，是修行好场所。叶德生老先生骄傲地告诉我们："卯山八面都是宝，一面没宝出甘草。"

松阳人历来视卯山为风水最佳处，试剑石等处，常有人来养生。我们在乌龟桥头这一景点看见，一巨石如乌龟。这边上的乌龟桥头村，便有一村民晚上偷偷将坟埋进乌龟石底下，还破坏了一小部分石头。我们看到这奇特一景，只能暗自苦笑。

可惜的是山上古木不多。叶平先生告诉我们原来卯山古木参天，后来尽被砍去。之后又归林业局管，一度林业局没有拨款，只好自己创收，又是种茶，又是种板栗，树栽了又

叶德生向我们解说建立"叶尊师碑"的经过

砍。现在林业局收入有保证后情况稍好一些。

老先生带我们考察了卯山顶通天观的遗址，已是荒草连连，墙垣却清晰可见。村民还种了山芋，据说可收 5000 斤。山顶有唐代古井，井深 6 米，至今仍有清水涌出。老人家告诉我们一个传说：东海龙王被令守定海神针，千年之后便可得道，偏偏到了 997 年西天来了一个番僧，一口口吸干海水，眼看神针便要被他抢走，龙王向叶法善求救，叶法善便作法打死番僧。龙王问叶法善如何报答，叶法善说："我这卯山缺水，你送点水来。"龙王说这好办，便让一蟹兵挑了一担水，到了山脚下一个村，村庄大旱，村民说这是下连畈，蟹兵听成卯山观，哗的一桶水倒下，村民连说我们下连畈感谢你们。蟹兵听明白了："啊呀，不是卯山观啊！"赶紧往卯山走，到了下观就把另一桶水倒了，道士说："这是卯山下观还有上观。"蟹兵急了，赶紧用毛巾沾了水到山顶绞下来，结果下连畈村的水和卯山的水质是一样的，是个长寿村，下观倒水的地方成了天师渠，喝水能长寿，山上的水则是通天观的古井，因为是蟹兵毛巾绞的，略浑。

下观是天师殿所在，画有叶法善领唐明皇夜游月宫闻得仙曲，唐明皇回来后作《霓裳羽衣曲》等传说的壁画。这天师殿就是当年的淳和仙府，原址在古市小学，至今仍有古树在，1992 年被拆除，赖有叶氏后人妥善保存部件，2006 年在卯山重建。

天师殿原有唐代的大铜钟，现在武义。

我们看到近年来叶氏集资 80 万元重建的"叶尊师碑"，还有"丁丁碑"（又名"追魂碑"），即"叶有道碑"。传说书法家李邕（人称李北海）不愿写此碑，叶法善便用法术招魂，把李北海之魂从梦中叫来，让他书写，写至丁字，天亮了，李北海丁点数点而去。醒来后，叶法善表示感谢，李北海大惊，看到丁丁两字，才忆起确有梦中书写的事，故命名为"丁丁碑"。

叶德生先生告诉我们此碑在厦门又叫"定丰碑"，原来，有一次渔船出海碰大风，都翻了，只有一艘叶家的船没翻，原来舱门贴有《丁丁碑拓文》，故名"定丰碑"。这是他在福建参加叶氏第三届联谊总会时听厦门叶氏宗亲说的。

这些传说都是重要的旅游资源，也是当地民俗文化的组成部分。叶法善传说也是当地省级"非遗"保护项目。当然仅仅有传说是不够的，应当引入叶法善与卯山的真实历史，增加人文游的深度与真实感。

叶德生先生还展示了叶法善传下的端午茶方子，共 31 味，我们做了记录。至今卯山一带仍传说，端午茶是叶法善所传：当时松阳闹瘟疫，叶法善发明端午茶救人。卯山人还建了 28 个凉茶亭，给路人免费施端午茶，凉亭遗址部分仍在。叶德生先生还兴冲冲地从家里拿来了卯山人施端午茶用的大竹筒数个。

叶法善还留有天师印两个，现一个被盗去向不明。古市人至今还有"天师印敲定"的俗语，表示事情确定无疑的意思。

卯山的保护不容乐观。一是保护权不清，现卯山归林场管，无法从专业角度保护；二是山上树木状况不理想；三是俭公祠重修后，因为压土机压塌了地下水源，出现地质灾害，地层下陷，房屋严重倾斜，急需救理。松阳县非常重视，已在抢修中。

我们的观察，卯山保护不能头痛医头、脚痛医脚，必须要有长远系统的整体保护。建议如下：

我们建议卯山应当采取圣山保护区的方式，

卯山山顶通天宫遗址里的唐代古井

在核心区域对森林进行保护，禁汽车通行。在边缘区可做一定的开发，最重要的是应将保护权交给政府，从林场置换出来。

圣山或神山保护可用国际上常见的保护方法。在日本被列入圣山的区域，其核心区一草一木都不能擅动，有效维持了其文化上的神圣性，也保护了生物学意义上的生态平衡。而像云南的垄山保护，由民族植物学家裴盛基提出，并落实。这其实也是一种神山保护，结果一个个祖山形成植物的绿色走廊，有效地保护了生态多样性，并使云南成为中国原始森林面积最大的省份，占全国40%。我采访裴先生时，他告诉我，当时压力很大，许多人批评垄山保护是搞迷信，结果几十年后，他们心服口服，佩服裴先生在文化上的开放与先见之明。

卯山应当列入圣山保护的原因如下：

从历史来说，卯山是叶氏道家集团的祖山，也是圣山。叶法善大师，这位唐玄宗的国师，深刻地参与中国历史的一位圣者在此修炼，列卯山为圣山不仅是对他最好的纪念，也是叶法善最大的心愿。从他逝世前一系列安排，已可看出这正是他极力想做到的。卯山不仅要圣化，而且要延续他道教的法脉。

列入圣山后，可有效地保护卯山的自然环境，避免过度开发。禁汽车等干扰，游人可步行上山，增加了游线长度与时间，使慢游成为可能。从两条行山道步行进入卯山后可环游卯山四周云气起伏、风水浩荡之景色，这是一种健康自然领略圣山的绝佳方法。现在是汽车道可通山顶，因为卯山高度不高（海拔403米），游客数分钟到山顶，游兴反而不高。

列入圣山后，各种疗养院、民宿可禁绝，防嚣喧，防污染，防商业的利用，可保存一方净土，保持文化上的神圣性。

列入圣山后，可引导游客做更深度的文化游，回溯真实的叶法善故事，体会卯山的风水佳处，感受神圣的气场，增加对历史人文与自然神性的敬畏。中国目前缺少的不是各种商业开发，而是神圣感，这种神圣感是华夏文明的核心，源于天人合一，源于美德，并不是迷信。这种神圣感在叶法善身上有集中的体现。

列入圣山后，可得到叶氏后人的认同支持，增加区域的自豪感，增加卯山百姓的乡土认同感。

在列入圣山后，要加紧对松阳民间道教与巫术的仪式、历史、人物的整理记录，这是叶法善道派活生生的遗留，是重要的非物质文化遗产，可在卯山建博物馆或展馆，同时展示真实的叶法善与唐玄宗的历史。

避免商业开发的同时，可引进公益组织进行生态与文化现场教育，使松阳人世世代代可了解叶法善文化的可贵与重要。■

（本文撰写中得到叶平、叶德生等老师帮助，并参考引用了香港中文大学吴真博士《唐宋时期道士叶法善崇拜发展研究——内道场道士法师地方神祇》重要观点，特此感谢！）

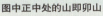
图中正中处的山即卯山

荡气回肠女词人——张玉娘

文·王艳光

山之高，

月出小。

月之小，

何皎皎！

我有所思在远道，

一日不见兮。

我心悄悄……

这首被世人传颂的诗，作者正是松阳人张玉娘。早在元代，诗人虞伯生读到《山之高》三章赞曰："有三百篇（《诗经》）之风，虽《卷耳》《虫草》不能过也！"

张玉娘，字若琼，自号一贞居士，生于南宋淳祐十年（1250年），卒于南宋景炎二年（1277年），年仅28岁。她出生在仕宦家庭，曾祖父是淳熙八年（1181年）进士，祖父做过登士郎，父亲曾任过提举官。世代书香、天资聪颖的她自幼饱学，工于诗词，著有《兰雪集》两卷，留存诗117首、词16阕。时人以班大家（汉代班固之妹班昭）比之，后人将她与李清照、朱淑真、吴淑姬并称宋代四大女词人。

《兰雪集》中，既有清丽凄婉、感人至深的爱情诗，又有气势磅礴、壮怀激烈的爱国咏叹；既咏史咏物、明志寄情，又掠美山水、抒意自然。时值南宋末年，张玉娘虽然只能囿于闺房，但却心系国家安危与百姓命运，写下"岭上松如旗，扶疏铁石姿。下有烈士魂，上有青菟丝。烈士节不改，青松色愈滋。欲试烈士心，请看青松枝"等爱国之诗，尤为难能可贵。

只是一代才女，未能"有情人终成眷属"，过早香消玉殒，令人扼腕。

玉娘15岁时与同年同月同日生的表哥沈佺订婚。二人自幼青梅竹马，两小无猜。然而不幸的是，沈佺父母因故双亡，家道中落。玉娘的父亲张懋想悔婚，要求沈佺考不得功名就休要娶玉娘。沈佺发愤攻读，于南宋咸淳辛未年（1271年）榜眼及第。但由于进京赶考得了伤寒，一病不起。玉娘辗转得知后，心中悲恸，写信给沈佺，"生不偶于君，愿死以同穴也！"沈佺回以一首诗云："隔水度仙妃，清绝雪争飞。娇花羞素质，秋月见寒辉。高情春不染，心境尘难依。何当饮云液，共跨双鸾归。"不久病故。沈佺死后，玉娘悲不自胜，作诗云："中路怜长别，无因复见闻。愿将今日意，化作阳台云。"

此后，玉娘郁郁终日，于宋景炎二年悲绝而亡。父母将两人合葬在县城西郭枫林之野。玉娘有两名侍女，紫娥和霜娥，颇有才色，不同于一般人家丫鬟，二人常为沈佺和玉娘鸿雁传书。玉娘死后一个月，侍女紫娥、霜娥为她悲伤相继而死，连玉娘平时爱玩的鹦鹉也悲鸣而死。家人遂将二婢、鹦鹉葬在一处：中座沈佺、玉娘，左冢紫娥、霜娥，右冢鹦鹉。时人称此墓群为鹦鹉冢，冢前掘有一井谓"兰雪泉"。

玉娘的爱情悲剧闻者无不叹息，清初著名

越剧《张玉娘》剧照

剧作家孟称舜曾为之发动捐款，在其墓后立祠"贞文祠"，大门额书"贞文千古"，并写了二集三十五出古本戏曲《张玉娘闺房三清鹦鹉墓贞文记》，使张玉娘的故事得以流传。

她的爱情故事曲折凄美，但是她的爱国主义情怀更为闪耀，即使深居闺中，仍有"慷慨激忠烈，许国一身轻"的抱负。2016 年，由松阳县和浙江省越剧团共同打造的大型原创历史文化名人传记——越剧《张玉娘》，走上了舞台，更走进了国家大剧院，让更多现代人了解这位才情并茂的女词人。■

王将军墓

宋将军，名远宜，松阳人。
宋亡，与元兵战于望松岭，
死之，遂葬于此。

岭上松如旗，扶疏铁石姿。
下有烈士魂，上有青莞丝。
烈士节不改，青松色愈滋。
欲试烈士心，请看青松枝。

苏幕遮·春晓

月光微，帘影晓。
深沉庭院，宝鼎余香袅。
浓睡不堪闻语鸟。
情逐梨云，梦入青春杳。
海棠阴，杨柳杪。
疏雨寒烟，似我愁多少。
谁唱竹枝声缭绕。
欲语临风，自诉东风早。

塞下曲

横吹曲辞

寒入关榆霜满天，铁衣马上枕戈眠。
秋生画角乡心破，月度深闺旧梦牵。
愁绝惊闻边骑报，匈奴已牧陇西还。

山之高

三章

山之高，月出小。
月之小，何皎皎！
我有所思在远道。
一日不见兮，我心悄悄。

采苦采苦，于山之南。
忡忡忧心，其何以堪。

汝心金石坚，我操冰雪洁。
拟结百岁盟，忽成一朝别。
朝云暮雨心来去，
千里相思共明月。

越剧《张玉娘》剧照

507

调解亭 和 高焕然的故事

文·野望

象溪镇的象一村有个调解亭，村民们之间有了纠纷便在这里说理，请宗族长辈决断。久而久之，形成了独特的调解亭文化。为了寻找宗族与乡绅自治的传统，我们来到了象溪，意外的发现使我们得到了一个精彩的故事。

这就是调解亭吗？

初见调解亭时有些失落。原来就是路上不起眼的一个亭子，供路人歇脚，往来的担货客，可以用支杆撑住扁担，坐在窄板上稍事休息。又叫四柱亭，因为只有四根柱子。

四柱亭因为坐落在象一村中心的古驿道上，凉风习习，是村民纳凉聊天的好地方，自然而然有了什么事，都喜欢在这儿聊聊，用句时尚的话：舆论中心。

象一村村民都有点骄傲：大学问家朱熹来过我们村！——这个调解亭，南宋就有了。村民大多姓高，祖上宋代时从渤海广陵郡迁杭州钱塘，开基祖高温经松阴溪，看到一块巨石在溪水中迎浪耸立，状如大象，颇为吉祥，便定居于此，故名象溪。南宋朱熹从南京下来，在松阴溪上听到村头紫阳书院小儿们琅琅读书声，便上岸从古驿道经过四柱亭来观看，村中父老在四柱亭迎他，他便在宗祠中讲学数日，成为一段佳话。

看到了四柱亭，那么调解亭的故事在哪里呢？

女村支书老公是本村人，有点害羞地笑了："那时我还小，小孩子在调解亭是不能坐的，只有长辈能坐在那里，常常坐满了人，连地上石墩都被屁股磨得光溜溜的，我就光着身子靠着石墩，凉快呗。调解亭里小孩子不上凳是个规矩。"——象一村看样子是个挺讲规矩的村。

"怎样调解？——我还小，没见过呢。"

老奶奶从不坐调解亭

又找到了离调解亭最近的一户人家，一位87岁老奶奶接受我们采访，她总该知道吧？

——"调解亭，我知道的。但我从来不在那儿坐的。男的会凑热闹。我们女人带孩子，门口都不让出的，女人要有女人的样子。"原来，她是教书人家的媳妇，大家闺秀，只能宅在家中，当时连在大门口站站，公公婆婆都会指责的，更不要说走街串户了。调解亭里原来平时只有男人啊。——象一村看样子是个挺讲"礼数"的村。

"那您知道，哪些老人当过调解人吗？"

"知道啊！"老奶奶说——我们一个惊喜。——"他们都去世啦，一般95岁以上，都不在了。"——我们的心情又跌进了谷底。

唉！有点失望，我们跟着女村支书继续寻访老人家。

路上经过一个石牌，"看，这就是我们高氏家训：孝悌忠信礼义廉耻。"女村支书骄傲地说。

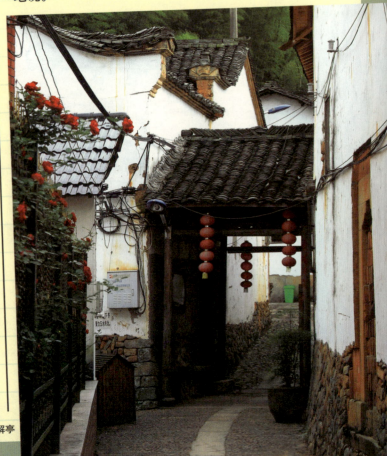

象溪调解亭

争水的故事

终于，找啊找，我们走进了一位 91 岁的高爷爷家中。

"我太公、太公的太公都做过调解人。我们村人口多，一个大宅往往十几户人家，发生争吵，在别人家里争执，人家会很不高兴，会吵掉风水的。邻居就会说，吵什么吵，到四柱亭去吵。这样，四柱亭自然就成了讲理的地方。"

到底是老人家，一句话就讲明了为什么当地有了独特的调解亭。

那怎么调解呢？

"好比一个原告，一个被告。各自叫来觉得能说公道话的房长、长辈。两家人各自先陈说一遍理由，然后由各家房长与长老们摆摆理，调解。"

"您做过调解人吗？"

"没有，我辈分小，太公做过，我从没做过，我们村讲辈分，有的小孩辈分大，见面我还得叫他叔叔。长辈不能称名的，都叫太公、叔公。我们房长只能是整个一房辈分最高的人当，族长也是，按辈分轮着来的。"——我们听了直咋舌：象一村是这么讲辈分的村啊。

"那您讲一个看到的调解故事吧？"

高爷爷沉吟片刻："有的，那时我 18 岁，亲眼看到的。有两户人家争田水打起来了。上游的人家水还没放够，下游的邻居就扒了口子放水到自己田里了。上面的人家来争理，下面的人家看吵不过人家，就叫来自己老婆，这女人会吵架，上面的人家气急了推了几下。女人滚到水坑里，并抱着肚子说那家男人打伤了她下腹。这还了得，那时很封建的，这变成了一件大麻烦事。吵到调解亭。全村一百多人到调解亭来看，两房都请了族长、房长，叔婆、太婆，首先由女人同房叔婆到房间里悄悄褪下女人的裤子验伤，结果没有伤口。马上传到调解亭上，边上的人纷纷指责女人耍赖，双方族长、房长一协调，既然没受伤，大事化小，小事化了，解决了。"

"我们村就是这个特点，纠纷都在调解亭解

高焕然

决，三代都没有一个人去打官司的。"

我不甘心，继续问个刁钻的问题："如果有调解亭解决不了的问题呢，比如两边房长意见不统一呢？"

"那，有高焕然！"

高焕然在象溪

高焕然？对，就是那个松阳清代进士之一，做过广东长宁、灵山知县和钦州直隶州知州，编写过《松阳县志》的鼎鼎有名的高焕然。

是的，他辞官后就回到故乡象溪当族长了，"象溪高家的宗祠事务，族里都归他管，他还是全县孔教会长，是个大乡绅呢。"高爷爷说。

调解亭解决不了的问题，大家都到他家里，高焕然家好像象溪"最高法院"，经他调停裁决，没有人不服的。但高焕然从不去调解亭。

我们好奇心顿发："那高焕然是个什么样的人呢？您见过他吗？"

"他去世时，我 8 岁。我们家，他每天至少来一回，因为我太公和他同一房，高焕然父亲去世早，母亲带着五个小孩，高焕然小时家里全靠我太公打理，否则孤儿寡母，田产都会被人抢掉，我太公高良椿，长年义务行医，也是族长，有威望。高焕然长大后很感恩，所以两家亲得很。"

"我的名字就是高焕然起的，他说了，高善长，意思是积善长寿。"

哇，老人家91岁，果然长寿。

紧接着，老人家拉着自己耳垂——"你看，我的耳洞就是高焕然打的。"

起名字，给小孩子打耳洞，高焕然，你真有一手。

他还做了什么？

"他在村里只穿粗布衣服，从不穿绸缎，他说一个人在村里不应该不合众，不能表现得与众不同。到我们家或者村民家，他一把拉过一个小板凳就坐下来。"

哇，这和我们想的乡绅完全不一样啊，不摆老爷架子啊。

"高焕然很俭朴，他死的时候先写遗嘱，让儿子不要搞葬礼！"

更让人感动的是，他一生为人正直，有家国情怀。他用财力供第五个儿子和一个孙子去学飞行员。在抗日战争期间，两人为国捐躯，名垂青史。

高焕然编写的县志，是历代《松阳县志》中编写得最好的，他有效组织起一个现代的写作团队，并在县志中用数页将编辑、销售员、推广员的名字全部列上。

我们特意去了高焕然的故居，高堂肃穆，典雅清静。

高爷爷的耳洞是高焕然给打的

他的一位后代郑重地拿出了高焕然生前写好的自题遗嘱瓷像，果然写着不让子孙办葬礼，真是一个豁达的开明乡绅。

全县没人敢惹戴"高"帽的

因为有调解亭、高焕然，更因为宗族文化的强大，象溪自古以来特别在民国时就以团结著称，在松阳特别有势力。

"而且在争水斗争中，场场打赢，据说打得靖居口村听到象溪就害怕。"村支书又骄傲了。当然打架是不好的。但在松阳，干旱是个大问题，所以争水成了头等大事，在争水中获胜，人们是看重的。

甚至在松阳出现了这样的事情——在县城，城里人常常欺侮山区村民，称之为"内山人""内山鬼"，但象溪人进城戴着写有"高"字的斗笠，城里没有人敢欺侮——"这是象溪高家，打了他，他们全村都会打过来的！"象溪高家成了有名的大宗族。结果有一天，一位畲族人到县城，怕被欺，竟也戴着一顶写有"高"字的凉笠帽，冒充象溪高家。被人家发现后，成了一时的笑话。

中华人民共和国成立后调解亭还在使用，当时13个生产队之间有矛盾也在调解亭解决，不过调解人已不是族长、房长，而是大队干部了——房长、族长被取缔了。直至1985、1986年包产分田到户后，调解亭才彻底不用了。

"调解亭好啊，现在村里选举，你选他，他不选你，有时矛盾还挺大的。不像当年族长和房长按辈分来，不用争。"向导宋美有点嘀咕，女村支书赶紧补一句："我们现在村里纠纷，也有调解队，村两委委员当调解主任，调解队6个人是双委推举出来的，一般也是讲公道的长辈……"

我们抢救了调解亭的故事。乡绅与宗族曾是我们乡村最重要的自治力量，过去的时光在调解亭上闪烁。■

跟着黄秋光之孙黄宗瀛 逛黄家大院

口述·黄宗瀛 执笔：艾天马

松阳最宏伟精美的私家建筑是黄家大院，它是黄秋光与其祖上三代盖的。可是在普通游客心中，黄秋光是一个"一根辫子罚了10万大洋"的、值得嘲笑的落后土地主。

黄秋光有28个孙子，如今只有第22孙黄宗瀛还在松阳，我们有幸采访了这位92岁的老人家，并和他一起去黄家大院。说起黄家大院的生活，黄秋光的样子顿时活了起来。老人家说出的真相更是惊人，原来黄秋光并不是守财奴，而是兴中会成员与开明绅商，乐善好施，而家族的故事可悲可泣。

这个案例让我们反思如何克服观光带来的肤浅文化，发掘松阳文明真实的根基。

黄宗瀛与祖父黄秋光画像合影

跟我来吧。看到这棵大樟树了吗？这是我8岁时种的。我想我死了以后骨灰就埋在这棵树下吧。

从这棵大树到大门，以前路两边都种满了花，还有罗汉松。

现在游客都从这个大门进。"晴岚积翠"是我祖父黄秋光写的。以前这个门是不开的，只有省里官员来才开，开了就直接进大厅。我们就从这儿进吧。

百寿厅

一进门处是百寿厅的前堂，原来有一个大樟树做的大台子，可坐12人，整张桌雕成一个香菇的形状。两边是紫檀的桌椅，是我祖父陪客人抽鸦片的地方。

我的父亲就睡在百寿厅的东边，西边是我三伯父睡的。我小时候就睡这个房间。百寿厅的天井有四个大水缸，干什么用的呢？是我祖

百寿厅处处雕刻精美，梁上共雕有204个寿字，可惜多遭破坏

集成堂的意思是"凡事必须集才智和劳作而大成"，"集成"也是黄家贩售烟叶的商号名字

父黄秋光接雨水，也就是天落水，喝茶用的。天井里还有两只乌龟，常出来。

百寿厅有204个寿字，每一个字体都不一样，是我祖父黄秋光过60岁寿辰时建的。

我的祖父就在这个房间过世的。

我的父亲毕业于北京大学政法系，做过乡长。以前望松乡不叫望松乡，叫茅溪乡，我父亲坐在门口，看见松林很漂亮，改名为望松乡。以前叶村乡也不叫叶村乡，叫泰溪乡，是我小姑夫的弟弟在那里当乡长时改名的。

百寿厅天井东西边原来是用板壁隔开的，是四间书房，楼上楼下都有许多古书，有《子不语》等古书，还有唐伯虎等名画。本来1949年、1950年要上交浙江图书馆的，可惜没有人专门办这个事。

你们导游说楼上是放米的，不对的，我们黄家有自己粮仓，怎么会放楼上呢，梁也承不住啊。

这板壁是挂春夏秋冬的画的，每季节的画都不一样。这些书和画哪去了呢？

中华人民共和国成立后，第四野战军住在这里，楼上古书，有最早的《子不语》《红楼梦》《西厢记》，古本的。解放军都是老百姓当兵的，楼上地下打地铺，这些当兵的把古书都撕了。

"花甲同周"匾

我祖父60岁生日，黎元洪大总统送的牌匾，挂在中厅天井背壁。失了的，再到北京发现有这个字重新做起来的。

祖父黄秋光创办"黄集成"做烟叶生意，松阳出烟叶的，红烟有名，运澳门、泰国。烟农他为什么要卖给你"黄集成"呢。他种烟时没有肥料，一棵烟要4两豆饼。50斤一块豆饼，运到温州，运到四伯父开的店，卖给黄家。我们家派人收烟，因为我们豆饼放给他（烟农）的。那祠堂有绞烟的东西。一张张烟叶，破的梗的夹里面，打包有两米长，一米二高，用篾子紧紧捆起来，运到温州，再

"花甲同周"匾额为时任大总统的黎元洪题赠，原匾已毁，后来找到题字再重制

到澳门。到农村收来的，最少一家300斤，多的400斤、700斤，拿来赶集到城里去。开个银行，银行门口挂牌价。全红烟叶，"黄集成"号烟叶价格。头三张凤尾，第四张全红，下面是剥叶，最下面是脚叶。全红没有凤尾香，但烟叶很大。杆子不砍还能长秋叶，半张叶子这么大，烟少的年份也值钱。杆子很值钱，那杆子留着，切段，龙游人买来种稻子时插在根部，没虫。那时三炮台，都是凤尾做的。我也偷偷摸摸抽过，我12岁时，父亲说不要躲了，你抽就抽吧，我抽三炮台。念书，不敢多抽。

黄秋光是个很勤奋的人，每天，天没亮，他就打着灯在黄家大院喊大家起床，"起——来——啰——睡觉没饭吃。"

他把"仁、智、信、直、勇、刚"作为黄家的家训。

集成堂

黄家大院是很深的，一眼望过去，集成堂尽头是这面大镜子，原来的镜子要大得多。在抗战时，日本人的司令部在这里住过一个月零两天。司令住那个房间，用那个镜子穿衣服，走时敲掉了。因为住了司令，黄家大院在屋顶上铺了日本旗，日本飞机就不会轰炸了。我们这黄家大院才保下来。

但日本人撤退时，我们还是被丢了两颗炸弹，镜子边的墙和屋塌了，1947年以后才重盖。还有

"泽周仁粟"匾挂集成堂中厅，时丽水发生灾情，黄秋光之父黄绍桂捐1600石谷子救灾，丽水知府赵亮熙送此匾

一部分房子一直没有恢复。

百寿厅又叫集成堂，意思是"凡事必须集才智和劳作而大成"。分为前厅、中厅、后厅。

这块匾"泽周仁粟"，挂在集成堂中厅。时丽水发生灾情，我祖父的父亲——曾祖父黄绍桂，任严州府训导，捐1600石谷子支援丽水灾区，丽水知府赵亮熙送来的。牌匾送来，我父亲正好出生。后来找不到了，30年前我到农村，发现一个农民当自己家门了，我到文管局反映，花了200元买回来，弄回去。我说刷一下，处长说不要刷，刷了不好看，就是原来模样。

这么好的大柱子为什么凿一个洞？心痛得要命！21师师长是四川人，杀人不见血，他住在这个房间，认我做干儿子，每天晚上要和我聊天。他过40岁生日祝寿，就在这个柱子上凿洞搭戏台，请了最好的绍兴班，吴梅珍是名角。

黄家大院很深很大，10多年前，当时游客没人带，有时找不到路出来，打电话求助才能出来。

我大伯父是住这个房间，管公产，总在算账，不知道他一天到晚算什么账。我大伯父是上海法政学院毕业的，什么事都不干，就是管家业。

这幅是黄秋光的像，我和他还蛮像的。这是5年前，我弟弟在杭州博物馆找到的照片，黄秋光44岁在杭州做参议员。照片是半身的，黄家后代曾孙媳妇会画画，接上去补画成全身像。

黄秋光是我爷爷，我父亲兄弟6个，加上3个姐妹9个孩子，一个祖母生的。黄秋光有28个孙子，我排行22，松阳就我一个人。还有两个，一个在重庆，叔伯弟弟黄宗良，他和我同年，给人家打了——当年肚子饿了，在田里偷蚕豆吃，女农民看了："地主孙子，打！"头被打出毛病。还有一个在北京，叫黄宗洲

小时候，爷爷黄秋光很喜欢我，说我的相

是要做大官的。盖黄家大院时，几个儿子各家轮流做厨，每天招待300名工匠。我的母亲是8岁去日本，在东京帝国大学毕业的，学的妇产科。我爷爷黄秋光特意和她说，你不要来，你把孩子带好，有石头万一砸到脸，要破相的，破相就没有官做了。

武技厅

这是我高祖黄中和建的武技厅，因为内窗多处刻有武技人物。这是黄家大院的中院。

黄中和就是我祖父黄秋光的祖父。武技厅

黄秋光的祖父黄中和建的武技厅，是黄家大院最早的建筑，内窗多处刻有武技人物

是黄家大院最早的建筑，建于道光年间。天井厢房上有"大跃进万岁""总路线万岁"标语，这是因为中华人民共和国成立后黄家大院成为人民公社驻地留下来的。用细窗棂拼成"万、禄、寿、喜"字样，很好看。黄中和是清代贡生，淳厚正直，中年后经商，正是他精选松阳红烟远销东南亚，才建了这武技厅。

走马廊与乌大门

这个门才是原来的正门，一直开着，县里官员从这门进来，有石头狮子下轿下马。这长走道边上的廊是干什么的？放灯的。夏天，挂朱灯、丝灯、走马灯，从楼上去，一圈都通的。

集成堂正厅的柱子凿的洞。国民党21师师长过生日祝寿，就在柱上凿洞搭戏台

那个走道对面的是圆大门，这个门永远开着的，要饭的常到那里。有一个人坐在那里，要饭的来，每人给一斤米，其他的地主给一勺米，我们给一竹筒米、一升米。有时一天要来 200 人，要给他们 200 斤米。取个名黑大门、乌大门，"投胎你要到乌大门，就有吃的了。"——松阳当地人都这么说。

祖父又怕兄弟不和气，所以盖了 6 幢房子。怎么分配呢？抓阄，兄弟 6 个抓阄。比如百寿厅那边住老三、老五。老三与老五最说得来，抽到一起，平时又都没有人在家住，就抽到一块。老三黄庆慈是长年在西北做总工程师，中缅国际公路是他主持建设的，最后以身殉职。

抽到了这个黄家大院的房子，城里就没有房子给你。以前松阳从太平坊到桶盖亭都是我们的房子。

这边老四，那边老大。只有老四没念过大学，其他 5 个都念过大学，老四干什么呢？老四黄庆时给祖父做生意，烟叶生意，还有一个布店，"黄集成"布店，很大的，创立"真不二价"招牌。温州运上来的货都要放那儿。

现在到了黄家大院的后院。

这两幢的房子，"竹菊轩"与"梅兰轩"，是黄秋光父亲黄绍桂光绪年间、1873 年建的，因为他是读书人，所以雕花都较雅致。一个"竹菊轩"有灵猴献桃，活灵活现，是老二住的；一个"梅兰轩"是老六的。老二、老六，老婆都是地主婆，难弄，都不大好说话的。不像我母亲，帝国大学。二娘、六婶脾气很难弄。爷爷有先见之明，

怕他们不和争吵。所以一人一楼，每个人都有自己门，免得碰面要吵架。抓阄怎么抓得那么好呢？这两个大门出去筑的是马路，是可以跑马的。

老六住的这房子"梅兰轩"后来就被拆掉卖掉，盖成混凝土房子了。谁干的，乡长干的。乡长胆子大吧，他当过侦察兵，县里不敢惹他。

黄家大院 12800 平方米

我们看到的仅是黄家大院的住房，占地 6460 多平方米，其实黄家大院远比这房子大。

多大呢，我领你们慢慢看。

这口水井，50 米深。水井边是香火堂。祖父死时有 400 亩地。6 兄弟，6 年轮一次，每天在祖宗前插香点灯。里面黑乎乎的，我怕，插了就跑，七八岁怎么不怕？！三十晚、初一祭祖，都在这儿。香火堂出来，是一个广场，有一棵大石榴树。那是伙房，这是马房。我们家有 4 匹马，铡草房。这是养猪的。不养猪你吃什么东西？ 12 个猪栏，一个养七八头猪。专门有养猪的人，养马的人。放马与养猪是在门外头。这边房子放木头，外面是毛竹园，一直到樟树底下。大伯父每天起来，挖笋，分成 6 份，叫"宗瀛，让他们来拿"！

我说，乡政府你的地基是我们黄家的。乡政府不相信。这个地基是黄家大院，12800 平方米，我们量的，是有档案的，我带你去。结果一看，墙根没动，有块石碑，"黄家大院西界"。你乡政府哪有房子，这是黄家大院的房子。

这是两个大仓库，义仓，凡是松阳姓黄人家没饭吃，没种子，要卖棺材才能活下来的，都可

黄家大院外观

以来这儿领粮食，祖父在这里放了1000担谷子。

那边盖什么的呢？轿房、磨坊。还有池塘、果园。老三、老五的菜园。

这是旗杆石，义仓在家祠上面（北面）。旗杆在家祠前面（南面）。

宗祠，家祠，最可惜的是曾有的元宝桌，一棵樟树做的。家祠三进，有两间房，有景德镇瓷器，细瓷碗80桌，龙凤碗，很漂亮的。还有一间房，大青盘，60桌。

这些加起来才是完整的黄家大院，我小时候的家。

辫子事件真相

这个事没给你讲。我祖父1903年在好友廖仲恺推荐下在日本参加兴中会，我祖父当场捐了2000元给孙中山。我祖父在日本做什么呢，厚朴生意，中药生意。加上"黄集成"烟叶发的财，一直捐助孙中山。1905年又加入同盟会。1912年2月，我祖父以新政府参议员身份回松阳，过丽水。丽水有一个军政府都督叫吕逢樵，他底下有个秘书叫叶宗山，就是胡宗南的老丈人。吕逢樵很年轻，28岁就在丽水当都督，他是日本士官学校毕业的，浙江缙云壶镇人，糊里糊涂的。叶宗山出主意：黄秋光从省里回来，辫子没剪，今天晚上请客，把他帽子掀了，说他是假革命，还是投清的。当场就把我祖父西瓜帽一脱，辫子没铰，假革命！你辫子没铰就是反革命，当场抓起来下牢。10天之后要杀黄秋光的头注1。唉，以前人对辫子很爱护，黄秋光舍不得剪，再想回到家里没人管，上当了，给人家抓到辫子。这和国民党时看你钥匙上有红布就说你是共产党，中学里唱《延安颂》就说你是共产党，一样的道理。出事了，我父亲才18岁，还在丽水中学读

书。叔父17岁。二伯父，北京大学政治系毕业，在庆元当县长，他回来了。黄秋光第二天要被杀头。黄家到叶宗山家送了1000大洋。没用，都没用。他反而派保镖们把黄家包围了。我们黄家有一个保镖，姓叶，叫老三老师，手上有10来个铜钱，能打断木头，金钱镖。他是枫坪人，104岁时死的，他说没关系，今天晚上，他让黄庆浏带着2000大洋送出去。他们都不敢动我们的保镖，在老三老师的掩护下，大伯父逃出黄家大院。

前面说过，我们黄家与孙中山有交情。不仅有资助，在1907年危难时孙中山还经上海政法大学英国老师康尔文安排，在上海大伯父租的房子里避难过一个月。大伯父逃出黄家大院就去找孙中山，到了上海，正好在码头，人们迎接孙中山。大伯父临时买了一套新西装，就去大同饭店十二层找孙中山，一见面就跪下了。孙中山了解了全过程，马上拍电报给浙江省政府，要求立即释放兴中会成员黄秋光。但大伯父忘记拍电报告知家人孙文出手相助。

吕逢樵接到省政府要求释放黄秋光的电报，不仅不听，反而说"3天不交10万大洋，3天后就杀头"。家里人在急切中，又不知孙中山出手营救了，还是把钱交给吕逢樵了。10万块大洋啊，我们就把山房田地典押，再向地主借钱，借了5万5千大洋，还不够，用铜板一筐筐来凑，二伯父黄庆铸用船运到丽水，吕逢樵把钱一分，就跑了注2。我父亲后来查这个案子，档案里吕逢樵这个军政府都督早在一个月前就被撤销了，专等我祖父回来敲我们家这个竹杠，所以敲完就跑。叶宗山的女儿就是叶霞翟，嫁给胡宗南，宋美龄做媒。小妹妹叫叶瞿瞿，是我同班同学，她追求我，追求得厉害得很。我

注1：据黄宗培在《松阳政协》2011年第12期《辛亥革命与黄家大院》一文：黄秋光支持过黄家大院保镖王金宝发起的双龙会反清活动，会众达2万人，在王金宝被杀后仍继续支持双龙会。他与魏兰、阙麟书等革命党人来往较多。黄秋光任松阳县平民习艺所所长时，不遗余力开办平民学艺训练班，专门拨田亩做救助乡民基金，对受灾受病痛的贫困乡民有求必应。他还常常让长子送重病无力医治的乡民赴外地治疗。曾任两任松阳商会会长，无论士绅名流还是平民百姓，他都真诚相见，所以被推举任省谘议局议员。在省临时参议会上，他与沈儒一些同盟会成员共商政事，如整顿契税，严禁赌博，劝导剪辫。在吕逢樵的鸿门宴上，当有人呵责"革命党人没有剪辫子，是假革命"。黄秋光并不慌张，反而镇定站起说："我们二月里即将发起劝导剪辫活动，我的辫子当然也会剪去。"但吕逢樵不容其分辩。

注2：吕逢樵曾与秋瑾共事，负责大通学堂常务。之后吕逢樵坚持二次革命，袁世凯指派浙江都督朱瑞设宴下毒，吕逢樵在赴宴后即腹泻呕吐，没几天便去世了。

说，"虽然你长得漂亮，但我不能跟你好，你父亲是最坏的东西，把我祖父抓去要杀头。"她去年死的，在加拿大。叶宗山，松阳地主，还当过丽水中学校长。他还有一个小儿子——叶雹，是原子弹工程师，在美国。

当时家里人到牢里请黄秋光回家时，黄秋光还发火，不肯出来，说"你们把钱都用光了，我出去干啥？"后来好说歹说才回了家。

黄秋光万念俱灰，长子黄庆浏回来，讲述会见孙中山过程，并带来孙先生慰言"以民为重，发展实业，培养人才，建国任重"，才渐渐恢复过来。之后又重新做烟叶生意积累财富，9年后盖了这百寿厅。

这百寿厅也花了5万5千大洋，所以是一个雪耻的工程。

黄家出了很多人才注1，也是黄秋光反思后的结果。

离开黄家大院后

我是全松阳最苦的人。你不信？听我和你说来。

我是1948年中央警官大学毕业的，第一名，枪法也很好，20米开外，回头打灭一炷香。蒋介石要我做他的马弁，也就是警卫员。我不肯，提出要去美国西点军校上学。蒋介石说现在不行，派我到温州做水上警察大队大队长，管3000人。蒋介石检阅，看我骑马拿指挥刀口令叫得好，问是谁，想起来了："这个赤佬，不肯做我警卫员，口令倒叫得好。"到温州21天，我起义了。起义后72天，因母亲患了鼻癌，我请假回家。随后被逮捕，我的起义证也被撕了。说我是反共救国军奇峰支队支队长。其实是我好玩组织了个篮球队叫奇峰队。这真是"打篮球打出来的反革命"。

注1：
据黄宗培在《松阳政协》2011年第12期《辛亥革命与黄家大院》一文：黄秋光子孙多为杰出的科学家与工程师、医生，如主持中缅公路的总工程师黄庆慈。孙子重孙辈中有石油化工专家黄宗濂，血液病教授黄宗干，内科专家黄祖荪，免疫学博士黄俭，兽医学国家津贴专家黄宗洲，材料学教授黄惟刚，海洋学教授黄惟平，地球物理学博士黄勤，机械学博士黄怡、黄越兰。

在狱里，因为知道我从小学功夫，给我戴两副镣，一副20斤，一副18斤。我还要戴镣挑200斤水。1950年坐牢到1953年，没办法判我罪，改劳改。后来把我放到东北劳改，到了八月十五，坐的闷罐车，到那儿一看，什么都没有，地上插了一个牌子。那时已上冻了，帐篷都来不及扎，砍了棵树披上帐篷。狼群在帐篷外打转，当兵的不敢开枪，怕上百只的狼吃人。第二年盖了几间土坯房，房内零下四十摄氏度没有炉子，睡在稻草上。许多人鼻子耳朵都被冻掉了，我冻了一个手指，自己拿刀切了。24岁去东北一直劳改到64岁回来，整整40年，宣布我无罪释放。

我没有老婆，没有子女，现在一个人租房子住。

树犹如此

唉，让我和这棵树合个影吧。这树是我8岁时，一个姐姐要种树，我也种了一棵。后来雷打的，树烧成中空。这树，劫后逢春，我也是这样的，死后我要把骨灰埋在这树下。■

黄宗濂与他8岁时种植的樟树合影

松阳的树
——汤兆成访谈

文·野望

他被称为"树人"，因为在松阳，他认识的树最多。

作为松阳的林业专家，他主持过全县的古树调查，并采集过 2600 种松阳的中草药。

他曾保护了水青冈王。

作为林场场长，他也曾眼睁睁地看着 7000 亩 15000 立方米的森林毁于一旦。

他对松阳的土壤有自己的建议。

这是一位值得我们后辈细细聆听的老人。

我叫"树人"

汉声（以下简称汉）：您的经历是怎样的，为何与树打上交道？

汤兆成（以下简称汤）：我是金华人，1953 年金华一中初中毕业。原来是要考铁路学校，路费、学费都讲好了，丽水林校（丽水林业干部学校）刚办，第一批招生，国家级的林业部办的学校，吹得多好，我们小鬼不懂。考取了，就一辈子同山打交道啦。

汉：松阳的树林有什么特点？

汤：在丽水地区，松阳不算山最多的，但也在 82% 以上，田占一分，11% 面积。松阳到处都是山区，山区离不开林。我呢，有什么爱好？爱认植物，特别是树木，本省的树木我都认得的。有的人讲我是"树人"。他们认不出的树，都叫我去认。

1956 年林校毕业后，我和树打了 40 年交道。

我当时在县林科所，课题是乡土树种调查，研究还有哪个树种可以开发，有什么用处。我特地到杭州植物园，采集标本送给他们鉴定，我们在那儿认树种，我住了半年，这样学起来的。后来到林业局工作，到每个村进行古树、名木调查。松阳有个特点，山区每个村都有古树林。为什么呢？因为松阳风水习惯，认为古树能保护村庄老百姓平安。古树里树种有很多，很多树大家不认得，我调查以后，把全县古树都搞清楚了。

采集 2600 种松阳药用植物

汤：退休后，我在丽水市林科所搞树种繁育。同济大学在丽水搞了个中药研究院，叫我们采标本，我采了 2600 多号标本，丽水地区标本总共 3000 多种。三个组采集，其他两个组采得不多。我退休了，有时间采。我出了《松阳药用植物名录》与《松阳树木彩色图鉴》两本书。共收集了松阳 653 种树木。

汉：从气候地形来看，我们松阳植物有什么特点？

汤：丽水地区都是大同小异，很难讲，丽水各个县，遂昌、龙泉、庆元，更山多，山更大，气候更凉爽。像龙泉冬天更冷一点，夏天凉快一点，可以避暑。松阳夏天气候热一点，冬天温和一点，一块盆地嘛。松阳大的山区和别的地方差不多，松古平原更暖和一点，搞水稻可以双季，搞茶叶，大山区茶叶会冻，而且只能种单季稻。

箬寮原始林里的石人矶

松阳的珍贵树种

汉：采访中我们一直没找到答案，我们松阳黄米粿是用什么植物烧成灰做的？

汤：枔木，是山茶科的一个枔木属的一个种。格药枔，比较多。细枝枔也有。枔木属的都可以，烧成灰，水里泡起来，和米粉一拌变颜色了。这与枔树皮有点带淡黄色、叶子偏黄有关系。

汉：松阳有哪些珍贵的树木？哪些古村落古树较多？品种有什么特点？

汤：山区每个村都有古树。玉岩大树后村的红豆杉，南方红豆杉，国家一级保护树种，胸围 9 米，10 来个人才能围起来，牛可以晚上睡在树洞里，是松阳最大的树。先有红豆杉，村庄盖在大树后面，大树后村村史五六百年，但是大树肯定有 1200 多年。这是省级保护树木。我每个村都去过，都记得。

汉：哪些是松阳特有的？

汤：浙江楠，产在浙江，杭州灵隐寺有几棵，建德有几棵，其他地方很少见。竹源乡潘坑村村边有古树林，胸径 40 多厘米的浙江楠，有几十棵！——全省最多的。

闽楠，楠木一种。材质很好。在竹源乡黄下村。大树在村旁边，最大的有 1 米多胸径，四五十厘米的还有几株。现在总数还有五六棵，是很珍贵的树种。大东坝，还有两棵。这些古树都在村庄旁边被发现，是靠松阳老百姓保护下来的。

松阳的三大树王

汉：松阳哪个村庄古树、大树最多？

汤：大东坝灯塔村、大岭口自然村，与云和交界，有不少古树，树种比较简单。再一个是大东坝的外大阴村，村旁边有古树群，有一种树种浙江省稀有，单株最大的也在这儿——野含笑。有种含笑，园林绿化用，很香的，很普通的。野含笑，胸径有 46 厘米，200 岁。这株野含笑，全省最大，高 11 米，长在外大阴村徐侯大王庙后山坡，开花时真香！最大的树是玉岩大树后村的南方红豆杉王，挂了个吉尼斯牌子。还有一棵大树，不在村里，在比较远的箬寮原始林，叫亮叶水青冈，是比较稀有的树种。30年前胸径 1.4 米，树冠有四五百平方米，全省最大的，被称为水青冈王。每个树种特性不一样，水青冈生长较慢。一位华东师大植物专业博士生，在欧洲留学过，他说没见过这么大的水青冈。因为长在森林中，很难找到。我 80 多了，走不动了，但现在还有一个人可以找到这棵树，在安民乡卫生院，叫吴昌松，他跟我学习过，他可以找到。到了十四姐妹树，沿山脊线，往西南方向四华里，可以找到水青冈王。还有安民乡的大横坑村大石岩自然村，有一片水青冈林，有二十几棵，胸径在 1 米，最小也 40 厘米。这个自然村没有人了，整村搬迁了，只有一个人住。这种规模的水青冈林全省都没有的。箬寮还有著名的猴头杜鹃林。华师大取名"断子绝孙林"，为什么？因为林子里只有猴头杜鹃这个树种，其他树种都被它排斥掉了，岂不是断子绝孙？猴头杜鹃植株不高的，四五米，最多 10 来米高。开花时蛮漂亮的。千年只是讲讲，几百年是有的。中华人民共和国成立以后没砍过。

箬寮那片林子很大的，还有好多树种。1987 年，有老百姓带油锯上去要砍树！就是水青冈王所在林子。我在丁坑村那里负责计划生育工作队，我就住那个村。他们要砍树的消息给我听到了，我就开大会讲，"那都是阔叶林，原始野生林。谁去砍，谁去劳改坐牢去！"——不吓他，他就砍掉了。

眼睁睁看着 1000 人砍掉了 7000 亩森林

汉：这么多年，我们松阳的林业资源是渐渐缩小呢还是保持了原貌？

汤：这 10 来年，砍树的人很少，为什么呢？木材便宜没人要，毛竹更便宜，不大有人收购，不合算。全县树林 70% 是公益生态林，不准砍，一亩有 20 元补助。国家补助很大，一年上千万。老百姓不砍树了，也用不着砍树了。年纪轻的都到外面打工，没有人砍柴火。种香菇的木头从湖南、江西拉过来，现在也少了，种香菇要破坏森林，砍木头。以前是山区靠香菇，平原靠茶叶。过去公检法、森林公安很忙，你破坏森林，可以坐牢、判刑，我看他们现在比较空闲，这与国家政策有关系。但森林面积和中华人民共和国成立前比还是缩小了。

汉：为什么呢，什么时候破坏的？

汤：林业破坏是中华人民共和国成立初期和"大跃进"与"文革"初期。"大跃进"时砍木头，我参加工作，是亲眼见到的。大办钢铁，把各家锅炼钢铁，木炭烧钢铁。你砍多少树要汇报，公社书记向县里汇报，砍了多少树，木炭烧多少，钢铁炼多少。浮夸风就是这样刮起来的。松阳砍了很多森林。我在国营五七林场，当了 10 多年场长。有一片阔叶林，民国时期造起来的。那片林子叫七都源林，有7000 多亩，杉木为主，有 20000 多立方米成材。"文化大革命"期间，我是当权派被打倒了。当时无政府主义，老百姓偷偷来砍，上面叫我与另两个人去护林。三个人都没有官职。一开始，看到我们来了，老百姓走掉，不砍。人越来越多，不怕了。我再讲老百姓也不怕。再以后，来砍树的成群结队都是人。

我们向省军管委管生产的人汇报。我们待了一周，天天去和他们说，"国有林场不能被破坏"。他（军管委）打个电话给遂昌。当时县政府都军管了，"你们要派人去，国有林不能破坏"。县军管委他们派了一个排，30多个解放军。砍树的时候，解放军有枪，老百姓放下木头走掉了。后来看到解放军不会用枪打人的，只是宣传毛泽东思想，老百姓胆子大了，又不怕了。一片林子，有1000多人来砍木头。一根木头，一个人背，卖卖只有一元二元。死了两个人，山上砍木头，滚下来砸死的。7000亩基本上砍光了。20000立方米材量砍掉15000立方米以上。

中华人民共和国成立初期卯山林子被砍光。卯山上现在的林子是林场造的。

总之，三个时期，中华人民共和国成立初期，1958年的"大跃进"以及"文革"时我们松阳森林破坏很严重。

森林重要性

汉：这真是痛心的历史，值得子孙牢牢记取。那么林业对土地涵养的意义在哪里？我们在官岭村发现，祖先规定把山三等分，上面是林子，中间是农田，下面是村庄。界限不准动，老祖宗很聪明呢。

汤：林子第一个是保持水土。雨下下来，树冠、叶子、树皮吸收一部分水，树根保护土壤。如果太湿，土容易流失，有根保护，不容易流失。水土保持，主要靠森林，没有森林，水土流失严重。

第二个，涵养水源。干旱几十天，森林里还有水，如果没有森林，晒几天，土就干了，地下水没有了。有林子的地方，一年到头都有水，森林逐渐局部释放水出来。没有树的话，下雨天，水就流光了。同时森林落叶形成的腐质土都吸水的。森林对保护水土很重要。

第三个，林子叶子掉下来，改善土壤。森林下面的土黑黑的，比较肥，树叶烂起来的腐质土，养分比较好。东北大平原是黑土地，怎么来的？这不是原来的土啊，东北最早的土原来是黄的。因为过去有原始森林，落叶腐烂才成黑土地，是森林黑土，现在是国家粮仓。森林保持水分，改良土壤。

保护好松阳土壤

汉：提到土壤的事情，听说你们老科协林业与农业专家对松阳土壤有过一个调查，并且发现了一些问题。

汤：现在搞茶叶是个问题呢，怎样的问题？大面积种植茶叶，施用化肥很厉害，化肥某种程度对土壤起破坏作用。种茶叶，经化验，土地酸碱度只有3度，本来水稻土应当是7度，如果不搞水稻，一般中性土是5到6.5度合适。种了茶叶后，酸碱度是3度，太酸了，很多植物种不了。改良土壤很困难。

汉：为什么酸碱度这么重要？

汤：它可以影响各种植物生长，像草本，是很重要的。太酸，少数植物可适应的，大多数不能适应。也有植物喜欢碱性。溪水两边，土带碱性，山上坡上是偏酸的。水稻田偏碱的。茶叶偏酸，种其他不适合。

除草剂的危害

汤：除草剂，农业方面用得很多，水车村，种杨梅的。过去种杨梅，改善老百姓生计，结果后来杨梅越来越差，有的树死掉，村民叫我们老科协几个专家去看，吴振辉和我几个参加的。我们研究结论是草甘膦引起的，草喷死了，杨梅根也喷死了。省里农科院专家看了也认为我们是有道理的。我们提出不能再喷除草剂了。东坞水库，吃水的水库，上游的村，毛竹山很多，老百姓挖山除草，农作物产量高。有段时间用除草剂，水流下来，毒性不可能被土壤吸收光。我们向政府提建议，县委书记王峻比较重视这个事，让农民不能喷除草剂，迁到外面来。

如何做标本 与 蛇的故事

汉：在您这么多年野外考察时有什么难忘的经历？有哪些经验，请您给我们的松阳的年轻人说一说。

汤：怕蛇。读初中时，在家里耕田给毒蛇咬过，休息半个月，在学校卫生所住了一周。最厉害的是眼镜王蛇。在大东坝、玉岩，我看到过一次，这季节没有了。有的山高，五六月份最多。

我们到山区向老百姓请教草药。老百姓带路，还帮我采。很多老百姓都懂中草药，找中草药也要靠老百姓。2600多种，花了两年，5月采到9月，采了后如何做标本呢？要带草纸、木夹子上山，标本采回来。上下盖上草纸，木夹子一条条，用绳子捆起来。上面可以压重物，一天翻一次，不翻要烂掉。草纸要晒干，干的才能吸干水分。砍刀都要带上山。穿草鞋、布袜。草鞋好爬山，布袜不怕蛇咬。最怕青蛇，好几次碰上的。还有一次在水沟里，眼看一条蛇在藤本植物上游过来，叫竹叶青，眼睛红的，剧毒的！幸亏我有凉帽戴着。有时山区没有路，沿水沟走就可以找到路，这时也最怕蛇。有一回，我沿水沟走，这山陡，有大石头，我攀上去，想抄近路，一爬上去，一条蛇盘围在上面。我吓坏了，赶紧滚下去。这是条五步蛇，剧毒的，被咬了走五步要死的！

汉：您跑过那么多村庄，有什么值得推荐的吗？

汤：我喜欢一个村庄，往往并不是根据景色是不是特别好。我喜欢有朋友的村庄，人的品质是我看重的。有几个村子，朋友很好，照顾得很好，他很想念你去。杨家堂，我去过很多次，也有朋友。竹源乡，有几个村子很喜欢——潘坑、黄下村。潘坑树多，有七八个瀑布。■

官岭村林、田、屋三分

好大一棵树

文·艾天马

论述访谈

这是什么村？
——大树后村。
这是什么溪？
——大溪。
这是什么山？
——屋后山。

我们不禁笑了，这真是玉岩高山区普通的一个村庄，老祖先连村名、溪名、山名都随口取来，有颗平常心。就在这个平平常常的村庄，却有一棵松阳最大的树。

好大一棵树！它胸径2.78米，树心中空可以卧一头牛，站进五六个人没问题。我钻了进去，心一下子安静下来，内里的树表面如同山石，仿佛进了一个山洞。胸围8.91米，树高31.5米，它不仅是松阳最大的树，而且是华东地区最大的一棵南方红豆杉，是省级保护树木。

它有多老呢？林业专家汤兆成告诉我们这棵大树已有1200年了。按族谱记载，这个村庄已有五六百年历史。而这个村庄，就是因为先有这棵大树而建，故名大树后村。南方红豆杉生长缓慢，长成醒目的大树，至少也要五六百年。

老村主任告诉我们："当年老祖宗就不肯离这几棵树远，就选周边盖房子。"

老村主任姓洪，搬到这个村有300年了。当年洪家从福建先到古市界首，搬到道惠村，潘山头，在潘山头祖先香火不旺，子孙较少，想改改风水，所以特意搬到大树后村。结果一下子生了7个孩子，开枝散叶，现在洪姓在大树后上村有50多户，占全村（150户）的1/3，却有人口350人，占全村人口（500人）的70%，可谓人丁兴旺。

松阳当地在村头常有红豆杉与香枫树，寓意"红火"，人丁兴旺。

更早来的是周姓，大约在400年前。

而最早的是两批叶姓，但人口与房子都不在了，年代无从考据，老村主任推测在800年前。现在村中叶家是第三批，100年、50年前来的。

大树后村分为上下村，两村总人口700人，170户，常住人口100人，以种高山蔬菜为生，高山四季豆那个香啊。

这棵松阳大树王并不孤单，它还有一个妹妹，在10米开外，树龄也有千年。两棵树与村庄和谐地共生在一起，并不突兀。虽然是村头风水树，但因为当地人只认樟树为树娘娘，所以对红豆杉并没有香火祭祀，这也让它们逃脱火光之灾。得以生存千年。

原先还有一棵，与它们相距20米，也是千年树龄，三树并称三姐妹。只是那一棵在溪边，前年发洪水，村路也冲垮了，大树被连根拔起倒下，村人卖了100多万，重修了村路。

红豆杉农历十二月果子落后即开花，比梅花还早，花开后农历二三月长细小的果，果子要长10个月才成熟。当地人称之"先不离

红豆杉王

红豆杉的果实和红豆杉王的果实泡的酒

娘"，意思是娃不离娘，花果连续。红豆杉果肉可以吃，还可以泡酒，我们在老村主任家喝到了千年红豆杉王泡的酒，那个奇香扑鼻，如果不是工作在身，真愿一醉方休。

红豆杉也有大年小年，如果当年花枝茂密，村民便会认为预示来年风调雨顺。

大树王应在下水口，在上水口还有一棵柳杉、两棵栲树，也是巨大的古树。另外百年的大树还有不少。除了大树葱郁，安静的村庄没有特别之处。1937年，红军粟裕与刘英的部队曾经来过，留下了一幅标语，"白军兄弟要看母亲，只有拖枪过来当红军"，作为红色文物，连标语带房子被保护了起来。

以前是默默无闻的山里小村庄，就是因为有这棵树，市里、省里的领导都来过。

松阳大树王发生过一件奇事。

58年前，洪家开田动了周家的祖坟。两大姓产生矛盾。这三棵大树被认为是洪家祖坟风水上的三炷香。所以周家一位叫周金荣的人爬到大树王上要砍树枝。洪家人躺在树下，宁愿被树枝砸死也要保护这树。周金荣还是砍了少许树枝，下树后两天无缘无故发疯，直到死都是疯疯癫癫的。

这也成为当地人传说风水树不能砍的经典例子。

松阳大树王的故事折射出人与树的关系，让人回味良久。■

附大树王称号：
2007年浙江农业吉尼斯"浙江最大南方红豆杉"称号。
2015年被评为"浙江最美古树"，"十大树王"之一。

没有化肥农药，祖辈如何种田

——松阳传统农业一席谈

文·野望

没有化肥农药，祖辈如何种田？历史上"松阳熟处州足"，松阳是区域的大粮仓。松阳的农民除了勤劳，还有许多耕作方法与智慧。随着现代农业对水土破坏后果显现，这些智慧便成为当代有机农业取之不尽的宝库。两位农业专家吴振辉、黄显达是当年帮助松阳达到三季亩产两千斤粮的大功臣，今天经过反思的他们为我们讲述的却是老辈种田的故事。随着老一代逝去，这些经验成为需要抢救的珍宝。生计是文化的基础，耕作产生了松阳地域文化特色，女人们送到田头为亲人"撑腰"的糕点是松阳点心文化的雏形。难能可贵的是，两位老先生为我们奉上一组松阳老农谚，使我们晚辈如同亲耳听见爷爷与祖先们的叮咛一般。

农业老专家吴振辉

农业老专家黄显达

黄田起雨，赶死妇女

松古平原古时没有天气预报，农民会在春夏秋下雨前看一个固定山头的"起雨"。黄田村在海拔 600 米的半山腰，村后山如果开始下雨，古市黄圩许多村落都会接着下雨，妇女们要抢收晒的稻谷、烟叶、衣服。故有此谚。

早看东南，晚看西北。

早红雨，晚红晴。

早霞莫出门，晚霞行千里。

日落西山霞云斑斑，明天晒谷不用翻。

看柳树听青蛙知播种

汉声（以下简称汉）：古代农业生产，松阳与其他地方比有什么特点？

吴振辉（以下简称吴）：我们松阳第一个专门种水稻，第二个种烟叶，过去面积很大的。还有就是小麦、油菜。基本是这几种传统。

过去水稻，我们都是种一季，植株比较高，叫高秆，还有过去稻谷是有芒的，有籼米，也有粳米，谷种是自己留的，怎么留呢？是多年采的穗头，农民们到田里找比较好的清秀一点的，把穗子剪过来做稻种。

以前农民们怎么知道要播种了呢，一个靠眼睛，一个靠耳朵。一个看，看那个柳树发芽了，就知道要播种了。还有听什么呢，听晚上青蛙叫了，要播种了。主要靠这两种东西。

过去不浸种

汉：柳树发芽到什么程度？

吴：米粒这么大，清明前后，好播稻种，全块田把水灌好，牛耕了，平好，种子撒下去。秧拔起挑到大田种。

过去不浸种，不浸种有什么好处？浸种出芽，碰上天气不好的话，事情比较难办。不浸种的话，我们叫盲谷。不浸种不出芽，抵抗恶劣气候时比较好，不会烂种，过去农民总结下来这个经验。有了秧，肥料用一点，当秧苗有五六张叶子时，就拔起来到大田去插了。

焦泥灰是个宝

吴：过去农肥用人粪、牛粪，还有泥灰，就是田里泥块，有稻桩的、草皮的泥块。晒干以后，一铲泥，一铲干稻草，放到田里面。烧起来的肥，叫焦泥灰。具体怎么弄呢？我们有专门的灰铺，干稻草、干泥土，分层堆好再烧。主要是三种肥料，牛栏、猪栏粪，人的大小便，再就是焦泥灰。过去没有化肥，也没有农药。

烟骨头做农药

吴：那还有一个农药的问题怎么解决？我们过去种烟，松阳的烟叶怎么打顶的？七八张叶子，就要打顶，新出芽的叶子都抹掉。中间这根叫主茎，烟叶收掉把主茎砍下来，把一担担的主茎，每段2寸来长斩出来，晒干，我们松阳叫烟骨头，烟骨头用来治虫。秧插下去，存活了，每丛稻插一根两根烟骨头，插到稻苗底下。每一丛插一根烟骨头有两个好处，一是烟的辣味给稻苗吸收进去，虫子去吃稻苗，中毒死掉了；二是烟骨头烂掉后也是有机肥，稻苗种出来比较清秀。这是我们松阳种水稻的土农药。还有鱼藤茎。晒干，再拿到锅里煎，煎出来的水可以用，山区不种烟草的地方，用鱼藤茎来治虫。

三次耘田

吴：除草要耘田，我们耘田用的工具叫田刨，要三次耘田。第一次插了秧存活呢马上耘，给水稻通气。草刚发芽，一耘，草就浮水面上，根就不会扎下去。第二次耘，稻苗分蘖时耘，这次耘呢，使秆生，结合施肥，也就是焦泥灰、人粪尿，吃到每个稻子基部去。

汉：有没有比例？

吴：就是要稻子吃得下去，不要糊嗒嗒。100斤焦泥灰，30斤人粪尿。大概这样比例，叫种灰。这是松阳的传统农业。那第三次耘田，是在稻秆有点拔节的时候，这次耘田后不动了，再施一次肥，成分和前面一样。这次施肥后，要排干，晒一两天或三四天。土要晒硬一点不要太烂了。这样子呢，就好了，水灌上去。就等割稻了。

最佳绿肥紫云英

吴：割稻前，田里要种什么东西呢？种绿肥——紫云英。割稻之前种，稻穗灌好浆后，穗头垂下，籽散开了，我们土话叫散籽。紫云英这时种。耘一下，红花草子（即紫云英）种下去。还有种绿肥叫马蓼豆，小小的，带点黑色的，也基本和紫云英一个时间种。马蓼豆时间很赶的，稻割后两三天施焦泥灰，不能拌人粪。要在早上，在露水中撒，叫根外追肥，肥在叶上粘着，有的落到泥土上护根。马蓼豆发芽时根很难扎下去，这时的肥叫恩豆灰，施一次肥料，就拔高了，中间灰再撒一两次。过去马蓼豆是榨油用的，什么时候引进的不知道，这名字可能起源于它是外地给马吃的饲料。

**日头打洞，
大雨起哄。**

夏天，天空乌云滚滚，太阳从云缝时露时遮，天很快就要下大雨。

**四季东风皆有雨，
夏吹南风海吹空。**

松阳东边是太平洋且距离较近，每个季节刮东风都会下雨。南边离海洋远，海边湿气难以进入，刮南风海水被吹空也进不了湿区下不了雨。

**有雨山戴帽，
无雨云拦腰。**

春天，山顶有云雾，半山腰下无云可能很快要下雨。山顶无云雾，半山腰有云雾可能要转晴。

**月光生毛，
雨坐牢。**

阴历八九月晚上月亮外有毛状弱光，接下来有一段时间下雨。

**读书怕考，
种田怕草。**

**到了惊蛰节，
锄头不能歇。**

**人要心好，
田要砟好。**

砟指耕作层下的犁底层，又称田塝，塝好灌水后才不渗漏，保肥性也好。

**人误田一时，
田误人一年。**

人骗田，
田骗人。

卖菜吃黄叶，
烂菜无烂叶。

菜农俭朴，差的菜留给自己吃，烂的菜还
要剥下几张好叶子做咸菜或霉干菜。

会比比种田，
勿会比比过年。

二月清明早播秧，
三月清明迟播秧。

腰直撒谷子，
弯腰点豆子。

撒谷种要均匀要直腰。豆子叶出土顶力
弱，必须把几粒种子集中在一起，让苗共
同顶土。故要弯腰播种。

秧苗起身，
要吃点心。

秧苗发三叶前靠种子本身营养，三叶后靠
光合作用。三叶期类似断乳期，青黄不接，
所以在两叶到三叶之间时要施断乳肥，促
使根部生长。为使拔秧时根系好，在插秧
前再施一次起身肥，俗称"点心"。

宁可田候秧，
不可秧候田。

插田要插直，
插弯少担。

秧苗如插斜会自动长直，但会消耗营养，
秧苗插拔时根系已受损，加上返青也需耗
能，三次消耗影响未来产量。其他两次不
可免，插斜可避免。

有一种叫野猪束的水稻

问：本土水稻，叫什么品种？

吴：过去有一个品种叫细叶青，还有一个叫老鼠牙，另一个叫长盛谷，都是松阳土生品种。老鼠牙这个品种，米细长，像老鼠牙齿，现在没有了，20 世纪 50 年代以前就没有了，现在种的品种都是种子部门运过来的。老鼠牙这个品种很好，味道好，产量很低，杆高，风一吹容易倒，芒长，比较原始。当时三四百斤亩产量。在平原种。

山区有一个水稻叫野猪束。山区其他品种，野猪要吃，这个品种芒长，野猪不会去吃。玉岩、安民、枫坪，山区种这个品种比较多，现在这些品种都没有生产了。

松阳独有的滚粪球插灰

吴振辉、黄显达（以下简称吴、黄）：我们松阳有一个独特的插秧时施肥办法。筛过的细泥灰与人粪尿拌好，摊在地面，踩至面粉团状，挑至田间，放进大桶内，人跳进去沿一个方向用脚有力四边踩踏。当中隆起，挖出来捏成一个大球，有篮球这么大。插秧，同时插灰，前面插秧，后面插灰。"插灰插得正，谷米长一斤"。需要两个人同时，你正对着我，你插秧往后退，我插灰往前进。你插秧正好正前方有一个手指凹印，球就放这儿。我弄一个球，左手拿着大球，不停滚动，保持圆形，很小还要保持一个圆形，不转要掉下去。右手从大球那儿揪出一小球，右手要挤的，从虎口挤出一个汤团那么大，正好插在前一个人留下的手印上。中华人民共和国成立以后，我们松阳这个独门手艺是在全省推广的，这技术叫插秧根，可以有效提高水稻

黄显达示范如何滚粪球插灰

产量。这是松阳上代传下来的，确实松阳独有，其他地方没有的。我们75岁了，我们见过。当时农民都会，不会插秧的人先去插灰。现在不插灰了。插灰手很臭。

种田不种烟，赛过活神仙

黄显达（以下简称黄）：烟叶是我们三张叶之一，在中华人民共和国成立之初一直到2000年。以前有一万亩烟田，1982年还有万亩吧。因为1915年松阳晒红烟得过金奖的。松阳特别适合种烟。种烟时，对烟田要求非常高，做圩要求很规范，梯形，中间要放肥料的。沟排水里面大约0.9米到1.23米宽，惊蛰到清明做圩，清明谷雨要栽烟。

吴：以前要迟一点，现在是烟苗有两段育秧所以提早一点。惊蛰到清明做烟圩，清明到谷雨种下去。吃青米粿季节，我们在烟田种烟，3点来钟肚子饿了，家里送青米粿到田地了，印象很深。先栽烟，焦泥灰放上去，烟栽上去。牛粪放中间作基肥，根土三角形，这样光照好。种下去还要放肥料在每一株旁边追肥，用的是豆饼。马蓼豆榨油后的渣，浸水，用人粪尿拌起来，提前一个月前放灰铺里发酵，20天至一个月发酵完成，埋在每一株旁边，与植株有点距离，再把土培上去。当有六七张烟叶时第二次大培土，我们松阳话叫上烟土。

拿着糯米团滚蚜虫

吴：这时地蚕、蚜虫多起来，早上抓地蚕，叫"天光抓地蚕"。怎么抓？筷子削尖，每天早上看地面有洞就用地蚕筷，挖下去，一条条抓出来。"白天来粘蚜"，做青米粿，半熟的糯米，用筷子，像糖葫芦串一个米团在上面，一手托叶子，一手滚一下，粘下来。（汉：这像白芝麻沙摇。）用这个办法，要带两三个米团，粘完一个换一个。

汉：怪不得松阳人说"种田不种烟，赛过活神仙"。

吴：烟叶有个摘芽的活，顶芽摘掉，侧芽出来了。这个侧芽（腋芽）长出来也吸收养分的，要用手摘掉。最主要的活是晒烟，要晒得油亮发光。夏季，这个烟叶已垂下来。脚叶拿掉，质量很差，上面最好。有一个大烟篮，摘下挑回去。晒烟的地方叫烟寮，灰铺也可以拿来用。上午烟叶采回来，下午晚上就夹烟。烟夹就是这样的东西，山区农民会做。竹做的，烟叶放中间，横一档，夹起来，弄一个"人"字棚。其他地方是烤的，只有松阳是晒红烟。晒晒，还要烟棚里闷一下，转色，颜色要转掉，一两天晒一下，再放棚里，来来回回要三次。

烟丝要切细的。我们走去一看，好的烟丝红亮，有点油腻。烟晒好，要堆，后熟，堆放一段时间，再转化。不能马上就拿去卖掉，否则香味没有的。分级要分出来。一级，二级，等级，等外。我们家父亲都抽烟的。

汉：现在有多少烟田？

黄：几百亩，还有人种。

早稻插田搭一搭，
晚稻插田压一压。

早稻时绿肥为主，土松，加上气温低，苗矮嫩，插时动作要轻，插牢即可。晚稻苗高，有暴风雨，土干。要插深插牢，插时还要压一压，使秧根贴紧泥土。

当日平当日插，
隔日插手插歹。

浊水插田。

宁可乌阴插，
不可天光插。

当天拔的秧当天插大田，只要天不黑看得见就要插。否则秧束过一晚会黄掉，第二早晒太阳更不佳。

插田插夏至，
刈谷刈个屁。

单季稻，夏至插秧已太晚，抽穗推迟，碰上17摄氏度以下三天低温，影响抽穗灌浆，产量低或无收。

插灰插得正，
谷米有一斤。

深水护秧，
浅水扶田。

早秧插好，灌深水可保温。晚秧插好，天热，深水可降温，补充秧失水。耘田用田刨，浅水可起到疏通表土通气的作用，除杂草，长新根。

头遍精，
二遍深，
三遍平。

耘田第一遍促使泥土疏松，杂草离土上浮，使水稻早发根，插秧后一周耘，要耘到稻丛基部，故要精。第二遍在分蘖初期，要深耘使行与行泥土疏松。第三遍在分蘖后期，把田耘平易烤田（晒田）。

小满满谷仓满，
小满晴谷仓贫。

小满下雨，水库储水，利收成。

六月不热，
五谷不结。

7月有大小暑，松古平原平均气温 28 摄氏度以上，正是过去单季稻中，晚稻孕穗始穗期，最适合气温是 30 摄氏度，此时气温若低于 17 摄氏度，连续三天就影响产量。

人怕老来苦，
田怕秋里旱。

早稻要抢，
晚稻要养。

秋分不抽头，
割掉喂耕牛。

灰满寮，
谷满仓。
种田不用灰，
空谷有一堆。

要得虫子少，
除尽田边草。

我们走过的路

黄：松阳农业在古代是先进的，但进入现代农业后，落后了。中华人民共和国成立之初，农业产量和杭嘉湖没法比，我们水稻（亩产）只有 400 来斤，一年到头，粮食不够吃。我们想为什么吃不饱。后来我们有几个老同学，地区农科所的、农大老师等，结识后大家从事农业科技攻关。在我们这个年代，水稻经历了三大革命——单季稻改到双季，常规改到杂交，还有高秆品种改到矮秆品种。我们松阳村里本来亩产 400 斤，不到 2 年达到 800 斤的产量。中国叫"超纲跃"，800 斤是一个纲。到 2008 年时，实现了三熟亩产 2000 斤（一吨），当时叫"吨粮村"，黄圩村是一个典范。不仅从一熟到两熟，两熟到三熟，而且推广稀播秧改成密播秧，这都是技术啊。发展带土移栽技术，又回过来，水育大秧，又改成晚稻两段育秧。先育小苗，再移栽，再分蘖，两次育秧后再移栽大田。这样两次育秧后苗粗壮发育快，产量高。我们都经历了三大革命。

我们叫农业八字宪法：水，肥，土，种，密，（植）保，工（具），管（理）。植保有农业防治与药物防治，要以农业防治为主，防重于治。全县学大寨时，我们树黄圩村这面红旗。当时我在村里当科技员，村里村副主任、会计都兼起来，比较辛苦。我还在农村时，老吴在农业局，在全县搞病虫害防治，整个松阳农业情报都是他收拾整理起来的。我们把水稻从种子到稻谷收割过程全都记录下来：从种子到出一张叶子，多少光照多少温度；叶子长到一个食指长度，要多少天数；密度怎么合理，苗太多不高产，太少也不高产。如何合理呢，我们就研究这个事情。那些年，产量上去，肚子也吃饱了，老百姓的温饱问题解决了。

汉：谢谢你们，松阳农业的功臣。

农业技术如何应对松阳复杂地形

汉：松阳地形比较特别，你们是如何针对地形、气候复杂的山区进行工作的？

黄：我曾在农业局当副局长，做行政管理。那时我们农业干部在各级都有农技站，我们县里有一个粮油技术推广站，就是搞全县农业科技。平原山区半山区的农作物粮食高产，我们每个农技站都研究这个事，西屏海拔 130 米，大东坝是海拔 150 米到 200 米，还有三都四都有海拔四五百、六七百米的山区，水稻一生里面是有积温的，比如我们一个水稻品种，有效积温，平均温 10 摄氏度以上，积温有 2000 摄氏度的话，那么，按这个积温，海拔升高 100 米，温度下降 0.6 摄氏度，我们算出播种期推迟到什么时候，植物如何搭配。要考虑植物安全期，平原植物安全期是 9 月 20 号到 23 号，秋分抽穗是安全的，秋分以后，就会影响产量，到白露，北方的冷空气来了，就低于水稻开花温度（25 摄氏度以上），一般最好 28 摄氏度到 30 摄氏度，但超过 35 摄氏度也不行。我们农技人员从研究海拔高度入手。

曾行之有效的农科网瓦解了

黄：那时农业市级农科网很强，县里大中专毕业的这些中级、高级农艺师以前可以下到区里，现在农科网只有县里到乡镇三级。以前是县区乡村四级，每个村都有农技推广人员，挺健全的。县有粮油技术推广站，区里有农技站，乡里是农业技术推广站，村里呢有农技员，生产队有一个植保员、科技员。集中攻关培训，重点村乡农科员到县里开会，乡里发现什么问题，开广播会议。以前四级农业技术体系是很完整的。这个系统，现在形式还在。承包时还健全的，20 世纪 90 年代之后特别是 2000 年以后就慢慢消亡了。市场经济以后，就是以效益为准了，什么效益好就种什么了。经济全球化以后，从别的地方进口粮食，松阳以前是 10 万亩田种水稻，但现在大部分田块种茶叶，比如说新兴镇两万亩田种茶叶，平均每亩毛收入有 15000 元。有个什么问题？普遍种茶叶，对农业技术需求没有那么强烈了。

大面积水稻种植已不多见

黄：产业结构的调整，分产到户，以前种粮的大多转成种茶叶，以前一家一户，两三亩、三四亩，种粮没有利润。土地流转后，形成种粮专业大户。茶叶技术老百姓都掌握的。新的产业新的植物出现会找我们的。我们为这些种粮大户服务。

汉：松阳水稻大面积种植的地方哪儿还有？

吴：松古平原不多。力溪有一片。力溪村产粮大户孟文高，种几百亩。赤寿乡赤岸村叶诚至，有二三百亩低洼田。望松有一片，面积不大。岱头是单季稻。手工插是山区，四都庄河村有。汤城面积不大。玉岩旱稻在西岩坑种植，是传统种植。安民梯田，是我搞的点。年轻农民种了 30 亩，基本是有机种植。

黄：他（吴振辉）去了 18 次，指导农民。

吴：安民乡曹竹村，这个地荒了 15 年开垦出来的，他来请我做。今年不种水稻了，第二年病虫害就会多了，改种四季豆。今年去竹源乡潘坑村辅导小青年种稻，有 20 多亩，高山虫子也有，高空飞过来的还有稻飞虱。

化肥农药害了土壤

黄：我们的吴老师为了松阳土壤问题写了八篇报告，研究提高品质、提高产量。

汉：产业结构转换后的问题在哪里？这八篇报告讲的问题是什么？

吴：化肥用太多了。

黄：化肥用多后，缺钾、酸化、有机质降低，土壤有点不健康。老百姓求茶叶产量，一亩茶田要承担好几百公斤的化肥，土壤很难承受。我们老科协这几年就研究如何推广使用有机肥的问题。

吴：化肥用量多不是我们松阳才有的问题。现在县政府提倡尽量用有机肥，提倡种绿肥，比如紫云英，这是向传统农业讨办法。治虫方面尽量用

一丛谷，
一根骨，
长苗又长骨。

农民用烟骨头（烟叶主茎切段）插在水稻下，防虫又肥田。

烟田好比南货店，
一天去三遍。

一粒入土，
万粒归仓。

蒿头还田软绵绵。

经过几年稻草还田，可使土壤富有机质，疏松，人踏感觉软。

草子种三年，
差田变好田。

草子就是紫云英。

草子是农家宝，
种田养猪少不了。

耕田过冬，
胜过烂粪缸。

聪明的农民冬季把空闲田早翻耕，让其冰冻风化晒白，第二年可以少施腐熟粪尿也能高产。

有收无收在于水，
收多收少在于肥。

山上多栽树，
等于修水库，
雨多它能吞，
雨少它能吐。

专业人士测算：5 万亩森林蓄水量相当于一个百万立方米小水库。

一棵大树蓄水千担。

造林不整地，等于做游戏。

鸡壮不生卵，
小鸡娘儿生大卵。

母鸡肥壮，体内脂肪多，影响卵巢发育，产卵小而少。不肥壮的母鸡，反而产蛋大。

老牛难过冬，
最吓西北风。

冬天的料，
夏天的力。

冬天水牛床，
夏天水牛塘。

小猪要放养，
促发育。
大猪要关，
消耗少。

养猪不赚钱，
回头看看田。

过去猪喂青饲料，肥大慢，出售后收入不多，但猪粪栏肥田，作物产量高。

母猪好好一窝，
公猪好好一坡。

养猪选育好公猪更重要。

黄板，减少环境污染，茶叶剪枝条可以还田。我们的观点：化肥农药尽量少用，也不是绝对不用，因为产量要看到。要科学地用，不必要不用，一定要用再用，用在刀口上。现代农业养活了这么多人口，有它的道理。但老辈种田的一些方法我们也可以用起来。

老工艺化出新方法

汉：比如哪些方法？

黄：有机耕种，以前的方法还可以用，但要改良。比如说我们现在提倡稻草还田、增加有机肥。以前稻草还田是"过腹还田"，草给牛吃，通过牛粪还田，但是现在耕牛很少。以前是烧灰还田，现在不准大面积烧灰了。怎么办？旱田脱谷后稻草直接放果树、油茶基部，保持水分，做肥料，土壤变疏松了。

为亲人撑腰送什么吃的

汉：现在农时和古代是否一样？

吴：差不多，现在有大棚，会提早一点。现在气候比过去暖一点。

汉：以前农时会伴随着仪式，松阳传统的农时风俗有哪些？

吴：以前有春秋两社，现在不多。平原地区不多，山区还有。七月半，农村要演戏的。

清明有青米粿，用笋、肉做馅，甜的用黑芝麻、赤豆、橘饼做馅。三月三，还要吃乌饭，紫色的，南烛叶揉碎做汁浸米做成。我们松阳上坟在清明、过年的上八日——就是初八那一天，还有就是七月半、冬至。端午就是吃薄饼，十几个菜一个大桌，包起来吃，挺好吃的。尝新米，要先敬天，给天尝一下。烧香要放外面，门外或天井处，要"出天的"。稻谷收起来，用水碓，水流下舂米。八九月份，保佑丰收了，那时要吃灰汁糕，加点稻草灰。七月半，鬼节，早稻收了后做米豆腐。这些都是收新米以后做的。中秋，吃沙擂、山粉丸、炒粉干。冬至，吃冬至粿，冬至粿用萝卜刨丝包起来。冬至也吃荞麦面。冬至食品丰富，松阳土话："冬至夜有得吃，吃一夜；没得吃，熬一夜。"红糖最兴旺是七八十年代，我们家都二三百斤、四五百斤。过年把爆米花、花生米、芝麻、糯米晒干，炒，用糖油粘住做成芝麻糖。各种点心糖。

过年后，黄米粿，用山上柴烧成灰做成汁。一个糖糕，用两份糯米与一份粳米或籼米，用水浸二三天弄成粉，二三斤红糖与粉搅拌，用箬叶铺底放上去蒸。青糕就是用鼠曲草做的。还有高粱糕，红色的，特别香。

汉：在农忙时，家里人做了送到田头的点心有哪些？

吴：我们松阳农忙时，在中饭与晚饭间，种田人会乏力，这时家里人会专门做了点心送到田头为他们撑腰，长力气。

送到田头的点心除了稀饭、汤团，还有青米粿、炒粉干，还有青饼，包的笋干萝卜丝。还有一种叫面鸡娘，很特别。饼一样的东西，一圈圈干的，掰开放进汤里，再下点木槿芽进去，很香。面条也有的，还有炒蛋饭、麦面饼、粽子。十一二种呢。

汉：松阳的庄稼汉蛮幸福的呢。■

岱头村民背后的科学家

——叶胜海访谈

文·艾天马

叶胜海

敢在高山上种有机稻，岱头村民们背后是有人的！这个人就是叶胜海，省农科院水稻育种专家。正是他用现代农业科学支撑了岱头有机稻的种植。且听他道破米的奥妙、岱头有机稻的门道，讲述传统农业如何开出灿烂新花。

不施肥，米为什么反而好吃了？

叶胜海（以下简称叶）：岱头村在停种吊瓜后想改种水稻，他们在转型时来找我，要求提供优质水稻的品种。我看他们生态环境比较好，建议要打生态环境的牌。2014 年种了两亩，他们种都没留，把两亩田种子收起来都送人吃光了。第二年，他们说要发展 100 亩，我又去了。2015 年"明珠四号"扩种了，它是籼米。这个品种我试了很多年，好吃，有淡淡的茉莉香味，而且晶莹剔透，咬劲儿好。特别在山上长，温差大了以后，灌浆时间拉长，淀粉就积累得比较致密，饭就有咬劲儿。早稻为什么不好吃，因为灌浆太快，温度实在太高。

汉声（以下简称汉）：怪不得我和镇豪困惑，"明珠四号"长度像籼米，咬劲像粳米。

叶：岱头种出的"明珠四号"为什么好吃，除本身质量，和环境也有很大关系。岱头田灌了泉水，水比较冷。我们通过少施肥到用有机肥，再到现在不用化肥。不施化肥为什么米就好吃呢？氮降低后，蛋白质下降味道就好了。比如尿素用得多，蛋白质升高会影响口感。我们普通米，蛋白质达到 9%。施肥料是为了让稻子长得比较好，但是是分几个阶段的。刚开始，稻子刚长起来时要施肥。到后面，施肥是为了增产，但稻子产量高与品质是有矛盾的。如果要米口感质量好，我不需要水稻这么高的产量。要品质好，产量控制在亩产 800 斤就够了。控产，就像一棵果树也不能有这么多果一样。如果肥料多了，水稻营养生长就会拉长，生殖生长就会缩短，灌浆就不饱满了。

水稻的库与源（一种作物栽培理论，用于阐明作物产量形成的规律）如何合理搭配，如何促使灌浆饱满？尽量在后期减肥减药。你肥料用得少，植株长得不旺的话，稻田空间结构就改变了，有些病虫害就不会发起来，药也可以用得少，如果你长得比较密，有些病、有些虫都会发起来。

把传统与现代完美结合

汉：这次去，看他们还在用牛犁地、育秧。

叶：山里机械化比较困难，用牛还比较快一点。这两年种有机米，岱头在松阳小有名气。岱头四面是山，得天独厚，因为环境隔绝后质量比较容易控制，其他村，你让他们不施肥不打药，难。岱头村村书记整天在村里，没有外来东西带进去，产品质量容易把控。

汉：岱头在生产队时期也种过水稻。叶老师的方法和他们传统的种植方法有什么不同吗？

叶：一个是品种不一样，抗病力、品质和以前比有很大提升，通过自身的抗性就可以少施许多化肥农药。田间栽培就是稀植，改变通风结构。冬季种了很多紫云英，这样不用化肥。在田间用那个太阳能紫外灯诱虫。通过这几个方面结合的种植技术，既是传统的，也有现代农业科学因素。在岱头，紫云英是以前种的，后来没有种，我们恢复了。紫云英种植是有要求的，冬天稻子没割之前就要撒下去。稻子种前，田就耕起来了，让紫云英腐烂。你耕得太迟，对稻子成长有影响，它发酵会产生沼气啊，会影响根系发育。插秧前一个月要耕，要把土翻过来，紫云英，早点烂掉才行。

汉：岱头他们技术从哪儿来？

叶：还是用传统的育秧技术，这个他们不会忘掉的。他们浸种后就直接播下去，我们还要催芽，催芽让芽冒出来播，这样秧苗匀一点。直接播下去，盖膜。现在国内干播也有，不用插秧，种子直接播到大田，产量也不低的。直播是个方向，播下去用酒坛拉一个排水沟。——农民的智慧是很多的。

汉：为什么你这个专家能得到村民的认同？

叶：我这个人有一个观念，我去是给你们农民增收增效，不是去争利，一定要促进你们发展。

为村民提纯复壮

汉：您用的现代农业科学的品种具体与传统的有什么不一样吗？

叶：以前的品种没像现在品种分蘖力这么强，现在的品种分蘖力是比较强的，而且以前老品种综合性状不行，提纯复壮也没有人做。岱头这一块提纯复壮要做起来，因为同一品种，种时间长了，品种会退化的。我可以利用育种优势进行提纯复壮，我去采岱头几个壮的植株，带到海南岛，带回来200斤，补充他们的用种，否则岱头自己提纯的话，就晚一年。今年我拿了100斤过去，也是"明珠四号"，农民不知道怎么提纯，第二年就会出现高高低低的植株，品种退化，需要提纯一下。

一年去了 10 多趟

汉：也亏了您这样的专家，一年会去10多趟。

叶：第一年，因为天气不好，阴雨多，稻瘟病很容易发，发了要绝收的，整个收成就没了。我们心理压力也比较大的，就怕发这个病，所以第一年我去了10多趟。2015年时，没有发，虽然产量不高，但大面积种植成功。2016年种植"明珠四号"，

9月底也要收了，要和收稻节结合，收得迟了些。但台风来了，倒掉一部分，因为要保证米的品质，倒掉的那部分没有收。我很想把他们的品种替换成粳稻品种，就不存在倒伏，台风来了也倒不掉。今年又拿去一个粳稻，"明珠二号"，这是粳型的，主要是搭配的。我一直想筛选出适合岱头的粳稻优质品种，那边要和观光结合，粳稻观光期比较长，籼稻的观光期短。粳稻品种，浙南不喜欢吃。浙江有籼粳分界线，浙北是粳，浙南是籼。

汉：北京、上海人如果吃到岱头的米，他们可能更喜欢粳米。一开始传到台湾去的，都是籼稻，然后日本人才把粳稻传过去。

叶：日本优质稻米育种是先进的，所以传过去代替了籼稻。福建煮饭的方法是捞饭，适合籼米。粳稻有几个特点，胀饭性差，而且胃不好的人难消化，粳稻适合做年糕这些东西。籼稻胀饭性好，而且，籼稻需肥量比粳稻要小一点。山区种粳稻没有籼稻好，发不起来，收成不好。籼稻还有一个特点是感温的，种得早，收得早。粳稻是感光的，种得早，也要到一定的时候收，种得晚也要到这个时候收。粳稻早一个月种，晚一个月种，生育期相差不了几天。

汉：我们在松阳也吃到过捞饭。

叶：捞饭少了，因为我们现在不养猪了，电饭锅普及了，所以捞饭就少了。以前捞饭米汤，自己吃一点，猪吃一点。

汉：这两个水稻起源有差异吗？

叶：最早应当是籼稻，起源是籼稻。籼稻分化出一支粳稻来，粳稻比较耐寒嘛，北方温差大。

汉：怎样区分籼稻还是粳稻？

叶：以前是长粒的是籼稻，圆粒是粳稻。现在不是的，也有圆粒型的籼稻、长粒型的粳稻，还有中间型。现在越来越难分了，只能根据里面的DNA，基本的位点分析，离籼稻近一点的属籼稻，离粳稻近一点属粳稻，外观很难分。以前籼粳杂交不结籽，现在解决了。"明珠四号"是籼米，主要是种山上，灌浆期拉长，直链淀粉比较致密。早稻灌浆快的话，质地不够细密，看起来垩白多。

汉：糯米是另一种水稻吗？

叶：糯米是粳稻籼稻里变种出来的，有粳糯和籼糯，可能籼糯糯性没有粳糯糯性好。

岱头开创了松阳新产业

汉：现在岱头用什么肥，草木灰与人粪？

叶：对，有机肥用一点，化学肥料就不用了，紫云英也足够肥田了。稻子只要前期发起来，后期肥料少反而好。岱头主要靠紫云英。田埂割草花点功夫，只要田不干掉，草也长不上来。翻好田，三天之内种下去，山泉水封着。平原要搁田（指抽干水让地晒太阳），有两个好处：地干裂开，根往下长，防倒伏；还可以断肥控制分蘖，太阳一晒，肥失效，这样断肥分蘖不长，如分蘖太多，不长穗就是无效穗。但岱头是没法搁田的，因为靠山泉，搁田完蛋了。

汉：岱头没有搁田，这些问题怎么办？

叶：索性灌满一点。也可以控制分蘖，但抗倒性差一些。

汉：我们一直听说冷水稻好，为什么泉水养的稻好？

叶：泉水主要有降温作用。泉水温度低，没有营养物质，比较清爽。脏水细菌比较多。

汉：还有其他地方跟进吗？

叶：上庄，稻种也是从我这儿拿去的，但规模不大，也就是二三十亩，也不可能像岱头。现在松阳有一个米厂，是丽水第二大米厂，种了200亩浙粳86，去年又种了100亩浙粳99。

汉：2016年岱头的稻米，是4.5元一斤收购价，12元卖出去，加上运输与成本，获利不多。

叶：不管村主任他们能否赚到，老百姓是得到实惠。当村干部的姿态要高点，要让村民赚钱。

汉：这是您和他们说的吗？

叶：我说了，我说叶周富你要算账，要算大账。村里面貌变了，绿化搞得不错，固定资产有了，如烘干机有了，我觉得对你们口碑是有好处的。不能说我要赚多少，你要赚多少也不能从村民里赚，人家为什么选你，就是希望你让留守老人经济有保证呀。现在让老人打工赚钱也是一条路，老人家品德高，还可以控制稻米的质量嘛。

汉：我们碰到一位老人，通过给合作社田里打工也能一年赚5000元。

叶：不是为你们支书主任赚多少钱，村里要赚到钱，他们名气也打响了，连任比较容易。我发展了一个产业。岱头打这个有机水稻这个牌，打这个偏门也是对的。

松阳种稻有没有前途？

汉：松阳以前是产粮大县，现在被茶田占领了，种稻人非常少，前途您怎么看？

叶：这和松阳工业没发展起来，劳动力没法转移有关，以前种稻是没有效益的。算一算账，种茶叶其实就是在自己田里打工。如果劳动力转移了，你不要说种稻效益不行，用机械化、工业化生产，如果两个人300亩地，每年赚二三十万也是比较轻松的，土地流转集中起来就好办。茶叶是劳动密集型产业，就是靠人工磨啊摘出来的，茶叶天天采没关系。但再过几年，也不行的，年轻人不愿做。别的地方，茶叶发展也很快。松阳只是中档，比较吃亏，最早是松阳香茶，其实没抓住，松阳香茶，茶泡起来比较浓，结果文章没做足，香茶被丽水人拿去了。每件事做到极致都会有价值。采茶等于每天去打工，比水稻好，每亩能赚一万。从4月份采到10月份两个人采，还来不及。我就是松阳大木山人，那批老人还在，真的很辛苦，夜里就要去采。春天春茶，一天一个价，只有老头老太会采，年轻的人到外面去做生意。老人家如果不在了，茶叶产业怎么办？

松阳发展工业，污染排不出去，沿海污染排得出。松阳是山包围的内陆盆地，排不了污。水污染，渗透土壤，环境就污染光了。这样的地理条件，只有发展无污染的生态农业才是正路。岱头就是未来产业的缩影。

岱头是个小气候，有点虹吸作用，水灌上去，云雾缭绕，又从下面冒上来，不会散到别的地方，内循环系统，上面我叫他们养几条鱼，其实主要目的一方面是养鱼，另一方面是做储水池。

汉：这样看来，在松阳，茶叶未来会出现劳动力问题，工业又无法可持续发展，有机水稻确实是松阳一个方向。

有机种植意义何在？

汉：现在的人越来越怕死，病从口入，农药、化肥多，茶里面的农药也很多。在这样的大潮下面，岱头有机种植意义在哪里？

叶：人家说米都是一样的，不对！其实你拿去进行成分分析的话，差别很大。重金属分析一下，农药残留分析一下，其实平原与山地差别很大。平原为什么追求产量，因为他们是大户嘛，优质不能保证他们优价，不如种高产，所以用现代农业生产方式。岱头是要优质优价的，优质优价那以什么为卖点？只能是以内在的品质，你看他们岱头的米农药检测为零，重金属也是没有的，口感比外面好，打这个牌来提高他们的附加值。

汉：我们总结一下，说岱头的米好处在哪里？

叶：吃了健康嘛。

汉：各项指标是怎样的？

叶：口感好，重金属没有，没有化肥农药。岱头的米拿去化验是国标一等，写在检测报告上的。

汉：如果其他村庄种有机稻，可以达到岱头水平吗？

叶：可能达不到岱头这个标准，比如××村，你有没有看到四周果树种得太多。太多以后，很难控制施肥打药，会影响有机米质量。

你看岱头都是高山，他们不可能到山上打药。

汉：这也是有机的标准。

叶：我说发展有机农业，最好就是岱头。海拔高，病虫会少一点。病还是和当地小环境有关的，起码虫少一些，温度低一些。

汉：岱头真是得天独厚。

叶：就是太远了，出车回来要绕晕的。第一年，我去了10多趟，第一趟他们有陪我去。第二趟第三趟基本上没人肯陪我去，他们说不去了不去了。

高山水稻要注意哪些病？

汉：条件这么好，为什么稻瘟病还会发展呢？

叶：稻瘟病最适宜温度是25摄氏度，湿度大的话，有真菌。我为什么粳稻种得少，籼稻种得多？

因为籼稻可以避开，籼稻抽穗是8月底9月初，这个时间，雨水不会太多，温度不会很低。粳稻抽穗在9月初，那时温度降下来，容易降雨，台风来，湿度高。还好，当地反映不是很喜欢吃粳稻而更喜欢吃籼稻，那我压力又轻一点。粳稻稻瘟病犯的话，抽的穗是白的，都不用割了，弄得不好会绝收。

汉：高山水稻还有哪些病？

叶：纹枯病，纹枯病是比较好控制的，种得稀一点，通风环境好一点就不会发生。种得太茂盛，病虫就多了，所以我说要控产。

汉：岱头种得稀，倒伏可能性大不大？

叶：控产以后，只要不是太恶劣天气，不会倒伏，台风来了就不好说了。因为控产后，茎秆就会长得牢实一点，不控产就不好说了。其实优质米的茎秆相对来说都要软一点，这是基因问题。大自然很平衡，一个品种，不可能很多优点都集中到一起的，这是很少的。

汉：所以您说，后期肥少一点或不加。

叶：对，我们看田地里，叶的颜色褪得下来吗？如果褪不下来，后期如保持深绿的，那就麻烦。有时孕穗时，很耗能量的，这时叶色降下来，变黄一点，说明肥料是正好的。如果孕穗时，还是深绿的，说明这肥料是过剩的。

现代科学育种的奥妙

汉：您在农业界这么多年，觉得现在天气有没有越来越恶劣，还是整体没有大的差别？

叶：这个天气，怎么说呢？恶劣天气这么多，也变成正常天气，我们农业也要适应这种天气。科学家通过各种方法，不可能改变环境，只能调整自己适应天气。比如这几年雨水较多，病虫害比较大，我们就会育种，抓抗性——抗主要病虫害的特性要增强。育种周期一般要7年，这就需要技术储备一直要有。出现情况，把适合这种情况的种子拿出来，不能说是有了这个气候条件，我再搞育种，这样来不及。（汉：所以也要预知未来的需求。）育种材料是很丰富的嘛。

现在粮食产量增高与气候变化、温室效应强了还是有很大关系的。温度高了，生长旺了，二氧化碳多了，光合作用强了。以前老品种拿到现在，产量也不一定低的，老品种没有筛选过，没有适合现在农业的改良。现在用直播，品种耐淹的。现在农业的发展反过来会筛选出适应机械化生产的品种来，像如果直播成主流，没有芒的、适合机械化播种的、耐淹的品种就会出来。只要定向选择，适应机械化、适应懒汉的品种就会被筛选出来。

现在也比较重视农业资源保护，农家种可能综合性不怎么好，但专项、特点非常突出，要么品质好，要么比较早熟，反正有个特长。现在想把这个收集起来。现在的品种比较同质化了，各项比较均衡。

米的未来

叶：稻米生意比较难做，因为稻米实在太多，你不可能每个农户去买去看，米有多好，需要检测的，费用太高。现在的米厂，往往说是一种米，价格卖的一样，但现在与以后的不是一批，这样是不好的。要诚信做生意，我这个东西就是好，卖完了就是没有。

汉：日本有契约，预先订购，农产就打个人资料。就是安心啦，找得到那个主人是谁，那是精致的方式。

叶：这个可以学的。高质米就要契约。

汉：对，岱头可以，知道这米从哪儿来，谁做的，我愿意花多点代价，买到让我安心的食物。

叶：米，我们虽然吃得少，但每餐还是要吃的，即使10元、20元钱一斤，一个月也就是600元，有些人抽烟，一天要抽多少钱？所以是个观念问题。现在超市里，米价慢慢高起来，现在五六块的米，大家接受得了，可能10元，10元以上还要有一个过程。吃就要吃得健康，花这点钱也值。

汉：高质米保存是不是要一定条件？

叶：岱头申请项目造冷库，其实米在4摄氏度，可以一直保持口味。不然，谷子有过氧化酶，温度低的话，可以抑制它的活性。因为它本来就是活的东西，现在温度高起来，过氧化酶活性强，陈化加快。

汉：我们家中放米是不是应当放冰箱里面？

叶：对，包好，放冰箱里。我们种子可放零下20多摄氏度，这样保存20年、30年没问题。要晒干，冻上，但湿的不能冻，会把细胞冻死。

汉：为什么说浙江水稻育种水平是较高的？

叶：实际上市场上东北大米很多是浙江大米充的，哪有那么多东北大米？日本确实厉害，我也去日本学过10个月育种，也与他们有合作。以前中国粮食导向是产量，我们产量是远远超过日本的。稻米品质这几年也在跟进日本。中国供给侧改革，我们也要搞优质的特种米。日本人吃冷饭寿司，日本米为什么好，冷饭吃起来也软，不像我们，冷饭吃起来偏硬。我们要学习日本，发达国家走过来的路，我们也要走。日本稻米文化做得比较足。日本人他们饭量不大，米价格高，也用得比较节约。他们做米饭的花样很多，鳗鱼饭什么的，确实好吃，米饭作为重要食材来做。

汉：岱头弱项在哪里？

叶：岱头他们各级重视没问题，但营销差一点。我要搞科研，以育种为主，也不可能花很多时间帮他们搞营销。怎么把优质的东西卖出高的价格，是个问题。现在销也能销掉大部分，但营销还是个问题，他们也开发了周边的市场产品。比如碎米，我说你碎米拿去做酒。岱头米做酒很好，而且可以放起来慢慢卖。但农民没有那么多资金，当年就要拿来卖，口感就差一点。碎米还可做年糕。岱头的籼米做酒好，做年糕也没问题。

汉：米的学问真的好大。

叶：我都和他讲过，不要暴晒。现在统一用烘干机烘，没有太阳晒的谷子品质好。太阳要三四天，慢慢地，烘一二天就好了，脱水也太快了点。脱水慢一点，口感会好。

水稻改变历史

汉：我有自然农法的朋友。他说古人吃饭，都是吃米，少量的菜。我陪他们吃饭，果然是一碗饭，量也不大，菜只是些酱菜，但元气绝对够。

叶：古人为什么吃米，米这东西仓库常温条件下可以保存好几年，除了小麦就是水稻了。水稻种植，方法比较容易，撒下去就能长，古人很早时就叫秧苗是"还魂草"。稻子全身都是宝，秸秆还可以垫猪栏，谷子保存时间长，米饭淀粉适合消化系统。历史上中国经济中心往南方转移，因为水稻繁殖系数要比麦子高。麦子，在古代生产条件下，繁殖系数为1:6，一粒种下去，六粒收。像水稻，古时就是1:20。古代文明中心是黄河，但人口增长了，小麦已经支撑不了人口了。要么战争减少人口，要么经济中心往南移，发展水稻生产。

如何客观看现代农业与有机农业

汉：您如何看待化肥、农药的现代农业与有机农业的利与弊？

叶：化肥与农药绝对是利大于弊的，否则这么多人口怎么支撑下来，自然农法好，但并不是最简单的农业生产倒退。如果回到刀耕火种，用这种方法能养活多少人呢？不是说化肥农药一定有害，只要合理使用，没有关系。为什么化肥农药对吃肉的人危害特别大呢？因为中国人喜欢吃动物内脏，内脏是很积累这些东西的。稻谷壳皮肯定有农药残留的，利用起来喂猪肯定有累积的嘛，主要在内脏。

汉：对，现在描述出的美好生活方式只能养活一半的人不到。

叶：可能十分之一都不到。而且要多少人从事农业生产？现在农业人口比例越来越低，所以需要化学工业支撑的，否则根本养活不了这么多人。规模上去后，质量控制相对容易了，不像散户种，质量难控制。我说中国慢慢走可能也是走西方的路，也就是大公司、大农场。散户产，质量永远控制不好。散户约束少，受利益驱动，就乱来了。现在农业发展允许各种方法存在是必要的，有机也好，自然农法也好，各种方法百花齐放，只要你有市场，就能生存。主流方向还是化学工业、现代农业，要来养活大部分人。■

叶胜海指导下种植的
四都乡山里结穗累累的稻田

淡泊名利
七世悬壶
——酉田叶氏行医世家

文·野望

在美丽的酉田村，村主任指着高大的百年垂枝老松与一条路："你看，这像不像一只手给人搭脉？""还真挺像。"

"这是因为我们村有个世代行医的叶家。"

提起叶家，村里人一脸崇敬。从嘉庆年间起，叶家七代人持续行医两百年，医人无数，创造了松阳乃至中国的一个奇迹。

松阳是个桃花源，众多传世大家族在此繁衍生息。酉田村叶氏行医世家颇为独特，这个家族创造了一个两百年七代人不间断行医的历史纪录。我们走访了其第六代与第七代传人叶益丰先生与叶学进先生，他们的讲述还原了一个行医世家对乡土的贡献。怀着郑重的心情，汉声写下他们的故事，这个家族淡泊名利的济人美德是松阳传家珍贵的财富。

"不为良相济世，便为良医济人"。20岁的叶起鸿开业行医，《松阳县志》记载其：医道大行于松、遂、宣三邑，咸以神医目之。宣平知县汪荣给以"术继天士"匾额，松阳知县给以"和缓同仁"匾额。

村民们不敢直呼其名，都尊称其为"酉田先生"。

汉声颇感新奇，三次来到酉田，四次探访，终于访问到92岁的第六代传人叶益丰老先生。虽因故事而起，最终感动我们的却是这个医学世家代代流传的美德。

据鲁晓敏采访，村民至今还记得当年他在行医途中，一家正为难产去世的孕妇入殓，叶起鸿看到死者有一丝气血，用扎针法，将死人救活，还接生了一个大胖小子。

村中老人还记得祖辈说起，叶起鸿穿一身宝蓝长衫，戴瓜楞帽，长辫一丝不乱，两人抬轿，一位学徒背药箱，快步跟随，走遍松阳乡野。下轿后，学徒立刻磨墨理纸，先生儒雅谦和，诊脉开方，一切慢条斯理，从容淡定。

叶起鸿，字秀亭，一生留下了妇科医学名著《妇科切要》。

第二代：叶起鸿——
不为良相济世，便为良医济人

酉田村在嘉庆年间出了个大名医，那便是历史上被称为"酉田先生"的叶起鸿。

叶起鸿父亲姓名已不可考，但他也是一个在乡间为乡亲们种牛痘的业余医生。叶家历代诗书传家，所以贫寒的父亲倾其所有把叶起鸿送到私塾读书，希望他考取功名。叶起鸿记忆超群，小小年纪在乡里就有聪慧之誉。但有一天，儿子的心思全变了。那一天，叶起鸿的邻居奄奄一息，治病用尽了家产仍毫无希望。松阳名医詹忠走进了酉田村，几帖药把邻居从黄泉路上拉了回来。目睹此，1825年，15岁的叶起鸿毅然放弃功名，拜詹忠为师。也就是在那时起，叶家留下了最早的家训：

第四代：叶琼瑶——后来居上

叶起鸿的儿子是叶书田，在父亲教导下也成为一代名医。松阳县知事吕耀钤妻一病不起，不信本地医生，请遍沪杭名医，不见好转，最后请来叶书田给治好了。吕亲自送上"妙手生春"匾额，并赠联"鹤发童颜延年有术，采芝种芍良相同功"。

叶书田的两个儿子叶琼瑶、叶琼玖，都是名医。叶琼瑶更

酉田叶家老宅内的牌匾

是后来者居上，18 岁行医，精通伤寒、温病、内外妇儿各科全才，先后治好宣平县宰徐士赢、松阳知事张纳之妻，人称"小神仙"。

西田叶家共有 10 多块牌匾，叶琼瑶一人就有 4 块。

叶琼瑶不仅医术高明，而且为人潇洒。他贪恋松阳各地的好风光，生有 6 个女儿，每到一村，见其风景秀丽，便将一个女儿嫁到此村，以便日后游玩方便。

女性维系的医家传统

可惜天妒英才，叶琼瑶在他事业最高峰时，48 岁去世了。

行医世家叶家碰到了最大的危机，叶琼瑶的儿子叶秋元当时只有 10 岁。

转机出现了，叶琼瑶的夫人在先生身边，也学得了精湛的医术，她亲自教儿子叶秋元学习基础的中医知识，然后在叶秋元稍大后，让他和年近八旬的祖父叶书田学习。这样保证了叶家行医不断代。

叶秋元，性格豪爽，喜欢结交江湖上的好友。

也就是在叶秋元这一代，叶家走出了西田村。

叶琼瑶当年见新兴镇风光美丽，便把四女儿嫁在此地。叶秋元 16 岁时到四姐家去玩，到新兴镇时，正碰到一濒死的肺脓肿病人，16 岁的叶秋元镇定自若，开出了少年自己的药方，把病人救活，一时在新兴镇出了名。当他第二次来四姐家时，乡人们纷纷拉住他，邀他来新兴镇开诊所。

那时西田村的祖宅住了两房人，太公叶书田也健在，颇拥挤，叶秋元索性离开西田去新兴镇开起诊所。

叶秋元在内科妇科上均有很深的造诣。因其德艺双馨，在抗战时被乡绅们推举为新兴乡乡长，因为不忍心完成抓丁任务，半年后不做了。

叶秋元的夫人也懂医术。叶秋元的儿子叶益丰从小跟母亲学习，大了再向父亲叶秋元学习，两代叶家伟大的女性使家族传统得以维系，没有失传。

第七代叶学进从小也是向奶奶学习"汤头歌诀"，稍大便学《医宗金鉴》，叶家没有祖传秘方，全是根据经典医书来开方的。叶家男人们从早忙到晚，治病救人，所以幼儿的医学教育都由夫人完成。正是女性的力量，使叶家得以七代行医而不辍。

从清代嘉庆年间至今，叶家七代行医。叶起鸿、叶书田、叶琼瑶、叶琼玖、叶梦熊、叶秋元、叶益寿、叶益丰均为名医，而从事医疗行业的人更多，创造了两百年七代人不间断行医的纪录。这纪录还在延续。

叶氏七代都是儒医，传下了众多医书：《妇科切要》《医案》《集效全书》《梦熊诊所医书》《益寿奇验医案》都是传世的佳作。

第六代：叶益丰——
淡泊名利，培养千名赤脚医生

我们有幸见到 92 岁的叶益丰先生，亲自听他讲述行医故事。

叶益丰先生有严重的十二指肠病，因为他在门诊室，每天要为闻名而来的 100 多个病人看病，一天都顾不上吃饭，年轻时在乡村行医，下午病家以为他还不到吃饭时间，晚上病家以为他吃过饭，所以他常常空着肚子救人，落下了这毛病。

叶先生的品德在他 20 岁时就显露了。一天，一位严重的胃病病人，从 20 里地外的大岭根村赶来，在各地看了数月无效，特来求医。恰好父亲外出看病了，叶益丰第一次独立开方，一服汤剂下去，病人就好转了。

一般医生，看好病人就算了，但叶益丰不。此后，他四次来到大岭根，随访这个病人。

横溪村的温培海，也是胃痛，时间很长，叶益丰一看就好了。

叶益丰 20 岁时治好了两个严重胃病案例，头两枪就打响了，从此就有人到叶家点名让他看病。

松阳劳动人民经常被铁器划到，所以破伤风特别多，严重的脚反张、抽筋，导致死亡。西医没有特别好的办法，一般的医生治不了。叶益丰从祖

叶益丰

代传下的医书上的玉真散一方入手，略有加减，救助老百姓，成功率很高。特别是孕妇，当地接生婆用的剪刀没有消毒，常引起破伤风，又叫七日风。叶益丰救助的破伤风老百姓数以千计。得破伤风的往往是家里重要劳动力，救了一人等于救了一家，松阳百姓因此对叶益丰非常感激。

当年麻疹特别多，按科学应当通风，但松阳土观念却把病人关在小屋封闭起来。叶益丰每到一地一边救人，一边宣传。赤寿乡梧桐口一个孩子，麻疹引起肺炎，急性肾功能衰竭，住院 20 天后，医院宣布无救劝其回家，大小便都是血，最后小便没有了，全身紫癜，牙关紧锁。叶益丰紧急动手，敲落其一颗门牙，灌进犀角地黄汤，配以人乳补充营养，辅以伤寒论金方数套，救得性命。

叶益丰先生继承了家族儒医传统，一生在省级学术刊物发表论文 96 篇。

难能可贵的是，叶益丰先生用毕生精力写出一本《临阵失误录》，总结自己失败的案例，特别是按医书实践却失效的经历。把自己失败的经历贡献出来需要无私的勇气，叶先生做到了。

大医精诚，一视同仁。一生在民间行医，老百姓是他最看重的。他在枫坪医训班、赤脚医生培训班、松阳卫生局代教 10 年下来，培养了上千名赤脚医生。

20 世纪 70 年代，他参加草药组，3 年时间编写了《遂昌民间中草药》，并用红藤、蒲公英全草合煎治疗了几千例阑尾炎。乡下人打摆子（疟疾），叶老发明"青蒿鳖甲汤"。

他一生还培养了众多名医。中国著名老中医吴瑞华、松阳中医院院长姜连城都是他的学生。叶益丰一生不畏权贵。他有一个学生，叫陈文青，陈为人骄傲，考试时作诗讽刺一位姓姜的老师。班主任叶益丰批评后，还不服气，请来父亲助威。叶益丰冷冷道："骄傲使人落后，谦虚使人进步。"陈父连连称是。最后陈文青成为有用之才，当了丽水市中心医院的副院长。

叶益丰常教导学生，"学医，先学做人，人做好才行"。而叶益丰自己，一生真正做到了祖训——"淡泊名利"。

难以想象这位名医，家中竟没有积累任何财富，治病救人，从来是病人给多少，收多少，旧时穷苦人没有钱，医费往往只有一毛两毛钱，病人没钱，他一样用心医治。据叶益丰女儿说，有几次，家中水煮开了，竟没米下锅。

叶益丰先生回忆，有时到 20 里外的山村，病人越看越多，总想着多救一个是一个，不觉太阳快要下山了，为了避免走夜路，往往是空着肚子跑回家的。

更难以想象的是，这位名中医，竟没有职称。

当时他快退休了，中医第一次评起职称，而他是中医学委员会的评委，按他的威望，如果他推荐自己，又是评委，当然通过。但他把机会让给了另一个老中医，主动推荐了这位老中医评上，自己却错过了指标，直到退休仍没有职称。

因为一个叔叔是导弹原子弹专家，在"文革"时被打倒、迫害致死，全家受牵连。叶秋元因当过伪乡长，被批斗跪碎碗片，70 多岁即去世了。叶益丰女儿下乡务农，没有工作。

为了让女儿接任，叶益丰 1980 年提前退休，退休后拒绝私立医院的高薪聘请，因为他说在公立医院能救助更多的穷人。于是他只拿退休前一半工资，在公立医院又留用做了足足 30 年，每天门诊病人 100 多人，他连吃中饭的时间都没有。

看上去，叶益丰先生一次次放弃名与利，真有些愚，但这种愚正是淡泊名利。我们在叶益丰先生家，看到这位 92 岁的名医，仍是家徒四壁，对自己的一生却欣然无悔。

叶益丰先生仅是叶家第六代的一个代表，在第七代中，76 岁的叶濂做了一辈子赤脚医生；叶学进是古市医院的主任医生，至今仍在全心为民众服务。

不是别的，正是这种美德，是我们松阳世世代代应当传下去的传家宝。

叶氏行医世家用两百年七代人献出了这颗传家宝，值得我们珍惜。■

叶学进

端午茶的未来

——程科军访谈

文·艾天马

程科军

"我做的工作上接天线，下接地气"——一句话把我们逗笑了。最高端医药科学、最土气的草药如何集于一身？程科军博士是农业部"杰出青年农业科学家"，他已将端午茶中重要一味药材食凉茶成功进行现代科学研究并推进产业化，对端午茶的未来，他有明智而冷静的看法。

小时记忆

程科军（以下简称程）：我是松阳人，在松阳长大，在复旦大学药学院读的本科到博士。后到美国埃默里大学做博士后，研究抗肿瘤天然药物，再回到家乡在丽水市农科院工作，现在主持中药材研究所日常工作。讲到松阳中药复兴，端午茶复兴，很有一些感触。我童年是在下马街度过的。下马街上至今还有一座很出名的兄弟进士牌坊，那是读书人的一条街。一个是我们程家，另外就是詹家，都出了不少读书人。县志里头记载我们程家在宋代就出过四五个进士。小时候，我们有点伤风感冒或者喉咙痛，家里一般会找经验丰富、年纪较大的叔婆和叔公，问问"小孩这个是什么毛病？"再搞点草药吃。我小时抓草药的叔婆家也是在我们下马街，我妈就带我去，是一个本家叔婆。她家里常备着一些草药，没有的她会告诉你，哪里哪里有什么药材，就让我们自己到外面去找。找来之后，她给我们配，我印象很深。

有这样一句话"百草都是药，只是百姓认不着"，端午茶就是从松阳民间代代流传下来的，医药典籍上看不到端午茶，更多是口口相传。现在松阳赶集，五天一集，经常有人把草药拿出来卖。上了年纪的人还认得，其他许多人不认得。以前伤风感冒，就常泡端午茶来喝。小时候感冒了，家里还会煎大发散给我喝，很苦，但效果很好，皱着眉头喝下去，相比较而言，端午茶是口感比较好的。

端午茶符合医疗精细化的潮流

程：端午茶是非常体现个体化的东西，即使是端午茶采集制作经验丰富的老师傅，他们采集也是就近采集，他玉岩人一般不会跑到西屏采，可能他玉岩某种药材多一点，他就多采一点，多用一点，所以端午茶所用草药品种虽然总体差不多但各地配方又很不一样。一个是因为松阳各地植物资源分布不同，一个是因为也有一些药材当地民众用了以后觉得不错，形成了一个使用的小气候。这导致松阳端午茶非常多样。松阳人平时习惯夏天到秋天都喝茶。特别是农忙时节，要防中暑、解渴，端午茶非常实用。有地区差异，去同一地方，你又会发现这家和那家端午茶不一样。每一个人采集端午茶有随意性、偏好性，他可能今天出去采端午茶，这边正好有，就采来，有可能他走得远一点，努力一点，采得又不一样。还有他个人的能力，以及口味原因。你认为很好的，不一定对我好，端午茶民间一般都只是自家用的，不是卖的。他采集回来后，调配给家里人喝，比较合家人口味，一家人中父亲体热，母亲体寒，父亲喜欢的配方母亲不一定喜欢、不一定合适喝，这种个体化差异也会有体现。我们中医讲个体化治疗，现在西医讲精准治疗，端午茶都是符合这种潮流的。老百姓学习采集制作端午茶也是很自然的。人家会到你家，哦，你的端午茶口感很好，我带点回去，顺便问问配了啥。有可能比较苦，我就不喜欢。所以家家户户都会做，现在年纪大一点还会做。

汉声（以下简称汉）：层级分下来很精细，地方，区域，再到家，个人。

为什么端午采

程：在全国也有类似的，这个我以前没有想到，以为端午茶文化就是在我们松阳，其实其他地方也有，但不一定叫端午茶。前几年我有一次参加全国民族医药会议发现的，你看一下这书名《端午药市》，当然广西端午药市主要是交易，但都是端午时节，这与端午茶也是相通的。广西古称是烟瘴之地，需要类似的草药。

为什么叫端午茶？这是一个习惯，端午这几天采，可以除百毒。有一点道理。端午，药材长得比较旺盛，药性成分含量相比稍微高一点。挥发性气味的药材，味道就比较大。还有一点，植物本身有生长特点，长得旺盛，产量比较高，也好采集一点。同时，根据我们的用药习惯，接下去又是农忙，有这个需求，用得上了——延续性很好。一定就是端午最好吗？这是文化。从现代科学眼光看，这肯定是不严谨的。如果你发展产业，也要在端午节一天或几天采完，这既没有充分科学依据，劳动力也可能无法满足，只能说有些药材，在这个时间附近，药性最好，采集最合理，这也需要有科学实验数据来证明。

端午茶现代化的门槛

程：端午茶包含的草药品种很多，在民间有好几十种药材都拿来用，现在中药也是除粗取精、去除糟粕的过程，有些药材是有毒的，有些老百姓不掌握科学知识。像"马兜铃酸"事件，就是被中药毒害的明显例子。有一种药材叫青木香，我爸以前吃青木香，胃胀痛不舒服时会吃，吃了效果非常好。但是有效未必就是好，可能有毒性。我读大学时发现青木香毒性很重，马上和他说不要吃了，及早发现就减少毒害。在做端午茶时，现代的知识要跟进。老百姓如果采进来有毒药材，就很麻烦。

我想对于端午茶来说要两条腿走路。一、端午茶民间都在用，约定俗成，在集市上交易。民间散存的端午茶，配方和制作需要继承，选用可以就地取材，文化多样，都没有问题，但就是怕采错，要把有害药材知识科普和防止误采这个事情的宣传工作做好。民间端午茶没有必要规范它的配方。

二、端午茶要做成大的产业，要上市销售，就有门槛了。作为日常茶饮，作为食品开发的话，你选用的品种要在国家官方认定的药食两用品种列表内才行，也就是成为新资源食品或者叫新食品原料。国家如何认定，一个看历史上的传延，多少年临床积累没有害的、有传统的。一个还要经过现代药理实验，主要是急性的毒理实验，看看有没有毒性，没有的话，可以综合考虑饮食习惯和产业需求增加为新资源食品。

最成功的端午茶一味：食凉茶

程：我们已将端午茶的一味重要药材食凉茶成功研发并产业化。蜡梅科蜡梅属的柳叶蜡梅和浙江蜡梅，是食凉茶的基原植物，我们现在喝的更多的是柳叶蜡梅，它的味道相对比较纯正、柔和。在端午茶中，这是非常重要的一味。采端午茶的人采得到都会放进去，味道很好。用了它端午茶特别的味道就会出来，端午茶即使有很多味药材，也盖不了它的味道。

怎样经过现代产业开发呢？首先是取得官方许可的资质，经过研究比较确认安全性好，为此我们做了毒理实验，上报到国家卫生和计划生育委员会，2014年官方已认定为新资源食品。在批准前，卫计委还特别到丽水调研，看看群众基础有没有，最后发现这么多年用下来没问题。最后批准它为食品，可以以食品和保健品来开发，同时又是药材。食凉茶在畲药里头用得差不多是最多的，我们称之为"畲药第一味"，2015年版《浙江省中药炮制规范》已经把11种药材作为畲族习用药材的名义收录了，相当于省级药典，食凉茶就在里面。

汉：食凉茶有什么效果？

程：先从名字说起，官方叫柳叶蜡梅，是中国特有的品种。民间叫食凉撑、石凉撑、石凉青，这些土名不适宜推广。"食凉茶"的名称是结合功效来取的。食，功效与吃相关。康恩贝肠炎宁是有名的中成药，食凉茶的止痢疾作用与它不相上下，对腹泻、不消化，都有效；去油腻，降脂减肥；调节胃肠菌群。凉，是防治感冒、清凉解毒的。着凉后，吃这个有比较好的疗效。有食，有凉，又有茶，故称"食凉茶"。我们对食凉茶做了很大的改进，继承基础上有创新。做中药饮片，我们选用叶片比较大、味道浓郁的；做成茶制品，我们取嫩叶，口感纯正，味道比较淡雅。加工的产品中，食品类的除了茶叶，还有超细粉、抹茶等。还会做深加工产品，如口服含片、固体饮料。像咖啡一样，一撕一倒一搅，就好了，这就是有传承、有创新。早在2005年我们就在松阳大东坝镇灯塔村建立 200 亩标准化栽培基地，从源头上保证了质量。

还要做药效成分研究。有挥发油、黄酮、香豆素、生物碱，这些是次生代谢产物，还有氨基酸、维生素、微量元素等营养成分。我们每个季节进行成分含量测定研究。每一个月，1 号、15 号各采一次样。成分变化动态我们掌握了。恰是端午节附近，是挥发油含量比较高的月份。用挥发油做质控指标的，要达到 2%。这样可以指导种植户的采收，又都保证采收质量是最好的。这是往中药饮片方向走。另外像黄酮，这种成分最好取春季嫩叶，往食品路线方向开发。

汉：我还是很好奇，食凉茶中挥发油里有哪些是针对具体各种症状？

程：有一种桉油精，含量非常高，能产生怡人味道。胃肠道功效就是黄酮、生物碱、香豆素，消炎，并能调节肠道菌群。我有个同学慢性腹泻，连喝一周，就已经效果很好了。

食凉茶有个好处，因为有挥发油等成分，种植是不需要喷农药的。食凉茶和梨树一起种，相互都有好处，这梨树，虫还少了，健康安全无公害。

汉：你觉得端午茶里像凉茶一样的有研发前途的还有哪几味，未来有怎么样的发展前途？

程：举个例子，端午茶中另外一种药材叫小攀坡，畲药名字叫小香勾，就是条叶榕与全叶榕两种植物。歇力茶里用得多，在烧猪脚、烧鸡等荤菜的时候往往会放，吃的时候闻着有特殊香味，而且让荤菜味道好也不油腻，能去油脂。这是松阳本地有名的常用药膳用材。歇力茶，去风湿，长力气，小香勾是重要的一味。

只要结合了文化，结合现代需求就有前途。食凉茶销到新疆去，广受欢迎，那边以牛羊肉为主，需消油腻。"一带一路"市场很大，我们看好小香勾也是这个道理。

汉：仅仅端午茶中一味就有那么多文章可做。现在松阳有课题组做这个端午茶研究吗？有可能对端午茶基本的 30 多味草药做这样细致的分析吗？

程：现在没有人做，也没法做。全搞清楚不可能，如果花上百万资金，搞清楚端午茶重点的十几味就不错了。研究出一味药材中哪些成分可作为质控指标，我们就有机会评判质量，标准化才有内容。端午茶产业化最重要的就是标准化，现在还在起步阶段，精深研究还需要更多的投入。一个现代企业做出来的产品，如果和叔公、叔婆山里随手摘来的是一样的，产品的附加值未免

太低了吧。还需要市县科技部门注重这个事。

汉：为什么在松阳区域会出现端午茶？像广西端午药市可能在端午卖了许多药，但不会像松阳这样把许多药都放在一种茶里，这是什么原因呢？

程：这种养生习惯，有传说是松阳唐代著名道士叶法善发明的。我推测是综合原因。我们松阳正好是一个很大的盆地，土壤气候很好，种粮食好，种茶也好，有这个喝茶传统。植物资源丰富，也有闲情雅致，也有实际需要。本地交通闭塞，小毛小病，就近取材采摘草药当茶吃吃，后来就积累起来形成日常的饮食。口口相传，形成习惯。在杭州，如果某人有毛病，直接去药房看病了，不会喝什么端午茶。所以这和本地地理环境、风俗有关，跟农耕文化有关，农忙时，端午茶又解渴又适合劳动者。总之是综合因素。

汉：歇力茶就是典型的、农忙时休息长力气的茶。

DNA 条形码分子鉴定端午茶

汉：把端午茶每一味名字搞清楚好难哦！

程：端午茶成分有几十种多至上百种草药，许多是土名，往往和药对不上。同名异物，同物异名，非常复杂。百姓难辨，长田里难辨，切碎晒干，更难认。有一些懂的人还搞点神秘，你知道了他草药生意不好做，所以研究工作首先是辨认，这就很难做。怎么办？我们现在在做一项工作，用现代的 DNA 条形码分子鉴定技术来分辨中药材。我这边有一位合作者，中国中医科学院中药所所长陈士林研究员，欧亚科学院院士、获诺贝尔奖的屠呦呦是他同事，他是所长兼首席研究员。他是从事中药材 DNA 条形码分子鉴定研究的大专家，在他的指导下我们也开展了这方面工作，特别在畲药这一块。他是我们所里的博士后导师。今年（2017 年）我们会出一本书，名字叫《常用畲药 DNA 条形码序列》。DNA 条形码分子鉴定可以对我们药材开展准确的鉴别，在保证药材质量方面能起到很好的作用。以后端午茶药材，切成段了，不认识，你拿过来，我提取基因，就能搞明白。做成条形码，二维码，一扫就查出来了，非常重要！以后人不在了，方子不在了，通过这种方法还能鉴定出来。

汉：搞不好古墓里有的药也能鉴定出来。

程：我常说我做的事是"上接天线，下接地气"。顶级科学家我们有合作，土医、药农啊，我们也有打交道。和你们一样，也是一种田野调查。■

松阳民俗观察

文·赵英华

松阳位于浙西南山区，因其特殊地理环境，加上过去交通不便等因素，在近30年中国的快速变革中，所受现代化的波及较小，生产、生活方式多呈现农耕社会的面貌。这也使得许多具有地域性的民俗得以延续至今。汉声团队在松阳一年的工作中，近距离观察了松阳的民俗，那么松阳的民俗呈现出怎样的特点？以下运用我国民俗学的分类方法，简述松阳民俗风貌。

何为民俗

作为人文学科的我国民俗学中，对民俗有这样的定义："民俗是人民大众创造、享用和传承的生活文化。它既包括农村民俗，也包括城镇和都市民俗；既包括古代民俗传统，也包括新产生的民俗现象；既包括以口语传承的民间文学，也包括以物质形式、行为和心理等方式传承的物质、精神及社会组织等民俗。民俗虽然是一种历史文化传统，但也是人民现实生活中的一个重要部分。"可以说民俗就是以大多数老百姓为主体传承下来的生活文化。在类型上大致分为四个部分。

1. 物质民俗，指人民在创造和消费物质财富过程中所不断重复的、带有模式性的活动，以及由这种活动所产生的带有类型性的产品形式。它主要包括生产民俗、商贸民俗、饮食民俗、服饰民俗、居住民俗、交通民俗和医药保健民俗等。在松阳，每到端午节前10天左右，许多松阳人就上山采集草药，在端午当天12点前晒制成端午茶，热水冲泡，滋味独特，可供全家一年饮用。可

洗净的端午茶草药放在竹篮里沥干水分

切好的块状黄米粿

沙擂

制茶的草药多达40余种，制茶高手还可根据家人的体质，增减草药种类。端午茶在松阳人眼里是日常饮品，县城里的大小餐馆几乎都会提供。另一种几乎全松阳人都喝的饮品是糯米酒，深秋时节，气温适宜，松阳人用新收的糯米蒸熟，拌上红曲或白曲发酵，这个时节酿成的酒，松阳人称作"十月缸"。另外过年前各家自制的苦槠豆腐、糯米做的沙擂、黄米粿等都是因地取材的饮食风俗。

2. 社会民俗，也称社会组织及制度民俗，指人们在特定条件下所结成的社会关系的惯制，涉及从个人到家庭、家族、乡里、民族、国家乃至国际社会在结合、交往过程中使用并传承的集体行为方式。主要包括社会组织民俗（如血缘组织、地缘组织、业缘组织等）、社会制度民俗（如习惯法、人生仪礼等）、岁时节日民俗以及民间娱乐习俗等。松阳岁时活动最为丰富，大年三十，松阳许多村以户为单位，提上一篮子祭品，到村里的香火堂、社庙、宗祠，一一祭拜祖先以及村里的守护神。松阳人不忘本，祖先

道惠祭祖

元宵龙灯

特点是实用主义，每位神祇都有其特定的功能。在松阳主要的神祇有平水大王，徐侯大王，唐、葛、周三将军，陈、林、李三夫人等。平水大王在民间通常被认为是对大禹的俗称，大禹治水的传说古今流传，因此当地人认为平水大王同样具有治理水患的能力。唐、葛、周三将军一般被认为可以除恶煞。陈、林、李三夫人的信仰则是由福建移民带来，三位夫人被认为是妇幼的守护神，同时在民间传说中陈夫人法力极高，可战胜各种妖魔鬼怪。在松阳许多社庙中，三夫人的塑像前，会有一个较小的陈夫人塑像，这个塑像手持龙角、师刀，头裹红布，穿法裙，与穿着华丽的较大的陈夫人坐像呈鲜明对比，这是因为当地在某些特定时间祭祀时，会请陈夫人出社庙巡游整个村落以除村人恶煞，而陈夫人这身特别装扮意味着她已武装完备，随时可与妖魔鬼怪战斗。这种装扮在当地道士作法除恶时亦是如此。由于陈夫人信仰在松阳的广泛分布，其传说故事也被许多民间艺术形式作为素材使用。如松阳鼓词的当家曲目就是根据陈夫人传说改编而成的《夫人传》，而唱《夫人传》亦有特定的场合，如

佑。像新兴镇的平卿村一年举行八次祈福，"大福日""小福日"各四个。大福日为大祭，需宰一头猪。大福日分别在谷雨、小满、立秋、白露四个节气前后举行，称为"上山福""下山福""立秋福""八月福"。谷雨前后，山区种田缺少肥料，需要上山割草作为绿肥使用，过去山区猛兽出没，山路崎岖，因此特地祈福上山作业平安。

3. 精神民俗，指在物质文化与精神文化基础上形成的有关意识形态方面的民俗。它是人类在认识和改造自然与社会过程中形成的心理经验，这种经验一旦成为集体的心理习惯，并表现为特定的行为方式且世代传承，就成为精神民俗。精神民俗主要包括民间信仰、民间巫术、民间哲学伦理观念以及民间艺术等。松阳几乎村村有社庙，主祀的神祇被当作地方的守护神供奉。民间信仰所呈现的

何时来到此地开基立业，族谱里记载得清清楚楚，每个人也知道自己从哪来。他们以这种方式提醒自己，祖先创业的不易。元宵节最为热闹，许多村落在这天闹花灯，种类多样，有龙灯、马灯、船灯等。在松阳还有一种较为特别的与岁时密切相关的祈福活动，在当地分布很广。村民每年在社庙内举行多次祈福仪式，宰杀肥猪还伴有表演。祭祀后的肉各户均分，以祈求或酬谢神祇的护

黄田村社庙，后排为陈、林、李三夫人与陈二相公，前中为陈夫人

畲族歌手

得子还愿或孩子生病许愿、治愈后还愿时，家里请来鼓词先生而唱。从松阳祭祀神祇的类型或许可以看出，过去松阳人最为普遍的需求。例如在医疗条件匮乏的时代，妇女生产有很大的风险。松阴溪贯穿整个松古平原，水患时有发生……这也是过去松阳人的应对之道与心理需求。

4. 语言民俗，指通过口语约定俗成、集体传承的信息交流系统。它包括两大部分：民俗语言与民间文学。广义的民俗语言是民族语言与方言，狭义的民俗语言如民间俗语、谚语、谜语、歇后语、街头流行语、黑话等。民间文学指人民集体创作和流传的口头文学，主要有神话、民间传说、民间故事、民间歌谣和民间说唱等形式。松阳畲族人每年农历三月三要对歌，唱的是畲族人特有的山歌，曲调固定，歌词可即兴发挥。有趣的是，畲族的山歌按地区分为五个调，松阳畲族的山歌是丽水调也叫商调，要用假声唱，是天籁之声。

从以上根据民俗学分类简述松阳民俗的风貌可以看出，松阳民俗呈现较为完整丰富的形态，每个类型的民俗事象又相互关联，而非独立发生。基于松阳自身环境生长出的民俗事象得以延续至今，得益于"土壤"的存在。所谓"土壤"可以看作三个部分。其一是生产方式，松阳许多村落依旧以农耕为主，为祈求丰收而做的祈福仪式，仍旧发挥功能。其二是空间建筑，松阳近年提倡古村落的保护，一些具有特定功能的建筑，如宗祠、社庙，得以保存或修复。我们在松阳的一年中，见证了许多社庙、宗祠的修复或重建，与特定场所相关联的民俗活动也随之恢复。其三是民俗事象的传承群体，即大多数的老百姓，这个群体中最为重要的又是年轻人群体，同样也是"土壤"中最难把握的因素。试想，一个社会严重缺乏年轻群体，它的未来也是可以预期的。

地域振兴与民俗主义

近年，松阳提倡去工业化，以"田园松阳"的名义发展乡村旅游观光，同时从政策层面吸引年轻一代返乡创业，其目的也是希望年轻群体的回流能带动地域振兴。传统古村落的保护与再利用，在当下已初见端倪。发展民宿似乎是现在松阳吸引本地年轻人返乡就业与刺激观光的手段之一。

过去几十年中，大量的农村人口涌入城市，谋生仅仅是目的之一，另一重要的动机是对现代化生活方式的追求。最为直接的体现是对居住环境的诉求，即追求配套的水、电、天然气、冲水马桶等这些基本生活设施的现代住宅，即便没有在城市中买房子，也要在家乡新盖具有以上条件的新型住宅。"人们按城市住宅的标准设计自己的新居，以此模仿都市生活方式"，日本爱知大学的周星教授把这叫作"在地城镇化"。同时他还认为现代都市型生活方式在中国城乡的大面积普及和确立，这种"生活革命"在中国正是进行时。

回头再看松阳，我们在松阳一年的工作中见到了不少以当地人为主导的民宿经营，以传统古民居样式为特色，配套现代化的生活设施几乎成为标准配置。在松阳大规模推行的老屋重建计划中，室内配备冲水马桶亦是必备的条件之一。舒适便利的居住条件与田园风光，大批的城市人口成了松阳观光客中的主力。平田村是松阳众多古村落之一，原本并不起眼甚至有些衰落萧条的小山村，因为当地年轻人经营的民宿群而成了明星村，不仅吸引了不少游客，也带动了一些当地人的回归。据平田民宿的经营者介绍，当地的常住人口在这两年间有所回流，他们种植的农产品可直接供应给民宿的餐厅，或者直接出售给来平田的游客。游客的到来也让当地人感到村子有了活力，2017年春节，当地人自发组织"丢掉"多年的舞龙表演，共同庆祝村庄的复兴。民俗事象因为地域的振兴得以恢复，对它的延续是个好消息。

但是，这种间接促成民俗事象恢复或延续的方式，是具有偶然性的。对大多数地域社会来说，直接利用某些传统民俗活动吸引观光客是最常见或者说最为有效的做法。利用民俗资源，对以发展旅游观光为主要生产方式的地区来讲是不可避免的。在许多地方我们可以看到民俗资源的再利用，成为针对游客的特制旅游产品。以传统民俗为名义所展现出来的是某种旧时代的审美，对游客而言似乎可以满足某种

猎奇式的好奇心或者说他们是带着"乡愁"来体验民俗的。正是由于人们怀着这种"乡愁感"去接触体验，民俗事象才能成为旅游资源。近年，"非遗"几乎成为所有民俗事象的代名词，一方面，登录非物质文化遗产名录的民俗事象的确得到了应有的关注和重视，许多传承人获得保护与切实利益；另一方面，"非遗"项目被广泛利用，作为地方文化特色宣传手段，造成的负面结果也时有发生。例如，一些极具地方特色的说唱艺术等，登上电视节目或去各地巡演，为迎合观众的猎奇心理，其表演方式被刻意改造。笔者曾经做过田野调查的某项民间戏曲形式，在被电视台包装改造后，所呈现出的表演状态可以说

有向观众献媚的嫌疑。也因为这样的传播方式，原本在自身地域存在感就逐渐式微的民俗艺术，几乎丢失了生存土壤，它也只是成为当地的文化符号，而与当地人不再发生关联，它所展示出来的所谓地方特色也逐渐模糊。离开原有的时间与空间进行或者利用民俗元素创造出的新形式，在民俗学范畴中，被称作"民俗主义"。最早提出民俗主义概念的德国民俗学界认为民俗主义就是二手的民俗文化的继承与表演。因此在将民俗事象作为旅游资源应用时应注意可能面临的问题。

播下幸福的种子

那么被大多数老百姓创造、享有并传承着的民俗该何去何从？2017年北京师范大学民俗学教授萧放老师，主持了对松阳及丽水地区30多位中青年"非遗"传承人的培训工作。一方面向他们解读"非遗"相关法规与文化如何再利用，另一方面带领他们在松阳实地调研，掌握田野调查的方法。萧放老师把它称为"播下种子"，期望他们能在自己的家乡发挥积极作用。民俗本身就是由当地人创造的，那么当地人也应是民俗传承的主体。眼下，在对民俗事象再利用的同时，当地人也应再认识自身的民俗文化，再讨论它的价值。回看松阳民俗，无不是为了老百姓的幸福而生，也应为了今后人们的幸福而被善用。■

松阳老街老屋重建

平田爷爷家民宿

洪关旺
——收集族谱的人

文·艾天马

洪关旺先生是松阳史志办主任。他做了件了不起的事：搜集了松阳100个姓的族谱，共580部（一房一部）。松阳成为中国县级地方志收集族谱最多的县。讲起为何收集族谱，正说中洪先生心痛处……

洪关旺先生有一个心病，说起来就心痛。洪家本来有一本厚厚的族谱，"文革"时藏在谷仓，小时兄弟四人无意中发现，不知珍贵，把族谱全撕掉折"飞机"玩了。因为祖父去世时，父亲才11岁，没有了族谱，自己祖先从哪来的也不知道了。长大后，这成了洪关旺永远的心结。

14年前，洪关旺从找寻自己洪家的族谱开始，继而收集全松阳的族谱。2003年、2004年，文广新局曾经让文化员到各地收集族谱，摘录相关内容，提供给上海图书馆，复印后再送还给人家。2006年后，松阳史志办开始对全县族谱进行调查、复印、刻录成盘。2007年开始，史志办每年投入5万多元收集族谱。目前松阳是全国县级史志办中收集族谱最多的，达100个姓氏，共580部。进入松阳史志办的族谱陈列室，我们不禁被其浩大的规模所震撼。

收集族谱难度很大，因为中国人历来不把族谱借给外人，甚至很少向外族人展示，怕外人偷看坟图，引来盗墓，破坏风水。洪关旺印象最深的是上源口村，得知此村中有一支洪家，能否有自己这一支的消息？虽是本家相求，别人也不肯拿出族谱。洪关旺提着礼品，去了三次，想尽办法，结果精诚所至，金石为开。可惜的是洪关旺拿到族谱后，发现上源口洪家是豫章郡，来自江西，而自己这支洪是敦煌郡，并不是一支。

洪关旺为了搜集族谱想了些办法，一是通过熟人说情，自己带点手礼；二是严格承诺只用做自己研究整理，不公开；三是帮族人整理复印并奉送光盘。

洪关旺收集了580部族谱，与同事一起编写了《松阳姓氏志》《松阳百姓源流序集》《松阳百姓族规家训》《松阳宗祠志》《松阳百村堪舆图》等著作。

族谱里面学问大，洪关旺解决了不少历史难题。史书记载，明朝永乐大典的总裁翰林学士王

洪关旺

景是松阳人，但具体是什么地方的却不知。洪关旺在研究王村的王氏族谱时，从始迁祖王元追下去，发现了王景的资料。接着在王村王氏宗祠中找到了王景的木牌位，解开了这个历史谜团。松阳得以在王村兴建王景纪念馆。

族谱中记录了鲜为人知的数据，如咸丰年间，1858年和1860年，太平军两次过境松阳，杀了两千多人，族谱有记录；1942年七月半（十五）日军侵占松阳，杀烧甚多，在族谱中也有详细记录。

通过族谱，祖先的行迹就一清二楚，如松阳留姓是从青田迁过来，邹姓、魏姓是从丽水碧湖迁来。

洪关旺的收集中，最珍贵的是卯山叶姓光绪族谱。正是在这本族谱中，叶姓找到了老祖先的迁徙过程：南阳、青州、丹阳、卯山。并确定了始迁祖叶望迁来的年份是建安二年（公元197年）。

最后在一处墓地找到了叶氏墓砖，上面有建安二年这个年号，才确定了是叶望的坟。江南叶姓找到了起源，成为全世界叶氏的福音。

通过族谱，洪关旺确定有10个姓是以松阳为郡望的，也就是发祥地。分别是赖、叶、丰、劳、瞿、库、厍、公、壶、黄。

在松阳历史上，修族谱是非常普遍的，往往是小姓各房联合起来修，大姓各房各自修。修族谱团结血亲，是乡间的大事。

洪关旺认为族谱上的家训对松阳人影响甚大。从建县以来，松阳造反、大盗大恶的人极少，风俗务本，族训也多是训导子孙耕读为本，课税足额交掉，严禁子孙嫖娼。高焕然那一支象溪高家族规：振家声莫如读书声。有几个族谱，孩子几岁要上学，要请哪种老师都写得清清楚楚。注重族规家训，对松阳人性格形成有重要作用。

目前，洪关旺先生最大的遗憾是花了15年，还没有搞清楚自己洪家这一支祖先的来龙去脉。父亲1991年突然去世，来不及交代清楚。目前洪关旺只知道自己始迁祖是一位驸马，做过括州太守，血脉如何延续却不知道了。

不过在寻祖过程中洪关旺发现一段有趣的往事。明代建文帝的忠臣监察御史叶希贤与洪家联姻，"靖难之役"时住在界首洪坦的洪家也受牵连不得不逃往玉岩深山。这洪家与洪关旺同支。叶希贤在界首有衣冠冢，叶希贤的松阳后代也逃亡山区。"靖难之役"中叶希贤逃往四川，削发为僧，号雪庵和尚。其四川后代有一支逃往茂县，改姓为顺，意为叶在川边。其后人顺士斌在民国时当过县长，自称自己是松阳叶姓后代。

但愿洪先生最终能找到他的血脉，不再心痛。■

松阳县史志办办公室陈列的部分族谱

有趣的松阳童谣

文·瞿明磊

一个松阳娃娃，刚出生时，童谣就伴着他啦。妈妈、奶奶，或外婆抱着小婴儿，就会唱这样的童谣——

宝贝囡儿，惜惜大；宝贝女儿，困困大；宝贝女儿，馋谗大；宝贝女儿，咥咥大。

（松阳话，惜是拍的意思。馋是想的意思。咥是吃的意思。）

这里面有母亲对孩子最淳朴的祝福。

下雪了，外婆会做糖糕，那个香啊。于是有了——

雪花飘飘，外婆炊糕；雪花浓浓，外婆煎糖；雪花满大路，外婆做豆腐。

出月亮了，月光柔和温馨，是孩子们最喜欢的月光娘娘。于是有了传唱最广的"月光光"：

月光光，疏朗朗。妹妹弟弟屋起拌天光。无床困，困大凳。无黑抹，无蓑衣。蓑衣破，望世界。

（拌天光，是烧早饭的意思。黑，什么的意思。抹，盖的意思。）

月亮出来了，穷苦人家孩子早当家，姐弟俩就要起来烧早饭了。烧着烧着就困了，没床睡，就躺在大凳子上。没有被子盖，就盖蓑衣。啊呀，蓑衣有个洞，就从里面看看世界吧。——活灵活现的农居图。

在孩子看来样样都有乐趣，一分钱、二分钱、五分钱都能想出歌谣：

一分头，二分头，最多多到五分头。地主叫我洗菜头，菜头洗扑了，地主叫我回去跪脚骨头，地主捺我额骨头，我一脚踢去地主翻跟头。

（扑了，翻了、洒了的意思。）

——这样的童谣，有松阳民风中的倔强，男孩子最喜欢唱。

田野中的孩子处处有玩具。松阳的孩子在田头喜欢吹麦秆，把麦秆一节中一头剪平，剖开撕下一小条，放在嘴边就能吹响。于是就有了这个音节铿锵的童谣：

嘀啵啵，啵啵嘀，小人吹勿响，大人吹得嘀嘀响，叮——叭——共！两吸凶，锯答答。

——"嘀啵啵，啵啵嘀""叮叭共，两吸凶，锯答答"，这些象声词，神气活现地念出来，一个调皮的娃娃就在你眼前。

童谣还可以猜谜呢！

高高山头一群白鸭儿，浮的浮，淀的淀。

（淀，是沉的意思。）

是什么呢？——汤圆。

高高山头一蓬草，草的下头两粒宝，宝的下面一具坟，坟的下面开大门。

啊呀，真吓人，孩子睁大眼睛被大人们吓得不轻。是什么呀？快说，快说。——原来是"人头"。

童谣专家潘建武

童谣专家程月兰示范抱着婴儿唱童谣

也有长的童谣，这样的童谣告诉孩子们最早的音韵、节奏，没准念这童谣的孩子能成为大诗人、音乐家呢。

贼骨头，偷馒头，偷到南门大水碓，水碓偷糠，偷到永康，永康偷布，偷到筏铺，筏铺偷柿，偷到古市，古市偷蜡烛，偷到观音阁。观音娘娘喊你宿一宿，牛屙犬屙咥一饱。

（牛屙犬屙就是牛屎狗屎的意思。咥是吃的意思。这个惩罚很有趣吧。）

松阳孩子在上童谣传承课

童谣还可以一群小朋友或两个小朋友一起念，还可以骂人呢。不过骂得巧妙，骂得你哈哈笑，看出娃娃们的小机灵劲儿。

"做你猜，做你猜，快快刀尼扒不开。——水""徐徐，句句——船""船船，两头船——渡""渡渡，长白发——柿饼""柿饼柿饼，咥了困弗醒。——盲眼睛""盲眼睛，咥人精——"（然后指着对方小朋友！）

——好玩吧，猜谜又接句呢。叫你猜，叫你猜，快快的刀子都分不开的是什么？水呀！然后你听到，徐徐、句句的水声，什么来了呀？船啊。那什么船是两头一样的，两头都可以划的呀？是渡船。像渡一样，但长了白发的是什么？是好吃的

松阳孩子在上童谣传承课

柿饼。柿饼最好吃了，小朋友们吃多了，犯困了，眯着眼睛，像什么呀？像街上的盲人，算命的盲人先生。小孩子有时蛮坏的：盲人又是吃人精的，是谁啊？就是你啊。——这骂个人拐的弯好有趣。

教我们唱童谣的潘建武老师与程月兰奶奶一边拍着桌子，一边唱着这首童谣，音节相和，分外有趣。最后抢先指着对方，又哈哈大笑起来，两人又回到了童年。

有的童谣并没有什么教育意义或特别深的含义，往往就是音节响亮生动，字句鲜活生趣，是真正孩子气的无意而有趣的作品。松阳话泼辣，是山民的语言，但其中有真情真趣，给孩子带来值得回忆一生的乐趣，是乡土风物特别的宝贝呢。

教我们唱童谣的潘建武老师，小时候兄弟多，大人管不过来，就自己学童谣。而程月兰奶奶抱着小孙子，童谣就哼出来了。现在爷爷奶奶还会唱童谣，年轻的爸爸妈妈就很少人会了。所以潘老师和程老师有点着急："松阳童谣，再没有人教就不会了！"这祖宗留下的好东西，丢了多可惜啊。没有童谣的童年太寂寞了，所以松阳推广"童谣进学校"，潘建武与程月兰就成了教孩子们松阳童谣的老师啦。■

16 岁成人记忆
——松阳吃童鸡庆成年风俗

文·张增明

从儿童到少年到青年到成人一路走来，儿时不谙世事，父母为我们成长所做的各种仪式，鲜有记得，成人独立处事后记忆中除了庆生就不再有过父母特别为我们操办的护佑类的仪式，记忆中唯一永不抹去的是关于16岁时，父母为我准备的吃鸡庆成人一事。

我们那时每到小孩长到16岁（虚岁），父母就要为孩子杀一只童子鸡，我也不例外。记忆中鸡是半拉大鸡仔，被煺好毛后，置于物什中，倒入清水，加些许盐末，隔水清蒸。母亲守着柴灶，慢火炖烧，时不时用筷子戳一下，待熟了之后端上桌面倒少许自酿黄酒，招呼着你赶紧来吃。看着热气直冒、香气四溢的炖鸡，大有舍不得下筷之心。沿着碗边轻轻地嘬一口，酒香入鼻，甘味入口，其滋味，至今不能忘怀。

当下回想16岁吃童鸡的经历，有三件事给我留下特别深刻的印象。

其一，是养鸡的历程。

那时由于家家户户并不宽裕，一年都难得吃上几次肉，更何谈吃炖鸡。一般人家都买不起鸡，（其实市场也很少有半拉大鸡仔买），基本上家家都全是自养的。为了养鸡父母很早就开始谋划，养好母鸡多多生蛋，留下好种蛋（其实蛋也很珍贵，重要的客人或遇到重要体力的事才能舍得一二）。然后选择顺服、听话的母鸡抱窝，其他母鸡要抱窝，要用水浸，蒙眼站竹竿让它醒窝。窝中通常放二三十枚受精蛋。其间要常翻蛋。到一定时候母亲还要用煤油炸丝蛋，剔除不发育的部分。大约二三十天后，小鸡出壳。细心照料，十几天后，就由老母鸡带着散养。那时没有多余粮食喂养，就常

常让我们挑着鸡笼，到刚割完的稻田去放养，时间常常在晌午，到天黑前。记得放开笼门时，大小鸡们欢快地窜出鸡笼，鸡找食的同时，我们也动手捉虫、捉青蛙或做游戏，边玩边看护鸡们。归鸡笼时，我们拿着笼子，轻轻赶着鸡群，嘴上轻轻哼着"归归笼，归归笼"鸡见鸡笼，虽不情愿，倒也听话，慢吞吞一步一啄地往鸡笼里移，常有那么一两只偏点的进去后又窜出去折腾几下，看其他已归笼了，怕落单，才又急蹿回去。小时记忆中，家里养鸡年年如此轮回。放养地点都是在官塘门垒，如今想起那时的官塘门、官塘坑，以及坑坝上残损的鹅卵石路，坑边的淤泥甚厚，茭笋塘、染布坊都清晰如初，倍感亲切。尤其让人感叹如今如此廉价的动物，在那个年代是如此珍贵，以至于要让父母们如此呵护，还要让我们如此精心喂养，想必其中既有当时物资匮乏的原因，更有属于父母的故事之因吧。

其二，是吃鸡的体验。

少时常听人讲，都快吃鸡了，还这么不懂事，也偶听母亲、兄长们讲你快有鸡吃了，后来知道，每家孩子到了16岁就要吃一只童子鸡。一是童子鸡正处于生命最旺盛的时期，所有部分都集中了最精华的要素，是为大补，松阳俗语，"斤鸡两鳖为大补"；二是人逢16岁正是身体发育的重要节点，要抓紧补养，否则贻误发育；三是16岁是生命成长的重要轮回，是成人儿童的分水龄，需要纪念，更需要孩子们铭记。儿时不更事，只想着有一次被父母庄重记惦的宠幸，有一次独享被父母溺爱的幸福，于是天天盼着这一天，担心被父母遗忘。冷不丁有一天母亲说今天杀只鸡给你吃吃，你今年已经16岁了。记得那是初三晚自习回来，母亲端上用花碗

盛着的炖鸡，叫我把它吃了，没有过多的表情和过多的交代，转身又忙着其他了。也许七个孩子的家庭，注定了她穷于奔波的生活状态。没有浪漫，没有仪式，对她实属是一种无奈。看着眼前香气扑鼻的炖鸡，朦胧中觉着自己有一种要改变些什么的冲动和又要失去些什么的惆怅。咀嚼着细滑的鸡肉，品味着浓郁的鸡汤，全然没有狼吞虎咽的急切。竟然失去了独享的欲望，虽然兄长都已经历过，父母也绝不会分享这美味。可我仍未能享用完这顿没有庄重仪式，但又不乏仪式内容的美味，仍留了不少。或是想与人分享，更或许是这一夜自己真的长大了。

其三，16岁吃鸡仔的过去、现在和将来。

前几天与台湾《汉声》杂志创办人黄永松老师交流间聊到松阳16岁吃鸡庆成人这一民俗，他特别感兴趣，其间，伟兰女士也对此民俗在16岁时给她留下了深刻记忆感慨万千，我又留意了我县不同区域、不同辈分、不同姓别的群体，对16岁吃鸡有过体验的，20世纪80年代前人们都感同身受。目前这一风俗仍旧良好地被传承着，当然意蕴有着微妙的变化。

几个月前的一天，丈母娘为吾女烧了一只鸡仔，让我忽然明白，不经意间她已经16岁了。赶在她外出求学前的这碗炖鸡，没有了吃鸡的故事，炖鸡的行头也全然不同。从前童子鸡全是自家亲养，吃杂食，柴灶炖烧，想来味道与现在比会有较大偏差，因此她只将就着尝了一丁点就搁置一旁了。或许是当今年轻人生活好了，口味刁了。或许和正在成为青年的他们模糊了16岁的界碑式的意义，而失去了对16岁这碗烧鸡的期待不无关系。

黄永松老师说：民俗最大的意义在于造就好人，我们有着极为丰富的优秀民俗资源，能造就好人，民族自然就强大了。面对如此丰富的优秀民俗资源，我们有责任主动作为。16岁的吃鸡民俗，没有庄重的仪式，但有着极为庄重的内涵。是一份责任的传承，是对青年人担当使命的警醒，是生命开始充满质感的启程点，只要大家觉醒，16岁的吃鸡风俗，会永远延续。

现在想来，16岁时母亲端上的一碗炖鸡，意味极其悠长。■

平田村农家鸡舍

平田民宿群：
空心村活了过来

文·赵英华

眼神空洞的老人家

叶大宝是松阳黄下村姑娘，一直在杭州打拼，从事服装行业。2014年从杭州辞职回到松阳，正迷茫自己能在故乡做些什么时，在某个饭局偶遇江某。江是平田村人，他父亲是平田的老村主任。江有念头在平田做民宿，邀请叶大宝一起参与。"平田村？"叶大宝有点吃惊，因为在她的印象中——平田是个贫穷的地方，比自己老家的村庄还要萧条、房子还要破败。她一开始并没有什么兴趣，被江找过多次，才答应去看看。

第一次到平田村，叶大宝眼中所见的平田实在糟糕，破败萧条，村民很少，常住人口连十分之一都不到，而且都是老年人，眼神空洞，可以说这是个空心村。据她说，外面的人都不太知道这么个小村子。

2014年，松阳政府开始提倡建设古村落，有地方政策和一定的财政支持，江一家投资，租下村里民居10余栋，最早邀请罗德胤和徐甜甜团队参与策划、设计、改造。2014年底，叶大宝应江某邀请来经营民宿。

土洋磨合出的建筑群

松阳的工匠师傅们建房子要讲究风水，也有自己的一些习惯，房子朝向、窗户怎么开都有讲究，而设

工匠师傅修整旧房子

平田村景象

计师追求整体的美观效果，只要结构合理就可以。这是当地师傅与设计师之间最大的矛盾。比如，当时建四合院餐厅就因为意见不合，停工半个月。

叶大宝记得，当时在现场听到师傅们抱怨最多的就是"做不了、做不了！"设计师当面问"为什么"，师傅们又说不出个所以然，场面好尴尬！

不过最终，年轻设计师的实力折服了老师傅们。

比如当时设计师要求木工师傅在爷爷家青年旅社的吧台里加装灯，师傅们抱怨做不了，最终做出来后师傅们也觉得漂亮。

年轻的设计师团队最终成功地与当地师傅磨合出了民宿建筑群。

因为全程参与了重建，叶大宝开始觉得村子是有生命力的，如果没有全程的参与，根本不会觉得古村复活的意义有这么重大。四合院餐厅上房梁那天，现场有四五十号人，师傅们喊着号子，将房梁托起，那一刻，既担心师傅们的安全，又十分激动，叶大宝差点哭了出来。

做餐厅的师傅60多岁，不识字，餐厅所有的梁柱，被他用所谓的记号标记好，也没有图，师傅按自己的方法一样把房子的结构搭建好。——这时年轻设计师把早期不满抛到九霄云外，大声赞"师傅好厉害！"弄得老师傅怪不好意思的。

摸着石头过河

第一栋民宿木香草堂2015年8月15开始试营业。
爷爷家青年旅社2015年10月1开始试营业。
四合院餐厅2015年12月30开始试营业。
归云居民宿2016年5月开始试营业。

第一栋民宿木香草堂试营业前，叶大宝还没有考虑如何经营。江某请了一些媒体、摄影师朋友，免费请他们来体验。

木香草堂

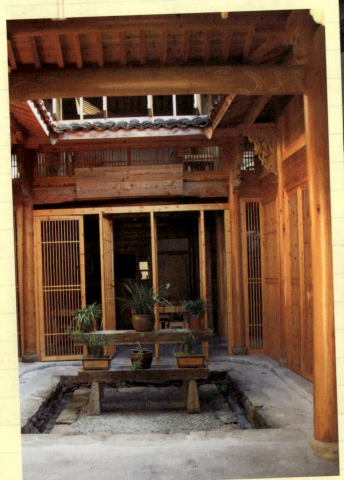

四合院餐厅

民宿内部

爷爷家青年旅社吧台

慢点茶室

叶大宝说，她现在完全融入了村子，像看自己的孩子一样，希望未来这里可以绽放光芒。

民宿召回村庄的灵魂

平田是个小村子，一共有102户。叶大宝刚来时，常住人口不过二三十人，都是老人家。现在许多人回流，大约有100人常住。这些人听说民宿火了，便回来种些蔬菜，不用带到县城去卖，民宿直接按市场价收购。有时候他们也把农产品摆在村口，客人们直接就买走。

年轻人回到村庄，村庄就不一样了。平日里总是老眼相对，如今红扑扑的面孔比比皆是，老人们第一次觉得村子有了活力。平田民宿还建立了民宿团支部，定期安排公益组织给村里老人们理发。年轻人有车，帮村里人从县城带些日用品，有人摔伤也会帮忙送医院。村里有一户人家房子年久失修，两位老人年纪偏大，行动不便，他们组织募捐，打算帮他们重修房子。因为找不到足够的年轻人，舞龙停了10多年。2017年春节，时隔十几年后，村里又红红火火组织起了舞龙表演。——觉得自己的村子复兴了，村民们特别高兴。∎

没想到最大的问题是缺水，白天经常遇到停水，当时他们自建了蓄水池，不过还没通过验收。有些客人会抱怨没有水洗澡。什么都要摸索着来，这是村里自己经营民宿的必经之路。

民宿招聘的标准是愿意返乡的松阳年轻人，不要求学历等条件，只要是愿意回来建设家乡的年轻人都欢迎。

如今的平田村完全看不出当年的破败萧条。干净、漂亮是给人的第一印象，平田民宿建筑群功能齐全，目前有木香草堂、归云居、葫芦居3栋民宿，爷爷家青年旅社，四合院餐厅，慢点茶室，以及农耕馆，展览馆，艺术家工作室。2017年年底计划做农产品展示馆，主要销售松阳的农产品。

平田村里自己种的蔬菜

专家看松阳
——夏铸九、罗德胤、徐甜甜、王维仁

整理·李博 翟明磊

松阳共有 75 个村入选中国传统村落名录，随着松阳越来越被外界认知，传统村落的整体保护、外来势力的介入、老房的改造利用、民宿的有所为有所不为、政府的角色、民众看待自身村落的变化等，都是松阳发展中需要清晰思考的问题，也是全国很多地方面临的共同问题。我们访谈了 4 位建筑、规划、设计方面的专家，他们都去松阳考察过，有的在松阳做过多年项目，请他们从自身的背景、经验、所见所闻出发，来谈谈各自的看法。

整合性保存古村落生活化的空间，才真正保存其生命！

● 夏铸九

保存不能物化、形式主义化

我第一次去松阳，印象最深的是山村，最担心山村被破坏、被改造。现在外来者都把古村当作一个绝对的、客观存在的物来看，而跟主体的人、跟文化都切开了。这种观点不对，这两个东西没有连起来，古村就没有办法变成活的。

把东西绝对化、物化、形式主义化，马克思说，这个叫作"拜物教"，这是在《资本论》第一章提到的观点。

物跟人，建筑跟盖房子的师傅、跟里面住的人，是没有办法分开的。明代的《园冶》说："三分工匠，七分主人。"盖园林的时候，主人是有很多想法的，他把自己脑筋里的想法说出来，跟当年的工匠师傅是可以沟通的。

今天很多建筑系的训练，是把古村、建筑当作外在的和客观存在的物来测绘、来调查，就是没看到人。他会觉得：关系到人太主观了，要怎么把握？但从民族学、人类学的角度，就是要看到人。物质文化是人的产物，把这个割裂的结果，就是即使今天政策要保护，保护下来的，都是个躯壳，是个死的东西，而不是活的，没有办法活化它。

台湾的一位学者曾说过一句话，很刻薄，他说：假如不这样的话，你保存下来的东西是僵尸，那你们是什么人呢？是殡仪馆的化妆师。意思是那些房子都死了，我们是在替僵尸化妆，这完全是形式主义的作为，这是错误的。

过去欧洲做的也都是形式主义的保存。在 1968 年、1969 年，从

夏铸九 台湾大学建筑与城乡研究所教授

博洛尼亚开始，第一个提出来做整合性保存。我们要保存它，是觉得这个东西很珍贵。不但觉得砖头、石头、木头很珍贵，而且住在里头的人也很珍贵，这两者都要被尊重，这是整合性保存，是突破性的里程碑。这个价值观后来影响了联合国世界文化遗产的价值观。

本来世界文化遗产的指定是对抗资本主义的发展所带来的破坏，但在中国，奇怪的是，在保存的过程中，首先会产生很多破坏。比如少林寺历史上旁边有很多村子，它们与少林寺是共生的，服务少林寺的一些消费活动。政府的观念很简单：这些村子都是乱七八糟的，开了那么多小店，全拆了，搬到远地方去。这就是破坏。

更复杂的是，一指定成世界文化遗产，这样奇货可居，可以赚钱了。商品化是最可怕的事情，一商品化，大家就会追逐最大的利润，从而催动破坏。松阳面临的问题也一样，我们的山村这么漂亮，但是毕竟离发达的长三角这么近，有巨大的空间商品化潜力。

空间有三个层次。第一个层次是实质的、物理的空间，这个大家都看得到，村子的房子、桥、河、山峦等。第二个层次是虚拟的、观点性的、与宗教活动有关的，甚至跟工匠师傅的技艺有关的，对空间的这一层认识就是非物质文化遗产。当这两层空间结合起来，空间的形成就变得复杂。第三个层次用一个比较抽象的词来说，是象征的空间，是生活化的空间，变成一个有能量的空间，一个场，一个氛围。将象征的空间展现出来，这才是生命。假如不懂这个象征空间，永远没有办法体会我们的传统村落、传统建筑所表现出的生活中的、有生命的、整体性的、无可名状的感动。意思就一句话：不能形式主义化！

扎根传统，在新的脉络里进一步成长

可惜我们现代专业培养了一些形式主义者，这是最大的悲哀。他们就是杀手，是帮凶！为什么他们做的东西不能感动人，都是些奇奇怪怪的东西，最根本的原因在这里。

艺术家的自我表现超过了建筑与村落本身真正需要的空间，我称之为现代建筑师，他们脑筋里想的，就是要做一些从前还没有发生过的、会让别人觉得眼睛一亮的东西。但我们在松阳看到的传统建筑，都不是这样的，都是工匠的产物。工匠不会做单纯吸引眼球的东西，这不是他们的目的，他们建一栋房子是会让别人觉得与其他家不一样，但还是村子里的一分子。

19世纪末20世纪初，有一些英雄式的建筑师作为典范，但那个时代早就过去了。什么时候改变的？1968年可以作为象征的转折点，巴黎的学生运动之后，整个改变了。到今天，学术界都还没有研究透彻这个运动造成的影响。但我们专业领域清楚地知道，1968年之后，现代主义被宣布死亡，另外一个价值观取代它，建筑和文化领域叫作"后现代主义"。我不是说后现代主义比较好，它也有其他方面的问题。但它能替代现代主义，这个是必须要知道的。

"现代"一词在文艺复兴时期的欧洲浮现，"现代主义"作为一个普同的价值观，在法国18世纪启蒙主义之后，被确立为西方资产阶级的美学观，到了20世纪初，"现代设计"成为德国包豪斯学院的教学核心。到了第二次世界大战之后，以美国为中心，现代设计作为国际风格向全世界传播。什么叫作现代啊？现代最根本的意义就是断裂，它的意思就是切断传统，就是今天与昨天对抗，这就是现代的意义。

我跟黄老师（黄永松）上学的时候，在台湾接受到现代主义的价值观，那时我们没有反省能力。但我们这一代总算有机会看到，这个价值观有问题，我们才有能力回头看自己的传统，自己的工匠精神。

今天日本的例子已经说明，绝对不是把西方的东西移植过来问题就解决了。我们的营造技术假如不奠基在工匠技艺的基础上，这个技术就不是我们自己的，是一个移植的东西。当然，这也不是说把从前的东西一成不变地拿来用，而是如何让它在新的脉络里能够进一步成长，这才是今天最大的挑战。

如果我们不能把传统的营造技术与工匠技艺放到原来的社会、文化、历史的脉络里去重新认识与感知，我们永远不可能继承传统，走出我们自己的这条路，永远是走在后面抄一抄表面的流行形式，也就永远无法追赶上别人。

其实我另一个在批评的是我们的专业教育，我们的专业训练没有让专业者扎扎实实地生根在我们的泥土上、我们的文化上。对于现代设计师而言，最根本的问题就是不接地气，因为他们整个训练

的过程，不会调查、认识地方的营造，不认识地方的技艺、地方的文化、地方的社会，怎么继承、延续？

我要把背后的道理讲出来，我们跟西方不一样，这不是我们自发的东西，西方是在工匠的基础上产生设计师。可是即使这样，西方都嫌他们现代化的过程太粗暴、太鲁莽了。我们还不是粗暴跟鲁莽，我们根本不认过去的东西，这个是不归之路，假如看不到这一点，我们根本没有明天。■

松阳两大优势：最"古典中国"的村落、着迷于保护的地方干部

● 罗德胤

松阳的正统文化与乡野文化各占一半

从中国的文化格局来看，正统文化从中原往南辐射，而地方文化原本各地都存在，像福建、浙江百越地区、少数民族地区。浙南其实是南迁的集散地，就成为正统文化与乡野文化重叠的地方，又因为它这几十年发展相对落后，被破坏的比较少，在这样一个很关键的时间点，它留下来了。在松阳，你既能看到非常正统的文化，很官方的文化，也能看到特别野的文化，这是全国其他地方很难见到的现象。在它的北边，尤其是发达地区，比如杭州周边、苏州周边，

正统文化比较多，特别野的文化相对少一点。但到了福建、黔东南、云南，地方文化很丰富，但正统文化相对弱一些。松阳正好是正统和乡野文化各占一半。所以我认为它是一个最"古典中国"的地方。

正统文化有什么体现？最直接的就看建筑，是不是院落其实是很重要的。正统文化基本上都要用院落，因为这种形式特别符合中国人讲究秩序等级的需要。一个院落有正房、厢房、倒座，它会自然地有两大好处，第一向心，第二有等级，这就很好安排主次。不

够就跨院，再分，可以越分越多，维持中国等级社会的缩影，从一个国家到一个小家庭都是这样。

正统文化普遍都会选择院落，而正统文化不那么强的地方，就不是院落。全国来看，都有这个特点。少数民族文化比较突出的地方，都是单栋单栋的，接受汉族文化影响的少数民族地区，比如大理的白族、丽江的纳西族，就从单栋变成了合院。单栋外向性好，其实从舒适的角度，外向性有它的好处，灵活性也更强。因为一旦要维持院落，基本的架子就要搭

出来，场地要不够，院子出不来，麻烦程度是比较高的。

松阳大多数的建筑还是成院落的，山区有的房子是成单栋的，有两个原因：一是有坡地，要盖一个院子比较麻烦；另外一个就是年代比较晚，是现代自由平等的思想普及了之后建的。在一些山区，经济条件比较差、建筑年代也比较晚的地方，单栋建筑就比较多。然后你会发现，每一个村都会有祠堂，有祠堂也是一个比较重要的正统文化的体现。

另一方面，松阳建筑基本上是夯土墙，夯土就比较乡野，跟砖不一样。一般是有钱有文化的地方用砖，差一点的地方就用土。所以在杭州、苏州，大量的是用砖；在浙南、闽北大量的用夯土；而到了福州、泉州，又用砖了。乡野文化也体现在祭祀活动，还有很多的地方习俗。很多节日活动其实是很具地方特色的，比如竹溪摆祭，有正统文化的影响，但总的来说是地方文化的体现。

排名前列的传统村落资源与一个好县长

2012年，住建部成立了一个传统村落保护与发展专家委员会，呼吁人是冯骥才。我跟陈志华先生做乡土建筑研究好多年了，冯主席就推荐我进了这个委员会。我进去之后，工作性质发生了很大变化，原来做研究，现在一下子要面临保护的实际问题。研究是内部系统能够掌控的事情，把事情做得越细、越密、越深入，成果就越好。但保护这个事情，无边无际，再简单的一栋房子，都不是你说了算的，涉及户主、村委会、乡政府、县政府等，一级一级都逃不掉，特别庞大、复杂。所以我们就琢磨有什么办法能够系统性地解决这些问题，后来发现突破口还是在县长，在那么多复杂的相关方当中，最起作用的还是县长。

因为一些偶然因素，2013年8月份，我第一次去松阳，也因此认识了王县长（今松阳县委书记王峻）。那时他刚当县长没多久，非常支持传统村落保护工作，他们也做了一些探索，做得很细致。我们偶然机会遇到这么好的一个县长，一定要支持他，我们也邀请一些专家前往松阳考察，他对这些文化人都很尊重。

一个比较关键的事件，是2014年的4月、5月份，住建部主管传统村落的领导去松阳调研。去了以后，发现当地资源很好，又有这么好的一个县长，表示一定会支持。

2012年评了第一批中国传统村落，那时候松阳一个都没有报。第二批2013年评的，松阳报了9个，通过了8个。2014年松阳县非常重视，积极组织申报，第三批就报了50个，通过了42个。一下子松阳就成了浙江第一，全国第四。量还是很重要的，第三批评完，松阳就已经在全国非常有名了。这是一个结果。（2016年第四批松阳新入选21个中国传统村落，2018年第五批又入选了4个中国传统村落，截至2018年底共有75个。）

第二个结果，住建部设了两个传统村落保护发展示范县，一个是浙江松阳，还有一个是云南建水，首批就这两个，后来也没给第二批，这给了松阳工作高度的肯定。住建部在全国各地办传统村落的培训、交流，会将松阳作为典型案例来介绍，所以松阳短时间内在全国有了较大的影响力。

松阳第一是传统村落资源真的好，第二是保护态度很坚决，再者王县长的作用还是很大的。像后来中国文物保护基金会，要保护低级别非国有不可移动文物建筑，在全国选试点，其实第一批试点很多地方都在争，最后选择在松阳。最大的原因其实是因为文物基金会的领导觉得有一个靠谱的县长在替他把控这件事情，相信他不会走歪了。国家也要靠地方的干部来干事的，国家政策用得好不好，钱用得到不到位，是不是有效果，还得靠基层干部。

聪明的做法：支持小投资人

王县长对这个行业琢磨的时间已经很长了，他先是花了很长时间琢磨保护的技术问题，他非常专业，知道保护的核心是历史信息，应该选一种最大程度能够保留和展示文物历史信息的方式，而不是它最美的方式。这是思想观念的一种差别，不追求最完美，要的是信息的最大化，后来所有添加的东西跟原来的东西要可识别，不能混淆；还有最小干预，众多方式中要选择干预程度最小的方式。

2014年开始，他更多地去考察各地做得好的项目，比如说莫干山的民宿做得好，他就去看，找那些做得好的民宿主人，请他们到松阳，"你们选项目，我配合，我给你落在这儿"。他发现支持这种小投资人，是一个很好的办法。一个大投资商，他反而会觉得下手很重、把控不住，政策也很难处理。比如大投资商需要大片的土地，大片的房屋使用权，县里也解决不了。小投资商就比较好办，三四所房子就可以了，协调协调使用权就能拿下来。2015、2016这两年，松阳开始有一些零零星星的成绩慢慢地出现了。现在全松阳有十几个小项目，也都比较有名气的。

最初我们总是希望能够扩大支持，国家的支持、社会的支持都增加，可以支付保护的成本，这个逻辑到现在也没变。但具体的表现方式是我们当年想不到的，比如无意当中就撞到了"风口"，民宿成为"风口"大概是在2015年的时候。民宿的第一步需要解决自己的生存问题，只要能生存，意义就很重大，哪怕会引发很多矛盾，至少告诉你：房子这么用，是能产生价值的，不但能产生文化价值，还能产生经济价值。当然也会产生很多问题，但从长远来看，如果是一个明白人，肯定要处理好与当地民众的关系，这样才能够维持长久的可持续经济。

对松阳未来发展的期待

其实松阳要学的路子就是台湾的路子，台湾走出了一条反经济规律的道路。一般说来，经济规律越集中效率越高，效率越高然后越集中，城市像抽水机一样集中资源，然后乡村就越来越凋敝。但台北人口到了300万就停了（台湾总人口2300万）。当然台北腹地很小，只是一个小盆地，但台湾都市相对分散，可以带动周边的乡村。

罗德胤 清华大学建筑系副教授，住建部传统村落保护和发展专家委员会委员台湾是乡村社区营造现成的榜样。中国大陆政府的力量特别强，松阳可以借助政府的力量，提前布局，加速这个过程，不用一点点从零开始慢慢摸索。这条路不是完全没有人走过，台湾也是借助日本的经验。

我觉得台湾发展得比较超前，分工会相对更细一点，搞研究的搞研究，搞设计的搞设计，搞文创的搞文创，搞农业的搞农业。从高维看低维，低维的特点就是分工不细，胡子眉毛一把抓，但这个时候恰恰是机会。低维看高维，我不管是什么专业的成功经验，什么好用我用哪个。

未来在哪里呢？第一文创，松阳文创产业的投入还不够。第二个农业，能不能保证松阳境内所有农产品都是放心的。

我觉得松阳小投资人的数量要更多一些，那样形成的气候更强，人多了之后，就真的成了一个市场啦。■

建筑师的参与要自律

● 徐甜甜

自下而上的平田项目

我最初是跟老罗（罗德胤）一起去松阳的，第一次去是2014年1月8号。我之前都是做文化公共建筑的，比如说美术馆，我知道老罗研究乡土建筑，但其实没有太多的交叉，最早去还是我自己的专业——大木山茶园里要建茶文化体验中心，我们过去看一下场地。

茶园的项目大概做了几个月，又再去了几趟，每次去王县长（现松阳县委书记王峻）都会安排大家到处看看村落。看了几个之后，老罗问我，要不要做乡村房子的改造，当时我觉得没概念，下不了手。看了好几十个村，等到看了平田村村口那一片，一下子就觉得找到感觉了：这个地方要做！而且要怎么做也有一些思路了。差不多是在2014年10月份，我们开始了平田的项目。

我觉得乡村规划不应该自上而下，反倒应该是自下而上的。为什么能启动平田？就因为平田有一个江总（江斌龙）。他是平田人，从乡亲手里收了十几栋房子，想回家乡做民宿。自己先修了一栋，之后给王县长写了一封

徐甜甜利用老屋改造的平田农耕馆内景

徐甜甜设计的大木山茶亭

信，希望县里能支持他。他跟他姐姐在县城里经营一个小旅馆，有这样的经验和资本。

这是从村子里长起来的一个原因，是当地人回去，用的是村里的房子，他对自己的家乡有感情，更能够和村里处理好关系。有这样的诉求才好做，要不然没人愿意做事，从上而下的行政命令也非常难执行。所以王县长提

出老罗来组织乡村规划，主要是环境整治、排污整治、系统化的基础设施，然后找了一些设计师来做单体房子的改造。

不做形式追求，而是技术、功能的调整更新

平田村村口那一片房子都很小，是村庄最早的"肌理"。最早那拨人应该说是最穷的，房子一共400多平方米，有七八八户，每家都是小小的，连在一起，里面已经没人住，很多都塌掉了。从江总的角度，房子都是小隔间，格局不好用，不像品质很好的大房子，可以保留格局，稍微修修补补就可以，从经济上看还不如拆掉。我觉得那个地方很重要，如果拆了，村庄的形态就没有了。我们去找了王县长，跟他说：这一片很重要，我们有把握做出有品质的空间，而且是很好用的空间，我们先做个方案看一下吧。王县长看过方案后当时就决定，县里面来投资，用政

府资金来做一个公共的文化空间。

我们把它的空间格局重组，然后做一些改造的策略，没有太多地改变建筑的外形外观，但是有一些技术提升、舒适度的提高，比如加双层楼板做隔音、屋顶的保温防水等，关键是可以适应现代的生活需求。如果我们可以在夯土房里，提供现代的舒适生活，那村民就没必要盖水泥房了。这个改造，把村里的消极空间转化成积极的公共空间，而且造价并不高，花了100万元，一平方米是2000多元，我觉得这个房子的意义在这方面。另外一个意义是让大家看到，这么差的房子都能够修得像模像样，那以后村里什么样的夯土墙

房子都没问题，都能修好。

我以前在谈的都是现代的结构形态、艺术空间等，这个房子做下来，对我来说有一个非常关键的转变，让我对乡土建筑有感觉了。整个过程我觉得是一个学习的过程，也是一个很自律的过程。我认为还是要控制住，不过分表现现代建筑的形式追求，更多的是技术、功能方面的调整。这个项目在平田村口，其实是为了维护整个村庄形态，去改造，让它保留下来。内部空间调整不要影响外部形态，不在外立面上做很多追求、很手法主义的东西，但是让它有一个功能上的更新。

空间改造带动的村庄新生

以前村庄是每家每户有自己的房子，祠堂是唯一的公共空间。但是现在，考虑未来发展的需求，比如想做旅游，就不能只有住宿，需要一些集中的公共空间。比如说

平田村村口这片，把它转换成这个村的公共文化展示空间。对面王维仁改造的四合院餐厅，也是一个公共空间。生活方式的改变有各种各样新型功能的需求，一定会有

徐甜甜 DnA建筑设计工作室创始人，在松阳主持设计了大木山茶室、平田农耕馆、樟溪红糖工坊、石仓契约博物馆、王村王景纪念馆等

的。我们并不是鼓励村里一定要有咖啡厅，但村庄也是在成长的，它也要适应现在的生活方式，不断自我调整。如果一定摁着不动，那我觉得反而是不健康的。

平田村到现在，当然还有可以追究的地方。但整体上，我今年（2017年）夏天去在村里走的时候，它是有人气的，这种感觉特别棒。之前村子就是死气沉沉的，现在开始有游客住在那里，有年轻人走在小巷里，你会觉得有人，有互动，有生活。虽然是旅游的业态，但它开始出现一种生活的场景了。

因为要经营民宿，江总召回一些年轻人做管理，都是松阳本地人。再把村里的一些中壮年拉回来，不用在县城打工了。又拉了其他的年轻人回来，开梯田做自然农法，还有染织的工作室。他们有一个团体了，有一群年轻人回到乡村，做自己喜欢的事情，这也是空心村回归的一种方法。

民宿是可以有这样的作用的，但民宿不是目的，它是一个非常有效的途径，能够把一个乡村激活起来，把整个乡村文化、乡村建设一起做起来，像平田这样。但是民宿也要分开看，一开始可能看硬件，最终是要看人、看人做的事情，对这个乡村的事。现在很多民宿投资，实际上是把民宿作为目的了，这种纯商业做法对于乡村一定不是好事情，可能把自然资源、景观资源消费几年就跑了，反正是小投资。它并不真正参与乡村里的生活，民宿和村庄其实是没有关系的，运营上就没有把乡村文化作为它未来发展的依托。

我觉得这点平田应该是比较积极的，虽然有些人批判说：平田怎么那么火，那么多游客，这个村都改头换面了。但我觉得这是个过程，是一个积极的、良性的、在成长的过程。在某个阶段会有批评之声，但应该对比来看，跟过去比起来，你是觉得平田开始又新生了，这种状态，让我们觉得在村里做的事情还是挺值得的。

王景纪念馆内景

王景纪念馆外观

由点聚成的分散系统

松阳单体建筑的质量并不算好，但松阳村落打动人的在于它的整体性，沿着地形生长，又和梯田、竹林、山头……整个自然环境融为一体，还是农耕时代的乡野形象，有一种更质朴的动人感觉。第一次去的人可能会觉得这些村差不多，但慢慢了解之后，每个村都有自身引以为豪的地方，它的特色就出来了。

我后来参与的项目是王书记提出的"乡村博物馆"系列，化整为零，每个村找出自己的特点来，比如说樟溪红糖工坊、石仓契约博物馆、王村的王景纪念馆。实际上每个村都要调研，了解它的历史、文化、产业、典故等。总体说来，每个村都是一个很小的点，花钱也不是很多，但能避免千村一面，不是每个村都去做民宿，就这一招。

现在很多地方做乡村是这样的，整个村装修一下，盖房子，投入几千万，上亿。但它只能做一个样板，不可持续，没有办法去复制。松阳这样，貌似每个村都是一个小点，几百万的投资，能做的有限，但因为有这个约束，更需要精准地把村落的价值充分表现出来。也会让村里的干部，想着办法去找钱，因为太多钱一下子过来以后，大家都产生依赖了啊。我觉得松阳这种克制是对的，也是一种比较清醒的做法。

村跟村都不一样，方案要一个个严格审核，谁来把关很重要。在不太具有严格把控能力的前提下，那先不要去动它，宁可不去做。建筑师的参与也是要自律的，不要做过多的创新，过多介入。整个过程会有一定的时间周期，但这个村一点，那个村一点，慢慢每个村都起来一点点的话，就成为一个散开的系统了。■

徐甜甜设计的樟溪乡兴村红糖工坊

温柔地改变村庄

● 王维仁

"在建筑设计中，如何让房子与山水生态产生一种结合？怎么样让村子肌理、历史、公共空间得到保存？这不是城乡策略，这是一个过程。它让我们一边记录，一边反省。我们希望建筑这个东西是叙事。怎样让老屋改造后的新建筑和我们干部、村民一起来说这个村庄的故事？"

香港的王维仁先生是一位建筑师，也是香港大学建筑系教授，他从一个老屋餐厅改造开始，用渐进的针灸方式，温柔地改变着一个个村庄，他是怎么做的？

汉声请王维仁先生介绍了他的针灸法的工作方式。

四合院外观

山水精神

松阳和其他地方不一样的是村子与山水相结合。

松阳的村庄我认为有两类，一类是平原村，一类是山村——平原上的村落和山谷上的村落都与水关系非常密切。我们在村里设计公共空间，山与水的文章很重要。我到塘后村，与村干部还在一起探勘九口古井在什么地方，是不是可以做成九个小的公共空间。我们也讨论，村子当中还有哪个地方，适合做村民的公共建筑，如何利用停车、栏杆、路灯等设施改善环境，来做出一些村民的叙事空间。在这样好的一个村子，有山、有水、有庙、有水口，是怎样的一个自给自足的体系？松阳大部分老房子，都有一个小的天井院子，水沟卵石铺地，有几盆植栽和长出来的青苔，日出日落，阴晴雨雪，家家户户每个院子都是一个小的生态系统。院子里看到白云蓝天，风一吹就看到山上

王维仁 香港大学建筑系教授，王维仁建筑研究所主持人

的竹子在动……非常有诗意的一个画面。3 年前，我有机会到平田，业主小江将周边的空房子收过来，计划要修民宿，于是我替他设计了当中的一个四合院，作为民宿群的餐厅。小江的父亲是老村主任，小江和我说起村里过去的盛况，现在都是没有人的空房子了。

他想能不能用民宿把人气带起来，除了把破房子修好，也改善村子里人的就业，把村子里当年过年的那种热闹的气氛带回来。

火中生机

我应该怎么做呢？对一栋已经废弃了的断梁残瓦，已经不能就原有结构把老屋中的木头换掉了。经过测绘和设计并多次研究，决定不得不把原来腐烂的木头一把火烧掉，留住原来周边一圈的夯土墙，以四合院为中心两侧加建厢房和侧院。这和西方修老房子的方法不同，中国的建筑是土木建筑，夯土墙是比较恒久的，木头是生生不息的，必须不时地把腐朽的木头替换掉，让木建筑的生命重新来一次。在焚烧的过程中，我们仿佛感觉到

一种生机。除了木头，其他材料是可以再利用的。工匠把石头与过了火的瓦堆在一边整齐排开，看能不能再使用。在这个过程中，我们考虑餐厅的功能怎么设计，打开隔间，让院子的自然穿透整个建筑。堂屋以前是敞开的，冬天很冷，我们用一圈木隔扇门，开敞又可以关闭，使老房子的舒适度得到改善。二楼原来屋顶特别矮，是放东西不是住人的，我们在修屋顶的时候，把屋顶升高了 60 厘米，可以开窗看到远山，看到邻近的红豆杉

古树。我们同时在旁边打开角窗，可以看到大山，让房子舒适度提高了。在入口地方用了创新的材料与构建，在想怎么样给四合院带来一种新的精神。我们用钢结构除了加强稳定性，也协调什么地方开大窗能不妨碍历史建筑的感受。我们与铁匠（县城里的）、木匠、石匠都变成好朋友，也希望把院子变成有人文精神的院子。设计使这个角落除了是传统村落的一部分，也能带来新的空间精神。

接着，四合院上面一角有个

改造过的四合院

改造好的牛棚

原来腐烂的木构架一把火烧掉后

牛棚，现在不养猪牛了，能不能做成一个公共空间性的建筑，变成一个亭子？除了可以变成道路中转折点的地标，也可以在前边框出一个小广场。最后牛棚变成下面是"慢点"茶馆，上面是开放的亭子。从这个亭子里看到前面的绵延大山，再打开后面的天窗看到背山，也让冬天的阳光从后面打进来，为传统建筑带来了舒适而崭新的感受。

开幕前的一周我们用小青瓦把茶亭前的庭院，也是村的广场铺了起来。和我们一起工作的是江家的大叔、邻居和老村主任。他是最开心的：原先是破败的村庄，现在房子慢慢地修复了。

针灸理论

这样过了两年，民宿成了游人来去的参观景点。我不希望这件事情就这样结束。我们成了小江的老朋友，他们在山上和农业专家合作有机农场的经营需要一个展示销售的点。他说，我就委托你们，再把茶亭后面的破房子也设计起来，能不能楼上是民宿，楼下做农产品的展示中心？还有后面茶园空地上的舞台。我画了一张图，把图中黄色的公共空间都做起来。然后再往前边村子路口，把另一侧小的破房子也修成酒庄。这是我的针灸理论，先针最重要的地方、最要紧的地方，然后再针下一个地方，用一个灵活的策略，把村里的几所房子做好，把点连成线和空间。接着，隔壁房子的老夫妇，3年来一直看着我们在修房子，小江也委托我们修补他们的房子。我们打算把窗与栏杆修起来，改善四合院餐厅周边的环境，也是改善村里的公共空间。

针灸方法有哪些原则？怎么

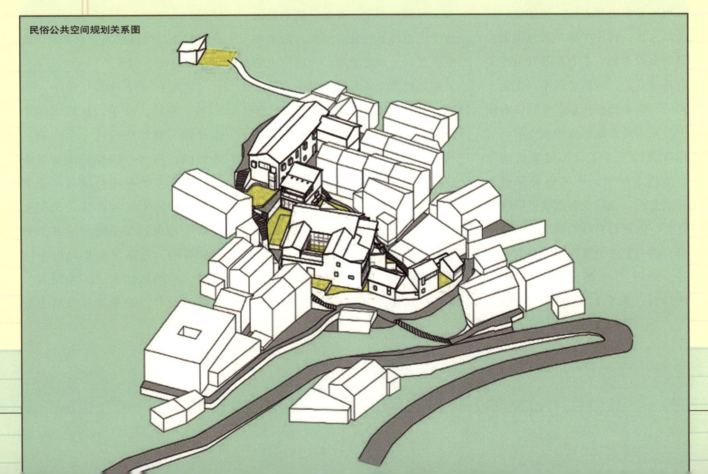

民俗公共空间规划关系图

来解释针灸方法在建筑上的作用？

针灸其实就是一种比喻，相对于重新来过的全盘的规划，我们可以面对关键的问题，发展一种逐步改善现状的策略。如果设计者保持有一个整体的愿景，又能看准现实有效的突破点，逐步地由点连成线，线与线形成网络，和下棋一样地找机会调整策略，可能是一种更进步而务实的做法。过去30年中国在都市更新或旧城改造过程中，常常用一种全盘拆除，重新建立一个新的蓝图的方法。我认为比较进步的观念，不是全盘推翻，而是在既有环境里面找出原来的隐藏秩序，也找出关键的问题。好像看病一样，哪里长瘤不好了要切换。也有些地方，你可以把它修复组织起来。其实传统的村庄中，历史的肌理与文脉很深，有些地方被破坏了，另外一些地方还是很清楚。不管被破坏程度高还是低，我们都可以用循序渐进的方法，比如说，针灸的方法。村庄中哪些最急迫的、最需要改变的，或者是哪些地方最容易改变的，这两个还不一定是一样的，需要见机行事。有时你看到一个东西是最迫切需要改变的，但你现在改变不了。你需要政策等各方面的配合，有时你看到是容易改变的，花最少力气就可以改变好的，你要看当时的情况，要有策略，抓一个时机就做一件事情。

举四都乡另一个例子——塘后村。塘后村就在平田后面，

修好的塘后村驿站冬景

我们是怎么开始的呢？多年前村子山顶平台上的小学，迁校后建筑拿来做村办公室，后来因破旧不用了，剩下前面一片菜地。我看到山头的房子面对一片菜地，场地感觉非常好，觉得废弃了很可惜。我有机会碰到村书记，后来又碰到乡书记，就游说他们说这房子可做村里的公共空间。后来乡里要复兴一条老驿道，可以从山后面进到村里。乡书记还记得我说的事，就计划将这房子改建住宿的驿站。修平田的木匠师傅老家就是塘后，儿子是现在塘后的村书记，所以从平田到塘后，设计观念沟通顺畅。我现在帮他们设计驿站改造，又在帮村里修道路栏杆和整体景观，也是一点点做。我们分析村子有哪些问题需要改善。村中有九口古井、几棵古树，树的周边可以整

理出休闲的空间，村中心老人坐在那里聊天的地点可以做一个阶梯平台，上山步道可以发展几个观景点。这样既不容易改变村中大部分的房子——我们从村头和村尾开始，由几个点开始让局部的空间有了改善，也是游客和村民都最容易体验的几个点。我们用轻微的方式介入村子，可以找到开启和改善的机会，这是个例子。

这是在一个村的层级上，小广场、驿站、亭子，从三或四个点开始，预计变成六七个点的一条路线。用更广的地域的层级来看，四都乡的平田与塘后，还有再过去的陈家铺和西坑，又何尝不是点和点的关系呢？这几个村是邻着的，走路半个小时开车10分钟，平田已经有了不少游客，塘后还没有。如果塘后以后也会

有小规模的游客，住平田也可以去塘后看一看，或者去塘后驿道的人，到平田来吃饭，这两个村之间甚至可以骑自行车。四都乡几个村庄，陈家铺、塘后、平田、西坑又可以形成点和点关系，这是在乡的层次上针灸的方式。这四个村都是在10分钟的开车距离内，我觉得更可以有一个小电动车巴士，从县城里开到四都乡，一到两小时一班车绕一圈经过每个村子，这也是一个串联的改变方式。

温柔改变

再谈一下平原上的界首村，一个建筑文化很丰富的村子，聚落沿着松阴溪的一边展开，两侧都是稻田。古街和商店沿着溪流平行发展，是典型的水与街形成的村落肌理。因为商业带来的富裕，修了具相当规模的庙，禹王宫，反映对溪水的敬畏。庙在大火后已经被烧掉了，只剩下门厅和一圈围墙。村里希望我设计整修废弃的村会堂，这个位置本来是禹王宫前的戏台，20世纪70年代末拆掉戏台建了村会堂，原先村集会和放电影都在这里。取代戏台的红砖会堂挡住了松阴溪和老街的联系，利用整修会堂的机会，我想能不能打开会堂的后墙，后面延伸一个广场，把会堂变成一个前后开放的公共空间，恢复老街、禹王宫和松阴溪的空间联系，也回应原本禹王宫、戏台、松阴溪是连在一起的一组建筑？于是我们把会堂后面的墙打开变成一组木门，会堂后面广场是村民日常的活动场所，面向着松阴溪。经过一年的修复，替换了木桁架和屋瓦，屋顶加了部分的玻璃瓦透光，前后门都可以完全打开。除了采光，最重要的是在会堂内可以看到后面广场的远山和松阴溪。我原来也担心房子建了，如何活化利用。看到乡民在里面办画展、打太极拳、村民聚餐，我也松了一口气。我们未来还可以办艺术家装置、茶叶或农产品展，关键是让村民和访客一起来讲述村庄的故事。

我们改善

了会堂正对禹王宫的门口台阶，也在背后广场铺了红砖和卵石，逐级下降，可以坐观众成为露天剧场，也呼应以前戏台对着禹王庙的娱神功能。我们接下来请村主任打开禹王宫废墟深锁的大门，在杂草菜地之中找出残存的柱础和坛座。我们把草清干净，可以看出庙的格局，原来是两进，第一进是祭禹王的，有一个拜亭，第二进还有一个佛殿。经过测量，禹王宫还有一个侧殿，在地基的考证过程中我们思考：如何恢复？慢慢地想，是不是该局部地修复部分地面的肌理呢？在建筑上要如何区分历史残迹与修复、保持历史的原真性？我们找到很多碑，上面有村民捐钱修庙与修

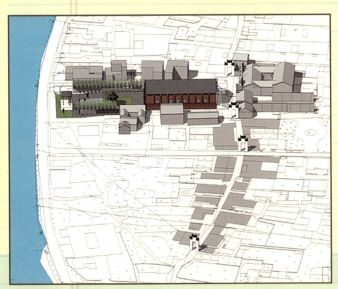

界首村会堂、禹王宫、卓庐关系图

修复后的村会堂实拍，面向松阴溪的一侧

桥的记录。我们把这些拓下来，作为了解界首历史的基础。现在我们进一步把民国初年兴建的震东小学校舍修起来，我们希望村里能有当代的文化或展览功能，让村里和访客认识村落的历史文化，同时让禹王宫、祠堂、震东小学成为一个整体。我刚刚申请到香港大学一笔界首村的研究经费，希望贯彻这个点连成线、连成面的针灸规划，可以用比较温柔的方式去改善、恢复、活化一个村庄的空间环境。

重建公共空间的同时，我也修复了一个私人的历史宅邸：卓庐。使它成为界首第一个有历史空间特色的民宿。为什么会找到我们来设计也有一个因缘，由于之前的民宿设计违反了历史建筑保护的基本原则，破坏了历史空间的肌理，我们被县里请来恢复历史空间的原真个性。我们做了一些基本的研究，找出原来主人写的《赤溪存草》一书——卓庐的主人就是震

禹王宫考古

东小学校长，民国初年到日本留学，回来老家办了这所女子学校，希望提升家乡女子的教育与社会机会，之后他在故宅后面兴建了卓庐作为自宅。建屋是个大事，规划的时候有很多想法，譬如希望在二楼看到赤寿山、松阴溪，也考虑院子里可不可以有水景，也就把这种情怀都记了下来，这些记录让我们找到了主人的生活文化与建筑空间

的关系。因为这房子是有历史价值的，也是法定的古迹，我们就用合理的古迹保存方法，把不应该有的加建去掉，恢复院子和廊道空间的原貌。设计上我们决定把院子变成水院，利用整个水池的倒影来强化空间特色。然而根据历史保护的原则，我们不应该以不可逆的方式改变建筑的肌理，于是我们不做一般水泥的防水层，只是在地面加了一大片防水布，在上面铺上卵石，在浅浅的水池周边焊接了一圈钢边。设计没有敲打破坏原来的地面，整个水池可以随时拆掉恢复原貌。这是我们维修改善历史建筑空间的基本原则——用轻的可逆性的结构不破坏历史建筑的肌理。我们又帮卓庐设计了后花园和厢房的天井，让它成为一个有历史个性、可以自然通风采光而舒适的住

村会堂内景：村民们在大聚餐

宿环境。

界首这些点逐渐地构成一个区域，你也可以说是一种针灸式的规划、循序渐进的做法。4年以来，先做好一个点再往周边扩散，在远一点地方出现另一个问题或机会，我们解决这个问题后，再发掘旁边的问题，这种机会并不是先规划好的，而是出现问题或机会后，从它的迫切性或可能性着手，同时利用这个迫切性开启的机会，听取建筑师主动的进一步建议，譬如修完会堂后我们建议，禹王宫的大门应该打开看到这个遗址，把历史空间的意义彰显出来，再想想如何改善，或是先修侧殿和小学。这就是我们在界首的工作，重要的是空间与人的关系。我开始逐渐认识村里的很多人，也更认识到松阴溪与村子的关系，我的设计范围也越规划越远了。我们接下来想把禹王宫、震东小学的村中心做成一系列的开放公共空间，我也想改善水岸空间，将老街与松阴溪进一步地连在一起，也想沿着水岸建立一条单车径。从会堂到一条老街，我们可以讲述一个村子的山水故事，一个和村民一起建构的山水叙事。在这个过程中，我们必须不断地和大家协调、讨论折中。现在我和村书记与村主任都是好朋友，前段时间他们还给我发了个证书，封我成为界首村建设顾问，我很高兴地接受了这个职位，证书挂在大学研究室的墙上，这证书有效期3年，表示我还可以继续在界首执业设计。

永远都会有痛苦

有人问：这种针灸疗法会不会出现零打碎敲前后矛盾、拆东墙补西墙？

做针灸法规划的建筑师，其实脑子里是有个全盘地图的，必须调控大的方向。针灸法的另一个比喻是下棋，下一盘围棋或象棋。你要看对方怎么出，你再调整策略，虽然一次下一个棋子，你顾的还是一盘全局。针灸法同时重视与村里人的互动与对话，与他们一起讲空间的故事，而不是关起门来建一个让村民认不出来的村子。

有人问我乡村建设有没有碰到难关？当然有，而且随时都有。譬如村里的期望往往与乡里的保育原则不符。村里总是想极大化村民的利益——把房子盖大盖高。平田村小江修农展馆，希望修得更大更高一点，他偏重里面房间舒适，我偏重外头整个环境协调。协调的痛苦，永远是有的。发展与保存怎么协调？游客与外来投资者、本地村民，以及景观的保护者，三者产生的冲突与矛盾怎么化解？怎么折中？哪里必须坚持原则？乡村的设计的确是处处充满矛盾需要化解。乡村的建筑师还是一句话：需要调控化解，要看现实，更要有一个坚定的理想。如果完全没有困难，就不需要针灸了。针灸就是根据哪里痛，哪里能扎，哪里不能扎，决定先扎哪里……成为一个循序渐进的设计过程。■

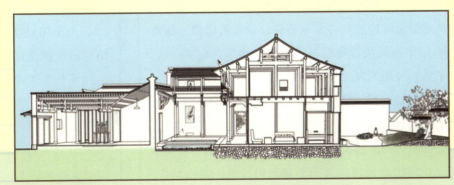

卓庐修复后景观　　卓庐修复示意图

再访鲁晓敏

——谈松阳村落

采访·汉声采访组（黄永松，翟明磊，刘镇豪，陈诗宇，顾敏超）执笔·翟明磊

揭秘村落建筑与风水

松阳，中国风水的试验场

松阳村落中有一样是可以笑傲全国的，是什么呢？堪舆，也就是风水设计。

松阳401个行政村，我去了300多个。300多个村落大多是按风水设计的，即使不是按风水设计的，局部风水调理痕迹也非常明显。为什么？第一，松阳道教非常盛行。松阳是历史上众多名道活动的地方。我统计了一下，松阳历史上有200多座寺观庙宇，其中道观不在少数，松阳出了许多的名道。像叶法善就是非常著名的人物，他之前四代全部是修道的，他的侄子叶仲容也很有名，他有一个后裔叫叶藏质，是天台山住持，有一个叶云莱，是武当山住持。名道带来了大量的风水观念，松阳还是名道炼丹之地，也是明代刘伯温活动的地带，他的后代有多支就移居松阳，亲孙女嫁到了松阳周山头村。第二，一些未能谋取功名的读书人去做风水先生，这也是一条不错的出路。这些深受儒学教育的读书人，将一生的学说和理想运用到了村落设计和改造中，他们中的很多人是懂风水的，我经常在族谱中看到说几世祖精通堪舆，也就是精通风水，比如在山下阳张氏宗谱中我就查到了有七代人通风水的记录。他们吸收了江西和福建风水学派的精髓，将忠孝节义、宗教的信仰、儒道释精神、宗族礼法等观念与风水很好地结合在了一起，形成了特色鲜明的风水观念。第三，松阳靠近福建、江西，这两个地方是中国风水的主要策源地，福建人主要看阴宅，江西人主要看阳宅。这些风水先生汇入人流，进入到松阳以后，他们发现松阳这个地方特别适合风水布局，丘陵缓坡地带，人为力量可以改造，高山地带，

没有能力改造，平原缺少象形物，难以改造。这些风水先生进入松阳丘陵地带后，带来大量风水观念。一代代本地的风水先生和外来的风水先生经过实践总结，渐渐地丰富了环境选择理论，并将其体现在风水设计中。只是他们费尽心思设计出来的家园，给后人留下了太多谜团，今天很多的村落是什么样的风水布局，我们还没有办法去破解。

松阳许多村落都设计成或者改造成风水村，最多的是船形村，比如沿松阴溪最北的是界首村，设计成一艘船，中间一条道路是龙骨，边上小巷是船骨，房子是甲板，刘氏宗祠是船舱，禹王宫后的大树就似船篙。赤岸村也是，古市也是，雅溪口也是，它们都设计成船形，这一艘艘船特别有意思。古市镇北部原有一座塔，所以这个村叫塔头街。另一头南部也有座塔就像船锚，古人认为没有船锚，船会飘浮不定。松阳很多村设计成船形，这有历史原因，也有自然原因，因为松阳古村落多两山夹一沟，中间大，两头小，村落设计成船形是因地制宜，这些依山傍水的村落希望以航船的布局避免水患，这些带着"扬帆起航""一帆风顺""满载而归"吉祥寓意的船形村落承载着家族心愿，希望以水为动力推动宗族的蓬勃发展。

山下阳村设计成星象村，吴弄村设计成凳子形，章山村设计成莲花形……后湾村的设计者很浪漫，风水先生按照仿生学将村落设计成一只鸟的形状，鸟头、颈、身子、尾巴，甚至连鸟嘴都以建筑的形态形象地展示出来，寓意着"青云直上""鹏程万里"。

我有一篇《松阳：古村落的风水之秘》发表在《中国国家旅游》上，里面有详细的介绍。

翟明磊（以下简称翟）：您跑遍了300多个村庄，有没有非常不错、现在还不为人知的村落？

鲁晓敏（以下简称鲁）：周山头不错，设计成倒钟形，传说是刘伯温设计的，因为他的亲孙女就嫁在这个村。

刘镇豪（以下简称刘）：我听下来很有意思，您聊到松阳不会偏私，一般都会说自己家东西如何好，我刚才听下来，您是用比较高的格局从历史上从全国来看松阳，所以不会说松阳就是好。

鲁：我为什么比较客观呢？因为我虽然是一个研究地方文化的作家，但是我给《中国国家地理》杂志写过很多稿子，全国很多村落、很多文化景观我都会去看，看多了会找到一个平衡点，松阳哪些地方不如人家，哪些又是超越人家的。中国文化的传承是有序的。它在一个区域里会产生变化，它是树状，主干是不变的，只是到了一个地方，枝丫会伸出去。我只要顺着主干走，一定会找到枝丫，这个是一致的。你只要把松阳传统村落文化吃透了，你看四川、云南、北京传统村落没有太大的变化，它所谓的变化，只是形态、流派不一样的，里面民居摆设在变化，民俗在变化，但整体的东西还是一致性的、共通的。

陈诗宇（以下简称陈）：像风水就是共通的。

鲁：共通的，我写过《徽州：风水的理想国》发表在《中华遗产》上，对徽州风水进行了概括，徽州风水设计远远比松阳好，因为徽州经济发达、徽商更有钱、徽州的文化更好，商人对村落和民居大刀阔斧地进行风水改建，这是经济、文化决定的。我在《中国国家地理》杂志上发表过北京门头沟古村落，我对晋东南、婺源、楠溪江古村落都进行过研究，你各种菜肴都吃过以后，才知道我们家的菜肴处于什么样水平。松阳文化发育阶段在江南不算很高的，它是中等水平；经济发育不算很好的，也是中等水平；它的山水不是最漂亮的，中等偏上一点点；但古村的数量和保存的程度在全国首屈一指。别的地方拆得太多了，我们松阳政府将传统村落大力地保护下来，优势就出来了。

陈：我们松阳有西屏区、古市区……十几种方言。那么在村落建筑上有什么大的区块的不同？

鲁：石仓建筑和我们本地不完全一致，是客家建筑。松阳其他平原村落建筑有的是本地流派，有的是徽派的，有些是闽派的。从天井看得出来，那个徽派天井很小，客家天井就很大，它强调集群聚居，我们这边强调封闭、私密空间，他们那边强调开放、包容，情况不一致。他们客家人经常受人欺侮，客家，就是客居的意思嘛，他们要团结，要群居，要以集体力量对抗当地居民。他所有房子都很大，集中居住，天井集中利用，这个流派非常明显。外行看热闹，内行看门道。

翟：除了风水，松阳传统村落还有哪些值得注意的特点？

鲁：第一，"非遗"特别丰富；第二，"山水、村落、田园"，格局非常完整；第三，风水布局千变万化。这三大特点，放在全国来讲，我们都是非常自豪的。

松阳村落分五大类

陈：松阳建筑可以归到哪一派？

鲁：哪里都不归。因为是这样的，河谷居民，文化发育有稳定的基因，受外界影响很少，只会做细微调整，不会有重大的革新。在原有积淀的基础上，比如有人当官到外地一看，这个门楼比较漂亮，我回来后把门楼改造一下。这个雕花很漂亮，我模仿一下。但不会对建筑整个大的布局产生变化，这不会的。我们松阳是浙闽徽交界的地方，所以徽派建筑对我们的影响是最大的，闽派是移民进来的，影响也比较大，浙派是本地的，我们讲得更细微些，是本地瓯越文化——最古老的建筑是干栏式建筑，也就是吊脚楼，在白麻山村、吊砛村等地普遍存在。

我把松阳建筑分成五大类：第一是阶梯式的村落，就是整个村落坐落在山的立面上。为什么要这样子？不

官岭村（叶高兴摄）

可能把房子建在平地上，建在平地上意味着要抢占耕地。吃饭是第一要务啊。所以出现阶梯式村落，这是松阳最大的特色。一般阶梯式村落在大西南才有，但我们这边非常多。第二是平谷式建筑，平原谷地。第三种是傍水式，沿着松阴溪沿岸的村落；第四是台地式古村落，一座高山，向前延伸时，突然出现了一块平地，前面是悬崖或山坡，在有限的平地上把它们利用起来。这叫台地式村落。还有一种是以文化形态分类的，它是客家古村落。

刘：您能不能各举一两个例子，让我们有个印象？

鲁：傍水式，沿松阴溪，界首、雅溪口，这些都是。台地式，西坑、呈回。阶梯式，杨家堂、官岭，松阳传统村落阶梯式最典型就是官岭。平谷式，山下阳、靖居、横樟都是。客家式，石仓一带的古村落大都是。

如何观察松阳古村落

刘：后湾村把宗祠放在心脏位置是个很好的安排。

鲁：宗祠在村落位置无非是三个规划。第一，公认风水最好的一块地，这块地只有宗祠压得住；第二，村落正中心，所有建筑得围绕着它；第三，村落进出口，像班长领头人。宗祠不能乱建的，这要突出中心的地位，宗祠往往也是村里最豪华的建筑之一，因为是用举族之力去建筑的嘛。

刘：宗祠与村落关系能感觉到，但还有一个很有意思的建筑就是社殿，社殿位置有的很远。社殿位置有什么讲究？

鲁：社殿是传统村落的标配，村落中最重要的公共建筑除了宗祠，与它平齐的或者说更重要的就是水口，水口分为上水口和下水口，更重要的是下水口。下水口在村落中的重要性要远远超过上水口。下水口呢，起着保佑村落平安、财运昌盛的作用。下水口有几个要素，要有山，要有水，水不宜太宽，出水口不易被人察觉，水不能太急，水流要清。水最好弯弯曲曲，最好是两股水交集，两侧要有茂密的森林，这些森林，象征子孙繁盛，最好要有香樟树或者枫香树，寓意着香火旺盛。红色的红豆杉，象征村子红红火火、子孙满堂。这些树都是风水树。水口要有几个建筑：第一，是桥，锁水口。廊桥，木板桥，石拱桥，廊桥是最好的，廊桥上往往都供奉着神灵；第二，一定要有堤坝，两岸不会被洪水冲

垮。堤坝可以蓄水，延缓水流，水流慢一些，藏风纳水嘛；第三，社庙。水口都有一个社庙，社庙因地制宜。陈十四娘，平水大王，唐、葛、周啊，这些地方神是村落的庇佑神。富裕一点的村，可能还有其他的庙，比如观音庙、关公庙、财神庙等，是公共（神）的庙。我们水口看上去像公园，起到保护水口的作用。水口的建筑和古树不能破坏，古人认为会破坏风水，会遭天谴的，宗族会拿你是问。在章山村就有一块禁伐碑。上水口要宽，财要来得多，下水口一定要紧。要收着做，大头进小头出，要弯曲一点。水流S形，代表财源滚滚来。

翟：我有个问题，上水口不是进水的吗，不是更重要吗，这些东西为什么设在下水口？

鲁：为什么会有这区别？第一，下水口是整个村最神秘的部分，进来的，我们都收纳，出去的，我们都不放，这是从人性的角度讲。然后西北方向进来，西北方向是乾门，乾门是死门。东南方向出去，东南方向是巽位，巽位主文昌，这样的水口是最漂亮的，我们视下水口重要，这是一个原因；古人视坐北朝南是最好的。因为在北半球，可以选择。第二，村落坐北朝南，水流从西北往东南走。东南出村的。出村水口必定在村口，我们不可能把大门——房子最漂亮的部分建在后门。下水口是整个村落最漂亮的地方，这就是其中第二个原因，这是代表村落的门面。第三，我们讲究村落风水，背靠玄武，前照朱雀，左辅右弼，就是左边山脉右边山脉环抱时，中间留一小缺口，水流出去，是两条龙脉含颈相接的地方，是最最重要的地方，是相媾的地方，是生殖的地方，是代表家族兴旺的地方，朱雀就在这个点上。

靖居口空照（叶高兴摄）

南方是最重要的，代表火，火又是代表昌盛的意思。各种原因相交织，下水口是最重要的地方。

刘：我们去了岱头村，很丰富，站在梯田从上往下看，看到下头是个小庙，是关王庙。发现关王庙架在水流上方。水从前面进，后面流走去。

鲁：那个就是锁财神。财神锁关，关王爷是武财神。古人设一系列建筑，相当于大门要锁嘛。没有锁，我们房子不安全。门框就是两边高山。大门是谷地的树，钥匙锁是廊桥，两边庙是用来镇的。到一户人家，有两个狮子，你就想象成庙；有门槛，你就想象成坝；有一条路，你就想象成溪流。这个大门，你就想象成一片茂密的树林，门框你就想象成两边的高山。中间门的锁，你应想象成廊桥。客厅你就想象成村落的祠堂，两边厢房你就想象成村落的一幢幢房子。你通过想象，水口的形象和作用就出来了。

翟：中国人思维很有意思，您看这风箱也如房子，所以中国人是从大到小，一体的思维。

刘：这太精彩了。我们脑海中形象就浮现出来了。

风水
是人与自然相处的科学道理

鲁：松阳文化里面有一样非常值得探索的，就是风水。现在很多人对风水是很忌讳的，认为风水是迷信，其实风水哪是迷信呢？风水是科学地对待大自然的一种判断方式，当然它也糅杂了封建迷信的东西。我们把风水一分为二，一部分风水是我们的建筑风水，其实是人与大自然如何完美地融合；一部分风水是人的风水，就是迷信，看相，算命。我们要一分为二，人作为主体对应大自然时，肯定要顺应大自然，这风水里有二十四节气、地理，代表我们气候学、水利学。什么叫风水，很简单，风吹不进来，风吹进来很冷。水留得住，我们需要饮用水，灌溉需要用水，消防需要用水，我们空气调节需要用水。我们中国人讲究前有照、后有靠，前水后山，很简单，冬天西北风吹我们后脑勺时很冷，要感冒，要有山挡一挡，前面有水开阔，取水便利，很简单，这不能叫迷信。当然你说墙要比邻居高一尺啊，把邻居的风水压住，那种叫迷信。

黄永松（以下简称黄）：非常好，风水是对自然的道理。

鲁：风水是朴素的科学嘛。

中国人为什么喜欢居住在盆地，盆地入口为什么要很狭窄？水口为什么要种很多树？我们去看一下关中盆地，中国人最早居住的地方之一。假如把松阳盆地比作关中盆地，界首、堰头锁控南北，如同潼关一样属于战略显要。那个西屏相当于西安，古市相当于咸阳，渭河相当于我们松阴溪。中国人为什么要居住在那种地方呢？因为四面环山，大风吹不进，水在盆地走得慢，留得住。盆地中有充足的耕地可供种植庄稼。种种原因，人居住在盆地最合适。中国人有桃花源情结，我们讲松阳是桃花源，上饶是桃花源，徽州是个桃花源，中国很多地方是桃花源，其实是情结，桃花源方式是最适合中国人居住的。陶渊明写的"前行百余步"，打鱼人从洞里走进去，所谓洞，就是两片山挨得比较近，如同水口，然后进去后，豁然开朗，可以看到阡陌纵横，可以看到人家，听到鸡犬，松阳就是这样的地方，中国有许许多多的这样的地方。古人为什么认为这些地方最适合居住呢？刚才讲的都是原因。因为周围都是山，山上负氧离子高，气温恒定。风很难吹进来，水改造后流得比较缓慢，水可以最大化得到利用，这都是科学。东南方向日照一天基本上是 8 个小时以上。前面如果是高山，那么你日照要减少，日照一短，农作物生长不好，人的身心不健康。中国人跟着太阳，跟着水流，我们紧紧地把自己变成大自然的一部分，把自己当成一棵草、一棵植物、一粒稻谷，生存在这个世界上。这如果不是科学，这世界上就没有什么是科学了。对吧，在水口，水流急的地方，为了让水流慢下来，好，做了水碓、水车，可舂米，用水轮机的原理，那不是科学吗？利用起来，水比较少的地方可以挖大池塘，种满柳树，弄一个亭，黄老师到我们村，我们在亭子里恭候黄老师，迎客，黄老师离开村，我们又到亭子里送客。正面一副联，背后一副联，科学加文化，多好，多有情谊。汪伦送李白，"不及汪伦送我情"，汪伦是谁都不知道，但名垂青史了。

松阳建筑的基础是农商社会

陈：您说松阳是两个流域的交界点，又是福建等地移民集中地，这在建筑上有什么特点？

鲁：比如说松阳码头多，会馆多，商人多。松阳一共有 90 多个进士，宋代有 80 来个，明代有 8 个，那时大家拼命耕读，松阳在清代 260 多年才出了 3 个文科进士，而且第一个和第二个隔了数百年，这是很奇怪的现象，这与松阳文化传承是不一致的。我研究了一下，无非几个因素，松阳到了清代战乱不断，造成人口迁徙，他们这些人文化基因是经过几代十几代慢慢积累而成的，文化素养比较高的，因为战争的原因，死的死，跑的跑，原住居民不在了，后面移来的居民，这些人文化积淀相对浅薄。移民后代有没有考中进士的呢？我查了一下，一个都没有，这些人大量从事商业，带动了松阳经济发展，使松阳从耕读传家的一个单一社会变成耕读、农商传家的社会，一边做生意一边种地一边读书。清之前，松阳士大夫非常多，宋代诗词大家叶梦得、经学大家项安世、女词人张玉娘，元代的练鲁、王文焕，明代出了《永乐大典》的总裁王景，他们都是非常牛的人物，但到了清代，很少有士大夫，松阳只是出了很多商人。虽然，这些商人有钱了，但是他们的地位还是很低，士农工商，他们在社会的最底层，他们内心还是非常渴望子孙后代能够通过科举考取功名，将来进入仕途，能够光耀门庭，能够为家族争光。所以，他们通过建筑物将这种希望表现出来，比如，大门正对着远处的笔架山，希望子孙后代多出读书人，获得更多的功名；很多大门修成八字开的衙门形状，门顶修成官帽的样子，三级台阶或者一连三进房屋一级级抬高，寓意着"连升三级"；家族或家里没有出过五品以上的官员，那是不能建五开间的祠堂或者房子的，但是，不等于以后子孙不能官居五品啊，于是他们就建了个"明三暗五"的格局。什么意思呢？就是说，明着看起来是三开间的房子，实际上边上还有两间暗房或者辅房，合起来就是五开间，他们用这种方式期待着子孙后代能够金榜题名，出人头地；木雕中不断出现狮子，大狮子代表一品大员太师啊，小狮子代表二品官员少师啊。还有公鸡，公代表着功，公鸡会鸣叫，就代表着名，合在一起就是功名。一只猴子爬在树上捅马蜂窝，寓意着"马上封侯"。等等，这样的建筑太多了。

松阳曾有八座古塔

翟：松阳有哪些精彩的建筑，它们有什么特色呢？

鲁：我相信松阳古代有更精彩的建筑在，只是现在看不到了。以塔为例，清代松阳县城里面，有八座塔。现在还保留了两座塔，我们还可以看到延庆寺塔、青云塔，这两座塔都在城外。延庆寺塔是北宋建的，是江南最古老的砖木结构塔；青云塔坐落在县城的水口，是保佑松阳文运昌盛的一座风水塔，是明万历年间建的。在城区里，古代还有六座塔，哪六座？第一座在文庙与城隍庙交界处，1966 年 8 月份被红卫兵推倒了，这座塔在的话，延庆寺塔还要退居后位，为什么？因为它是南北朝时的梁朝建的，距今 1500 年历史了，地宫还在。第二座，在善应堂前，有一块空地，以前是座塔的，咸丰年间，塔倒掉了。第三座，就在紫荆街与北直街交界的地方，叫仁寿坊塔，这座塔也倒掉了。还有第四座，在"万寿家园"小区门口，叫白塔，是石塔，这座塔倒了以后，人们就用它的石头当石板道从县城一直铺到望松。第五座塔就在下天妃宫边上，具体不可考，是红色的叫赤塔，因为五行中南方是朱雀位，所以这座位于城南的塔是红色的。第六座，在十字街、横街交界的地方，有座塔。这样一共有八座塔。

松阳县城曾遍布会馆

松阳还有许多会馆，我算了一下，清末 1890 年左右，整个温州市区只有四座会馆。松阳县城有多少会馆，给大家数一数。现在我们还可以看见的汤兰公所，是染布业行业会馆，有 1100 平方米。这个建筑虽然是松阳本地的建筑，其实深受金华建筑的影响，里面很多做法与松阳是不一样的。在城北，临海人与天台人办的会所，叫临天栈。药王庙是药商开办的会馆。我们老街最南端的瓯青公所，是温溪人与青田人的会馆。在现在"非遗馆"所在的位置以前是万寿宫，那是江西人办的江西会馆。我们还有一些会馆，今天看不到了。为什么有那么多外地人在松阳办会馆，比如我们的上天妃宫（妈祖庙）也是会馆嘛，福建人办的会馆，现在拆了。下天妃宫还在，是汀州人办的会馆。古代会馆三用，一为行业、外来地方商业总办公地点；二为同一行业，往来松阳提供便利；三，兼寺庙功能。所以天妃宫就来了，但历史上，天妃宫一开始是会馆兼庙，后来发展成庙。我们下天妃宫大门刻有一副对联，联上写的字有两层意思，我们商人出海，茫茫大海上遇上风浪，妈祖显灵了，我们平平安安，期待着满载而归，就是保佑平安和发财两层

延庆寺塔

意思，兼而有之。

东阳木雕最后的辉煌为何在松阳？

清中晚期，松阳经济发展呈现出勃勃生机。确实是松阳历史上最好的发展时期。我归结为几层原因，前面提到了烟叶、冶铁，还有一个原因：太平天国战乱时期，大规模动乱，松阳也遭到很大的破坏，但是比起江南其他地方损失还算小很多的。在同一个时间段，江浙一带是主战场，杭州、苏州都是中国最繁华的城市，苏州、杭州被打得经济非常凋敝，经济相当发达的徽州地区也是如此，大量的居民逃亡。长期动乱，东阳师傅赖以生存的市场没有了，他们只得来到相对安定、经济相对较好的浙西南一带，特别是松阳。这些东阳师傅，带来大量先进的木雕工艺和文化理念，也带动和培养了一批松阳本地的木雕师傅。其实这拨东阳师傅最后也离开了松阳，但为松阳做出了文化贡献。这是当时总体来说的原因。比如说人家说松阳木雕漂亮，但你仔细研究，松阳木雕带着东阳木雕的血统。我在《中国国家地理》上发表过一篇关于松阳木雕的文章，应该说分析得比较透，清中期之前，松阳木雕很平淡的，发育比较浅，雕工不精湛。但清中后期，松阳木雕，爆发式出来。最

具典型的黄家大院木雕，放眼全国都是顶尖的，怎么来的？因为有大量的东阳木雕师傅来到松阳！要不然的话，清晚期至民国时东阳木雕是没落状态。我们从全国范围找，清末民国初期时代表性东阳木雕工，全国都寥寥无几，你点得上的一个是徽州宏村承志堂，另一个是义乌黄山厅，但你到松阳来发现很多地方有东阳木雕，石仓有，三都有，古市、县城古建筑中有很多，还有黄家大院。石仓是清中期开始建，一直建到民国早期，石仓建筑面积大概是7.5万平方米。基本是一半故宫这么大。故宫建筑面积是15万平方米。100年时间，7.5万平方米建筑要建起来，光靠本地人不够的，特别是木雕，一个牛腿要雕好几个月呢，光靠松阳本地，建这么个石仓的手工艺人是不够的，很多工匠是东阳人。我们在下面普查，经常问当地老人，他们几乎都会讲一件事情：万工，千工，百工。讲得最多的是百工。他们讲，当时我们太公请了东阳师傅在我们家，吃住在这边，花了几年时间雕刻呢，一般来说都是1到3年时间。比如精彩的牛腿雕了3个多月，一算，百工。黄家大院，雕了3年，一算，万工。这么算出来的。以工为计算的。那么为什么有这么多的东阳师傅到松阳来，因为你的经济比较发达嘛。别的地方很凋敝，松阳经济比较发达，代表性经济作物：烟叶。松阳在清中期发轫，开始大规模种植烟叶，山下阳《张氏宗谱》记载：赤手搏万金。当时诞生了很多富豪，他们有了钱就拼命建房，现在看到的老房子大多是在清中后期建的，远的两百年，近的100年左右。房子泥墙瓦屋寿命一般是300到500年，大部分（建筑）拿人的寿命来比，40岁到50岁之间，我们松阳的房子很多能保留下来。我们松阳现存的老房子大多建于清中后期和民国时，很多是松阳有钱人建的。木雕手工艺师傅多是顶尖的东阳师傅。这些师傅在浙江北部没法存活，只能转到浙西南一带谋生。当时整个浙江西南经济情况还好，社会稳定，松阳特别好。清晚期到民国期间，相当于一大部分东阳木雕空间转移到了松阳。

最感动的事

翟：您和300多个村庄的村民打交道，有什么最让您感动的事？

鲁：最感动？经常有村民很好客，留我吃饭，让我喝杯茶，最让我感动的是官岭村一个老奶奶，她在观

音庙折纸钱。村民在初一、十五上香，不仅有香火，还要折金元宝，放在观音娘娘面前，保佑全家发达，村落平安。这个老奶奶93岁，手不再光洁了，如同干枯的枝干，她折纸钱，手上脏兮兮的，是金粉嘛。她从里面出来，我从外面进去。我看到老奶奶，就和她打招呼，她以为我要和她握手，把手伸出来，我一看这么脏的手，我怎么和她握，就为难了，愣了一下。老奶奶看出来了，她笑呵呵地说了一句："你不要看我年纪这么大，

手这么脏，我90多了，没怎么生过病，也没去过医院，是我每天在观音菩萨前折金元宝的缘故，我身体这么好是观音菩萨保佑的。观音菩萨把福气传给我了，你和我握手，观音菩萨是会把福气传给你的。"我一听非常激动，就赶紧握住她的手。老奶奶叫苏根女，这样的事蛮多的，这说明农村里人还是相当淳朴的。

翟：最感动的是心灵和心灵产生触动的瞬间。

直面问题

警惕建设性破坏

翟：比较关键的问题问一下鲁老师，您作为当地文化人，从您的角度来看，对松阳传统村落的保护，有哪些建议、哪些可能是我们还没有关注到的？

鲁：我们现在最要警惕的，第一就是建设性破坏、改造性破坏、保护性破坏。

因为我们今天的传统手工艺人和古代不一样，古代传统的手工艺人，是生活在那个区块，是从小整天与墙瓦、木头接触的，他们有可能是手艺人也是居民，这些墙瓦房子是他们的居所，他们要通过自己的手，不断改造修复，因为他们要居住，是刚性需求。并不像我们今天是为了营造一个景观，是为了打造一个景点，是为了保护一个村落。我们现在很多工匠来自东阳、临海，是外地的工匠，他们进入我们松阳，他们手艺好，但对我们本地做法不了解，比如，我们松阳在照壁墙头或者屋顶不建宝顶，就建一个铜钱形。东阳工匠来了，建个宝顶。这样更漂亮，但是我们地方自己的元素就消失了，变成外来文化植入了。像这种，你也不能说他不对。毕竟我们在一个区域里面，只是我们强调一个更小的区域。这也是变相的破坏。我们一些本地工匠，手艺跟不上，因为我们这里种茶叶收入比较高，还有一些工匠长年外出打工，没有这样一单一单修缮生意让他们做，他们原本已经不是太精湛的手工艺，更生疏了，一旦进入市场，就会出现粗制滥造，这也是破坏。还有就是，金钱观念至上，变成我们部分修复者的通病。古代修复，对宗族，对村落，保有一颗虔诚的心，他们认为这东西修好后，可能对我们村里风水、家族带来什么影响，很全心地在做，用情怀去做，用生命去做。他可能一生就做那么点事情，但饱含热爱，带着这种呼唤与激情去做。现在有些工匠你给我们多少钱，做多少事，甚至你给我多了，还是做这些事情，我赶工期，赶进度，粗制滥造。材料也不一样，以前可能要看几十年，上百年，今天呢，验收期过了，就过了。这些都是职业道德缺失，这个表面看不出来，过10年，

山下阳古村旁建新村

甚至过几年，就可能看出来了。路面，古人一定要怎样挑石头，在溪滩挑，用一个大竹筒，把石头捡起来放进去，从那边漏出来的，就是合格的。今天是用拖拉机从溪滩上一车车拉上来，轰轰烈烈的。今天水泥铺好半条路，一天，就几十米的石子弄起来了。但古人不是这么做。在修的过程中，这些程序都要有的，到位，他会先拼一下，拼一些代表美好寓意的花纹。我们大头要在上面，小头要在下面，我慢慢敲敲敲。今天水泥按下去，水泥光溜溜石头是吃不住的，刚开始能吃住，过一段时间是会脱落的，好比我们牙是种在骨头里的。不是牙套上去，牙就是有用的。是使用工程，不是观赏工程。我讲的都是破坏性的东西。这种破坏，不是一时半会就能解决的。现实层面也没有办法——我们缺少更好的工匠。我们只能在传统工匠中，一个是做道德培育，另一个是做技术培育，还有一个，我们还营造这么一个市场，有了市场，这些人才有用武之地，慢慢做了以后，做到一定程度，为了树品牌，他要拉一帮人马，要吃下这一块，一定会注意形象、品牌，因此提高质量。这些都是我们要注意的，要做的。我们刚起步，做的都不是太好。老房子修缮工程质量是第一的。

空心村非常要命

第二是解决空心村问题。空心村是传统村落非常大的弊病。没有人住的房子很快就会倒塌。我们知道，一个城市里面，房子没人住后，房子会有霉味、凄凉味，有人住得很温馨，哪怕房子比较差，设备差，但有人住没人住，完全不一样。因为我们窗外的世界是黑夜白天交替，是一个风雨雷电、四季变换的世界。我们在外面看到云卷云舒，你把窗户一关以后，这些变幻没有了。一个屋子，你看是石砖，其实也有自己的生命。人的体温磁场对周边有影响，人在里面会经常打扫卫生，把破旧更换，一座没人住的房子可能10年不到，这房子就成危房，有人住，100年200年都不会倒塌，道理就在这里。所以空心村是非常要命的。空心村造成的另外一个问题就是乡土文化传承没有后劲儿，很多遗产要靠这些人传承啊，不可能我们外面人去传承。空心村，二十四节气风俗，没有人传承，祭祀没有人传承，我们孩子的这些教育，没有人传承。这些孩子教育不是ABCD啊，不是我们看到的知识，这个是奶奶给你讲故事，爷爷给

你做一件地里面什么事情，爸爸教你摘野果子，妈妈带你串亲戚，亲戚与你沟通，你长辈应当怎样，晚辈应怎样，这些教育没有了。这些都是农村传统必须有的教化，没了。农村规矩很重要，田头地事的规矩很重要，周围山林河流日常知识很重要，一些节气变化很重要，这些都是传承的细胞。所以空心村非常要命。

老房子与新房子抢地皮

第三，在工业化进程中，我们新房子与旧房子的冲突非常关键。土地就那么些，耕地受保护，村里的老房子在，新房子就不能建了。但是随着今天人们对住房要求不断提升，很多人不喜欢住老房子，我们要到一定岁数才喜欢老房子，年轻人都不喜欢老房子，隔音效果差，潮湿阴暗，卫生间的设施也差，那么你怎么样将老房子利用，改造成适宜人居住的呢？这是一个大问题。我们这边和欧洲老房子不一样，里面修一修就住了，因为他们是石头与近代建筑，虽然比不上钢筋水泥的现代建筑，但比土木结构（建筑）还是好一些牢一些，居住也适宜一些。现实的需要和观念的改变，使我们不喜欢住老房子，喜欢住新房子。新房子杂乱无序地在村庄建起来，破坏古村的格局，破坏视线美，破坏了和谐景观。这方面，新老房冲突严重。还有工业化进程以后呢，使得我们原本很纯净的农业化社会，在工业化进程中受到了污染，我们整个传统村落不能置身事外，也被这个大染缸所污染。工业化的很多东西进入传统村落以后，村民生活都很方便，但是很多东西也没有了。传统工艺中很多东西是要手工做的，塑料篮子进来了，竹编没有了。机械化进来了，传统铁匠没了。对传统手工艺破坏比较大。各种污染物，以前我们包东西是用一张荷叶，用草纸，用大自然的东西，现在没了，是各种塑料袋，我们真没办法改变。

翟：我们上次在平卿正好碰到一个村民。村民说自己房子住得如何小，因为村庄保护了，他们不能建新房子。我们还特意到一对老夫妻房子去看，的确很拥挤，也不能盖新房子，的确有矛盾。

鲁：我们松阳为了保护古村落和古建筑，要做出牺牲，牺牲的是这些村民，他们不能拆除老屋建新屋，但政府也在回馈他们，政府出一定钱、出台政策，让他们修缮回去。其实是回馈他们，对他们来讲，把祖先宅子

修复，住房条件改善了，都是愿意的。房子修好了可以自己居住也可以开民宿，村里发展旅游等，长久来看，他们都是获利的。

好茶不要冲淡

翟：实话实说，松阳也不是十全十美，我们也可以看到一些（商业）影响，如畲族的畲歌节，包给商业公司来做，很奇怪，畲族人看着汉人穿畲服唱畲歌，这就是商业化破坏。我们这本书想做到用自己的力量正本清源。

鲁：现在松阳第一个要警惕的是过度宣传，已经开始不平静了。原来比较平静。我们本意是让世界知道松阳这个地方，让松阳知道身边的富矿，呼吁保护古村落，但现在，我们要警惕，松阳在保护古村落方面做得不错，有很多经验，经常有媒体报道松阳，但要警惕过度宣传，这并不是件好事，适可而止，不要拔苗助长。

第二个需要警惕的，有些人知道村落的价值，从商业化角度去利用开发村落。比如做民宿，有些村落是适合做民宿的，整村做都没问题。有些村落是必保的，它就是文保点，或许不适合做民宿。我们要有个界定。有些村落即使改造了也关系不大，有些是历史留给我们的珍贵遗产，我们要珍惜。所以如何去开发，值得我们去思考。在开发过程中，保有古代信息，保有与古人的畅通通道。今天，不要让子孙回不到古代，要盖建立在传统工艺之上的建筑。修复人心是修复传统村落重中之重。人心散了，人心偏了，这都不行，传统村落是靠人修建起来的。警惕把"非遗"变成表演，比如祭祀原本一年一次，就是这个时间点的，可为了旅游，我把它规模扩大化了，把电影里表演的程序也放进去。好比我们到这个地方喝一杯茶，也适合小坐，今天很多人涌进来，怎么办呢？我只能泡一缸茶。一缸茶与一小杯茶比，味道完全变掉了，这是特别要警惕的。

松阳找到了好方法

翟：谢谢您的坦诚，所以汉声特别想听听松阳文化界的看法。最重要的是松阳也在第一线，有没有好的办法出来，您走了300多个村庄，有没有看到？

鲁：第一，我们是对传统村落的活态保护，肯定是综合保护非常好的经验；第二，传统工匠培育，有好几

百个人，但毕竟以房屋维修为主，因为这里面是个硬市场；第三，是人心修复。我们在村落中有220多座宗祠，乡村凝聚力、良好的风气都在这儿形成。我们强调现在的人缺失价值观，但古人不缺价值观，他的价值观就是忠孝节义。非常重要的是孝，只有孝才能忠。孝重要的体现是宗族文化，宗族文化一定要把它重新捡起来，培育宗族文化很重要的是重建和修缮宗祠，建好后可以安排四时节气祭祀，理清辈分，知道礼义廉耻，知道亲疏，知道尊重长辈、爱护晚辈，把这个理清，不要老不像老，小不像小。要养成良好的社会风尚，修复人心。

翟：你说的这个很重要。因为儒家是有差序的爱，与墨家不同，所以抓住这个，是抓住了根本。

鲁：然后是整理族谱，现在有两三百本族谱在这儿整理了。还有几百本族谱要整理出来。包括我业余时间也帮人整理族谱。有几个好处，第一让人们知道我们是亲戚，好办事。大家多少代是亲戚；第二是凝聚人心，选举族长、理事，制订族规民约，做事还要讲伦理、规矩和秩序；第三修族谱弘扬正能量，把一些人物，古代的英雄人物，以孝见长、报效国家的族人，筑桥铺路的光荣事迹挖掘出来，让你们整个族人知道我们还有这么多先人美德可以弘扬、这么多优良的传统可以继承，增强宗族自豪感。在修族谱过程中，村里本来很有意见的人，通过这种方式，自然而然地进行了沟通。本来两家是有矛盾的，老死不相往来的，在修族谱过程中，他们两家必须在一起，这样缓解居民矛盾，再把这些人聚在祠堂、香火堂，恢复祭祀祖先的礼仪，一帮人排列有序地在同一个祖宗前上香祭拜，人心自然会聚集起来。

"非遗"的保护抢救。每个乡镇都有个"非遗"节，这种"非遗"节把濒临灭亡的非物质文化遗产保护起来，落实起来。保护起来通过活态传承，节气活动要表演嘛，老人要学，小孩要学，如采茶灯、山边马灯，学校也请"非遗"老师上课，用这种方式传承有序，否则"非遗"失落，村落精气神、灵魂就没了。然后我想松阳具有代表性的这三个办法在全国都可推广，一个是传统工匠培育，一个是宗祠、族谱修复，一个是"非遗"保护。这三个我是最赞同的。松阳政府花了大量的物力、财力，实实在在将这些工作做起来，这是很好的举措，值得其他地方借鉴和学习。

村落最重要的一点是让农民富起来。农民不富起

来，其他都是空的。松阳古代这些传统村落为什么这么好？过去没钢筋水泥，全是手工做的。现在钢筋水泥的房子有很多很多，反过来印照一下。以前我们烟叶很好，现在茶叶很好。只不过我们不是传统建房，如果还是传统建房，我们古村落还是在活态保存。农民一定要富，农民不富起来，他没钱修复房子。有了钱、有了闲以后，才会居住古朴的、更加典雅的、更有文化品味的房子。我的这个桌子是爷爷用过的，我的香火堂还供奉着我的祖宗，我在屋里与祖先对话沟通，我的祖先会庇佑我在这房子里面平平安安生活。我就很想到老房子里去住，我没老房子也没办法。

山下阳古村旁建新村

民宿是双刃剑

顾敏超（以下简称顾）：我想问一下，现在推行民宿，青年还乡。您怎么看？

鲁：民宿，说实在话是双刃剑。你利用好了，传统村落活起来了；如利用不好，不细心指导，任其改造，对传统村落是个破坏。老祖宗的一些暗语，他人死了，话存在墙上、横梁上，留给我们的东西，后人读得懂的。如果这些暗语被你在改造的过程中毁掉了，和祖先没交流了，这肯定不行。有机利用，修旧如旧，民宿才好。如果你是加强民宿这个点，大规模改造，即使外墙一点都不动，里面改得一塌糊涂，我还是不喜欢的。西方建筑和我们不一样，不一样在哪里？我们建筑讲究意境，雕梁画栋，墙上写有诸子百家的经典话语，有治家格言，也有二十四孝图，客厅中间桌案上放两个瓶子，寓意着"平平安安"，我再放个镜子、自鸣钟，寓意着"终生平静"。每一个雕刻、每一幅画都是有故事的，映照你内心的一些东西。你一抬头祖先教育你如何做人，一低头，看到我们的文化是什么样子的。中国人对吉祥语是异乎寻常地喜欢，任何一所老房子走进去，都有绵延不断的汉字意境呈现出来的，是明白的，是隐晦的，印照在你心里。图案、文字对你是一种漫长的传统文化的教育，对你是一种开导。走进老房子就是翻开一本书，爸爸妈妈如何教你，爷爷奶奶如何教你，上面都有。

黄：就是文字把我们联系在一起。我们在东北、海南同一天9点看《人民日报》，不会因南北不一样。我们在福建、浙江，隔个山就听不懂说的话。但汉字可以纵横万里。而在欧洲，英文、法文、西班牙文都不一样。在日本有一个例子：地铁很快，东京站牌要把汉字去掉，改用字母，但地铁上的人看不清，但用"东京"两字谁都看得清。汉字是短时间最好辨识的字。

鲁：但你一进行大规模改造，这东西还会有吗？你这边开了个窗，这边是"文革"时的画，或贴了个墙纸，或都把什么东西包了，这样就没意思。有些房子很普通，你改就改吧；有些房子你是做文物点，不能改的，在改的过程中，要有专家指导。在利用中，不能擅自扩大范围。所以民宿是双刃剑，你很可能满盘皆输，也可能满盘皆赢。这个东西，我比较警惕。

翟：我去了一些村庄，有同质化倾向。如果都要有民宿的话，会不会带来市场拥挤的问题？

鲁：这让市场决定。民宿好不好，要让游客用脚点赞，他这个脚从北京走过来为你点赞，你就成功了。如果你民宿做起来，没有任何一双脚为你点赞，失败就淘汰，能生存就生存。为什么德清民宿发展得好？中心城市，杭州上海一小时两小时圈，所以民宿才会这么发达。你到西湖边，哪怕一个没有什么特色的民宿都是爆满的。它的决定因素：西湖。松阳没有名山大川，没有特别吸引人之处，靠什么吸引人，什么是决定性因素？靠的就是传统村落。我们每个传统村落开这个民宿，都可以的，但到不到这个点呢，就是时节点，就像一个小

道惠口叶氏宗祠中元祭

伙子可以担 100 斤担，但你挑 120 斤就挑不动了。这是个定位问题。家家开民宿，不现实。你前面是西湖没问题。要根据市场量身定做。当然民宿不是我最关心的，我关心的是文化历史层面。对于民宿，我没有发言权。

乡贤要回家

顾：您要回到乡村教育，现在恐怕有难度。

鲁：你的问题切中了命脉。现在乡村非常欠缺的是学校被撤掉了。本来乡村有学校，以前有私塾，学校有老师，老师相当于以前的乡贤，可以左右村民思想，可以起到教育的作用。你现在都合并到中心校，师资是集中了，教育环境好了，但与农村割裂了，这是城市教育，和农村没有太多的联系。学生他回去后，稻麦分不清，徒有一个农村户口。这是非常重要的问题，我们没有办法解决。以前当再大的官都会回到村里，你带动一方文风，是榜样。你讲每句话都是有力量的，你的绝对权威超过官府任何一个人，下面每一个人都会听你的。

你是地方领袖，矛盾在你手中解决，很少有信访，很少有诉讼，很少到县政府闹事，很少有刁民，把矛盾解决在基层，这是乡贤的力量。

现在乡贤不回家，都住城市，即便住在地方上也至少在县城。乡民有什么事情，没有一个有名望的乡贤帮他们调解、解决。没人讲道理给他们听，"你们这些事情不能这么做，做了以后会遗臭万年的，将来会影响到你子孙的，风水会受影响"。

宗族文化的缺失，我们在补。教育这块肯定走不回去了。但乡贤要回家，哪怕我不是在老家长住，也要过一段时间回去一次，我们要建立新乡贤回家制度，或者叫联系故乡制度。乡里有什么事，乡贤一定要去调解，一定要去做工作，一定要引导正确道理。

我与山下阳：今天如何做新乡绅

鲁：说到乡贤要回家，我深有体会。我就是联系山下阳村的，也正是山下阳村让我走上了喜欢古村落、研究古村落的轨道。

我和山下阳的故事要从收电费说起。

我是供电局的嘛，2005 年的一天，山下阳村有个用户老是欠电费，我去催费。我进这个村，怎么都走不出来，怎么都找不到那个门牌号码，我就奇怪这个村怎么弄成这个样子。没有十字街，到处是丁字路、断头路。我就对这个村感兴趣了。这个村是我外公的村，但我外公很早就离开了这个村，我母亲也没有在这个村生活过一天，这个村还有些亲戚，但也没有走动。就是因为这个机缘，我和山下阳村结缘了。山下阳这个村张姓居多，以前不团结，什么工程都落实不下去，做不了。你不动，我也不要动，反正保持现状。后来呢，经过我宣讲，认识到这个村的价值，大家开始要做事情了。又不行，做不了。怎么突破呢？我外祖父在民国时是松阳县的知名乡绅，我外公是松阳二中的创办人之一，是教育界很有影响的人物。他后来当了古市镇长、松阳县参议长，挺有威望的人。我借了外祖父的威望，在村里说话也比较说得响，我是秉持公心做事的，我没有利用山下阳村给我个人捞什么好处，这点村里人都知道。

我有个宏大愿望，把我们浙西南古村落都保存下来。现实与期望是不一样的。我尽我的力量做好几个村就可以了。人的力量是非常非常有限的。把山下阳村做好，我觉得就已经成功了。山下阳村他们有解决不了的矛盾，经常会打电话来叫我。有一次村民跟村支书吵起来了，两个人吵得非常厉害，这个村民为村里垫了点钱，由于我们村廉政控制严格，报销一层层，不是那么快能到村民手里的。村民不干了，说村支书克扣他的钱。我了解内情，为了缓和他们的矛盾，我让别的村干部先掏钱垫掉了，告诉他村主任先给的，他就不吵了，让道路正常施工。这时他老婆走出来了，她把村支书骂了一通，话锋一转，对着我面带怒色。"还有你，都是你害的，否则我们都有新房子住了，现在却还要住在这破旧的老房子里。搞什么古村落保护。如果拆了，我们都住洋房了，你倒好，自己建洋房，叫我们住破旧的老房子。"她说得有道理的，牺牲她个人利益，保全了大家利益。我没有什么好驳斥的，我们都有博物馆心理。我们居处是五星级的，我们希望这个村落是5000年历史的；我们自己开小车，希望村民牵着牛在地里放牛。他们变成我们的景观，变成我们的回忆，变成我们的乡愁。我们呢，生活在当代中国。其实也没什么好驳斥的。我就笑笑。这个村里本来很不团结的，经过镇里领导、村里干部以及我们不断努力捏合，现在比较团结了。我帮助他们修香火堂。修时，两派意见特别大，一个要这样，一个要那样，意见统一不了。我就把大家召集在一起，为大家"打鸡血"。说："古代时我们山下阳，都会有英雄式的人物，挽狂澜于既倒。那时太平天国部队来了，把宗祠烧掉了，有一个叫张朝南的，他捐出财产，带领大家把祠堂修回去。张朝南在我们村名垂史册，而且修宗祠的那些人在我们石碑上都留下了名字。同样，你们把香火堂修回去，过一二百年，后人就会念叨你们。这样子，我给你们写碑记，把你们的名字都刻上去。"他们都很高兴。后来，香火堂修成了。我还发过宏愿，我想生个儿子。我第一个孩子是女儿，我父亲70多岁，很想抱孙子。我这个人很孝顺，现在政策又好，如果真的生一个儿子也很好啊。修这个香火堂时，我默默许过愿的，希望祖先保佑，赐我一子。香火堂修回去了，我真的生了一个儿子。从迷信来讲，冥冥之中或许真是祖先保佑吧，或者说是善缘吧。中国古人，传说故事也好，小说笔记也好，无非

就是忠孝节义，惩恶扬善，因果报应，当主旋律来传。

我又动员他们修族谱，给他们写序，整理资料，联系和走访外迁的张氏族人，为村里的名人写事迹简介。他们也很信任我，遇到难题时就来找我，我也尽量帮助他们解决难题和矛盾。我请著名作家张抗抗老师给族谱题词，请王巨才老师题匾，王老师是副部级的文化官员和著名作家，请这些很有分量的文化名人题词题匾，他们很有自豪感。张抗抗老师还写了"五百年前是一家"。我把张抗抗老师写的字，通过微信发到山下阳村微信群中，那些村民很高兴啊！通过这种方式，使村里凝聚力得到了提升。我还希望明年春天时，让他们把树种回去，在水口把樟树种起来。

退步原来是向前

黄：鲁老师，我们还有很多很多问题，慢慢问，您给我们开讲，好丰富。我们有幸来到松阳，也答应书记用汉声方式写书。今天我们占的时空位置，太精彩了。鲁老师不仅是我们松阳的文化老师，也是汉声的老师。老师素养非常好，加上松阳精彩的时空位置，全世界都脱序了，秩序都没有了，正好松阳稳稳地在这里。我们退步原来是向前。

鲁：退步未尝不是一件好事。

黄：太精彩了，我们松阳这部书要请鲁老师做我们的顾问与老师。我还要提出来，汉声要做的工作也请鲁老师做我们的老师。

鲁：太惭愧了。

黄：我们以一杯茶见证。■

山下阳村

"凡含泪播种的，
必欢呼收割"
——县委书记王峻访谈

文·野望

他是一位被老百姓笑称"连厕所都管的县委书记"，在建筑工地，在偏远的高山生态村，在水库移民的家里，你都会发现他的身影，亲力亲为冲在第一线是他的风格。利用节假日，他走遍了松阳所有村庄，有的村去了几十次。

这位通过组织公选走向仕途的官员，气质儒雅，没有一点官架子，对百姓态度亲和，对专家虚心诚挚，但对干部却言辞锐利、直击问题，有时会让人下不来台。他有菩萨心肠，也有霹雳手段。据说当他的部下压力极大，加班加点是家常便饭。他说"我的利益与老百姓利益紧紧绑在一起，我深爱松阳这片土地，也要用我的奋斗回馈这片土地"。正是他，推动了松阳传统文化的复兴。

一百八十度的转弯

汉声（以下简称汉）：同事们最想问您的问题是，当时轰轰烈烈的旧村改造在进行，您上任松阳县委书记后立刻从旧村改造转到保护古村，几乎是一百八十度转弯，全国都少见。当时有没有一些阻力？是怎么推进这项工作的？

王峻（以下简称王）：实际上我们旧村改造现在也没有停止，旧村改造这件事并没有错，关键是怎么改，哪些应当改，哪些不应当改，要改成什么样子。这项工作本身，你不能说它就是错的。

我们做传统村落保护工作，也是集体决策的。2013年10月，县委县政府出台了文件，强调要保护古村落，打造松阳古村落品牌。方向定了，怎么做好，做出价值，我是有探索的。在这个过程中，大家有不理解的地方，比如：村落留在这里有什么价值？这些破房子有必要去修吗？对此，大家会有疑虑，当然，事物初始阶段大家有些不明白，这也很正常。

汉：可不可以说整个过程是把大修宗祠作为突破口的？最早是什么时候开始修的？

王：修宗祠是其中的一部分，宗祠是老祖宗留下来的，大家情结比较深。我们比较早开始修宗祠，从2012年就开始了。以前也陆续在修，不过此后更为重视。全县260多座宗祠，现在已修好了200多座。

汉：这是松阳很特别的地方，因为别的地方修宗祠，也就五六座、十几座，为旅游做几个点就可以了，你们是真正为老百姓着想，大面积修宗祠。

王：我们修宗祠一定要求宗族要自己筹钱，不是政府包办。因为修宗祠是关乎老祖宗的事情，所有族人都有份儿。

汉：对，这是你的祖宗，不是政府的祖宗。

王：宗族筹集一点，政府补贴一点。

一切为了乡村的复兴

王：修宗祠仅是一方面，另一方面还得给乡村注入新的经济活力。我们对乡村旅游、民宿经济等探索培育都比较早。我们不是为了修房子而修房子，为保护传统村落而保护传统村落，我们是想让乡村复兴。

汉：松阳民宿的确有成效，您怎么看民宿？

王：这也是一种手段，连接乡村、连接农民，但始终保持群众的主体地位。

汉：松阳的工作，用的是点位激活的穴位疗法。您能解释一下这种方法吗？

王：就是关键节点。因为资金有限嘛，不可能全面铺开。

你把穴位点开，打通经脉，让它慢慢恢复生机元气。

民宿发展起来了，还要有生态农业、文化创意等其他产业。就像耕耘，一块田一块田地去做。

汉：在松阳的关键"穴位"上，营造了不少建筑，如红糖工坊、大木山茶室、契约博物馆、过云山居、酉田花开、云上平田……为什么要营造这些特别的建筑？听说您对建筑挺内行，这在县委书记中很少见。

王：我不光对建筑有这样的投入，对其他工作也是这样。其实，我对建筑并没有特别的偏好，之前对建筑也并不很明白。在审美判断上，也没有现在这样的高度与完整性，这也是自己成长的过程，是工作的需要，而不是单纯出于我的兴趣。

汉：您在学校学的专业是什么？

王：数学，所有这些都是在后来工作中学习的。

对农业也是这样，对文化也是这样。对文化展演活动，我也都有很高的标准要求。坚持高品质，追求理想、完美，这是工作与事业内在的要求，不是个人偏好。什么叫国际化？其中一条：把在地性做到极致就是国际化。外面来参与松阳事业的同人们像徐甜甜老师，他们也是很有追求的，是在做一件作品，不是为做商业而来的。我们作为地方的执政者，对外来的同志也要尊重。没有呼应与尊重，人家也很难顺利开展工作，做出成绩。

我对生态农业布局，是从自然农法开始的。挑战何等巨大，谈何容易？我们也要去学习了解，到田间地头去看，我在农业上花的时间、精力不比做建筑项目少。

当然松阳这里的建筑比较特别。我们说的建筑可能与别人理解的不一样。在我们眼里，建筑不单单是做一件有意思、有艺术性、有审美价值的物质品。我们更关注的是这个建筑承载什么样的功能，对当地经济社会发展起到什么样的推动作用。这也是我对建筑重视的原因。建筑也是文化的一部分，建筑的创造是与经济文化密切相关的。我们探索的每一个项目都是这样，红糖工坊是集传统红糖加工生产、村委议事办公、文化活动传承、休闲观光体验、业态展示等多功能于一体的主客共享的乡村博物馆。我们按这样的要求做建筑精品。这不是渐进的过程，不是先做 50 分，再做 60 分，再做 80 分。这种方法我认为是不正确的。示范项目要求 90 分，接下来的项目至少会有六七十分；一开始如果只要求 70 分，那接下来的项目就可能不合格。

汉：取法乎上，仅得其中。

王：刚才我讲过为什么这么重视建筑改造的艺术性。你去过平田村，如果仅仅把平田的老房子修好能用，你说能吸引人吗？能推动乡村复兴吗？依然是旧房子，只不过是村民居住条件得到有限提升。现在平田村的改造，建筑设计师发挥创意，不仅提升了品质，也创造出商业价值、文化价值和艺术价值。

在这个过程中也磨炼了干部，提高了大家的审美意识和协作配合能力，提升了大家的工匠精神。

我们现在有点成绩，恰恰因为不是按旅游的思路来做

王：我问一个问题，你们对这样的村落有信心吗？当然你们从文化角度是喜欢的，但从现实来看呢？这么偏远的地方，你觉得村民他们有信心吗？

我在想松阳乡村做活了，这种模式在其他地方可不可以复制？我们这样的一些村落资源，在其他地方很多都被破坏掉了。

汉：那是有一定难度的。像我在上海，我们江南古镇还有，但古村很少，大部分被破坏了。

王：乡村未来的希望在哪里？这次十九大报告提出"实施乡村振兴战略"，把乡村放在很高的位置，强调农业农村要优先发展，城乡要融合发展。

汉：不是说不能复制，但像松阳一样有丰富传统村落资源的地方是很少见的。所以松阳幸运地遇到王书记，王书记您也很幸运地遇到松阳。

王：松阳资源禀赋，就单个村落来说并不出彩。但传统村落的要素是齐备的，山水、村落、田园，加上"非遗"，形成了一个较为完整的生态系统。松阳 71 个中国传统村落特别完整（截至第四批），我们村落真正有价值的是文化，当地人还生活在其中，传统祭祀等习俗都还在。

能在松阳工作，我是幸运的。也真的很喜欢这片土地，走得多，也有感情。我想一个人只要有热情做事情，每个地方都有可挖掘探索之处。恰巧在松阳，传统人文与生态环境保留完整，这给我们探索生态文明建设奠定了基础，这是很幸运的。虽然还有很多问题需要我们去破解。

像"拯救老屋行动"给全国做出了示范，我们的同志做得很辛苦，但也很有成效。乡村复兴，我认为最根本的还是人心的改变，这非常重要。

在松阳，老百姓已经有了文化自觉，对传统村落的认知，他们是有感觉的，现在我们比较自信，传统村落的保护已形成共识，我不担心会发生毁灭性的破坏。

汉：我们听说了这样一个例子，一个村为了搞乡村旅游，建了很大的停车场、游客中心，王书记您去了，看到了，不仅没表扬，反而很生气，您说"村子是为村民生活，不是为游客活着。停车场与游客中心用村里土地边角料就可以了"。

王：对，我一直反对单一维度的旅游。我们现在有点成绩，恰恰是因为我们不是按旅游的思路来做。

松阳历史文化中没有出特别多的名家、名人、名学派，但松阳农耕文明生活形态保留相对完整，许多民俗活动还活着。松阳农耕文化的活性程度比较高。我们前年梳理，还有 60 多台民俗节庆活动，现在慢慢恢复更多。我们把全年的文化民俗活动、农耕活动梳理出来，分散到不

同月份，不同的点位，通过梳理、激活、提升，形成了"永不落幕的民俗文化节"，而且不会造成拥堵。我们"竹溪摆祭"原来是 1 天，现在是 3 天，还是原汁原味。民俗节庆活动要防止娱乐化、庸俗化。

通过前几年发展民宿，乡村开始有活力。但不能为旅游而旅游，为民宿而民宿，否则就失去本原意义，我们的本意是乡村复兴，要以村民为主体。

我们现在做民宿基本上没有占用新的耕地建新房子，我们绝大部分用存量资源改的。在乡村的大部分精品民宿都是用老房子改的。

另外光有旅游还是不够的，要重视生态农业，要把生态文明的经济模式打造出来。这个更重要，也更难。

"针灸疗法"的做法

王："针灸疗法"是我们最早提出来的。所谓"针灸疗法"就是点位激活，不是大拆大建而是尊重地方文脉肌理、自然生成的历史，用轻微的手法，建设能带动村庄社区发展的项目，打通经络，恢复村庄生机。松阳建全县域的乡村博物馆，就是针灸疗法最好的例子。

山区传统村落找到了发展路径，那平原村怎么办？王村是一个破败的平原村。我们建了一个王景纪念馆，用现代建筑手法，与村庄融为一体。光做纪念馆，修复祠堂还不够。我们用村里原先堆垃圾的废弃地与水塘建了个小的生态湿地，保护了生态，鸟都飞回来了。这个湿地严禁使用除草剂，这对村民起了教育引导作用，湿地也兼具休闲功能，吸引游客参观。

王景纪念馆边上废弃老房子改建，我也参与了设计，木头上还有老奖状的痕迹。本来奖状是内侧的，我们翻了一下，变成外侧了。

边上的午羊堰也很不错，它是松阳古堰坝，水景壮观，其他地方可能只会修一个传统廊桥，但徐甜甜老师在保留历史痕迹的前提下，改造成现代廊桥。这个项目做起来也不简单，廊桥的设计理念与我们乡村建设理念高度契合，手法轻微、造价不高，成为村民休闲的好去处，现在已成了网红景点。

"针灸疗法"要做好也不容易。决不能有机械化思维，要创新，要有所担当才能做得好。

在县城，我们做张玉娘诗文馆，方案也是徐老师设计的。王景纪念馆是厚重的，诗文馆则要挺拔、现代，但又不能脱离传统。松阳整个古城的小点位项目，都要有精致的设计，手法都要轻微，这一构想得有优秀建筑师的配合。

青田码道是松阳水文化的重要遗产，有古航道、古码头等遗存。这个区块我走了几十次，每一棵古树，每一条路，每一片竹林，每一个水塘，我们都做了测量。23 万平方米的大区域，我们只拆了一小部分。现代城市找不到以前的烙印了，我们要保存历史，这真的得下绣花功夫。但这个区块，不这么做，就没有特色与意义了。恢复白龙堰水系，打通文化脉络，疏通城市肌理，保留菜地，保留残垣断壁，做最少、最自然、最不经意的人工干预，以点位的激活带动整个区块的发展，这就是"针灸疗法"的根本所在。

修复人心最难也最重要

汉：我们看到了真正的乡村复兴。在李坑村，晚上龙灯往山上走，很浪漫。我跟拍龙灯队，一个男人旁边牵两个女儿，父亲和女儿说待会我要跑的。村里所有男人都会举着龙灯，非常温馨。我们这 5 天，每天都看到。

这其实就是社区营造啦。文艺汇演不会有这样的感人场面，像竹马灯，竹子的灯笼，在电视里看我们都不会想到里面是蜡烛。烛熄了，立刻点上，摆进去。小马灯，会有 8 个小孩，边上一定要有 8 个大人，帮忙点蜡烛。我们马灯就是保平安的，马到成功，就是要大家开心，灯熄了，就不开心了。我们做文化工作，就是这样，烛熄了，就要点上。为什么不用灯泡，这就是假情怀与真情怀的区别，假情怀就弄个灯泡。真情怀，就守着，不断地点上。你跑熄了都没关系，你知道后面有一个人帮你不停地点，特别感人。

王：节庆活动，背后是文化品格和精神品质。从这个角度看，说"非遗"如何活，不如说如何延续发展。怎么去创造，创造什么？不是以我们现代人意志为转移的。现在说的"非遗"，是老祖宗留给我们的。我们也正在创造留给后人的非物质文化。创造什么？核心是文化品格与精神品质。我们当然要去伪存真，但里面的内核是永远不会过时的。比如说对大自然的尊重、仁义，关键是如何做一个时代表达。我们提出三个全面，文物建筑全面修复，优秀文化全面激活，文化产业全面发展。

怎样叫文化引领？文化要化人心，是人心转化的一种模式。你说真正人心转化过来，地方经济一定也发展得好。那反之，经济发展得很好，人心不一定好，这肯定不能持久，也会有很多毛病。

生态修复、经济修复、文化修复与人心修复，其中最难的是文化修复与人心修复。地方建设要花大力修复人心，这才是一劳永逸的，才是造福子孙的。

生态农业是生态文明的根基

王：我很有兴趣听听你们这回去了松阳哪些地方？有哪些收获？

汉：这回我们去了南岱村，幽静美丽，深山谷中的村庄，就坐落在山涧中，却不怕洪水，有 36 个古堰坝，19 个是人工的，老村主任能指出每个坝的位置和具体用途。堰坝不是截流的，而是用阻挡减缓流速形成一个个水平面，这一截堰坝是保护房基的，这一截是保护桥的，这一截是洗衣服的，这一截是做水碓用的，这 19 个人工的堰坝每个用途都不一样。国慧建议南岱村应建乡村水生态博物馆。

还去了官岭村，精彩。官岭水口有 126 棵古树，上面森林，中间梯田，下面房子，各占三分之一，祖先在森林、梯田、村庄边界种下大树，定下规矩永不越界，用森林涵养梯田。官岭的阶梯式村庄是华东最大的。杨家堂虽然出名，但官岭更典型、更大。

王：这是很好的生态文明的体现。松阳旅游要往深里去做，要做生态文明游。现在的科技是好事情，但也给自然带来不少破坏。比如说修水库，当然是好的，但修多大，在什么地方以什么方式修，修一个大水库好，还是做小水利好？你讲的南岱有 36 个堰坝，我就很感兴趣，我们不要做那么大，让水一截截流下来。修水库也要有一定的生态流量，如果断流，那也是不科学的。所有这些点，都要我们细微周密地体察才行，否则没用。就像生态农业，我说不能用化肥农药，种的人说不用种不出来吃的。大的环境这样，扭转过来不容易，怎么破解这个问题？要靠优秀团队，要有高人支持，"何以兴农"的老师在松阳上庄搞了一年全息自然农法，阿朗自然农耕在松阳横坑村也有了基地。如果你们去大岭脚村，我建议你们采访一下土根，本名叫叶岳云，他是自然农业的积极探索者。我在生态农业方面花了不少工夫，也取得了一些成效。岱头村去年有机米也已达到生态米国家认定的高标准。

汉：化肥农药对土壤破坏厉害。

王：是，酸化板结，不可持续，我们也出台了茶产业转型升级政策。从种植、加工、市场品牌入手，先减量增效，再科学使用，与时俱进保护生态环境。

老科协提了个建议，对茶园进行立体化改造，在茶园中配置相应的本土树种，改善茶园环境，我觉得这个建议很好。

汉：您对合作社怎么看？

王：合作社当然是好的，比农民单打独斗好，能一定程度上解决农民的组织化问题，但我觉得还可以有一个更高的探索，就是集体经济。合作社是能人与能人的结合，或者说有钱人和有钱人的结合，当然不仅如此。但是如果以村集体名义把大家的资源整合起来，土地房子折价入股，共同运营，共同富裕，把这条路走出来，我觉得意义非同小可，这样能解决村集体收入问题。不能光村民富了，村集体没有收入。

汉：您要有信心，因为松阳除了生态农业这条路没有什么路，这条路现在难走，但会越走越宽的。

王：我有信心。像早几年，保护老房和古村，发展民宿，看不到希望，现在有希望了。有机农业，3年后，也能看到希望，我有信心。

我为什么重视农业？因为旅游与民宿能带来外来的驱动。我要把内核做起来。内核是什么？要把山水禀赋转换成内在的生产力，"绿水青山就是金山银山"，例如山上的中草药啊，有序的繁衍利用很重要，要把这条路走出来。

汉：您在村主任培训班中讲到，松阳人购买的蔬菜，松阳本地提供的百分之十还不到，大部分从外地进来，这里就有很大的市场空间。

王：确实，松阳这么大的土地，不能种出满足本县需求的蔬菜，自给率太低，市场空间还很大，怎么来填补这个市场需求，需要细化研究。发展有机农业，不光是在种植环节，还要培育有机消费观念。肯定不是走大超市、大流通的模式。

汉：国际上的协作农业，就是让有机农与靠近的市民结对，市民可去农田查看，可为有机农提供早期投入资金，甚至共同耕作。我们可以把眼光投向北京、上海，但身边有更多的机会。

王：我们倡导不用农药、不用化肥、不用除草剂、使用原种的高品质生态农业。我对松阳生态农业是有信心的。

每个项目都像是我带大的孩子

汉：我们常常被松阳干部的效率与热情感动。就拿您来说，如果仅仅是想做官，没必要拿出这么大的热情与工夫来做。

王：也有同志和我说：以我这种方式去做，如果大家不够理解，成果又出不来，就有很大的风险。我讲要有"只问耕耘不问收获"的精神，认准的事情，要坚持下去。大家做不到，只能自己去补台，自己看图，自己去看项目、看现场，比别人花更多的精力。坐办公室，指手画脚，打打电话，号召号召是没有用的。只有亲力亲为，这些项目才有成绩，每个项目都是我像带孩子一样带出来的，平田、西坑、酉田、沿坑岭头、界首等这些村我都去过几十趟，而且大都是用休息时间去的。当时我们干部里有这种说法，说我抓得点太多，抓不住重点，但松阳在探索一个新的方向，不花这样的时间，是做不出这样的成绩的。

汉：我记得您说过，越是底层老百姓越是觉悟高，你喜欢和他们打交道。

王：是啊，最近这段时间我在村里转，感觉老百姓脸上的气象都不一样了。到村庄，他们都会很热情跟我打招呼。像这次到沿坑岭头，很多农户都认得出我。那个村庄我去过10多次，每次去，都有一个老奶奶老远向我招手。

汉：真正为民的官员，在老百姓中是有口碑的，口碑是刻在心上的。

松阳现在是最危险的时刻

王：现在是我们松阳最关键，也是最危险的时候。大家看到希望，这是好的，最大的问题是何去何从，到底走什么路。走村民发展的道路，把村民组织起来，还是任由工商资本进入，成为工商资本的试验地？现在是关键节点。像网红民宿在一定程度上给村里带来了收益，但也占了村里最好的资源、最好的位置。当然你不能批评我们就做错了，不能这么看。当时没人来，如果有人来投资做民宿，我们要感谢他。当然现在要更清醒，如果这些民宿和村里没什么利益链接，村民就享受不到未来的增值收益。换个角度来说，现在无非是村民没有办民宿的能力，如果村民有这个能力可以自己办。现在要思考怎么把增值收益、获利空间留给村民，怎么把民宿与村民利益链接起来。过年一定是民宿生意最好的时候，提供房子做民宿的村民反而回不了村过年了，剥夺了他们回家过年的权利。问题在哪里？这是我们思考的重要课题。我希望用组织化建立村民共荣、共享、共生的发展模式，现在还不够。如何让外来资本融入乡村成为有机的组成部分？乡村依然是回得去的故乡，关键在组织化，提高农民素质。我们做的红糖工坊、豆腐工坊等系列工坊符合中央的农、工、贸一体化要求，但组织化谁来做？现在基层还没做起来，但壮大集体经济是值得探讨的。我们的村民组织化要以保障人的权利为核心，而不是完全依靠资本的力量。

汉：您对松阳发展有清醒的认识，您当时为什么引进汉声？

王：当初与黄老师认识，看到《汉声》杂志是认真的，真正在做文化。我后来去了慈城，黄老师专门跑过来，给我们做介绍，我非常感动。

在我们近几年的实践中，励小捷理事长、黄永松老师、徐甜甜老师这样的实干家，给松阳注入新的精神因子，是我们过去取得成绩的重要原因。

有人说，"人的一生要有一场奋不顾身的爱情，有一次说走就走的旅行"，但我说，"人的一生还要有一次舍生忘我、刻骨铭心的奋斗"。

要做事还是要有这种精神，要把这种精神注入松阳干部的血脉中去。这个很重要。松阳这几年有转变，但很不够，还是开篇。■

列入中国传统村落名录的松阳村落名单

第二批

松阳县古市镇山下阳村

松阳县象溪镇靖居村

松阳县大东坝镇六村

松阳县大东坝镇横樟村

松阳县望松街道吴弄村

松阳县三都乡杨家堂村

松阳县三都乡周山头村

松阳县赤寿乡界首村

第三批

松阳县西屏街道桐溪村

松阳县水南街道桥头村

松阳县玉岩镇白麻山村

松阳县玉岩镇大岭脚村

松阳县玉岩镇交塘村

松阳县象溪镇南州村

松阳县象溪镇雅溪口村

松阳县大东坝镇后宅村

松阳县大东坝镇燕田村

松阳县大东坝镇洋坑埠头村

松阳县新兴镇官岭村

松阳县新兴镇平卿村

松阳县新兴镇山甫村

松阳县新兴镇朱山村

松阳县新兴镇庄后村

松阳县叶村乡岱头村

松阳县叶村乡横坑村

松阳县叶村乡南岱村

松阳县斋坛乡吊砩村

松阳县斋坛乡上垄村

松阳县三都乡呈回村

松阳县三都乡黄岭根村

松阳县三都乡毛源村

松阳县三都乡上庄村

松阳县三都乡松庄村

松阳县三都乡尹源村

松阳县三都乡酉田村

松阳县三都乡紫草村

松阳县竹源乡横岗村

松阳县竹源乡后畲村

松阳县竹源乡黄上村

松阳县四都乡陈家铺村

松阳县四都乡平田村

松阳县四都乡塘后村

松阳县四都乡西坑村

松阳县赤寿乡黄山头村

松阳县樟溪乡黄田村

松阳县樟溪乡球坑村

松阳县枫坪乡梨树下村

松阳县枫坪乡沿坑岭头村

松阳县板桥畲族乡张山村

松阳县安民乡安岱后村

第四批

松阳县玉岩镇玉岩村

松阳县玉岩镇何山头村

松阳县大东坝镇蔡宅村

松阳县大东坝镇内大阴百鸟朝凰自然村

松阳县大东坝镇小后畲村

松阳县新兴镇竹囻岗头自然村

松阳县新兴镇张山头村

松阳县新兴镇东北头村

松阳县叶村乡膳垄村

松阳县叶村乡斗米岙村

松阳县斋坛乡下垄村

松阳县三都乡后湾村

松阳县三都乡下田村

松阳县三都乡上田村

松阳县竹源乡呈田村

松阳县竹源乡周岭根村

松阳县四都乡汤城村

松阳县枫坪乡钱余宝钱源旧处自然村

松阳县板桥畲族乡大毛科麒上自然村

松阳县裕溪乡木岱坑村

松阳县安民乡大潘坑村

第五批

松阳县三都乡上源村

松阳县三都乡里庄村

松阳县大东坝镇七村

松阳县裕溪乡凤弄源村

中秋拜月

黄山头 请神

黄山头

平卿下山福

择子山

▲卯山

平卿

道惠中元祭

兴村红糖

兴村

力溪

力溪木偶

道惠口

道惠

白沙岗

高腔

道惠祭祖

岱头

迎神赛会

香乳山

岱头有机稻米

黄下村

小竹溪

高亭

香乳山庙会

上寮山打清醮

七姑娘娘祭

箬寮原始林

箬寮原始林

大潘坑

大潘坑銮驾

松阳民俗图

松阳位于浙西南山区，由于地理及交通等原因，农耕社会的诸多民间风俗，在这里仍呈现出鲜活、丰富的面貌。汉声在松阳一年多的工作中，走访了许多景色秀丽的古村落，也见证了这里质朴的风土人情。从年初到年末，松阳各地的民俗活动丰富至极。我们仅以行脚途中，亲身体验到的民俗活动，绘制成松阳民俗图。希望为读者朋友们呈现出一副松阳民俗活态的魅力图景。

汤城祈福
汤城

畲族对歌
大竹溪摆祭
县
板桥
楼底
楼底踏莲花
靖居
小竹溪迭灯
南州
南州三社炼火
东山尖殿开光
石仓
石仓请年神
山边马灯

后记
——松阳最美的是人的风景

传统意味着传递火种而非崇拜灰烬。

——马勒

1990 年，清华·汉声传统建筑研究所成立，由汉声"龙虎基金会"赞助，陈志华教授主持。罗德胤先生当年是陈教授的研究生，他协助梅县三村客家民居调查，随后主持蔚县古建筑调查。2014 年秋天，罗老师已是国家住建部传统村落保护和发展专家委员会委员，他带着建筑设计师徐甜甜女士来到汉声，兴奋地提到发现松阳种种宝贵，汉声第一次听到"松阳"。

同年，松阳王峻书记（时任县长）第一次来到慈城，被慈城的汉声天工之城博物馆群落感动。中意"天工"观念，多次与主持人郑利群女士深谈。

由汉声老朋友郑利群女士牵线，松阳王峻书记邀请汉声给松阳做本书，这是个君子协定。2017 年至 2018 年春，汉声 17 次走松阳，历时 112 天对松阳全县域进行文化考察。这本书是我们野外考察的结果。

112 天的工作大部分翻山越岭在野外的第一线，在那里，我们体会到松阳最美的是人的风景。松阳有 75 个中国传统村落，最有特点的是在这古村落中，人们还延续着传统生活，古老祭祀、节俗、美食、生计、手工艺……如此原生态，又如此齐全，充满生命力与人心的凝聚力。难怪文化人惊叫："古典中国还活着！"

这是松阳独一无二的。

所以，我们用汉声的方式重点对这些活态非物质文化遗产做了详尽的记录。17次行脚，道不尽的酸甜苦辣，累却幸福着，我们如入宝库探宝，看见琳琅满目的珍宝。

这本书正是汉声松阳 17 走的如实闻如实见如实写。

对于松阳，当然这样的文化报道是第一次。对于有 47 年历史的文化机构汉声来说，也是里程碑式的第一次。汉声以前的方法是小题大做，把一个文化题目做深做好。这回却是用一个县的范围，充分集中报道年俗、节气、风俗、生计、食品、聚落、建筑等近 150 个文化子项，全书 70 多万字，1800 多张图片，相当于一个县的文化百科全书。

更为难得的是由于松阳县对保存民俗活动的热心，我们得以记录正在发生的活生态的文化，这些文化并不是像文物一样放在库房中，被学者研究保存，而是每时每刻每地仍发生在百姓生活中。这是一次非常特别的文化考察。

传统意味着传递火种而非崇拜灰烬。

松阳，火种在传递着。

这本书应当是"但开风气不为师"，它名为《松阳传家》，是告诉松阳的子孙们，哪些是松阳传家的宝贝。同时也想唤起当地年轻人的文化乡土意识。汉声开个头，当地贤良们可以按这些项目深挖与调查。

黄永松先生这样提及本书命名起源："什么是松阳有，我们没有的？松阳人有祭祖、摆祭，有宗祠，有立足根基，代代相传，这是磐石永固的传承。松阳是文化福地，但桃花源也受到过许多侵扰，因为有这个根基他们得以面对、传承下来。汉声从年头到年尾，仔细观察，发现岁时节庆最能看出他们精神的绽放。所以以传家为题目，同时也把他们固守家园的精神传播出去，这又是另一种传家。"

这本书其实也是一本乡土教材，适合在学校的乡土课上向学生们讲授。这样详尽的乡土教材，在中国也是第一次出现。如果松阳的中小学每个教室中能有一本，那是再好不过了，这也会是汉声的荣幸。

这本书更特别的是记录了保存与复兴文化的方法。

而松阳人最可贵的，是敢于走出一条改革的路，从政府层面做大胆的文化体制设计，放出空间来调动和涵养民间力量。同时外来的规划建筑师卢远征、王维仁、徐甜甜、何旭军，农业专家叶胜海，科学家程科军等用自己的专业帮助松阳县，形成了上下里外的合力，这是非常难能可贵的一种自立自强的地域文化实践。

修复人心，是最大的传统保护，也是最根本的遗产活化。没有人，传统不过是空心村落、空心的名录，我们去过很多风景更原始、生活更原生态的村落，但深刻感到，这些诗情画意的村落，只停留在桃花源里，或为城里人提供逃回桃花源的妄念里，是不可能解决和抵挡任何发展的病症和破坏的。而在松阳，最让汉声激动的是，这个地方的人，他们是热爱家乡，有振兴家园的那种能力的！他们从不回避问题。这种文化自信，在松阳已经形成了特别具有感染力的一种地域氛围，这一点是怎么做到的？这里面的经验，也是最宝贵、最值得学习和传家的遗产。

打开这本书，我们并没有炫目的古村风景照或雕刻时光的怀旧照。有的只有平实的在这片土地生活的老百姓的面容。文化是自然而真实的，这本书是松阳人的真正朋友，真友是会如实赞美与批评，也会深切关心的。所以这是本正本清源的书。

"君子之道，黯然而日章。"意为君子并不是外表光彩的、夺人眼目的，相反，他们劲光内敛，甚至看上去，黯然无色。君子是以自己的人格无声中张扬大道的。我们希望《松阳传家》也是这样一本书。

什么是文明？最早的"文明"两字出现在《小戴礼记·乐记》中"情深而文明"。意为只有情感深了，生活的花样才鲜明起来。松阳的文化之花正是开在松阳人对乡土深深的眷恋中。松阳最美的是人的风景。同样汉声对松阳之情也是深且长的。

特别感谢：

■感谢松阳县文化和广电旅游体育局叶云宽、杨建明、王永球、刘洪燕等为我们提供采访便利。
■感谢在北京的罗德胤、阙维民、萧放、徐甜甜，香港的王维仁，台湾的夏铸九老师为我们提供学术支持。
■感谢松阳的何为松、洪关旺、鲁晓敏、叶高兴、刘关洲、杨建伟、郑王义、金康法等老师以及众多民间艺人为我们详尽介绍松阳。
■感谢向导刘宋美全程协助采访。
■感谢郑利群女士促成此书。

供图：

刘镇豪：
照片：10～14；16～30；32～34；
　　　36；38～45；51；56～85；
　　　87～105；108～147；149；
　　　152～167；170～171；
　　　183～196；220；225～236；
　　　242～247；256～272；
　　　274～279；282～283；
　　　285；288～289；292；319；
　　　336～337；351；362～365；
　　　388～397；418～419；
　　　464；466～478；501～505；
　　　511～516；518～521；524；
　　　526；531；536～540；
　　　543～549；553～555；561；
　　　581～582。
绘图：8～9；46～47；398～401；
　　　406～413；418～419；
　　　423～431；434～435；
　　　441～453；456～459。

顾敏超：
照片：15；31；35；37～38；42；44；
　　　85～86；148～151；154～157；
　　　168～175；180～182；219；
　　　221～224；236～241；
　　　248～255；260～261；265；
　　　260～281；284；286～287；
　　　290～291；306～312；319；
　　　326；329～333；339～344；
　　　348～356；358～361；366；
　　　369；382～386；388～395；
　　　402～406；414～417；
　　　431～433；436～437；
　　　454～455；461～463；465；
　　　508～510；522～523；544；
　　　546；552～555；563～564；
　　　577～578；583。
绘图：252；284；432～433。

汪祖亦：
绘图：281；286～287；291；
　　　436～440。

刘静：
绘图：454～455；592～593。

何羽：
绘图：420～422。